북적북적 저절로 암기노트 & 실전문풀

예금일반

2025
계리직
공무원시험 합격을 향한

파죽지세(破竹之勢)

대나무는 두 마디까지만 힘을 주어 쪼개면 손쉽게 끝까지 두 동강을 낼 수 있다고 합니다. 이러한 내용을 담고 있는 사자성어가 바로 '파죽지세'입니다.

계리직 공무원시험을 준비하면서 이론강의를 소화해 내느라 엄청난 에너지를 쏟아부으셨을 줄로 압니다. 그다지 친절하지 못한 교재를 바탕으로 어렵사리 이론에 대한 감을 익히기 위해 노력한 과정들은 어쩌면 거대한 대나무의 두 마디를 쪼개기 위한 노력이 아니었을까요. 그렇다면 이제는 대나무의 나머지 부분은 지금의 기세로 두 동강 내는 일만 남은 셈입니다. 지금까지의 노력을 가열 차게 밀어붙여 그 결실을 거둬야 하는 순간이 찾아왔다고 할 수 있습니다.

공부, 특히 수험공부에는 나름의 효율적인 프로세스가 존재합니다. 이론에 대한 이해 이후에는 정리와 암기의 과정을 반드시 거쳐야 하고, 이 모든 선행 과정들을 다 소화했다면 동형 문제풀이를 통해 적응능력을 배양해야 합니다. '이해 → 정리 → 암기 → 적용'의 프로세스를 반드시 지켜내는 학습 방향이 중요합니다. 하지만 다급한 마음으로 인해 이론 학습 이후에 곧장 문풀로 직행하는 수험생이 적지 않습니다만, 정리와 암기의 과정을 누락한 문제 적용은 큰 성과를 거두기가 어렵습니다.

그래서 탄생한 교재가 바로 〈북적북적, 저절로 암기노트 & 실전문풀〉(이하 〈북적북적〉)입니다. 스스로 정리와 암기의 방법을 찾아서 치밀하게 학습을 전개한다는 것이 생각만큼 수월하지 않음을 잘 알기에 이 과정에 도움을 줄 수 있는 수험서를 기획해야 한다는 일종의 사명감이 있었습니다. 〈북적북적〉은 정리와 암기, 그리고 적용까지 한 번에 해결할 수 있도록 기획된 교재입니다. 단원별로 구조와 틀, 개념어 Quiz, 초성 Quiz, 오엑스 Quiz, 기출 및 예상문제 등을 차근차근 풀어봄으로써 실전연습까지 마무리할 수 있도록 구성하였습니다.

계리직 공무원시험의 '일반' 과목들은 우정사업본부가 제공한 교재의 범위 내에서만 출제됩니다. 이는 다른 공무원시험보다 훨씬 유리한 위치에서 학습할 수 있는 기회가 됩니다. 범위 내의 내용만을 반복 학습하여 자신의 것으로 익혀둔다면 충분히 합격에 도달할 수 있기 때문입니다. 이론 학습 이후 회독 증강의 과정인 정리, 암기, 적용 과정을 〈북적북적〉과 함께 하시기 바랍니다. 학습의 효용성이 단기간에 확실하게 배가될 것입니다.

'예금일반'은 금융경제의 상식에서 출발하여 예금과 투자상품에 대한 이해를 요구합니다. 우체국의 예금 및 카드상품은 물론 제휴서비스까지 구체적인 내용도 제대로 알아야만 고득점을 맞을 수 있습니다. 어쩌면 단순 암기만으로는 해결이 어렵다는 점에서 계리직 시험 과목 중 가장 복잡하고 난해한 과목으로 느껴질지도 모릅니다. 이런 점에 비춰볼 때 '예금일반'이 계리직 시험 당락의 향방을 가르는 주요 과목이라고 해도 전혀 과언이 아닐 것입니다. '예금일반' 과목을 잘 섭렵하여 계리직 공무원의 꿈을 달성하시기 바랍니다. 〈북적북적〉 교재와 함께 꿈을 이룰 수 있을 것으로 기대합니다.

편저자 **이종학**

계리직 합격의 필독서

'북적북적 저절로 암기노트 & 실전문풀 – 예금일반' 만점 활용법

 '북적북적'은 무슨 뜻인가요?

'북적북적'은 '책에다 적고 또 책에다 적는다.'라는 의미입니다. 공무원 합격을 위해서 반드시 스스로 해야 할 정리와 암기, 그리고 문풀 과정을 〈북적북적〉에 적고 또 적으면서 완성해 나가도록 집필하였습니다.

 〈북적북적〉은 어떻게 구성되어 있나요?

〈북적북적〉은 우선 'BOOK①'과 'BOOK②'로 구성되어 있습니다. '저절로 암기노트'라는 제목을 가진 'BOOK①'은 단원별로 세 개의 STEP으로 나뉩니다. 첫 번째 STEP은 '단원의 구조와 틀을 보여주는 MAP'이 제시되고, 두 번째 STEP은 '개념어 Quiz'로 용어를 정리합니다. 그리고 세 번째 STEP은 '초성 Quiz'를 통해 교재의 주요 문장들을 반복 학습하면서 키워드를 채워가도록 만들어져 있습니다. 각 단계를 차곡차곡 거치다보면 저절로 암기가 이뤄질 수 있다는 의미로 '저절로 암기노트'라는 제목을 붙였습니다.

실전문풀 교재인 'BOOK②'는 첫 번째 STEP인 '오엑스 Quiz'를 통해 실전 감각을 끌어올린 후, 두 번째 STEP인 4지선다 '기출 및 예상문제'를 풀면서 지금까지 공부한 내용을 토대로 적용 훈련을 할 수 있도록 하였습니다.

 '북적북적' 교재만으로 예금일반 과목을 완벽하게 마스터 할 수 있나요?

네! 충분히 가능합니다. 〈북적북적〉의 'BOOK①'과 'BOOK②'를 반복 학습하여 더는 모르는 것이 없을 만큼 공부한 뒤 시험장으로 향한다면 반드시 합격 점수에 도달할 수가 있을 것으로 확신합니다. 지금까지 출제된 문항들을 분석해 보았을 때 〈북적북적〉 교재의 범주 밖에서 출제는 거의 없었습니다. 간혹, 교재 밖에서 출제된 문항이라고 한다면 예금일반 과목의 관계 법령의 세세한 조문을 소개한 문제 정도였다고 할 수 있습니다. 따라서 〈북적북적〉 교재를 충분히 학습한 다음 우정사업본부에서 제공한 교재의 후반부에 수록되어 있는 법령을 꼼꼼히 읽어본다면 예금일반 과목에서 놓치는 문제는 없을 것입니다. 그러므로 〈북적북적〉을 믿고 "책에 적고 또 적으면서" 충분히 공부하시기 바랍니다.

북적북적 저절로 암기노트 & 실전문풀
예금일반

― 차례 ―

제1편 금융개론

- 제1장 금융경제 일반 – 8
- 제2장 금융회사와 금융상품 – 21
- 제3장 저축과 금융투자에 대한 이해 – 38
- 제4장 우체국금융 일반현황 – 61

제2편 우체국금융 제도

- 제5장 예금업무 개론 – 66
- 제6장 내부통제 및 금융소비자보호 – 82
- 제7장 예금관련법 – 94

제3편 우체국금융 상품

- 제8장 우체국금융 상품 – 102
- 제9장 우체국금융 서비스 – 114
- 제10장 전자금융 – 122

BOOK②

제1편 금융개론

- 제1장 금융경제 일반 – 136
- 제2장 금융회사와 금융상품 – 171
- 제3장 저축과 금융투자에 대한 이해 – 218
- 제4장 우체국금융 일반현황 – 259

제2편 우체국금융 제도

- 제5장 예금업무 개론 – 270
- 제6장 내부통제 및 금융소비자보호 – 310
- 제7장 예금관련법 – 347

제3편 우체국금융 상품

- 제8장 우체국금융 상품 – 366
- 제9장 우체국금융 서비스 – 398
- 제10장 전자금융 – 424

예금일반

2025 계리직 공무원시험 대비

BOOK①

북적북적
저절로
암기노트

북적북적
저절로
암기노트

예금일반

BOOK ①

제 1 편 금융개론

— 제1장 금융경제 일반 – 8
— 제2장 금융회사와 금융상품 – 21
— 제3장 저축과 금융투자에 대한 이해 – 38
— 제4장 우체국금융 일반현황 – 61

제 2 편 우체국금융 제도

— 제5장 예금업무 개론 – 66
— 제6장 내부통제 및 금융소비자보호 – 82
— 제7장 예금관련법 – 94

제 3 편 우체국금융 상품

— 제8장 우체국금융 상품 – 102
— 제9장 우체국금융 서비스 – 114
— 제10장 전자금융 – 122

금융개론

제1편

제1장
금융경제 일반

제2장
금융회사와 금융상품

제3장
저축과 금융투자에 대한 이해

제4장
우체국금융 일반현황

01 국민경제의 순환과 금융의 역할

Step 1 구조와 틀

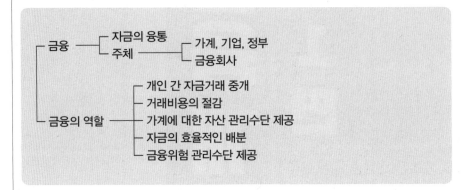

Step 2 개념어 Quiz

1. 저축

1 가계가 생산요소를 공급하고 분배받은 소득 중 소비를 제외한 부분으로 현재의 소비를 미래로 미룬 것은?

2. 부가가치
(added value)

2 생산과정에서 투입된 양을 초과하여 산출된 생산량은?

3. 이윤

3 생산자가 생산물을 판매하여 얻은 금액 중 생산과정에 투입된 생산요소들에게 분배하고 남는 금액은?

4. 국민소득 3면 등가의 법칙'
(equivalence of three approaches)

4 1년간의 '국민총생산량(생산국민소득) = 지출국민소득 = 분배국민소득'의 현상이 나타나는데 이를 무엇이라고 하는가?

5. 금융

5 "자금이 부족하거나 여유가 있는 사람과 금융회사 간에 돈을 융통하는 행위"를 의미하는 용어는?

6. 기업간신용

6 기업 간의 외상매출 또는 외상매입에 수반하는 채권·채무 이외에 기업과 가계, 기업과 정부와의 사이에 발생한 기업의 영업활동에 수반하는 자금의 대차를 포함하는 용어는?

7 자금을 공급하려는 자와 자금을 필요로 하는 자 사이에 금융거래가 이루어지는 장소는?

7. 금융시장

8 가계, 기업, 정부 등 경제주체들이 각종 경제활동에 따라 거래당사자들 사이에서 발생하는 채권·채무 관계를 지급수단을 이용하여 해소하는 행위를 무엇이라고 하는가?

8. 지급결제

Step 3 초성 Quiz

1 경제는 인간이 ㅁㅈ생활을 유지하기 위한 활동을 의미하며, 그러한 물질적인 활동에는 활동의 주체(경제주체)가 존재하고 활동주체에 의한 일정한 흐름의 현상(순환)이 나타난다.

1. 물질

2 경제주체는 가계(household sector), 기업(corporation sector), ㅈㅂ(government sector), 해외(foreign sector)로 분류할 수 있다.

2. 정부

3 토지, 노동, 자본은 3대 생산요소에 해당하고, 여기에 ㄱㅇ을 더해 4대 생산요소로 분류한다.

3. 경영

4 생산물 시장에서 거래되는 경제객체에는 ㅈㅎ와 서비스가 있다.

4. 재화

5 "가계부문"은 생산요소의 공급주체로서 생산요소인 노동, 자본, 토지를 제공하며, 그 결과로 얻은 소득을 ㅅㅂ하거나 저축한다.

5. 소비

6 "기업부문"은 생산의 주체로서 노동, 자본, 토지라는 생산요소를 투입하여 재화와 용역(서비스)을 생산하며, 그 결과로 창출한 생산량이 투입량을 초과하면 ㅇㅇ을 얻는다.

6. 이윤

7 "정부부문"은 규율(regulation)과 정책(policy)의 주체로서 가계와 기업이 경제행위를 하는 방식을 규율하고 정책을 수립·집행하며 그에 필요한 자금을 ㅅㄱ 등으로 징수하거나 지출한다.

7. 세금

8 "해외부문"은 국외자로서 국내부문의 과부족을 ㅅㅊㅇ을 통하여 해결해준다.

8. 수출입

9 생산요소 중에 노동(labor)이나 토지(land)는 원래 존재하던 생산요소이며, 재생산된 것이 아니라는 측면에서 ㅂㅇㅈ 생산요소(primary sector)이다.

9. 본원적

10 생산요소 중에 자본(capital)은 생산과정에서 생산된 산출물 중에서 소비되지 않고 다시 생산과정에 투입되어 부가가치를 생산하는 생산요소로서의 기능을 한다는 점에서 ㅅㅅㄷ 생산요소(produced means of production)이다.

10. 생산된

11. 분배	**11** 생산요소가 투입되면 생산과정에서 투입된 양을 초과하는 생산량이 산출되며, 그 초과된 생산량은 투입량에 대한 부가가치(added value)가 되어 소득으로 ㅂㅂ된다.
12. 투자	**12** 소비를 위한 지출은 가계는 소비지출로, 기업은 ㅌㅈ지출로, 정부는 재정지출로, 해외는 수출의 모습으로 각각 이행된다.
13. 이윤	**13** 기업은 ㅇㅇ 극대화를 위해 신제품 개발, 설비투자, 기술혁신, 새로운 시장개척 등 혁신적인 활동을 하며, 이러한 활동이 경제성장의 원동력이 된다.
14. 생산	**14** 기업은 ㅅㅅ을 통해 벌어들인 수입을 가계에 분배하고, 정부에 법인세, 사업소득세 등의 조세를 납부한다.
15. 지출	**15** 기업에서 소득을 이전받는 가계와 정부는 재화와 용역(서비스)을 소비하기 위해 ㅈㅊ활동을 한다.
16. 소득	**16** 가계는 다양하게 유입된 ㅅㄷ을 이용하여 주택, 자동차, 가구 등의 내구재나 옷, 음식, 구두 등 비내구재 구입에 사용하며 영화, 여행, 학원, 이·미용 등 용역(서비스)을 위해 지출하기도 한다.
17. 세금	**17** 정부는 거둬들인 ㅅㄱ을 활용하여 가계나 기업에 행정·국방 등의 서비스를 제공하거나 도로·항만·공항·철도 등 공공 인프라를 건설·유지한다.
18. 금융회사	**18** 금융활동의 주체로는 경제주체인 가계·기업·정부에 ㄱㅇㅎㅅ를 추가하여 네 부문으로 나눌 수 있다.
19. 유가증권	**19** 기업은 사내에 유보하고 있는 자본이 생산 활동에 필요한 수준을 충족시키지 못할 경우 부족한 자금을 은행 등 금융회사로부터 대출을 받거나 주식·채권 등 ㅇㄱㅈㄱ의 발행을 통해 조달한다.
20. 중개	**20** 금융활동의 주체 중 금융회사는 여타 세 주체 간 금융의 ㅈㄱ기능을 수행한다.
21. 금융상품	**21** 금융시장에서는 자금수요자와 자금공급자를 이어주는 매개수단인 ㄱㅇㅅㅍ을 통해 필요한 거래가 일어난다.
22. 이자율	**22** 금융회사들은 원활한 자금중개를 위해 돈을 빌리는 사람의 신용도를 평가하기도 하고 돈을 저축(투자)하는 사람들과 돈을 빌리는 사람 사이에서 가격 즉, ㅇㅈㅇ을 조정하기도 한다.
23. 위험(risk)	**23** 금융경제 분야에서 ㅇㅎ은 경제현상이나 투자결과 등이 기대와 달라지는 정도를 말하며 불확실성 또는 변동성이라고도 한다.

02 주요 금융경제지표

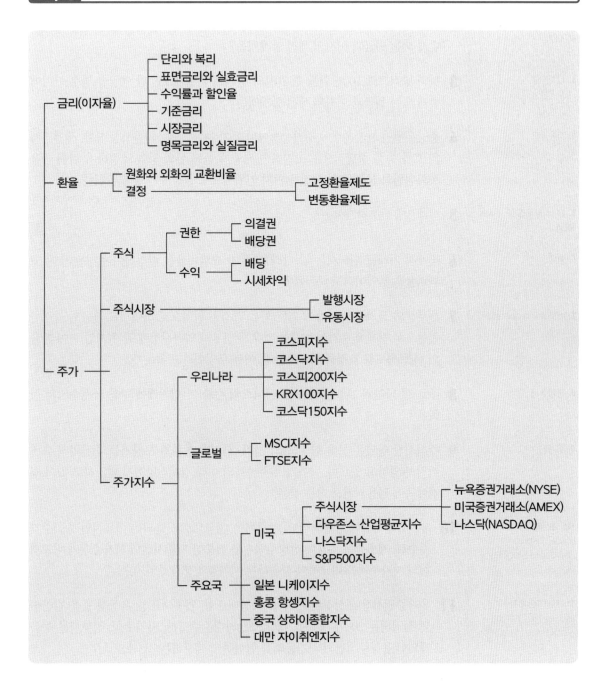

- 금리(이자율)
  - 단리와 복리
  - 표면금리와 실효금리
  - 수익률과 할인율
  - 기준금리
  - 시장금리
  - 명목금리와 실질금리
- 환율
  - 원화와 외화의 교환비율
  - 결정
    - 고정환율제도
    - 변동환율제도
- 주가
  - 주식
    - 권한
      - 의결권
      - 배당권
    - 수익
      - 배당
      - 시세차익
  - 주식시장
    - 발행시장
    - 유동시장
  - 주가지수
    - 우리나라
      - 코스피지수
      - 코스닥지수
      - 코스피200지수
      - KRX100지수
      - 코스닥150지수
    - 글로벌
      - MSCI지수
      - FTSE지수
    - 미국
      - 주식시장
        - 뉴욕증권거래소(NYSE)
        - 미국증권거래소(AMEX)
        - 나스닥(NASDAQ)
      - 다우존스 산업평균지수
      - 나스닥지수
      - S&P500지수
    - 주요국
      - 일본 니케이지수
      - 홍콩 항셍지수
      - 중국 상하이종합지수
      - 대만 자이취엔지수

1. 이자

1 돈을 빌린 사람은 일정기간 동안 돈의 사용대가를 금융회사에 되돌려 주어야 하는데 이러한 돈의 사용대가를 무엇이라고 하는가?

2. 120만원
〔100만원 × (1+0.1 × 2)〕

2 단리 방식으로 100만원을 연 10%의 금리로 은행에 2년 간 예금할 경우 만기에 받게 되는 원금과 이자의 세전 합계액은?

3. 121만원
〔100만원 × (1+0.1)²〕

3 복리 방식으로 100만원을 연 10%의 금리로 은행에 2년 간 예금할 경우 만기에 받게 되는 원금과 이자의 세전 합계액은?

4. 기준금리

4 중앙은행인 한국은행이 경기상황이나 물가수준, 금융·외환시장 상황, 세계경제의 흐름 등을 종합적으로 고려하여 시중에 풀린 돈의 양을 조절하기 위해 금융통화위원회(금통위)의 의결을 거쳐 인위적으로 결정하는 정책금리는?

5. Moody's, S&P, Fitch IBCA

5 세계 3대 신용평가사는?

6. 환율

6 국제적 거래를 위해서는 각 나라 화폐 간 교환비율을 결정하여야 하는데 이 교환비율을 무엇이라고 하는가?

7. smoothing operation

7 대부분의 국가들은 시장에 의한 환율 결정을 원칙으로 하면서도 환율의 급격한 변동으로 경제에 충격이 발생할 경우에 정부가 외환시장에 참가(개입)하여 환율의 변동 속도를 조정하기도 하는데, 이를 무엇이라고 하는가?

8. 경상수지

8 주로 한 나라의 1년 간 상품 및 서비스의 수출·수입거래에 따른 국제수지의 항목은?

9. 주가지수

9 주식시장 상황은 물론 한 나라의 정치·사회적 상황과 투자자들의 심리적 요인까지 반영하고 있으며, 나아가 투자자들의 미래 경제전망까지 반영하고 있어 경제예측에 활용되기도 하는 것은?

10. 코스피지수
(KOSPI; Korea
Composite Stock Price
Index)

10 유가증권시장에 상장되어 있는 종목을 대상으로 산출되는 대표적인 종합주가지수로, 개별종목 주가에 상장주식수를 가중한 기준시점의 시가총액과 비교시점의 시가총액을 비교하여 산출하는 시가총액방식 주가지수는?

11. 코스피200지수
(KOSPI 200; Korea
Stock Price Index 200)

11 유가증권시장에 상장된 주식 중 시장대표성, 업종대표성, 유동성 등을 감안하여 선정되는 200개 종목을 대상으로 최대주주지분, 자기주식, 정부지분 등을 제외한 유동주식만의 시가총액을 합산하여 계산하는 지수는?

12 유가증권시장과 코스닥시장의 우량종목을 고루 편입한 통합주가지수로서 유가증권시장 90개, 코스닥시장 10개 등 총 100개 종목으로 구성되는 지수는?

13 모건스탠리의 자회사인 Barra가 제공하며, 전 세계 투자기관의 해외투자 시 기준이 되는 대표적인 지수로 특히 미국계 펀드가 많이 사용하는 지수는?

14 세계에서 가장 오래된 주가지수이면서 미국의 주식시장과 경제상황을 가장 잘 반영하는 것으로 알려져 있는 지수는?

15 미국의 세계적인 신용평가회사로 주식시장 상황의 지표로 널리 사용되고 있는 S&P500지수(Standard & Poor's 500 Index)를 작성·발표하는 곳은?

12. KRX100지수 (Korea Exchange 100)

13. MSCI (Morgan Stanley Capital International)지수

14. 다우존스 산업평균지수(DJIA ; Dow Jones Industrial Average)

15. 스탠다드 앤드 푸어스

Step 3 초성 Quiz

1 기간 당 원금에 대한 이자의 비율을 이자율 또는 ㄱㄹ라고 한다.

1. 금리

2 돈의 값(가격)인 금리는 금융시장에서 ㅈㄱ의 수요와 공급에 의해 결정된다.

2. 자금

3 ㅅㅇㄹ은 채권을 만기까지 보유했을 경우 실현되는 금리를 의미한다.

3. 수익률

4 각국 ㅈㅇㅇㅎ은 기준금리 조정을 통해 시장금리에 영향을 줌으로써 경제전체의 흐름을 안정화시킨다.

4. 중앙은행

5 단리는 단순히 원금에 대해서만 이자를 계산하는 방법이며, ㅂㄹ는 원금과 원금에서 발생한 이자를 합친 금액에 대해 이자를 계산하는 방법이다.

5. 복리

6 표면금리는 겉으로 나타난 금리를 말하며, ㅅㅎ금리는 실제로 지급받거나 부담하게 되는 금리를 뜻한다.

6. 실효

7 금융시장에서 일반적으로 사용하는 이자율 또는 금리는 ㅅㅇ률 개념이다.

7. 수익

8 ㅎㅇ율로 표기된 경우에는 정확한 금리 비교를 위하여 수익률로 전환하여 사용할 필요가 있다.

8. 할인

9 금융시장에서 거래되는 금리는 ㄱㅈㄱㄹ를 기준으로 하므로 모든 금리의 출발점이자 나침반 역할을 한다.

9. 기준금리

10 금융회사 또는 거래금액이 크고 신용도가 높은 경제주체들이 거래하는 만기 1년 이내의 금융시장에서 결정되는 이자율은 ㄷㄱ금리이다.

10. 단기

11. 수익률

11 채권시장에서 형성되는 금리는 채권[ㅅㅇㄹ]이라고 한다.

12. 신용평가

12 금융회사는 거래상대방의 신용상태를 직접 파악하려면 많은 시간과 비용이 들어가기에 주로 [ㅅㅇㅍㄱ]회사들을 통해 신용정보를 확보한다.

13. NICE

13 우리나라의 신용평가사회사는 [□□□□]신용평가, 한국기업평가, 한국신용평가 등이 대표적이다.

14. 실질

14 명목금리는 물가상승에 따른 구매력의 변화를 감안하지 않은 금리이며 [ㅅㅈ]금리는 명목금리에서 물가상승률을 뺀 금리이다.

15. 피셔

15 실질금리와 명목금리 간 관계를 [ㅍㅅ]방정식이라고 한다.

16. 자국통화표시

16 우리나라는 '미화 1달러에 몇 원'의 형식으로 외국 화폐 1단위에 상응하는 원화 가치를 환율로 표시하는 [ㅈㄱㅌㅎㅍㅅ]법을 사용하고 있다.

17. 상승

17 외화의 입장에서 보면 외화 가치 상승과 환율 [ㅅㅅ]은 서로 같은 방향으로 움직인다.

18. 변동

18 우리나라의 경우 [ㅂㄷ]환율제도를 채택하고 있으며, 환율이 외환시장에서 수요와 공급에 따라 결정된다.

19. 가격

19 환율이 상승하면 국제 상품 및 서비스 시장에서 [ㄱㄱ] 경쟁력이 높아져 경상수지가 개선된다.

20. 외환보유고

20 각국 중앙은행이 보유하고 있는 [ㅇㅎㅂㅇㄱ]는 외화 지급불능 사태에 대비할 뿐만 아니라 외환시장 교란 시 환율 안정을 도모하기 위해서도 매우 중요하다.

21. 유통

21 주식시장은 기업공개(IPO; Initial Public Offering)나 유상증자를 통해 주식이 발행되는 발행시장과 이렇게 발행된 주식이 거래되는 [ㅇㅌ]시장으로 나뉜다.

22. 유가증권

22 우리나라의 주식 유통시장은 장내유통시장과 장외유통시장으로 구분될 수 있으며, 전자에는 [ㅇㄱㅈㄱ]시장, 코스닥시장, 코넥스시장이, 후자에는 K-OTC 시장이 포함된다.

23. 시가총액

23 코스닥지수는 코스닥 시장에 상장되어 있는 종목을 대상으로 산출되는 종합지수로 코스닥시장의 대표지수이며, 코스피지수와 동일한 [ㅅㄱㅊㅇ]방식으로 산출된다.

24. 상장지수펀드

24 코스피200지수는 주가지수선물, 주가지수옵션거래뿐 아니라 인덱스펀드, [ㅅㅈㅈㅅㅍㄷ](ETF; Exchange Traded Fund) 등에도 활용되고 있다.

25 코스피지수는 1980년 1월 4일을 기준시점으로 이날의 주가지수를 100으로 하고, 코스피200지수는 □□□□년 1월 3일을 기준시점으로 하여 작성되고 있다.

26 KRX100지수(Korea Exchange 100)는 역시 최대주주지분, 자기주식, 정부지분 등을 제외한 ⌐□⌐⌐만의 시가총액을 합산하여 계산한다.

27 MSCI(Morgan Stanley Capital International)지수에는 대표적으로 MSCI □□□□(유럽·아태·극동), MSCI World(선진국시장), MSCI EM(신흥시장) 등의 지수가 있다.

28 FTSE(Financial Times Stock Exchange)지수는 ⌐□⌐⌐타임즈와 런던증권거래소가 공동으로 설립한 FTSE그룹이 발표하는 지수로 주식, 채권, 부동산 등 다양한 부문의 지수가 제공되고 있으며 주로 유럽에서 사용되고 있다.

29 미국의 ⌐□⌐⌐⌐⌐(NYSE; New York Stock Exchange)는 거래량이나 거래금액 면에서 세계에서 가장 큰 주식시장이며, 처음과 달리 지금은 다수의 외국 기업들도 상장되어 있다.

30 다우존스 산업평균지수(DJIA; Dow Jones Industrial Average)는 경제 전반에 걸쳐 대표적인 □□개 대형 제조업 기업들의 주식들로 구성되어 있다.

31 다우존스 산업평균지수(DJIA; Dow Jones Industrial Average)는 ⌐⌐⌐⌐⌐⌐ 방식을 사용하여 지수를 산출하고 있으며 미국의 대표적 경제신문인 월스트리트저널에서 작성·발표하고 있다.

32 미국의 두 번째 주식시장은 ⌐⌐⌐⌐⌐⌐(AMEX; American Stock Exchange)인데 뉴욕증권거래소에 상장되지 않은 주식을 거래하며 뉴욕에 위치하고 있다.

33 미국의 세 번째 주식시장은 산업기술주를 주로 거래하는 ⌐□⌐(NASDAQ; National Association of Securities Dealers Automated Quotation) 시장으로, 1971년부터 주로 정보통신과 산업 기술 관련 기업들의 주식을 매매한다.

34 나스닥지수(NASDAQ Composite Index)는 나스닥 증권시장에 등록돼 있는 5,000여개 주식을 ⌐⌐⌐⌐하여 구한 지수이다.

35 아시아 지역에는 일본의 니케이(Nikkei Stock Average Index)지수, 홍콩의 항셍(Hang Seng Index) 지수, 중국의 ⌐⌐⌐⌐⌐⌐⌐(Sanghai Composite Index), 대만의 자이취엔지수(Taiwan WeightedAverage Index) 등이 대표적이다.

03 금융시장

Step 1 구조와 틀

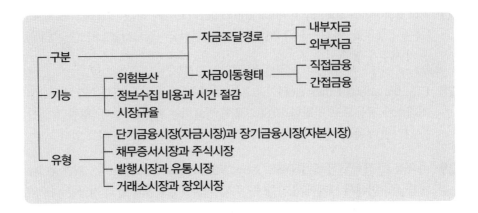

Step 2 개념어 Quiz

1. 직접금융

1 최종적인 차입자인 기업부문(적자경제주체)이 주식·사채 등을 발행하여 최종적인 대출자인 가계부문(흑자경제주체)에 매각함으로써 자금을 직접 조달하는 금융거래는?

2. 간접금융

2 자금의 공급자와 수요자 사이에 은행 등 금융회사가 일반인으로부터 예금을 받아 필요한 사람에게 대출해주는 금융거래는?

3. 금융중개기관

3 최종적인 차입자에게 자금을 공급하여 본원적 증권을 구입하게 하는 한편 자신에 대한 청구권(정기예금증서 등)을 발행하여 최종적인 대출자로부터 자금을 조달함으로써 최종적인 차입자와 대출자를 중개하는 기관은?

4. 자원배분기능

4 가계부문에 여유자금을 운용할 수 있는 수단(금융자산)을 제공하고 흡수한 자금을 투자수익성이 높은 기업을 중심으로 기업부문에 이전시킴으로써 국민경제의 생산력을 향상시키는 금융시장의 기능은?

5. 위험분산기능

5 다양한 금융상품을 제공함으로써 투자자가 분산투자를 통해 투자위험을 줄일 수 있도록 하는 금융시장의 기능은?

6. 시장규율
(markets discipline)

6 차입자의 건전성을 제고하기 위해 시장참가자가 당해 차입자가 발행한 주식 또는 채권 가격 등의 시장신호(market signal)를 활용하여 감시기능을 수행하는 금융시장의 기능은?

7 금융회사 상호간에 자금과부족을 일시적으로 조절하기 위한 초단기 자금거래가 이루어지는 시장은?

7. 콜시장

8 신용상태가 일정 수준 이상의 양호한 기업이나 금융회사가 단기자금을 조달하기 위해 발행하는 증권은?

8. 기업어음

9 정기예금에 양도성을 부여한 예금증서로 할인방식으로 발행되며 발행금리를 발행금액 및 기간, 발행 금융회사의 신용도, 시장금리 등을 감안하여 결정하는 금융상품은?

9. 양도성예금증서

10 이미 발행된 장단기 금융상품이 거래되는 시장으로 투자자가 보유중인 회사채나 주식을 쉽게 현금화할 수 있게 함으로써 당해 금융상품의 유동성을 높여주는 시장은?

10. 유통시장 (secondary market)

11 간접발행에 있어서 해당 증권의 발행 사무를 대행함은 물론 증권의 전부 또는 일부 인수를 통해 발행위험을 부담하는 한편 발행된 증권의 유통시장을 조성(market-making)하는 기관은?

11. 인수기관 (underwriting institution)

12 시장참가자의 특정 금융상품에 대한 매수매도 주문(bid-ask order)이 거래소에 집중되도록 한 다음 이를 표준화된 거래규칙에 따라 처리하는 조직화된 장내시장은?

12. 거래소시장 (exchange)

13 특정한 규칙 없이 거래소 이외의 장소에서 당사자 간에 금융상품의 거래가 이루어지는 시장은?

13. 장외시장

Step 3 초성 Quiz

---

1 금융거래가 이루어지기 위해서는 이를 매개하는 수단이 필요한데 이러한 금융수단(financial instruments)을 금융자산 또는 금융ㅅㅍ이라고 한다.

1. 상품

2 금융자산은 현재 또는 미래의 현금흐름에 대한 청구권을 나타내는 증서로서 ㅇㄱ증서, 어음, 채권 등이 그 예이다.

2. 예금

3 자금의 최종적 차입자가 자금의 최종적인 대출자에게 주식이나 사채 등을 직접적으로 발행함으로써 자금을 조달하는 방식의 금융거래는 ㅈㅈ금융(direct finance)이다.

3. 직접

4. 본원	**4** 경제주체 중 금융기관 이외의 최종적인 차입자가 발행하는 금융자산을 ㅂㅇ적 증권(primary security)이라고 하며, 주식·사채·어음·채무증서 등이 이에 해당한다.
5. 간접	**5** 금융중개기관이 자신에 대해서 발행하는 청구권을 간접증권 또는 제2차 증권(secondary security)이라 하며, 금융중개기관이 대출자와 차입자간에 자금융통을 매개하는 방식을 ㄱㅈ금융(indirect finance)이라 한다.
6. 예금	**6** 간접금융시장의 자금거래 중 첫 번째 단계는 자금의 공급단계로 자금공급자가 금융회사에게 자금을 맡기고 금융회사는 자금공급자에게 ㅇㄱ증서 등을 교부하는 단계이다.
7. 차용	**7** 간접금융시장의 자금거래 중 두 번째 단계는 자금의 수요단계로 금융회사가 자금을 수요자에게 제공하고 ㅊㅇ증서를 교부받는 단계이다.
8. 시간선호	**8** 금융시장은 소비주체인 가계부문에 적절한 자산운용 및 차입기회를 제공하여 가계가 자신의 ㅅㄱㅅㅎ(time preference)에 맞게 소비시기를 선택할 수 있게 함으로써 소비자 효용을 증진시키는 기능을 한다.
9. 헤지	**9** 금융시장은 파생금융상품과 같은 위험 ㅎㅈ 수단을 제공하여 투자자가 투자 위험을 위험선호도(risk preference)가 높은 다른 시장참가자에게 전가할 수 있도록 해 준다.
10. 대출	**10** ㄷㅊ시장은 은행, 저축은행, 상호금융 등과 같은 예금취급 금융회사를 통해 다수의 예금자로부터 자금이 조달되어 최종 자금수요자에게 공급되는 시장이다.
11. 외환	**11** ㅇㅎ시장은 외환의 수요와 공급에 따라 외화자산이 거래되는 시장이다.
12. 파생	**12** ㅍㅅ금융상품시장은 전통 금융상품 및 외환의 가격변동위험과 신용위험 등 위험을 관리하기 위해 고안된 상품이 거래되는 시장이다.
13. 거래소	**13** 전통적 의미의 금융시장은 금융거래의 만기에 따라 단기금융시장과 장기금융시장, 금융수단의 성격에 따라 채무증서시장과 주식시장, 금융거래의 단계에 따라 발행시장과 유통시장, 금융거래의 장소에 따라 ㄱㄹㅅ시장과 장외시장 등으로 구분할 수 있다.
14. 자본	**14** 단기금융시장(자금시장)은 보통 만기 1년 이내의 금융자산이 거래되는 시장을, 장기금융시장(ㅈㅂ시장)은 만기 1년 이상의 채권이나 만기가 없는 주식이 거래되는 시장을 의미한다.

15 콜거래는 최장 ☐☐일 이내로 만기가 제한되어 있으나 거래물량의 대부분을 익일물이 차지하고 있다.

15. 90

16 기업어음과 양도성예금증서는 ☐☐방식으로 발행된다.

16. 할인

17 차입자가 만기까지 일정한 이자를 정기적으로 지급할 것을 약속하고 발행한 ☐☐증서(debt instrument)의 만기는 통상 1년 이내의 단기, 1년과 10년 사이의 중기, 10년 이상의 장기로 구분된다.

17. 채무

18 채무증서시장에는 기업어음시장, 양도성예금시장, 표지어음시장, 통화안정증권시장, 국채·☐☐채·금융채 등의 채권시장이 포함된다.

18. 회사

19 주주는 주식소유자로서 기업 순이익에 대한 ☐☐청구권을 갖는다.

19. 배당

20 우리나라의 주식시장에는 유가증권시장, 코스닥시장, ☐☐☐시장, K-OTC시장 등이 있다.

20. 코넥스

21 발행기업이 청산할 경우 채무증서 소유자는 우선변제권을 행사할 수 있는 반면 주주는 채무를 변제한 잔여재산에 대하여 ☐☐☐을 행사(residual claim)한다.

21. 지분권

22 ☐☐시장(primary market)은 기업, 정부, 공공기관 등 자본을 수요하는 발행주체가 단기금융상품이나 채권, 주식 등 장기금융상품을 신규로 발행하여 이를 일반투자자에게 매각함으로써 장기적인 자본을 조달하는 시장이다.

22. 발행

23 우리나라에서는 회사채 또는 주식을 공모방식으로 발행할 때 주로 ☐☐회사가 인수기능을 수행한다.

23. 증권

24 정부가 국고채를 발행할 때에는 국고채 전문딜러(PD; Primary Dealer)가 경쟁입찰에 독점적으로 참여하고 ☐☐☐☐☐☐ 공시(bid-ask quotation) 등을 통해 시장조성 활동을 담당한다.

24. 매수매도호가

25 2005년에 주식·채권 등을 거래하는 증권거래소, 선물 및 옵션을 거래하는 선물거래소, 기술주 중심의 주식을 거래하는 코스닥증권시장 등 3곳을 ☐☐☐☐☐로 통합하였다.

25. 한국거래소

26 장외시장은 한국금융투자협회가 개설·운영하는 K-OTC시장과 상장증권은 물론 비상장증권에 대하여 고객과 증권회사, 증권회사 상호간 또는 고객 상호간의 개별적인 접촉에 의해 거래가 이루어지는 비조직적·추상적 시장인 ☐☐시장(over-the-counter market)으로 구분된다.

26. 점두

27. 대고객

27 점두시장은 딜러·브로커 간 시장과 딜러·브로커와 고객간 쌍방 거래가 이루어지는 ☐☐☐시장으로 구분된다.

28. 증권

28 장외시장은 주로 매도나 매수를 원하는 투자자와 반대거래를 원하는 상대방을 연결시켜 거래를 중개하는 ☐☐회사를 매개로 거래가 이루어진다.

01 금융회사

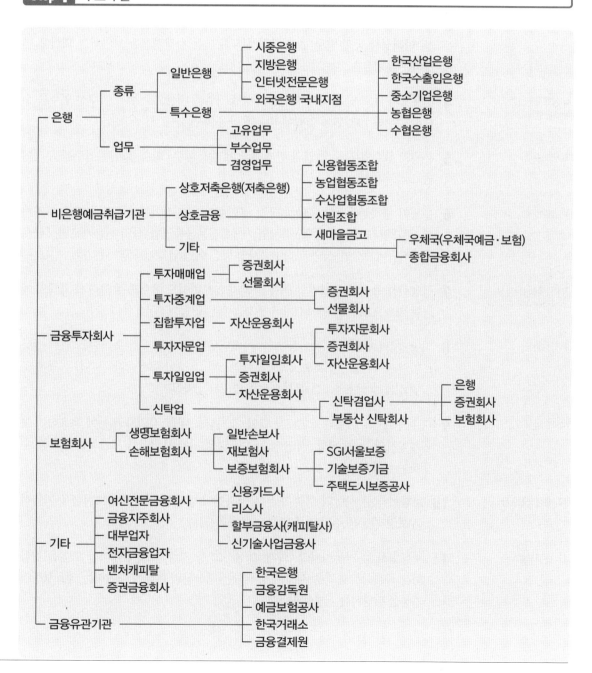

1. 은행

1 예금 또는 채무증서 등을 통해 불특정 다수의 경제주체들로부터 자금을 조달하고 기업, 가계 등에 대출하는 금융회사는?

2. 인터넷전문은행

2 시중은행 중에서 오프라인 채널 없이 온라인으로만 영업을 하는 은행은?

3. 한국산업은행

3 1954년 전후 복구지원을 중점적으로 지원하기 위해 설립되었으며 기업구조조정, 미래성장 동력 발굴, 사회간접자본 확충 등 시장경제를 보완하는 역할을 담당하는 은행은?

4. 상호저축은행
(저축은행)

4 신용도가 다소 낮은 지역 서민들과 중소기업을 대상으로 주로 여수신 업무를 수행하기 위해 1972년에 설립된 비은행 금융회사는?

5. 팩토링

5 은행의 부수업무 중 기업의 판매대금 채권의 매수·회수 및 관련업무를 무엇이라고 하는가?

6. 겸영업무

6 은행이 행하는 「자본시장법」상의 집합투자업과 집합투자증권에 대한 투자매매·중개업 및 투자자문업, 신탁업, 「여신전문금융업법」상의 신용카드업, 「근로자퇴직급여보장법」상의 퇴직연금사업 등은 어떤 업무에 해당하는가?

7. 비은행 금융회사
(비은행예금취급기관)

7 금융회사 중에서 은행법의 적용을 받지 않으면서도 은행과 유사하게 고객의 예금을 바탕으로 돈을 빌려주거나 투자를 하는 금융기관은?

8. 상호금융

8 직장·지역 단위의 신용협동조합, 지역단위의 새마을금고, 농어민을 위한 협동조합인 농·수협 단위조합, 그리고 산림조합 등 조합원에 대한 여수신을 통해 조합원 상호간 상호부조를 목적으로 운영되는 금융은?

9. 보험회사

9 다수의 계약자로부터 보험료를 받아 이 자금을 대출, 유가증권 등에 운용하여 보험계약자의 노후, 사망, 질병 또는 사고발생 시에 보험금을 지급하는 업무를 수행하는 금융회사는?

10. 생명보험회사

10 보험회사 중 사람의 생존 또는 사망사건이 발생했을 때 약정보험금을 지급하는 보장 기능을 주된 업무로 하는 금융회사는?

11. 손해보험회사

11 보험회사 중 자동차사고, 화재, 해상사고 등 각종 사고에 대비한 보험을 취급하는 금융회사로 각종 사고로 발생하는 재산상의 손해에 대처하는 상호보장적 기능을 담당하는 금융회사는?

12 보험계약자로부터 보험료를 받고 보험계약자가 피보험자에게 약속을 이행하지 못하거나 피해를 끼쳤을 때 대신 보험금을 지급하는 보험제도는?

12. 보증보험

13 보험회사가 피보험자로부터 계약한 보험내용의 일부나 전부를 다른 보험회사에 다시 보험을 드는 보험제도는?

13. 재보험

14 자본시장과 관련한 금융투자업인 투자매매업, 투자중개업, 집합투자업, 투자일임업, 투자자문업, 신탁업의 6가지 업종 중 전부 또는 일부를 담당하는 회사는?

14. 금융투자회사

15 자본시장에서 주식, 채권 등 유가증권의 발행을 주선하고 발행된 유가증권의 매매를 중개하는 것을 주요 업무로 하는 금융투자회사는?

15. 증권회사

16 2명 이상의 투자자로부터 모은 돈으로 채권, 주식 매매 등을 통해 운용한 후 그 결과를 투자자에게 배분해주는 금융투자회사는?

16. 자산운용회사

17 투자자로부터 주식, 펀드, 채권 등 금융투자상품 등에 대한 투자일임업이나 투자자문업을 주로 하는 금융회사는?

17. 투자자문회사

18 소비자가 구입하는 상품의 가격을 미리 지불하고 결제일에 한꺼번에 금액을 받거나 나누어서 갚게 하고 해당기간 동안에 발생하는 이자소득이나 사용수수료로 수입을 올리는 금융회사는?

18. 신용카드회사

19 건물, 자동차, 기계, 사무기기 등을 구입하여 사용자에게 대여하여 사용료를 받는 일을 하는 금융회사은?

19. 리스회사

20 주식(지분)의 소유를 통해 금융기관 또는 금융업의 영위와 밀접한 관련이 있는 회사를 지배하는 것을 주된 사업으로 하여 1개 이상의 금융기관을 지배하는 회사는?

20. 금융지주회사

21 금융거래에 직접 참여하기보다 금융제도의 원활한 작동에 필요한 여건을 제공하는 것을 주된 업무로 하는 기관은?

21. 금융유관기관

22 통화량 등의 중간목표를 두지 않고 정책의 최종 목표인 '물가상승률' 자체를 목표로 설정하고 중기적 시계에서 이를 달성하려는 통화정책 운영방식은?

22. 물가안정목표제

23 경제 전반에 걸친 금융혼란에 대비하여 금융시스템의 안정성을 확보하는 데 주력하는 것으로 건전성 및 영업행위 감독보다 넓은 개념의 금융감독은?

23. 시스템 감독

24 1996년 예금자보호법에 의거하여 금융회사가 파산 등으로 예금을 지급할 수 없는 경우 예금지급을 보장함으로써 예금자를 보호하고 금융제도의 안정성을 유지할 목적으로 설립된 기관은?

24. 예금보험공사

25. 한국거래소
(Korea Exchange, KRX)

26. 금융결제원

25 자본시장법에 의하여 증권 및 선물·옵션과 같은 파생상품의 공정한 가격형성과 거래의 원활화 및 안정화를 도모하기 위해 설립된 주식회사는?

26 자금결제와 정보유통을 원활하게 함으로써 건전한 금융거래의 유지·발전을 도모하고 금융회사 이용자의 편의를 제고하는 등 금융산업 발전에 기여할 목적으로 설립된 지급결제전문기관은?

Step 3   초성 Quiz

1. 중개

1 금융회사는 금융시장에서 자금수요자와 공급자 사이에서 자금을 ㅈㄱ해주는 역할을 하는 회사이다.

2. 은행

2 은행은 설립목적에 따라 ㅇㅎ법에 의거하여 설립되어 운영되는 일반은행, 개별 특수은행법에 의거하여 설립·운영되는 특수은행으로 구분된다.

3. 일반

3 시중은행, 지방은행, 인터넷전문은행, 외국은행 국내지점 등은 ㅇㅂ은행으로 분류된다.

4. 특수

4 한국산업은행, 한국수출입은행, 중소기업은행(IBK기업은행), NH농협은행, SH수협은행 등은 ㅌㅅ은행으로 분류된다.

5. 시중

5 일반은행은 영업지역을 기준으로 전국 어디에서나 영업이 가능한 ㅅㅈ은행과 주로 특정 지역을 기반으로 주요 영업권을 형성한 지방은행으로 나누어볼 수 있다.

6. 신용

6 비은행금융회사 중 상호금융에는 ㅅㅇ협동조합, 농업협동조합, 수산업협동조합, 산림조합, 새마을금고가 있다.

7. 신용카드

7 여신전문금융회사에는 ㅅㅇㅋㄷ사, 리스사, 할부금융사, 신기술사업금융사 등이 있다.

8. 겸영

8 은행의 업무는 고유업무, 부수업무 그리고 ㄱㅇ업무로 구분된다.

9. 예적금

9 은행법상 규정된 은행의 고유업무에는 ㅇㅈㄱ 수입, 유가증권 또는 채무증서 발행, 자금 대출, 어음할인 및 내·외국환 등이 있다.

10. 마이데이터

10 은행업감독규정 제2항 제3호에 따라 은행은 은행캐릭터 저작권 라이선싱, 브랜드사용료 부과, ㅁㅇㄷㅇㅌ 소프트웨어 판매, 은행인증서를 활용한 본인 확인 서비스, 전기통신사업법에 따른 알뜰폰 사업, 대학교 학생증·학사관리 플랫폼 서비스 등 금융위원회가 정하여 고시하는 부수업무를 할 수 있다.

11 비은행예금취급기관에는 ⬜⬜⬜⬜은행, 신용협동기구, 우체국예금, 종합금융 회사가 있다.

11. 상호저축

12 보험회사는 업무 및 회사 특성을 함께 고려하여 생명보험회사, ⬜⬜보험회사, 우체국보험, 공제기관 등으로 구분된다.

12. 손해

13 생명보험과 손해보험은 완전히 분리된 보험으로 서로 겸업하지 않지만 질병보험, ⬜⬜보험, 간병보험은 생명보험이나 손해보험 회사들이 자유롭게 취급할 수 있다.

13. 상해

14 '⬜⬜⬜서울보증'은 일반적인 보증보험을 담당하는 회사이다.

14. SGI

15 재보험은 대형 사고와 같이 큰 경제적 보상이 필요하여 한 개의 보험회사가 감당하기 어려운 경우에 위험을 ⬜⬜하는 보험제도이다.

15. 분산

16 국내 재보험사업은 전업재보험사(⬜⬜⬜⬜ 및 외국사 국내지점)와 일부 원수보험사가 영위하고 있다.

16. 코리안리

17 금융투자업 중 금융회사가 자기자금으로 금융투자상품을 매도·매수하거나 증권을 발행·인수 또는 권유·청약·승낙하는 것은 ⬜⬜⬜⬜업이다.

17. 투자매매

18 금융투자업 중 금융회사가 고객으로 하여금 금융투자상품을 매도·매수하거나 증권을 발행·인수 또는 권유·청약·승낙하는 것은 ⬜⬜⬜⬜업이다.

18. 투자중개

19 금융투자업 중 2인 이상에게 투자를 권유하여 모은 금전 등을 투자자 등으로부터 일상적인 운영지시를 받지 않으면서 운용하고 그 결과를 투자자에게 배분하여 귀속시키는 것을 영업으로 하는 것은 ⬜⬜⬜⬜업이다.

19. 집합투자

20 금융투자업 중 자본시장법에 따라 신탁을 영업으로 수행하는 것은 ⬜⬜업이다.

20. 신탁

21 금융투자업 중 금융투자상품의 가치 또는 투자판단에 관하여 자문을 하는 것을 영업으로 하는 것은 ⬜⬜⬜⬜업이다.

21. 투자자문

22 금융투자업 중 투자자로부터 금융상품에 대한 투자판단의 전부 또는 일부를 일임 받아 투자자별로 구분하여 자산을 취득·처분 그 밖의 방법으로 운용하는 것을 영업으로 하는 것은 ⬜⬜⬜⬜업이다.

22. 투자일임

23 신탁업을 담당하는 금융기관에는 ⬜⬜, 증권회사, 보험회사 등 신탁겸업사와 부동산 신탁회사 등이 있다.

23. 은행

24. 직접	**24** 은행이 예금자의 예금을 받아서 기업에 대출을 해주는 것과는 달리 증권회사는 자금수요 기업과 금융투자자 사이에 ☒☒금융을 중개한다는 점에서 은행과는 업무성격이 다르다.
25. 할부	**25** 판매사나 제조사에서 상품을 구입할 때 할부금융회사가 미리 돈을 지불하고 소비자는 일정기간 나누어서 갚는 것을 ☒☒금융이라고 한다.
26. 판매자	**26** 할부금융 자금은 상품 구입 목적 이외에 다른 목적으로 대출받는 것을 방지하기 위해 소비자에게 대출하지 않고 ☒☒☒에게 직접 지급한다.
27. 발권	**27** 우리나라 중앙은행인 한국은행은 화폐를 독점적으로 발행하는 ☒☒은행이다.
28. 지급준비금	**28** 한국은행은 금융회사로부터 예금을 받아 금융회사 고객의 예금인출에 대비한 ☒☒☒☒☒등으로 이용하고 금융회사에 대출을 해주며 자금부족에 직면한 금융회사가 순조롭게 영업할 수 있도록 도와주는 등 은행의 은행 역할을 수행한다.
29. 정부	**29** 한국은행은 국민이 정부에 내는 세금 등 정부의 수입을 국고금으로 받아 두었다가 정부가 필요로 할 때 자금을 내어주는 ☒☒의 은행 역할도 수행한다.
30. 금융통화위원회 (금통위)	**30** 한국은행의 ☒☒☒☒☒☒☒는 기준금리(정책금리)를 정하고 여타 통화신용정책에 관해 결정을 내린다.
31. 7	**31** 금통위는 한국은행의 통화신용정책에 관한 주요 사항을 심의·의결하는 정책결정기구로서 한국은행 총재 및 부총재를 포함한 총 ☐인의 위원으로 구성된다.
32. 선진화	**32** 금융감독원은 금융산업을 ☒☒☒하고 금융시장의 안정성을 도모하며, 건전한 신용질서, 공정한 금융거래관행 확립과 예금자 및 투자자 등 금융수요자를 보호함으로써 국민경제에 기여하는 데 그 목적이 있다.
33. 금융회사	**33** 금융감독원은 ☒☒☒☒에 대한 감독업무, 이들 회사의 업무 및 재산상황에 대한 검사와 검사결과에 따른 제재업무, 금융분쟁의 조정 등 금융소비자 보호업무 등의 기능을 수행한다.
34. 시스템	**34** 금융감독은 크게 ☒☒☒ 감독, 건전성 감독 그리고 영업행위 감독으로 구분될 수 있다.
35. 임점	**35** 금융회사에 대한 검사는 금융회사의 현장에서 규제준수 여부를 점검하는 ☒☒검사(on-site examination)와 금융회사가 제출한 업무보고서에 근거한 상시감시를 병행한다.

36 예금보험공사의 주요 업무는 금융회사의 보험료, 정부와 금융회사의 출연금, 예금보험기금채권 등으로 ⬜⬜⬜⬜⬜⬜을 조성해두었다가 금융회사가 고객들에게 예금을 지급하지 못하는 경우에 대신 지급해주는 것이다.

36. 예금보험기금

37 농·수협 지역조합의 예금은 각 중앙회가 자체적으로 설치, 운영하는 「상호금융예금자보호기금」을 통하여 원금과 소정의 이자를 포함해 1인당 ⬜천만원까지 보호된다.

37. 5

38 예금보험제도에 따라 외화표시예금은 원화로 환산한 금액 기준으로 예금자 1인당 ⬜천만원 범위 내에서 보호된다.

38. 5

39 ⬜⬜⬜⬜⬜는 증권거래소, 선물거래소, 코스닥 위원회, ㈜코스닥증권시장 등 4개 기관이 통합하여 2005년 설립되었다.

39. 한국거래소 (Korea Exchange, KRX)

40 지급결제전문기관인 ⬜⬜⬜⬜⬜은 5대 국가전산망의 하나인 금융전산망 구축을 위하여 1986년 6월, 비영리 사단법인으로 출범하였다.

40. 금융결제원

02 금융상품

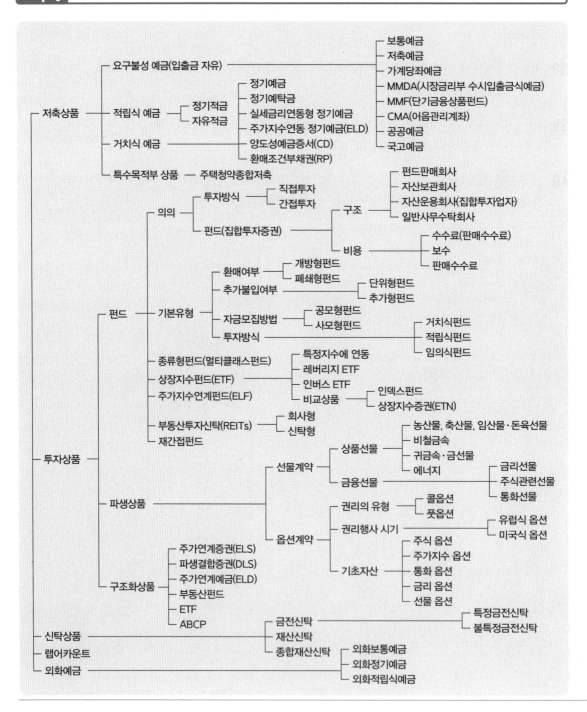

1 정기예금, 금전신탁 등과 같이 목돈을 투자해 재테크를 할 수 있는 예금 상품은?

2 거래대상, 예치금액, 예치기간, 입출금 횟수 등에 아무런 제한 없이 누구나 자유롭게 입·출금할 수 있는 반면 이자율이 매우 낮은 예금은?

3 보통예금처럼 예치금액, 예치기간 등에 아무런 제한이 없고 입출금이 자유로우면서도 보통예금보다 높은 이자를 받을 수 있는 예금은?

4 가계수표를 발행할 수 있는 개인용 당좌예금으로 무이자인 일반 당좌예금과는 달리 이자가 지급되는 가계우대성 요구불예금은?

5 고객이 우체국이나 은행에 맡긴 자금을 단기금융상품에 투자해 얻은 이익을 이자로 지급하는 구조로 되어 있어 시장실세금리에 의한 고금리가 적용되고 입출금이 자유로우며 각종 이체 및 결제기능이 가능한 단기상품은?

6 고객의 돈을 모아 주로 CP(기업어음), CD(양도성예금증서), RP(환매조건부채권), 콜(call) 자금이나 잔존만기 1년 이하의 안정적인 국공채로 운용하는 실적배당상품은?

7 계약금액과 계약기간을 정하고 예금주가 일정 금액을 정기적으로 납입하면 만기에 계약금액을 지급하는 적립식 예금으로 푼돈을 모아 목돈을 마련하는데 적합한 가장 보편적인 장기 금융상품은?

8 예금자가 이자수취를 목적으로 예치기간을 사전에 약정하여 일정금액을 예입하는 장기 저축성 기한부예금은?

9 원금을 안전한 자산에 운용하여 만기 시 원금은 보장되고 장래에 지급할 이자의 일부 또는 전부를 주가지수의 움직임에 연동한 파생상품에 투자하여 고수익을 추구하는 상품은?

10 금융회사가 보유하고 있는 국채, 지방채, 특수채, 상장법인 및 등록법인이 발행하는 채권 등을 고객이 매입하면 일정기간이 지난 뒤 이자를 가산하여 고객으로부터 다시 매입하겠다는 조건으로 운용되는 단기 금융상품은?

11 신규분양 아파트 청약에 필요한 저축으로서 기존의 청약저축, 청약부금, 청약예금의 기능을 묶어 놓은 상품은?

12 여러 사람의 돈을 모아 수익이 예상되는 곳에 투자하여 돈을 번 후 그 수익금을 투자한 금액에 비례하여 나누어 돌려주는 금융상품은?

---

1. 거치식 상품

2. 보통예금

3. 저축예금

4. 가계당좌예금

5. 시장금리부 수시입출금식예금
(MMDA ; Money Market Deposit Account)

6. 단기금융상품펀드
(MMF ; Money Market Fund)

7. 정기적금

8. 정기예금

9. 주가지수연동 정기예금
(ELD ; Equity Linked Deposit)

10. 환매조건부채권
(RP ; Re-purchase Paper)

11. 주택청약종합저축

12. 펀드
(집합투자증권)

13. 임의식펀드

14. 종류형펀드
(멀티클래스펀드)

15. J클래스

16. 상장지수증권
(ETN; Exchange Traded Notes)

17. 부동산투자신탁
(REITs; Real Estate Investment Trusts)

18. 재간접펀드
(fund of funds)

19. 파생상품

20. 선물계약
(futures contracts)

21. 옵션계약

22. 옵션프리미엄
(옵션가격)

23. 구조화금융상품

24. 파생결합증권

25. 주가연계증권
(ELS; Equity Linked Securities)

13 펀드를 투자방식에 따라 분류할 때 투자금이 있을 때마다 투자하는 것은?

14 운용방식이 같더라도 펀드투자 비용의 부과 체계가 다른 여러 펀드를 구분하기 위하여 대체로 펀드 이름의 마지막 부분에 알파벳이 표기되어 있는 펀드는?

15 종류형펀드 중 집합투자업자(자산운용사)가 직접 판매하는 펀드는?

16 ETF와 유사한 형태의 금융상품으로 기초지수 변동과 수익률이 연동되도록 증권회사가 발행하는 파생결합증권으로서 거래소에 상장되어 거래되는 증권은?

17 투자자금을 모아 부동산 개발, 매매, 임대 및 주택저당채권(MBS) 등에 투자한 후 이익을 배당하는 금융상품은?

18 한 개의 펀드에서 다른 여러 가지 펀드들에 분산투자하는 것으로서 펀드의 재산을 다른 펀드가 발행한 간접투자증권에 투자하는 펀드는?

19 기초자산의 가치 변동에 따라 가격이 결정되는 금융상품으로 그 상품의 가치가 기초자산의 가치 변동으로부터 파생되어 결정되는 것은?

20 장래의 일정 시점을 인수·인도일로 하여 일정한 품질과 수량의 어떤 물품 또는 금융상품을 사전에 정한 가격에 사고팔기로 약속하는 계약은?

21 파생상품 중 장래의 일정시점 또는 일정기간 내에 특정 기초자산을 정한 가격에 팔거나 살 수 있는 권리는?

22 옵션매입자가 선택권을 갖는 대가로 옵션매도자에게 지급하는 금액은?

23 예금, 주식, 채권, 대출채권, 통화, 옵션 등 금융상품을 혼합하여 얼마든지 새로운 상품을 만들 수 있는데, 이처럼 당초의 자산을 가공하거나 혼합하여 만들어진 새로운 상품은?

24 기초자산의 가격·이자율·지표·단위 또는 이를 기초로 하는 지수 등의 변동과 연계하여 미리 정하여진 방법에 따라 지급금액 또는 회수금액이 결정되는 권리가 표시된 증권은?

25 파생결합증권의 일종으로 개별 주식의 가격이나 주가지수, 섹터지수 등의 기초자산과 연계되어 미리 정해진 방법으로 투자수익이 결정되는 증권은?

26 위탁자가 특정한 재산권을 수탁자에게 이전하거나 기타의 처분을 하고 수탁자로 하여금 수익자의 이익 또는 특정한 목적을 위하여 그 재산권을 관리·운용·처분하게 하는 법률관계는?

26. 신탁

27 금전 외의 재산인 금전채권, 유가증권, 부동산 등으로 신탁을 설정하고 위탁자의 지시 또는 신탁계약에서 정한 바에 따라 관리·운용·처분한 후 신탁 종료 시 운용재산을 그대로 수익자에게 교부하는 신탁은?

27. 재산신탁

28 주식, 채권, 금융상품 등 증권회사(투자매매업자)에 예탁한 개인투자자의 자금을 한꺼번에 싸서(wrap) 투자자문업자(통상 자산운용회사나 증권회사가 겸업)로부터 운용서비스 및 그에 따른 부대서비스를 포괄적으로 받는 계약은?

28. 랩어카운트 (wrap account)

29 보통예금처럼 예치금액, 예치기간 등에 제한이 없고 입출금이 자유로운 외화 예금은?

29. 외화보통예금

Step 3   초성 Quiz

1 ㅇㄱㅂ성 예금 상품은 수익률은 낮지만 예금자의 지급 청구가 있으면 조건 없이 지급함으로써 고객의 지급결제 편의 도모 또는 일시적 보관을 목적으로 한다.

1. 요구불

2 예금은 요구불성 예금 상품, ㅈㄹ식 상품, 거치식 상품, 기타 특정 저축목적 달성을 지원하기 위한 상품으로 구분할 수 있다.

2. 적립

3 금융회사에 따라서는 입출금이 자유로운 예금 중 일정기간 동안의 평균잔액이 일정액 이하인 경우 이자를 지급하지 않거나 오히려 ㄱㅈㅇㅈ 수수료를 부과하는 제도를 시행하는 경우도 있다.

3. 계좌유지

4 상호금융, 신용협동조합, 새마을금고 등 신용협동기구들은 은행의 저축예금과 유사한 상품인 'ㅈㄹㅇㅌ금'을 취급하고 있다.

4. 자립예탁

5 자립예탁금 상품은 ㄷㅇ약정을 맺으면 약정한도까지 대출을 자동으로 받을 수 있다.

5. 대월

6 가계당좌예금은 모든 은행에 걸쳐 1인 ☐계좌만 거래할 수 있다.

6. 1

7 가계수표는 예금잔액 및 대월한도 범위 내에서 발행하여야 하며 대월한도를 초과하여 발행하게 되면 ㄱㄹㅈㅈ처분을 받을 수 있다.

7. 거래정지

8 MMF는 ㅈㅅㅇㅇ회사가 운용하며 은행, 증권사, 보험사 등에서 판매한다.

8. 자산운용

9. AA	**9** 단기금융상품펀드(MMF; Money Market Fund)는 일시 자금예치 수단으로서의 본래 기능을 수행할 수 있도록 운용가능한 채권의 신용등급을 ☐☐등급이상 (기업어음 A2이상)으로 제한하여 운용자산의 위험을 최소화하도록 하고 있다.
10. 75	**10** 단기금융상품펀드(MMF; Money Market Fund)는 유동성 위험을 최소화하기 위하여 운용자산 전체 가중평균 잔존 만기를 ☐☐일 이내로 제한하고 있다.
11. 종합금융	**11** 어음관리계좌(CMA; Cash Management Account)는 ☒☱☐☯회사나 증권회사가 고객의 예탁금을 어음 및 국·공채 등 단기금융상품에 직접 투자하여 운용한 후 그 수익을 고객에게 돌려주는 단기 금융상품이다.
12. 어음관리	**12** CMA는 개인이나 기업이 1개월에서 6개월 정도의 여유자금을 운용하기에 적합한 저축수단이며, 실물이 아닌 "☐☐☐☲계좌" 통장으로만 거래된다.
13. 95	**13** 정기적금의 가입자는 필요시 적금을 담보로 납입한 적금잔액의 일정범위(통상 ☐☐%) 이내에서 대출을 받을 수 있다.
14. 1/2	**14** 정기적금이나 정기예금의 경우 만기 후에는 적용금리가 가입당시 또는 만기일 당시 약정이율의 ☐/☐ 이하로 크게 낮아지는데 유의하여야 한다.
15. 자유	**15** ☒☯적금은 정기적금과 달리 가입자가 자금여유가 있을 때 금액이나 입금 횟수에 제한 없이 입금할 수 있는 적립식 상품으로 우체국, 은행, 상호저축은행, 상호금융, 신용협동조합, 새마을금고 등에서 취급하고 있다.
16. 정기예탁	**16** ☒☱☯☴금은 은행의 정기예금과 유사한 상품으로 상호금융, 새마을금고, 신용협동조합 등 신용협동기구들이 취급하는 금융상품으로 조합원·준조합원 또는 회원 등이 가입할 수 있으며, 은행권보다 상대적으로 높은 금리를 지급하므로 일반 서민들의 목돈 운용에 적합한 저축수단이다.
17. 225	**17** 주가지수연동 정기예금(ELD; Equity Linked Deposit)은 KOSPI 200지수, 일본 닛케이 ☐☐☐지수 등 주가지수의 움직임에 연동한 파생상품에 투자하여 고수익을 추구하는 상품이다.
18. 횡보	**18** 주가지수연동 정기예금(ELD; Equity Linked Deposit)은 주가지수 전망에 따라 주가지수 상승형, 하락형 또는 ☱☲형 등 다양한 구조의 상품구성이 가능하다.
19. 무기명	**19** 양도성예금증서(CD; Certificate of Deposit)는 정기예금에 양도성을 부여한 특수한 형태의 금융상품으로 은행이 ☐☱☐ 할인식으로 발행하여 거액의 부동자금을 운용하는 수단으로 자주 활용된다.

20 환매조건부채권(RP; Re-purchase Paper)은 투자금액과 기간을 자유롭게 선택할 수 있는 시장금리연동형 ㅎㅈ금리상품으로서 비교적 수익률이 높은 편이며 단기여유자금을 운용할 때 유리한 저축수단이다.

20. 확정

21 주택청약종합저축은 수도권의 경우 가입 후 ☐년이 지나면 1순위가 되며, 수도권 외의 지역은 6~12개월 범위에서 시·도지사가 정하는 기간이 지나면 1순위가 된다.

21. 1

22 주택청약종합저축의 납입 방식은 일정액 적립식과 예치식을 병행하여 매월 ☐만 원 이상 50만원 이내에서 자유롭게 불입(국고금관리법에 따라 10원 단위까지 납입 가능)할 수 있다.

22. 2

23 주택청약종합저축의 잔액이 1,500만원 미만인 경우 월 50만원을 초과하여 잔액 1,500만원까지 일시 예치가 가능하고, 잔액이 1,500만원 이상인 경우는 월 ☐☐만원 이내에서 자유롭게 적립할 수 있다.

23. 50

24 주택청약종합저축의 청약대상은 국민주택의 경우 해당 지역에 거주하는 ㅁㅈㅌ 세대의 구성원으로서 1세대당 1주택, 민영주택의 경우는 지역별 청약가능 예치금을 기준으로 1인당 1주택 청약이 가능하다.

24. 무주택

25 주택청약종합저축은 총급여 8천만 원 이하 근로소득자로서 무주택 세대주인 경우 월 납입 인정 한도가 25만 원으로 최대 연 ☐☐☐만 원의 40%인 120만원까지 소득공제 혜택이 주어진다.

25. 300

26 주택청약종합저축의 서울과 부산의 경우 청약가능 예치금은 85㎡이하인 전용면적 기준 ☐☐☐만원이다.

26. 300

27 펀드는 ㅈㅅㅇㅇ회사의 상품으로, 어느 주식이나 채권에 얼마만큼 투자할지 투자전문가가 운용전략을 세워 체계적으로 관리한다.

27. 자산운용

28 펀드(간접투자상품)의 법률적 용어는 ㅈㅎㅌㅈ증권이다.

28. 집합투자

29 은행, ㅂㅎ사, 증권회사 등은 투자자에게 펀드 투자를 권유하고 투자계약을 체결하는 펀드판매회사로서의 역할을 수행한다.

29. 보험

30 펀드는 자산운용회사, 펀드판매회사, ㅈㅅㅂㄱ회사, 일반사무수탁회사 등 4개의 회사가 서로 다른 역할을 하면서 유기적으로 연결되어 운용된다.

30. 자산보관

31 펀드는 자산의 투자과정에서 발생하는 수익증권의 발행 및 명의개서업무, 계산업무, 준법감시 업무 등을 별도의 ㅇㅂㅅㅁㅅㅌ회사에서 담당하게 된다.

31. 일반사무수탁

32. 운용보수	**32** 펀드 자금을 운용하는 대가로 자산운용회사가 받는 돈을 ⬚⬚⬚⬚라고 하며 매년 펀드 자산의 일정 비율을 보수로 수취한다.
33. 판매수수료	**33** 펀드판매회사가 판매서비스에 대해 받는 대가에는 펀드를 추천하고 설명해주는 대가인 ⬚⬚⬚⬚와 투자자의 펀드계좌를 지속적으로 관리해주는 비용으로 펀드 자산의 일정 비율로 지급하는 판매보수가 있다.
34. 분산	**34** 소액으로는 대규모 자금이 소요되는 포트폴리오를 적절하게 구성하기 어렵지만 다수 투자자의 자금을 모아(pooling) 운용되는 펀드를 통해 ⬚⬚투자를 함으로써 리스크를 최소화할 수 있다.
35. 규모	**35** 대규모로 투자·운용되는 펀드는 ⬚⬚의 경제로 인해 거래비용과 정보취득비용이 절감될 수 있다.
36. 100	**36** 펀드 중에서 불특정다수인을 대상으로 모집하는 것은 공모형펀드, ⬚⬚⬚인 이하의 소수 투자자들로부터 자금을 모집하는 것은 사모형펀드이다.
37. 50	**37** 공모형펀드는 불특정 다수의 투자자로부터 자금을 모집하되, ⬚⬚인 이상의 투자자로 구성된다.
38. 49	**38** 사모형펀드의 경우 일반투자자는 ⬚⬚인 이하의 투자자들로부터 자금을 모집한다.
39. 자본시장	**39** 펀드는 투자대상이 무엇인가에 따라 ⬚⬚⬚⬚법상 증권, 부동산, 특별자산, 단기금융, 혼합자산 등 5종류로 분류된다.
40. 50	**40** 혼합형 펀드는 주식 및 채권 투자 비율이 각각 ⬚⬚% 미만인 증권펀드이다.
41. 종류	**41** 대체로 펀드 이름의 마지막 부분에는 알파벳이 표기되어 있는데, 이는 운용방식이 같더라도 펀드투자비용의 부과 체계가 다른 여러 펀드를 구분하기 위한 것으로, 이러한 펀드들을 ⬚⬚형펀드 또는 멀티클래스펀드라고 부른다.
42. A	**42** 종류형 펀드의 클래스 중 가입 시 선취형 판매수수료를 받는 것은 ⬚클래스이고, 일정기간 내에 환매 시 후취판매수수료를 징구하는 것은 B클래스, 선·후취 판매수수료가 없는 것은 C클래스, 선·후취 판매수수료가 모두 징구되는 것은 D클래스이다.
43. S	**43** 종류형 펀드는 가입채널에 따라 온라인 가입용인 E클래스, 펀드슈퍼마켓용인 ⬚클래스 등으로 구분된다.

44 종류형 펀드 중 □클래스는 투자자문업자로부터 투자자문을 받아 투자하는 펀드로 일반 창구 판매 펀드보다 낮은 판매수수료·보수를 적용한다.

44. G

45 상장지수펀드(ETF; Exchange Traded Funds)는 특정한 지수의 움직임에 연동해 운용되는 인덱스 펀드의 일종으로 ㄱㄹㅅ에 상장되어 실시간으로 매매된다.

45. 거래소

46 ETF의 구성은 해당 지수에 포함된 상품의 바스켓과 동일한 것이 일반적이지만 해당 지수보다 변동폭을 크게 만든 ㄹㅂㄹㅈ ETF나 해당 지수와 반대로 움직이면서 수익이 발생하는 인버스 ETF도 발행된다.

46. 레버리지

47 국내에서 판매되는 ㅈㄱㅈㅅㅇㄱ펀드(ELF; Equity Linked Funds)는 대체로 펀드재산의 대부분을 국공채나 우량 회사채에 투자하여 만기시 원금을 확보하고 나머지 잔여재산을 증권회사에서 발행하는 권리증서(warrant)를 편입해 펀드수익률이 주가에 연동되도록 한 구조화된 상품이다.

47. 주가지수연계

48 ELF 중에는 주가상승으로 투자기간 도중에 목표수익률을 달성하면 투자원금과 수익금을 돌려주는 ㅈㄱㅅㅎ형 상품도 있다.

48. 조기상환

49 리츠 중 ㅎㅅ형은 주식을 발행하여 투자자를 모으는 형태로서 증권시장에 상장하여 주식을 거래하게 된다.

49. 회사

50 재간접펀드의 투자자 보호를 위해 동일 자산운용사가 운용하는 펀드들에 대한 투자는 펀드자산 총액의 □□%를 초과할 수 없고 같은 펀드에 대해서는 자산 총액의 20%를 초과할 수 없도록 규제하고 있다.

50. 50

51 파생상품은 ㄱㄱ 외의 거래조건을 표준화하여 거래소에서 거래되는 장내파생상품(선물, 옵션)과 거래소 밖에서 非표준화되어 거래되는 장외파생상품으로 구분할 수 있다.

51. 가격

52 선물과 옵션 등 파생상품은 불확실한 미래의 가격변동에서 오는 리스크를 줄이려는 헤징(hedging)이 원래의 목적이지만 기초자산의 미래 가격변동을 예상하고 ㄹㅂㄹㅈ를 이용한 투기적 목적으로도 많이 활용된다.

52. 레버리지

53 선물계약은 현재시점에서 계약은 하되 물품은 ㅈㄹ에 인수·인도한다는 점에서 계약과 동시에 정해진 가격으로 물품을 인수·인도하는 현물계약과 대비된다.

53. 장래

54 선물시장에서 경쟁적으로 형성되는 선물가격은 미래의 현물가격에 대한 ㄱㄷ값을 의미하므로 선물거래는 장래의 가격정보를 제공하는 기능을 한다.

54. 기대

55. 실물	**55** 상품선물(commodity futures)은 기초자산이 ⬚⬚상품인 선물로서 초기에는 농산물, 축산물 등에 한정되었으나 점차 확대되어 현재는 임산물, 비철금속, 귀금속, 에너지 등에 이르기까지 다양하다.
56. 금리	**56** 금융선물(financial futures)은 금리에 의해 가격이 결정되는 장단기 채권을 기초자산으로 하는 ⬚⬚선물(interest rate futures), 개별주식 및 주가지수를 거래대상으로 하는 주식관련선물(stock-related futures), 그리고 주요국의 통화를 대상으로 하는 통화선물(currency futures)이 있다.
57. 1/5	**57** 한국거래소에 상장되어 거래되는 선물계약으로는 가장 활발하게 거래되는 KOSPI200지수선물을 비롯하여 KOSPI200선물 대비 거래단위를 ⬚/⬚로 축소한 코스피200미니선물, 기술주 중심의 코스닥시장 특성을 반영한 코스닥150지수선물, 특정 산업군의 주가흐름을 반영하는 대표종목을 지수화 하여 거래되는 10개섹터지수선물 등이 다양하게 존재한다.
58. 3	**58** 금리선물로는 각각 ⬚년, 5년, 10년 만기 국채선물이 있다.
59. 통화	**59** ⬚⬚선물은 각각 미국 달러화, 일본 엔화, 중국 위안화, 유로화에 대한 원화 환율을 거래하는 선물계약이 있다.
60. 금	**60** 상품선물로는 ⬚선물, 돈육선물 등이 있다.
61. 기초자산	**61** ⬚⬚⬚⬚은 옵션거래의 대상이 되는 상품 또는 자산으로 옵션의 가치를 산정하는 기초가 된다.
62. 만기일	**62** 옵션보유자가 선택권을 행사할 수 있도록 정해진 미래의 특정 시점 또는 정해진 기간인 ⬚⬚⬚이 지나면 해당 옵션은 그 가치를 상실하고 더이상 권리 행사가 불가하다.
63. 콜옵션	**63** 옵션은 권리의 유형에 따라 기초자산을 매입하기로 한 측이 옵션보유자가 되는 ⬚⬚⬚과 기초자산을 매도하기로 한 측이 옵션보유자가 되는 풋옵션이 있다.
64. 주식	**64** 주식옵션(stock option)은 옵션 중 가장 흔한 형태로 개별 ⬚⬚이 기초자산이 되는 옵션이다.
65. 주가지수	**65** 주가지수옵션(stock index option)은 ⬚⬚⬚⬚ 자체가 기초자산이 되는 옵션을 말한다.

66 통화옵션(currency option)은 외국통화가 기초자산이 되는 옵션으로 특정 외환을 미리 정한 환율로 사고 팔 수 있는 권리를 매매하는데, 우리나라에서는 ☐☐☐☐옵션이 상장되어 거래되고 있다.

67 금리옵션(Interest Rate Option)은 국채, 회사채, CD 등 ☐☐ 변동과 연계되는 금융상품이 기초자산이 되는 옵션으로 기간에 따라 단기, 중기, 장기로 구분된다.

68 ☐☐옵션(options on futures)은 현물옵션과 달리 현물을 기초자산으로 하는 선물계약 자체를 기초자산으로 하는 옵션이다.

69 선물거래는 기초자산을 매수 또는 매도하는 거래인 반면, 옵션거래는 기초자산을 매수·매도할 ☐☐를 거래하는 것이다.

70 선물거래는 반대매매 또는 최종결제로 계약이 종료되고, 옵션거래는 반대매매 또는 ☐☐☐☐로 옵션이 종료된다.

71 금전으로 신탁을 설정하고 신탁 종료시 금전 또는 운용재산을 수익자에게 그대로 교부하는 금전신탁은 위탁자가 신탁재산의 ☐☐☐☐을 직접 지시하는지 여부에 따라 특정금전신탁과 불특정금전신탁으로 나뉜다.

72 ☐☐☐☐신탁은 금전 및 금전 외 재산을 하나의 계약으로 포괄적으로 설정하는 신탁으로, 하나의 신탁계약에 의해 금전, 유가증권, 부동산, 동산 등 모든 재산권을 종합적으로 관리·운용·처분하여 주는 신탁이다.

73 ☐☐☐☐예금은 외화로 예금하고 인출하는 정기예금으로, 약정기간이 길수록 확정이자가 보장되므로 여유자금을 장기간 안정적으로 운용하기에 좋다.

74 외화적립식예금은 외화를 매월 일정액 또는 자유롭게 적립하여 예치기간별로 금리를 적용받는 상품으로, 은행별로 차이는 있으나 계약기간을 1개월에서 ☐☐개월까지 자유롭게 선정할 수 있다.

66. 미국달러

67. 금리

68. 선물

69. 권리

70. 권리행사

69. 운용방법

70. 종합재산

71. 외화정기

72. 24

01 저축의 기초

Step 1 구조와 틀

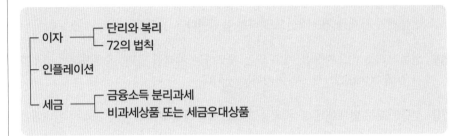

```
       ┌ 이자 ─────┬ 단리와 복리
       │           └ 72의 법칙
       ├ 인플레이션
       └ 세금 ─────┬ 금융소득 분리과세
                   └ 비과세상품 또는 세금우대상품
```

Step 2 개념어 Quiz

1. 단리

1 금리의 계산에서 일정한 기간에 오직 원금에 대해서만 미리 정한 이자율을 적용하여 이자를 계산하는 방법은?

2. 복리

2 금리의 계산에서 원금뿐 아니라 발생한 이자도 재투자된다고 가정하여 이자를 계산하는 방법은?

3. 72의 법칙

3 복리로 계산하여 원금이 두 배가 되는 시기를 쉽게 알아볼 수 있도록 간단한 공식으로 나타내는 것은?

4. 인플레이션

4 지속적으로 물가가 상승하여 화폐가치가 하락하는 현상은?

5. 비과세상품

5 금융상품 중에서 정책적으로 이자 또는 배당에 대하여 과세되지 않는 상품은?

6. 세금우대상품

6 금융상품 중에서 정책적으로 낮은 세율이 적용되는 상품은?

1 투자에는 반드시 ㄹㅅㅋ가 따르며, 투자의 종류에 따라 그 크기도 달라진다.

1. 리스크

2 복리로 계산하여 원금이 두 배가 되는 시기를 '☐☐의 법칙'을 통해 간단한 공식으로 계산할 수 있다.

2. 72

3 72법칙을 이용하면 원하는 목표수익률이나 ㅈㄱㅇㅇ기간을 정하는 데 도움이 된다.

3. 자금운용

4 지속적으로 물가가 상승하는 인플레이션이 발생하면 똑같은 돈으로 구입할 수 있는 물건이 줄어들기 때문에 화폐 가치가 ㅎㄹ하는 것이다.

4. 하락

5 우리나라에서는 이자소득을 포함한 금융소득에 대해서 분리과세를 통해 금융회사가 일률적으로 ☐☐%(지방소득세를 포함하면, 15.4%)를 원천징수하고 나머지를 지급한다.

5. 14

6 금융상품 중 ㅈㄱㅈㅊㅅ보험이 대표적인 비과세상품으로 가장 많이 활용되고 있다.

6. 장기저축성

02 투자의 기초

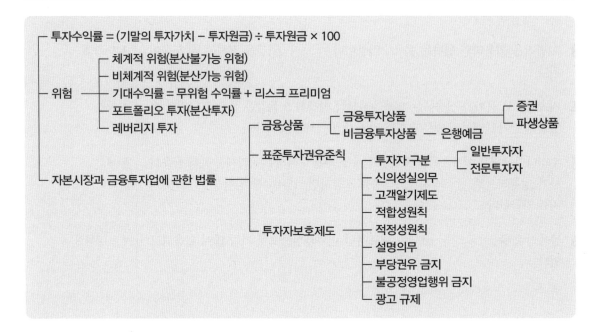

- 투자수익률 = (기말의 투자가치 − 투자원금) ÷ 투자원금 × 100
- 위험
  - 체계적 위험(분산불가능 위험)
  - 비체계적 위험(분산가능 위험)
  - 기대수익률 = 무위험 수익률 + 리스크 프리미엄
  - 포트폴리오 투자(분산투자)
  - 레버리지 투자
- 자본시장과 금융투자업에 관한 법률
  - 금융상품
    - 금융투자상품
      - 증권
      - 파생상품
    - 비금융투자상품 ─ 은행예금
  - 표준투자권유준칙
  - 투자자보호제도
    - 투자자 구분
      - 일반투자자
      - 전문투자자
    - 신의성실의무
    - 고객알기제도
    - 적합성원칙
    - 적정성원칙
    - 설명의무
    - 부당권유 금지
    - 불공정영업행위 금지
    - 광고 규제

Step 2 개념어 Quiz

1. 기회비용
(opportunity cost)

1 어떤 행위를 하기 위해 포기해야 하는 다른 기회의 가치를 의미하는 비용은?

2. 자본시장과 금융투자업에 관한 법률
(자본시장법)

2 금융투자상품의 개념에 대한 포괄적인 규정, 금융업에 관한 제도적 틀을 금융기능 중심으로 재편, 투자자보호제도 강화 등의 내용을 담고 있는 자본시장 규제의 기본법은?

3. 금융투자상품

3 자본시장법상 '이익을 얻거나 손실을 회피할 목적으로 현재 또는 장래의 특정 시점에 금전 등을 지급하기로 약정함으로써 취득하는 권리로서, 그 권리를 취득하기 위하여 지급하였거나 지급하여야 할 금전 등의 총액이 그 권리로부터 회수하였거나 회수할 수 있는 금전 등의 총액을 초과하게 될 위험이 있는 것'으로 정의되는 것은?

4. 표준투자권유준칙

4 금융투자상품의 판매자인 금융회사와 소속 직원들의 입장에서 투자권유를 함에 있어서 꼭 지켜야 할 기준과 절차는?

5. 원본결손액

5 투자자가 금융상품투자로 지급한 또는 지급할 금전의 총액에서 투자자가 금융상품으로부터 취득한 또는 취득할 금전의 총액을 공제한 금액은?

6 금융투자업자의 투자자 보호장치 중 투자목적, 재산상태 등 투자자의 특성을 면담·질문 등을 통하여 파악한 후 서면 등으로 확인받도록 하는 것은?

6. 고객알기제도

7 금융투자업자의 투자자 보호장치 중 투자권유 시 금융상품의 내용과 위험에 대하여 설명하고 이해했음을 서면 등으로 확인받도록 하는 것은?

7. 설명의무

8 금융투자업자의 투자자 보호장치 중 손실부담의 약속이나 이익보장의 약속을 금지하는 것은?

8. 부당권유 금지

9 금융투자업자의 투자자 보호장치 중 금융상품 판매 시 우월적 지위를 이용하여 금융소비자의 권익을 침해하는 행위를 금지하는 것은?

9. 불공정영업행위금지

Step 3 초성 Quiz

1 ㅌㅈ는 미래에 긍정적인 이익이 발생하기를 바라면서 불확실성을 무릅쓰고 경제적 가치가 있는 자산을 운용하는 것을 의미한다.

1. 투자

2 종종 과도한 이익을 추구하면서 비합리적으로 자금을 운용하는 경우도 있는데 우리는 이런 행위를 ㅌㄱ라고 부르며 건전한 투자와 구분한다.

2. 투기

3 투자에서 투자한 양과 회수되거나 회수될 양과의 차이를 ㅅㅇ이라고 한다.

3. 수익
(profit)

4 ㅌㅈㅅㅇㄹ은 투자량과 회수량과의 비율을 나타낸다.

4. 투자수익률
(rate of return on investment)

5 투자수익률 = (기말의 ㅌㅈㄱㅊ -투자원금) ÷ 투자원금 × 100

5. 투자가치

6 기말의 투자가치는 투자기간 중 발생하는 이자금액이나 ㅂㄷㄱ, 재투자 등이 포함된 개념이다.

6. 배당금

7 기간 수익률을 연 수익률로 바꾸어주는 ㅇㅇㅎ를 하며, 그 과정에서도 재투자를 가정한 복리를 적용하여 계산하는 것이 원칙이다.

7. 연율화
(annualization)

8 거래비용이나 세금과 같이 명시적인 비용 이외에도 ㅇㅁㅈ으로 발생하는 비용이 있는데 가장 대표적인 것으로 기회비용(opportunity cost)이 있다.

8. 암묵적

9 투자에 수반되는 기회비용이나 정보비용을 줄이기 위해 직접투자 대신에 펀드, 위탁매매와 같은 ㄱㅈ투자를 이용하기도 한다.

9. 간접

10 투자에서 얘기하는 위험(risk)은 미래에 받게 되는 수익이 ㅂㅎㅅㅅ에 노출(exposure to uncertainty)되는 정도를 의미하며 부정적 상황 외에 긍정적 가능성도 내포하게 된다.

10. 불확실성

11. 수익	**11** 리스크가 크다는 것은 투자 결과의 변동 폭이 크다는 의미로 일반적으로 투자 □□과 위험은 동행하는 경향이 있다.
12. 할인	**12** 사람들은 본능적으로 가능한 한 위험을 회피하는 경향이 있기 때문에 위험이 있는 자산은 위험이 없는 자산에 비해 □□되어 거래된다.
13. 무위험수익률 (risk-free rate of return)	**13** 리스크가 전혀 없는 상태에서의 수익률을 □□□□□□이라고 한다.
14. 리스크 프리미엄 (risk premium)	**14** 리스크에 대한 보상으로 증가하는 기대수익률을 □□□ □□□이라고 한다.
15. 포트폴리오 (portfolio)	**15** 투자위험을 관리하는 방법들 중 가장 대표적인 것은 자산배분을 통한 분산투자이며, 이는 여러 가지 자산, 즉 □□□□□를 구성하여 투자할 것을 권하는 말이다.
16. 체계적	**16** 세계 경제위기나 천재지변, 전쟁 등과 같이 모든 자산이나 투자 대상의 가치에 영향을 미치는 위험을 □□□ 위험이라고 한다.
17. 레버리지 (leverage)	**17** 기대수익률을 더욱 높이기 위해 투자위험을 오히려 확대하는 전략도 존재하는데, 대표적인 것이 지렛대를 의미하는 □□□□ 투자이다.
18. 부채	**18** 레버리지 효과를 유발하여 가격변동률보다 몇 배 많은 투자수익률이 발생하려면 투자액의 일부를 자신의 자본이 아닌 □□로 조달하여야 하며 이에 따라 이자부담이 수반된다.
19. 일반	**19** □□투자자는 전문적인 금융지식을 보유하지 않은 개인이나 기업으로, 일반투자자에게 금융투자상품을 판매할 경우 여러 투자 권유 준칙을 지키며 판매하여야 한다.
20. 전문	**20** □□투자자는 자본시장법이 구체적으로 열거하고 있는 국가, 한국은행, 은행, 증권회사 등이며, 여기에 해당하지 않는 투자자는 일반투자자이다.
21. 비금융	**21** 은행의 예금처럼 처음에 투자한 원본의 손실가능성이 없는 금융상품을 □□□투자상품이라고 한다.
22. 투자성	**22** 금융투자상품은 원본의 손실 가능성(이를 '□□□'이라 한다)이 있는 금융상품을 의미한다.
23. 파생상품	**23** 금융투자상품은 투자금액 원본까지를 한도로 손실이 발생할 가능성이 있는 증권과 원본을 초과한 손실이 발생할 가능성이 있는 □□□□으로 분류된다.

24 투자권유를 하기 위해서는 투자자에 대한 정보가 필요한데 판매자는 투자목적, 재산상황, 투자경험 등의 투자자 정보를 파악하기 위하여 투자자 ㅈㅂㅎㅇㅅ를 이용한다.

24. 정보 확인서

25 투자자 정보 확인서는 기초정보를 수집하는 부분과 ㅇㅎ선호도를 파악하는 부분 등으로 구성되어 있다.

25. 위험

26 투자자는 충분한 설명을 듣고 최종적으로 구매여부를 결정하게 되는데, 각종 필요한 서명을 하고 반드시 교부받아야 하는 ㅌㅈㅅㅁㅅ 등을 전달받는다.

26. 투자설명서

27 자본시장법은 금융규제 완화로 인한 원금손실 가능 금융투자상품의 대거 등장에 따라 ㅌㅈㄱㅇ제도를 도입하고 투자상품의 판매 및 영업에 관한 절차를 통일하는 등 투자자보호장치를 강화하고 있다.

27. 투자권유

28 금융투자회사가 투자자에게 금융투자상품을 권유할 경우 상품의 내용과 위험을 투자자가 이해할 수 있도록 ㅅㅁㅇㅁ제도를 도입하였다.

28. 설명의무

29 설명의 의무를 이행하지 않는 불완전판매에 대해서는 금융투자회사에게 ㅅㅎㅂㅅ책임을 부과하고 있다.

29. 손해배상

30 ㄱㄱㅇㄱ제도는 투자권유 전에 투자목적, 재산상태, 투자경험 등 투자자의 특성을 파악해야 하는 제도이다.

30. 고객알기

31 전화, 방문 등 실시간 대화를 통한 권유는 투자자가 원하는 경우에만 할 수 있도록 '요청하지 않은 ㅌㅈㄱㅇㄱㅈ' 규정을 두고 있다.

31. 투자권유금지

32 상대적으로 위험감수능력이 약한 일반투자자에게는 ㅈㅎㅅ원칙에 따라 투자자의 특성에 맞는 투자를 권유하도록 하였다.

32. 적합성 (suitability)

33 TV나 홈쇼핑 등을 통한 금융투자회사의 무분별한 ㅌㅈㄱㄱ규제를 도입하였다.

33. 투자광고

34 설명의무 미이행이나 중요사항에 대한 설명의 허위·누락 등으로 발생한 손실은 금융투자회사에게 배상책임이 부과되고, 투자자의 원본결손액을 금융투자회사의 ㅂㅂㅎㅇ로 인한 손해액으로 추정함으로써 손해의 인과관계가 없다는 입증책임이 금융투자업자에게 전가되게 하였다.

34. 불법행위

35 금융투자업자의 투자자 보호장치에는 ㅅㅇㅅㅅ의무, 투자자의 구분, 고객알기 제도, 적합성원칙, 적정성원칙, 설명의무, 부당권유 금지, 불공정영업행위금지, 광고 규제 등이 있다.

35. 신의성실

36 금융투자업자의 투자자 보호장치 중 '투자자의 구분'은 투자자를 일반투자자와 ㅈㅁ투자자로 구분하도록 하고 있다.

36. 전문

03 주식투자

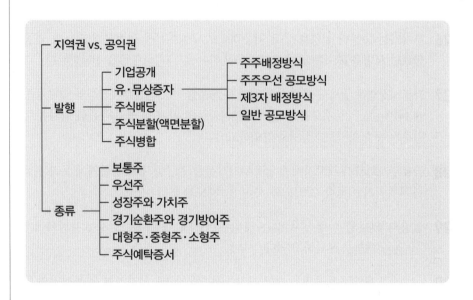

```
─ 지역권 vs. 공익권
                  ┌─ 기업공개                    ┌─ 주주배정방식
                  ├─ 유·무상증자 ──────────┼─ 주주우선 공모방식
        ─ 발행 ──┼─ 주식배당                    ├─ 제3자 배정방식
                  ├─ 주식분할(액면분할)        └─ 일반 공모방식
                  └─ 주식병합
                  ┌─ 보통주
                  ├─ 우선주
                  ├─ 성장주와 가치주
        ─ 종류 ──┼─ 경기순환주와 경기방어주
                  ├─ 대형주·중형주·소형주
                  └─ 주식예탁증서
```

Step 2 개념어 Quiz

1. 주식 발행시장
(primary market)

1 새로운 주식을 발행하여 기업이 장기 자기자본을 조달할 수 있는 시장은?

2. 기업공개
(IPO; Initial Public Offering)

2 주식회사가 일정한 법정절차와 방법에 따라 일반대중을 대상으로 주주를 공개 모집하여 발행주식의 일부를 매각함으로써 일반대중이 유가증권을 자유로이 매매할 수 있게 하는 것은?

3. 상장
(listing)

3 일정한 요건을 충족시킨 기업이 발행한 주식을 증권시장에서 거래할 수 있도록 허용하는 것을 무엇이라 하는가?

4. 유상증자

4 이미 설립되어 있는 주식회사가 자기자본을 조달하기 위하여 새로운 주식을 발행하는 것을 말한다. 기업의 자기자본이 확대되기 때문에 기업이 재무구조를 개선하고 타인자본에 대한 의존도를 낮추는 대표적인 방법은?

5. 무상증자

5 주금 납입 없이 이사회 결의로 준비금이나 자산재평가적립금 등을 자본에 전입하고 전입액 만큼 발행한 신주를 기존주주에게 보유 주식수에 비례하여 무상으로 교부하는 것은?

6 자산분배가 공표된 기업의 주식이 그 자산의 분배권이 소멸된 이후 거래되는 첫 날을 무엇이라 하는가?

7 현금 대신 주식으로 배당을 실시하여 이익을 자본으로 전입하는 것은?

8 배당이나 잔여재산분배에 있어서 사채권자보다는 우선순위가 낮으나 보통주 주 주보다는 우선권이 있는 주식은?

9 당해 연도에 소정 비율의 우선배당을 받지 못하면 미지급배당금을 차 영업연도 이후에도 우선적으로 보충하여 배당받는 우선주는?

10 소정 비율의 우선배당을 받고도 이익이 남는 경우에 다시 보통주 주주와 함께 배당에 참가할 수 있는 우선주는?

11 주식의 내재가치보다 현재의 주가수준이 낮게 형성되어 있으나 기업의 이익이 나 자산의 구조를 볼 때 앞으로 가격이 오를 것으로 생각되는 주식은?

12 외국의 예탁기관으로 하여금 해외 현지에서 증권을 발행·유통하게 함으로써 원래 주식과의 상호 전환이 가능하도록 한 주식대체증서는?

13 유가증권시장·코스닥·코넥스에서 거래되지 못하는 비상장주식 가운데 일정 요건을 갖추어 지정된 주식의 매매를 위해 한국금융투자협회가 개설·운영하 는 제도화·조직화된 장외시장은?

14 주식시장에서 단기간 주가 급등락으로 인한 주식시장의 불안정을 예방하고 개 인투자자 보호를 위해 일일 최대가격변동폭을 제한하는 제도는?

6. 권리락일

7. 주식배당

8. 우선주 (Preferred stocks)

9. 누적적 우선주

10. 참가적 우선주

11. 가치주

12. 주식예탁증서 (DR; Depositary Receipts)

13. 한국장외시장 (K-OTC; Korea Over- The-Counter)

14. 가격제한(price limit) 제도

Step 3 초성 Quiz

1 ㅈㅅ은 주식회사의 자본을 구성하는 단위이며 주식회사에 투자하는 재산적 가 치가 있는 유가증권을 말하는데, 투자대상으로서는 높은 수익률과 위험을 가지 는 투자자산으로 인식되고 있다.

2 주식회사는 법률상 반드시 의사결정기관인 ㅈㅈㅊㅎ, 업무집행의 대표기관인 이사회 및 대표이사, 감독기관인 감사를 두어야 하며 사원인 주주들의 출자로 설 립된다.

1. 주식

2. 주주총회

3. 지분청구	**3** 주식을 보유한 주주는 주식 보유수에 따라 회사의 순이익과 순자산에 대한 ⬚ㅈㅂㅊㄱ권을 갖는데 만약 회사에 순이익이 발생하면 이익배당청구권을, 혹시 회사가 망하는 경우에는 남은 재산에 대한 잔여재산 분배청구권을 갖는다.
4. 신주인수	**4** 주주는 회사가 유상 또는 무상으로 신주를 발행할 경우 우선적으로 신주를 인수할 수 있는 ⬚ㅅㅈㅇㅅ권을 갖는다.
5. 주주평등	**5** 주주는 ⬚ㅈㅈㅍㄷ의 원칙에 근거하여 주주가 갖는 주식 수에 따라 평등하게 취급되므로 보유한 주식 지분만큼의 권리와 책임을 갖게 된다.
6. 유한책임	**6** 주식회사의 주주는 ⬚ㅇㅎㅊㅇ을 원칙으로 하므로 출자한 자본액의 한도 내에서만 경제적 책임을 진다.
7. 자익권	**7** 주주가 출자한 회사에 대한 권리는 크게 자신의 재산적 이익을 위해 인정되는 권리인 ⬚ㅈㅇㄱ과 회사 전체의 이익과 관련된 공익권으로 나뉜다.
8. 영구증권	**8** 기업은 계속적으로 존재한다는 가정 아래 사업을 영위한다는 점에서 계속기업(going concern)이라 말하며, 주식은 이러한 계속기업의 가정 하에서 발행회사와 존속을 같이하는 ⬚ㅇㄱㅈㄱ의 성격을 갖는다.
9. 자본이득	**9** 주식투자를 통해 얻을 수 있는 수익 중 주식의 매매차익으로 주식의 가격이 변동하여 차익이 발생하는 것을 ⬚ㅈㅂㅇㄷ이라고 한다.
10. 배당금	**10** 주식투자를 통해 얻을 수 있는 수익 중 ⬚ㅂㄷㄱ은 기업에 이익이 발생할 경우 주주에게 나누어 주는 돈으로, 주식회사는 보통 사업연도가 끝나고 결산을 한 후에 남은 이익을 주주들에게 분배한다.
11. 사업연도	**11** 배당금을 받기 위해서는 ⬚ㅅㅇㅇㄷ가 끝나는 시점에 주식을 보유하고 있어야 하며, 주주총회가 끝나는 날까지 배당금을 지급받을 주주 변경을 금지한다.
12. 배당소득세	**12** 소액주주의 상장주식 매매차익에 대해서는 배당에 대해서만 ⬚ㅂㄷㅅㄷㅅ가 부과된다.
13. 최초기업공개 (IPO ; Initial Public Offering)	**13** 기업이 성장하고 보다 많은 자금이 필요해지면 불특정다수인을 대상으로 주식을 모집(또는 매출)하는 ⬚ㅊㅊㄱㅇㄱㄱ를 하게 되고 거래소에 상장하게 된다.
14. 유상증자	**14** 상장 후에는 누구나 거래소를 통해 이 기업의 주식을 자유롭게 매매할 수 있고 기업은 자금이 필요해지면 ⬚ㅇㅅㅈㅈ를 통해 추가적으로 주식을 발행할 수 있다.

15 주식의 발행방법 중 ⬚⬚발행은 발행기업이 중개기관을 거치지 않고 투자자에게 주식을 팔아 자금을 조달하는 방식으로 유상증자를 통해 기존 주주 또는 제3자에게 주식을 배정하는 경우에 주로 사용된다.

15. 직접

16 주식의 발행방법 중 간접발행은 전문성과 판매망을 갖춘 ⬚⬚⬚⬚을 거쳐 주식을 발행하는 방식으로 최초기업공개 시에는 대부분 이 방식이 사용된다.

16. 중개기관

17 자금조달을 위해 기업이 유상증자를 할 경우 원활한 신주 매각을 위해 일반적으로 20~30% ⬚⬚하여 발행한다.

17. 할인

18 유상증자 시 신주인수권의 배정방법 중 ⬚⬚⬚⬚방식은 기존주주와 우리사주조합에게 신주를 배정하고 실권주 발생 시 이사회 결의에 따라 처리방법을 결정한다.

18. 주주배정

19 유상증자 시 신주인수권의 배정방법 중 ⬚⬚⬚⬚⬚방식은 주주배정방식과 거의 동일하나 실권주 발생 시 일반투자자를 대상으로 청약을 받은 다음 청약 미달 시 이사회 결의로 그 처리방법을 결정한다.

19. 주주우선공모

20 유상증자 시 신주인수권의 배정방법 중 ⬚⬚⬚⬚방식은 기존주주 대신 관계회사나 채권은행 등 제3자가 신주인수를 하도록 하는 방식이다.

20. 제3자 배정

21 유상증자 시 신주인수권의 배정방법 중 ⬚⬚⬚⬚방식은 기존주주에게 신주인수권리를 주지 않고 일반투자자를 대상으로 청약을 받는 방식이다.

21. 일반공모

22 유·무상증자를 위해서는 주주가 확정되어야 하며 이를 위해 유·무상증자 기준일을 정하고 기준일 현재 ⬚⬚인 사람을 증자 참여 대상자로 확정하게 된다.

22. 주주

23 유·무상증자 기준일 ⬚⬚은 유·무상증자 권리락일이 되어 그날 이후 주식을 매수한 사람은 증자에 참여할 권리가 없다.

23. 전일

24 주식배당 시 신주발행가격은 ⬚⬚⬚로 정해진다.

24. 액면가

25 주식배당은 배당가능이익의 ⬚⬚% 이내로 제한되는데 주식의 시장가격이 액면가 이상인 상장법인은 배당가능이익의 100%까지 가능하다.

25. 50

26 주식분할(⬚⬚분할)은 보다 많은 투자자들에게 그 기업의 주식을 매수할 수 있게 하기 위해 주식의 시장가격을 낮추고자 할 때 발생한다.

26. 액면

27 주식분할 시 주식의 시장가치는 주식 분할일에 조정되며, 1주를 2주로 분할할 경우 분할 후 주식의 시장가치는 ⬚⬚으로 줄고 투자자의 전체 시장가치는 변동하지 않는다.

27. 절반

28. 주식병합

28 ㅈㅅㅂㅎ은 주가가 아주 낮은 경우 주가를 적정수준까지 끌어올리기 위해 이루어진다.

29. 의결권

29 우선주는 흔히 고정적인 확정 배당률이 있지만 무배당도 가능하며 ㅇㄱㄱ이 제한되어 있어 사채와 보통주의 성격이 복합된 증권이라 할 수 있다.

30. 경영권

30 의결권이 제한되는 우선주의 발행은 대주주 입장에서는 ㄱㅇㄱ에 대한 위협 없이 자기자본을 조달하는 수단이 된다.

31. 성장주

31 ㅅㅈㅈ는 기업의 영업실적이나 수익 증가율이 시장평균보다 높을 것으로 기대되는 주식이다.

32. 배당주

32 기업에 이익이 발생할 때 이를 재투자하기 보다는 주주에게 배당금의 형태로 배분하는 비율이 높은 주식을 ㅂㄷㅈ라 한다.

33. 경기순환

33 ㄱㄱㅅㅎ주는 경기에 따라 수요변화가 심한 건설, 자동차, 도매, 철강, 조선, 반도체산업 등에 해당하는 주식들로 경기민감주라고도 한다.

34. 경기방어

34 ㄱㄱㅂㅇ주는 일반적으로 경기침체기에도 수요가 꾸준하여 안정적인 주가흐름을 보이는 음식료, 제약, 가스, 전력업종 등의 주식들이 해당된다.

35. 시가총액

35 ㅅㄱㅊㅇ이란 현재의 주식의 가격과 주식의 수를 곱한 값으로 현재 기업의 가치가 얼마인지를 나타낸다고 볼 수 있다.

36. 대기업

36 대형주는 ㄷㄱㅇ의 주식일 확률이 높고 거래규모가 크므로 안정적으로 주식에 투자하고자 하는 사람들이 선호하는 주식이다.

37. GDR
(Global Depositary Receipt)

37 주식예탁증서(DR)에는 뉴욕·런던·도쿄·프랑크푸르트 등 전 세계 금융시장에서 동시에 발행되는 □□□, 발행상의 편의와 비용을 줄이고자 세계 최대 금융시장인 미국 뉴욕시장에서만 발행되는 ADR(American Depositary Receipt), 유럽시장에서 발행되는 EDR(European Depositary Receipt) 등이 있다.

38. 유통시장
(secondary market)

38 발행된 주식의 거래가 이루어지는 시장을 주식 ㅇㅌㅅㅈ이라고 하며, 우리나라의 주식 유통시장은 유가증권시장, 코스닥시장, 코넥스시장, K-OTC시장 등으로 구분된다.

39. 한국거래소
(KRX)

39 유가증권시장이란 ㅎㄱㄱㄹㅅ가 개설·운영하는 시장으로 엄격한 상장 요건을 충족하는 주식이 상장(listing)되어 거래되는 시장이다.

40 코스닥 시장은 유가증권시장보다는 상장 기준이 덜 엄격한 편이어서 중소기업이나 ⬚⬚기업이 많은 편이다.

40. 벤처

41 ⬚⬚⬚는 코스닥 전 단계의 주식시장으로 창업 초기의 중소기업을 위해 2013년 7월 개장했다.

41. 코넥스
(KONEX ; Korea New Exchange)

42 코넥스는 기존 주식시장인 유가증권시장이나 코스닥에 비해 상장 문턱을 낮추고 공시의무를 ⬚⬚하여 창업 초기 중소기업의 자금조달을 위해 설립되었다.

42. 완화

43 투자자가 주식 거래를 하기 위해서는 먼저 ⬚⬚⬚⬚ 등에 거래계좌를 개설하고 해당 계좌를 통해 주문을 해야 한다.

43. 증권회사

44 주식의 주문은 전화, ARS, 컴퓨터를 이용하여 주식을 거래하는 HTS(home trading system), 모바일 스마트기기를 이용하여 어디서나 주식을 거래할 수 있는 ⬚⬚⬚ 등을 이용하여 할 수 있다.

44. MTS
(mobile trading system)

45 한국거래소의 주식 매매시간은 오전 9시부터 오후 ⬚시 ⬚⬚분까지이다.

45. 3, 30

46 주식의 매매체결방식은 ⬚⬚우선원칙과 시간우선원칙을 적용하여 개별경쟁으로 매매거래가 체결된다.

46. 가격

47 시초가와 종가의 경우는 시간의 선후에 상관없이 일정 시간 동안 주문을 받아 제시된 가격을 모아 단일가격으로 가격이 결정되는 ⬚⬚⬚⬚제도를 채택하고 있다.

47. 동시호가

48 오전 ⬚시 ⬚⬚분부터 동시호가에 주문을 내는 것이 가능하고 여기에서 제시된 가격과 수량을 통해 09:00에 단일가로 매매가 체결되면서 시초가가 결정된다.

48. 8, 30

49 폐장 10분 전부터는 매매 없이 동시호가 주문만 받다가 오후 3시 30분에 단일가로 매매가 체결되면서 ⬚⬚가 결정된다.

49. 종가

50 정규주문 거래 외에도 장이 끝난 오후 3시 30분부터 오후 6시까지 그리고 개장 전인 오전 8시 30분부터 오전 8시 40분까지 ⬚⬚⬚⬚⬚가 가능한데, 기관투자자 사이의 시간 외 대량매매에 주로 활용되고 있다.

50. 시간외거래

51 주문방법에는 원하는 매수나 매도 가격을 지정하여 주문하는 지정가주문(limit order)과 가격을 지정하지 않고 주문시점에서 가장 유리한 가격에 우선적으로 거래될 수 있도록 주문하는 ⬚⬚⬚⬚⬚이 있다.

51. 시장가주문
(market order)

52. 1,000

53. 30

54. 3

55. 14

52 최소 호가 단위 즉 최소 가격 변동폭(minimum tick)은 주가 수준에 따라 차이가 있어 일천원 미만 1원, 오천원 미만 5원, 일만원 미만 10원, 오만원 미만 50원, 십만원 미만 100원, 오십만원 미만 500원, 오십만원 이상 □□□□원이다.

53 주가는 전일 종가 대비 ±□□% 이내에서 가격이 변동하여 상·하한가가 결정된다.

54 매매가 체결된 주식의 결제시점은 체결일로부터 □영업일로 되어 있다.

55 이자나 배당 등 금융소득은 연간 총액이 2천만원 초과일 때에만 종합과세하고 2천만원 이하인 경우에는 분리과세 되어 다른 소득의 규모에 관계없이 일률적으로 □□%의 소득세와 1.4%의 지방소득세를 합하여 원천징수 된다.

04 채권투자

Step 1 구조와 틀

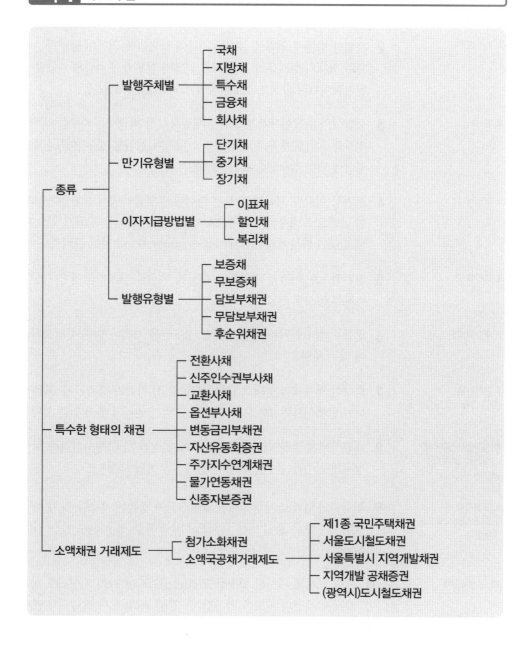

종류
- 발행주체별
  - 국채
  - 지방채
  - 특수채
  - 금융채
  - 회사채
- 만기유형별
  - 단기채
  - 중기채
  - 장기채
- 이자지급방법별
  - 이표채
  - 할인채
  - 복리채
- 발행유형별
  - 보증채
  - 무보증채
  - 담보부채권
  - 무담보부채권
  - 후순위채권

특수한 형태의 채권
- 전환사채
- 신주인수권부사채
- 교환사채
- 옵션부사채
- 변동금리부채권
- 자산유동화증권
- 주가지수연계채권
- 물가연동채권
- 신종자본증권

소액채권 거래제도
- 첨가소화채권
- 소액국공채거래제도
  - 제1종 국민주택채권
  - 서울도시철도채권
  - 서울특별시 지역개발채권
  - 지역개발 공채증권
  - (광역시)도시철도채권

1. 채권

1 정부, 지방자치단체, 공공기관, 특수법인 또는 주식회사가 불특정 다수의 투자자를 대상으로 비교적 장기에 걸쳐 대규모 자금을 조달할 목적으로 발행하는 일종의 차용증서인 유가증권은?

2. 특수채

2 특별한 법률에 의해서 설립된 기관이 특별법에 의하여 발행하는 채권으로서 공채와 사채의 성격을 모두 지니고 있으며 정부가 원리금의 지급을 보증하는 것이 일반적이어서 안정성과 수익성이 비교적 높은 채권은?

3. 회사채

3 상법상의 주식회사가 발행하는 채권으로서 채권자는 주주들의 배당에 우선하여 이자를 지급받게 되며 기업이 도산하거나 청산할 경우 주주들에 우선하여 기업자산에 대한 청구권을 갖는 채권은?

4. 할인채

4 표면상 이자가 지급되지 않는 대신에 액면금액에서 상환일까지의 이자를 공제한 금액으로 매출되는 채권으로서 이자가 선급되는 효과가 있으며, 이자를 지급하지 않기 때문에 무이표채(zero-coupon bond)라고 불리기도 하는 채권은?

5. 복리채

5 정기적으로 이자가 지급되는 대신에 복리로 재투자되어 만기상환시에 원금과 이자를 동시에 지급하는 채권은?

6. 후순위채권

6 발행주체의 이익과 자산에 대한 청구권을 가지나 다른 무담보사채보다 우선권이 없는 채권은?

7. 전환사채
(CB; Convertible Bond)

7 순수한 회사채의 형태로 발행되지만 일정 기간이 경과된 후 보유자의 청구에 의하여 발행회사의 주식으로 전환될 수 있는 권리가 붙어 있는 사채는?

8. 신주인수권부사채
(BW; Bond with Warrant)

8 채권자에게 일정기간이 경과한 후에 일정한 가격(행사가격)으로 발행회사의 일정수의 신주를 인수할 수 있는 권리가 부여된 사채는?

9. 교환사채
(EB; Exchangeable Bond)

9 회사채의 형태로 발행되지만 일정기간이 경과된 후 보유자의 청구에 의하여 발행회사가 보유 중인 다른 주식으로의 교환을 청구할 수 있는 권리가 부여된 사채는?

10. 옵션부사채

10 발행 당시에 제시된 일정한 조건이 성립되면 만기 전이라도 발행회사가 채권자에게 채권의 매도를 청구할 수 있는 권리(조기상환권)가 있거나, 채권자가 발행회사에게 채권의 매입을 요구할 수 있는 권리(조기변제요구권)가 부여되는 사채는?

11 지급이자율이 대표성을 갖는 시장금리에 연동하여 매 이자지급 기간마다 재조정되는 채권은?

11. 변동금리부채권 (FRN; Floating Rate Note)

12 금융회사가 보유 중인 자산을 표준화하고 특정 조건별로 집합(Pooling)하여 이를 바탕으로 증권을 발행한 후 유동화자산으로부터 발생하는 현금흐름으로 원리금을 상환하는 증권은?

12. 자산유동화증권 (ABS; Asset Backed Securities)

13 정부가 발행하는 국채로 원금 및 이자지급액을 물가에 연동시켜 물가상승에 따른 실질구매력을 보장하는 채권은?

13. 물가연동채권 (KTBi; Inflation-Linked Korean Treasury Bond)

14 일정 수준 이상의 자본요건을 충족할 경우 자본으로 인정되는 채무증권채권으로, 주식의 중간적 성격을 가지고 있어 하이브리드채권으로 불리기도 하는 것은?

14. 신종자본증권

15 주택이나 자동차를 구입하거나 금융회사에서 부동산을 담보로 대출을 받을 때 의무적으로 구입해야 하는 채권은?

15. 첨가소화채권

> **Step 3** 초성 Quiz

1 채권의 발행자격을 갖춘 기관은 법으로 정해져 있는데 발행자격이 있더라도 발행을 위해서는 정부로부터 별도의 ㅅㅇ을 얻어야 한다.

1. 승인

2 채권은 발행 시에 발행자가 지급하여야 할 약정이자와 만기 시 상환해야 할 금액이 사전에 확정되며, 발행자의 영업실적과 무관하게 이자와 원금을 상환해야 하는 ㅎㅈㅇㅈㅂ증권이다.

2. 확정이자부

3 주식과 달리 채권은 원금과 이자의 상환기간이 발행할 때 정해지는 ㄱㅎㅂ증권이다.

3. 기한부

4 유통시장에서 매매할 때 적용되는 채권의 매매가격은 액면 □□□□□원당 적용 수익률로 계산한다.

4. 10,000

5 표면이자율(coupon rate)은 액면금액에 대하여 1년 동안 지급하는 이자금액의 비율을 나타내며 채권을 ㅂㅎ할 때 결정된다.

5. 발행

6 ㅇㅍㅊ의 경우 1회마다 이자를 받을 수 있는 이표(coupon)가 붙어 있으며, 할인채는 할인율로 표시한다.

6. 이표채

7. 경상수익률 (current yield)	**7** ㄱㅅㅅㅇㄹ은 이자금액을 채권의 현재 시장가격으로 나눈 비율이다.
8. 잔존기간	**8** 채권 발행일로부터 원금상환일까지의 기간을 만기(원금상환기간)라고 하며, 이미 발행된 채권이 일정기간 지났을 때 그 때부터 원금상환일까지 남은 기간을 ㅈㅈㄱㄱ이라고 한다.
9. 1	**9** 채권의 수익률은 투자 원본금액에 대한 수익의 비율로 보통 ☐년을 단위로 계산된다.
10. 베이시스포인트 (bp ; basis point)	**10** 채권의 수익률은 ㅂㅇㅅㅅㅍㅇㅌ로 표시하며, 1bp는 1/100%(0.01% 또는 0.0001)에 해당한다.
11. 이자	**11** 채권의 수익성이란 투자자가 채권을 보유함으로써 얻을 수 있는 수익으로서 ㅇㅈ소득과 자본소득(시세차익)이 있다.
12. 주식회사	**12** 채권은 정부, 지방자치단체, 금융회사 또는 신용도가 높은 ㅈㅅㅎㅅ 등이 발행하므로 채무 불이행 위험이 상대적으로 낮다.
13. 신용	**13** 채권의 가격은 시장금리 및 발행기관의 ㅅㅇ 변화에 따라 변동하게 된다.
14. 자본손실	**14** 채권은 시장가격이 매입가격보다 낮아질 때에는 ㅈㅂㅅㅅ의 가능성이 있다.
15. 채무불이행	**15** 채권은 발행기관의 경영이나 재무상태가 악화될 경우에는 약정한 이자 및 원금의 지급이 지연되거나 지급불능 상태가 되는 ㅊㅁㅂㅇㅎ 위험이 발생할 수 있다.
16. 유동성	**16** 채권은 주식처럼 유통(증권)시장을 통해 비교적 쉽게 현금화할 수 있지만 발행물량이 적고 유통시장이 발달되지 못한 채권의 경우에는 현금화하기 어려운 ㅇㄷㅅ 위험이 존재할 수도 있다.
17. 국회	**17** 국채는 ㄱㅎ의 의결을 거쳐 국가가 재정정책의 일환으로 발행하는 채권으로 정부가 원리금의 지급을 보증하기 때문에 국가 신용도와 동일한 신용도를 가진다.
18. 외국환평형기금	**18** 국채에는 국고채권, 국민주택채권(1종, 2종), ㅇㄱㅎㅍㅎㄱㄱ채권, 재정증권 등이 있다.
19. 공공기관	**19** 지방채는 지방정부 및 지방ㄱㄱㄱㄱ 등이 지방자치법과 지방재정법에 의거하여 특수목적 달성에 필요한 자금을 조달하기 위해 발행하는 채권이다.

20 지방채의 종류에는 서울도시철도공채, 지방도시철도공채, [ㅈㅇㄱㅂ]채권 등이 있다.

20. 지역개발

21 특수채에는 한국전력채권, 지하철공사채권, 토지주택채권, 도로공사채권, [ㅇㄱㅂㅎㄱㅅ]채권, 증권금융채권 등이 있다.

21. 예금보험공사

22 [ㄱㅇㅊ]는 특별법에 의하여 설립된 금융회사가 발행하는 채권으로서 금융채의 발행은 특정한 금융회사의 중요한 자금조달수단의 하나이다.

22. 금융채

23 금융채에는 통화조절을 위해 한국은행이 발행하는 [ㅌㅎㅇㅈㅈㄱ], 산업자금 조달을 위한 산업금융채권, 중소기업 지원을 위한 중소기업금융채권 및 각 시중은행이 발행하는 채권과 카드회사, 캐피탈회사, 리스회사, 할부금융회사 등이 발행하는 채권들이 있다.

23. 통화안정증권

24 회사채는 일반적으로 매 ☐개월 후급으로 이자를 지급받고 원금은 만기에 일시상환 받는다.

24. 3

25 상환기간이 5년 초과인 [ㅈㄱㅊ]에는 국채가 대표적이며, 우리나라에서는 국채가 주로 만기 5년 또는 10년으로 발행되고 있다.

25. 장기채

26 일반적으로 만기가 긴 채권일수록 수익률은 높으나 [ㅇㄷㅅ]이 떨어지고 채무불이행 확률도 증가하므로 투자자는 자신의 투자기간을 고려하여 적절한 만기를 가진 채권에 투자해야 한다.

26. 유동성

27 채권의 권면에 이표(coupon)가 붙어 있어 이자지급일에 이표를 떼어 이자를 지급받는 이표채의 경우 외국은 6개월마다 이자를 지급하지만 우리나라는 보통 ☐개월 단위로 이자를 지급한다.

27. 3

28 보증채는 원리금의 상환을 발행회사 이외의 제3자가 보증하는 채권으로서 보증의 주체가 정부인 [ㅈㅂㅂㅈㅊ]와 신용보증기금, 보증보험회사, 시중은행 등이 지급을 보증하는 일반보증채로 구분된다.

28. 정부보증채

29 [ㅁㅂㅈㅊ]는 제3자의 보증 없이 발행회사의 자기신용에 의해 발행·유통되는 채권이다.

29. 무보증채

30 담보부채권은 원리금 지급불능시 발행주체의 특정 재산에 대한 법적 청구권을 지키는 채권이고, 무담보부채권은 발행주체의 [ㅅㅇ]을 바탕으로 발행하는 채권이다.

30. 신용

31. 주가지수연계	**31** ⬚⬚⬚⬚⬚⬚채권(ELN; Equity Linked Note)은 채권의 이자나 만기상환액이 주가나 주가지수에 연동되어 있는 채권이다.
32. 전환비율	**32** 사실상 주식과 채권의 중간적 성격을 갖고 있는 전환사채에는 전환할 때 받게 되는 주식의 수를 나타내는 ⬚⬚⬚⬚이 미리 정해져 있다.
33. 교환사채	**33** 전환사채의 경우에는 전환을 통해 발행회사의 주식을 보유하게 되는 반면에 ⬚⬚⬚⬚의 경우는 발행회사가 보유 중인 타 회사의 주식을 보유하게 된다는 점에서 차이가 있다.
34. 조기상환권부채권 (callable bond)	**34** ⬚⬚⬚⬚⬚⬚⬚은 발행 당시에 비해 금리가 하락한 경우에 발행회사가 기존의 고금리 채권을 상환하고 새로 저금리로 채권을 발행할 목적으로 주로 활용된다.
35. 조기변제요구권부채권 (puttable bond)	**35** ⬚⬚⬚⬚⬚⬚⬚⬚⬚은 발행 당시에 비해 금리가 상승하거나 발행회사의 재무상태 악화로 채권 회수가 힘들어질 것으로 예상되는 경우 채권투자자가 만기 전에 채권을 회수할 목적으로 주로 활용될 수 있다.
36. 기준금리 (reference rate)	**36** 변동금리부채권의 지급이자율은 대표성을 갖는 시장금리에 연동되는 ⬚⬚⬚⬚와 발행기업의 특수성에 따라 발행시점에 확정된 가산금리를 더하여 결정된다.
37. 가산금리	**37** 일반적으로 ⬚⬚⬚⬚는 발행 당시에 확정되어 고정되므로 발행 이후 신용도와 시장상황의 변화에 따라 변동금리부채권의 가격을 변동시키는 주된 요인이 된다.
38. 특수목적회사 (SPV; Special Purpose Vehicle)	**38** 자산유동화증권(ABS)은 유동화 대상자산을 집합하여 ⬚⬚⬚⬚⬚⬚에 양도하고 그 자산을 기초로 자금을 조달하며, 발행과정에서 증권의 신용도를 높이기 위해 후순위채권이나 보증 등의 방법을 활용하기도 한다.
39. 신용보강	**39** ABS 발행회사는 재무구조를 개선할 수 있으며, ⬚⬚⬚⬚을 통해 발행사 신용등급보다 높은 신용등급의 사채 발행으로 자금조달비용을 절감할 수 있어 현금흐름 및 리스크 관리 차원에서 유용하다.
40. 채권	**40** 우리나라에서 주로 발행되는 원금보장형 주가지수연계채권은 투자금액의 대부분을 일반 ⬚⬚에 투자하고 나머지를 파생상품(주로 옵션)에 투자하는 방식으로 운용된다.

41 물가연동채권의 투자자는 이자 및 원금이 소비자물가지수(CPI)에 연동되어 물가상승률이 높아질수록 투자수익률도 높아져 ⬚ⁱ⬚ⁱ⬚ⁱ⬚ 헤지 기능이 있으며, 정부의 원리금 지급보증으로 최고의 안전성이 보장된다는 장점이 있다.

41. 인플레이션

42 ⬚ⁱ⬚ⁱ⬚ⁱ⬚ⁱ⬚ 은 통상 30년 만기의 장기채로 고정금리를 제공하고 청산 시 주식보다 변제가 앞선다는 점(후순위채 보다는 후순위)에서 채권의 성격을 가지고 있으나 만기 도래 시 자동적인 만기연장을 통해 원금상환부담이 없어진다는 점에서 영구자본인 주식과 유사하다.

42. 신종자본증권

43 신종자본증권에는 대부분의 경우 발행 후 ⬚년이 지나면 발행기업이 채권을 회수할 수 있는 콜옵션(조기상환권)이 부여되어 있음에 유의하여야 한다.

43. 5

44 첨가소화채권은 정부나 지방자치단체 등이 공공사업 추진을 위해 재원을 조달하고자 할 때 관련 국민들에게 법률에 의해 강제로 매입하게 하는 ⬚ⁱ⬚ⁱ⬚ 로서의 성격을 가지고 있다.

44. 준조세

45 정부는 의무매입국공채의 환금성을 높여서 채권시장의 공신력을 높이고, 첨가소화채권을 통해 채권이라는 것을 처음 가지게 된 일반 대다수 국민의 채권시장에 대한 신뢰도를 높이기 위해 ⬚ⁱ⬚ⁱ⬚ⁱ⬚ⁱ⬚ⁱ⬚ 제도를 운영하고 있다.

45. 소액국공채거래

46 소액국공채 매매거래제도를 적용받는 거래대상 채권은 제1종 ⬚ⁱ⬚ⁱ⬚ⁱ⬚ⁱ⬚, 서울도시철도채권 및 서울특별시 지역개발채권, 지방공기업법에 의하여 특별시, 광역시 및 도가 발행한 지역개발공채증권, 주요 광역시 발행 도시철도채권 등이 있다.

46. 국민주택채권

47 주식의 발행은 자기자본의 증가를 가져오지만 채권은 타인자본인 ⬚ⁱ⬚ 의 증가를 수반한다.

47. 부채

48 배당금을 수령하는 기관투자가에게는 배당소득의 ⬚⬚%를 익금불산입하기 때문에 우선주가 기관투자가에게는 어느 정도 매력적인 고정수익 투자대상이라고 볼 수 있다.

48. 30

05 증권분석

Step 1 구조와 틀

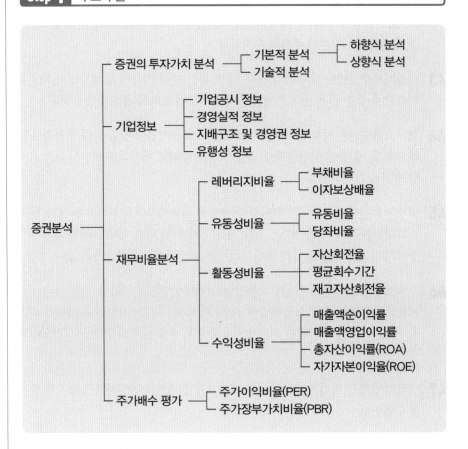

Step 2 개념어 Quiz

1. 기술적 분석

1 과거의 증권가격 및 거래량의 추세와 변동패턴에 관한 역사적인 정보를 이용하여 미래 증권가격의 움직임을 예측하는 증권분석기법은?

2. 주가이익비율
(PER; Price Earning Ratio)

2 주식가격을 1주당 순이익(EPS; Earning Per Share)으로 나눈 값으로 기업이 벌어들이는 주당이익에 대해 증권시장의 투자자들이 어느 정도의 가격을 지불하고 있는가를 뜻하는 것은?

3. 주가장부가치비율
(PBR; Price Book-value Ratio)

3 시장가치(market value)를 나타내는 주가를 장부가치(book value)를 보여주는 주당순자산(BPS; book-value per share)으로 나눈 비율은?

1 여러 가지 자료나 정보를 토대로 그 증권 가격의 적정성이나 미래의 가격예측에 대해 판단을 하는 것을 ㅈㄱㅂㅅ이라고 하는데, 분석기법으로는 크게 기본적 분석과 기술적 분석이 있다.

1. 증권분석
(securities analysis)

2 기본적 분석은 시장에서 증권에 대한 수요와 공급에 의해서 결정되는 시장가격이 그 증권의 ㄴㅈㄱㅊ와 동일하지 않을 수 있다는 전제하에 경제분석, 산업분석, 기업분석으로 이어지는 환경적 분석과 재무제표를 중심으로 기업의 재무상태와 경영성과를 평가하는 재무적 분석 등을 통해 증권의 내재가치를 중점적으로 분석하는 방법이다.

2. 내재가치
(intrinsic value)

3 기본적 분석 중 상향식 분석은 내재가치보다 ㅈㅍㄱ된 주식을 찾아 장기적으로 보유하고 있으면 언젠가는 적정 가치를 찾아가리라는 믿음을 갖고 투자하는 방법이다.

3. 저평가

4 기술적 분석은 주로 과거 주가흐름을 보여주는 주가 ㅊㅌ를 분석하여 단기적인 매매 타이밍을 잡는데 이용된다.

4. 차트
(chart)

5 상장기업은 ㄱㅇㄱㅅ제도에 따라 자사 증권에 대한 투자판단에 중대한 영향을 미칠 수 있는 중요한 기업 정보를 반드시 공개하도록 되어 있다.

5. 기업공시
(corporate disclosure)

6 상장기업의 경우에는 매 분기마다 매출액, 영업이익, 당기순이익 등의 주요한 재무정보를 공개하는 ㅅㅈ발표를 하여야 한다.

6. 실적

7 주식시장에서는 갑자기 출현한 이슈나 재료에 따라 주가가 급등락하는 경우가 있는데, 특히 비슷한 이슈를 가진 여러 종목의 주가가 동반 상승하는 ㅌㅁㅈ를 형성하기도 한다.

7. 테마주

8 기업의 재무상태와 경영성과를 객관적으로 파악할 수 있는 가장 중요한 자료는 재무상태표와 손익계산서로 대표되는 ㅈㅁㅈㅍ이다.

8. 재무제표

9 모든 상장기업은 반드시 정기적으로 재무제표를 작성하고 ㅎㄱㄱㅅ를 받아 공개해야 한다.

9. 회계감사

10 일반인들이 기업의 재무제표를 면밀하게 분석하는 것은 어렵기 때문에 중요한 정보만을 정리하여 간결한 수치로 나타내어 분석하는 것을 ㅈㅁㅂㅇㅂㅅ이라고 한다.

10. 재무비율분석

11. 레버리지비율 (leverage measures)	**11** ㄹㅂㄹㅈㅂㅇ은 기업이 자산이나 자기자본에 비하여 부채를 얼마나 사용하고 있는가를 보여준다.
12. 이자보상배율	**12** ㅇㅈㅂㅅㅂㅇ은 부채에서 발생하는 이자비용을 같은 기간의 영업이익에 의해 얼마만큼 커버할 수 있는지를 살펴보는 지표이다.
13. 유동성지표 (liquidity measures)	**13** ㅇㄷㅅㅈㅍ는 기업이 부담하고 있는 단기부채를 충분하게 상환할 수 있는 능력을 살펴보는 지표로 1년 이내에 만기가 돌아오는 유동부채 대비 현금성이 있는 유동자산의 비율로 측정된다.
14. 당좌비율	**14** 유동자산에 포함되는 재고자산의 경우는 기업이 정상적인 영업활동을 하기 위해 항상 필요한 자산이므로 이를 제외한 나머지 유동자산인 당좌자산만으로 유동성을 측정하는 ㄷㅈㅂㅇ을 사용하기도 한다.
15. 활동성지표 (activity measures)	**15** ㅎㄷㅅㅈㅍ는 기업이 보유자산을 얼마나 잘 활용하고 있는가를 보여주는 지표로 주로 총자산 대비 매출액으로 측정한 자산회전율로 측정한다.
16. 평균회수기간	**16** 매출액 대비 외상매출금의 ㅍㄱㅎㅅㄱㄱ이나 재고자산 대비 매출액으로 측정한 재고자산회전율도 활동성지표의 하나로 활용된다.
17. 수익성지표 (earnings measures)	**17** 기업의 경영성과를 나타내며 가장 중요한 재무비율지표로 평가되는 ㅅㅇㅅㅈㅍ는 크게 매출액과 투자자본 대비 수익률로 측정된다.
18. 미래가치	**18** PER 계산에서 분모로 사용되는 주당순이익(EPS)은 해당 기업의 최근 실적을 의미하는 반면에 분자가 되는 주가는 기업의 ㅁㄹㄱㅊ까지 반영하여 결정되기 때문에 두 값 사이에 괴리가 발생할 수 있다.
19. 주당순자산 (BPS)	**19** ㅈㄷㅅㅈㅅ은 기업 청산 시 장부상으로 주주가 가져갈 수 있는 몫을 나타내며, PBR이 1보다 작으면 보통주 1주에 귀속되는 몫이 현재 주가보다 많은 것으로 볼 수 있다.

제4장 우체국금융 일반현황

Step 1 구조와 틀

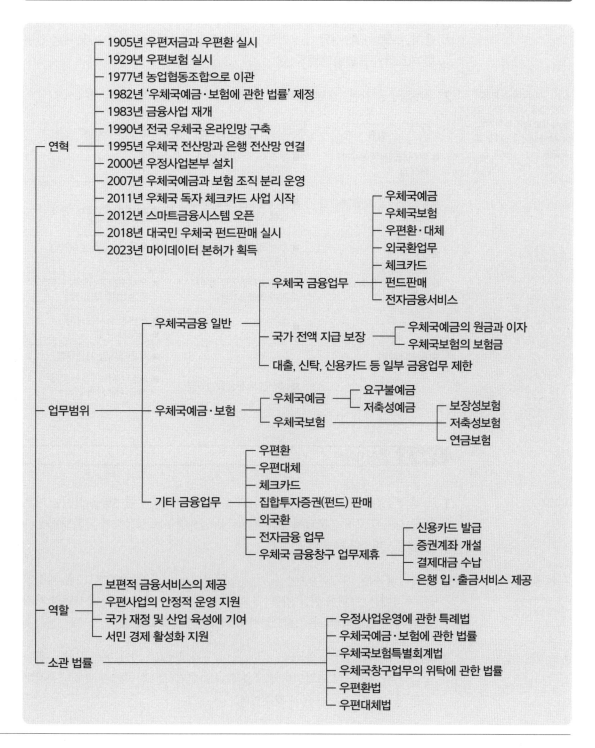

- 연혁
  - 1905년 우편저금과 우편환 실시
  - 1929년 우편보험 실시
  - 1977년 농업협동조합으로 이관
  - 1982년 '우체국예금·보험에 관한 법률' 제정
  - 1983년 금융사업 재개
  - 1990년 전국 우체국 온라인망 구축
  - 1995년 우체국 전산망과 은행 전산망 연결
  - 2000년 우정사업본부 설치
  - 2007년 우체국예금과 보험 조직 분리 운영
  - 2011년 우체국 독자 체크카드 사업 시작
  - 2012년 스마트금융시스템 오픈
  - 2018년 대국민 우체국 펀드판매 실시
  - 2023년 마이데이터 본허가 획득

- 업무범위
  - 우체국금융 일반
    - 우체국 금융업무
      - 우체국예금
      - 우체국보험
      - 우편환·대체
      - 외국환업무
      - 체크카드
      - 펀드판매
      - 전자금융서비스
    - 국가 전액 지급 보장
      - 우체국예금의 원금과 이자
      - 우체국보험의 보험금
    - 대출, 신탁, 신용카드 등 일부 금융업무 제한
  - 우체국예금·보험
    - 우체국예금
      - 요구불예금
      - 저축성예금
    - 우체국보험
      - 보장성보험
      - 저축성보험
      - 연금보험
  - 기타 금융업무
    - 우편환
    - 우편대체
    - 체크카드
    - 집합투자증권(펀드) 판매
    - 외국환
    - 전자금융 업무
    - 우체국 금융창구 업무제휴
      - 신용카드 발급
      - 증권계좌 개설
      - 결제대금 수납
      - 은행 입·출금서비스 제공

- 역할
  - 보편적 금융서비스의 제공
  - 우편사업의 안정적 운영 지원
  - 국가 재정 및 산업 육성에 기여
  - 서민 경제 활성화 지원

- 소관 법률
  - 우정사업운영에 관한 특례법
  - 우체국예금·보험에 관한 법률
  - 우체국보험특별회계법
  - 우체국창구업무의 위탁에 관한 법률
  - 우편환법
  - 우편대체법

1. 「우체국예금·보험에 관한 법률」

1 우체국금융은 은행법에 따른 은행업 인가를 받은 일반은행이나 보험업법에 따른 보험업 인가를 받은 보험회사와는 달리 소관 특별법에 의해 운영되는 국영금융기관으로 대출, 신탁, 신용카드 등 일부 금융 업무에 제한을 받는데, 이와 관련한 대표적인 특별법의 명칭은?

2. (1) 우체국예금·보험에 관한 법률 시행규칙, (2) 우체국보험특별회계법, (3) 우체국어음교환소 참가규정

2 우체국금융 관련 소관 법령표 중 빈칸에 해당하는 법령의 명칭을 채우시오.

법률	대통령령	부령
■ 우정사업운영에 관한 특례법	■ 우정사업운영에 관한 특례법 시행령	–
■ 우체국예금·보험에 관한 법률	■ 우체국예금·보험에 관한 법률 시행령	■ (1) ■ 체신관서의 국채·공채 매도 등에 관한 규칙
■(2)	■ 우체국보험특별회계법 시행령	■ 우체국보험특별회계법 시행규칙
■ 우체국창구업무의 위탁에 관한 법률	■ 우체국창구업무의 위탁에 관한 법률 시행령	■ 우체국창구업무의 위탁에 관한 법률 시행규칙
■ 우편환법	■(3)	■ 우편환법 시행규칙 ■ 국제환 규칙
■ 우편대체법	–	■ 우편대체법 시행규칙
–	■ 체신관서 현금출납 규정	■ 체신관서의 국채·공채 매도등에 관한 규칙

1. 1905

1 우체국금융은 □□□□년 우편저금과 우편환, 1929년 우편보험을 실시한 이후 전국 각지에 고루 분포되어 있는 우체국을 금융창구로 활용하여 국민들에게 각종 금융서비스를 제공하고 있다.

2. 농업협동조합

2 우체국금융은 1977년 ㄴㅇㅎㄷㅈㅎ으로 이관되었다가 1982년 12월 제정된 「우체국예금·보험에 관한 법률」에 의거하여 1983년 1월부터 금융사업의 재개와 함께 현재의 국영금융기관으로서의 역할을 수행하고 있다.

3. 온라인망

3 1990년 6월에 전국 우체국의 ㅇㄹㅇㅁ이 구축되었고 1995년에는 우체국 전산망과 은행 전산망이 연결되어 전국을 하나로 연결하는 편리한 우체국 금융서비스를 제공할 수 있는 큰 틀을 갖추었다.

4 2000년 7월부터는 우정사업의 책임경영체제 확립을 위해 정보통신부(현 과학기술정보통신부) 산하에 ⬜⬜⬜⬜⬜⬜를 설치하여 우정사업을 총괄하고 있다.

4. 우정사업본부

5 2007년 우체국금융의 내실화 있는 성장과 책임경영 강화를 위하여 우체국예금과 보험의 조직을 분리하여 운영하고 있고, 이러한 새로운 경영체제출범과 함께 「우정사업운영에 관한 특례법」에 의거 통신사업특별회계를 우편사업, 예금사업, 보험사업 ⬜⬜⬜⬜로 각각 완전 분리하여 우정사업의 회계 투명성을 제고하였다.

5. 특별회계

6 2011년부터 건전한 소비문화 조성을 위한 우체국 독자 ⬜⬜카드 사업을 시작하였다.

6. 체크

7 2012년 ⬜⬜⬜ 금융시스템을 오픈한 이후 2019년 우체국스마트뱅킹 전면 개편, 2023년 차세대 금융시스템 도입 등 지속적인 디지털금융 고도화를 통해 국민들이 우체국금융 창구뿐만 아니라 우체국금융 온라인을 통해 언제 어디서나 쉽고 편리하게 금융서비스를 제공받을 수 있게 하였다.

7. 스마트

8 2018년에는 농어촌 등 금융소외 지역 ⬜⬜들의 금융편익 증진 및 자산형성 지원을 위한 대국민 우체국 펀드 판매를 실시하였다.

8. 서민

9 2023년에는 국가기관 최초로 마이데이터(본인신용정보관리업) 본허가를 획득하는 등 우체국 금융은 스마트한 국민금융을 제공하는 국내 유일의 ⬜⬜금융 중심의 국영 금융기관으로 발돋움하고 있다.

9. 소매

10 우체국의 금융 업무는 「우정사업운영에 관한 특례법」에서 고시하는 우체국예금, 우체국보험, 우편환·대체, ⬜⬜⬜업무, 체크카드, 펀드판매, 전자금융서비스 등이 있다.

10. 외국환

11 우체국금융은 그 경영주체가 국가이므로 사업의 영리만을 목적으로 하지 아니하며, 우체국예금의 원금과 이자 그리고 우체국보험의 보험금 등은 국가가 법으로 ⬜⬜ 지급을 보장한다.

11. 전액

12 우체국예금상품의 구체적인 종류 및 가입대상, 금리 등은 ⬜⬜⬜⬜⬜⬜⬜⬜장관이 정하여 고시하도록 하고 있다.

12. 과학기술정보통신부

13 우체국예금은 일반은행과 달리 주식 발행이 없으므로 자기자본에 자본금 및 주식발행 ⬜⬜⬜이 없다.

13. 초과금

14. 예수부채	**14** 우체국예금은 일반은행과 달리 타인자본에는 예금을 통한 ▢ㅅㅂㅊ 만 있고, 은행채의 발행 등을 통한 차입 혹은 금융기관 등으로부터의 차입을 통한 차입부채는 없다.(단, 환매조건부채권매도 등을 통한 차입부채는 있을 수 있다.)
15. 계좌대월	**15** 우체국예금은 일반은행과 달리 우편대체 ㄱㅈㄷㅇ 등 일부 특수한 경우를 제외하고는 여신이 없다.
16. 보편적	**16** 우체국금융 사업의 핵심 역할에는 ㅂㅍㅈ 금융서비스의 제공, 우편사업의 안정적 운영 지원, 국가 재정 및 산업 육성에 기여, 서민경제 활성화 지원 등을 꼽을 수 있다.
17. 일반회계	**17** 우체국금융에서 발생하는 이익잉여금을 통해 이익금을 국가 재정으로 귀속시키는 ㅇㅂㅎㄱ 전출, 공적자금상환기금 지원, 공공자금관리기금 예탁, 중소·벤처기업 지원 등 공적 목적의 투자를 수행한다.
18. 공익재단	**18** 공익사업의 전문성과 효율성, 지속 가능성 증대를 위해 1995년부터 각 사업단에서 추진 중이던 공익사업을 이어받아 2013년 우체국ㄱㅇㅈㄷ을 설립하였다.

제 2 편 우체국금융 제도

제5장
예금업무 개론

제6장
내부통제 및 금융소비자보호

제7장
예금관련법

01 예금계약

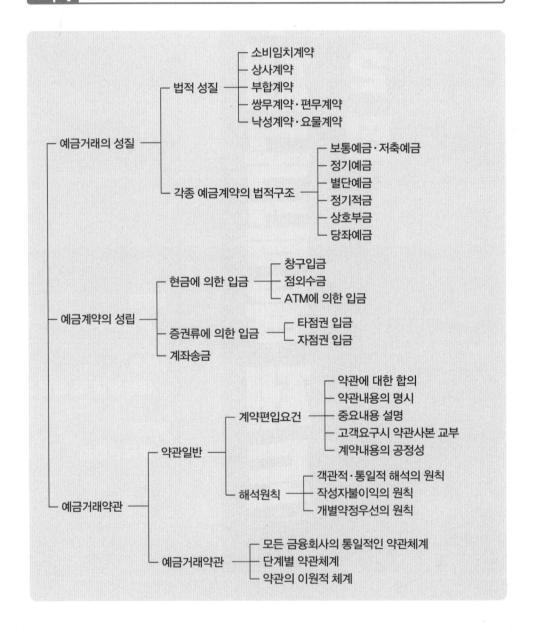

1 수취인이 보관을 위탁받은 목적물의 소유권을 취득하여 이를 소비한 후 그와 같은 종류·품질 및 수량으로 반환할 수 있는 특약이 붙어 있는 것을 내용으로 하는 계약은?

1. 소비임치계약

2 그 사람이 종사하는 직업 및 그가 속하는 사회적인 지위 등에 따라 일반적으로 요구되는 주의의무를 말하는 것은?

2. 선량한 관리자의 주의의무

3 계약당사자의 일방이 미리 작성하여 정형화해 둔 일반거래약관에 따라 체결되는 계약은?

3. 부합계약

4 각종 금융거래에 수반하여 발생하는 미정리예금·미결제예금·기타 다른 예금종목으로 처리가 곤란한 일시적인 보관금 등을 처리하는 예금계정은?

4. 별단예금

5 월부금을 정해진 회차에 따라 납입하면 만기일에 금융회사가 계약액을 지급하겠다는 계약은?

5. 정기적금

6 일정한 기간을 정하여 부금을 납입하게 하고 기간의 중도 또는 만료 시에 부금자에게 일정한 금전을 급부할 것을 내용으로 하는 약정은?

6. 상호부금

1 ⃞⃞⃞⃞은 예금자가 금전의 보관을 위탁하고 금융회사가 이를 승낙하여 자유롭게 운용하다가 같은 금액의 금전을 반환하면 되는 소비임치계약이자, 금융회사가 예금거래기본약관 등을 제정하고 이를 예금계약의 내용으로 삼는다는 점에서 부합계약이다.

1. 예금계약

2 금융회사는 상인이므로 금융회사와 체결한 예금계약은 ⃞⃞⃞⃞계약이며, 민사임치와 달리 선량한 관리자의 주의의무를 부담한다.

2. 상사임치

3 정기예금은 약정한 만기일 이후 거래처가 청구한 때에 지급한다고 규정하여 기한의 이익이 ⃞⃞⃞⃞에 있다.

3. 금융회사

4 예금계약을 요물소비임치계약으로 보는 견해에 의하면 예금의사의 합치와 ⃞⃞⃞의 충족이 있으면 예금계약이 성립한다고 한다.

4. 요물성

5 ⃞⃞⃞⃞설에 의하면 예금계약은 금융회사와 거래처와의 예금을 하기로 하는 합의에 의해 성립하며, 반드시 입금자원의 입금이 있어야 하는 것이 아니다.

5. 낙성계약

6. 확인	**6** 점외수금의 경우에는 그 수금직원이 영업점으로 돌아와 수납직원에게 금전을 넘겨주고 그 수납직원이 이를 ⬚⬚(확인)한 때에 예금계약이 성립하는 것으로 보아야 한다.
7. 확인	**7** ATM의 조작은 예금주 자신에 의하여 이루어지고 최종적으로 그 현금이 금융회사에 인도되는 것은 예금주가 확인버튼을 누른 때이므로, 예금계약이 성립하는 시기는 고객이 ⬚⬚(확인)버튼을 누른 때라고 보는 것이 통설이다.
8. 추심위임	**8** ⬚⬚⬚⬚(추심위임)설은 타점권의 입금과 동시에 그 타점권이 미결제 통보와 부도실물이 반환되지 않는 것을 정지조건으로 하여 예금계약이 성립한다고 보는 견해이다.
9. 양도	**9** ⬚⬚(양도)설은 타점권의 입금과 동시에 예금계약이 성립하고 다만 그 타점권이 부도 반환 되는 경우에는 소급하여 예금계약이 해제되는 것으로 보는 견해이다.
10. 자기앞수표	**10** 추심위임설에도 불구하고 타점발행의 ⬚⬚⬚⬚⬚(자기앞수표)로 입금할 경우에는 발행 금융회사가 사고신고 된 사실이 없고 결제될 것이 틀림없음을 확인하여 예금원장에 입금기장을 마친 때에도 예금계약은 성립하는 것으로 본다.
11. 입금	**11** 자점권으로 당해 점포가 지급인으로 된 증권의 경우에는 발행인이 당좌예금잔액을 확인하여 당좌예금계좌에서 액면금 상당을 인출한 다음 예입자의 계좌에 ⬚⬚(입금)처리하면 예금계약이 성립한다.
12. 자점	**12** 예금거래기본약관에는 개설점에서 지급하여야 할 증권은 그날 안에 결제를 확인했을 경우에 예금이 된다고 규정하고 있지만 ⬚⬚(자점)발행의 자기앞수표의 경우에는 입금 즉시 예금계약이 성립한다.
13. 입금의뢰	**13** 계좌송금은 계좌송금신청인의 수탁영업점에 대한 송금신청, 수탁영업점의 수취인의 예금거래영업점에 대한 ⬚⬚⬚⬚(입금의뢰), 수취인의 예금거래영업점의 입금처리 형식으로 업무처리 과정이 진행된다.
14. 입금	**14** 현금에 의한 계좌송금의 경우에는 예금원장에 입금기장을 마친 때에 예금계약이 성립하며, 증권류에 의한 계좌송금의 경우에는 증권류의 ⬚⬚(입금)과 같은 시기에 예금계약이 성립한다.
15. 약관	**15** 일반거래약관의 양면성을 고려하여 기업거래의 효율화 및 소비자의 권익을 보호한다는 차원에서 우리나라는 1984. 10. 20.「독점규제 및 공정거래에 관한 법률」을 제정하고, 1986. 12. 31.「⬚⬚(약관)의 규제에 관한 법률」을 제정하여 공정성을 기하도록 제도화하였다.

16 약관에 의한 계약이 성립되었다고 하기 위해서는 약관을 계약의 내용으로 하는 ㅎㅇ가 있어야 한다.

16. 합의

17 계약 시 약관을 영업점 직접수령이나 이메일·문자 등의 ㅂㄷㅁ 수령 등 고객이 원하는 수단 중 하나로 선택후 교부하여야 한다.

17. 비대면

18 「약관의 규제에 관한 법률」은 불공정약관조항 여부를 판단하는 일반 원칙으로서 ㅅㅇㅅㅅ의 원칙에 반하여 공정을 잃은 약관조항은 무효라고 선언하고 있다.

18. 신의성실

19 공정을 잃은 약관조항의 판단기준으로 고객에 대하여 부당하게 불리한 조항, 고객이 계약의 거래행태 등 제반사정에 비추어 예상하기 어려운 조항, 계약의 목적을 달성할 수 없을 정도로 계약에 따르는 본질적 권리를 제한하는 조항을 구체적으로 규정하여 이에 해당하는 약관조항을 불공정한 약관으로 ㅊㅈ하고 있다.

19. 추정

20 ㅈㅅㅈㅂㅇㅇ의 원칙은 약관의 의미가 불명확한 때에는 작성자인 기업 측에 불이익이 되고 고객에게는 유리하게 해석되어야 한다는 원칙이다.

20. 작성자불이익

21 ㄱㅂㅇㅈ우선의 원칙은 기업과 고객이 약관에서 정하고 있는 사항에 대하여 명시적 또는 묵시적으로 약관의 내용과 다르게 합의한 사항이 있는 경우에는 당해 합의사항을 약관에 우선하여 적용하여야 한다는 원칙이다.

21. 개별약정

22 계약 당사자의 일방이 미리 작성하여 정형화시켜 놓은 계약조항을 ㅇㅂㄱㄹㅇㄱ이라고 부르고, 이러한 일반거래약관에 따라 체결되는 계약을 부합계약이라고 한다.

22. 일반거래약관

23 우리나라는 금융회사 공동으로 예금거래에 관한 ㅍㅈㅇㄱ을 제정하고 그 채택과 시행은 각 금융회사가 자율적으로 하도록 하고 있다.

23. 표준약관

02 예금거래의 상대방

Step 1 구조와 틀

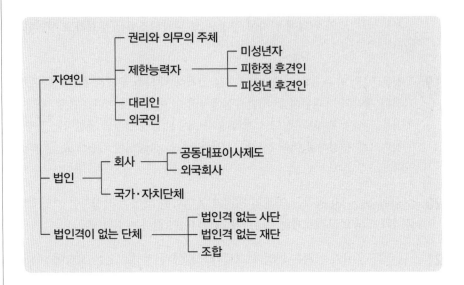

Step 2 개념어 Quiz

1. 대리

1 타인이 본인의 이름으로 법률행위를 하거나 의사표시를 수령함으로써 그 법률 효과가 직접 본인에 관하여 생기는 제도는?

2. 법인격 없는 사단

2 아파트입주자대표회의·아파트부녀회·학회·교회·종중·동문회·노동조합 등 법인으로서의 실체를 가지고 있으면서도 주무관청의 허가를 받지 않아 법인격 을 취득하지 않은 단체를 칭하는 용어는?

3. 법인격 없는 재단

3 장학재단이나 종교재단 등과 같이 민법상 재단법인의 실체 즉 일정한 목적을 위 해서 출연된 재산의 집단이되, 「민법」상 절차에 따라 법인격을 취득하지 아니한 단체를 칭하는 용어는?

1 금융회사가 피성년후견인과 예금계약을 체결하거나, 법정대리인의 동의 없이 미성년자 또는 피한정후견인과 예금계약을 맺은 경우 법정대리인이 예금계약을 취소한다 할지라도 ㅇㄱ을 반환하면 족하다.

1. 원금

2 당좌예금거래는 어음·수표의 지급사무를 위임하는 계약이므로 ㅈㅎㄴㄹㅈ의 단독거래는 허용하지 않는 것이 원칙이다.

2. 제한능력자

3 대리권의 발생 원인으로는 본인의 수권행위에 의하여 생기는 ㅇㅇㄷㄹ와 법률의 규정에 의하여 생기는 법정대리가 있다.

3. 임의대리

4 임의대리의 경우 통장상의 인감이 날인되거나 ㅇㄱㅈㅁ서 또는 본인서명사실 확인서가 붙어있는 본인의 위임장 및 대리인의 주민등록증에 의하여 진정한 대리인인지 여부 및 대리권의 범위를 확인하여야 한다.

4. 인감증명

5 피성년후견인 및 피한정후견인의 대리인은 후견인이며 이를 확인하기 위해 ㅎㄱㄷㄱㅂ가 필요하다.

5. 후견등기부

6 법원의 ㅅㅇㅅㅍㅅ로 부재자나 사망자의 대리인 여부를 확인할 수 있다.

6. 선임심판서

7 예금의 중도해지나 예금담보대출 시 대리인을 통해 거래할 경우에는 주의의무가 가중된다 할 것이므로 위임장 이외에도 예금주 본인의 ㅇㅅ를 반드시 확인하여야 한다.

7. 의사

8 법인과의 예금거래는 그 ㄷㅍㅈ 또는 그로부터 대리권을 수여받은 대리인과 하여야 한다.

8. 대표자

9 주식회사와 유한회사의 경우에는 대표이사, 합명회사와 합자회사의 경우에는 ㅇㅁㅈㅎㅅㅇ이 회사를 대표하고 업무집행권을 가진다.

9. 업무집행사원

10 당좌거래와 같이 회사의 신용상태와 행위능력 등이 특히 문제되는 경우에는 ㄷㄱㅅㅎㅈㅂㅈㅁㅅ와 인감증명 등을 징구하며 법인의 존재 여부와 대표자를 엄격하게 확인할 필요가 있다.

10. 등기사항전부증명서

11 국고금은 법령 규정이 인정하는 예외적인 경우를 제외하고는 ㅎㄱㅇㅎ에 예탁하여야 하지만, 국고대리점 또는 국고수납대리점 업무를 취급하는 일반은행에서도 이를 수납할 수 있다.

11. 한국은행

12. 출납원

12 지방자치단체는 그 재정을 「지방재정법」이 정하는 바에 따라 규율하며, 그 재정의 출납사무는 지방자치단체의 장 또는 그의 위임을 받은 공무원이 임명한 ㅊㄴㅇ이 담당한다.

13. 총유
(법인이 아닌 사단의 사원이 집합체로서 물건을 소유하는 공동소유의 형태)

13 법인격 없는 사단과 거래 시 「부가가치세법」에 의한 고유번호를 부여받은 경우에는 그 대표자와 예금거래를 하면 되고, 위와 같이 개설된 예금은 대표자 개인의 예금이 아니라 법인격 없는 사단에 ㅊㅇ적으로 귀속된다.

14. 개인명의

14 법인격 없는 재단은 그 실체파악이 어려운 점, 「금융실명거래 및 비밀보장에 관한 법률」상 실명확인방법을 구체적으로 정하지 않은 점 등을 고려하면 대표자 ㄱㅇㅁㅇ로 거래할 수밖에 없다.

15. 조합

15 ㅈㅎ이란 2인 이상의 특정인이 서로 출자하여 공동의 사업을 영위함을 목적으로 결합된 단체를 말한다.

16. 준합유

16 금융회사가 조합과 예금거래를 하기 위해서는 조합원 전원의 이름으로 하는 것이 원칙이나 각 조합원의 위임을 받은 조합대표자와 거래할 수 있고 그 예금의 귀속관계는 조합원 전원의 ㅈㅎㅇ에 속하게 된다.

03 예금의 입금과 지급

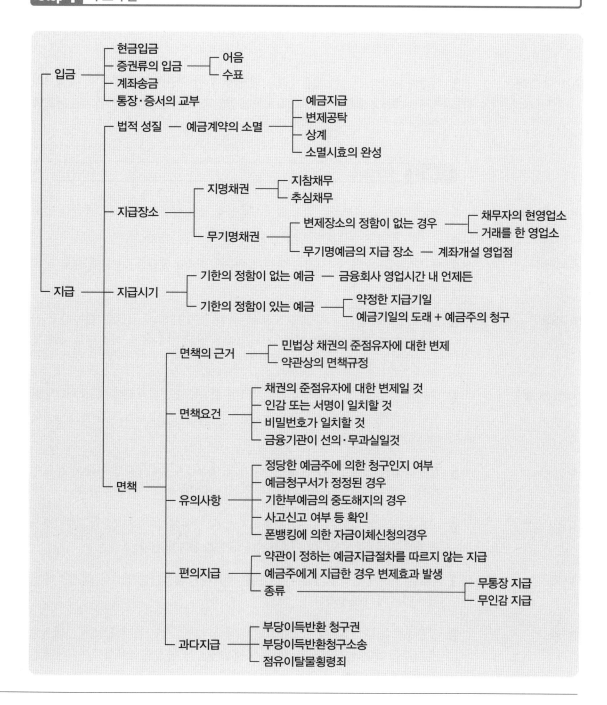

1. 계좌송금

1 예금주가 개설점 이외에서 자기의 계좌에 입금하거나 제3자가 개설점·다른 영업점 또는 다른 금융회사에서 예금주의 계좌에 입금하는 것은?

2. 착오송금 반환지원제도

2 예금자보호법 개정에 따라 계좌번호 착오 등의 사유로 송금인 실수로 잘못 송금한 건에 대해 금융기관을 통해 반환 신청하였으나, 반환받지 못하는 경우 착오송금액을 예금보험공사가 대신 찾아주는 제도는?

3. 채권의 준점유자

3 거래의 관념상 진정한 채권자라고 믿게 할 만한 외관을 갖춘 자이며, 예금거래에서는 예금통장을 소지하고 그에 찍힌 인영과 같은 인장 및 신고된 비밀번호에 의하여 예금을 청구하는 자를 지칭하는 용어는?

Step 3 | 초성 Quiz

1. 금융회사

1 현금의 확인을 유보하는 의사 없이 예금통장 등을 발행한 경우에 부족액이 발생한 경우에는 ㄱ ㅇ ㅎ ㅅ 가 입증책임을 부담한다.

2. 부당이득

2 예금주가 과다입금인 사실을 알면서 예금을 인출하였다면 ㅂ ㄷ ㅇ ㄷ 으로 반환하여야 한다.

3. 금융회사

3 제3자가 과다입금인 사실을 모르고 그 예금에 대하여 질권을 취득하고 금전을 대부해 주었다거나 압류·전부명령을 받은 경우에는 그로 인한 손해를 ㄱ ㅇ ㅎ ㅅ 가 배상하여야 한다.

4. 채무불이행

4 직원이 입금조작을 잘못하여 착오계좌에 입금하고 정당계좌에 자금부족이 발생한 경우에는 금융회사의 과실에 의한 ㅊ ㅁ ㅂ ㅇ ㅎ 으로 되어 그 손해를 배상하여야 한다.

5. 반환

5 잘못된 입금을 취소하기 전에 예금주가 동 예금을 인출하였다면 이는 원인 없이 타인의 재산으로부터 부당하게 이득을 취한 것이므로 ㅂ ㅎ 하여야 한다.

6. 백지

6 어음을 제시하더라도 ㅂ ㅈ 를 보충하지 않은 상태에서의 제시는 지급제시로서의 효력이 없으므로 입금인이 상환청구권을 상실하게 된다.

7. 이전

7 수표는 당사자 간에 발행일자 ㅇ ㅈ 에는 제시하지 않겠다는 명시적·묵시적인 합의가 있는 것이 통상적이다.

8. 계속

8 일반횡선수표인 경우에는 입금인이 우체국과 ㄱ ㅅ 적인 거래가 있는 거래처인지 여부를 확인하고, 특정횡선수표인 경우에는 그 특정된 금융회사가 우체국인지 여부를 확인한다.

9 금융회사가 과실로 지급제시기일에 제시하지 못하였거나 교환 회부할 수 없는 증권을 입금받아 입금인이 소구권을 상실한 경우, 파출수납 시 증권류의 교환회부를 부탁받고 당일에 교환에 회부하지 않아 입금인에게 손해가 발생한 경우, 부도사실을 추심의뢰인에게 상당한 기일이 지나도록 통지하지 않은 경우에 금융회사는 ㅅㄹㅎ ㄱㄹㅈ 로서의 주의의무를 다한 것으로 볼 수 없으므로 입금인에게 그 손해를 배상하여야 한다.

9. 선량한 관리자 (선관)

10 현금 계좌송금의 경우에는 입금기장을 마친 시점에서, 타점권 계좌송금의 경우에는 ㅂㄷㅂㅎㅅㅎ 이 지나고 결제를 확인한 시점에서 예금계약은 성립하고, 위임계약은 종료되므로 그 이후 입금의뢰인은 그 입금의 취소를 주장할 수 없다.

10. 부도반환시한

11 착오송금의 경우 수취인은 금전을 돌려줄 민사상 반환의무가 발생하고, 송금인은 수취인에 대하여 착오이체 금액 상당의 ㅂㄷㅇㄷㅂㅎㅊㄱ 권을 가지게 된다.

11. 부당이득반환청구

12 착오송금의 경우 수취인은 잘못 입금된 금원을 송금인에게 돌려줄 때까지 보관할 의무가 있으므로, 수취인이 착오입금된 돈을 임의로 인출하여 사용하는 경우 형사상 ㅎㄹㅈ 에 해당될 수 있다.

12. 횡령죄

13 '21년 7월 예금자보호법 개정에 따라 계좌번호 착오 등의 사유로 송금인 실수로 잘못 송금한 건에 대해 금융기관을 통해 반환 신청하였으나, 반환받지 못하는 경우 착오송금액을 ㅇㄱㅂㅎㄱㅅ 가 대신 찾아주는 '착오송금 반환지원제도'가 신설되었다.

13. 예금보험공사

14 착오송금 반환지원제도는 '21.7.6. 이후 발생한 5만 원 이상 1천만 원 이하의 착오송금에 대하여 반환지원을 신청할 수 있도록 도입되었고, '23.12.31일 이후에 발생한 5만 원 이상 ☐천만 원 이하의 착오송금에 대하여 반환지원을 신청할 수 있도록 하고 있다.

14. 5

15 거래처로부터 금전을 입금받아 금액을 확인하고 입금기장을 마치면 금융회사는 거래처에게 ㅇㄱㅌㅈ 이나 예금증서를 기장하여 교부한다.

15. 예금통장

16 금융회사가 과실 없이 예금통장이나 증서 소지자에게 예금을 지급한 경우에는 채권의 준점유자에 대한 변제에 해당되어 ㅁㅊ 이 된다.

16. 면책

17 양도성예금증서나 표지어음 등은 그 성격이 유가증권이므로 원칙적으로 그 증서 소지자에게만 ㅂㅎㄷㅈ 을 지급할 수 있다.

17. 발행대전

18 예금주의 청구에 의하여 금융회사가 예금을 ㅈㄱ 하거나 변제공탁·상계·소멸시효의 완성 등을 통해 예금계약이 소멸한다.

18. 지급

19. 주소지
20. 추심채무
21. 현영업소
22. 영업시간
23. 지급기일
24. 지명채권
25. 점유자
26. 비밀번호
27. 소송
28. 정정인
29. 편의지급
30. 부당이득반환
31. 점유이탈물횡령죄

19 지명채권은 원칙적으로 채무자가 채권자의 ㅈㅅㅈ 에서 변제하는 지참채무가 원칙이다.

20 예금채권은 예금주가 금융회사에 나와서 이를 수령한다는 점에서 ㅊㅅㅊㅁ 이다.

21 무기명채권은 변제 장소의 정함이 없으면 채무자의 ㅎㅇㅇㅅ 를 지급장소로 하며, 영업장소가 여러 곳인 때에는 거래를 한 영업소가 지급장소이다.

22 보통예금이나 당좌예금과 같이 기한의 정함이 없는 예금에 대하여는 예금주는 금융회사 ㅇㅇㅅㄱ 내에는 언제라도 예금을 청구할 수 있다.

23 정기예금 등과 같이 기한의 정함이 있는 예금은 약정한 ㅈㄱㄱㅇ 에 지급을 하여야 하나 예금의 기일이 도래하고 예금주의 청구가 있는 때에만 채무불이행으로 인한 책임을 부담한다.

24 예금채권은 원칙적으로 ㅈㅁㅊㄱ 이므로 진정한 예금주에게 변제한 때에 한하여 금융회사는 예금채무를 면하게 되는 것이 원칙이다.

25 양도성예금증서(CD)와 같은 유가증권은 그 증권의 ㅈㅇㅈ 에게 지급하면 그 소지인이 정당한 권리자인지 여부에 관계없이 금융회사는 면책된다.

26 채권의 준점유자에 대한 변제에 관한 민법의 이론을 구체화하여 예금통장·증서를 소지하고 인감 또는 서명이 일치하며 ㅂㅁㅂㅎ 가 일치하면, 금융회사가 선의·무과실인 한 책임을 면한다.

27 예금의 귀속에 관하여 다툼이 있는 경우에는 진정한 예금주가 누구인지에 관하여 ㅅㅅ 의 결과 등을 통하여 확인한 후 지급하여야 한다.

28 예금청구서는 영수증의 역할을 하는 것이므로 예금청구서의 금액·비밀번호·청구일자 등이 정정된 경우에는 반드시 ㅈㅈㅇ 을 받든가 또는 새로운 전표를 작성하도록 하여야 한다.

29 ㅍㅇㅈㄱ 이란 무통장 지급·무인감지급 등과 같이 약관이 정하는 예금지급절차를 따르지 않은 지급을 말한다.

30 금융회사 직원의 착오 또는 실수로 예금주가 청구한 것보다 많은 금액을 지급한 경우 금융회사는 ㅂㄷㅇㄷㅂㅎ 청구권을 행사할 수 있다.

31 예금주가 과다지급된 금액에 대하여 반환하지 않을 경우 형사적으로 ㅈㅇㅇㅌㅁㅎㄹㅈ 에 해당할 수 있다.

04 예금의 관리

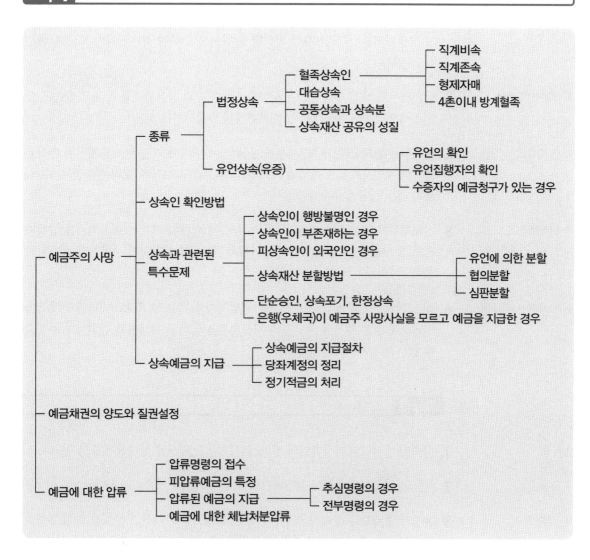

1. 예금상속

1 재산권의 일종인 예금채권이 그 귀속주체인 예금주가 사망함에 따라 상속인에게 승계되는 것은?

2. 대습상속

2 상속인이 될 직계비속 또는 형제자매가 상속개시 전에 사망하거나 결격자가 된 경우에 그 직계비속 또는 배우자가 있는 때에는, 그 직계비속 또는 배우자가 사망하거나 결격된 자의 지위를 순위에 갈음하여 상속권자가 되도록 하는 제도는?

3. 상속재산의 분할

3 상속개시로 생긴 공동상속인 사이의 상속재산의 공유관계를 끝내고 상속분 또는 상속인의 협의내용대로 그 배분관계를 확정시키는 것은?

4. 추심명령

4 집행채무자(예금주)가 제3채무자(우체국)에 대하여 가지는 예금채권의 추심권을 압류채권자에게 부여하여 그가 직접 제3채무자에게 이행의 청구를 할 수 있도록 하는 집행법원의 명령은?

5. 전부명령

5 집행채무자(예금주)가 제3채무자(우체국)에 대하여 가지는 예금채권을 집행채권과 집행비용청구권에 갈음하여 압류채권자에게 이전시키는 법원의 명령을 말한다.

6. 체납처분에 의한 압류

6 세금 체납처분의 제1단계로서 세금체납자가 독촉을 받고서도 기한까지 세금을 완납하지 않을 경우에 체납자의 재산처분을 금하고 체납자를 대위하여 추심할 수 있는 행정기관의 명령은?

1. 포괄

1 상속이 개시되면 피상속인의 권리·의무가 ㅍㄱ적으로 상속인에게 상속된다.

2. 태아

2 ㅌㅇ는 상속순위에 있어 출생한 것으로 간주되므로 상속인이 된다.

3. 포괄유증

3 유증의 형태로는 상속재산의 전부 또는 일정비율로 자산과 부채를 함께 유증하는 ㅍㄱㅇㅈ과 상속재산 가운데 특정한 재산을 지정하여 유증하는 특정(지정)유증이 있다.

4. 유언검인심판서

4 유언의 방식 중 공정증서 또는 구수증서에 의한 것이 아닌 경우(자필증서·녹음·비밀증서에 의한 경우)에는 가정법원의 ㅇㅇㄱㅇㅅㅍㅅ를 징구하여 유언의 적법성 여부를 확인하여야 한다.

5 유언집행자를 확인하기 위하여는 유언서·법원의 ⬚⬚⬚⬚ 또는 상속인에 대한 조회로 할 수 있다.

6 유언집행자는 법정유언집행자, 지정유언집행자, ⬚⬚유언집행자로 구분할 수 있다.

7 포괄유증을 받은 자는 재산상속인과 동일한 권리의무가 있으므로, 적극재산뿐만 아니라 소극재산인 ⬚⬚까지도 승계한다.

8 특정유증의 경우에는 수증자가 상속인 또는 유언집행자에 대하여 채권적 청구권만 가지므로 은행(우체국)은 예금을 ⬚⬚⬚이나 유언집행자에게 지급함이 원칙이다.

9 특정유증의 경우 실무상으로는 수증자가 직접 지급하여 줄 것을 요구하는 경우가 많으므로 유언집행자 또는 법정상속인으로부터 유증을 원인으로 하는 ⬚⬚⬚⬚ 신청서를 징구하여 예금주의 명의를 수증자로 변경한 후에 예금을 지급하면 된다.

10 ⬚⬚⬚이란 유증에 의한 경우에 법정상속인 중 직계비속과 배우자는 법정상속의 2분의 1까지, 직계존속은 3분의 1까지 수증자에게 반환을 청구할 수 있는 권리이다.

11 예금주가 유언 없이 사망한 경우에는 법정상속이 이루어지게 되므로 ⬚⬚⬚⬚⬚⬚사항별 증명서를 징구하여(필요시 제적등본 징구) 상속인을 확인하여야 한다.

12 상속권자나 수증인이 없는 경우에는 이해관계인 및 검사의 청구에 의하여 상속재산관리인을 선임하고, 재산관리인은 ⬚⬚⬚⬚기간을 정하여 공고하고 상속재산을 청산하는 절차를 밟는다.

13 채권신고기간 종료 시까지 상속인이 나타나지 않으면 ⬚년간의 상속인 수색절차를 거쳐 상속인이 없으면 특별연고권자에게 재산을 분여하고, 특별연고자도 없으면 국고에 귀속된다.

14 피상속인이 외국인인 경우 만기가 도래한 예금은 채권자의 지급청구가 있으면 변제자가 과실 없이 채권자를 알 수 없는 경우를 사유로 ⬚⬚⬚⬚하는 것이 최선의 방법이다.

5. 선임공고

6. 선임

7. 채무

8. 상속인

9. 명의변경

10. 유류분

11. 가족관계등록

12. 채권신고

13. 2

14. 변제 공탁

15. 협의분할	**15** 유언에 의한 분할방법의 지정이 없거나, 피상속인이 5년을 넘지 않는 범위 내에서 상속재산의 분할을 금지하지 않는 한 공동상속인들은 언제든지 ㅎㅇㅂㅎ할 수 있다.
16. 분할협의서	**16** 협의분할에 따른 예금지급을 위해서는 상속인의 범위를 확정하고 상속재산 ㅂㅎㅎㅇㅅ·공동상속인의 인감증명서·손해담보각서 등을 징구한 후 지급하면 된다.
17. 특별대리인	**17** 공동상속인 중 친권자와 미성년자가 있는 경우에 친권자가 미성년자를 대리하여 협의분할 하는 것은 이해상반행위에 해당하므로 선임증명을 첨부하여 ㅌㅂㄷㄹㅇ이 동의권 또는 대리권을 행사하도록 하여야 한다.
18. 가정법원	**18** 심판분할이란 공동상속인들 간에 상속재산의 분할협의가 이루어지지 않아 ㄱㅈㅂㅇ의 심판에 의하여 상속재산을 분할하는 방법이다.
19. 3	**19** 상속인은 상속의 개시 있음을 안 날로부터 □개월 내에 단순승인이나 한정승인 또는 상속포기를 할 수 있다.
20. 한정승인	**20** ㅎㅈㅅㅇ이란 상속으로 인하여 취득할 재산의 범위 내에서 채무를 변제할 것을 조건으로 상속을 승인하는 것을 말한다.
21. 양도금지	**21** 기명식예금은 지명채권이므로 원칙적으로 그 양도성이 인정되지만, 예금거래의 실무상으로는 증권적 예금을 제외하고는 대부분의 예금에 대해 ㅇㄷㄱㅈ특약을 하고 있다.
22. 무효	**22** 예금주가 양도금지 특약을 위반하여 예금을 다른 사람에게 양도한 경우, 그 양도는 ㅁㅎ이고 은행(우체국)에 대하여 대항할 수 없다.
23. 승낙	**23** 예금을 양도하기 위해서는 양도인과 양수인 사이에 예금양도계약 및 은행(우체국)의 ㅅㄴ이 있어야 하며, 제3자에게 예금양도로써 대항하기 위해서는 은행(우체국)의 승낙서에 확정일자를 받아 두어야 한다.
24. 예금양도승낙	**24** ㅇㄱㅇㄷㅅㄴ신청서는 2부를 작성하여 1부는 교부하고 1부는 은행(우체국)이 보관하여 향후 분쟁에 대비하여야 한다.
25. 질권설정금지	**25** 그 예금을 받은 은행(우체국)이 질권설정하는 경우와 달리 제3자가 질권설정하는 경우에는 ㅈㄱㅅㅈㄱㅈ특약을 두고 있어 은행(우체국)의 승낙을 필요로 한다.
26. 공탁	**26** 질권설정된 예금채권의 변제기는 이르렀으나 피담보채권의 변제기가 도래하지 않은 경우 질권자는 제3채무자에게 그 변제금액의 ㄱㅌ을 청구할 수 있다.

27 질권설정된 예금과 피담보채권의 변제기가 도래하여 질권자의 직접청구가 있는 경우 제3채무자인 은행(우체국)은 ▢ㅁㄱㅈ에게 질권자에 대한 지급에 이의가 있는지의 여부를 조회하고, 승낙문언을 기재한 질권설정승낙의뢰서, 피담보채권에 관한 입증서류(대출계약서, 어음 등), 피담보채권액에 관한 입증서류(원장, 대출원리금계산서 등), 예금증서 및 질권자의 지급청구서 등을 징구한 후 지급하면 된다.

27. 예금주

28 압류명령에 진술최고서가 첨부된 경우에는 송달일로부터 ▢주일 이내에 진술서를 작성하여 법원에 제출한다.

28. 1

29 압류의 효력발생시기는 그 결정문이 은행(우체국)에 송달된 때이므로 은행(우체국)은 압류결정문의 송달연월일·ㅈㅅㅅㄱ을 정확히 기록하고, 송달보고서에 기재된 시각을 확인하여야 한다.

29. 접수시각

30 실무상으로는 예금의 특정성에 다소의 의문이 있는 경우에는 그 압류가 유효한 것으로 취급하여 ㅈㄱㅈㅈ 조치를 취한 후 예금주가 그 특정성을 인정하든가 또는 경정결정에 의하여 예금채권이 특정된 경우에 한하여 압류채권자에게 지급하되, 그렇지 않은 경우에는 소송의 결과에 따라 지급여부를 결정하는 것이 안전하다.

30. 지급정지

31 예금채권의 ㅎㄱ방법으로 전부명령과 추심명령이 이용되는데, 대체로 압류 및 전부명령이나 압류 및 추심명령의 형식으로 행해짐이 일반적이다.

31. 환가

32 압류된 예금을 추심채권자에게 지급함에 있어서는 그 확정여부의 확인이 필요 없고, 전부채권자에게 지급하려면 우선 그 전부명령이 확정되었음을 법원에서 발급한 ㅎㅈㅈㅁㅇ으로 확인하여야 한다.

32. 확정증명원

33 전부채권자와 추심채권자에 대하여 그 지급조건이 충족되었을 때 전부명령 또는 추심명령서로써 권리자를 확인하고, ㅈㅁㄷㄹㅈ 등으로 수령권한을 확인한 후 영수증을 징구하고 전부채권자나 추심채권자에게 지급하여야 한다.

33. 주민등록증

34 세무서장이 체납자가 은행(우체국)에 대하여 가지고 있는 예금채권을 압류할 때에는 제3채무자인 은행(우체국)에 ㅇㄹㅌㅈㅅ를 우편 또는 세무공무원편으로 송달하고, 그 압류통지서가 은행(우체국)에 송달된 때 압류의 효력이 발생한다.

34. 압류통지서

35 국세징수법 준용기관의 압류가 경합된 경우 준용기관은 압류선착주의가 적용되지 않으므로, 압류가 경합된 경우 기관 간 ㅎㅇ하여 처리하여야 한다.

35. 협의

01 내부통제와 준법감시

Step 1 구조와 틀

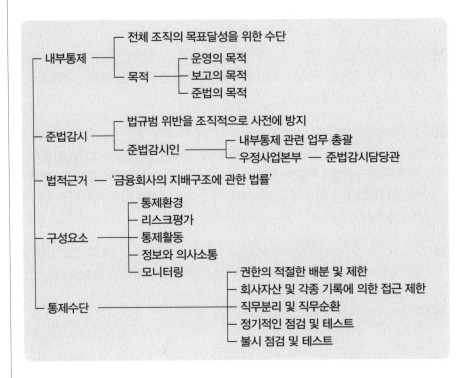

Step 2 개념어 Quiz

1. 내부통제
(Internal Control)

1 조직 내부에서 자체적으로 마련하여 이사회, 경영진 및 직원 등 조직의 모든 구성원들이 지속적으로 실행·준수하도록 하는 일련의 통제과정은?

2. 운영의 목적, 보고의 목적, 준법의 목적

2 내부통제의 3가지 목적은?

3. 준법감시
(Compliance)

3 법령, 기업윤리, 사내규범 등의 법규범을 철저히 준수해 사업운영을 완전하게 하기 위한 것으로, 법규범 위반을 조직적으로 사전에 방지하는 것은?

4. 준법감시인
(Compliance officer)

4 내부통제기준의 준수 여부를 점검하고 내부통제기준을 위반하는 경우 이를 조사하는 등 내부통제 관련 업무를 총괄하는 자는?

1 ㄴㅂㅌㅈ 제도는 조직이 추구하는 최종목표를 달성하기 위한 과정 또는 수단이 고, 금융회사 내 모든 구성원에 의해 수행되는 일련의 통제활동이며, 특정한 목 표를 달성하는데 합리적인 확신을 주는 것이다.

1. 내부통제

2 ㅈㅂㄱㅅ는 일반적으로 임직원 모두가 고객재산의 선량한 관리자로서 제반 법 규뿐만 아니라 내규까지 철저하게 준수하도록 사전 또는 상시적으로 통제·감독 하는 것이다.

2. 준법감시 (Compliance)

3 ㅎㄹㅈ ㅎㅅ은 아무리 잘 설계되고 운영되는 내부통제라도 회사의 목표를 달성 하는 것을 100% 보장(guarantee)할 수 없다는 개념이다.

3. 합리적 확신 (reasonable assurance)

4 정부와 금융당국은 1999년에 내부통제 수단으로 ㅅㅇ이사와 감사위원회, 준법 감시인 및 선진화된 리스크관리 제도 등을 도입하였다.

4. 사외

5 내부통제의 구성요소에는 통제환경, ㄹㅅㅋ 평가, 통제활동, 정보와 의사소통, 모니터링 등이 있다.

5. 리스크

6 일반적인 내부통제 수단은 ㄱㅎ의 적절한 배분 및 제한, 회사 자산 및 각종 기록 에의 접근 제한, 직무분리 및 직무순환, 정기적인 점검 및 테스트, 불시 점검 및 테스트 등이 있다.

6. 권한

7 내부통제 기준에는 업무의 분장 및 조직구조, 임직원이 업무 수행 시에 준수해야 하는 절차, 이해ㅅㅊ을 관리하는 방법 및 절차, 내부통제기준의 제정 또는 변경 절차 등이 포함되어야 한다.

7. 상충

8 ㅈㅂㄱㅅ인이란 내부통제기준의 준수 여부를 점검하고 내부통제기준을 위반하 는 경우 이를 조사하는 등 내부통제 관련 업무를 총괄하는 자이다.

8. 준법감시

9 우정사업본부는 직제(대통령령) 등에 따라 ㅈㅂㄱㅅㄷㄷㄱ을 준법감시인으로 정하고 있다.

9. 준법감시담당관

02 | 금융실명거래 원칙 및 방법

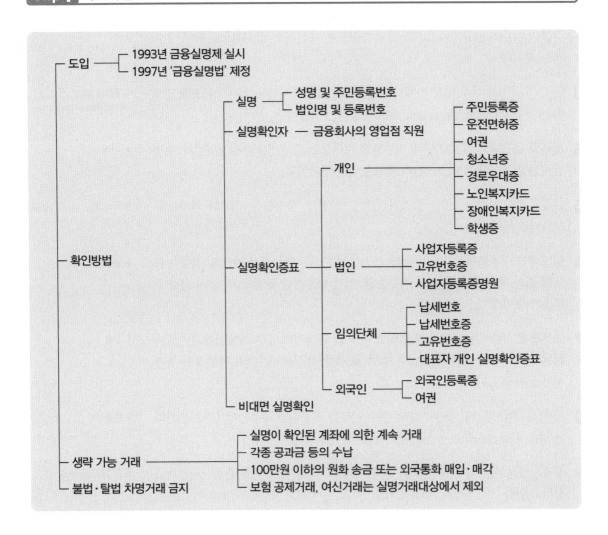

1. 금융실명제

1 금융거래의 정상화를 통해 경제정의를 실현하고 국민경제의 건전한 발전을 도모할 목적으로 실지명의에 의한 금융거래를 실시하고 그 비밀을 보장하는 제도는?

2 고객의 성명과 주민등록번호의 확인뿐 아니라 실명확인증표에 첨부된 사진 등에 의하여 명의인 본인여부를 확인하는 것은?

2. 실명확인

3 거래자 본인 여부를 확인할 때 온라인 채널 등 대면 이외의 방식으로 실명을 확인하는 것은?

3. 비대면 실명확인

Step 3 초성 Quiz

1 1993년 실지명의(實地名義)(이하 실명)에 의한 금융거래를 실시하고 그 비밀을 보장하여 금융거래의 정상화를 꾀함으로써 경제정의를 실현하고 국민경제의 건전한 발전을 도모할 목적으로 ㄱㅇㅅㅁㅈ가 실시되었다.

1. 금융실명제

2 실명이란 주민등록표상의 성명 및 주민등록번호, ㅅㅇㅈㄷㄹ증에 기재된 법인명 및 등록번호 등을 의미한다.

2. 사업자등록

3 실명확인은 고객의 성명과 주민등록번호의 확인뿐만 아니라 실명확인증표에 첨부된 ㅅㅈ 등에 의하여 명의인 본인 여부를 확인하는 것이다.

3. 사진

4 개인의 경우 주민등록증뿐 아니라 ㅇㅈㅁㅎ증, 여권, 청소년증, 경로우대증, 노인복지카드, 장애인복지카드, 학생증 등도 실명확인증표가 될 수 있다.

4. 운전면허

5 외국인의 경우에는 외국인등록증, ㅇㄱ 등이 실명확인증표가 된다.

5. 여권

6 계좌개설 시(신규 및 재예치)마다 실명확인증표 원본에 의하여 실명을 확인하여 거래원장, 거래신청서, 계약서 등에 "ㅅㅁㅎㅇㅍ"을 표시하고 확인자가 날인 또는 서명하여야 한다.

6. 실명확인필

7 대리인을 통하여 계좌개설을 할 경우 ㅇㄱㅈㅁㅅ가 첨부된 위임장을 징구한다.

7. 인감증명서

8 인감증명서, 위임장, 가족관계확인서류 등 징구서류는 사유 발생일 이후 발급분을 징구하고, 유효기간은 발급일로부터 ☐개월 이내로 제한한다.

8. 3

9 대리인을 통하여 계좌개설을 할 경우 본인 및 대리인 모두의 실명확인증표(본인의 실명확인증표는 사본으로도 가능)와 첨부된 위임장의 진위여부 확인을 위한 인감증명서 및 ㅂㅇㅅㅁㅅㅅ확인서를 제시받아 실명 확인한다.

9. 본인서명사실

10 가족대리시 징구하는 가족관계확인서류는 주민등록ㄷㅂ, 가족관계증명서(가족관계등록부)이며, 유효기간은 발급일로부터 3개월 이내이다.

10. 등본

11. 영상통화

12. 100

11 비대면 실명확인은 거래자의 실명확인증표 사본 제출, 거래자와의 □□□□ 등(실시간 원격 얼굴인식 기술 등을 활용), 접근매체 전달업무 위탁기관 등을 통하여 실명확인증표 확인, 금융실명법상 실명확인을 거쳐 거래자 명의로 금융회사에 이미 개설된 계좌와의 거래를 통한 확인, 기타 이에 준하는 새로운 방식 중에서 2가지 이상의 방식을 활용하여 가능하다.

12 금융거래 중 실명이 확인된 계좌에 의한 계속 거래, 각종 공과금 등의 수납, □□□만 원 이하의 원화 송금(무통장입금 포함) 또는 그에 상당하는 외국통화의 매입·매각, 보험 공제거래, 여신거래 시에는 실명확인의 생략이 가능하다.

03 금융거래에 대한 비밀보장

Step 1 구조와 틀

- 비밀 보장제도

- 금융거래 정보제공 ─── ┌ 금융거래 정보제공의 법률적 근거
  ├ 정보제공 요구 방법
  ├ 정보제공 사실의 기록·관리 의무
  └ 명의인에 대한 정보 등의 제공사실 통보

- 금융실명거래 위반에 대한 처벌 및 제재

Step 2 개념어 Quiz

1 금융회사 종사자의 의무 중 명의인의 서면상 요구나 동의 없이는 금융거래정보 또는 자료를 타인에게 제공하거나 누설할 수 없도록 규정하는 것은?

2 사용목적에 필요한 최소한의 범위 내에서 인적사항을 명시하는 등 법령이 정하는 방법 및 절차에 따라 금융거래의 정보를 제공하는 것은?

3 금융회사가 명의인 이외의 자로부터 정보의 제공을 요구받았거나 명의인 이외의 자에게 정보 등을 제공하는 경우 그 내용을 기록하고 관리해야 하는 의무는?

1. 비밀보장의무

2. 금융거래 정보제공

3. 정보제공 사실의 기록·관리 의무

Step 3 초성 Quiz

1 금융회사 업무에 종사하면서 금융거래 정보를 알게 된 자는 본인이 취급하는 업무에 의하여 직접적으로 알게 된 경우뿐만 아니라 간접적으로 알게 된 경우에도 ㅂㅁㅂㅈ 의 의무를 진다.

1. 비밀보장

2 금융회사 종사자는 명의인의 서면상 요구나 동의 등 법률상 일정한 사유가 있는 경우에만 금융거래정보를 제3자에게 제공할 수 있고, 제공하는 경우에도 사용목적에 필요한 ㅊㅅㅎ 의 범위 내에서 인적사항을 명시하는 등 법령이 정하는 방법 및 절차에 의하여 정보를 제공하여야 한다.

2. 최소한

3. 금융위원회

4. 5

5. 10

3 법률의 규정에 따라 금융거래정보 제공을 요구하는 자는 ㄱㅇㅇㅇㅎ가 정하는 표준양식에 의하여 금융회사의 특정 점포에 요구해야 한다.

4 금융회사가 명의인 이외의 자로부터 정보의 제공을 요구받았거나 명의인 이외의 자에게 정보 등을 제공하는 경우 그 내용을 기록·관리하여야 하는데 관련 서류의 보관기간은 정보제공일로부터 □년간이다.

5 금융회사가 금융거래정보 등을 제공한 경우에는 정보 등을 제공한 날로부터 □□일 이내에 제공한 거래정보 등의 주요 내용, 사용 목적, 제공받은 자 및 제공일자 등을 명의인에게 서면으로 통보하여야 한다.

04 자금세탁방지제도

Step 1 구조와 틀

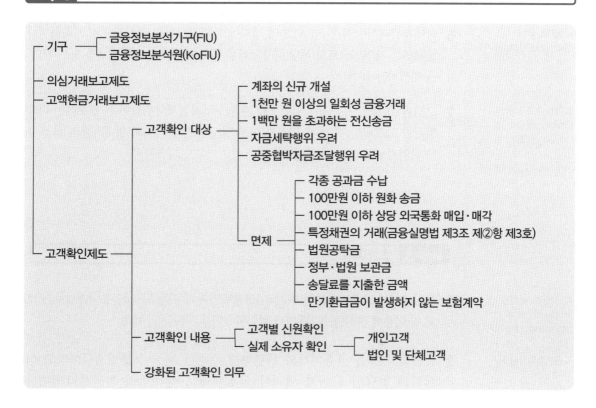

- 기구 ┬ 금융정보분석기구(FIU)
        └ 금융정보분석원(KoFIU)
- 의심거래보고제도
- 고액현금거래보고제도
- 고객확인제도 ┬ 고객확인 대상 ┬ 계좌의 신규 개설
                                  ├ 1천만 원 이상의 일회성 금융거래
                                  ├ 1백만 원을 초과하는 전신송금
                                  ├ 자금세탁행위 우려
                                  └ 공중협박자금조달행위 우려
                              ├ 면제 ┬ 각종 공과금 수납
                                      ├ 100만원 이하 원화 송금
                                      ├ 100만원 이하 상당 외국통화 매입·매각
                                      ├ 특정채권의 거래(금융실명법 제3조 제②항 제3호)
                                      ├ 법원공탁금
                                      ├ 정부·법원 보관금
                                      ├ 송달료를 지출한 금액
                                      └ 만기환급금이 발생하지 않는 보험계약
               ├ 고객확인 내용 ┬ 고객별 신원확인
                               └ 실제 소유자 확인 ┬ 개인고객
                                                  └ 법인 및 단체고객
               └ 강화된 고객확인 의무

Step 2 개념어 Quiz

1 불법재산의 취득·처분사실을 가장하거나 그 재산을 은닉하는 행위 및 외국환거래 등을 이용한 탈세목적으로 재산의 취득·처분사실을 가장 또는 그 재산을 은닉하는 행위를 무엇이라고 하는가?

1. 자금세탁

2 금융기관으로부터 자금세탁 관련 의심거래보고 등 금융정보를 수집·분석하여, 이를 법집행기관에 제공하는 단일의 중앙 국가기관을 무엇이라고 하는가?

2. 금융정보분석기구 (Financial Intelligence Unit, FIU)

3 금융거래(카지노에서의 칩 교환 포함)와 관련하여 수수한 재산이 불법재산이라고 의심되는 합당한 근거가 있거나 금융거래의 상대방이 자금세탁행위를 하고 있다고 의심되는 합당한 근거가 있는 경우 이를 금융정보분석원장에게 보고토록 한 제도는?

3. 의심거래보고제도 (Suspicious Transaction Report, STR)

4. 고객확인제도 (CDD ; Customer Due Diligence)	**4** 금융회사가 고객과 거래 시 고객의 실지명의(성명, 실명번호) 이외에 주소, 연락처, 실제 소유자 등을 확인하고 자금세탁행위 등의 우려가 있는 경우 금융거래 목적 및 자금의 원천 등을 추가로 확인하는 제도는?
5. 전신송금	**5** 타행송금, 해외송금 등 송금인의 계좌보유 여부를 불문하고 금융회사 등을 이용하여 국내외의 다른 금융회사 등으로 자금을 이체하는 서비스는?
6. 실제소유자 (Beneficial Owner)	**6** 국제자금세탁방지기구(FATF)의 정의에 따라 "고객을 최종적으로 지배하거나 통제하는 자연인으로서 해당 금융거래를 통하여 궁극적으로 혜택을 보는 개인"을 지칭하는 용어는?
7. 강화된 고객확인의무 (Enhanced Due Diligence, EDD)	**7** 고객별·상품별 자금세탁 위험도를 분류하고 자금세탁위험이 큰 경우에는 더욱 엄격한 고객확인, 즉 실제 당사자 여부 및 금융거래 목적과 거래자금의 원천 등을 확인하도록 하는 제도는?

Step 3 초성 Quiz

1. 금융정보분석원 (Korea Financial Intelligence Unit, KoFIU)	**1** 우리나라의 금융정보분석기구(=자금세탁방지기구)는 「특정금융거래정보의 보고 및 이용에 관한 법률」에 따라 설립된 ㄱㅇㅈㅂㅂㅅㅇ 이다.
2. 공중협박자금조달	**2** 금융회사 등은 금융거래와 관련하여 수수한 재산이 불법재산이라고 의심되는 합당한 근거가 있거나 금융거래의 상대방이 자금세탁행위나 ㄱㅈㅎㅂㅈㄱㅈㄷ 행위를 하고 있다고 의심되는 합당한 근거가 있는 경우 및 "범죄수익은닉의 규제 및 처벌 등에 관한 법률" 제5조제1항 및 "공중 등 협박목적 및 대량살상무기확산을 위한 자금조달행위의 금지에 관한 법률" 제5조제2항에 따라 관할 수사기관에 신고한 경우 지체없이 의무적으로 금융정보분석원에 의심거래보고를 하여야 한다.
3. 영업정지	**3** 의심거래보고를 하지 않는 경우에는 관련 임직원에 대한 징계 및 기관에 대한 시정명령과 과태료 부과 등 제재처분이 가능하며, 특히 금융회사가 금융거래의 상대방과 공모하여 의심거래보고를 하지 않거나 허위보고를 하는 경우에는 6개월의 범위 내에서 ㅇㅇㅈㅈ 처분도 가능하다.
4. 허위보고	**4** 의심거래보고를 ㅎㅇㅂㄱ 하는 경우 1년 이하의 징역 또는 1천만 원 이하의 벌금에 처하며, 미보고하는 경우 3천만 원 이하의 과태료 부과도 가능하다.

5 의심거래보고를 받은 금융정보분석원(KoFIU)은 의심거래내용과 외환전산망 자료, 신용정보, 외국 FIU의 정보 등 자체적으로 수집한 관련 자료를 종합·분석한 후 불법거래 또는 자금세탁행위와 관련된 거래라고 판단되는 때에는 해당 금융거래 자료를 ▢▢▢·경찰청·해양경찰청(해경)·국세청·관세청·금융위원회·선거관리위원회(선관위)·국가정보원(국정원)·행정안전부·고위공직자범죄수사처(공수처) 등 법집행기관에 제공하고, 법집행기관은 거래내용을 조사·수사하여 기소 등의 법조치를 하게 된다.

5. 검찰청

6 고액현금거래보고제도(Currency Transaction Reporting System, CTR)에 따라 1거래일 동안 ▢천만 원 이상의 현금을 입금하거나 출금한 경우 거래자의 신원과 거래일시, 거래금액 등 객관적 사실을 KoFIU에 전산으로 자동 보고토록 하고 있다.

6. 1

7 미국, 호주, 캐나다 등 주요국에서는 고액현금거래보고제도의 기준금액을 ▢만 달러(자국 화폐기준)로 하고 있다.

7. 1

8 고객확인제도는 금융회사 입장에서 자신의 고객이 누구인지 정확하게 알고 범죄자에게는 금융서비스를 제공하지 않도록 하는 정책이라 하여 ▢▢▢▢▢▢이라고도 한다.

8. 고객알기정책 (Know Your Customer Policy)

9 금융기관은 계좌의 신규개설이나 ▢천만 원(미화 1만 불) 이상의 일회성 금융거래 시 고객의 신원을 확인해야 한다.

9. 1

10 고객확인제도에 따라 신원확인을 할 때 외국인 및 외국단체는 국내 개인 또는 법인과 단체의 분류에 의한 각각의 해당사항은 물론 ▢▢, 국내 거소 또는 사무소 소재지를 확인하여야 한다.

10. 국적

11 실제소유자 확인 시 개인 고객은 계좌 ▢▢▢을 실제소유자로 간주한다.

11. 명의인

12 법인 또는 단체 고객의 실제 소유자 확인 시 1단계는 100분의 ▢▢ 이상의 지분증권을 소유한 사람을 실제 소유자로 한다.

12. 25

13 금융기관은 실제당사자 여부가 의심되는 등 고객이 자금세탁행위를 할 우려가 있는 경우에는 고객별 신원확인 외에 '고객의 실제 당사자 여부 및 금융거래 ▢▢과 거래자금의 원천'까지 확인하여야 한다.

13. 목적

14 위험기반 접근법(Risk-based Approach)에 기초하여 위험이 낮은 고객에 대해서는 간소화된 고객확인으로 고객확인에 수반되는 비용과 시간을 절약하는 반면, 고위험 고객(또는 거래)에 대하여는 ▢▢된 고객확인을 실시하여야 한다.

14. 강화

05 금융소비자보호

Step 1 구조와 틀

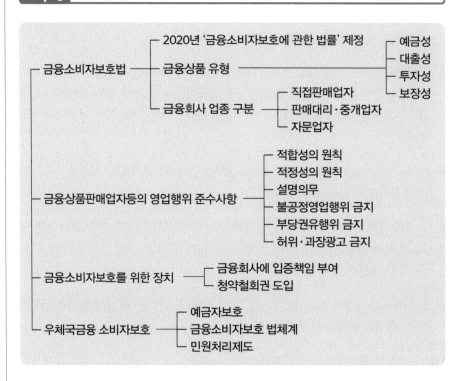

- 금융소비자보호법
  - 2020년 '금융소비자보호에 관한 법률' 제정
  - 금융상품 유형
    - 예금성
    - 대출성
    - 투자성
    - 보장성
  - 금융회사 업종 구분
    - 직접판매업자
    - 판매대리·중개업자
    - 자문업자
- 금융상품판매업자등의 영업행위 준수사항
  - 적합성의 원칙
  - 적정성의 원칙
  - 설명의무
  - 불공정영업행위 금지
  - 부당권유행위 금지
  - 허위·과장광고 금지
- 금융소비자보호를 위한 장치
  - 금융회사에 입증책임 부여
  - 청약철회권 도입
- 우체국금융 소비자보호
  - 예금자보호
  - 금융소비자보호 법체계
  - 민원처리제도

Step 2 개념어 Quiz

1. 금융소비자보호에 관한 법률
(금융소비자보호법)

1 2020년 3월 금융소비자의 권익 증진과 금융소비자 보호의 실효성을 높이고 금융상품판매업 및 금융상품자문업의 건전한 시장질서 구축을 위하여 금융상품판매업자 및 금융상품자문업자의 영업에 관한 준수사항과 금융소비자 권익 보호를 위한 금융소비자정책 및 금융분쟁조정절차 등에 관한 사항을 담아 제정된 법률은?

2. 소송중지제도

2 분쟁조정이 신청된 사건에 대하여 소송이 진행 중일 경우 법원이 그 소송을 중지할 수 있도록 하는 제도는?

1 「금융소비자보호법」은 금융상품을 크게 예금성, 대출성, 투자성, ㅂㅈㅅ상품 등 4가지의 유형으로 분류하였다.

1. 보장성

2 「금융소비자보호법」은 금융회사 등의 업종을 금융상품직접판매업자, 금융상품 판매ㄷㄹ·ㅈㄱ업자 또는 금융상품자문업자로 분류하였다.

2. 대리·중개

3 금융상품의 6대 판매원칙에는 적합성의 원칙, 적정성의 원칙, 설명의무, 불공정 영업행위 금지, ㅂㄷㄱㅇ행위 금지, 허위·과장광고 금지 등이 포함된다.

3. 부당권유

4 금융상품의 6대 판매원칙 중 ㅈㅈㅅ의 원칙은 소비자가 자발적으로 구매하려는 금융상품이 소비자의 재산상황, 투자경험, 신용 및 변제계획 등에 비추어 부적정할 경우 이를 고지하고 확인하도록 한 것이다.

4. 적정성

5 설명의무 위반에 따른 손해배상청구소송 시 고의·과실에 대한 입증책임은 ㄱㅇㅎㅅ에 있다.

5. 금융회사

6 ㅊㅇㅊㅎ권의 도입에 따라 일정기간 내 소비자가 금융상품 계약을 철회하는 경우 금융상품 판매자는 이미 받은 금전·재화 등을 소비자에게 반환하여야 한다.

6. 청약철회

7 조정이탈금지제도의 도입으로 소비자가 신청한 권리·이익의 가액이 □천만 원 이내인 소액분쟁은 분쟁조정 완료 시까지 금융회사의 제소가 금지된다.

7. 2

01 예금자보호

Step 1 구조와 틀

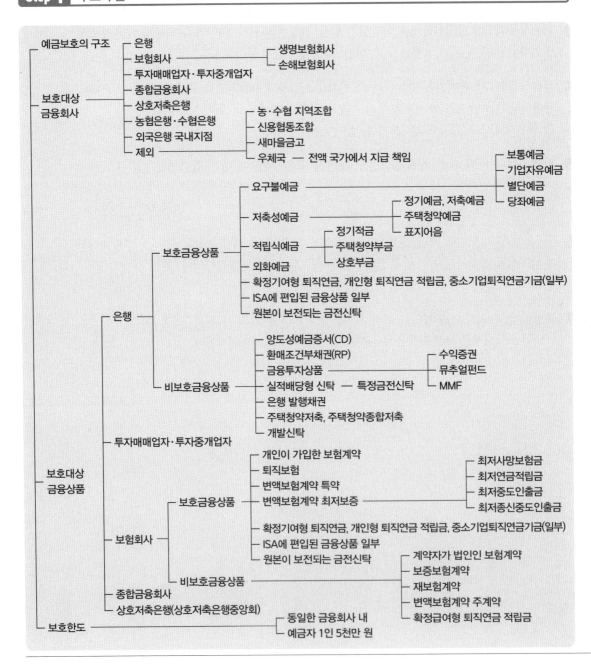

1 "동일한 종류의 위험을 가진 사람들이 평소에 기금을 적립하여 만약의 사고에 대비한다."는 보험의 원리를 이용하여 예금자를 보호하는 제도는?

1. 예금보험제도

2 예금자보호법에 의해 설립되어 평소에 금융회사로부터 예금보험료를 받아 예금보험기금을 적립한 후, 금융회사가 예금을 지급할 수 없게 되면 금융회사를 대신하여 예금보험금을 지급하는 기관은?

2. 예금보험공사

1 예금보험제도에 따라 예금보험공사가 평소에 금융회사로부터 보험료(예금보험료)를 받아 기금(ㅇㄱㅂㅎㄱㄱ)을 적립한 후, 금융회사가 예금을 지급할 수 없게 되면 금융회사를 대신하여 예금(예금보험금)을 지급한다.

1. 예금보험기금

2 예금보호 대상 금융상품으로 운용되는 중소기업ㅌㅈㅇㄱㄱㄱ의 적립금(실예금자별 보호)과, 보험계약의 사고보험금 및 연금저축(신탁·보험)도 각각 1인당 5천만원(세전)까지 다른 예금과 별도로 보호하고 있다.

2. 퇴직연금기금

3 우체국의 경우 예금보험공사의 보호대상 금융회사는 아니지만, 우체국예금(이자 포함)과 우체국보험 계약에 따른 보험금 등 전액에 대하여 ㄱㄱ에서 지급을 책임지고 있다.

3. 국가

4 예금자보호제도는 부실 금융회사를 선택한 예금자도 일정 부분 책임을 분담한다는 차원에서 예금의 전액을 보호하지 않고 원금과 소정의 이자를 합하여 1인당 ☐천만 원까지만 보호한다.

4. 5

02 금융소득 종합과세

Step 1 구조와 틀

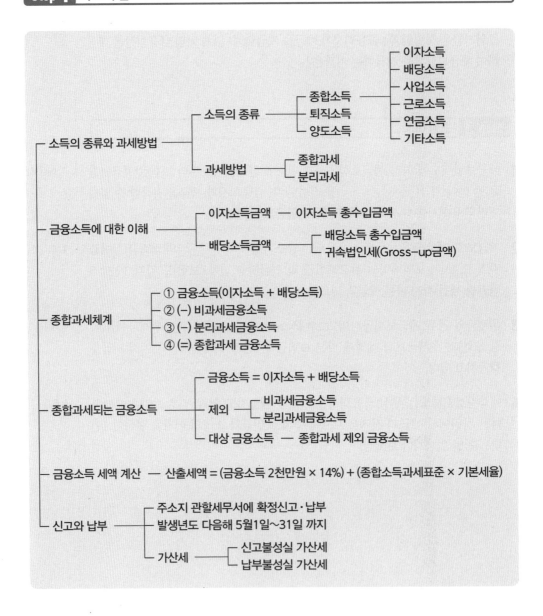

- 소득의 종류와 과세방법
  - 소득의 종류
    - 종합소득
      - 이자소득
      - 배당소득
      - 사업소득
      - 근로소득
      - 연금소득
      - 기타소득
    - 퇴직소득
    - 양도소득
  - 과세방법
    - 종합과세
    - 분리과세

- 금융소득에 대한 이해
  - 이자소득금액 — 이자소득 총수입금액
  - 배당소득금액
    - 배당소득 총수입금액
    - 귀속법인세(Gross-up금액)

- 종합과세체계
  - ① 금융소득(이자소득 + 배당소득)
  - ② (−) 비과세금융소득
  - ③ (−) 분리과세금융소득
  - ④ (=) 종합과세 금융소득

- 종합과세되는 금융소득
  - 금융소득 = 이자소득 + 배당소득
  - 제외
    - 비과세금융소득
    - 분리과세금융소득
  - 대상 금융소득 — 종합과세 제외 금융소득

- 금융소득 세액 계산 — 산출세액 = (금융소득 2천만원 × 14%) + (종합소득과세표준 × 기본세율)

- 신고와 납부
  - 주소지 관할세무서에 확정신고·납부
  - 발생년도 다음해 5월1일~31일 까지
  - 가산세
    - 신고불성실 가산세
    - 납부불성실 가산세

1 배당소득이 종합소득에 합산되는 경우 법인단계에서 부담한 것으로 간주되는 귀속법인세를 배당소득 총수입금액에 가산하여 적용하는 제도는?

1. Gross-up제도

2 종합소득세 기본세율에 관한 표의 (1)~(3)을 채우시오.

2. (1) 6%, (2) 1,544만원, (3) 10억 원 초과

과세표준(2023년 이후~)	세율	누진공제액
1,400만 원 이하	(1)	–
1,400만 원 초과 ~ 5,000만 원 이하	15%	126만원
5,000만 원 초과 ~ 8,800만 원 이하	24%	576만원
8,800만 원 초과 ~ 1억5천만 원 이하	35%	(2)
1억 5천만 원 초과 ~ 3억 원 이하	38%	1,994만원
3억 원 초과 ~ 5억 원 이하	40%	2,594만원
5억 원 초과	42%	3,594만원
(3)	45%	6,594만원

1 금융소득 종합과세제도에 따라 개인별 연간 금융소득(이자·배당 소득)이 2천만 원 이하일 경우에는 원천징수하고, 2천만 원을 초과하는 금융소득은 2천만 원에 대하여는 원천징수세율을 적용하고 2천만 원을 초과하는 금액은 다른 종합소득(근로소득·사업소득·연금소득 등)과 합산하여 ⌷ⅎⅉ율을 적용하여 종합과세한다.

1. 누진세

2 종합과세대상 금융소득이 발생한 경우 발생년도 다음 해 ☐월 1일~31일까지 주소지 관할세무서에 신고하지 않거나 불성실하게 신고하는 경우에는 가산세를 부담하게 된다.

2. 5

03 금융정보 자동교환 협정

Step 1 구조와 틀

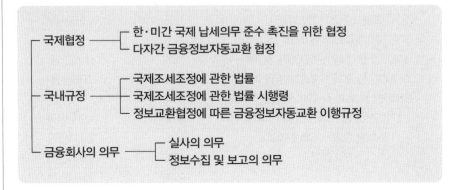

국제협정 ─┬─ 한·미간 국제 납세의무 준수 촉진을 위한 협정
          └─ 다자간 금융정보자동교환 협정

국내규정 ─┬─ 국제조세조정에 관한 법률
          ├─ 국제조세조정에 관한 법률 시행령
          └─ 정보교환협정에 따른 금융정보자동교환 이행규정

금융회사의 의무 ─┬─ 실사의 의무
                └─ 정보수집 및 보고의 의무

Step 2 개념어 Quiz

1. 정보교환협정에 따른 금융정보자동교환 이행규정

1 국제조세조정에 관한 법률에서 위임을 받아 기획재정부 고시로 금융거래회사 등이 금융거래 상대방의 인적사항 등을 확인하기 위한 실사절차, 자료보고방법, 비보고 금융회사와 제외계좌 등을 규정한 것은?

2. 수탁계좌

2 타인의 이익을 위해 투자 목적으로 금융상품을 보유하거나 금융계약을 체결하기 위해 개설된 계좌는?

3. 현금가치보험계약

3 위험보장을 목적으로 우연한 사건 발생에 관하여 발행인이 금전 또는 그 밖의 급여를 지급할 것을 약정하고 대가를 수수하는 현금가치가 있는 보험계약은?

4. 제외계좌

4 개인퇴직계좌, 생명보험계약 등과 같이 해당 계좌가 세제혜택 대상이고 계좌에 관한 정보가 과세당국에 보고 되는 등 이행규정에서 규정한 특정 조건을 모두 충족하며 조세회피 등에 사용될 위험이 낮은 것으로 판단되는 특정 금융계좌를 무엇이라고 하는가?

1 ㄱㅅㅊ은 국내 금융거래회사등으로부터 미국 거주자 등의 금융정보를 수집하여 2016년 12월 미국 과세당국과 금융정보를 상호교환 하였고, 2017년부터는 매년 6월 국내 금융거래회사등으로부터 금융정보를 수집하여 9월에 상호교환하고 있다.

1. 국세청

2 미국이 양자 간 금융정보자동교환을 추진한 이후, OECD 및 G20을 중심으로 각국에 납세의무가 있는 고객의 금융정보를 교환하기 위한 'ㄷㅈㄱ ㄱㅇㅈㅂㅈㄷㄱㅎ ㅎㅈ'이 추진되어 2014년 10월 독일 베를린에서 동 협정에 서명하였고, 우리나라를 포함한 전 세계 110여개 관할권 동 협정에 참여하고 있다.

2. 다자간 금융정보자동교환 협정
(MCAA; Multilateral Competent Authority Agreement on Automatic Exchange of Financial Account Information)

3 국세청은 2017년부터 ㄷㅈㄱ협정에 따라 협정 참여 관할권들과 금융정보를 상호 교환하고 있다.

3. 다자간

4 금융정보 자동교환을 위한 국제 협정을 이행하기 위하여 국내 금융거래회사등은 관리하고 있는 금융계좌 중 계좌보유자가 보고 대상 '해외 납세의무자'에 해당하는지 여부를 확인하는 ㅅㅅ 절차를 수행해야 한다.

4. 실사

5 금융거래회사등은 보고 대상 금융계좌에 대한 정보를 수집하여 해당 정보를 ㄱㅅㅊ에 보고하여야 한다.

5. 국세청

6 금융정보자동교환을 위한 국내 규정 중 ㄱㅅㅈㅅㅈㅈ에 관한 법률은 정기적인 금융정보 교환을 위한 금융거래회사등의 금융정보 제출 의무, 정보보안의무, 금융거래 상대방에게 자료 보고 요구 근거, 세무당국의 질문·확인권, 과태료 등을 규정하고 있다.

6. 국제조세조정

7 금융계좌라 하더라도 ㅈㅇㄱㅈ에 해당하는 계좌들은 보고뿐만 아니라 실사절차, 계좌잔액 합산 대상 금융계좌에서도 제외된다.

7. 제외계좌

8 정보수집 보고대상 금융계좌에는 예금계좌, ㅅㅌ계좌, 자본지분채무지분, 현금가치보험계약, 연금계약 등이 포함된다.

8. 수탁

제 3 편

우체국금융 상품

제8장
우체국금융 상품

제9장
우체국금융 서비스

제10장
전자금융

01 예금상품

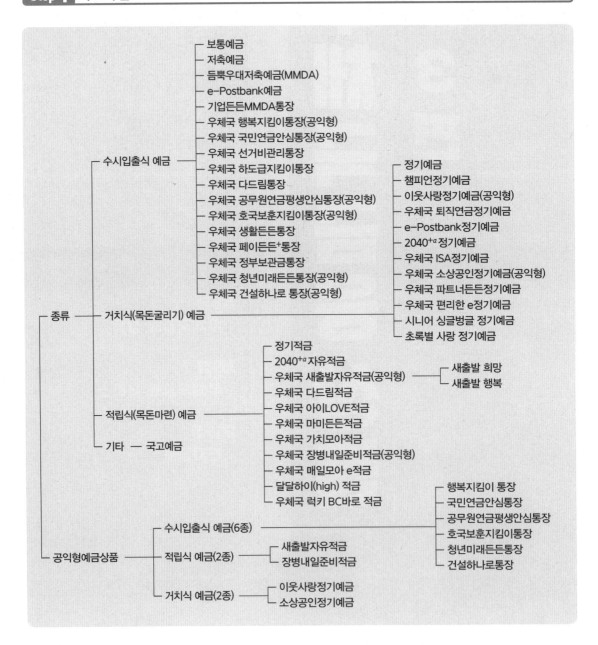

종류
- 수시입출식 예금
  - 보통예금
  - 저축예금
  - 듬뿍우대저축예금(MMDA)
  - e-Postbank예금
  - 기업든든MMDA통장
  - 우체국 행복지킴이통장(공익형)
  - 우체국 국민연금안심통장(공익형)
  - 우체국 선거비관리통장
  - 우체국 하도급지킴이통장
  - 우체국 다드림통장
  - 우체국 공무원연금평생안심통장(공익형)
  - 우체국 호국보훈지킴이통장(공익형)
  - 우체국 생활든든통장
  - 우체국 페이든든+통장
  - 우체국 정부보관금통장
  - 우체국 청년미래든든통장(공익형)
  - 우체국 건설하나로 통장(공익형)
- 거치식(목돈굴리기) 예금
  - 정기예금
  - 챔피언정기예금
  - 이웃사랑정기예금(공익형)
  - 우체국 퇴직연금정기예금
  - e-Postbank정기예금
  - 2040^{+a}정기예금
  - 우체국 ISA정기예금
  - 우체국 소상공인정기예금(공익형)
  - 우체국 파트너든든정기예금
  - 우체국 편리한 e정기예금
  - 시니어 싱글벙글 정기예금
  - 초록별 사랑 정기예금
- 적립식(목돈마련) 예금
  - 정기적금
  - 2040^{+a}자유적금
  - 우체국 새출발자유적금(공익형)
    - 새출발 희망
    - 새출발 행복
  - 우체국 다드림적금
  - 우체국 아이LOVE적금
  - 우체국 마미든든적금
  - 우체국 가치모아적금
  - 우체국 장병내일준비적금(공익형)
  - 우체국 매일모아 e적금
  - 달달하이(high) 적금
  - 우체국 럭키 BC바로 적금
- 기타 — 국고예금
- 공익형예금상품
  - 수시입출식 예금(6종)
    - 행복지킴이 통장
    - 국민연금안심통장
    - 공무원연금평생안심통장
    - 호국보훈지킴이통장
    - 청년미래든든통장
    - 건설하나로통장
  - 적립식 예금(2종)
    - 새출발자유적금
    - 장병내일준비적금
  - 거치식 예금(2종)
    - 이웃사랑정기예금
    - 소상공인정기예금

1 가입대상은 실명의 개인으로 인터넷뱅킹, 스마트뱅킹 또는 우체국 창구를 통해 가입하고 별도의 통장 발행 없이 전자금융 채널(인터넷뱅킹, 스마트뱅킹, 폰뱅킹, 자동화기기)을 통해 거래하는 입출금이 자유로운 예금은?

1. e-Postbank예금

2 국가에서 지급하는 각종 복지급여 수급자를 대상으로 저소득층 생활안정 및 경제활동 지원 도모를 목적으로 기초생활보장, 기초(노령)연금, 장애인연금, 장애(아동)수당 등의 기초생활 수급권 보호를 위한 「압류방지 전용 통장」으로 관련 법령에 따라 압류방지 수급금에 한해 입금이 가능한 예금은?

2. 우체국 행복지킴이통장

3 가입대상은 실명의 개인이며 국민연금 수급권자의 연금수급 권리를 보호하기 위한 「압류방지 전용 통장」으로 관련 법령에 따라 국민연금공단에서 입금하는 국민연금 급여에 한하여 입금이 가능한 예금은?

3. 우체국 국민연금안심통장

4 가입대상은 법인 및 사업자등록증을 소지한 개인사업자, 고유번호(또는 납세번호)를 부여받은 단체로 조달청에서 운영하는 '정부계약 하도급관리시스템'을 통해 발주한 공사대금 및 입금이 하도급자와 근로자에게 기간 내 집행될 수 있도록 관리, 감독하기 위한 전용통장은?

4. 우체국 하도급지킴이통장

5 가입대상은 실명의 개인이며 독립·국가유공자의 보훈급여금 등 수급 권리를 보호하기 위한 「압류방지 전용 통장」으로 관련 법령에 따라 가입자에게 지급되는 보훈급여금, 참전명예수당, 고엽제수당 등 정기 급여에 한하여 입금이 가능한 예금은?

5. 우체국 호국보훈지킴이통장

6 가입대상은 출납공무원이 배치된 국가기관을 대상으로 정부보관금의 효율적인 자금관리를 위한 전용 통장은?

6. 우체국 정부보관금통장

7 가입대상은 우체국 창구를 통해 가입하는 경우 가입대상에 제한이 없고, 인터넷뱅킹·스마트뱅킹을 통해 가입하는 경우에는 실명의 개인이며 가입기간(연, 월, 일 단위 가입) 및 이자지급방식(만기일시지급식, 월이자지급식)을 자유롭게 선택할 수 있는 고객맞춤형 정기예금은?

7. 챔피언정기예금

8 국민기초생활수급자, 장애인, 한부모가족, 소년소녀가정, 조손가정, 다문화가정 등 사회 소외계층과 장기기증희망등록자, 골수기증희망등록자, 헌혈자, 입양자 등 사랑나눔 실천자 및 농어촌 지역(읍·면 단위 지역 거주자) 주민의 경제생활 지원을 위한 공익형 정기예금은?

8. 이웃사랑정기예금

9. 2040[+a] 정기예금	**9** 가입대상은 우체국 창구를 통해 가입하는 경우 실명의 개인, 개인사업자, 단체, 법인(금융기관 제외)이고, 인터넷뱅킹·스마트뱅킹을 통해 가입 경우에는 실명의 개인이며 20~40대 직장인과 법인 등의 안정적 자금운용을 위해 급여이체 실적, 체크카드 이용 실적, 우체국예금, 보험, 우편 우수고객 등 일정 조건에 해당하는 경우 우대금리를 제공하는 정기예금은?
10. 우체국 ISA (개인종합자산관리계좌)정기예금	**10** 「조세특례제한법」에서 정한 개인종합자산관리계좌(ISA; Individual Savings Account) 판매자격을 갖춘 신탁업자 및 금융투자업자 등 ISA 취급 금융기관을 대상으로 ISA 편입 자산을 운용하기 위한 전용 정기예금은?
11. 우체국 편리한 e정기예금	**11** 가입대상은 실명의 개인으로 보너스입금, 비상금 출금, 자동 재예치, 만기 자동해지 서비스로 편리한 목돈 활용이 가능한 디지털전용 정기예금은?
12. 시니어 싱글벙글 정기예금	**12** 가입대상은 실명의 개인이며 여유자금 추가입금과 긴급자금 분할해지가 가능한 정기예금으로 만 50세 이상 중년층 고객을 위한 우대금리 및 세무, 보험 등 부가서비스를 제공하는 정기예금은?
13. 우체국 새출발자유적금	**13** 가입대상은 새출발자유적금 패키지 구분별 대상자이며 사회 소외계층 및 농어촌 고객의 생활 안정과 사랑 나눔실천(헌혈자, 장기기증자 등) 국민의 행복 실현을 위해 우대금리 등의 금융혜택을 적극 지원하는 공익형 적립식 예금은?
14. 우체국 아이LOVE 적금	**14** 가입대상은 19세 미만 실명의 개인으로 어린이·청소년의 목돈 마련을 위해 사회소외계층, 단체가입, 가족 거래 실적 등에 따라 우대금리를 제공하는 적립식 예금으로, 가입 고객을 대상으로 우체국 주니어보험 무료가입, 캐릭터통장 및 통장명 자유선정, 자동 재예치 서비스 등의 부가서비스를 제공하는 예금상품은?
15. 우체국 마미든든 적금	**15** 가입대상은 실명의 개인으로 일하는 기혼 여성 및 다자녀가정 등 워킹맘을 우대하고, 다문화·한부모 가정 등 목돈마련 지원과 금융거래 실적 해당 시 우대혜택이 커지는 적립식 예금은?
16. 우체국 매일모아 e적금	**16** 가입대상은 실명의 개인으로 매일 저축(자동이체) 및 매주 알림저축 서비스를 통해 소액으로 쉽고 편리하게 목돈 모으기가 가능한 디지털전용 적립식 예금은?
17. 우체국 럭키 BC바로 적금	**17** 우체국 예금 거래실적에 따라 상품 우대이율을 제공하고 BC바로카드 제휴이벤트 이용 조건에 따라 BC바로카드 '특별리워드' 혜택을 제공하는 적립식 예금은?
18. 공익형 예금상품	**18** 우체국예금 상품 중 국영금융기관으로서의 공적인 역할 제고를 위한 예금으로서 정부 정책 지원 및 금융소외계층, 사회적 약자를 지원하기 위한 예금을 부르는 명칭은?

1 우체국은 예금상품 개발 시 수익성, ☐☐☐, 안정성, 소비자보호의 4가지를 고려한다.

1. 공공성

2 예금상품의 이자율은 「우체국예금·보험에 관한 법률」에 따라 고시하는 기본이자율에 ☐☐이자율을 더하여 정한다.

2. 우대

3 「우체국예금·보험에 관한 법률」에 따라 고시하고 우체국에서 취급하는 예금상품은 크게 입출금이 자유로운 예금(수시입출식 예금), ☐☐☐예금, 적립식예금, 기타예금으로 구분된다.

3. 거치식

4 e-Postbank예금의 상품 우대이율 중 매 결산기간 중 결산기 평균 잔액이 ☐☐만원 이상인 경우 연 0.2%p이다.

4. 50

5 우체국 ☐☐☐☐☐통장의 가입대상은 선거관리위원회에서 관리·운영하는 선거에 출마하는 입후보자 또는 입후보자가 지정하는 회계책임자 및 시·군·구 선거관리위원회로 선거관리위원회에서 관리·운영하는 선거 입후보자의 선거비용과 선거관리위원회의 선거경비 관리를 위한 입출금 통장으로 선거기간을 전후로 일정기간 동안 거래수수료 면제 서비스를 제공하는 입출금이 자유로운 예금이다.

5. 선거비관리

6 우체국 ☐☐☐통장의 가입대상은 패키지 구분별로 대상자를 구분하며 예금, 보험, 우편 등 우체국 이용고객 모두에게 혜택을 제공하는 상품으로 거래 실적별 포인트 제공과 패키지별 우대금리 및 수수료 면제 등 다양한 우대서비스를 제공하는 입출금이 자유로운 예금이다.

6. 다드림

7 우체국 다드림통장의 주니어 패키지는 ☐☐세 미만, 실버 패키지는 50세 이상인 실명의 개인이 가입할 수 있다.

7. 19

8 우체국 공무원연금평생안심통장의 가입대상은 실명의 개인이며 공무원연금, ☐☐☐☐☐연금 수급권자의 연금수급 권리를 보호하기 위한 「압류방지 전용 통장」으로 관련 법령에 따라 공무원연금공단, 별정우체국연금관리단에서 입금하는 수급금에 한하여 입금이 가능한 예금이다.

8. 별정우체국

9 우체국 생활든든통장의 가입대상은 ☐☐세 이상 실명의 개인으로 고객의 기초연금, 급여, 용돈 수령 및 체크카드 이용 시 금융 수수료 면제, 우체국 보험료 자동이체 또는 공과금 자동이체 시 캐시백, 창구소포 할인쿠폰 등 다양한 서비스를 제공하는 시니어 특화 입출금이 자유로운 예금이다.

9. 50

10. 200

10 우체국 생활든든통장의 상품 우대이율은 매 결산기간 중 평균잔액이 □□□만 원 이하의 금액에 대하여 최고 연1.3%p를 제공한다.

11. 우체국페이

11 우체국 페이든든⁺ 통장은 우체국예금 모바일 어플리케이션인 ㅇㅊㄱㅍㅇ 이용 실적 등에 따라 우대혜택을 제공하는 통장으로 실명의 개인으로 가입하는 개인통장과 개인사업자, 법인으로 가입하는 사업자 통장으로 구분된다.

12. 청년미래든든

12 우체국 ㅊㄴㅁㄹㄷㄷ통장의 가입대상은 18세 이상 ~ 35세 이하 실명의 개인으로 대학생·취업준비생·사회초년생의 안정적인 사회 진출 지원을 위해 금리우대, 수수료 면제, 창구소포 할인쿠폰 등 다양한 혜택을 제공하는 입출금이 자유로운 예금이다.

13. 건설 올패스 카드

13 우체국 건설하나로 통장의 가입대상은 자격확인 증빙서류를 통해 건설업 종사자임을 확인할 수 있는 실명의 개인 또는 개인사업자이며 건설업에 종사하는 '우체국 ㄱㅅ ㅇㅍㅅ ㅋㄷ' 이용고객을 우대하는 전용통장이다.

14. 자동송금

14 우체국 건설하나로 통장의 상품 우대이율은 매 결산기간 중 평균잔액 100만원 이하의 금액에 대하여 이 예금에서 '우체국 건설 올패스 카드' 이용실적이 있는 경우 연0.4%p, 이 예금에서 '해외 ㅈㄷㅅㄱ서비스' 이용실적이 있는 경우 연0.2%p, 이 예금에서 우체국 급여성 이체 기준에 해당하는 실적·적금 자동이체 실적·결산기간 동안 평균잔액 50만원 이상 실적 중 1가지 이상에 해당하는 경우 연0.2%p 등 최고 연0.8%p이다.

15. 자산관리

15 우체국 퇴직연금 정기예금은 「근로자퇴직급여보장법」에서 정한 ㅈㅅㄱㄹ업무를 수행하는 퇴직연금사업자를 위한 전용 정기예금이다.

16. 온라인

16 e-Postbank정기예금의 가입대상은 실명의 개인이며 인터넷뱅킹, 스마트뱅킹으로 가입이 가능한 ㅇㄹㅇ 전용상품으로 온라인 예·적금 가입, 자동이체 약정, 체크카드 이용실적에 따라 우대금리를 제공하는 정기예금이다.

17. 노란우산

17 우체국 소상공인정기예금은 실명의 개인 또는 개인사업자인 소상공인·소기업 대표자를 대상으로 ㄴㄹㅇㅅ 가입, 우체국 수시입출식예금 실적에 따라 우대금리를 제공하는 서민자산 형성 지원을 위한 공익형 정기예금이다.

18. 회전주기

18 우체국 파트너든든 정기예금의 가입대상은 개인, 개인사업자, 법인(금융기관 제외)으로 ㅎㅈㅈㄱ(1개월, 3개월, 6개월) 적용을 통해 고객의 탄력적인 목돈 운용이 가능하며 우편 계약 고객(우체국소포, EMS, 우체국쇼핑 공급업체) 및 예금거래 고객을 우대하는 정기예금이다.

19 종이통장을 발행하지 않는 초록별 사랑 정기예금의 가입대상은 실명의 개인이며 친환경 활동 및 기부참여 시 우대혜택을 제공하는 □□□ 연계 정기예금이다.

19. ESG

20 정기적금은 가입대상에 제한이 없고 일정기간 후에 약정금액을 지급할 것을 조건으로 하여 예금자가 일정금액을 ○ㅈ○ 에 예입하는 적립식 예금이다.

20. 일정일

21 2040$^{+\alpha}$ 자유적금의 가입대상은 개인, 개인사업자, 단체, 법인(금융기관 제외)으로 20~40대 직장인과 카드 가맹점, 법인 등의 자유로운 목돈 마련을 위해 급여이체 실적, 카드 가맹점 결제계좌 이용, 적금 ㅈㄷ○ㅊ 실적 등의 조건에 해당하는 경우 우대금리를 제공하는 적립식 예금이다.

21. 자동이체

22 우체국 다드림적금의 가입대상은 실명의 개인이며 ㅈㄱㄹ 고객 확보 및 혜택 제공을 목적으로 각종 이체 실적 보유 고객, 장기거래 등 주거래 이용 실적이 많을수록 우대혜택이 커지는 적립식 예금이다.

22. 주거래

23 우체국 아이LOVE 적금은 우체국 수시입출식 예금의 자투리 금액(1만 원 미만 잔액)을 매월 이 적금으로 자동 저축하는 서비스인 ㅈㅌㄹ ㅈㅊ 서비스를 제공한다.

23. 자투리 저축

24 우체국 마미든든 적금의 경우 우체국 수시입출식 예금에서 이 적금으로 월 □□만 원 이상 자동이체약정 시 부가서비스로 우체국쇼핑 할인쿠폰을 제공한다.

24. 30

25 우체국 ㄱㅊㅁㅇ 적금의 가입대상은 실명의 개인으로 여행자금, 모임회비 등 목돈 마련을 위해 여럿이 함께 저축할수록 우대혜택이 커지고 다양한 우대서비스를 제공하는 적립식 예금이다.

25. 가치모아

26 우체국 ㅈㅂㄴㅇㅈㅂ적금은 국군병사의 군복무 중 목돈 마련을 지원하고, 금융실적에 따라 우대금리, 부가서비스를 제공하는 적립식 예금이다.

26. 장병내일준비

27 우체국 장병내일준비적금의 저축한도는 매월 □□만원 범위 내에서 적립 가능하다.

27. 30

28 우체국은 정부의 관서운영경비를 지급하는 관서운영경비 출납공무원이 교부받은 자금을 예치·사용하기 위해 개설하는 일종의 보통예금인 ㄱㄱ○ㄱ을 취급한다.

28. 국고예금

29 우체국은 총 12종의 예금상품을 통해 금융소외계층의 기초생활 보장을 위한 수급금 ○ㄹㅂㅈ 통장과 서민·소상공인 등 금융소외계층의 자산형성을 지원하기 위한 특별 우대이율을 제공 중에 있다.

29. 압류방지

02 카드상품(체크카드)

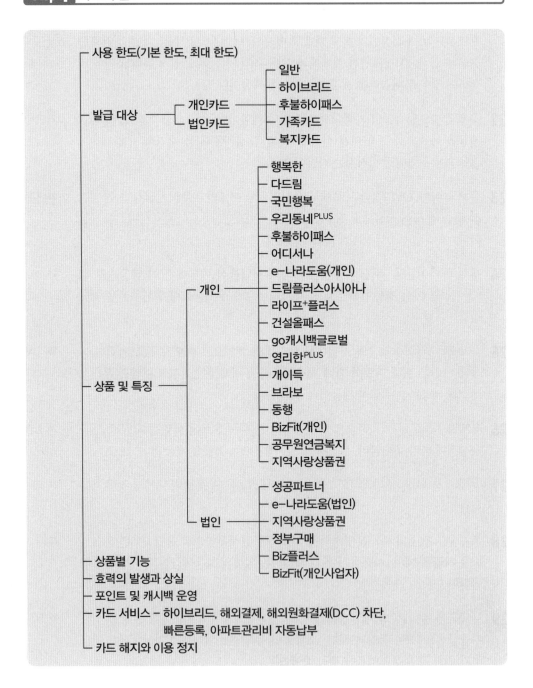

- 사용 한도(기본 한도, 최대 한도)
- 발급 대상 ─┬─ 개인카드 ─┬─ 일반
             └─ 법인카드   ├─ 하이브리드
                            ├─ 후불하이패스
                            ├─ 가족카드
                            └─ 복지카드
- 상품 및 특징 ─┬─ 개인 ─┬─ 행복한
                │   ├─ 다드림
                │   ├─ 국민행복
                │   ├─ 우리동네PLUS
                │   ├─ 후불하이패스
                │   ├─ 어디서나
                │   ├─ e-나라도움(개인)
                │   ├─ 드림플러스아시아나
                │   ├─ 라이프+플러스
                │   ├─ 건설올패스
                │   ├─ go캐시백글로벌
                │   ├─ 영리한PLUS
                │   ├─ 개이득
                │   ├─ 브라보
                │   ├─ 동행
                │   ├─ BizFit(개인)
                │   ├─ 공무원연금복지
                │   └─ 지역사랑상품권
                │
                └─ 법인 ─┬─ 성공파트너
                         ├─ e-나라도움(법인)
                         ├─ 지역사랑상품권
                         ├─ 정부구매
                         ├─ Biz플러스
                         └─ BizFit(개인사업자)
- 상품별 기능
- 효력의 발생과 상실
- 포인트 및 캐시백 운영
- 카드 서비스 – 하이브리드, 해외결제, 해외원화결제(DCC) 차단, 빠른등록, 아파트관리비 자동납부
- 카드 해지와 이용 정지

1 우체국 개인 체크카드 중 포인트 적립 카드로 전 가맹점 0.3%, 우체국 5%, 알뜰폰 통신료 10% 우체국 포인트 적립 및 Oh! Point 가맹점 이용 시 Oh!Point 적립(가맹점에 따라 적립율 상이) 카드는?

1. 우체국 다드림 체크카드

2 우체국 개인 체크카드 중 대형마트·간편결제·배달앱·커피·우체국·면세점 5%, 공항라운지 연 1회, 해외 전 가맹점 7% 캐시백이 제공되는 해외 및 온라인 소비에 특화된 카드는?

2. 우체국 go캐시백글로벌 체크카드

3 우체국 개인 체크카드 중 건설근로자가 건설현장에서 설치된 단말기에 태그하여 출퇴근 기록을 남길 수 있는 기능과 체크카드 기능이 합쳐진 통합 카드는?

3. 우체국 건설올패스카드

4 우체국 개인 체크카드 중 지역별 특성을 고려하여 특화 서비스를 제공하는 상품으로, 부가서비스는 Ⅰ, Ⅱ, Ⅲ 타입 선택이 가능하며 선택한 타입에 따라 캐시백이 제공되는 카드는?

4. 우체국 우리동네PLUS 체크카드

5 우체국 개인 체크카드 중 액티브 시니어 대상 행복한 라이프를 위한 카드는?

5. 우체국 라이프＋플러스 체크카드

6 우체국 개인 체크카드 중 주유 L당 60원, 일반한식 5%, 인터넷몰 5%, 전 가맹점 0.3% 우체국 포인트 적립 또는 캐시백이 제공되는 법인 전용 체크카드는?

6. 우체국 성공파트너 체크카드

7 우체국 체크카드에 연결 계좌 잔액이 부족할 경우 일정 한도(월 30만원) 내에서 신용카드처럼 사용할 수 있도록 소액신용 기능이 결합된 카드는?

7. 하이브리드카드

8 우체국 체크카드를 VISA, Mastercard 등 글로벌 브랜드사와 제휴하여 해외에서도 자유롭게 카드 이용을 할 수 있도록 한 서비스는?

8. 해외결제 서비스

9 해외에서 원화결제로 인한 추가수수료 발생 부담을 방지하고자, 자국통화인 원화(KRW)로 결제되지 않도록 사전에 차단하는 서비스는?

9. 해외원화결제(DCC) 차단 서비스

10 실물 체크카드를 등기우편으로 수령 전에 간편결제 플랫폼에 등록하여 이용할 수 있는 서비스는?

10. 빠른등록 서비스

11 아파트관리비를 우체국 체크카드로 자동납부 할 수 있는 서비스는?

11. 아파트관리비 자동납부 서비스

1. 12

1 우체국 체크카드 중 개인형 일반 상품의 가입연령은 ☐☐세 이상이며, 소액신용 및 후불교통 기능이 부여되어 있는 하이브리드 카드의 가입연령은 18세 이상이다.

2. 학생증

2 우체국 체크카드 중 ㅎㅅㅈ카드는 대학교(원) 학생증에 체크카드 기능이 통합된 체크카드이다.

3. 복지

3 우체국 개인 체크카드 중 ㅂㅈ카드는 복지포인트가 부여된 임직원이 발급받는 카드로 복지포인트 가맹점에서 결제 시 복지포인트로 결제 또는 차감이 가능한 카드이다.

4. 18

4 2025년 1월 판매상품 기준 우체국 체크카드는 개인카드 ☐☐종, 법인카드 5종 등 총 23종의 상품이 있다.

5. 개인

5 법인용 체크카드의 현금 입출금 기능은 ㄱㅇ사업자에 한하여 선택 가능하다.

6. 영리한

6 우체국 개인 체크카드 중 '우체국 ㅇㄹㅎ PLUS 체크카드'는 페플라스틱을 재활용한 친환경카드로 MZ고객의 니즈를 반영한 상품이다.

7. 어디서나

7 우체국 개인 체크카드 중 '우체국 ㅇㄷㅅㄴ 체크카드'는 실생활 주요 소비업종에서 캐시백 및 우체국 포인트를 제공하는 상품이다.

8. 에코머니

8 행복한, 국민행복, 우리동네 PLUS, 공무원연금복지 등 그린 플랫폼 서비스 제공 상품은 ㅇㅋㅁㄴ 포인트적립, 공공시설 무료입장·할인 등의 혜택이 제공된다.

9. 금융단말기

9 우체국 체크카드는 회원이 가입신청서를 작성하여 카드 발급을 요청하면 우체국에서 이를 심사하여 ㄱㅇㄷㅁㄱ에 등록하고, 카드를 교부함으로써 효력이 발생한다.

10. 회원

10 우체국 체크카드 포인트는 ㅎㅇ기준으로 통합되고, 1포인트는 1원으로 관리되며, 포인트 사용방법은 개인고객과 법인고객에 따라 다르다.

11. 잇다머니

11 우체국 체크카드 포인트는 우체국페이 앱 가입 후, 우체국 체크카드 포인트를 우체국 통합 멤버십 'ㅇㄷㅁㄴ'로 전환하여 가맹점에서 사용할 수 있다.

12. 캐시백

12 우체국 체크카드는 사용에 따라 부가서비스 혜택으로 상품별로 조건 충족 시 결제금액의 일정비율 금액을 회원의 결제계좌에 현금으로 돌려주는 ㅋㅅㅂ카을 제공한다.

13 하이브리드카드는 18세 이상 발급이 가능하나 18세는 ⬚⬚⬚⬚ 기능만 사용할 수 있고, 19세부터 신용 결제가 가능하다.

14 빠른등록 서비스의 이용 대상은 개인 체크카드(⬚⬚⬚⬚⬚⬚ 제외) 신규발급·재발급·갱신발급 고객이다.

15 빠른등록 서비스 이용방법은 체크카드 발급 시 수신한 ⬚⬚⬚을 통해 페이북 등 간편결제 서비스에 접속하여 카드 등록 후 사용 가능하다.

16 아파트관리비 자동납부 서비스의 신청채널은 우체국 창구, 스마트뱅킹, ⬚⬚⬚(BC카드) 등이다.

17 우체국 체크카드의 해지는 카드 유효기간 내 회원의 요청에 의해 해지되는 일반해지, 체크카드 결제계좌 해지에 다른 ⬚⬚해지, 본인 회원 카드 해지 시 가족카드가 해지되는 자동해지가 있다.

13. 후불교통

14. 후불하이패스

15. 알림톡

16. 페이북

17. 당연

03 펀드상품

Step 1 구조와 틀

종류 및 특징 ──┬── 단기금융펀드(MMF)
              ├── 채권형펀드
              └── 채권혼합형펀드

Step 2 개념어 Quiz

1. MMF
(Money Market Fund)

2. 채권형 펀드

3. 채권혼합형 펀드

1 단기채권, CP, CD 등 단기금융상품에 투자하는 펀드는?

2 집합투자재산의 50% 이상을 채권 및 채권관련 파생상품에 투자하는 펀드는?

3 집합투자재산의 50% 미만을 주식에 투자하는 펀드는?

1 2016년 금융당국은 실물경제 지원을 위한 공모펀드 활성화 방안의 일환으로 집합투자증권업 채널의 확대를 위해 우체국을 포함한 농협 등 ㅈㅅㅅㅁ금융회사의 펀드판매를 허용하였다.

1. 중소서민

2 우체국은 공모펀드 중 원금손실 위험도가 낮은 MMF 13종, 채권형펀드 23종, 주식 비중이 ☐☐% 이하인 채권혼합형펀드 20종 등 총 56종의 펀드상품을 우체국 창구 및 온라인을 통해 판매하고 있다.

2. 30

3 MMF는 투자대상에 따라 국공채형과 ㅇㅂㅎ, 가입주체에 따라 개인형과 법인형으로 구분할 수 있다.

3. 일반형

4 채권형펀드의 수익은 이자수익과 자본수익으로 구성되며 ㄱㄹ, 듀레이션(투자자금의 평균회수기간), 신용등급의 영향에 따라 수익률이 변동한다.

4. 금리

5 채권혼합형 펀드는 펀드의 전략에 따라 ㄱㅁㅈ, 가치주·성장주, 배당주, 대형주·중소형주, 저변동성, 테마투자펀드, 뉴딜테마, 인덱스 펀드, 롱숏펀드(주가변동과 상관없이 주가가 오를 것으로 예상되는 주식은 사고 주가가 내릴 것으로 예상되는 주식은 미리 빌려서 팔아 수익을 내는 펀드) 등으로 구분된다.

5. 공모주

01 전자금융

Step 1 구조와 틀

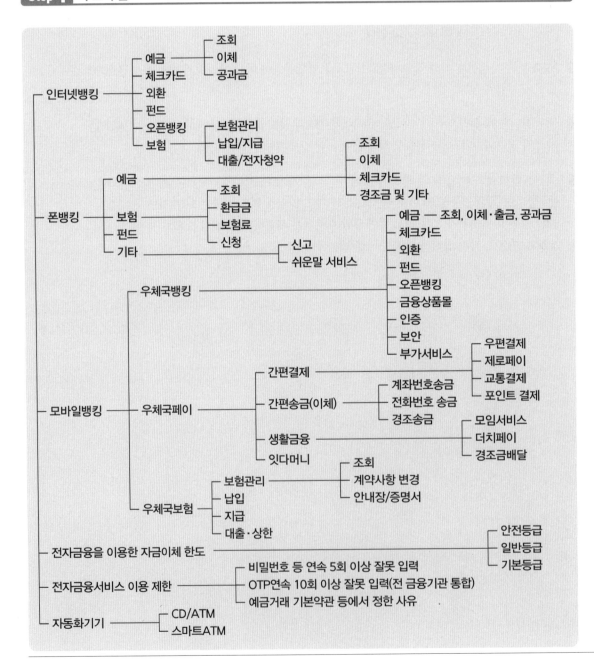

Step 2　개념어 Quiz

1 휴대폰, 컴퓨터, 현금자동지급기, 자동입출금기, 지급용단말기 그 밖에 전자적 방법으로 전자금융거래정보를 전송하거나 처리하는데 이용되는 장치를 무엇이라 하는가?

1. 전자적 장치

2 우체국예금 모바일뱅킹에 핀테크를 접목시킨 간편결제 및 간편송금 서비스를 제공하는 앱은?

2. 우체국페이

3 우체국 방문 없이 보험가입, 보험금청구 등 우체국보험과 관련된 다양한 서비스를 모바일로 간편하게 이용할 수 있는 우체국스마트보험 모바일 앱은?

3. 우체국보험

4 공동인증서 복사방지를 위해 사용하는 보안성이 강화된 스마트카드 USB 저장장치는?

4. HSM
(Hardware Security Module)

Step 3　초성 Quiz

1 ㅈㅈㄱㅇ거래는 우체국이 전자적 장치를 통하여 제공하는 금융상품 및 서비스를 이용자가 전자적 장치를 통하여 비대면·자동화된 방식으로 직접 이용하는 거래를 말한다.

1. 전자금융

2 ㅇㅌㄴㅂㅋ은 고객이 우체국 창구에 직접 방문하지 않고 인터넷이 연결된 PC를 이용하여 우체국예금보험 홈페이지(www.epostbank.go.kr)에 접속하여 신청에 따라 금융상품 정보 획득, 각종 조회 및 이체, 예금·보험 상품의 가입 등 우체국예금 및 우체국보험에 대한 다양한 금융서비스를 이용할 수 있는 전자금융서비스이다.

2. 인터넷뱅킹

3 우체국 인터넷뱅킹 비대면 창구서비스에는 온라인 ㅈㅁㅅ 발급, 비대면서류제출 등이 제공된다.

3. 증명서

4 ㅍㅂㅋ은 고객의 신청에 따라 우체국예금·보험 고객센터를 통해 가정이나 사무실 등에서 다양한 우체국예금·보험 서비스를 전화통화로 간편하게 처리할 수 있는 서비스를 말한다.

4. 폰뱅킹

5 폰뱅킹을 위해 ㅈㅈㅈㅎㅂㅎ 등록 시 고객이 지정한 전화번호로만 자금이체 또는 보험금 지급 등 주요 거래가 가능하다.

5. 지정전화번호

6 ㅁㅂㅇㅂㅋ은 고객이 우체국을 방문하지 않고 스마트폰을 이용하여 우체국예금·보험 및 각종 모바일 금융서비스를 제공받을 수 있는 전자금융서비스를 말한다.

6. 모바일뱅킹

7. 화상통화	**7** 우체국뱅킹 앱 가입 시에는 본인명의 휴대폰과 신분증, 타 금융기관 계좌가 필요하며 타 금융기관의 계좌가 없을 경우 ㅎㅅㅌㅎ로 대체할 수 있다.
8. 모바일	**8** 우체국뱅킹 앱 가입 시 이용 가능한 신분증은 주민등록증, 운전면허증, ㅁㅂㅇ신분증(운전면허증, 국가보훈등록증)이다.
9. 경조금	**9** 우체국뱅킹 앱에서는 우체국 창구 및 인터넷뱅킹 수준의 다양한 서비스와 QR코드를 활용한 쉽고 편리한 지로/공과금 납부서비스를 제공하며 SMS 및 PUSH메시지를 활용한 입출금통지, 모바일 ㄱㅈㄱ 등 고객 편의를 위한 우체국만의 부가서비스 이용이 가능하다.
10. 간편인증	**10** 우체국뱅킹은 공동인증서나 금융인증서 또는 개인인증번호, 패턴인증, 지문/얼굴 등 생체인증, PASS 인증 등 ㄱㅍㅇㅈ을 통해서 로그인이 가능하다.
11. 휴대전화	**11** 우체국페이 앱을 통해 현금 또는 카드 없이 스마트폰만으로 지불 결제를 진행하고, ㅎㄷㅈㅎ번호만 알면 경조카드와 함께 경조금을 보낼 수 있다.
12. 안전등급	**12** 법인 별도계약을 통해 이체한도 초과 약정을 하고자 할 경우 ㅇㅈㄷㄱ의 거래이용수단을 이용하고 관할 지방우정청장의 승인을 받아야 한다.
13. 본인거래	**13** 인터넷뱅킹의 기본등급은 ㅂㅇㄱㄹ(본인 우체국계좌 거래, 공과금 납부 등)에 한하여 적용한다.
14. 보안카드	**14** 인터넷뱅킹과 모바일뱅킹의 안전등급 거래이용수단은 우체국이 정한 인증서(PIN, 공동인증서 등) + OTP(디지털 OTP포함) 또는 HSM방식 공동인증서 + ㅂㅇㅋㄷ이다.
15. 5	**15** 우체국은 계좌 비밀번호, 보안카드 비밀번호, 폰뱅킹 이체비밀번호, 모바일 인증서에 등록한 PIN, 패턴, 생체인증 정보, OTP(디지털 OTP 포함) 인증번호 정보 등을 연속 □회 이상 잘못 입력한 경우 전자금융서비스의 전부 또는 일부를 제한할 수 있다.
16. 10	**16** OTP의 경우 전 금융기관을 통합하여 연속 □□회 이상 잘못 입력한 경우 전자금융서비스의 전부 또는 일부를 제한할 수 있다.
17. 생체인증	**17** 우체국 스마트 ATM에서는 화상인증(신분증복사기능+얼굴사진 촬영) 및 지문·얼굴 등 ㅅㅊㅇㅈ을 통해 이용고객의 신원확인이 가능하여 우체국 창구에서만 처리 가능하던 일부 업무까지 서비스 제공범위가 확대되었다.

02 | 통합멤버십 ~ 우편환·대체

Step 1 | 구조와 틀

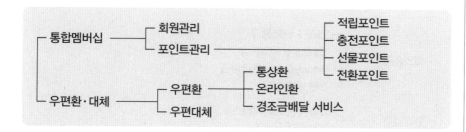

Step 2 | 개념어 Quiz

1 우정사업 서비스(체크카드, 쇼핑) 이용 및 이벤트 참여 등으로 모은 포인트를 통합하여 사용하는 서비스는?

1. 우체국 통합멤버십

2 우편 또는 전자적 수단으로 전달되는 환증서(전자적 매체를 통해 표시되는 지급지시서 및 계좌입금 등을 포함)를 통한 송금수단으로 금융기관의 온라인망이 설치되어 있지 않은 지역에 대한 송금을 위해 이용되는 것은?

2. 우편환

Step 3 | 초성 Quiz

1 통합멤버십 포인트의 명칭은 'ㅇㄷㅁㄴ'이며 우체국페이앱(App)에서 회원가입을 통하여 이용할 수 있다.

1. 잇다머니

2 우체국페이 및 통합멤버십 회원의 가입 절차는 'ㅇㅇㅇㄱ 동의(필수) → 마케팅 활용 동의(선택) → 휴대폰 인증(가입여부 확인) → 계좌개설 또는 전자금융약정(선택) → 간편인증등록(pin, 지문, 패턴) → 가입완료'의 순서로 진행된다.

2. 이용약관

3 통합멤버십 포인트 유형은 크게 적립·충전·선물·ㅈㅎ포인트로 구분할 수 있다.

3. 전환

4 충전포인트의 충전한도는 건당 □□만 원, 1일 50만 원이며 총 보유한도는 200만 원이다.

4. 30

5 선물포인트의 선물 한도는 건당 □□만 원, 1일 30만 원, 월 50만 원이다.

5. 10

6 ㅇㅍㄷㅊ는 우체국에 개설한 우편대체계좌를 통하여 자금 결제를 할 수 있는 제도로서 이를 통하여 세금·공과금 수납 등의 서비스가 제공된다.

6. 우편대체

03 외국환

Step 1 구조와 틀

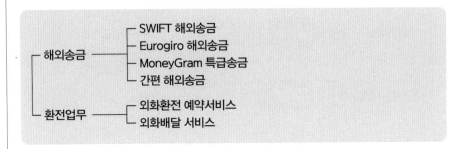

Step 2 개념어 Quiz

1. SWIFT
(SWIFT: Society for Worldwide Interbank Financial Telecommunication)

1 국제은행 간의 금융통신망으로 은행 간 자금결제 및 메시지교환을 표준화된 양식에 의거 송수신함으로써 신속, 저렴, 안전하게 처리하기 위해 1973년 유럽 및 북미은행 중심으로 설립된 국제은행간 정보통신망 송금 서비스는?

2. Eurogiro 해외송금

2 유럽지역 우체국 금융기관이 주체가 되어 설립한 Eurogiro社의 네트워크를 사용하는 EDI(전자문서교환)방식의 국제금융 송금서비스는?

3. MoneyGram 특급송금

3 미국 텍사스에 본사를 둔 머니그램社와 제휴한 Agent 간 네트워크상 정보에 의해 자금을 송금, 수취하는 무계좌 거래로 송금번호(REF.NO)만으로 송금 후 약 10분 만에 수취가 가능한 특급해외송금서비스는?

4. 간편 해외송금

4 소액해외송금업체인 ㈜와이어바알리社와 제휴를 통해 제공하는 핀테크 해외송금으로, 수수료가 저렴하며 타 송금서비스 대비 고객에게 유리한 환율로 우체국 방문 없이 간편하게 송금하는 서비스는?

5. 외화배달서비스

5 우체국 인터넷뱅킹 또는 스마트뱅킹 등 비대면 채널을 통하여(우체국 창구 접수는 불가) 환전거래와 대금 지급을 완료하고, 고객이 직접 날짜와 장소를 지정하면 우편서비스(맞춤형계약등기)를 이용하여 접수된 외화 실물을 직접 배달해 주는 서비스는?

1 우체국의 해외송금 업무는 크게 시중은행과의 제휴를 통한 SWIFT (ㄱㅈㅅㄱ)·MoneyGram(무계좌 실시간 송금)과 유로지로 네트워크를 통해 우체국이 자체적으로 제공하는 Eurogiro, 소액해외송금업체와의 제휴를 통해 제공하는 핀테크 송금서비스인 간편 해외송금으로 구분할 수 있다.

1. 계좌송금

2 우체국은 ㅅㅎ은행과 제휴를 통한 SWIFT 망을 통해 전 세계금융기관을 대상으로 해외송금 서비스를 운영하고 있다.

2. 신한

3 SWIFT 해외송금은 매월 약정한 날짜에 송금인 명의의 우체국계좌에서 자금을 인출하여 해외의 수취인에게 자동으로 송금해주는 SWIFT ㅈㄷㅅㄱ 서비스도 제공하고 있다.

3. 자동송금

4 Eurogiro 해외송금은 우정사업자와 민간 금융기관이 회원으로 가입 후 회원 간 쌍무협정(Bilateral Agreement)을 통해 해외송금을 거래하며, 계좌와 ㅈㅅㅈ송금이 가능하다.

4. 주소지

5 우체국은 신한은행 및 머니그램社와 제휴를 통해 계좌번호 없이 □자리 송금번호 및 수취인 영문명으로 해외로 자금을 송금 후 약 10분 뒤 수취인 지역 내 머니그램 Agent를 방문하여 수취 가능한 MoneyGram 특급송금 서비스를 제공하고 있다.

5. 8

6 우체국의 환전 업무는 창구에서 직접 신청 후 즉시 현물로 수령하는 ㅈㅈㅎㅈ 과 우체국 창구 또는 인터넷뱅킹·우체국뱅킹(스마트뱅킹)에서 신청 후 지정 우체국 또는 제휴은행 일부 지점에서 현물 수령이 가능한 외화환전 예약서비스가 있다.

6. 직접환전

7 외화환전 예약서비스의 환전 가능 금액은 건당 □백만원 이내이고 환전가능 통화는 미국달러(USD), 유럽유로(EUR), 일본엔(JPY), 중국위안(CNY), 캐나다달러(CAD), 호주달러(AUD), 홍콩달러(HKD), 태국바트(THB), 싱가폴달러(SGD), 영국파운드(GBP) 등 총 10종이다.

7. 1

8 외화배달 서비스의 외화 수령일 지정은 신청일로부터 3 영업일에서 □□ 영업일 이내로 지정할 수 있으며, 외화 배달서비스 신청이 가능한 취급 통화는 미국달러(USD), 유럽유로(EUR), 일본엔(JPY), 중국위안(CNY) 총 4개 통화로 한정한다.

8. 10

04 제휴서비스

Step 1 구조와 틀

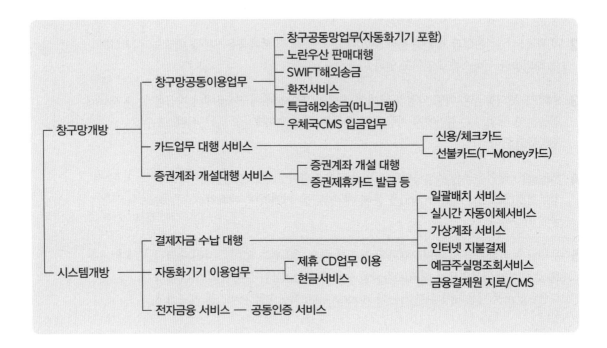

창구망개방
- 창구망공동이용업무
  - 창구공동망업무(자동화기기 포함)
  - 노란우산 판매대행
  - SWIFT해외송금
  - 환전서비스
  - 특급해외송금(머니그램)
  - 우체국CMS 입금업무
- 카드업무 대행 서비스
  - 신용/체크카드
  - 선불카드(T-Money카드)
- 증권계좌 개설대행 서비스
  - 증권계좌 개설 대행
  - 증권제휴카드 발급 등

시스템개방
- 결제자금 수납 대행
  - 일괄배치 서비스
  - 실시간 자동이체서비스
  - 가상계좌 서비스
  - 인터넷 지불결제
  - 예금주실명조회서비스
  - 금융결제원 지로/CMS
- 자동화기기 이용업무
  - 제휴 CD업무 이용
  - 현금서비스
- 전자금융 서비스 — 공동인증 서비스

Step 2 개념어 Quiz

1. 창구망 공동이용

1 우체국과 은행이 업무제휴를 맺고 전용선 또는 금융결제원 공동망으로 양 기관 간 전산 시스템을 연결하여 제휴은행 고객이 전국의 우체국 창구에서 기존의 타행환 거래 방식이 아닌 자행거래 방식으로 입·출금 거래를 할 수 있도록 하고 있는 제휴서비스는?

2. 노란우산

2 소기업·소상공인이 폐업·노령·사망 등의 위험으로부터 생활안정을 기하고 사업재기 기회를 제공받을 수 있도록 중소기업중앙회에서 운영하는 공적 공제제도로, '13. 7월부터 국가의 기본 인프라망인 전국 우체국 금융창구를 통해 가입, 지급신청 등을 할 수 있도록 업무를 대행하는 금융상품은?

3. CMS
(Cash Management Service ; 자금관리서비스)

3 기업의 자금관리 담당자가 자금흐름을 한눈에 파악하여 자금관리 업무를 용이하게 수행할 수 있도록 입출금 자금에 대한 관리를 금융기관이 관리대행 해주는 서비스로 우체국이 카드·캐피탈社 등과의 개별 이용약정을 통해 전국 우체국에서 입금업무를 대행하고 있는 서비스는?

1 우체국의 ㅊㄱㅁ 개방 서비스에는 창구망 공동이용업무, 카드업무 대행 서비스, 증권계좌 개설대행 서비스 등 10개 업무가 있다.

1. 창구망

2 우체국의 창구망 공동이용업무에는 창구 ㄱㄷㅁ업무(자동화기기 포함), 노란우산 판매대행, SWIFT해외송금, 환전서비스, 특급해외송금(머니그램), 우체국CMS 입금업무가 있다.

2. 공동망

3 우체국의 카드업무 대행 서비스에는 신용·체크카드 및 ㅅㅂ카드(T-Money카드)가 있다.

3. 선불

4 우체국의 증권계좌 개설대행 서비스에는 증권계좌 개설 대행과 증권제휴카드 ㅂㄱ 등이 있다.

4. 발급

5 우체국의 ㅅㅅㅌ 개방 서비스에는 결제자금 수납 대행, 자동화기기 이용업무, 전자금융 서비스 등 9개 업무가 있다.

5. 시스템

6 우체국의 결제자금 수납 대행에는 일괄배치 서비스, 실시간 자동이체서비스, ㄱㅅㄱㅈ 서비스, 인터넷 지불결제, 예금주실명조회서비스, 금융결제원 지로·CMS가 있다.

6. 가상계좌

7 우체국의 자동화기기 이용업무에는 제휴CD업무 이용, ㅎㄱㅅㅂㅅ가 있다.

7. 현금서비스

8 우체국의 전자금융 서비스에는 ㄱㄷㅇㅈ서비스가 있다.

8. 공동인증

9 우체국은 카드·캐피탈社 등과의 개별 이용약정을 통해 전국 우체국에서 CMS 입금 업무를 대행하는데, CMS는 고객이 우체국에 개설된 제휴회사의 계좌로 무통장 입금하고 그 입금 내역을 우체국금융 IT운영 담당하는 ㅇㅈㅅㅇㅈㅂㅅㅌ 에서 입금회사로 실시간 전송하는 시스템이다.

9. 우정사업정보센터

10 우체국은 ㅅㅇㅋㄷㅅ와의 업무제휴를 통해 우체국예금의 현금카드와 체크카드 기능이 결합된 카드를 발급하거나 우체국의 현금카드와 신용카드 기능이 포함된 제휴 신용카드 상품을 출시함으로써 국민들의 카드 이용편의를 도모하고 있다.

10. 신용카드사

11 우체국은 증권·선물회사와 업무제휴 계약을 체결하고 전국 우체국 창구에서 고객의 증권·선물 ㄱㅈㄱㅅ , 관련 제휴카드 발급, 이체서비스 등을 대행하고 있다.

11. 계좌개설

제10장 전자금융

01 전자금융의 의의와 특징 및 발전 과정

Step 1 구조와 틀

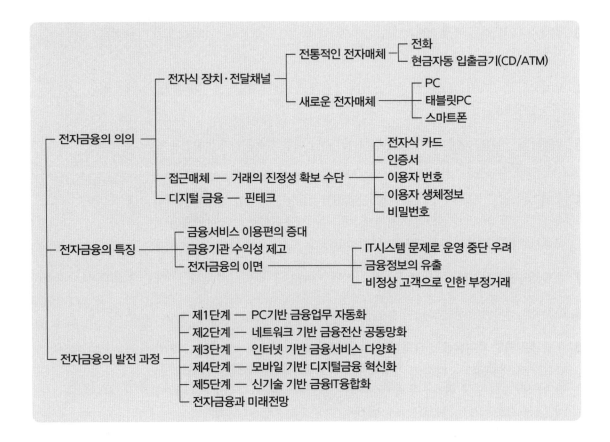

Step 2 개념어 Quiz

1. 전자금융

1 정보통신기술 기반의 자동화 및 네트워크화된 금융정보망을 통하여 PC, 스마트기기 등으로 고객들에게 전자적인 금융서비스를 제공하는 것은?

2. 접근매체

2 창구거래와 마찬가지로 전자금융거래에 있어서도 거래지시를 하거나 이용자 및 거래내용의 진실성과 정확성을 확보하기 위하여 사용되는 수단 또는 정보가 필요한데, 이를 무엇이라고 하는가?

1 전자금융이란 금융 업무에 IT기술을 적용하여 자동화, ㅈㅅㅎ를 구현한 것을 의미한다.

1. 전산화

2 접근 매체로는 전자식 카드 및 이에 준하는 전자적 정보, '전자서명법'상의 ㅇㅈㅅ, 금융회사 또는 전자금융업자에 등록된 이용자 번호, 이용자의 생체정보, 이상의 수단이나 정보를 사용하는데 필요한 비밀번호 등이 있다.

2. 인증서

3 ㄷㅈㅌ ㄱㅇ이란 통신, 정보기술, 전자기술 등의 결합으로 기존의 금융거래 방식을 완전히 변화시킨다는 의미로 고객은 금융서비스 제공자로부터 원하는 서비스를 다양한 금융 채널과 방식으로 제공받을 수 있다.

3. 디지털 금융

4 금융과 ICT기술의 융합이 가속화되면서 금융(Finance)과 기술(Technology)의 융합인 ㅍㅌㅋ가 등장하는 등 관련 산업 환경이 변화하면서 인터넷전문은행 설립 등 비금융기업들의 참여가 더욱 활발하게 진행되고 있다.

4. 핀테크 (Fintech)

5 IT시스템을 원활하게 동작할 수 있도록 하기 위해서는 안정적인 전력 및 통신망 제공 및 운영에 필요한 전문 인력을 양성하는 한편, 장애에 대비한 ㅇㅁㅈㅅㄱㅎ을 수립하여 이를 준수해야 한다.

5. 업무지속계획

6 1980년대 국가정보화사업의 하나였던 은행 공동의 ㅈㅅㅁ 구축은 고객에게 다양한 전자금융서비스를 제공할 수 있는 기반을 마련하였다.

6. 전산망

7 인터넷을 기반으로 한 전자상거래의 발달로 고객, 인터넷쇼핑몰, 금융기관을 연결하여 결제서비스를 제공하는 ㅁㅁ 서비스, 결제대금예치서비스 및 인터넷을 통해 각종 대금을 조회하고 납부할 수 있는 EBPP (Electronic Bill Presentation and Payment) 서비스와 같은 새로운 전자금융서비스가 등장하면서 전자금융거래의 이용이 활성화되는 기폭제가 되었다.

7. PG (Payment Gateway)

8 정부와 금융당국은 전자금융의 관리 감독을 법제화한 전자금융거래법에 금융소비자 편의성과 효율성 제고 필요에 따른 ㄱㄷㅇㅈㅅ 의무사용 폐지, Active X 제거, 국제 웹 표준 적용 등의 규제를 완화하고 핀테크 산업 육성을 위해 노력하고 있다.

8. 공동인증서

9 1990년대 후반 이후 본격화되기 시작한 전자금융은 금융서비스의 채널을 다양화하고 금융거래의 편리성과 투명성을 높이는 동시에 시장참여자들의 정보 접근성과 ㄱㄹㅂㅇ 절감 등에 크게 기여하고 있다

9. 거래비용

10. 인터넷전문은행

10 점포를 두지 않은 채 인터넷·모바일뱅킹 서비스만을 전문으로 제공하는 [인][터][넷][전][문][은][행]도 성업 중이며 우리나라도 2017년부터 케이뱅크와 카카오뱅크, 토스뱅크가 출범하여 영업 중이다.

11. 금융혁신지원

11 2019년 [금][융][혁][신][지][원] 특별법 시행에 따른 혁신금융서비스 제도 도입, 오픈뱅킹·마이데이터 등 금융결제망과 데이터 개방 정책의 추진으로, 금융기관과 핀테크기업의 사업 진출영역이 확대되고 있다.

02 인터넷뱅킹 / 모바일뱅킹 / 텔레뱅킹 / CD·ATM 서비스

Step 1 구조와 틀

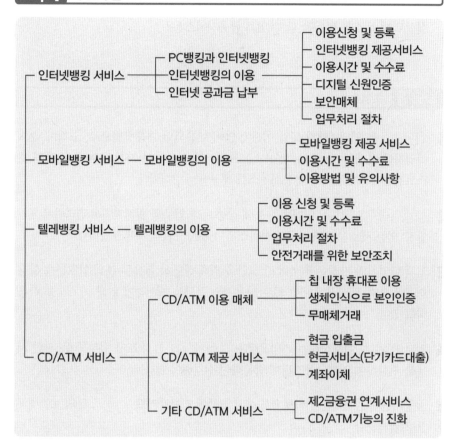

Step 2 개념어 Quiz

1 계좌이체 및 상품 가입 등 전자금융거래 시 기존의 비밀번호 이외에 보안용 비밀번호를 추가 입력하는 보안수단으로 금융거래 시 사고를 예방해 주는 것은?

1. 보안매체

2 각종 공과금 납부를 위하여 고객이 별도 영업점 창구를 방문할 필요 없이 인터넷뱅킹을 통하여 공과금의 과금내역을 조회하고 납부할 수 있도록 한 서비스는?

2. 인터넷 공과금 납부

3 고객이 휴대전화나 스마트기기 등을 수단으로 무선인터넷을 통하여 금융기관의 사이트에 접속하여 금융서비스를 이용할 수 있는 전자금융서비스는?

3. 모바일뱅킹 서비스

4. 스마트폰뱅킹 서비스

4 태블릿PC나 스마트폰으로 무선인터넷(LTE, 5G, WIFI 등)을 이용하여 시간과 장소에 상관없이 편리하게 뱅킹서비스, 상품가입, 자산관리 등을 이용할 수 있는 금융서비스는?

5. 텔레뱅킹 서비스

5 고객이 은행창구에 나가지 않고 가정이나 사무실 등에서 전자식 전화기를 통하여 자동응답 서비스를 이용하거나 은행직원과 통화함으로써 자금이체, 조회, 분실신고 및 팩스통지 등을 할 수 있는 금융서비스는?

Step 3 | 초성 Quiz

1. PC뱅킹

1 ☐☐ㅂㅋ은 인터넷뱅킹 도입 이전에 많이 이용되던 거래방법으로, 고객이 VAN 사업자나 은행이 제공하는 전용소프트웨어를 이용하여 자신의 PC를 은행의 호스트컴퓨터와 연결하여 금융서비스를 제공받는 방식이다.

2. 인터넷뱅킹

2 ㅇㅌㄴㅂㅋ은 고객이 인터넷을 통해 각종 은행 업무를 원격지에서 편리하게 처리할 수 있는 새로운 형태의 금융서비스로, 1999년 7월 국내에 도입되었다.

3. 방화벽

3 고객 단말기와 가상은행 서버 간 보안을 위해 상당히 높은 수준의 암호문을 활용하고 있으며, 웹서버에 대한 외부 사용자의 접근을 제어하기 위해 ㅂㅎㅂ을 사용하고 있다.

4. 사업자등록증

4 인터넷뱅킹을 이용하려는 기업고객은 ㅅㅇㅈㄷㄹㅈ, 대표자 신분증 등 관련 서류를 지참하여 거래금융기관에 방문하여 신청해야 한다.

5. OTP
(One Time Password)

5 금융기관 지점에서는 인터넷뱅킹 신청 고객에게 보안카드, ☐☐☐ 등의 보안매체를 지급해준다.

6. 보안카드

6 ㅂㅇㅋㄷ란 보안용 비밀번호를 추가로 사용하기 위한 카드로서, 카드에 30개 또는 50개의 코드번호와 해당 비밀번호가 수록되어 있어 거래 시마다 무작위로 임의의 코드번호에 해당하는 비밀번호를 입력한다.

7. 일회용

7 OTP란 전자금융거래의 인증을 위하여 이용고객에게 제공되는 ㅇㅎㅇ 비밀번호 생성 보안매체로, 실물형과 전자형으로 구분된다.

8. 1

8 실물형 OTP는 비밀번호 생성이 6자리 숫자를 ☐분 단위로 자동 변경되어 보여주며 고객은 전자금융 이용 시 해당 숫자를 보안카드 비밀번호 대신 입력한다.

9 인터넷뱅킹 서비스는 대부분 24시간 연중무휴 이용이 가능하지만, 일부 서비스의 경우 00:00부터 □□:□□까지는 금융기관별로 일정시간 이용시간에 제한이 있다.

9. 07:00

10 인터넷뱅킹을 이용할 경우 자행이체의 수수료는 대부분 면제되고 타행 이체의 경우 제공기관에 따라 수수료 면제 또는 □□□원 내외의 수수료를 적용하고 있어 창구를 이용하는 것보다 저렴하다.

10. 500

11 2020년 전자서명법 개정안이 시행되어 공인인증서의 법적 지위가 상실되었고 기존 인증업체들은 '□□□□□'로 명칭을 변경하여 계속 서비스를 제공하고 있다.

11. 공동인증서

12 전자형 OTP는 금융기관 □에서 발급이 가능하며, 고객이 전자금융거래 시 금융기관 앱에 접속하여 사용자가 지정한 비밀번호를 통해 생성된 OTP번호를 자동으로 인증한다.

12. 앱 (App)

13 모바일뱅킹은 매체의 특성상 장소의 제약을 받지 않고 자유롭게 이용할 수 있다는 점에서 U-Banking(Ubiquitous Banking)시대의 시작을 알리는 전자금융서비스로 인식되었고, IC칩 기반의 모바일뱅킹을 거쳐 IC칩이 필요 없는 □□모바일뱅킹으로 이용자가 전환되었다.

13. VM

14 텔레뱅킹은 각종 조회·분실신고 등은 거래은행에 별도의 신청절차 없이 비밀번호 입력만으로 이용이 가능하나, 자금이체·FAX 통지서비스 등은 □□□□□□를 제출하고 이용 시 비밀번호를 입력하게 하는 등 거래의 안전을 기하고 있다.

14. 이용신청서

15 전화를 이용한 마케팅을 위해서는 □□□ 기술을 도입한 콜센터의 구축이 필수적인데 우리나라에서도 이미 대부분의 은행이 이러한 콜센터를 구축하고 운영 중이다.

15. CTI (Computer Telephony Integration)

16 텔레뱅킹은 개인의 경우 본인을 확인할 수 있는 □□□□□□를, 법인의 대표자인 경우 사업자등록증, 법인등기사항전부증명서, 법인인감증명서, 법인인감, 대표자 실명확인증표 등을 지참하여 영업점에서 신청한다.

16. 실명확인증표

17 텔레뱅킹을 통한 업무는 금융결제원의 □□□□□□을 이용해 처리된다.

17. 전자금융공동망

18 □□/□□□ 서비스는 고객이 금융기관 창구에 방문하지 않고도 24시간 365일 은행의 현금자동 입·출금기를 이용하여 현금인출, 계좌이체, 잔액조회 등을 이용할 수 있는 서비스이다.

18. CD/ATM (CD/ATM : Cash Dispenser/Automated Teller Machine)

19. RF

20. 무매체

21. 현금 입출금

22. 600

23. 70

24. 3,000

25. 지연인출

26. 제2금융권

19 휴대폰과 CD/ATM 간의 정보교환은 교통카드 결제를 통해 이용자들에게 널리 알려진 무선주파수방식으로 이루어지는데 ☐☐ 수신기가 부착되어 있는 금융기관의 CD/ATM에서 현금인출, 계좌이체, 조회 등의 금융 업무를 처리할 수 있다.

20 ☐☐☐ 거래는 고객이 사전에 금융기관에 신청하여 고유승인번호를 부여받은 뒤 CD/ATM에서 주민등록번호, 계좌번호, 계좌비밀번호, 고유승인번호를 입력하여 각종 금융서비스를 이용할 수 있는 거래를 말한다.

21 ☐☐ ☐☐☐ 업무는 고객이 다른 은행 CD/ATM을 이용하여 예금잔액 범위 내에서 현금을 인출하거나 자신의 계좌에 입금하는 서비스이다.

22 현금 입출금 업무는 현재 금융위원회의 전자금융감독규정이 정한 한도금액인 1회 인출한도 100만원 이내 및 1일 인출한도 ☐☐☐만원 이내에서 예금계좌 개설은행이 정하여 운영한다.

23 CD/ATM의 계좌이체 기능을 이용한 전화금융사기(일명 '보이스피싱') 사건의 증가로 인한 피해를 최소화하기 위하여 최근 1년간 CD/ATM을 통한 계좌이체 실적이 없는 고객에 한하여 1일 및 1회 이체한도를 각각 ☐☐만원으로 축소하였다.

24 고객이 CD/ATM을 이용하여 거래은행 내 계좌이체를 하거나 거래은행의 본인 계좌로부터 다른 은행의 본인 또는 타인계좌로 자금을 이체하는 계좌이체는 금융위원회의 전자금융감독규정이 정한 한도금액인 1회 이체가능금액 600만원 이내 및 1일 이체가능금액 ☐☐☐☐만원 이내에서 각 은행이 정하여 운영하고 있다.

25 보이스피싱 피해 방지를 위해 수취계좌 기준 1회 100만원 이상 이체금액에 대해 CD/ATM에서 인출 시 입금된 시점부터 30분 후 인출 및 이체가 가능하도록 하는 ☐☐☐☐제도가 시행되고 있다.

26 은행은 CD/ATM을 통해 ☐☐☐☐☐과 연계하여 카드, 증권, 보험관련서비스를 제공하고 있다.

03 신용카드 / 직불카드 / 체크카드 / 선불카드

Step 1 구조와 틀

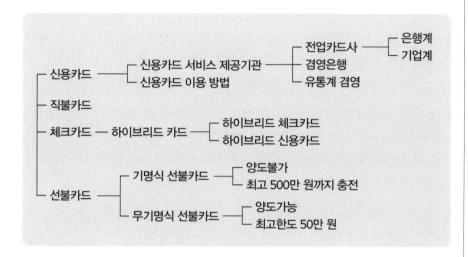

Step 2 개념어 Quiz

1 가맹점 확보 등 일정한 자격을 구비한 신용카드업자가 카드 신청인의 신용상태나 미래소득을 근거로 상품이나 용역을 신용구매하거나 현금서비스, 카드론 등의 융자를 받을 수 있도록 발급하는 지급수단은?

1. 신용카드 (Credit Card)

2 구매기업과 판매기업 간 물품 등 거래와 관련하여 발생되는 대금을 신용카드업자가 구매기업을 대신하여 판매기업에게 대금을 선지급하고 일정기간 경과 후 구매기업으로부터 물품대금을 상환받는 기업카드로 실물없이 발급되기도 하는 것은?

2. 구매전용카드

3 정부부처 및 소속기관의 관서경비를 지출할 목적으로 정부기관을 대상으로 발급하는 기업카드로 국가재정정보시스템과 신용카드사 전산망을 연결, 신용카드 발급 및 사후관리를 파일 송수신으로 처리하는 것은?

3. 정부구매카드

4 카드이용대금 중 사전에 정해져 있는 일정금액 이상의 건별 이용금액에 대해서 이용금액의 일정비율을 결제하면 나머지 이용 잔액은 다음 결제대상으로 연장되며, 카드는 잔여 이용한도 내에서 계속 사용할 수 있는 결제방식은?

4. 리볼빙 결제방식

1. 7

1 신용카드는 □등급이하 및 미성년자에게는 원칙적으로 발급이 금지된다.

2. CD공동망

2 신용카드, 선불카드, 체크카드는 신용카드망을 이용하는 반면 직불카드는 직불카드망, 현금IC카드는 □□□□□을 이용한다.

3. 카드영수증 복권

3 정부에서 1999년부터 자영업자의 과표를 양성화하고 신용카드 이용을 활성화한다는 취지하에 신용카드 사용금액에 대한 소득·세액공제와 □□□□□□ □□제도(2006년 폐지)를 실시함으로써 이용이 활성화되는데 기여하였다.

4. 외환은행

4 1969년 신세계백화점이 우리나라 최초의 판매점카드를 발행하였으며 1978년 □□□□이 비자카드를 발급한 이후 은행계 카드가 카드 시장을 주도하게 되었으며, 1990년대부터 신용카드에 대한 규제가 완화됨에 따라 카드산업이 크게 성장하기 시작했다.

5. 전업

5 □□카드사는 신용카드업을 영위하는 자 중에서 금융위원회의 신용카드업 허가를 득한 자로서 신용카드업을 주로 영위하는 자를 말한다.

6. 겸영

6 신용카드업자는 아니지만 영위하는 사업의 성격상 신용카드업을 겸영하는 것이 바람직하다고 인정되는 자에게 대통령령으로 신용카드업을 영위할 수 있도록 하고 있는데 이를 □□카드사라고 하며, 겸영은행과 유통계 겸영으로 구분된다.

7. 기업

7 전업카드사는 신한카드, 우리카드, 하나카드, KB국민카드 등의 은행계 카드사와 롯데카드, 비씨카드, 삼성카드, 현대카드 등의 □□계 카드사로 구분된다.

8. 본인

8 개인회원 중 □□회원은 별도로 정한 심사 기준에 의해 신용카드 회원으로 입회가 허락된 실명의 개인으로서 개인회원으로 신청한 자이다.

9. 기업공용

9 □□□□카드(무기명식 기업카드)는 기업회원이 특정 이용자를 지정하지 않은 카드로 카드발급 기업 또는 법인 임직원 누구든지 사용 가능하다.

10. 사용자

10 공용카드 신청서의 카드 서명 란에는 카드를 실제로 사용하게 될 임직원의 서명을 기재하는 것이 아니라 법인명 또는 기업명을 기재하며, 카드를 사용할 경우 매출전표에는 □□□의 서명을 기재해야 한다.

11. 지정

11 기업개별카드(사용자 지정카드)는 기업회원이 특정 이용자를 지정한 카드로 발급받은 기업 또는 법인의 □□된 임직원에 한하여 사용할 수 있는 권리가 부여된 카드를 말한다.

12 신용카드와 관련된 수수료는 가맹점이 부담하는 가맹점 수수료와 이용 고객이 부담하는 ㅅㅂㅅ 수수료로 나누어진다.

12. 서비스

13 가맹점 수수료는 가맹점과 신용카드사 간의 ㄱㅂ ㅎㅇ에 의하여 정해지는데 가맹점의 업종 및 이용카드사, 가맹점 규모에 따라 다르다.

13. 개별 협약

14 고객이 신용카드 서비스를 이용하고자 하는 경우 가입신청서, 본인 확인용 신분증, 자격확인서류 등을 구비하여 은행 및 카드사 앞으로 신청하면 소정의 ㅅㅅ절차를 거쳐 신용카드가 발급된다.

14. 심사

15 ㅇㅅㅂ결제는 신용카드 발급 당시에 회원과 신용카드사 간의 결제 약정일에 카드사용 대금 전액을 결제하는 방식으로 고객 입장에서는 수수료 부담이 없지만 일시 상환에 따른 자금 부담이 있을 수 있다.

15. 일시불

16 할부결제 방식은 카드 이용대금을 할부로 2개월 이상 분할하여 □개월 단위로 희망하는 기간 동안 이자를 부담하여 결제하는 방식으로 고객의 입장에서 여유로운 자금 운용이 가능하나 원금이외 할부수수료의 부담이 있다.

16. 1

17 직불카드는 고객이 카드를 이용함과 동시에 고객의 신용한도가 아닌 예금계좌의 ㅈㅇ 범위 내에서 카드결제대금이 바로 인출되는 카드이다.

17. 잔액

18 고객 예금계좌에서 즉시 카드결제대금이 인출되고 CD/ATM을 이용하여 자신의 예금계좌에서도 즉시 자금을 인출할 수도 있기 때문에 직불카드를 ㅎㄱ카드라고도 한다.

18. 현금

19 체크카드는 신용공여 기능이 없어 할부서비스나 현금서비스를 이용할 수 없지만 최근에는 고객의 신용등급에 따라 □□만원 한도 내에서 소액의 신용공여가 부여된 하이브리드형 카드를 발급받아 이용할 수 있다.

19. 30

20 외국환거래규정상 외국인 거주자인 경우에는 별도의 등록 거래를 통해 체크카드로 연간 미화 □만불 한도 내에서 해외 예금인출 및 해외직불가맹점 이용이 가능하다.

20. 5

21 ㅅㅂ카드는 고객이 카드사에 미리 대금을 결제하고 카드를 구입한 후 카드에 저장된 금액 내에서만 이용할 수 있는 카드로서 최근 인기를 얻고 있는 기프트카드가 대표적이다.

21. 선불

22 선불카드는 신용카드사를 통해 연령에 제한 없이 발급받을 수 있고 유효기간은 대부분 발행일로부터 □년이며 연회비는 없다.

22. 5

23. 100

23 선불카드 구매 시 현금, 체크카드 및 신용카드를 사용하며 개인 신용카드로 구매 및 충전할 수 있는 이용한도는 1인당 월 최대 ☐☐☐만원(선불카드 금액과 상품권 금액 합산)이다.

24. 비밀번호

24 선불카드는 인터넷 쇼핑몰과 같은 온라인상에서도 이용이 가능한데, 이때에는 카드발급사의 인터넷홈페이지를 통해 본인확인용 ☐☐☐☐를 등록해야 한다.

25. 소지자

25 선불카드의 환불 시 기명식 선불카드의 경우 회원 본인 여부와 실명을, 무기명식 선불카드의 경우 선불카드 ☐☐☐의 실명 등을 확인한다.

26. 50

26 기명식 선불카드는 최고 500만원까지 충전할 수 있고, 무기명식 선불카드는 충전 금액 한도를 최고 ☐☐만원으로 제한하고 있다.

27. 300

27 선불카드를 「재난 및 안전관리 기본법」에 따른 재난에 대응하여 국가 또는 지방자치단체가 지원금을 지급하기 위해 발행하는 경우 충전 금액 한도는 최고 ☐☐☐만 원이다.

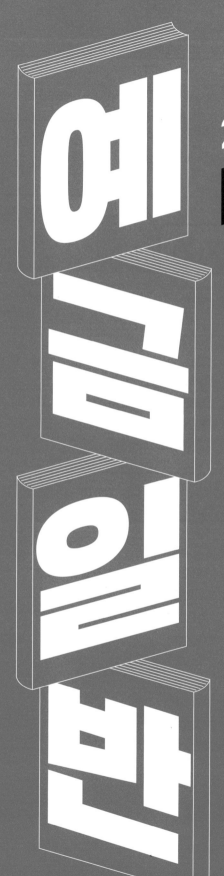

2025 계리직 공무원시험 대비

BOOK②

북적북적
실전문풀

**북적북적
실전문풀**

예금일반

BOOK ②

제1편 금융개론

— 제1장 금융경제 일반 – 136
— 제2장 금융회사와 금융상품 – 171
— 제3장 저축과 금융투자에 대한 이해 – 218
— 제4장 우체국금융 일반현황 – 259

제2편 우체국금융 제도

— 제5장 예금업무 개론 – 270
— 제6장 내부통제 및 금융소비자보호 – 310
— 제7장 예금관련법 – 347

제3편 우체국금융 상품

— 제8장 우체국금융 상품 – 366
— 제9장 우체국금융 서비스 – 398
— 제10장 전자금융 – 424

제1편 금융개론

제1장
금융경제 일반

제2장
금융회사와 금융상품

제3장
저축과 금융투자에 대한 이해

제4장
우체국금융 일반현황

01 국민경제의 순환과 금융의 역할

Step 1 오엑스 Quiz

1. 가계는 생산물 시장에서는 수요자, 생산요소 시장에서는 공급자로서의 역할을 담당한다. 반면, 기업은 생산물 시장에서는 공급자, 생산요소 시장에서는 수요자로서의 역할을 담당한다.

4. 자본 제공의 대가는 이자 또는 배당금이다. 이윤은 경영 제공의 대가이다.

5. 가계는 생산요소 제공의 대가로 소득을 분배받아 소비를 함으로써 효용을 극대화한다.

6. 노동은 인적 요소에 해당하고, 토지와 자본은 물적 요소에 해당한다.

7. 재화는 생존에 필수적인 물질이며, 서비스는 정신적 욕망을 채워주는 행위이다.

9. 기업은 근로자에게는 임금·급여 등의 형태로, 자본가에게는 이자·배당금·임대료 등의 형태로 소득분배를 한다.

1 가계는 생산물의 공급자이자 생산요소의 수요자이다. ○|×

2 기업은 이윤의 극대화를 추구하고 가계는 효용의 극대화를 추구한다. ○|×

3 정부는 재정의 주체로서 사회후생의 극대화를 추구한다. ○|×

4 토지 제공의 대가는 지대와 임대료, 노동 제공의 대가는 임금, 자본 제공의 대가는 이윤이다. ○|×

5 가계는 생산요소 제공의 대가로 소득을 얻어 소비를 하고 이윤을 극대화한다. ○|×

6 기업은 생산을 위해 생산요소를 투입한다. 생산과정에 투입되는 생산요소(factors of production)는 토지와 자본 등의 인적 요소와 노동 등 물적 요소로 나눌 수 있다. ○|×

7 생산물 중에서 재화는 의복, 식료품, 주택 등 정신적 욕망을 채워주는 행위이다. ○|×

8 용역(서비스)에는 도소매, 운수, 통신, 공무 등 비물질 생산에 기여하는 행위도 포함된다. ○|×

9 기업은 생산을 통해 벌어들인 소득을 가계에 배분하는데, 근로자에게 이자·배당금·임대료 등의 형태로 배분한다. ○|×

10 소득세·재산세·법인세 등의 형태로 정부에 납부된 자금 중 일부는 정부보조금·수혜금 등의 형태로 가계와 기업에 다시 이전된다. ○|×

11 경제주체들 간의 상호 유기적인 활동으로 이루어진 각 단계(생산, 소비, 분배)별 총액은 모두 동일하다. ○|×

정답 | 1. × 2. ○ 3. ○ 4. × 5. × 6. × 7. × 8. ○ 9. × 10. ○ 11. ○

12 국민경제의 순환은 일정한 시간의 흐름상에서 나타나는 유동적인 경제활동을 의미하므로 스톡(stock)의 개념이다. ○|✕

12. 스톡(stock)
→ 플로우(flow)

13 금융을 구분할 때 자금을 조달하는 주체별로 기업금융, 소비자금융, 정부의 금융활동 등으로 나누어 볼 수 있다. ○|✕

14 금융활동 주체 가운데 금융회사는 그 자신이 최종적인 자금수요자 또는 자금공급자가 된다. ○|✕

14. 금융회사는 다른 주체들 사이에서 금융의 중개기능을 수행한다.

15 기업금융 중 외상매출 및 외상매입 등 기업 간의 신용이나 주식의 발행 등은 은행이 중개하는 금융형태이며, 단기·장기의 은행차입과 상업어음의 할인 등은 은행이 중개하지 않는 금융형태이다. ○|✕

15. 중개와 비중개가 반대로 기술되어 있다.

16 한국은행의 금융자산·부채잔액표의 항목 중 금융회사가 중개하지 않는 금융수단(금융자산)은 유가증권·기업간신용·출자금 등이고 여타의 항목은 금융회사가 중개하는 금융수단이라 할 수 있다. ○|✕

17 기업간신용에는 기업과 가계, 기업과 정부와의 사이에 발생한 기업의 영업활동에 수반하는 자금의 대차도 포함되어 있다. 따라서 그 속에는 기업의 개인에 대한 할부판매채권 등도 포함된다. ○|✕

18 금융시장은 재래시장이나 편의점처럼 지역·건물과 같은 특정 공간일 뿐만 아니라 자금의 수요·공급이 이루어지는 가상의 공간을 의미한다. ○|✕

19 금융은 자금거래의 중개, 거래비용의 절감, 가계에 대한 자산관리수단의 제공, 자금의 공평한 배분, 금융위험 관리수단 제공 등의 기능을 제공한다. ○|✕

19. 자금의 공평한 배분
→ 자금의 효율적인 배분

20 금융거래를 금융회사에 요청하면 금융회사가 필요한 금융서비스를 제공해 주므로 비용과 시간 등 거래비용이 증가하게 된다. ○|✕

20. 금융회사의 금융서비스 제공으로 비용과 시간 등 거래비용이 획기적으로 줄어든다.

21 정보통신기술의 발달로 각종 카드, 전자지급 결제망을 통한 계좌이체 거래, 가상화폐 등 다양한 대체 지급·결제수단들이 사용되면서 이용자들의 원활한 거래를 지원하고 있다. ○|✕

22 금융은 지출에 비해 소득이 많을 때에는 돈을 운용할 기회를 마련해 주고, 지출이 많을 때에는 돈을 빌려주는 등 개인들의 자금 사정에 따른 자산관리 수단을 제공해 준다. ○|✕

23. 옵션이나 선물 등 파생금융상품을 위험관리수단으로 활용함으로써 투자위험을 줄일 수 있다.

24. 금융은 여유자금을 가진 사람에게는 투자의 수단을 제공하고 자금이 필요한 사람에게는 자금을 공급해준다.

23 금융시장에 판매되는 다양한 금융상품에 분산투자를 함으로써 투자위험을 줄일 수 있지만, 옵션이나 선물 등 파생금융상품에 투자할 경우에는 투자위험이 증가할 수밖에 없다. ○│×

24 금융은 여유자금을 가진 사람에게는 자금을 공급하고, 자금이 필요한 사람에게는 투자의 수단을 제공한다. ○│×

25 보험은 비슷한 위험(Risk)에 처한 사람들로 하여금 보험에 가입할 수 있게 함으로써 불의의 사고 등으로 인한 손해가 발생하더라도 보험금 지급을 통해 그 충격을 완화하는 기능을 수행한다. ○│×

01 다음은 가계와 기업의 경제 활동 관계를 도식으로 표시한 것이다. 이에 대한 설명으로 적절하지 <u>않은</u> 것은?

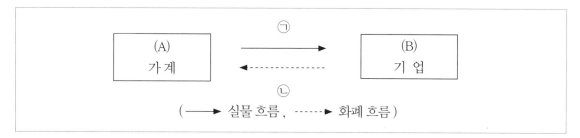

① (A)는 생산물 시장의 공급자이다.

② (B)는 생산 요소 시장의 수요자이다.

③ 노동은 ㉠에, 임금은 ㉡에 해당된다.

④ 자본은 ㉠에, 이자 또는 배당금은 ㉡에 해당된다.

> **해설** 민간경제의 주체인 가계와 기업은 생산물 시장과 생산요소 시장을 통해 거래를 한다. 가계는 생산물 시장에서 수요자의 역할을 담당하고 생산요소 시장에서는 공급자로서의 역할을 담당한다. 반면, 기업은 생산물 시장에서 공급자의 역할을 수행하고 생산요소 시장에서는 수요자로서의 역할을 수행한다. 따라서 가계는 노동과 자본 등의 생산요소를 기업에 제공하고 그에 대한 대가로 임금과 이자 또는 배당금을 분배받는다.
>
> 정답 : ①

02 그림은 민간 경제의 흐름을 나타낸 것이다. 이에 대한 설명으로 옳은 것은?

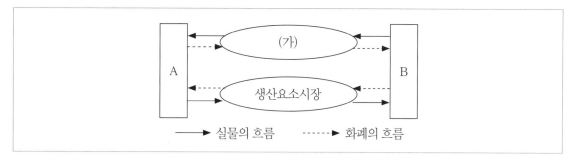

① (가)에서 기업은 공급자, 가계는 수요자이다.

② 임금은 (가)에서 결정된다.

③ A는 조세를 거둬들여 공공재를 생산한다.

④ B는 노동 시장에서 공급자이다.

03 그림은 민간 경제의 흐름을 나타낸 것이다. 이에 대한 설명으로 옳지 <u>않은</u> 것은?

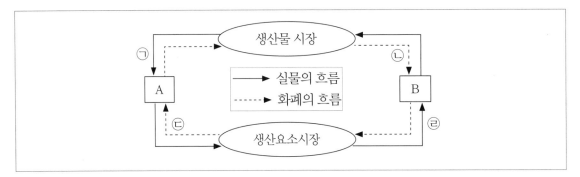

① ㉠에는 친구에게 선물을 보내기 위해 택배를 이용하는 것이 포함된다.
② ㉡에는 은행의 계좌 이체 수수료 수입이 포함된다.
③ ㉢에는 인터넷 쇼핑몰 운영자의 의류 판매 수입이 포함된다.
④ ㉣에는 홈페이지 구축을 위한 웹디자이너 채용이 포함된다.

04 경제 활동의 실물 흐름을 나타낸 그림에 관한 설명으로 옳지 <u>않은</u> 것은?

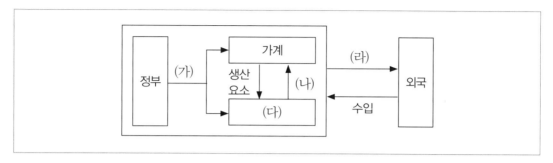

① (가)는 사회간접자본을 포함한다.

② 유형의 물자만 (나)에 포함된다.

③ (다)는 이윤을 얻기 위하여 생산한다.

④ 환율이 상승하면 (라)는 증가한다.

> **해설** 문제에서 '실물 흐름'이라고 전제한 부분에 유의할 필요가 있다. 이에 따라 ㈎는 공공재, 사회간접자본(SOC) 등이
> 포함되고 ㈏는 생산물이며 ㈐는 기업, ㈑는 수출임을 알 수 있다.
> ② 생산물에는 재화와 서비스가 모두 포함된다. 재화는 대부분 유형의 물자이지만 무형일 수 있고, 서비스는
> 인간의 행위가 상품으로 취급되는 것이므로 ㈏에 유형의 물자만 포함된다는 표현은 옳지 않다.
>
> **오답 분석** ① 정부는 재정활동을 통해 사회후생의 극대화를 추구한다. 정부는 가계와 기업 등 민간경제주체로부터 조세를 거
> 두어 공공재, 사회간접자본(SOC) 등을 공급한다.
> ③ 기업은 생산의 주체로서 이윤극대화를 추구한다.
> ④ 환율이 상승할 경우 수출은 유리하고 수입은 불리해진다.
>
> 정답 : ②

05 경제의 순환과정에 대한 설명으로 옳지 <u>않은</u> 것은?

① 국민 경제활동은 개별적으로 이루어지지 않고 생산에서 분배, 분배에서 지출, 지출에서 다시 생산으로
　이어지며 순환한다.

② 개방경제는 생산·분배·지출 활동에서 해외부문이 큰 역할을 차지하고 있다.

③ 경제주체들 간의 상호 유기적인 활동으로 이루어진 각 단계별 총액은 서로 상이하다.

④ 국민경제의 순환은 일정한 시간의 흐름상에서 나타나는 유동적인 경제활동을 의미하므로 플로우
　(flow)의 개념이다.

> **해설** 경제주체들 간의 상호 유기적인 활동으로 이루어진 각 단계(생산, 소비, 분배)별 총액은 모두 동일하다. 즉, 1년간의
> 국민총생산량(생산국민소득) = 지출국민 소득 = 분배국민소득이며, 이를 '국민소득 3면 등가의 법칙'(equivalence
> of three approaches)라고 한다.

① 경제행위는 결국 각 경제주체들이 각자 맡은 역할을 하는 것으로, 그 역할을 종합해 보면 생산요소의 투입과 산출(생산단계), 생산물의 소비(소비단계), 소득의 분배측면(분배단계)이 시간의 흐름에 따라 경제주체들 간에 유동적으로 흘러가는 순환과정으로 볼 수 있다.

② 국내 기업의 생산물을 외국에 수출하고 석유·원자재·식량 같은 것들은 외국에서 수입하는데, 특히 스마트폰·자동차·TV·선박처럼 우리 기업이 생산하였으나 우리 국민이 소비하는 것보다 외국에 수출하는 양이 더 많은 생산품들도 많다.

④ 국민경제의 순환은 일정한 시간의 흐름상에서 나타나는 유동적인 경제활동을 의미하므로 플로우(flow)의 개념이지(회계상의 개념으로 보면 1년간의 손익계산서) 대차대조표와 같이 축적된 양을 나타내는 스톡(stock)의 개념은 아니다

정답 : ③

06 금융에 관한 설명으로 옳지 않은 것은?

① 금융 활동의 주체로는 경제주체인 가계·기업·정부에 금융회사를 추가하여 네 부문으로 나눌 수 있다.

② 현대사회에서는 수많은 거래나 지급·결제가 금융을 통하지 않고는 완료될 수 없다.

③ 금융회사는 그 자신이 최종적인 자금수요자 또는 자금공급자가 된다.

④ 단기·장기의 은행차입과 상업어음의 할인 등은 은행이 중개하는 금융에 해당한다.

해설 금융이란 "자금이 부족하거나 여유가 있는 사람과 금융회사 간에 돈을 융통하는 행위"이다. 금융 활동의 주체로는 경제주체인 가계·기업·정부에 금융회사를 추가하여 네 부문으로 나눌 수 있는데, 이중 금융회사는 그 자신이 최종적인 자금수요자 또는 자금공급자가 되는 것이 아니라 여타 세 주체 간 금융의 중개기능을 수행한다.

오답분석 ② 기업이 사내에 유보하고 있는 자본이 생산 활동에 필요한 수준을 충족시키지 못할 경우 부족한 자금은 은행 등 금융회사로부터 대출을 받거나 주식 · 채권 등 유가증권 발행을 통해 조달하여야 한다. 기업이 가계와 정부에 소득을 분배하거나 가계가 정부에 세금을 납부하는 데에도 금융의 도움이 필수적이며, 현대사회에서는 수많은 거래나 지급 · 결제가 금융을 통하지 않고는 완료될 수 없다.

④ 소비자금융·기업금융·정부의 금융활동 중에는 각각 금융회사를 경유하는 부분과 그렇지 않은 부분이 있다. 기업금융 중 외상매출 및 외상매입 등 기업 간의 신용이나 주식의 발행 등은 은행이 중개하지 않는 금융형태이며, 단기·장기의 은행차입과 상업어음의 할인 등은 은행이 중개하는 금융이다.

정답 : ③

07 〈보기〉의 내용에 해당하는 금융의 기능으로 가장 옳은 것은?

─〈 보 기 〉─

● 여유자금을 가진 사람에게 투자의 수단 제공, 자금이 필요한 사람에게 자금 공급
● 금융회사들이 자금중개를 위해 신용도 평가 및 이자율, 만기, 자금의 규모 등 조정
● 거시적인 차원에서 경제발전에 기여

① 금융위험 관리수단의 제공
② 거래비용의 절감
③ 가계에 대한 자산관리수단 제공
④ 자금의 효율적인 배분

금융은 경제활동이 원활하게 일어날 수 있도록 윤활유 역할을 한다. 금융의 기능으로는 자금거래의 중개, 거래비용의 절감, 지급결제수단의 제공, 가계에 대한 자산관리수단의 제공, 자금의 효율적인 배분, 금융위험 관리수단의 제공 등을 꼽을 수 있다. 이중 금융회사들이 원활한 자금중개를 위해 돈을 빌리는 사람의 신용도를 평가하고 돈을 저축(투자)하는 사람들과 돈을 빌리는 사람 사이에서 가격(이자율)을 조정하기도 하며 자금의 만기나 크기를 재조정하여 자금이 적절하게 제 자리를 찾아가도록 돕는 것은 자금의 효율적인 배분과 관련이 있다. 금융회사의 자금중개 역할을 통해 자금이 효율적으로 배분됨으로써 거시적 차원에서 경제발전이 이루어지게 된다.

정답 : ④

08 금융의 기능에 관한 설명으로 옳지 <u>않은</u> 것은?

① 금융은 여윳돈이 있는 사람들의 돈을 모아 필요한 사람들에게 이전해주는 자금 중개기능을 수행한다.
② 금융회사는 금융서비스를 통해 비용과 시간 등 거래비용을 획기적으로 줄여준다.
③ 정보통신기술의 발달로 다양한 지급결제 수단이 등장하였으나 기존의 현금, 어음, 수표 등에 비해 거래의 위험과 불편이 가중되었다.
④ 금융은 지출에 비해 소득이 많을 때에는 돈을 운용할 기회를 마련해 주고, 지출이 많을 때에는 돈을 빌려주는 등 자산관리 수단을 제공해 준다.

가계, 기업, 정부 등 경제주체들이 각종 경제활동에 따라 거래당사자들 사이에서 발생하는 채권·채무 관계를 지급수단을 이용하여 해소하는 행위를 지급결제라고 한다. 정보통신기술의 발달로 오히려 현금, 어음, 수표 대신 각종 카드(신용카드, 직불 및 체크카드, 선불카드 등), 전자지급 결제망을 통한 계좌이체 거래, 가상화폐 등 다양한 대체 지급·결제수단들이 더 많이 활용되고 있다. 이처럼 금융은 안전하고 편리한 지급·결제 시스템을 구축하여 이용자들의 원활한 거래를 지원하고 있다.

① 금융의 역할 중 '자금거래의 중개'에 관한 내용이다. 돈을 금융회사에 맡기고 금융회사는 이 돈을 가계나 기업, 정부 등에 빌려주고 여기서 발생한 이자수익을 다시 저축자들에게 돌려주는 방식이 전형적인 자금중개의 모습이다.
② 금융의 역할 중 '거래비용의 절감'에 관한 내용이다. 거래비용이란 탐색비용, 정보획득비용 등 금융거래 시 수반되는 모든 비용을 의미한다.
④ 금융의 역할 중 '가계에 대한 자산관리수단 제공'에 관한 내용이다.

정답 : ③

09 금융경제에 관한 설명으로 가장 옳은 것은?

① 금융회사는 가계와 기업 등 경제주체의 금융활동에서 중개역할을 담당한다.
② 투자의 기대와 결과가 일치할수록 금융경제상 위험(risk)이 높아진다.
③ 금융회사는 그 자신이 최종적인 자금수요자 또는 자금공급자가 된다.
④ 은행은 기업 간의 신용이나 주식의 발행 등을 중개한다.

해설 금융활동의 주체로는 경제주체인 가계·기업·정부에 금융회사를 추가하여 네 부문으로 나눌 수 있다. 금융회사는 여타 세 주체 간 금융의 중개기능을 수행한다.

오답분석 ② 금융경제 분야에서 위험(risk)은 경제현상이나 투자결과 등이 기대와 달라지는 정도를 말한다. 따라서 투자의 기대와 결과가 일치할수록 금융경제에서의 위험은 낮아진다. 위험을 불확실성 또는 변동성이라고도 한다.
③ 금융회사는 다른 주체들 사이에서 금융의 중개기능을 수행한다. 따라서 금융회사를 최종적인 자금수요자 내지 자금공급자로 볼 수 없다.
④ 기업금융 중 단기·장기의 은행차입과 상업어음의 할인 등은 은행이 중개하는 금융형태이며, 외상매출 및 외상매입 등 기업 간의 신용이나 주식의 발행 등은 은행이 중개하지 않는 금융형태이다.

정답 : ①

10 금융과 금융시장에 대한 설명으로 가장 옳은 것은?

① 금융시장에서 기업의 투자는 자금공급에 영향을 미친다.
② 금융시장에서 자금의 수요가 증가하면 금리가 상승한다.
③ 파생금융상품에 투자할 경우 투자위험이 증가한다.
④ 금융은 자금을 공평하게 배분하는 기능을 수행한다.

해설 통상적으로 자금에 대한 수요가 늘어나면 금리가 상승하고, 자금의 공급이 늘어나면 금리가 하락한다.

오답분석 ① 가계소비와 기업의 투자는 주로 주로 자금의 수요에 영향을 미치고, 가계의 저축, 한국은행의 통화정책 등은 자금의 공급에 영향을 미친다.
③ 금융시장에 판매되는 다양한 금융상품에 분산투자를 함으로써 투자위험을 줄일 수 있다. 선물이나 옵션 등 파생금융상품에 투자할 경우에도 파생금융상품을 위험관리수단으로 활용함으로써 투자위험을 줄일 수 있다.
④ 금융은 자금거래의 중개, 거래비용의 절감, 가계에 대한 자산관리수단의 제공, 자금의 효율적인 배분, 금융위험 관리수단 제공 등의 기능을 제공한다.

정답 : ②

02 주요 금융경제지표

Step 1 오엑스 Quiz

1 이자율은 현재의 소비를 통해 얻을 수 있는 만족을 희생한 대가라고 볼 수 있으며, 돈의 시간가치라고도 할 수 있다. ○ | ×

2 자금수요는 주로 가계소비에 영향을 받고 자금공급은 가계의 저축, 기업투자, 한국은행의 통화정책 등에 영향을 받는다. ○ | ×

2. 기업투자는 자금의 수요에 영향을 미친다.

3 통상 자금에 대한 수요가 늘어나면 금리는 하락하고 반대로 자금공급이 늘어나면 금리는 상승한다. ○ | ×

3. 자금수요가 늘어나면 금리가 상승하고, 자금공급이 늘어나면 금리가 하락한다.

4 가계의 소득이 적어지거나 소비가 늘면 돈의 공급이 줄어들어 금리가 오르게 된다. ○ | ×

5 물가가 내릴 것으로 예상되면 돈을 빌려주는 사람은 같은 금액의 이자를 받는다 하더라도 그 실질가치가 떨어지므로 더 높은 금리를 요구하게 되어 금리는 상승하게 된다. ○ | ×

5. 물가가 오를 것으로 예상될 때 벌어지는 현상을 설명하고 있다.

6 금리는 차입자의 신용과 돈을 빌리는 기간 등에 따라 그 수준이 달라지는데 빌려준 돈을 못 받을 위험이 클수록, 차입 기간이 짧을수록 금리가 높은 것이 일반적이다. ○ | ×

6. 차입 기간이 길수록 금리가 높은 것이 일반적이다.

7 가계는 금리가 오르면 저축으로 얻을 수 있는 이자 소득이 증가하므로 현재의 소비를 줄이는 대신 미래의 소비를 위해 저축을 증가시킨다. ○ | ×

8 금리상승으로 기업의 자금조달비용이 올라가면 상품가격이 상승할 수도 있지만 가계소비와 기업투자 위축을 가져와 경제 전체적으로 보면 물품수요 감소로 인해 물가가 하락할 가능성이 크다. ○ | ×

9 국내금리가 해외금리보다 더 높아지면 더 높은 수익을 좇아 국내자금이 외국으로 유출되거나 외국으로부터의 자금유입이 줄어든다. ○ | ×

9. 국내금리가 해외금리보다 더 높아지면 국내자금의 해외유출이 줄어들거나 외국자금의 국내유입이 증가하게 된다.

10 단리의 원리금은 '원금 × (1+ 이자율)^{거치기간}'으로 계산하고, 복리의 원리금은 '원금 × (1 + 이자율 × 거치기간)'으로 계산한다. ○ | ×

10. 단리와 복리의 원리금 계산공식이 반대로 되어 있다.

정답 | 1. ○ 2. × 3. × 4. ○ 5. × 6. × 7. ○ 8. ○ 9. × 10. ×

11 표면금리가 동일한 예금이자라도 복리·단리 등의 이자계산 방법이나 이자에 대한 세금의 부과 여부 등에 따라 실효금리는 달라진다. ○|×

12 이자수익률은 이자금액을 투자원금으로 나눈 비율을 말한다. ○|×

13 금융시장에서 일반적으로 사용하는 이자율(금리)는 할인율이므로, 수익률로 표기된 경우에는 정확한 금리 비교를 위해 할인율로 전환하여 사용할 필요가 있다. ○|×

13. 일반적으로 이자율(금리)는 수익률로 나타내므로, 할인율로 표기된 경우에는 수익률로 전환하여 사용할 필요가 있다.

14 한국은행은 경기가 과열양상을 보이면 기준금리를 인하하고, 반대로 경기침체 양상이 나타나면 기준금리를 인상한다. ○|×

14. 한국은행은 경기과열 시 기준금리를 인상하고, 경기침체 시 기준금리를 인하한다.

15 일반적으로 기준금리를 내리면 시중에 돈이 풀려 가계나 기업은 투자처를 찾게 되고, 또 은행 차입비용이 내려가 소비와 투자가 활성화돼 침체된 경기가 회복되고 물가가 하락한다. ○|×

15. 기준금리 인하 시 소비와 투자가 활성화되고 물가가 상승한다.

16 기준금리를 내리면 시중에 돈이 마르고 은행 차입비용이 올라가 과도한 투자나 물가상승이 억제되어 과열된 경기가 진정되고 물가가 하락한다. ○|×

16. 기준금리 인상 시에 나타나는 현상에 대한 설명이다.

17 만기가 1년을 초과하는 장기금리에는 무기명인 양도성예금증서(CD; Certificate of Deposit)의 금리, 국공채, 회사채, 금융채 등의 수익률이 포함된다. ○|×

17. 금융회사들 간에 자금을 빌릴 때 적용되는 콜금리, 판매자가 되사는 것을 전제로 한 채권 매매거래인 환매조건부채권(RP; Repurchasing agreement) 금리, 기업어음(CP; Commercial Paper) 금리, 무기명인 양도성예금증서(CD; Certificate of Deposit)의 금리 등은 단기금리에 해당한다.

18 채권가격이 오르면 채권수익률은 올라가고 반대로 채권 가격이 떨어지면 채권수익률은 떨어지게 된다. ○|×

18. 채권수익률은 채권 가격의 변동과 반대방향으로 움직인다. 채권가격이 오르면 채권수익률은 떨어지고 반대로 채권 가격이 떨어지면 채권수익률은 올라가게 된다.

19 일반적으로 단기금리에 비해 장기금리가 높고, 신용이 좋지 않은 사람에 비해 신용이 좋은 사람에게 더 높은 이자를 요구한다. ○|×

19. 금융회사의 입장에서는 차주의 신용도에 따라 위험이 달라지므로 같은 금액을 빌려주더라도 신용이 좋은 사람에게는 낮은 이자로 빌려주지만 신용이 좋지 않은 사람에게는 더 높은 이자를 요구한다.

정답 | 11. ○ 12. ○ 13. × 14. × 15. × 16. × 17. × 18. × 19. ×

20 화폐의 가치는 물가 변동에 의해 영향을 받으며, 물가가 상승하면 화폐의 실질 구매력은 떨어진다. ○ | ✕

21 우리가 돈을 빌리고 빌려줄 때에는 보통 명목금리로 이자를 계산하지만 실제로 기업이 투자를 하거나 개인이 예금을 하려고 할 때에는 실질금리가 얼마인가에 관심을 갖게 된다. ○ | ✕

22 피셔방정식에 의하면 실질금리는 명목금리와 물가상승률의 합으로 계산할 수 있다. ○ | ✕

23 자국통화표시환율이 '1,000원/1달러'이면, 외화통화표시환율로는 '0.001달러/1원'이다. ○ | ✕

24 수출이 늘어나거나 외국인 관광객이 증가하는 등 경상수지 흑자가 늘어나면 외화의 수요가 증가하므로 환율은 하락하게 된다. ○ | ✕

25 외화에 대한 수요는 해외로부터의 상품이나 서비스 수입, 자본유출, 내국인의 해외투자, 외국인의 국내여행, 해외유학 등에 의해 발생한다. ○ | ✕

26 미국 중앙은행인 연준(연방준비제도)이 금리를 인상하여 미국 금리가 우리나라보다 높은 수준을 유지한다면 달러화 금융자산에 투자하는 것이 유리하게 된다. ○ | ✕

27 외국의 금리가 높아져서 국내자본이나 국내에 있던 외국자본이 자금을 빼내가기 위해 달러수요가 늘어나면 우리나라 외환시장에서 달러화 대비 원화 환율이 상승할 수 있다. ○ | ✕

28 환율이 상승하면 원화 가치가 상승하고 환율이 하락하면 원화가치가 하락한다고 생각할 수 있다. ○ | ✕

29 환율 상승은 우리 돈의 가치가 외화에 비해 상대적으로 떨어진다는 것을 의미하며, 원화 약세, 원화 평가절상이라고도 한다. ○ | ✕

30 개인이 해외여행을 가거나 유학자금을 송금하기 위해 외화가 필요한 경우에는 원화가 강세일 때 환전하는 것이 유리하다. ○ | ✕

22. 피셔방정식에 의하면 '명목금리 = 실질금리 + 물가상승률(실질금리 = 명목금리 − 물가상승률)'이다.

24. 수출 증가, 외국인 관광객의 증가는 외화의 공급을 증가하게 하고, 이로 인해 환율은 하락한다.

25. 외국인의 국내여행은 외화의 공급 요인이다.

28. 환율상승은 원화가치의 하락, 환율하락은 원화가치의 상승을 의미한다.

29. 환율 상승은 원화 약세, 원화의 평가절하, 원저 등 원화가치의 하락을 의미하고, 환율 하락은 원화 강세, 원화의 평가절상, 원고 등 원화가치의 상승을 의미한다.

31 변동환율제도는 국제수지에 불균형이 발생했을 때 고정환율제도보다 빠르게 조정된다는 장점 때문에 최근에는 많은 국가들이 채택하고 있다. ○|×

32. 환율상승의 경우에 대한 설명이다.

32 환율이 하락할 경우 우리나라 수출품의 외화로 표시된 가격이 하락하여 수출이 증가함과 동시에 수입품 가격 상승으로 수입이 감소함으로써 경상수지가 개선된다. ○|×

33 수출이 수입보다 많으면 상품수지 흑자, 수입이 수출보다 많으면 상품수지 적자이다. ○|×

34 환율상승은 수출 증대를 통해 경제성장이나 경기회복에 도움을 줄 수 있다. ○|×

35. 불경기에서 벗어나기 위해서는 자국 화폐의 가치를 하락시켜 환율의 상승을 유도하는 정책을 사용한다.

35 흔히 불경기에서 벗어나기 위해서 금리를 낮추는 통화정책을 사용하기도 하지만 자국 화폐 가치를 상승시키는 환율정책을 사용하기도 한다. ○|×

36. 환율상승의 경우에 대한 설명이다.

36 환율이 하락하면 원자재 및 부품 등 수입품 가격이 오르면서 국내 물가가 상승하고, 수입 기계류 가격도 올라서 투자비용이 상승할 수 있다. ○|×

37. 환율이 상승하면 외화표시 부채가 많은 기업의 상환부담이 높아진다.

37 환율이 상승하면 가계의 경우에는 해외여행 비용이 상승하고, 항공회사처럼 외화표시 부채가 많은 기업들의 상환부담은 낮아진다. ○|×

38. 환율이 높거나 낮은 것 중에서 어느 것이 우리 경제에 더 유리하다고 단언하기는 어렵다.

38 환율이 높거나 낮은 것 중에서 수출 경쟁력을 확보할 수 있도록 환율이 높아지는 것이 반대의 경우보다 우리 경제에 무조건 유리하다. ○|×

39. 환율의 변동성이 높아지는 것은 우리 경제에 부정적인 영향을 미치므로 바람직하지 않다.

39 환율의 변동성이 높아지거나 낮아지는 것 중에서 어느 것이 우리 경제에 반드시 유리하다고 단언할 수는 없다. ○|×

40 투기세력이 외환시장에서 외화를 대량으로 매도하거나 매수하면 환율이 크게 요동칠 수 있으므로 정책당국은 외환보유고를 이용하여 외환시장을 진정시킨다. ○|×

41 주가지수는 주가의 전반적인 움직임을 나타내는 대표적인 지표로 투자자에게 중요한 정보를 제공한다. ○|×

42 기업들의 영업실적이 좋아지고 경제활동이 활발하며 사람들의 경제에 대한 신뢰도가 높아지면 주가지수가 상승하고, 반대로 불경기나 경제에 대한 신뢰도가 떨어지면 주가는 하락한다. ○|×

43 통화 공급이 늘어나거나 이자율이 상승하는 경우 소비와 투자가 늘고 기업의 이익이 커지는 경향이 있어 대체로 주가지수는 상승한다. ○|×

43. 이자율 상승 → 이자율 하락

44 일반적으로 우리나라 주식시장에서 외국인 투자가 증가하면 주가지수가 올라가고 반대로 외국인 투자가 감소하면 주가지수도 하락한다. ○|×

45 코스닥시장의 대표지수인 코스닥지수는 코스닥 시장에 상장되어 있는 종목을 대상으로 산출되는 종합지수이다. ○|×

46 코스닥지수는 1996년 7월 1일을 기준시점으로 이날의 주가지수를 100포인트로 하여 산출하였다. ○|×

46. 100포인트 → 1,000포인트

47 KRX100지수(Korea Exchange 100)는 상장지수펀드(ETF), 인덱스펀드 등 다양한 상품에 이용된다. ○|×

48 코스닥스타지수는 코스닥시장을 대표하는 지수로서 코스닥시장 특성을 잘 반영할 수 있도록 시장대표성, 유동성 및 상품성 등을 종합적으로 고려한 150개 종목으로 구성, 선물 및 ETF 등 금융상품의 기초지수로 활용되고 있다. ○|×

48. 코스닥스타지수가 아니라 '코스닥150지수(KOSDAQ 150 Index)'에 대한 설명이다.

49 신흥시장의 경우 MSCI지수에 편입되면 외국인 매수세가 늘어날 가능성이 높아 주가상승의 모멘텀으로 작용하기도 한다. ○|×

50 FTSE100은 미국의 100개 상장기업을 대상으로 하는 대표적인 미국의 주식시장지수이다. ○|×

50. 미국 → 영국

51 S&P500지수는 주로 NYSE시장의 주식이 많지만 NASDAQ과 AMEX시장의 주식도 포함하여 작성되고 있어서 증권시장 상황을 잘 반영한다는 장점이 있다. ○|×

52 주식시장에서는 주가가 변동하기 전에 거래량이 먼저 변하는 것이 일반적인데 거래량이 증가하면 주가가 하락하는 경향이 있고 거래량이 감소하면 주가가 상승하는 경향이 있다. ○|×

52. 거래량이 증가하면 주가가 상승하는 경향이 있고, 거래량이 감소하면 주가가 하락하는 경향이 있다.

정답 | 42. ○ 43. × 44. ○ 45. ○ 46. × 47. ○ 48. × 49. ○ 50. × 51. ○ 52. ×

01 〈보기〉의 내용에 해당하는 금리의 종류는?

〈 보 기 〉

중앙은행인 한국은행이 경기상황이나 물가수준, 금융·외환시장 상황, 세계경제의 흐름 등을 종합적으로 고려하여 시중에 풀린 돈의 양을 조절하기 위해 금융통화위원회(금통위)의 의결을 거쳐 인위적으로 결정하는 정책금리이다.

① 표면금리   ② 시장금리
③ 기준금리   ④ 실질금리

> **해설** 금리의 종류 중 각국의 중앙은행이 시중에 풀린 돈의 양을 조절하여 인위적으로 결정하는 정책금리는 기준금리이다. 중앙은행은 기준금리를 움직여 물가안정 또는 경기활성화를 꾀하는 등 경제안정화에 기여한다. 우리나라의 중앙은행인 한국은행은 한국은행 총재와 부총재, 5인의 민간 위원으로 구성된 금융통화위원회를 개최하여 기준금리목표치를 조절한다.
>
> **오답분석** ① 표면금리는 겉으로 나타난 금리이다. 반면 실효금리는 실제로 지급받거나 부담하게 되는 금리이다.
> ② 시장금리는 시장에서 수요와 공급에 의해 형성되는 금리를 지칭한다. 시장금리는 만기 1년 이내의 금융시장에서 결정되는 이자율은 단기금리와 만기가 1년을 초과하는 장기금리로 구분할 수 있다.
> ④ 명목금리는 물가상승에 따른 구매력의 변화를 감안하지 않은 금리이고, 실질금리는 명목금리에서 물가상승률을 뺀 금리이다.
>
> 정답 : ③

02 〈보기〉에서 기준금리에 대한 설명으로 옳은 것을 모두 고른 것은? (2024 기출)

〈 보 기 〉

ㄱ. 시중에 풀린 돈의 양을 조절하기 위해 금융통화위원회의 의결을 거쳐 결정하는 정책금리이다.
ㄴ. 기준금리 변경은 예금, 대출 금리 등에 영향을 주지만 부동산, 외환 등 자산가격에는 영향을 미치지 않는다.
ㄷ. 통상적으로 경기 침체 양상을 보이면 기준금리를 인하하고 경기 과열 양상을 보이면 기준금리를 인상한다.
ㄹ. 일반적으로 기준금리를 인하하면 물가가 하락하고 기준금리를 인상하면 물가가 상승한다.

① ㄱ, ㄴ   ② ㄱ, ㄷ
③ ㄴ, ㄹ   ④ ㄷ, ㄹ

ㄱ과 ㄷ은 옳은 설명이고, ㄴ과 ㄹ은 틀린 내용이다.

ㄱ. 기준금리는 중앙은행인 한국은행이 경기상황이나 물가수준, 금융·외환시장 상황, 세계경제의 흐름 등을 종합적으로 고려하여 시중에 풀린 돈의 양을 조절하기 위해 금융통화위원회(금통위)의 의결을 거쳐 결정하는 정책금리이다.

ㄷ. 통상적으로 한국은행은 경기가 과열양상을 보이면 기준금리를 인상하고, 반대로 경기침체 양상이 나타나면 기준금리를 인하하게 된다.

ㄴ. 기준금리의 변경은 장·단기 시장금리, 예금 및 대출 금리 등에 영향을 주거나 주식·채권·부동산·외환 등 자산가격에 영향을 줌으로써 실물경제 및 물가를 변동시키는 원인이 된다.

ㄹ. 일반적으로 기준금리를 내리면 물가가 상승하고, 반대로 기준금리를 올리면 물가가 하락한다.

정답 : ②

03 금리에 대한 설명으로 옳지 않은 것은? (2018 기출)

① 명목금리는 실질금리에서 물가상승률을 뺀 금리이다.

② 채권가격이 내려가면 채권수익률은 올라가고, 채권가격이 올라가면 채권수익률은 내려간다.

③ 표면금리는 겉으로 나타난 금리를 말하며 실효금리는 실제로 지급받거나 부담하게 되는 금리를 뜻한다.

④ 단리는 원금에 대한 이자만 계산하는 방식이고, 복리는 원금에 대한 이자뿐만 아니라 이자에 대한 이자도 함께 계산하는 방식이다.

명목금리는 물가상승분을 포함한 금리이고, 실질금리는 물가상승분을 제외한 금리이다. 따라서 실질금리는 명목금리에서 물가상승률을 뺀 금리이다. 그러므로 명목금리는 실질금리에 물가상승률을 더한 값이 된다.

④ 원금에 대한 이자를 산정하는 방법에 따라 단리와 복리를 구분할 수 있다. 단리는 원금에 대해서만 이자를 계산하는 방식이고, 복리는 원금과 원금에서 발생한 이자를 합친 금액에 대해 이자를 계산하는 방식이다.

정답 : ①

04 금리에 대한 설명으로 옳은 것은? (2008 기출)

① 명목금리는 물가상승에 따른 구매력의 변화를 감안한 금리이다.

② 실질이자소득은 같은 금리수준에서 물가상승률이 낮을수록 늘어나게 된다.

③ 단리·복리 등의 이자계산 방법이나 이자에 대한 세금의 부과 여부 등에 관계없이 표면금리와 실효금리는 동일하다.

④ 채권가격이 떨어지면 채권수익률은 떨어지게 되고, 채권가격이 오르면 채권수익률은 올라가게 된다.

예금가입자가 받는 실질 이자소득은 같은 금리 수준에서 물가상승률이 낮을수록 늘어나게 된다.

05 금리에 대한 설명으로 옳지 <u>않은</u> 것은?

① 경기 전망이 좋아지면 이익 증가를 예상한 기업의 투자가 늘어나 돈에 대한 수요가 증가하고 금리는 올라가게 된다.
② 물가가 오를 것으로 예상되면 더 높은 금리를 요구하게 되어 금리는 상승하게 된다.
③ 일반적으로 빌려준 돈을 못 받을 위험이 클수록, 그리고 차입 기간이 길수록 금리가 높다.
④ 국내금리가 높아지면 국내자금의 해외유출이 늘어나거나 외국자금의 국내유입이 감소하게 된다.

06 금리(이자율)에 대한 설명으로 옳은 것은?

① 통상적으로 자금에 대한 수요가 늘어나면 금리는 하락하고, 자금공급이 늘어나면 금리는 상승한다.
② 가계는 금리가 상승하면 미래 소비를 줄이고 현재 소비를 늘리기 위해 저축을 줄인다.
③ 단리는 단순히 원금에 대한 이자를 계산하는 방법이며 복리는 이자에 대한 이자도 함께 감안하여 계산하는 방법이다.
④ 표면금리는 한국은행이 시중에 풀린 돈의 양을 조절하기 위해 금융통화위원회(금통위)의 의결을 거쳐 인위적으로 결정하는 정책금리이다.

금리는 계산하는 방법에 따라 단리와 복리로 나뉘는데, 단리는 원금에 대해서만 이자를 계산하는 방식이고, 복리는 원금과 원금에서 발생한 이자를 합친 금액에 대해 이자를 계산하는 방식이다. 가령 100만원을 연 10%의 금리로 은행에 2년 간 예금할 경우 만기에 받게 되는 원금과 이자의 합계액은 단리방식으로는 120만원(100만원×(1+0.1×2))이 되지만 복리방식으로는 121만원(100만원×(1+0.1)^2)이 된다.

① 통상 자금에 대한 수요가 늘어나면 금리는 상승하고 반대로 자금공급이 늘어나면 금리는 하락한다.
② 가계는 금리가 오르면 저축으로 얻을 수 있는 이자 소득이 증가하므로 현재의 소비를 줄이는 대신 미래의 소비를 위해 저축을 증가시키는 반면, 금리가 하락하면 미래 소비를 줄이고 현재 소비는 늘리기 위해 저축을 줄이게 된다.
④ 중앙은행인 한국은행이 경기상황이나 물가수준, 금융·외환시장 상황, 세계경제의 흐름 등을 종합적으로 고려하여 시중에 풀린 돈의 양을 조절하기 위해 금융통화위원회(금통위)의 의결을 거쳐 인위적으로 결정하는 정책금리는 기준금리이다. 표면금리는 겉으로 나타난 금리를 의미한다.

정답 : ③

07 금리에 관한 설명으로 가장 옳은 것은?

① 국내금리가 해외금리보다 더 높아지면 국내자금이 외국으로 유출되고 외국으로부터의 자금유입이 줄어든다.
② 표면금리가 동일한 예금인 경우에도 이자계산 방법이나 과세 여부 등에 따라 실효금리가 달라진다.
③ 일반적으로 기준금리를 내리면 침체된 경기가 회복되고 물가가 하락한다.
④ 만기가 1년을 초과하는 장기금리에는 무기명인 양도성예금증서의 금리, 국공채, 회사채, 금융채 등의 수익률이 포함된다.

표면금리가 동일한 예금이자라도 복리·단리 등의 이자계산 방법이나 이자에 대한 세금의 부과 여부 등에 따라 실효금리는 달라진다.

① 국내금리가 해외금리보다 더 높아지면 국내자금의 해외유출이 줄어들거나 외국자금의 국내유입이 증가하게 된다.
③ 기준금리 인하 시 소비와 투자가 활성화되고 물가가 상승한다.
④ 금융회사들 간에 자금을 빌릴 때 적용되는 콜금리, 판매자가 되사는 것을 전제로 한 채권 매매거래인 환매조건부채권(RP; Repurchasing agreement) 금리, 기업어음(CP; Commercial Paper) 금리, 무기명인 양도성예금증서(CD; Certificate of Deposit)의 금리 등은 단기금리에 해당한다.

정답 : ②

08 〈보기〉의 조건인 '갑' 기업의 회사채의 표면금리(근사치)는?

〈 보 기 〉
액면가가 5,000만 원이고 만기가 1년인 '갑' 기업의 회사채의 할인율이 1.75%이다. 단, 물가상승률은 1.50%이다.

① 1.78%
② 1.75%
③ 1.50%
④ 0.25%

09 다음 글의 ( )안에 알맞은 말이 순서대로 바르게 나열된 것은?

다른 조건들의 변화가 없는 상황에서 달러에 대한 원화의 환율이 하락하면 수입하는 미국 상품의 원화 표시 가격은 ( )하고, 수출하는 한국 상품의 달러 표시 가격은 ( ) 한다.

① 하락 - 하락   ② 상승 - 하락

③ 하락 - 상승   ④ 상승 - 상승

10 〈보기〉의 ( )에 들어갈 내용을 바르게 짝지은 것은? (2024 기출)

─〈 보 기 〉─

(가) 외화가 국내로 유입되면 환율이 ( )한다.

(나) 환율 상승은 원화( )(이)라고도 한다.

(다) 우리나라는 ( )으로 환율을 표시하고 있다.

	(가)	(나)	(다)
①	상승	평가절상	자국통화표시법
②	하락	평가절하	자국통화표시법
③	하락	평가절하	외국통화표시법
④	상승	평가절상	외국통화표시법

환율은 우리나라 원화와 다른 통화 사이의 교환비율인데, 외환시장에서 외화의 수요와 공급에 따라 자유롭게 결정된다.

(가) 수출이 늘어나거나 외국인 관광객이 증가하는 등 외화가 국내로 유입되면 외화의 공급이 증가하므로 환율은 하락하게 된다.

(나) 환율 상승은 우리 돈의 가치가 외화에 비해 상대적으로 떨어진다는 것을 의미하며, 원화 약세, 원화 평가절하라고도 한다. 반대로 환율 하락은 우리 돈의 가치가 외화에 비해 상대적으로 높아진다는 것을 뜻하며, 원화 강세나 원화 평가절상도 같은 의미이다.

(다) 우리나라는 '미화 1달러에 몇 원' 식으로 외국 화폐 1단위에 상응하는 원화 가치를 환율로 표시하는 자국통화 표시법을 사용하고 있다.

정답 : ②

11 다음 중 환율에 대한 설명으로 바르지 못한 것은?

① 환율이 상승하면 우리나라 원화가치도 상승하게 된다.

② 외환이 거래되는 모든 장소를 뜻하는 추상적인 시장을 외환시장이라고 한다.

③ 외환이란 외환시장에서 거래되는 외국 화폐 및 외화 표시증권을 말한다.

④ 세계의 3대 외환시장은 런던, 뉴욕, 도쿄 외환시장을 들 수 있다.

해설 '환율상승=원화가치하락=평가절하=원저=원화약세'이고, '환율하락=원화가치상승=평가절상=원고=원화강세'이다.
① 환율이 상승하면 달러를 구할 수 있는 구매력이 줄어들어 원화가치가 하락하는 것으로 보아야 한다.

정답 : ①

12 환율에 대한 설명으로 가장 옳은 것은?

① 외국의 금리가 높아져서 국내자본이나 국내에 있던 외국자본이 자금을 빼내가기 위해 달러수요가 늘어나면 우리나라 외환시장에서 달러화 대비 원화 환율이 상승할 수 있다.

② 환율이 상승하면 원화 가치가 상승하고 환율이 하락하면 원화가치가 하락한다고 생각할 수 있다.

③ 환율 상승은 우리 돈의 가치가 외화에 비해 상대적으로 떨어진다는 것을 의미하며, 원화 약세, 원화 평가절상이라고도 한다.

④ 흔히 불경기에서 벗어나기 위해서 금리를 낮추는 통화정책을 사용하기도 하지만 자국 화폐 가치를 상승시키는 환율정책을 사용하기도 한다.

해설 국제적 거래를 위해서는 각 나라 화폐 간 교환비율을 결정하여야 하는데 이 교환비율을 환율이라고 한다. 외국의 금리가 높아져서 국내자본이나 국내에 있던 외국자본이 자금을 빼내가기 위해 달러를 수요할 경우 달러의 가치가 상승하고 상대적으로 원화의 가치가 하락하여 원/달러 환율이 상승하게 된다.

13 환율에 대한 설명으로 옳지 않은 것은?

① 환율이 상승할 경우 국내 물가가 상승할 가능성이 높다.
② 정책당국은 외환보유고를 이용하여 외환시장의 안정을 도모한다.
③ 환율이 높거나 낮은 것 중에서 어느 것이 유리하다고 단언하기는 어렵다.
④ 환율의 변동성이 높아지거나 낮아지는 것 중 어느 것이 유리하다고 단언할 수는 없다.

해설 급격한 환율변동은 경제주체에 큰 충격을 미칠 수밖에 없으므로 환율의 변동성이 높아지는 것은 바람직하지 않다.

오답분석 ① 환율이 상승하면 원자재 및 부품 등 수입품 가격이 오르면서 국내 물가가 상승하고, 수입 기계류 가격도 올라서 투자비용이 상승할 수 있다. 또한 가계의 경우 해외여행 비용이 상승하고, 외화표시 부채가 많은 기업들의 상환부담이 높아진다.
② 투기세력이 외환시장에서 외화를 대량으로 매도하거나 매수하면 환율이 크게 요동칠 수 있으므로 정책당국은 외환보유고를 이용하여 외환시장을 진정시킨다.
③ 수출 경쟁력을 확보할 수 있도록 환율이 높아지는 것이 반대의 경우보다 우리 경제에 유리하다고 여기는 경향이 있지만, 환율이 높거나 낮은 것 중에서 어느 것이 우리 경제에 더 유리하다고 단언하기는 어렵다.

정답 : ④

14 환율의 결정과 변동에 대한 설명으로 옳은 것은?

① 수출, 외국인 관광객 유치, 차관도입과 외채상환 등이 확대될 경우 환율은 하락한다.
② 미국의 연방준비제도가 금리를 인상할 경우 원/달러 환율이 상승할 가능성이 높다.
③ 일본에 상품을 수출하는 우리나라 기업은 원/엔 환율이 하락할 경우에 유리해진다.
④ 환율 수준이 변동하지 않은 상황에서 물가가 상승하면 우리나라의 국제수지는 개선된다.

해설 미국의 연방준비제도가 금리를 인상할 경우 우리나라에 들어와 있던 외화자금이 미국 자금(자본)시장으로 이동하게 되어 달러의 유출로 인해 원/달러 환율이 상승하게 된다. 이는 우리나라 외환시장에서 달러에 대한 수요가 증가하여 외화에 대한 수요곡선이 우측으로 이동한 결과이다. 미국의 금리가 상승하여 우리나라 시장에서의 금리수준과 격차가 축소되면 보다 안정적인 시장이라고 평가받는 미국시장으로 자금이 이동하기 마련이다.

오답분석 ① 수출증대, 외국인 관광객 유치의 증가, 차관도입 규모의 확대는 외화의 공급증대에 해당하는 것으로 환율 하락의 요인이 된다. 그러나 외채상환이 증가할 경우 외화에 대한 수요가 증대되어 환율이 상승하게 된다.

③ 자국 화폐 가치의 하락으로 인해 환율이 상승할 경우 수출 등 외화의 공급요인은 유리해지고 수입 등 외화의 수요요인은 불리해진다. 반대로 자국 화폐 가치가 상승하여 환율이 하락할 경우 수출 등 외화의 공급요인은 불리해지고 수입 등 외화의 수요요인은 유리해진다. 원/엔 환율이 하락하면 일본에 수출하는 우리기업은 불리해지고 일본 상품을 수입하는 기업은 유리해진다.

④ 환율이 유지되는 상황에서 물가가 상승하면 가격상승으로 인해 우리나라 상품의 해외수출은 감소하고 상대적으로 저렴하게 느껴지는 외국 상품에 대한 수입이 증가하여 국제수지가 악화된다.

정답 : ②

15 환율변동의 요인, 환율변동의 방향, 환율변동의 영향을 논리적 순서에 따라 나열한 것으로 옳은 것은? (단, 환율은 원/달러 환율을 나타내며, 아래에 기술된 변화 이외에 다른 변화는 없다고 가정한다)

① 국내 금리 인상 → 환율 상승 → 원자재 수입기업의 채산성 하락
② 국내 금리 인상 → 환율 하락 → 달러화 차입기업의 이자부담 감소
③ 국내 물가 상승 → 환율 상승 → 달러화 차입기업의 이자부담 감소
④ 국내 물가 상승 → 환율 하락 → 원자재 수입기업의 채산성 하락

해설 환율변동의 원인과 환율변동에 따른 영향을 파악할 수 있어야 한다. 국내의 금리가 인상되면 고금리를 쫓아 달러가 유입되고 이로 인해 환율이 하락하게 된다. 환율이 하락할 경우 달러화를 차입한 기업의 이자부담은 감소한다. 이와 달리 국내 물가가 상승하면 자국 화폐의 가치가 하락하고, 환율은 상승하게 된다. 이때 수출은 증대되고, 수입은 감소하며, 달러화 차입 기업의 이자 부담은 증가한다.

정답 : ②

16 주식과 주식시장에 대한 설명으로 옳지 않은 것은?

① 주식은 기업이 필요한 자본을 조달하기 위해 발행하는 증권이다.
② 기업은 주식시장을 통해서 대규모 자금을 조달할 수 있고 개인들은 여유자금을 투자할 기회를 가질 수 있다.
③ 발행시장은 기업공개(IPO; Initial Public Offering)나 유상증자를 통해 주식이 발행되는 시장이다.
④ 우리나라의 장외 유통시장에는 유가증권시장, 코스닥시장, 코넥스시장 등이 있다.

해설 주식회사는 주식시장을 통해 자본조달을 위해 발행하는 증권인 주식을 발행함으로써 대규모 자금을 조달할 수 있다. 만약 주식시장이 없다면 기업들은 수많은 투자자들로부터 자금을 조달하거나 다른 기업에 대한 인수합병을 통해 성장의 기회를 가지기 힘들 것이다. 그리고 주식시장은 발행시장과 유통시장으로 나뉘어 진다. 우리나라의 주식 유통시장 중 유가증권시장, 코스닥시장, 코넥스시장은 장내유통시장에 해당하고, 장외유통시장에는 K-OTC 시장이 있다.

정답 : ④

17 〈보기〉의 내용에 해당하는 우리나라의 주가지수는?

〈 보 기 〉

- 유가증권시장과 코스닥시장의 우량종목을 고루 편입한 통합주가지수이다.
- 최대주주지분, 자기주식, 정부지분 등을 제외한 유동주식만의 시가총액을 합산하여 계산한다.
- 상장지수펀드(ETF), 인덱스펀드 등 다양한 상품에 이용된다.

① 코스피200지수　　　　　　　② KRX100지수
③ 코스닥150지수　　　　　　　④ 코넥스지수

> **해설** 우리나라의 주가지수 중 유가증권시장과 코스닥시장의 우량종목을 고루 편입한 통합주가지수는 KRX100지수로 유가증권시장 90개, 코스닥시장 10개 등 총 100개 종목으로 구성된다. 코스피200지수와 마찬가지로 최대주주지분, 자기주식, 정부지분 등을 제외한 유동주식만의 시가총액을 합산하여 계산하며 상장지수펀드(ETF), 인덱스펀드 등 다양한 상품에 이용된다.
>
> **오답 분석** ① 유가증권시장에 상장된 주식 중 시장대표성, 업종대표성, 유동성 등을 감안하여 선정되는 200개 종목을 대상으로 계산하는 지수로 1990년 1월 3일을 기준시점으로 하여 작성되고 있다.
> ③ 코스닥150지수(KOSDAQ 150 Index)는 코스닥시장을 대표하는 지수로서 '15.7월 개발되었으며, 코스닥시장 특성을 잘 반영할 수 있도록 시장대표성, 유동성 및 상품성 등을 종합적으로 고려한 150개 종목으로 구성, 선물 및 ETF 등 금융상품의 기초지수로 활용되고 있다.
> ④ 코넥스 시장의 주가지수인 코넥스지수는 제1·2 주식시장인 코스피·코스닥 시장과 달리 공표되지 않고 있지만, 한국거래소 내부적으로는 코넥스 시장 개설 이듬해인 2014년 1월2일을 기준(1000)으로 삼아 산출해 기록·관리하고 있다.
>
> 정답 : ②

18 주가지수의 종류와 그 내용이 <u>잘못</u> 연결된 것은?

① 코스피(KOSPI) 지수-유가증권시장에 상장되어 있는 종목을 대상으로 산출되는 우리나라의 대표적인 종합 주가지수이다.
② 코스닥(KOSDAQ) 지수 - 벤처기업과 중소기업이 상장할 수 있는 중소기업 전용 주식시장이다.
③ MSCI 지수 – 모건스탠리의 자회사인 Barra가 제공하며, 전 세계 투자기관의 해외투자 시 기준이 되는 대표적인 지수이다.
④ FTSE 지수 – 파이낸셜타임즈와 런던증권거래소가 공동으로 설립한 FTSE그룹이 발표하는 지수로 주로 유럽에서 사용되고 있다.

해설 벤처기업과 중소기업이 상장할 수 있는 중소기업 전용 주식시장은 코넥스 시장이고, 이러한 코넥스 시장을 반영하는 지수가 코넥스 지수이다. 코넥스 시장은 2013년 7월 1일부터 개장하였다. 기존 주식시장인 코스피와 코스닥에 비해 상장 문턱이 낮아 자기자본 5억 원 이상, 매출액 10억 원 이상, 순이익 3억 원 이상이라는 3가지 조건 가운데 1가지만 충족하면 상장할 수 있다. 하지만 투자 주체가 증권사, 펀드, 정책금융기관, 은행·보험사 및 각종 연기금 등 자본시장법상 전문투자자로 제한되는 등 투자 자격은 까다롭다. 직접 투자도 벤처캐피털, 기관투자자, 3억 원 이상 예탁한 개인 등으로 제한되어 있으며, 일반투자자는 펀드 가입 등을 통해 간접 투자를 할 수 있다. 한편, 코스닥 지수는 코스닥 시장에 상장되어 있는 종목을 대상으로 산출되는 종합지수로 1996년 7월 1일을 기준시점으로 이날의 주가지수를 1,000포인트로 하여 산출하였으며, 코스피지수와 동일한 시가총액방식으로 산출된다.

오답분석 ① 코스피지수는 유가증권시장에 상장되어 있는 종목을 대상으로 산출되는 대표적인 종합주가지수이다. 1980년 1월 4일을 기준시점으로 이날의 주가지수를 100으로 하고 개별종목 주가에 상장주식수를 가중한 기준시점의 시가총액과 비교시점의 시가총액을 비교하여 산출하는 시가총액방식 주가지수이다.
③ MSCI(Morgan Stanley Capital International) 지수는 모건스탠리의 자회사인 Barra가 제공하며, 전 세계 투자기관의 해외투자 시 기준이 되는 대표적인 지수로 특히 미국계 펀드가 많이 사용하고 있다. 신흥시장의 경우 MSCI지수에 편입되면 외국인 매수세가 늘어날 가능성이 높아 주가상승의 모멘텀으로 작용하기도 한다.
④ FTSE(Financial Times Stock Exchange) 지수는 파이낸셜타임즈와 런던증권거래소가 공동으로 설립한 FTSE 그룹이 발표하는 지수로 주식, 채권, 부동산 등 다양한 부문의 지수가 제공되고 있으며 주로 유럽에서 사용되고 있다.

정답 : ②

19 주가지수에 대한 설명으로 옳지 <u>않은</u> 것은?

① 우리나라 주식시장에 외국인 투자가 감소하면 주가지수가 하락한다.
② 주식시장에서 거래량이 증가하면 주가가 상승하는 경향이 있다.
③ 코스닥스타지수는 시장대표성 등을 고려한 150개 종목으로 구성된다.
④ 미국 S&P500지수는 NYSE는 물론 NASDAQ과 AMEX시장의 주식까지 포함하여 작성된다.

해설 코스닥시장을 대표하는 지수로서 코스닥시장 특성을 잘 반영할 수 있도록 시장대표성, 유동성 및 상품성 등을 종합적으로 고려한 150개 종목으로 구성한 지수는 '코스닥150지수(KOSDAQ 150 Index)'이다. 코스닥150지수는 선물 및 ETF 등 금융상품의 기초지수로 활용되고 있다. 참고로 코스닥 등록 우량 기업으로 구성된 코스닥스타지수는 2005년 1월부터 발표를 시작했으나, 시가총액 비중이 낮고 종목교체가 빈번하여 시장대표성이 미흡하다는 지적을 받아 2015년 폐지됐다.

오답분석 ① 일반적으로 우리나라 주식시장에서 외국인 투자가 증가하면 주가지수가 올라가고 반대로 외국인 투자가 감소하면 주가지수도 하락한다.
② 주식시장에서는 주가가 변동하기 전에 거래량이 먼저 변하는 것이 일반적인데, 거래량이 증가하면 주가가 상승하고 거래량이 감소하면 주가가 하락하는 경향이 있다.
④ S&P500지수는 주로 NYSE시장의 주식이 많지만 NASDAQ과 AMEX시장의 주식도 포함하여 작성되고 있어서 증권시장 상황을 잘 반영한다는 장점이 있다.

정답 : ③

20 미국의 주식시장과 주가지수에 대한 설명으로 옳지 않은 것은?

① 미국의 뉴욕증권거래소(NYSE)는 세계에서 가장 큰 주식시장이다.
② 다우존스 산업평균지수(DJIA)는 경제 전반에 걸쳐 대표적인 30개 대형 제조업 기업들의 주식들로 구성되어 있다.
③ 미국증권거래소(AMEX)는 뉴욕증권거래소에 상장되지 않은 주식을 거래한다.
④ S&P500지수(Standard & Poor's 500 Index)는 나스닥 증권시장에 등록되어 있는 5천여 개 주식을 가중평균하여 구한 지수이다.

해설 미국의 세 번째 주식시장이자 산업기술주를 주로 거래하는 나스닥(NASDAQ; National Association of Securities Dealers Automated Quotation) 시장은 1971년부터 주로 정보 통신과 산업 기술 관련 기업들의 주식을 매매한다. 나스닥지수(NASDAQ Composite Index)는 나스닥 증권시장에 등록되어 있는 5,000여 개 주식을 가중평균하여 구한 지수이다.
④ 미국의 세계적인 신용평가회사인 스탠다드앤드푸어스사가 작성하여 발표하는 S&P500지수(Standard & Poor's 500 Index)는 주로 NYSE시장의 주식이 많지만 NASDAQ과 AMEX시장의 주식도 포함하여 작성되고 있어서 증권시장 상황을 잘 반영한다.

오답분석 ① 미국의 뉴욕증권거래소(NYSE; New York Stock Exchange)는 거래량이나 거래금액 면에서 세계에서 가장 큰 주식시장이며, 처음과 달리 지금은 다수의 외국 기업들도 상장되어 있다.
② 다우존스 산업평균지수(DJIA; Dow Jones Industrial Average)는 경제 전반에 걸쳐 대표적인 30개 대형 제조업 기업들의 주식들로 구성되어 있다. 단순가격평균 방식을 사용하여 지수를 산출하고 있으며 미국의 대표적 경제신문인 월스트리트저널에서 작성하여 발표하고 있다. 세계에서 가장 오래된 주가지수이면서 미국의 주식시장과 경제상황을 가장 잘 반영하는 것으로 알려져 있다.
③ 미국의 두 번째 주식시장은 미국증권거래소(AMEX; American Stock Exchange)인데 뉴욕증권거래소에 상장되지 않은 주식을 거래하며 뉴욕증권거래소와 마찬가지로 뉴욕에 위치하고 있다.

정답 : ④

03 | 금융시장

1 금융시장에서 자금수요자는 주로 개인이며 자금공급자는 주로 기업들인데, 개인은 소득 중에서 쓰고 남은 돈의 가치를 증식하기 위하여 금융시장에 참여한다. ○|×

1. 자금수요자는 주로 기업이고, 자금공급자는 주로 개인이다.

2 간접금융은 기업들이 원하는 금액의 자금을 장기로 조달할 수 있는 장점이 있어 장기설비 투자를 위한 자금 조달에 용이하다. ○|×

2. 간접금융 → 직접금융

3 주식의 발행은 기업의 지배구조에 영향을 미치고, 회사채의 발행은 신용도에 따라서 높은 금리를 지불하거나 발행 자체가 어려울 수 있다는 문제점이 있다. ○|×

4 정부도 직접금융시장에서 국채를 발행하여 재정자금을 조달할 수 있다. ○|×

5 금융중개기관은 금융자산의 종류를 다양화함으로써 차입자의 금융자산(본원적 증권) 발행의 한계비용을 인하하고 대출자가 보유하는 금융자산의 한계효용을 높여 저축과 투자를 활발하게 하여 보다 효율적인 자금배분을 실현한다. ○|×

6 국민경제 전체적으로 가계부문은 적자주체가 되고 기업부문은 흑자주체가 된다. ○|×

6. 가계부문은 소득이 지출보다 많아 흑자주체가 되는 반면 기업부문은 소득을 상회하는 투자활동을 하므로 적자주체가 된다.

7 금융시장은 효율적 자원배분, 위험의 분산, 정보획득의 비용과 시간의 절감, 시장규율 등의 기능을 수행한다. ○|×

8 금융시장이 발달하면 금융자산의 환금성과 유동성 프리미엄이 높아짐으로써 자금수요자의 차입비용이 줄어들게 된다. ○|×

8. 금융시장이 발달하면 금융자산의 환금성이 높아지고 유동성 프리미엄이 낮아진다.

9 일반적으로 금융시장이 발달할수록 금융자산 가격에 반영되는 정보의 범위가 확대되고 정보의 전파속도도 빨라진다. ○|×

10 금융시장은 금융회사 등을 통해 자금중개가 이루어지는 대출시장, 외환시장, 파생상품시장, 장단기 금융상품이 거래되는 전통적 의미의 금융시장 등으로 구분할 수 있다. ○|×

정답 | 1. × 2. × 3. ○ 4. ○ 5. ○ 6. × 7. ○ 8. × 9. ○ 10. ○

11 대출시장은 차주에 따라 가계대출시장과 기업대출시장으로 구분할 수 있다. ○|×

12. 현금서비스나 판매신용도 대출시장에 포함된다.

12 신용카드회사와 같은 여신전문금융회사가 제공하는 현금서비스나 판매신용은 대출시장에 포함되지 않는다. ○|×

13 외환시장은 전형적인 점두시장의 하나로서 거래 당사자에 따라 외국환은행간 외환매매가 이루어지는 은행간시장(inter-bank market)과 은행과 비은행 고객간에 거래가 이루어지는 대고객시장(customer market)으로 구분된다. ○|×

14. 거래규모도 크게 확대되고 있다.

14 우리나라의 파생금융상품시장은 외환파생상품 위주로 발전되어 오다가 1990년대 중반 이후 주가지수 선물 및 옵션, 채권선물 등이 도입되면서 거래수단이 다양화되었으나, 거래규모는 확대되지 못하였다. ○|×

15. 자금시장 → 자본시장

15 자금시장은 만기 1년 이상의 채권이나 만기가 없는 주식이 거래되는 시장을 의미한다. ○|×

16. 주식시장과 채권시장은 장기금융시장(자본시장)에 해당한다.

16 콜(Call)시장, 기업어음(CP)시장, 양도성예금증서(CD)시장, 환매조건부채권매매시장, 표지어음시장, 통화안정증권시장, 주식시장, 채권시장 등은 단기금융시장에 해당된다. ○|×

17. 단기금융시장에 해당한다. 단기금융시장에는 콜시장, 기업어음시장, 양도성예금증서시장, 표지어음시장, 통화안정증권시장 등도 포함된다.

17 환매조건부채권매매시장은 장기금융시장에 해당한다. ○|×

18. 거래규모는 단기금융시장은 대규모, 장기금융시장이 소규모이다.

18 단기금융시장에 비해 장기금융시장의 거래규모다 더 크다. ○|×

19 단기금융시장이 장기금융시장에 비해 유동성이 더 높다. ○|×

20. 단기금융시장의 가격변동폭은 낮고, 장기금융시장의 가격변동폭은 높다.

20 단기금융시장이 장기금융시장에 비해 가격변동폭이 더 높다. ○|×

21 단기금융시장에 비해 장기금융시장의 금리수준이 더 높다. ○|×

22. 단기금융상품은 자본손실위험이 작은 반면, 만기가 긴 채권의 경우는 자본손실위험이 크다.

22 단기금융상품은 만기가 짧아 금리변동에 따른 자본손실위험이 큰 반면 만기가 긴 채권의 경우는 금리변동에 따른 가격변동 위험이 작다. ○|×

23. 선순위 → 후순위

23 주식은 기업자산에 대한 청구권이 대출, 채무증서 등 일반채권에 비해 선순위이다. ○|×

24 주식은 가격 변동폭이 커서 투자위험이 더욱 크다. ○|×

25 단기금융상품은 주로 미래의 자금지출에 대한 불확실성이 낮은 금융
기관, 연기금 및 개인 등이 장기적인 관점에서 투자하는 경우가 많다.
○|×

25. 단기금융상품
→ 장기금융상품

26 장기금융상품은 투자에 따른 위험을 회피하기 위해 선물, 옵션, 스왑
등 파생금융상품에 대한 투자를 병행하는 경우가 대부분이다. ○|×

27 단기금융시장과 자본시장은 중앙은행의 통화정책 효과가 파급되는 경
로로서의 역할을 한다는 점에서 중요하다. ○|×

28 자금시장은 통화정책 이외에도 기대 인플레이션, 재정수지, 수급사정
등 다양한 요인에 의해 영향을 받기 때문에 통화정책과의 관계가 비교
적 간접적이고 복잡하다. ○|×

28. 자금시장 → 자본시장

29 주식으로 조달된 자금은 채무증서와는 달리 원리금 상환의무가 없다.
○|×

30 주식은 채권보다 기업부도 발생에 따른 위험이 더 크다. ○|×

31 주식은 채무증서보다 자산가치의 변동성이 작다. ○|×

31. 작다 → 크다

32 유통시장에서 거래가 원활하지 않은 증권은 발행시장에서 인기가 많
고, 발행시장에서 인기가 없어서 규모가 작고 가격이 낮은 증권은 유통
시장에서 인기가 많다. ○|×

32. 유통시장에서 인기가 없
는 증권은 발행시장에서도 인
기가 없고, 유통시장에서 인
기가 높은 증권은 발행시장에
서도 인기가 높다.

33 장외시장 중 직접거래시장은 매매당사자간의 개별적인 접촉에 의해
거래가 이루어지므로 동일 시간에 동일 상품의 가격이 다르게 결정되
는 등 효율적인 면이 있다. ○|×

33. 효율 → 비효율

34 장외시장 중 점두시장은 거래 가격이 딜러·브로커가 고시한 매수매도
호가를 거래상대방이 승낙하여 결정(quote-driven)되기 때문에 거래
정보의 투명성이나 거래상대방의 익명성이 높다. ○|×

34. 높다 → 낮다

35 우리나라의 경우 채권은 대부분 장외시장에서 거래되고 있으며 콜, 양
도성예금증서, 기업어음 등 단기금융상품은 물론 외환 및 외환파생상
품, 금리 및 통화 스왑 등의 파생금융상품 등도 대부분 장외시장에서
거래된다. ○|×

---

01 금융시장에 대한 설명으로 옳지 않은 것은?

① 금융중개기관은 최종적인 차입자와 대출자를 중개한다.

② 본원적 증권(primary security)은 최종적인 차입자가 발행하는 금융자산이다.

③ 직접금융은 기업들이 원하는 금액의 자금을 단기로 조달할 수 있는 장점이 있어 설비 투자를 위한 자금 조달에 용이하다.

④ 자금의 공급자와 수요자 사이에 은행 등 금융회사가 일반인으로부터 예금을 받아 필요한 사람에게 대출해주는 것은 간접금융의 대표적인 형태이다.

> **해설** 금융시장(financial market)이란 자금공급자와 자금수요자간에 금융거래가 조직적으로 이루어지는 장소를 말한다. 장소는 재화시장처럼 특정한 지역이나 건물 등의 구체적 공간뿐 아니라 자금의 수요와 공급이 유기적으로 이루어지는 사이버공간 등 추상적인 공간을 포함한다. 그리고 금융거래는 자금공급자로부터 자금수요자로 자금이 이동하는 형태에 따라 직접금융과 간접금융으로 나뉜다.
> ③ 직접금융(direct finance)이란 자금의 최종적 차입자가 자금의 최종적인 대출자에게 주식이나 사채 등을 직접적으로 발행함으로써 자금을 조달하는 방식을 말한다. 직접금융은 기업들이 원하는 금액의 자금을 장기로 조달할 수 있는 장점이 있어 장기설비 투자를 위한 자금 조달에 용이하다. 그러나 주식의 발행은 기업의 지배구조에 영향을 미치고, 회사채의 발행은 신용도에 따라서 높은 금리를 지불하거나 발행 자체가 어려울 수 있다는 문제점이 있다. 정부도 직접금융시장에서 국채를 발행하여 재정자금을 조달할 수 있다.
>
> **오답 분석** ① 금융중개기관은 최종적인 차입자에게 자금을 공급하여 본원적 증권을 구입하게 하는 한편 자신에 대한 청구권(정기예금증서 등)을 발행하여 최종적인 대출자로부터 자금을 조달함으로써 최종적인 차입자와 대출자를 중개한다.
> ② 경제주체 중 금융기관 이외의 최종적인 차입자가 발행하는 금융자산을 본원적 증권(primary security)이라고 하며, 주식·사채·어음·채무증서 등이 이에 해당한다.
> ④ 금융중개기관이 대출자와 차입자간에 자금융통을 매개하는 방식을 간접금융(indirect finance)이라 한다. 간접금융은 직접금융에 대비되는 것으로 자금의 공급자와 수요자 사이에 은행 등 금융회사가 일반인으로부터 예금을 받아 필요한 사람에게 대출해주는 것이 대표적인 형태이다. 간접금융시장의 자금거래는 두 단계를 거쳐 이루어지는데, 첫 번째 단계는 자금의 공급단계로 자금공급자가 금융회사에게 자금을 맡기고 금융회사는 자금공급자에게 예금증서 등을 교부하는 단계이고, 두 번째 단계는 자금의 수요단계로 금융회사가 자금을 수요자에게 제공하고 차용증서를 교부받는 단계로 구성된다.
>
> 정답 : ③

02 〈보기〉는 갑(甲)이 이용하는 ㉠과 ㉡의 금융시장에 대한 내용이다. 이에 대한 설명으로 옳지 <u>않은</u> 것은?

───〈 보 기 〉───
㉠ 갑(甲)은 월급의 절반을 은행의 정기적금상품에 예금한다.
㉡ 을(乙)은 모은 돈 중 20%를 주식에 투자하고 있다.

① ㉠시장보다 ㉡시장이 위험성이 높은 대신 수익률이 높다.
② ㉠은 직접금융시장, ㉡은 간접금융시장에 해당한다.
③ ㉠시장에서는 금융기관이 자기 책임 하에 수요자에게 빌려준다.
④ ㉡시장에서는 증권회사 같은 금융기관이 자금 공급자와 수요자를 연결해주는 전문 서비스를 제공한다.

> **해설** 직접금융(direct finance)은 자금의 최종적 차입자가 자금의 최종적인 대출자에게 주식이나 사채 등을 직접적으로 발행함으로써 자금을 조달하는 방식인 반면, 간접금융(indirect finance)은 금융중개기관이 대출자와 차입자 간에 자금융통을 매개하는 방식이다. 그리고 금융중개기관은 최종적인 차입자에게 자금을 공급하여 본원적 증권을 구입하게 하는 한편 자신에 대한 청구권(정기예금증서 등)을 발행하여 최종적인 대출자로부터 자금을 조달함으로써 최종적인 차입자와 대출자를 중개한다.
> ② 은행, 보험회사는 간접금융시장에 해당하고, 증권회사, 투자신탁회사는 직접금융시장에 해당한다. 간접금융시장은 안정적이지만 수익률이 낮고, 직접금융시장은 위험성 있고 수익률이 높다.
>
> **오답 분석** ① 직접금융시장이 간접금융시장에 비해 위험성이 높은 대신 수익률이 높다. 간접금융시장인 ㉠을 이용하는 자금 공급자는 금융시장에서 안정적으로 이자를 받지만 수익률은 낮다.
> ③ 간접금융시장에서 금융기관은 자기 책임 하에 여신과 수신 업무를 수행한다.
> ④ 증권회사는 직접금융시장에서 자금 공급자와 자금 수요자를 연결하는 역할을 수행한다.
>
> 정답 : ②

03 금융시장의 기능에 대한 설명으로 옳지 <u>않은</u> 것은? (2022 기출)

① 소비 주체인 가계 부문에 적절한 자산운용 및 차입 기회를 제공하여 자신의 시간선호에 맞게 소비시기를 선택할 수 있게 함으로써 소비자 효용을 증진시킨다.
② 유동성이 높은 금융자산일수록 현금 전환 과정에서의 예상 손실 보상액에 해당하는 유동성 프리미엄도 높다.
③ 차입자의 재무 건전성을 제고하기 위해 시장참가자는 당해 차입자가 발행한 주식 또는 채권 가격 등의 시장선호를 활용하여 감시 기능을 수행한다.
④ 금융시장이 발달할수록 금융자산 가격에 반영되는 정보의 범위가 확대되고 정보의 전파속도로 빨라지는 것이 일반적이다.

04 〈보기〉의 내용에 해당하는 금융시장의 유형은?

〈 보 기 〉

- 은행, 저축은행, 상호금융 등과 같은 예금취급 금융회사를 통해 다수의 예금자로부터 자금이 조달되어 최종 자금수요자에게 공급되는 시장이다.
- 차주에 따라 가계대출시장과 기업대출 시장으로 구분된다.
- 신용카드회사와 같은 여신전문금융회사가 제공하는 현금서비스나 판매신용도 포함한다.

① 대출시장
② 외환시장
③ 파생금융상품시장
④ 전통적 의미의 금융시장

05 금융시장의 유형에 관한 내용으로 옳지 <u>않은</u> 것은?

① 자본시장은 보통 만기 1년 이내의 금융자산이 거래되는 시장을 의미한다.
② 채무증서시장이란 차입자가 만기까지 일정한 이자를 정기적으로 지급할 것을 약속하고 발행한 채무증서가 거래되는 시장이다.
③ 발행시장은 단기금융상품이나 채권, 주식 등 장기금융상품이 신규로 발행되는 시장이다.
④ 장외시장은 특정한 규칙 없이 거래소 이외의 장소에서 당사자 간에 금융상품의 거래가 이루어지는 시장이다.

해설 전통적 의미의 금융시장은 금융거래의 만기에 따라 단기금융시장과 장기금융시장, 금융수단의 성격에 따라 채무증서시장과 주식시장, 금융거래의 단계에 따라 발행시장과 유통시장, 금융거래의 장소에 따라 거래소시장과 장외시장 등으로 구분할 수 있다. 이중 단기금융시장(자금시장)은 보통 만기 1년 이내의 금융자산이 거래되는 시장을, 장기금융시장(자본시장)은 만기 1년 이상의 채권이나 만기가 없는 주식이 거래되는 시장을 의미한다. 단기금융시장은 금융기관, 기업, 개인 등이 일시적인 자금수급의 불균형을 조정하는데 활용되고, 장기금융시장은 주로 기업, 금융기관, 정부 등이 장기자금을 조달하는데 활용된다.

오답분석 ② 채무증서시장(채권시장, debt market)은 차입자가 만기까지 일정한 이자를 정기적으로 지급할 것을 약속하고 발행한 채무증서(debt instrument)가 거래되는 시장이고, 주식시장(equity market)은 회사의 재산에 대한 지분을 나타내는 주식(equity)이 거래되는 시장이다.
③ 발행시장(primary market)은 발행시장(primary market)은 기업, 정부, 공공기관 등 자본을 수요로 하는 발행주체가 단기금융상품이나 채권, 주식 등 장기금융상품이 신규로 발행하여 이를 일반투자자에게 매각함으로써 장기적인 자본을 조달하는 시장이다.
④ 유통시장은 거래소시장(장내시장)과 장외시장으로 구분된다. 거래소시장(exchange)은 시장참가자의 특정 금융상품에 대한 매수매도 주문(bid-ask order)이 거래소에 집중되도록 한 다음 이를 표준화된 거래규칙에 따라 처리하는 조직된 시장이고, 장외시장은 특정한 규칙 없이 거래소 이외의 장소에서 당사자 간에 금융상품의 거래가 이루어지는 시장이다.

정답 : ①

06 자금시장과 자본시장의 특징에 대한 설명으로 옳은 것은?

① 자금시장에서 거래되는 단기금융상품은 만기가 짧아 금리변동에 따른 자본손실위험이 크다.
② 주식은 기업자산에 대한 청구권이 일반채권에 비해 후순위일 뿐만 아니라 가격 변동폭이 커서 투자위험이 크다.
③ 자본시장과 달리 자금시장은 중앙은행의 통화정책 효과가 파급되는 경로로서의 역할을 담당한다.
④ 자금시장은 통화정책 이외에도 기대 인플레이션, 재정수지, 수급사정 등 다양한 요인에 의해 영향을 받는다.

해설 만기가 긴 채권 등 자본시장에서 거래되는 장기금융상품은 금리변동에 따른 가격변동 위험이 크다. 특히 주식은 기업자산에 대한 청구권이 대출, 채무증서 등 일반채권에 비해 후순위일 뿐만 아니라 가격 변동폭이 커서 투자위험이 더욱 크다.

07 단기금융시장과 단기금융상품에 대한 설명으로 옳지 않은 것은?

① 콜(Call)시장은 금융회사 상호 간에 자금 과부족을 일시적으로 조절하기 위한 초단기 자금거래가 이루어지는 시장이다.
② 기업어음(CP)은 신용상태가 일정 수준 이상의 양호한 기업이나 금융회사가 단기자금을 조달하기 위해 발행한 증권이다.
③ 콜거래는 최장 180일 이내로 만기가 제한되어 있으나 거래물량의 대부분을 익일물이 차지하고 있다.
④ 양도성예금증서(CD)는 정기예금에 양도성을 부여한 예금증서로 할인방식으로 발행된다.

08 채무증서시장과 주식시장을 비교한 내용으로 옳은 것은?

① 주식의 만기는 통상 1년 이내의 단기, 1년과 10년 사이의 중기, 10년 이상의 장기로 구분된다.
② 주식의 소유자는 발행기업이 청산할 경우 우선변제권을 행사할 수 있다.
③ 채무증서 소유자는 이자 및 원금 등 고정된 소득을 받게 되므로 미래의 현금흐름이 안정적이다.
④ 우리나라의 채권시장에는 기업어음시장, 통화안정증권시장, K-OTC시장 등이 포함된다.

해설 주식은 채무증서보다 자산가치의 변동성이 크다. 채무증서 소유자는 이자 및 원금 등 고정된 소득을 받게 되므로 미래의 현금흐름이 안정적인데 비하여, 주주의 경우는 기업의 자산가치나 손익의 변동에 따라 이익을 볼 수도 있고 손해를 입을 수도 있다.

오답분석 ① 채무증서는 차입자가 만기까지 일정한 이자를 정기적으로 지급할 것을 약속하고 발행하는 것으로 만기에 따라 통상 1년 이내의 단기, 1년과 10년 사이의 중기, 10년 이상의 장기로 구분된다. 반면, 주식은 채무증서와는 달리 만기가 없으며 조달된 자금에 대해서는 원리금 상환의무가 없다.
② 증권의 발행기업이 청산할 경우 채무증서 소유자는 우선변제권을 행사할 수 있지만, 주주는 채무를 변제한 잔여재산에 대하여 지분권을 행사(residual claim)한다. 따라서 주식은 채권보다 기업부도 발생에 따른 위험이 더 크다.
④ K-OTC시장은 주식시장에 속한다. 우리나라의 경우 기업어음시장, 양도성예금시장, 표지어음시장, 통화안정증권시장, 국채·회사채·금융채 등의 채권시장이 채무증서시장에 해당된다. 그리고 우리나라의 주식시장에는 유가증권시장, 코스닥시장, 코넥스시장, K-OTC시장 등이 있다.

정답 : ③

09 금융상품의 발행시장과 유통시장에 대한 설명으로 옳은 것은?

① 우리나라에서는 회사채 또는 주식을 공모방식으로 발행할 때 주로 투자신탁회사가 인수기능을 수행한다.
② 직접발행의 경우 인수기관은 발행위험을 부담하는 한편 발행된 증권의 유통시장을 조성한다.
③ 국고채 발행의 경우 국고채 전문딜러(PD; Primary Dealer)가 경쟁 입찰에 독점적으로 참여하고 시장조성 활동을 담당하고 있다.
④ 유통시장의 가격이 낮으면 발행시장의 가격이 높아져 증권 발행자가 낮은 비용으로 소요자금을 조달하게 된다.

해설 발행시장(primary market)은 단기금융상품이나 채권, 주식 등 장기금융상품이 신규로 발행되는 시장이며 유통시장(secondary market)은 이미 발행된 장단기 금융상품이 거래되는 시장을 말한다.
③ 정부가 국고채를 발행할 때에는 국고채 전문딜러(PD; Primary Dealer)가 경쟁 입찰에 독점적으로 참여하고 매수매도호가 공시(bid-ask quotation) 등을 통해 시장조성 활동을 담당하고 있다.

오답분석 ① 우리나라에서는 회사채 또는 주식을 공모방식으로 발행할 때 주로 증권회사가 인수기능을 수행하고 있다.
② 발행시장에서 증권의 발행은 그 방식에 따라 직접발행과 간접발행으로 구분되는데 간접발행의 경우에는 인수기관(underwriting institution)이 중심적인 역할을 수행한다. 인수기관은 해당 증권의 발행 사무를 대행함은 물론 증권의 전부 또는 일부 인수를 통해 발행위험을 부담하는 한편 발행된 증권의 유통시장을 조성(market-making)한다.
④ 유통시장은 투자자가 보유 중인 회사채나 주식을 쉽게 현금화할 수 있게 함으로써 당해 금융상품의 유동성을 높여준다. 그리고 발행시장과 유통시장은 서로 밀접한 관계를 가지고 있다. 유통시장은 금융상품의 발행가격을 결정하는 발행시장에 영향을 미침으로써 자금수요자의 자금조달 비용에도 영향을 준다. 투자자들은 발행시장과 유통시장의 가격을 비교하여 가격이 낮은 상품을 매입하게 되므로 유통시장의 가격이 높으면 발행시장의 가격도 높아져 증권 발행자는 낮은 비용으로 소요자금을 조달할 수 있게 된다. 유통시장에서 거래가 원활하지 않은 증권은 발행시장에서 인기가 없고, 발행시장에서 인기가 없어서 규모가 작고 가격이 낮은 증권은 유통시장에서도 인기가 없다.

정답 : ③

10 금융상품의 유통시장인 거래소시장과 장외시장에 대한 설명으로 옳지 <u>않은</u> 것은?

① 거래소시장은 거래정보가 투명하고 거래의 익명성이 보장된다.

② 우리나라의 경우 한국거래소가 증권과 파생상품의 원활한 거래와 가격형성을 담당하고 있다.

③ 장외시장 중 점두시장은 한국금융투자협회가 개설·운영한다.

④ 장외시장은 주로 증권회사를 매개로 거래가 이루어진다.

해설 유통시장은 거래소시장과 장외시장으로 구분된다. 장내시장에 해당하는 거래소시장(exchange)은 시장참가자의 특정 금융상품에 대한 매수매도 주문(bid-ask order)이 거래소에 집중되도록 한 다음 이를 표준화된 거래규칙에 따라 처리하는 조직화된 시장이다. 장외시장은 특정한 규칙 없이 거래소 이외의 장소에서 당사자 간에 금융상품의 거래가 이루어지는 시장이다. 우리나라의 경우 채권은 대부분 장외시장에서 거래되고 있으며 콜, 양도성예금증서, 기업어음 등 단기금융상품은 물론 외환 및 외환파생상품, 금리 및 통화 스왑 등의 파생금융상품 등도 대부분 장외시장에서 거래된다.

③ 장외시장은 한국금융투자협회가 개설·운영하는 K-OTC시장(과거 비상장주식 장외매매시장인 '프리보드 시장'을 확대·개편)과 상장증권은 물론 비상장증권에 대하여 고객과 증권회사, 증권회사 상호간 또는 고객 상호간의 개별적인 접촉에 의해 거래가 이루어지는 비조직적·추상적 시장인 점두시장(over-the-counter market)으로 구분된다. 한편 점두시장은 다시 딜러·브로커 간 시장(inter-dealer segment)과 대고객시장(dealer-to-customer segment)으로 구분할 수 있는데 이들 시장에서는 각각 딜러·브로커 상호 간, 딜러·브로커와 고객 간 쌍방 거래로 이루어진다.

오답분석 ① 거래소시장은 시장 참가자 간의 거래관계가 다면적이고 거래소에 집중된 매수·매도 주문의 상호작용에 의하여 가격이 결정(order-driven)된다는 점에서 거래정보가 투명하다. 또한, 가격 및 거래정보가 누구에게나 잘 알려지며 거래의 익명성이 보장되어 거래 상대방이 누구인지 알려지지 않는다는 특징이 있다.

② 우리나라의 경우 한국거래소가 증권과 파생상품의 원활한 거래와 가격형성을 담당하고 있다. 한국거래소에는 증권회사, 선물회사 등이 회원으로 가입해 있으며 주식, 채권, 상장지수펀드(ETF), 상장지수증권(ETN) 및 파생상품 등이 모두 거래된다. 한국거래소는 2005년에 주식·채권 등을 거래하는 증권거래소, 선물 및 옵션을 거래하는 선물거래소, 기술주 중심의 주식을 거래하는 코스닥증권시장 등 3곳을 통합하여 출범하였다.

④ 장외시장은 주로 증권회사를 매개로 거래가 이루어지는데, 증권회사는 매도나 매수를 원하는 투자자와 반대거래를 원하는 상대방을 연결시켜 거래를 중개한다.

정답 : ③

01 금융회사

1 국내에서 영업 중인 시중은행에는 국민은행, 우리은행, 신한은행, 하나은행 등 4개 국내 은행과 SC제일은행, 한국씨티은행 등 2개의 외국계 은행이 있다.　　　　　　　　　　　　　　　　　　　　　　　　○ | ×

2 「인터넷전문은행 설립 및 운영에 관한 특례법(인터넷전문은행법)」에 의해 설립된 인터넷전문은행은 특수은행에 해당한다.　　　　　　　○ | ×

3 우체국예금·보험은 비은행예금취급기관 중 상호금융으로 분류된다.　　　　　　　　　　　　　　　　　　　　　　　　　　　　　○ | ×

4 특수은행에 대해서는 설립근거법에 의거해 일부 또는 모든 업무에서 「한국은행법」 및 「은행법」의 적용을 배제하고 있다.　　　　　　○ | ×

5 은행의 부수업무는 다른 업종의 업무 중에서 은행이 영위할 수 있는 업무를 의미한다.　　　　　　　　　　　　　　　　　　　　　　○ | ×

6 은행의 겸영업무에는 채무보증, 어음인수, 상호부금, 보호예수 등이 있다.　　　　　　　　　　　　　　　　　　　　　　　　　　　　○ | ×

7 상호저축은행의 대출금리와 예금금리는 은행보다 높은 편이다.　○ | ×

8 상호저축은행은 전문적 서민 금융회사로서 서민들에 대한 금융 서비스 확대를 도모한다는 설립 취지에 맞추어 총여신의 일정비율 이상을 영업구역 내 개인 및 중소기업에 운용해야 한다.　　　　　　　　○ | ×

9 기술보증기금은 주택분양 보증, 임대보증금 보증, 조합주택시공 보증, 전세보증금반환보증, 모기지 보증 등을 담당한다.　　　　　　○ | ×

10 금융회사가 고객으로 하여금 금융투자상품을 매도·매수하거나 증권을 발행·인수 또는 권유·청약·승낙하는 것은 금융투자업 중 투자매매업에 해당한다.　　　　　　　　　　　　　　　　　　　　　○ | ×

1. 현재 영업 중인 시중은행에는 '24년 12월 기준 국내 은행 5개사(국민·우리·신한·하나은행,iM뱅크)과 외국계 은행 2개사(SC제일, 한국씨티은행)가 있다.

2. 인터넷전문은행은 특수은행이 아니라 일반은행에 포함된다.

3. 우체국예금·보험은 비은행예금취급기관은 맞지만 상호금융에 해당하지 않는다.

5. 겸영업무에 대한 설명이다. 부수업무는 고유업무에 부수하는 업무를 의미한다.

6. 겸영업무 → 부수업무

9. 기술보증기금 → 주택도시보증공사, 기술보증기금은 기술평가시스템에 근거하여 기술혁신형기업의 보증을 담당한다.

10. 투자매매업 → 투자중개업

11. 금융투자업 중 집합투자업은 자산운용회사에서 담당하며, 증권회사는 취급하지 않는다.

13. 보험회사에서도 신탁업을 영위한다.

14. 선물회사는 투자매매업과 투자중개업을 담당한다.

15. 할부금융사 → 리스사

18. 할부금융회사는 상품 구매액을 초과하는 자금을 대출할 수 없다.

19. 할부금융 자금은 상품 구입 목적 이외에 다른 목적으로 대출받는 것을 방지하기 위해 소비자에게 대출하지 않고 판매자에게 직접 지급하도록 되어 있다.

20. 리스사 → 신용카드사

21. 금융감독원
→ 금융위원회

11 증권회사는 금융투자업의 6가지 업종을 모두 취급한다. ○|×

12 자산운용회사는 집합투자업, 투자자문업, 투자일임업 금융투자업종을 담당한다. ○|×

13 신탁업은 은행과 증권회사에서 취급하며, 자산운용회사와 보험회사는 취급하지 않는다. ○|×

14 선물회사는 투자매매업, 투자중개업, 투자자문업, 투자일임업 등의 업종을 담당한다. ○|×

15 할부금융사는 건물, 자동차, 기계, 사무기기 등을 구입하여 사용자에게 대여하여 사용료를 받는 일을 한다. ○|×

16 리스 서비스는 소비자들이 자산관리의 부담이나 한꺼번에 많은 자금을 마련할 필요가 없다는 장점이 있다. ○|×

17 할부금융은 판매사나 제조사에서 상품을 구입할 때 할부금융회사가 미리 돈을 지불하고 소비자는 일정기간 나누어서 갚는 것을 말한다. ○|×

18 '○○캐피탈'이라는 이름이 붙은 할부금융회사는 상품 구매액을 초과하는 자금을 대출할 수 있다. ○|×

19 할부금융 자금을 직접 지급받은 소비자는 상품 구입 목적 이외에 다른 목적으로 사용하지 않도록 해야 한다. ○|×

20 리스사는 소비자가 구입하는 상품의 가격을 미리 지불하고 결제일에 한꺼번에 금액을 받거나 나누어서 갚게 하고 당기간 동안에 발생하는 이자소득이나 사용수수료로 수입을 올린다. ○|×

21 금융지주회사는 자산총액이 5천억 이상이어야 하며, 금융감독원의 인가를 받아야 한다. ○|×

22 어음할인·양도담보 등 금전의 대부를 업으로 하거나 대부계약에 따른 채권을 양도받아 이를 추심하는 것을 업으로 하는 자를 대부업자라고 한다. ○|×

23 한국은행은 2004년 1월 개정 한국은행법에 의거하여 지급결제시스템을 안정적이고 효율적으로 운영해야 하는 책무도 부여받았다. ○|×

정답 | 11. × 12. ○ 13. × 14. ○ 15. × 16. ○ 17. ○ 18. × 19. × 20. × 21. × 22. ○ 23. ○

24 금융감독원은 국무총리 소속기관으로 부·처·청과 같은 중앙행정기관으로 간주된다. ○│×

25 금융감독 중 건전성 감독은 금융회사가 소비자들과의 거래에서 공시(公示), 정직, 성실 및 공정한 영업 관행을 유지하고 있는지 감독하는 것이다. ○│×

26 예금보험공사에서 보호하는 금융회사는 은행, 농협은행 및 수협은행 본·지점, 신용협동조합중앙회, 새마을금고중앙회, 증권투자매매·중개업을 인가받은 회사(증권사, 선물사, 자산운용사 등), 보험회사, 상호저축은행, 종합금융회사 등이다. ○│×

27 예금보험제도는 개인예금을 대상으로 하므로 기업 등 법인의 예금은 보호의 대상에서 제외된다. ○│×

28 정부·지방자치단체·한국은행·금융감독원·예금보험공사 및 부보금융회사의 예금은 보호대상에서 제외된다. ○│×

29 한국거래소(KRX)는 증권 및 장내 외 파생상품의 매매체결 및 청산과 결제는 물론 CD공동망, 타행환공동망, 전자금융공동망, 어음교환, 지로 등의 지급결제시스템을 제공한다. ○│×

30 금융결제원은 유가증권시장과 코스닥시장, 코넥스시장 그리고 파생상품시장의 개설과 운영업무를 관장한다. ○│×

---

24. 금융감독원은 금융감독 업무와 관련하여 금융감독기구가 정치적 압력 또는 행정부의 영향력에 의해 자율성을 잃지 않고 중립적이고 전문적인 금융감독 기능을 구현하기 위하여 정부조직과는 독립된 특수법인으로 설립되었다.

25. 건전성 감독 → 영업행위 감독, 건전성 감독은 개별 금융회사의 재무제표의 건전성, 자본적정성 및 각종 건전성 지표를 통해 금융회사의 건전성을 감독하는 것이다.

26. 신용협동조합과 새마을금고의 예금은 예금자보호법에 따른 보호대상이 아니라 각 신용협동조합중앙회에 설치된 예금자보호기금과 '새마을금고법'에 따라 새마을금고중앙회에 설치된 예금자보호준비금에 의해 1인당 5천만원까지 예금을 보호한다.

27. 기업 등 법인의 예금도 개인예금과 마찬가지로 법인별로 5천만원까지 보호된다.

29. CD공동망, 타행환공동망, 전자금융공동망, 어음교환, 지로 등의 지급결제시스템은 금융결제원이 제공하고 있다. 금융결제원은 지급결제시스템과 금융인증 등 금융분야 핵심 인프라의 구축·운영을 통하여 안전하고 편리한 지급결제서비스를 제공하고 있다.

30. 금융결제원이 아니라 한국거래소이다. 한국거래소는 ①유가증권시장과 코스닥시장, 코넥스시장 그리고 파생상품시장의 개설과 운영, ②증권 및 장내파생상품의 상장, ③증권 및 장내·외 파생상품의 매매체결 및 청산과 결제, ④증권 및 장내 파생상품의 이상거래 감시, ⑤거래소시장 내의 매매거래와 관련하여 발생하는 분쟁조정 등을 담당한다.

---

01 금융회사의 종류를 보여주는 〈보기〉의 내용 중 특수은행에 해당하는 것만 바르게 묶은 것은?

─〈보기〉─

(ㄱ) 인터넷전문은행   (ㄴ) 농협은행   (ㄷ) 외국은행 국내지점
(ㄹ) 한국산업은행   (ㅁ) 지방은행   (ㅂ) 한국수출입은행

① (ㄱ), (ㄴ), (ㄷ)   ② (ㄱ), (ㄷ), (ㅁ)
③ (ㄴ), (ㄷ), (ㄹ)   ④ (ㄴ), (ㄹ), (ㅂ)

해설 금융회사는 취급하는 금융서비스의 성격에 따라 은행, 비은행예금취급기관, 금융투자회사, 보험회사, 기타금융회사, 금융유관기관 등으로 구분할 수 있다. 은행은 다시 일반은행과 특수은행으로 구분되는데 일반은행에는 시중은행과 지방은행 및 인터넷전문은행, 외국은행 국내지점이 포함되고, 특수은행에는 한국산업은행, 한국수출입은행, 중소기업은행(IBK기업은행), 농협은행, 수협은행 등이 포함된다.

※ 우리나라 금융회사 현황

은행	일반은행	시중은행, 지방은행, 인터넷전문은행, 외국은행 국내지점
	특수은행	한국산업은행, 한국수출입은행, 중소기업은행, 농협은행, 수협은행
비은행 예금취급기관	상호저축은행	
	상호금융	신용협동조합, 농업협동조합, 수산업협동조합, 산림조합, 새마을금고
	기타	우체국(우체국예금·보험), 종합금융회사
금융투자회사	투자매매업자	증권회사, 선물회사
	투자중개업자	
	집합투자업자	자산운용회사
	투자자문업자	
	투자일임업자	
	신탁업자	신탁회사
보험회사	생명보험회사	
	손해보험회사	일반손보사, 재보험회사, 보증보험회사 등
기타 금융회사	여신전문금융회사	신용카드사, 리스사, 할부금융사, 신기술사업금융사
	금융지주회사, 대부업자, 전자금융업자, 벤처캐피탈, 증권금융회사 등	

정답 : ④

02 금융회사의 분류에 대한 〈보기〉의 내용 중 괄호에 들어갈 금융회사가 바르게 연결된 것은?

〈 보 기 〉

● 우리나라의 특수은행에는 (㉠), 한국수출입은행, 중소기업은행, 농협은행, 수협은행이 있다.
● 은행은 영업지역을 기준으로 전국 어디에서나 영업이 가능한 (㉡)과 주로 특정 지역을 기반으로 주요 영업권을 형성한 지방은행으로 나누어볼 수 있다.
● 우리나라의 비은행예금취급기관 중 상호금융에는 신용협동조합, 농업협동조합, 수산업협동조합, 산림조합, (㉢)가 있다.
● 보험회사는 업무 및 회사 특성을 함께 고려하여 생명보험회사와 (㉣)로 구분할 수 있다.

	㉠	㉡	㉢	㉣
①	시중은행	한국산업은행	새마을금고	손해보험회사
②	시중은행	새마을금고	한국산업은행	손해보험회사
③	한국산업은행	시중은행	새마을금고	손해보험회사
④	한국산업은행	새마을금고	시중은행	손해보험회사

> **해설** 은행은 은행법에 의거 설립되어 운영되는 일반은행과 개별 특수은행법에 의거 설립되어 운영되는 특수은행으로 구분되며, 일반은행은 다시 시중은행, 지방은행, 인터넷전문은행, 외국은행 국내지점으로 분류할 수 있다. 한편, 특수은행은 개별법에 의하여 고유의 목적을 수행하도록 설립된 은행이다. 특수은행으로는 한국산업은행, 한국수출입은행, IKB기업은행, NH농협은행, SH수협은행 등이 있다.
>
> 정답 : ③

03 금융기관 중 은행에 대한 설명으로 옳지 <u>않은</u> 것은?

① 「은행법」에 의거하여 설립·운영되는 일반은행과 달리 특수은행은 개별 특수은행법에 의거하여 설립·운영된다.
② 「은행법」상 은행의 고유업무에는 예적금 수입, 유가증권 또는 채무증서의 발행, 집합투자업 등이 포함된다.
③ 한국산업은행은 기업구조조정, 미래성장 동력 발굴, 사회간접자본 확충 등 시장경제를 보완하는 역할을 담당한다.
④ 수출입·해외투자·해외자원개발 등에 필요한 자금을 공급하기 위해 특수은행으로 한국수출입은행이 설립되었다.

04 은행의 업무 중 그 성격이 다른 것은?

① 파생상품의 매매·중개업무, 파생결합증권의 매매업무
② 채무보증 또는 어음 인수, 상호부금, 보호예수
③ 퇴직연금사업자업무, 신용카드업, ISA투자일임업
④ 신용정보서비스, 사채관리회사의 업무

해설 은행의 업무는 고유업무, 부수업무 그리고 겸영업무가 있다. 파생상품의 매매·중개업무, 파생결합증권의 매매업무, 퇴직연금사업자업무, 신용카드업, ISA투자일임업, 신용정보서비스, 사채관리회사의 업무 등은 모두 겸영업무에 해당한다.
② 채무보증 또는 어음 인수, 상호부금, 보호예수는 은행의 부수업무에 해당한다.

※ 은행의 업무범위

구분	근거	업무 범위
고유업무	은행법 제27조	• 예금적금의 수입 또는 유가증권, 그밖의 채무증서의 발행 • 자금의 대출 또는 어음의 할인, 내국환·외국환
부수업무	은행법 제27조의 2	• 채무보증 또는 어음 인수, 상호부금, 보호예수 • 팩토링(기업의 판매대금 채권의 매수·회수 및 관련업무) • 수납 및 지급대행, 지자체 금고대행, 전자상거래와 관련한 지급대행 • 은행업과 관련된 전산시스템 및 소프트웨어의 판매·대여 • 금융 관련 연수 도서 및 간행물 출판 업무 • 금융관련 조사 및 연구 업무
	은행법 시행령 제18조	• 부동산의 임대 • 수입인지, 복권, 상품권 또는 입장권 등의 판매대행 • 광고대행(은행 홈페이지, 서적, 간행물 등 물적 설비를 활용)
	은행업 감독규정 제25조	• 지금형주화(금화, 은화, 메달)·금지금·은지금의 판매대행 • 금지금 매매·대여, 금 관련 금융상품의 개발 및 판매 • 전자세금계산서 교부 대행 및 인증 등 관련 서비스 + 은행업감독규정 제2항제3호 '기타 금융위원회가 정하여 고시하는 업무'
겸영업무	은행법 시행령 제18조의 2	• 파생상품의 매매·중개업무, 파생결합증권의 매매업무 • 국채증권, 지방채증권 및 특수채증권의 인수·매출·모집·매출 주선업무(사채권 매매업무) • 집합투자업, 투자자문업, 신탁업, 집합투자증권에 대한 투자매매·중개업 • 자본시장법상 일반사무관리회사의 업무, 명의개서대행회사의 업무 • 환매조건부매도·매수·매매 업무, 보험대리점업무 • 퇴직연금사업자업무, 신용카드업, ISA투자일임업 • 담보부사채에 관한 신탁업, 본인신용정보관리업
	은행업 감독규정 제25조의 2	• 신용정보서비스, 사채관리회사의 업무 • 중소기업 지원 목적 법률에 근거한 금융상품 모집·판매 대행 업무

정답 : ②

05 〈보기〉의 금융회사 중 여신전문금융회사에 해당하는 것을 모두 고른 것은?

〈 보 기 〉

ㄱ. 인터넷전문은행　　　　ㄴ. 신용카드사　　　　ㄷ. 새마을금고
ㄹ. 할부금융사　　　　ㅁ. 산림조합　　　　ㅂ. 신기술사업금융사

① ㄱ, ㄴ, ㄷ　　　② ㄱ, ㄷ, ㅁ　　　③ ㄴ, ㄹ, ㅂ　　　④ ㄴ, ㅁ, ㅂ

해설 금융회사 중 여신전문금융회사에는 신용카드사, 리스사, 할부금융사, 신기술사업금융사 등이 포함된다. 새마을금고와 산림조합은 신용협동조합, 농업협동조합, 수산업협동조합 등과 함께 상호금융으로서 비은행금융회사로 분류된다. 그리고 인터넷전문은행은 일반은행의 한 종류이다. 일반은행에는 시중은행, 지방은행, 인터넷전문은행, 외국은행 국내지점이 있다.

정답 : ③

06 비은행 금융회사(비은행예금취급기관) 중 〈보기〉의 내용에 해당하는 기관은?

〈 보 기 〉

● 1972년 사금융회사를 양성화하여 전문적 서민 금융회사를 육성하기 위하여 설립되었다.
● 지역 서민들과 중소기업을 대상으로 주로 여·수신 업무를 수행한다.
● 총여신의 일정비율 이상을 영업구역 내 개인 및 중소기업에 운용해야 한다.
● 대출금리가 은행보다 높은 대신 예금금리도 은행보다 높은 편이다

① 상호저축은행
② 종합금융회사
③ 상호금융
④ 우체국예금·보험

해설 상호저축은행(저축은행)은 1972년 사금융회사를 양성화하여 전문적 서민 금융회사로 육성하기 위하여 상호신용금고법을 제정하면서 설립되었다. 상호저축은행은 서민들과 중소기업을 대상으로 주로 여수신 업무를 수행하고 있으며, 전문적 서민 금융회사로서 서민들에 대한 금융서비스 확대를 도모한다는 설립 취지에 맞추어 총여신의 일정비율 이상을 영업구역 내 개인 및 중소기업에 운용해야 한다. 신용도가 다소 낮은 개인이나 기업을 대상으로 하기 때문에 대출금리가 은행보다 높은 대신 예금금리도 은행보다 높은 편이다.

오답 분석 ③ 상호금융에는 직장·지역 단위의 신용협동조합, 지역단위의 새마을금고, 농어민을 위한 협동조합인 농·수협 단위조합, 그리고 산림조합 등이 있는데, 이들 기관은 조합원에 대한 여·수신을 통해 조합원 상호 간 상호부조를 목적으로 운영된다.

정답 : ①

07 보험회사에 관한 설명으로 옳지 않은 것은?

① 생명보험회사는 사람의 생존 또는 사망사건이 발생했을 때 약정보험금을 지급하는 보장 기능을 주된 업무로 한다.
② 생명보험과 손해보험은 완전히 분리된 보험으로 어떤 경우라도 겸업이 철저히 금지된다.
③ 보증보험사는 보험계약자로부터 보험료를 받고 보험계약자가 피보험자에게 약속을 이행하지 못하거나 피해를 끼쳤을 때 대신 보험금을 지급하는 업무를 담당한다.
④ 재보험은 대형 사고와 같이 큰 경제적 보상이 필요하여 한 개의 보험회사가 감당하기 어려운 경우에 위험을 분산하는 보험제도이다.

해설 보험회사는 다수의 계약자로부터 보험료를 받아 이 자금을 대출, 유가증권 등에 운용하여 보험계약자의 노후, 사망, 질병 또는 사고발생 시에 보험금을 지급하는 업무를 수행하는 금융회사이다. 보험회사는 업무 및 회사 특성을 함께 고려하여 생명보험회사, 손해보험회사, 우체국보험, 공제기관 등으로 구분된다.

② 손해보험회사는 자동차사고, 화재, 해상사고 등 각종 사고에 대비한 보험을 취급하는 금융회사로 각종 사고로 발생하는 재산상의 손해에 대처하는 상호보장적 기능을 한다. 생명보험과 손해보험은 완전히 분리된 보험으로 서로 겸업하지 않지만 사람의 질병, 상해 또는 이로 인한 간병을 대상으로 하는 보험인 질병보험, 상해보험, 간병보험은 생명보험이나 손해보험 회사들이 자유롭게 취급할 수 있다. 따라서 어떤 경우라도 겸업이 철저히 금지된다고 볼 수는 없다.

오답분석 ① 생명보험회사는 사람의 생존 또는 사망사건이 발생했을 때 약정보험금을 지급하는 보장 기능을 주된 업무로 하는 금융회사이다. 과거에는 사망보험의 비중이 높았으나 2001년 변액보험제도가 도입된 이후에는 보험상품도 자산운용수단으로 인식되면서 변액보험의 비중이 상승하는 추세이다.

③ 보험회사 중 보증보험을 전담하는 보증보험사는 보험계약자로부터 보험료를 받고 보험계약자가 피보험자에게 약속을 이행하지 못하거나 피해를 끼쳤을 때 대신 보험금을 지급하는 업무를 담당한다. SGI서울보증은 일반적인 보증보험을 담당하고 있으며, 기술보증기금은 기술평가시스템에 근거하여 기술혁신형기업의 보증을, 주택도시보증공사는 주택분양 보증, 임대보증금 보증, 조합주택시공 보증, 전세보증금반환 보증, 모기지 보증 등을 담당한다.

④ 재보험은 대형 사고와 같이 큰 경제적 보상이 필요하여 한 개의 보험회사가 감당하기 어려운 경우에 위험을 분산하기 위해 보험회사가 피보험자로부터 계약한 보험내용의 일부나 전부를 다른 보험회사에 다시 보험을 드는 보험제도이다. 국내 재보험사업은 전업재보험사(코리안리 및 외국사 국내지점)와 일부 원수보험사가 영위하고 있다.

정답 : ②

08 금융기관 중 금융투자회사에 대한 설명으로 옳지 않은 것은?

① 금융투자회사는 자본시장과 관련한 금융투자업 중 전부 또는 일부를 담당하는 회사이다.

② 증권회사는 자금수요 기업과 금융투자자 사이에서 간접적으로 금융을 중개한다는 점에서 은행과는 업무성격이 다르다.

③ 자산운용회사는 2명 이상의 투자자로부터 모은 돈으로 채권, 주식 매매 등을 통해 운용한 후 그 결과를 투자자에게 배분해 주는 금융투자회사이다.

④ 투자자문회사는 주로 투자자로부터 주식, 펀드, 채권 등 금융투자상품 등에 대한 투자일임업이나 투자자문업을 한다.

해설 금융투자회사란 투자자를 상대로 금융투자상품을 매매하거나 매매를 중개하는 등의 금융투자업을 영위하는 금융회사를 말한다. 금융투자회사 중 가장 대표적인 회사인 증권회사는 자본시장에서 주식, 채권 등 유가증권의 발행을 주선하고 발행된 유가증권의 매매를 중개하는 것을 주요 업무로 하고 있다. 은행이 예금자의 예금을 받아서 기업에 대출을 해주는 것과는 달리 증권회사는 자금수요 기업과 금융투자자 사이에 직접금융을 중개한다는 점에서 은행과는 업무성격이 다르다. 따라서 은행의 예금자는 자신의 돈을 대출받아가는 사람이 누구인지 알 수 없지만, 증권회사를 통해서 어떤 기업의 주식을 매입한 투자자는 그 기업의 주주가 되고 그 기업에 대하여 주주의 자격에 근거한 여러 권리를 행사할 수 있다.

① 자본시장과 관련한 금융투자업인 투자매매업, 투자중개업, 집합투자업, 투자일임업, 투자자문업, 신탁업의 6가지 업종 중 전부 또는 일부를 담당하는 회사를 금융투자회사라고 부른다.

③ 집합투자기구인 펀드를 관리하는 펀드매니저가 있는 회사인 자산운용회사는 2명 이상의 투자자로부터 모은 돈으로 채권, 주식 매매 등을 통해 운용한 후 그 결과를 투자자에게 배분해 주는 금융투자회사이다. 자산운용회사는 펀드를 만들고 운용하므로 자산운용회사의 역량에 따라 투자수익률의 편차가 크다. 따라서 투자자들은 투자에 앞서 어떤 운용사의 운용실적이 좋은지 꼼꼼하게 살펴보아야 한다.

④ 투자자문회사는 투자자로부터 주식, 펀드, 채권 등 금융투자상품 등에 대한 투자일임업이나 투자자문업을 주로 하는 금융회사를 말한다.

정답 : ②

09 「자본시장과 금융투자업에 관한 법률」상 금융투자업의 종류 중 〈보기〉의 내용에 해당하는 것은?

─〈 보 기 〉─

2인 이상에게 투자를 권유하여 모은 금전 등을 투자자 등으로부터 일상적인 운영지시를 받지 않으면서 운용하고 그 결과를 투자자에게 배분하여 귀속시키는 것을 영업으로 하는 것이다.

① 투자매매업   ② 투자중개업
③ 집합투자업   ④ 투자일임업

해설 2009년부터 시행된 「자본시장과 금융투자업에 관한 법률」(자본시장법)에서는 자본시장과 관련한 금융투자업을 투자매매업, 투자중개업, 집합투자업, 투자일임업, 투자자문업, 신탁업의 6가지 업종으로 구분하고 이 업종 중 전부 또는 일부를 담당하는 회사를 금융투자회사라고 부른다. 이중 2인 이상에게 투자를 권유하여 모은 금전 등을 투자자 등으로부터 일상적인 운영지시를 받지 않으면서 운용하고 그 결과를 투자자에게 배분하여 귀속시키는 것을 영업으로 하는 것을 집합투자업이라고 한다. 집합투자업은 자산운용회사에 의한 펀드상품과 관련이 있다.

※ 자본시장법상 금융투자업의 종류

종류	내용	예
투자매매업	금융회사가 자기자금으로 금융투자상품을 매도·매수하거나 증권을 발행·인수 또는 권유·청약·승낙하는 것	증권회사, 선물회사
투자중개업	금융회사가 고객으로 하여금 금융투자상품을 매도·매수하거나 증권을 발행·인수 또는 권유·청약·승낙하는 것	증권회사, 선물회사
집합투자업	2인 이상에게 투자를 권유하여 모은 금전 등을 투자자 등으로부터 일상적인 운영지시를 받지 않으면서 운용하고 그 결과를 투자자에게 배분하여 귀속시키는 것을 영업으로 하는 것	자산운용회사
투자자문업	금융투자상품의 가치 또는 투자판단에 관하여 자문을 하는 것을 영업으로 하는 것	투자자문회사, 증권회사, 자산운용회사
투자일임업	투자자로부터 금융상품에 대한 투자판단의 전부 또는 일부를 일임받아 투자자별로 구분하여 자산을 취득·처분 그 밖의 방법으로 운용하는 것을 영업으로 하는 것	투자일임회사, 증권회사, 자산운용회사
신탁업	자본시장법에 따라 신탁을 영업으로 수행하는 것	은행·증권회사·보험회사 등 신탁겸업사, 부동산 신탁회사

① 투자매매업은 금융회사가 자기자금으로 금융투자상품을 매도·매수하거나 증권을 발행·인수 또는 권유·청약·승낙하는 것이다.

② 투자중개업은 금융회사가 고객으로 하여금 금융투자상품을 매도·매수하거나 증권을 발행·인수 또는 권유·청약·승낙하는 것이다.

④ 투자일임업은 투자자로부터 금융상품에 대한 투자판단의 전부 또는 일부를 일임받아 투자자별로 구분하여 자산을 취득·처분 그 밖의 방법으로 운용하는 것을 영업으로 하는 것이다.

정답 : ③

10 다양한 금융기관이 전개하는 금융사업에 대한 설명으로 옳지 <u>않은</u> 것은?

① 신용카드업 – 소비자가 구입하는 상품의 가격을 미리 지불하고 결제일에 한꺼번에 금액을 받거나 나누어서 갚게 한다.

② 리스업 – 건물, 자동차, 기계, 사무기기 등을 구입하여 사용자에게 대여하여 사용료를 받는다.

③ 할부금융업 – 판매사나 제조사에서 상품을 구입할 때 할부금융회사가 상품구매액을 초과하여 미리 돈을 지불하고 소비자는 일정 기간 나누어서 갚도록 한다.

④ 대부업자 – 금전의 대부를 업으로 하거나 대부계약에 따른 채권을 양도받아 이를 추심하는 것을 업으로 한다.

해설 할부금융은 판매사나 제조사에서 상품을 구입할 때 할부금융회사가 미리 돈을 지불하고 소비자는 일정 기간 나누어서 갚는 것을 말한다. 금융회사 이름에 주로 '○○캐피탈'이라는 이름이 붙은 회사들이 전형적인 할부금융회사인데, 할부금융회사는 상품 구매액을 초과하는 자금을 대출할 수 없다. 그리고 할부금융 자금을 상품 구입 목적 이외에 다른 목적으로 대출받지 못하게끔 소비자에게 대출하지 않고 판매자에게 직접 지급한다.

오답분석 ① 신용카드 회사는 소비자가 구입하는 상품의 가격을 미리 지불하고 결제일에 한꺼번에 금액을 받거나 나누어서 갚게 하고 해당기간 동안에 발생하는 이자소득이나 사용수수료로 수입을 올린다.

② 리스회사는 건물, 자동차, 기계, 사무기기 등을 구입하여 사용자에게 대여하고 사용료를 받는 일을 한다. 리스 서비스는 소비자들이 자산관리의 부담이나 한꺼번에 많은 자금을 마련할 필요가 없다는 장점이 있다.

④ 대부업자는 금전의 대부(어음할인·양도담보 등)를 업으로 하거나 대부계약에 따른 채권을 양도받아 이를 추심하는 것을 업으로 하는 자(대부중개업자를 포함)를 말한다.

정답 : ③

11 〈보기〉에서 설명하는 금융기관은 무엇인가?

―――――――――――――〈 보 기 〉―――――――――――――

• 주식(지분)의 소유를 통해 금융기관 또는 금융업의 영위와 밀접한 관련이 있는 회사를 지배하는 것을 주된 사업으로 하여 1개 이상의 금융기관을 지배하는 회사
• 자산총액이 5천억 이상인 회사로서 금융위원회의 인가를 받은 회사

① 종합금융회사   ② 여신전문금융회사
③ 투자자문사   ④ 금융지주회사

> **해설** 금융지주회사는 주식(지분)의 소유를 통해 금융기관 또는 금융업의 영위와 밀접한 관련이 있는 회사를 지배하는 것을 주된 사업으로 하여 1개 이상의 금융기관을 지배하는, 자산총액이 5천억 이상인 회사로서 금융위원회의 인가를 받은 회사이다.
>
> 정답 : ④

12 금융유관기관 중 〈보기〉의 내용에 해당하는 기관은?

―――――――――――――〈 보 기 〉―――――――――――――

● 금융회사가 파산 등으로 예금을 지급할 수 없는 경우 예금지급을 보장함으로써 예금자를 보호하고 금융제도의 안정성을 유지할 목적으로 설립되었다.
● 금융회사의 보험료, 정부와 금융회사의 출연금, 예금보험기금채권 등으로 기금을 조성해 두었다가 금융회사가 고객들에게 예금을 지급하지 못하는 경우에 대신 지급해주는 것을 주요 업무로 한다.

① 금융결제원   ② 금융감독원
③ 예금보험공사   ④ 한국은행

> **해설** 예금보험공사는 1996년 예금자보호법에 의거하여 금융회사가 파산 등으로 예금을 지급할 수 없는 경우 예금지급을 보장함으로써 예금자를 보호하고 금융제도의 안정성을 유지할 목적으로 설립된 기관이다. 예금보험제도를 통해 금융회사의 보험료, 정부와 금융회사의 출연금, 예금보험기금채권 등으로 예금보험기금을 조성해두었다가 금융회사가 고객들에게 예금을 지급하지 못하는 경우에 대신 지급해주는 것을 주요 업무로 한다.

① 금융결제원은 자금결제와 정보유통을 원활하게 함으로써 건전한 금융거래의 유지·발전을 도모하고 금융회사
이용자의 편의를 제고하는 등 금융산업 발전에 기여할 목적으로 설립된 지급결제전문기관이다.
② 금융감독원은 금융회사에 대한 감독업무, 이들 회사의 업무 및 재산상황에 대한 검사와 검사결과에 따른 제
재업무, 금융분쟁의 조정 등 금융소비자 보호업무 등의 기능을 수행한다. 금융감독원은 정치적 압력이나 행정부의
영향력에서 벗어나 자율성을 유지할 수 있도록 하기 위해 정부조직과는 독립된 특수법인으로 되어 있다.
④ 한국은행은 정부의 은행이자 은행의 은행으로서 금융통화정책을 담당한다. 화폐발행 기능을 수행하고 외환
을 관리하며 적정한 통화량을 유지함으로써 물가안정 등 경제안정화를 위해 노력한다.

정답 : ③

13 한국은행에 대한 설명으로 옳지 않은 것은?

① 우리나라 중앙은행인 한국은행은 화폐를 독점적으로 발행하는 발권은행이다.
② 한국은행은 금융회사로부터 예금을 받아 금융회사 고객의 예금인출에 대비한 지급준비금 등으로 이용
하고 금융회사에 대출을 해준다.
③ 한국은행은 국민이 정부에 내는 세금 등 정부의 수입을 국고금으로 받아 두었다가 정부가 필요로 할
때 자금을 내어준다.
④ 금융감독원은 한국은행의 통화신용정책에 관한 주요 사항을 심의·의결하는 정책결정기구로서 한국
은행 총재 및 부총재를 포함한 총 7인의 위원으로 구성된다.

해설 한국은행의 금융통화위원회(금통위)는 기준금리(정책금리)를 정하고 여타 통화신용정책에 관해 결정을 내린다. 금
융통화위원회(금통위)는 한국은행의 통화신용정책에 관한 주요 사항을 심의·의결하는 정책결정기구로서 한
국은행 총재 및 부총재를 포함한 총 7인의 위원으로 구성된다. 금융감독원은 금융산업을 선진화하고 금융시장
의 안정성을 도모하며, 건전한 신용질서, 공정한 금융거래관행 확립과 예금자 및 투자자 등 금융수요자를 보호함으
로써 국민경제에 기여하는 데 그 설립의 목적이 있다. 금융감독원은 금융회사에 대한 감독업무, 이들 회사의 업무
및 재산상황에 대한 검사와 검사결과에 따른 제재업무, 금융분쟁의 조정 등 금융소비자 보호업무 등의 기능을 수행
한다.

① 우리나라 중앙은행인 한국은행은 화폐를 독점적으로 발행하는 발권은행이다.
② 한국은행은 금융회사로부터 예금을 받아 금융회사 고객의 예금인출에 대비한 지급준비금 등으로 이용하고 금융
회사에 대출을 해주며 자금부족에 직면한 금융회사가 순조롭게 영업할 수 있도록 도와주는 등 은행의 은행 역할을
수행한다.
③ 한국은행은 국민이 정부에 내는 세금 등 정부의 수입을 국고금으로 받아 두었다가 정부가 필요로 할 때 자
금을 내어주는 정부의 은행 역할도 수행한다.

정답 : ④

14 한국거래소의 업무에 해당하지 <u>않는</u> 것은?

① 증권 및 장내파생상품의 상장
② 증권 및 장내·외 파생상품의 매매체결 및 청산과 결제
③ 거래소시장 내의 매매거래와 관련하여 발생하는 분쟁조정
④ 금융분야 핵심 인프라의 구축·운영을 통하여 안전하고 편리한 지급결제서비스 제공

> **해설** 한국거래소(Korea Exchange, KRX)는 자본시장법에 의하여 설립된 주식회사로서 증권 및 선물·옵션과 같은 파생상품의 공정한 가격형성과 거래의 원활화 및 안정화를 도모하기 위하여 증권거래소, 선물거래소, 코스닥 위원회, ㈜코스닥증권시장 등 4개 기관이 통합하여 2005년 설립되었다. 주요 업무로는 (1)유가증권시장과 코스닥시장, 코넥스시장 그리고 파생상품시장의 개설과 운영, (2)증권 및 장내파생상품의 상장, (3)증권 및 장내·외 파생상품의 매매체결 및 청산과 결제, (4)증권 및 장내 파생상품의 이상거래 감시, (5)거래소시장 내의 매매거래와 관련하여 발생하는 분쟁조정 등을 담당하고 있다.
> ④ 금융결제원에 대한 내용이다. 금융결제원은 5대 국가전산망의 하나인 금융전산망 구축을 위하여 1986년 6월, 비영리 사단법인으로 출범한 이래 CD공동망, 타행환공동망, 전자금융공동망, 어음교환, 지로 등의 지급결제시스템과 금융인증 등 금융분야 핵심 인프라의 구축·운영을 통하여 안전하고 편리한 지급결제서비스를 제공하고 있다.
>
> 정답 : ④

15 금융 유관기관에 대한 설명으로 옳지 <u>않은</u> 것은?

① 금융감독원은 금융회사에 대한 감독업무와 제재업무, 금융소비자 보호업무 등을 담당한다.
② 예금보험공사는 예금보험기금을 조성하여 금융회사가 고객들에게 예금을 지급하지 못하는 경우에 대신 지급한다.
③ 한국거래소는 5대 국가전산망의 하나인 금융전산망 구축을 위하여 1986년 6월, 비영리 사단법인으로 출범하였다.
④ 한국은행은 지급결제시스템을 안정적이고 효율적으로 운영해야 한다.

> **해설** 5대 국가전산망의 하나인 금융전산망 구축을 위하여 1986년 6월, 비영리 사단법인으로 출범한 지급결제전문기관은 금융결제원이다. 한국거래소(Korea Exchange, KRX)는 증권거래소, 선물거래소, 코스닥 위원회, ㈜코스닥증권시장 등 4개 기관이 통합하여 2005년 설립되었다.
>
> **오답분석** ① 금융감독원은 금융산업을 선진화하고 금융시장의 안정성을 도모하며, 건전한 신용질서, 공정한 금융거래관행 확립과 예금자 및 투자자 등 금융수요자를 보호함으로써 국민경제에 기여하는 데 설치 목적이 있다. 금융감독원은 금융회사에 대한 감독업무, 이들 회사의 업무 및 재산상황에 대한 검사와 검사결과에 따른 제재업무, 금융분쟁의 조정 등 금융소비자 보호업무 등의 기능을 수행한다.
> ② 예금보험공사의 주요 업무는 금융회사의 보험료, 정부와 금융회사의 출연금, 예금보험기금채권 등으로 예금보험기금을 조성해두었다가 금융회사가 고객들에게 예금을 지급하지 못하는 경우에 대신 지급해주는 것이다.
> ④ 한국은행은 2004년 1월 개정 한국은행법에 의거하여 지급결제시스템을 안정적이고 효율적으로 운영해야 하는 책무도 부여받았다.
>
> 정답 : ③

02 금융상품

1 은행을 비롯하여 상호저축은행, 신용협동조합, 새마을금고, 농·수·축협, 우체국예금 등은 예금을 취급할 수 있지만, 종합금융회사는 예금을 취급할 수 없다. ○|✕

> **1.** 종합금융회사에서도 예금을 취급한다.

2 요구불성 예금상품에는 당좌예금, 보통예금, 공공예금, 국고예금, 정기적금 등이 포함된다. ○|✕

> **2.** 정기적금은 적은 돈을 매월(매분기) 저축하여 일정기간 후 목돈을 마련하는 적립식 상품이다.

3 저축예금은 가계우대성 금융상품으로 가계의 여유자금을 초단기로 예치하거나 입출금이 빈번한 자금을 운용하기에 적합하다. ○|✕

4 저축예금은 더 높은 이자를 지급하는 대신 가입에 제한이 많아 상대적으로 보통예금이 저축수단으로서의 활용도가 높다. ○|✕

> **4.** 개인의 경우 더 높은 이자를 지급하는 저축예금에 제한 없이 가입할 수 있어 보통예금은 저축수단으로서의 활용도가 높지 않은 편이다.

5 보통예금은 우체국, 은행(농·수협중앙회 포함), 상호저축은행 등이 취급하지만, 저축예금은 은행에서만 취급한다. ○|✕

> **5.** 두 상품 모두 우체국, 은행(농·수협중앙회 포함), 상호저축은행 등이 취급한다.

6 금융회사에 따라서는 입출금이 자유로운 예금 중 일부상품만 취급하거나 이들을 통합하여 운영하기도 한다. ○|✕

7 가계당좌예금은 개인과 자영업자가 가입할 수 있는데, 개인에 대해서는 신용상태가 양호한지 여부를 가입의 조건으로 제시하고 자영업자에 대해서는 별도의 제한을 두지 않는다. ○|✕

> **7.** 가입대상은 신용상태가 양호한 개인, 자영업자(신용평가 결과 평점이 일정 점수 이상인 자)로 제한된다.

8 가계당좌예금의 잔액이 부족할 경우에는 대월한도 범위 내에서 자동대월이 가능하고, 거래실적이 양호한 경우에는 소액가계자금도 대출받을 수 있다. ○|✕

9 시장금리부 수시입출금식예금(MMDA)은 언제 필요할지 모르는 자금이나 통상 500만 원 이상의 목돈을 1년 이상의 장기로 운용할 때 유리하며 각종 공과금, 신용카드대금 등의 자동이체용 결제통장으로도 활용할 수 있다. ○|✕

> **9.** 1년 이상 장기로 운용할 때 유리한 것이 아니라 1개월 이내의 초단기로 운용할 때 유리하다.

정답 | 1. ✕ 2. ✕ 3. ○ 4. ✕ 5. ✕ 6. ○ 7. ✕ 8. ○ 9. ✕

10. 일부 은행의 경우 이를 불허하거나 자동이체 설정 건수를 제한하고 있다.

10 모든 은행은 MMDA의 예금거래 실적에 따라 마이너스대출, 수수료 면제, 대출·예금금리 우대, 각종 공과금 및 신용카드대금 결제, 타행환송금 등 부대서비스를 제공하고 있다. ○|×

11 시장금리부 수시입출금식예금(MMDA)은 주로 증권사, 종합금융회사의 어음관리계좌(CMA), 자산운용회사의 단기금융상품펀드(MMF) 등과 경쟁한다. ○|×

12. MMF는 계좌의 이체 및 결제 기능이 없고, 예금자보호의 대상이 되지 않는다는 단점이 있다.

12 MMF의 장점으로는 가입 및 환매가 청구 당일에 즉시 이루어지므로 입출금이 자유로우면서 실적에 따라 수익이 발생하여 소액 투자는 물론 언제 쓸지 모르는 단기자금을 운용하는데 유리하고 예금자보호의 대상이 된다는 점을 꼽을 수 있다. ○|×

13 CMA는 자금을 단기금융상품에 투자하고 실적배당을 한다는 점에서는 MMF와 유사하지만 MMDA처럼 이체와 결제, 자동화기기(ATM)를 통한 입출금기능을 갖고 있다는 점에서 차이가 있다. ○|×

14. 종합금융회사의 CMA(종합금융형 CMA)는 예금자보호의 대상이지만, 증권회사의 CMA는 그렇지 않다.

14 종합금융회사의 CMA와 증권회사의 CMA 모두 예금자보호 대상이다. ○|×

15 CMA는 예탁금에 제한이 없고 수시 입출금이 허용되면서도 실세금리 수준의 수익을 올릴 수 있는 장점을 가지고 있다. ○|×

16. 유동성은 낮다.

16 정기적금이나 정기예금은 예치기간이 정해져 있어서 보통예금보다 이자가 많고 유동성이 높다. ○|×

17. 원금은 전액 보장한다.

17 정기적금이나 정기예금은 만기 이전에 해약을 하게 되면 약정한 이자보다 훨씬 낮은 이자를 지급받거나 경우에 따라서는 이자가 없거나 원금의 전액을 보장해주지 않는 경우도 있다. ○|×

18 자유적금의 저축한도에는 원칙적으로 제한이 없으나 자금 및 금리 리스크 때문에 입금 금액을 제한하여 운용하는 것이 일반적이다. ○|×

19. 정기예금은 매월 이자를 지급받을 수도 있는 금융상품으로 목돈을 맡겨 놓고 이자로 생활하고자 하는 경우에도 적합한 상품이다.

19 정기예금은 약정기간이 길수록 높은 확정이자가 보장되므로 여유자금을 장기간 안정적으로 운용하기에 좋은 금융상품이지만, 매월 이자를 지급받을 수는 없고 만기 시에 원리금을 돌려받는다. ○|×

20. 금리하락기
→ 금리상승기

20 실세금리연동형 정기예금은 가입 후 일정기간마다 시장실세금리를 반영하여 적용금리를 변경하는 정기예금으로 금리하락기에 실세금리에 따라 목돈을 운용하는 데에 적합한 금융상품이다. ○|×

21 ELD는 중도해지 시 중도해지이율을 적용하여 산정된 금액에서 중도해지수수료를 차감하여 지급하거나 무이자인 경우도 있다. ○│×

22 ELD는 은행에서 취급하며, 예금자보호 대상이 아니다. ○│×

22. ELD는 예금자보호의 대상이다.

23 CD는 예치기간 동안의 이자를 액면금액에서 차감(할인)하여 발행한 후 만기지급시 증서 소지인에게 액면금액을 지급한다. ○│×

24 CD는 실세금리를 반영하여 수익률이 비교적 높은 편이며, 통상 1,000만 원 이상의 목돈을 3개월 내지 6개월 정도 운용하는데 적합한 단기상품이다. ○│×

25 CD는 은행에서 발행된 증서를 직접 살 수 있고 증권회사에서 유통되는 증서를 살 수도 있다. ○│×

26 CD는 중도해지가 가능하며 만기 전에 현금화하고자 할 경우에는 증권회사 등 유통시장에서 매각할 수도 있다. ○│×

26. 중도해지가 불가능하다.

27 CD는 할인식으로 발행되는 특성상 만기 후에는 별도의 이자 없이 액면금액만을 지급받게 되며, 예금자보호 대상에 포함된다. ○│×

27. 예금자보호대상에서 제외된다.

28 환매조건부채권(RP)은 우체국, 은행, 종합금융회사, 증권회사, 증권금융회사 등이 취급한다. ○│×

28. 우체국에서도 RP를 취급했었지만, 현재는 은행, 종합금융회사, 증권회사, 증권금융회사 등에서 취급한다.

29 RP의 경우 최소거래금액이 1,000만원 이상으로 제한되고 통장거래로 이루어지며 30일 이내 중도 환매 시에는 당초 약정금리보다 훨씬 낮은 금리를 적용받게 된다. ○│×

29. 최소거래금액의 제한은 없지만 1,000만원 이상이 일반적이다.

30 RP는 예금자보호 대상은 아니지만 국채, 지방채 등 우량 채권을 대상으로 투자되므로 안정성이 높은편이며, 대부분 만기가 지난 후에도 별도의 이자를 가산해 준다. ○│×

30. 대부분 만기가 지난 후에는 별도의 이자를 가산해 주지 않는다.

31 주택청약종합저축은 전체 은행을 통해 1인 1계좌만 개설 가능하며 19세 이상의 세대주만 가입할 수 있다. ○│×

31. 주택소유·세대주 여부, 연령 등에 관계없이 누구나 가입이 가능하다.

32 펀드를 발행한 자산운용회사가 파산할 경우 펀드에 투자한 자금은 보호받을 수 없다. ○│×

32. 수익증권을 판매한 대금은 펀드를 설정하고 운용하는 자산운용회사로 들어가는 것이 아니라 자산보관회사인 신탁업자가 별도로 관리하기 때문에 혹시 자산운용회사가 파산하더라도 펀드에 투자한 자금은 보호받을 수 있다.

33. 자산보관회사는 신탁보수를 받고, 일반사무수탁회사는 사무수탁보수를 받는다.

34. 환매가 가능하면 개방형펀드, 환매가 원칙적으로 불가능하면 폐쇄형펀드, 추가입금이 가능하면 추가형펀드, 추가입금이 불가능하면 단위형펀드이다.

35. 반대이다. 사모형펀드는 일반투자자는 49인 이하, 전문투자자만으로는 100인까지 구성 가능하다.

36. 정기적으로 일정금액을 투자하는 것은 적립식펀드이고, 거치식펀드는 일시에 거금을 투자한다.

37. 주식형 펀드는 자산의 60% 이상을 주식에 투자한 증권펀드이고, 채권형 펀드는 자산의 60% 이상을 채권에 투자한 증권펀드이다.

39. 반대로 기술되어 있다.

43. 반대로 기술되어 있다.

---

33 펀드와 관련하여 일반사무수탁회사는 신탁보수를 받는다.　　○│×

34 펀드 중에서 환매가 가능한 것은 개방형펀드, 추가입금이 가능한 것은 단위형펀드이다.　　○│×

35 사모형펀드는 전문투자자만으로는 49인 이하, 일반투자자는 100인까지 구성 가능하다.　　○│×

36 펀드를 투자방식에 따라 분류할 때 거치식펀드는 매월, 매분기 등 정기적으로 일정금액을 투자한다.　　○│×

37 자산의 60% 미만을 주식에 투자하면 채권형 펀드, 채권에 60% 미만을 투자하면 주식형 펀드이다.　　○│×

38 종류형 펀드 중 E클래스는 온라인 전용펀드이고, H클래스는 장기주택마련저축용 펀드이다.　　○│×

39 종류형 펀드 중 F클래스는 최초 납입금액 20억 원 이상 고액거래자용 전용 펀드이고, I클래스는 펀드 및 기관투자자용 펀드이다.　　○│×

40 ETF는 지수에 연동되어 수익률이 결정된다는 점에서 인덱스 펀드와 유사하지만 증권시장에 상장되어 주식처럼 실시간으로 매매가 가능하다는 점에서 차이가 있다.　　○│×

41 국내에서는 자산운용회사가 ETF를 발행하고 있는데, 국내 시장지수뿐 아니라 산업별 지수, 각종 테마지수 등과 해외 주요 국가의 시장지수, 섹터지수, 상품가격지수 등이 연계되어 수많은 ETF 상품이 거래소에 상장되어 실시간으로 매매되고 있다.　　○│×

42 ETF의 경우는 자금이 외부 수탁기관에 맡겨지기 때문에 발행기관의 신용위험이 없는 반면에 ETN은 발행기관인 증권회사의 신용위험에 노출된다.　　○│×

43 ETF는 1~20년 사이에서 만기가 정해져 있는 반면에 ETN은 만기가 없다.　　○│×

44 ELF 개발초기와 달리 지금은 종합주가지수와 같은 주가지수 뿐 아니라 개별종목 주가나 특정업종과 같이 다양한 곳에 연계되는 경향이 강하며 일본 니케이지수, 홍콩 항생지수 해외증시와 연동한 상품도 있다.

O | ×

45 신탁형 리츠는 수익증권을 발행하여 투자자를 모으는 형태로서 증권시장에 상장하여 주식을 거래하게 된다.

O | ×

46 리츠는 소액개인투자자가 전문가를 통해 간접적으로 부동산 투자를 할 수 있고, 리츠 주식의 매매를 통해 현금화가 어렵다는 부동산 투자의 단점을 해결할 수 있다.

O | ×

47 재간접펀드는 기존에 실적이 뛰어난 펀드를 골라 투자할 수 있으며, 특히 해외의 특정 지역이나 섹터 펀드, 헤지펀드 등 일반투자자가 접근하기 어려운 펀드에 대해서도 분산투자가 가능하다는 장점을 갖는다.

O | ×

48 재간접펀드는 분산투자 및 다양한 투자전략의 효과가 있고, 일반펀드에 비해 비용부담이 낮다는 이점이 있다.

O | ×

49 펀드는 예금자보호대상이 아니며 투자성과에 따라 손실이 발생할 수도 있고 심지어 전액 원금손실에까지 이를 수도 있다.

O | ×

50 선물계약은 거래당사자들이 자유롭게 계약내용을 정하고 장소에 구애받지 않고 거래할 수 있다는 점에서 선도계약과 차이가 있다.

O | ×

51 장외거래인 선도거래는 거래 상대방이 불특정되지만, 거래소 거래인 선물거래는 거래 상대방이 특정된다.

O | ×

52 선도거래는 상대매매 방식(1:1 거래)으로 거래당사자간 합의로 계약조건이 결정되는 반면, 선물거래는 경쟁방식(공개호가)으로 거래되며 표준화된 거래소 규정에 따라 계약이 체결된다.

O | ×

53 선도거래는 계약 당시 가격으로 거래하며 만기일에 정산하고, 선물거래는 매일 거래가격이 변동하며 일일정산한다.

O | ×

45. 신탁형 리츠는 상장의무가 없다.

48. 재간접펀드는 판매보수와 운용보수를 이중으로 지급하는 등 비용부담이 일반펀드에 비해 높을 수 있고, 과도한 분산투자로 수익성이 떨어질 수 있으며, 투자자가 하위펀드의 투자전략이나 운용내용을 파악하기도 쉽지 않다.

50. 선도계약에 대한 설명이다. 선물계약은 계약내용이 표준화되어 있고 공식적인 거래소를 통해 거래가 이루어진다는 점에서 선도계약과 차이가 있다.

51. 장외거래인 선도거래는 이해당사자 간 직접거래이므로 거래 상대방이 특정되지만, 거래소에서 거래되는 선물거래에서는 거래 상대방이 불특정된다.

54 가격변동 리스크를 회피하고 싶은 투자자(hedger)는 선물시장에서 포지션을 취함으로써 미래에 가격이 어떤 방향으로 변하더라도 수익을 일정수준에서 확정시킬 수 있다. ○ | ×

55. 반대로 기술되어 있다.

55 옵션계약이 매입측과 매도측 쌍방이 모두 계약이행의 의무를 지게 되는 반면, 선물계약은 계약당사자 중 일방이 자기에게 유리하면 계약을 이행하고 그렇지 않으면 계약을 이행하지 않을 수 있는 권리를 갖고 상대방은 이러한 권리행사에 대해 계약이행의 의무만을 지게 된다는 점에서 차이가 있다. ○ | ×

56 옵션보유자(옵션매입자)는 옵션계약에서 선택권을 갖는 측이고, 옵션발행자(옵션매도자)는 옵션보유자의 계약상대방이 되어 계약을 이행해야 할 의무를 지는 측이다. ○ | ×

57. 반대로 기술되어 있다. 콜옵션은 기초자산을 약정된 행사가격에 살 수 있는 권리를 말하고, 풋옵션은 기초자산을 약정된 행사가격에 팔 수 있는 권리를 말한다.

57 콜옵션은 기초자산을 약정된 행사가격에 팔 수 있는 권리를 말하고, 풋옵션은 기초자산을 약정된 행사가격에 살 수 있는 권리를 말한다. ○ | ×

58 콜옵션의 경우에는 매수가격이 행사가격이 되고, 풋옵션의 경우에는 매도가격이 행사가격이 된다. ○ | ×

59. 콜옵션매수자는 기초자산의 가격이 행사가격 이상으로 상승할 때 권리를 행사하고 풋옵션매수자는 기초자산의 가격이 행사가격 아래로 하락할 때 권리를 행사한다.

59 콜옵션매수자는 기초자산의 가격이 행사가격 아래로 하락할 때 권리를 행사하고 풋옵션매수자는 기초자산의 가격이 행사가격 이상으로 상승할 때 권리를 행사한다. ○ | ×

60 선물계약은 거래할 기초자산의 가격을 고정시킴으로써 위험을 제거하는 반면, 옵션계약은 미래에 가격이 불리한 방향으로 움직이는 것에 대비한 보호수단을 제공하고 가격이 유리한 방향으로 움직일 때는 이익을 취할 수 있도록 해준다. ○ | ×

61. 반대로 기술되어 있다.

61 유럽식 옵션은 옵션의 만기일이 될 때까지 언제라도 권리를 행사할 수 있는 형태의 옵션이고, 미국식 옵션은 옵션의 만기일에만 권리를 행사할 수 있는 형태의 옵션이다. ○ | ×

62 선물콜옵션을 행사하면 선물매수포지션이 생기고 선물풋옵션을 행사하면 선물매도포지션을 받게 된다. ○ | ×

63. 주식옵션(stock option)에 대한 내용이다. 주가지수옵션(stock index option)은 주가지수 자체가 기초자산이 되는 옵션을 말한다.

63 주가지수옵션은 옵션 중 가장 흔한 형태로 개별 주식이 기초자산이 되는 옵션이다. ○ | ×

64 선물거래의 매수자는 권리를 보유하고 매도자는 의무가 주어진다. ○|×

65 선물거래에는 프리미엄이 없지만, 옵션거래 시에는 매수자가 매도자에게 프리미엄을 지급한다. ○|×

66 선물거래 시에는 매도자만 증거금을 예탁하고, 옵션거래 시에는 매수자와 매도자 모두 증거금을 예탁한다. ○|×

67 선물거래의 매수자와 매도자는 위험과 이익이 모두 무한대이다. ○|×

68 옵션거래 매수자의 위험은 무한대인 반면, 이익은 프리미엄으로 한정된다. ○|×

69 구조화증권의 리스크나 수익성은 기초자산의 수익성이나 리스크를 구조화기법을 통하여 완화하거나 증폭시킨 것으로, 상품구조나 내용이 복잡하여 정확하게 이해하기 난해하고 구조화증권의 가치평가나 관련 정보 입수에도 어려움이 많다. ○|×

70 금전신탁 중 신탁계약 또는 위탁자의 지시에 따라 신탁재산 운용방법이 특정되면 특정금전신탁, 수탁자에게 재산의 운용방법을 일임하면 불특정금전신탁이 된다. ○|×

71 특정금전신탁은 집합투자기구(펀드)와 같은 성격으로 보아 간접투자자산운용법 시행 이후 신규수탁이 금지되었다. ○|×

72 랩어카운트는 주식, 채권, 투자신탁 등을 거래할 때마다 수수료를 지불한다. ○|×

73 랩어카운트의 보수는 실제 매매거래의 횟수 등과 무관하게 자산잔액의 일정 비율(약 1~3% 수준)로 결정된다. ○|×

74 랩어카운트의 보수에는 주식매매위탁수수료, 계좌의 판매서비스, 컨설팅료 등이 모두 포함되지만, 운용보수는 제외된다. ○|×

75 외화적립식예금은 정기적금과 비슷하나 정기적금보다는 적립일, 적립횟수에 제한이 없는 등 자유롭게 운영된다. ○|×

64. 선물거래에서는 매수자와 매도자 모두에게 권리와 의무가 주어진다. 매수자에게는 권리가 부여되고, 매도자에게는 의무가 주어지는 것은 옵션거래와 관련이 있다.

66. 반대이다. 선물거래 시에는 매수자와 매도자 모두 증거금을 예탁하는 반면, 옵션거래에서는 매도자만 증거금을 예탁한다.

68. 옵션거래 시 매수자의 위험은 프리미엄에 한정되고 매도자의 위험은 무한대이다. 반면, 매수자의 이익은 무한대이고 매도자의 이익은 프리미엄으로 한정된다.

71. 특정금전신탁 → 불특정금전신탁

72. 랩어카운트의 수수료는 일괄해서 연간 보수로 지급한다.

74. 운용보수도 랩어카운트의 보수에 포함된다.

01 〈보기〉는 자산 관리의 원칙에 관한 글이다. 빈칸에 알맞은 말은?

─〈 보 기 〉─

● 첫째는, ㉠____의 원칙이다. 자신이 투자한 금융 자산이 얼마나 안전한 형태로 존재하는지, 그리고 자산의 가치가 얼마나 안전하게 보호될 수 있는지를 의미하는 것이다.
● 둘째는, ㉡____의 원칙이다. 보유 자산으로부터 얼마나 많은 수익이 발생하는가를 나타내는 지표다.
● 셋째는, ㉢____의 원칙이다. 보유 자산을 현금으로 쉽게 바꿀 수 있는지를 나타낸다.

	㉠	㉡	㉢
①	안정성	환금성	수익성
②	안정성	유동성	수익성
③	수익성	안정성	유동성
④	안정성	수익성	유동성

> **해설** 금융상품을 고를 때에는 금융회사의 선택 못지않게 수익성, 환금성, 안전성 및 부대서비스 내용 등 여러 금융상품의 특성을 서로 비교해 보고 각자의 저축목적에 부합하는 대안을 선택하려는 노력이 중요하다. 안정성은 금융 상품의 원금과 이자가 보전될 수 있는 정도이고, 수익성은 금융 상품의 가격 상승이나 이자 수익을 기대할 수 있는 정도이며, 유동성은 돈이 필요할 때 현금화할 수 있는 정도이다.
>
> 정답 : ④

02 저축상품을 취급할 수 있는 금융기관에 해당하지 <u>않는</u> 것은?

① 상호저축은행
② 신용협동조합
③ 할부금융회사
④ 종합금융회사

> **해설** 저축상품을 취급할 수 있는 금융회사는 은행을 비롯하여 상호저축은행, 신용협동조합, 새마을금고, 농·수·축협, 종합금융회사, 우체국예금 등으로 정해져 있다.
> ③ 할부금융회사는 여신전문금융회사에 속하는 금융기관으로 저축상품을 취급할 수 있는 금융기관에 해당하지 않는다.
>
> 정답 : ③

03 저축상품 중 요구불성 예금상품에 관한 설명으로 볼 수 없는 것은?

① 예금자의 청구가 있을 경우 조건 없이 지급함으로써 지급결제의 편의를 제공한다.

② 정기예금 등 목돈을 투자하여 자산증식을 하기에 유리한 저축상품이다.

③ 수익률은 낮지만 일시적 보관을 목적으로 활용기에 적합하다.

④ 보통예금, 당좌예금은 물론 공공예금과 국고예금도 요구불성 예금에 해당한다.

> **해설** 저축상품은 그 특성에 따라 요구불성 예금 상품, 적립식 상품, 거치식 상품, 기타 특정 저축목적의 달성을 지원하기 위한 상품으로 구분할 수 있다. 이중 당좌예금, 보통예금, 공공예금, 국고예금 등의 요구불성 예금 상품은 수익률은 낮지만 예금자의 지급 청구가 있으면 조건 없이 지급함으로써 고객의 지급결제 편의 도모 또는 일시적 보관을 목적으로 한다.
> ② 정기예금, 금전신탁 등과 같이 목돈을 투자해 재테크할 수 있는 저축상품은 거치식 상품이다.
>
> 정답 : ②

04 목돈 운용을 위한 거치식 예금 상품에 해당하지 않는 것은?

① 환매조건부채권
② 주가지수연동 정기예금
③ 양도성 예금증서
④ 어음관리계좌

> **해설** 저축상품 중 입출금이 자유로운 상품(요구불성 예금 상품)에는 보통예금, 저축예금, 가계당좌예금, 시장금리부 수시입출금식예금(MMDA), 단기금융상품펀드(MMF), 어음관리계좌(CMA) 등이 있다. 그리고 목돈마련을 위한 상품(적립식 예금)에는 정기적금과 자유적금이 있으며, 목돈운용을 위한 상품(거치식 예금)에는 정기예금, 정기예탁금, 실세금리연동형 정기예금, 주가지수연동 정기예금(ELD), 양도성예금증서(CD), 환매조건부채권(RP) 등이 포함된다. 그리고 특수목적부 상품으로는 주택청약종합저축이 대표적이다.
> ④ 어음관리계좌(CMA)는 거치식 예금이 아닌 요구불성 예금 상품에 해당한다.
>
> 정답 : ④

05 보통예금과 저축예금에 대한 설명으로 옳지 않은 것은?

① 보통예금과 저축예금 모두 예치금액, 예치기간 등에 아무런 제한이 없다.

② 보통예금은 저축예금보다 높은 이자를 받을 수 있는 예금상품이다.

③ 우체국은 보통예금과 저축예금을 모두 취급하고 있다.

④ 신용협동기구들은 저축예금과 유사한 상품인 '자립예탁금'을 취급한다.

해설 보통예금은 입출금이 자유로운 예금의 기본 형태로서 거래대상, 예치금액, 예치기간, 입출금 횟수 등에 아무런 제한 없이 누구나 자유롭게 입출금할 수 있으므로 예금자 입장에서 생활자금과 수시로 사용해야 하는 일시적인 유휴자금을 예치하는 수단이 된다. 반면, 이자율이 매우 낮은 예금상품이기 때문에 예금기관의 입장에서는 저리로 자금을 조달할 수 있는 재원이 된다. 그리고 저축예금은 보통예금처럼 예치금액, 예치기간 등에 아무런 제한이 없고 입출금이 자유로우면서도 보통예금보다 높은 이자를 받을 수 있는 예금이다. 따라서 가계우대성 금융상품으로 가계의 여유자금을 초단기로 예치하거나 입출금이 빈번한 자금을 운용하기에 적합하다. 다만, 금융회사에 따라서는 입출금이 자유로운 예금 중 일부상품만 취급하거나 이들을 통합하여 운영하기도 하며, 일정기간 동안의 평균잔액이 일정액 이하인 경우 이자를 지급하지 않거나 오히려 계좌유지 수수료를 부과하는 제도를 시행하는 경우도 있다.

오답분석 ③ 보통예금과 저축예금 모두 우체국, 은행(농·수협중앙회 포함), 상호저축은행 등이 취급하며, 개인의 경우 더 높은 이자를 지급하는 저축예금에 제한 없이 가입할 수 있으므로 보통예금은 저축수단으로서의 활용도가 높지 않은 편이다.
④ 상호금융, 신용협동조합, 새마을금고 등 신용협동기구들은 은행의 저축예금과 유사한 상품인 '자립예탁금'을 취급하고 있다. '자립예탁금'은 대월약정을 맺으면 약정한도까지 대출을 자동으로 받을 수 있다.

정답 : ②

06 〈보기〉의 내용에 해당하는 저축상품은?

―〈 보 기 〉―

● 가계수표를 발행할 수 있는 개인용 당좌예금으로, 예금 잔액이 부족할 경우에는 대월한도 범위 내에서 자동대월이 가능하다.
● 이자가 지급되는 가계우대성 요구불예금으로, 모든 은행에 걸쳐 1인 1계좌만 거래할 수 있다.
● 신용상태가 양호한 개인, 자영업자(신용평가 결과 평점이 일정 점수 이상인 자)가 가입할 수 있다.

① 정기 예탁금
② 정기 적금
③ 가계당좌예금
④ 실세금리연동형 정기예금

해설 가계당좌예금은 가계수표를 발행할 수 있는 개인용 당좌예금으로, 무이자인 일반 당좌예금과는 달리 이자가 지급되는 가계우대성 요구불예금이다. 다만, 가계수표는 예금잔액 및 대월한도 범위 내에서 발행하여야 하며 대월한도를 초과하여 발행하게 되면 거래정지처분을 받을 수 있다. 가입대상은 신용상태가 양호한 개인, 자영업자(신용평가 결과 평점이 일정 점수 이상인 자)로 제한되며, 모든 은행에 걸쳐 1인 1계좌만 거래할 수 있다. 예금 잔액이 부족할 경우에는 대월한도 범위 내에서 자동대월이 가능하고, 거래실적이 양호한 경우에는 소액가계자금 대출도 가능하다.

① 정기예탁금은 상호금융, 새마을금고, 신용협동조합 등 신용협동기구들이 조합원·준조합원 또는 회원 등이 가입할 수 있는 상품으로 은행의 정기예금과 유사하다. 은행권보다 상대적으로 높은 금리를 지급하므로 일반 서민들의 목돈 운용에 적합한 저축수단이다.

② 정기적금은 계약금액과 계약기간을 정하고 예금주가 일정 금액을 정기적으로 납입하면 만기에 계약금액을 지급하는 적립식 예금이다. 필요시 적금을 담보로 납입한 적금잔액의 일정범위(통상 95%) 이내에서 대출을 받을 수도 있다.

④ 은행에서 취급하는 실세금리연동형 정기예금은 가입 후 일정기간마다 시장실세금리를 반영하여 적용금리를 변경하는 정기예금으로, 금리상승기에 실세금리에 따라 목돈을 운용하는 데에 적합한 금융상품이다. 다만, 일반적으로 만기 이전에 중도해지 시에는 약정금리보다 낮은 이율이 적용된다.

정답 : ③

07 금융상품에 대한 설명 중 시장금리부 수시입출금식예금(MMDA)에 대한 설명에 해당하는 것은?

① 고객의 돈을 모아 주로 CP(기업어음), CD(양도성예금증서), RP(환매조건부채권), 콜(call) 자금이나 잔존만기 1년 이하의 안정적인 국공채로 운용하는 실적배당상품이다.

② 고객이 우체국이나 은행에 맡긴 자금을 단기금융상품에 투자해 얻은 이익을 이자로 지급하는 구조로 되어 있어 시장실세금리에 의한 고금리가 적용되고 입출금이 자유로우며 각종 이체 및 결제기능이 가능한 단기상품이다.

③ 종합금융회사나 증권회사가 고객의 예탁금을 어음 및 국·공채 등 단기금융상품에 직접 투자하여 운용한 후 그 수익을 고객에게 돌려주는 단기 금융상품이다.

④ 원금을 안전한 자산에 운용하여 만기 시 원금은 보장되고 장래에 지급할 이자의 일부 또는 전부를 주가지수(KOSPI 200지수, 일본 닛케이 225지수 등)의 움직임에 연동한 파생상품에 투자하여 고수익을 추구하는 상품이다.

시장금리부 수시입출금식예금(MMDA; Money Market Deposit Account)은 단기금융상품에 투자해 얻은 이익을 이자로 지급하는 구조이다. 따라서 시장실세금리에 의한 고금리가 적용되고 입출금이 자유로우며 각종 이체 및 결제기능이 가능한 단기상품이다. 언제 필요할지 모르는 자금이나 통상 500만 원 이상의 목돈을 1개월 이내의 초단기로 운용할 때 유리하며 각종 공과금, 신용카드대금 등의 자동이체용 결제통장으로도 활용할 수 있다. 우체국의 MMDA 상품으로는 '듬뿍우대저축예금'과 '기업든든MMDA통장'이 있다.

※ MMDA, MMF, CMA의 비교

상품명	취급금융회사	예금자보호	이율	이체 및 결제
MMDA	은행	보호	확정금리(차등)	가능
MMF	은행, 증권사	비보호	실적배당	불가능
CMA	종금사, 증권사	종금사만 보호	실적배당	가능

① 단기금융상품펀드(MMF; Money Market Fund)에 대한 설명이다.
③ 어음관리계좌(CMA; Cash Management Account)에 대한 설명이다.
④ 주가지수연동 정기예금(ELD; Equity Linked Deposit)에 대한 설명이다.

정답 : ②

08 단기금융상품펀드(MMF)에 대한 설명으로 옳지 <u>않은</u> 것은?

① 운용가능한 채권의 신용등급을 AA등급이상(기업어음 A2이상)으로 제한한다.
② 운용자산 전체 가중평균 잔존 만기를 75일 이내로 제한하고 있다.
③ 계좌의 이체 및 결제 기능이 있고, 예금자보호의 대상이 된다는 장점이 있다.
④ 자산운용회사가 운용하며 은행, 증권사, 보험사 등에서 판매한다.

> **해설** MMF는 고객의 돈을 모아 주로 CP(기업어음), CD(양도성예금증서), RP(환매조건부채권), 콜(call) 자금이나 잔존만기 1년 이하의 안정적인 국공채로 운용하는 실적배당상품이다. MMF의 최대 장점은 가입 및 환매가 청구 당일에 즉시 이루어지므로 입출금이 자유로우면서 실적에 따라 수익이 발생하여 소액 투자는 물론 언제 쓸지 모르는 단기자금을 운용하는데 유리하다는 점이다.
> ③ 계좌의 이체 및 결제 기능이 없고, 예금자보호의 대상이 되지 않는다는 점은 MMF의 단점이다.
>
> **오답분석** ① 일시 자금예치 수단으로서의 본래 기능을 수행할 수 있도록 운용가능한 채권의 신용등급을 AA등급이상(기업어음 A2이상)으로 제한하여 운용자산의 위험을 최소화 하도록 하고 있다.
> ② 유동성 위험을 최소화하기 위하여 운용자산 전체 가중평균 잔존 만기를 75일 이내로 제한하고 있다.
> ④ MMF는 자산운용회사가 운용하며 은행, 증권사, 보험사 등에서 판매한다.
>
> 정답 : ③

09 다음에서 설명하고 있는 금융상품으로 알맞은 것은? (2008 기출)

> 종합금융회사가 고객의 예탁금을 어음 및 국공채 등에 운용하여 그 수익을 고객에게 돌려주는 실적배당 금융상품으로서, 예탁금에 제한이 없고 수시 입출금이 가능한 상품

① CMA(Cash Management Account)
② CD(Certificate of Deposit)
③ RP(Repurchase agreement)
④ MMDA(Money Market Deposit Account)

> **해설** CMA는 종합금융회사나 증권회사가 고객의 예탁금을 어음 및 국·공채 등 단기금융상품에 직접 투자하여 운용한 후 그 수익을 고객에게 돌려주는 단기 금융상품이다. 자금을 단기금융상품에 투자하고 실적배당을 한다는 점에서는 MMF와 유사하지만 MMDA처럼 이체와 결제, 자동화기기(ATM)를 통한 입출금 기능을 갖고 있다는 점에서 차이가 있다. 종합금융회사의 CMA는 예금자보호 대상이 되지만 증권회사의 CMA는 그렇지 않다. 예탁금에 제한이 없고 수시 입출금이 허용되면서도 실세금리 수준의 수익을 올릴 수 있는 장점을 가지고 있다.
>
> 정답 : ①

10 입출금이 자유로운 상품 중 CMA에 대한 설명에 해당하는 것은?

① 종합금융회사나 증권회사가 고객의 예탁금을 어음 및 국·공채 등 단기금융상품에 직접 투자하여 운용한 후 그 수익을 고객에게 돌려주는 실적배당상품이다.

② 단기자금을 운용하는데 유리한 상품으로 계좌의 이체 및 결제 기능이 없고, 예금자보호의 대상이 되지 않는다.

③ 시장실세금리에 의한 고금리의 확정금리가 적용되고 입출금이 자유로우며 각종 이체 및 결제기능이 가능한 단기상품이다.

④ 금융회사가 보유하고 있는 국채, 지방채, 특수채, 상장법인 및 등록법인이 발행하는 채권 등을 고객이 매입하면 일정기간이 지난 뒤 이자를 가산하여 고객으로부터 다시 매입하겠다는 조건으로 운용되는 단기 금융상품이다.

 해설 금융상품 중 입출금이 자유로운 저축상품에는 보통예금, 저축예금, 가계당좌예금, 시장금리부 수시입출금식예금(MMDA), 단기금융상품펀드(MMF), 어음관리계좌(CMA) 등이 있다. 이중 CMA는 종합금융회사나 증권회사가 고객의 예탁금을 어음 및 국·공채 등 단기금융상품에 직접 투자하여 운용한 후 그 수익을 고객에게 돌려주는 단기 금융상품이다. 자금을 단기금융상품에 투자하고 실적배당을 한다는 점에서는 MMF와 유사하지만 MMDA처럼 이체와 결제, 자동화기기(ATM)를 통한 입출금 기능을 갖고 있다는 점이 특징이다. 종합금융회사의 CMA는 예금자보호 대상이 되지만 증권회사의 CMA는 예금자보호가 되지 않는다.

구분		MMDA	MMF	CMA
취급금융회사	은행	○	○	×
	증권사	×	○	○
	종금사	×	×	○
예금자보호		○	×	△(종합금융형CMA만 보호)
이율	확정금리	○	×	×
	실적배당	×	○	○
이체·결제 기능		○	×	○

오답분석 ② MMF에 관한 설명이다.
③ MMDA에 관한 설명이다.
④ 환매조건부채권(RP)에 관한 설명이다. RP는 입출금이 자유로운 상품이 아니라 목돈운용을 위한 거치식 예금의 한 종류이다.

정답 : ①

11 목돈마련을 위한 적립식 예금에 대한 설명 중 정기적금에 대한 설명으로 볼 수 없는 것은?

① 가입자가 자금여유가 있을 때 금액이나 입금 횟수에 제한 없이 입금할 수 있다.

② 만기 이전에 해약을 할 경우 약정한 이자보다 훨씬 낮은 이자를 지급받을 수 있다.

③ 만기 후에는 적용금리가 가입당시 또는 만기일 당시 약정이율보다 크게 낮아질 수 있다.

④ 우체국, 은행, 상호저축은행, 상호금융, 신용협동조합, 새마을금고 등 다양한 금융회사들이 취급하고 있다.

12 월저축금 10만 원, 계약기간 5년, 이율 10%인 정기적금의 계약액은?

① 6,600,000
② 7,225,000
③ 7,525,000
④ 7,800,000

13 자유적금에 대한 설명으로 옳은 것은?

① 금액이나 입금 횟수에 제한 없이 입금할 수 있는 거치식 예금 상품이다.
② 원칙적으로 저축한도에 제한이 없지만, 일반적으로 입금 금액을 제한하여 운용한다.
③ 우체국을 비롯하여 은행에서 취급하지만, 상호금융에서는 취급하지 않는다.
④ 목돈을 맡겨 놓고 이자로 생활하고자 하는 경우에 적합한 상품이다.

14   거치식 예금에 대한 설명으로 바르지 못한 것은?

① 정기예금은 여유자금을 안정적으로 운용하기에 유리하다.

② 정기예탁금은 신용협동기구의 조합원·준조합원 등이 가입할 수 있다.

③ 실세금리연동형 정기예금은 금리하락기에 목돈을 운용하는 데 적합하다.

④ 주가지수연동 정기예금은 예금자보호 대상 금융상품에 해당한다.

> **해설** 은행에서 취급하며 가입 후 일정기간마다 시장실세금리를 반영하여 적용금리를 변경하는 정기예금인 실세금리
> 연동형 정기예금은 금리상승기에 실세금리에 따라 목돈을 운용하는 데에 적합한 금융상품이다. 일반적으로 만
> 기 이전에 중도해지 시에는 약정금리보다 낮은 이율이 적용된다.

> **오답
> 분석** ① 정기예금은 약정기간이 길수록 높은 확정이자가 보장되므로 여유자금을 장기간 안정적으로 운용하기에 좋은
> 금융상품이다.
> ② 상호금융, 새마을금고, 신용협동조합 등 신용협동기구들이 취급하는 정기예탁금은 은행의 정기예금과 유사
> 한 상품으로, 조합원·준조합원 또는 회원 등이 가입할 수 있다.
> ④ 증권회사의 ELS(주가지수연동증권)와 자산운용회사의 ELF(주가지수연계펀드)와 유사한 주가지수연동 정
> 기예금(ELD; Equity Linked Deposit)은 원금을 안전한 자산에 운용하여 만기 시 원금은 보장되고 장래에 지급할
> 이자의 일부 또는 전부를 주가지수(KOSPI 200지수, 일본 닛케이 225지수 등)의 움직임에 연동한 파생상품에
> 투자하여 고수익을 추구하는 상품이다. ELD는 은행에서 취급하며, 예금자보호 대상이다.
>
> 정답 : ③

15   양도성예금증서(CD)에 관한 설명으로 가장 옳은 것은?

① 예치기간 동안의 이자를 액면금액에서 차감(할인)하여 발행한다.

② 은행이 기명 할인식으로 발행하여 만기지급시 증서 소지인에게 액면금액을 지급한다.

③ 목돈을 장기간 운용하는데 적합한 금융상품이다.

④ 예금자보호 대상 금융상품에 해당한다.

> **해설** 양도성예금증서(CD; Certificate of Deposit)은 예치기간 동안의 이자를 액면금액에서 차감(할인)하여 발행한
> 후 만기지급시 증서 소지인에게 액면금액을 지급한다. 따라서 거액의 부동자금을 운용하는 수단으로 자주 활용된
> 다. 은행에서 발행된 증서를 직접 살 수 있고 증권회사에서 유통되는 양도성예금증서를 살 수도 있지만, 중도해지
> 가 불가능하며 만기 전에 현금화하고자 할 경우에는 증권회사 등 유통시장에서 매각할 수 있다.

> **오답
> 분석** ② CD는 정기예금에 양도성을 부여한 특수한 형태의 금융상품으로 은행이 무기명 할인식으로 발행한 후 만기지급
> 시 증서 소지인에게 액면금액을 지급한다. 할인식으로 발행되는 특성상 만기 후에는 별도의 이자 없이 액면금액만
> 을 지급받는다.
> ③ CD는 실세금리를 반영하여 수익률이 비교적 높은 편이다. 통상 1,000만 원 이상의 목돈을 3개월 내지 6개
> 월 정도 운용하는데 적합한 단기상품이다.
> ④ CD는 예금자보호 대상에서 제외된다.
>
> 정답 : ①

16 〈보기〉에서 저축상품에 대한 설명으로 옳은 것을 모두 고른 것은? (2024 기출)

─────────────〈 보 기 〉─────────────

ㄱ. 시장금리부 수시입출식예금(MMDA)은 어음관리계좌(CMA) 및 단기금융상품펀드(MMF)와 경쟁하는 실적배당 상품이다.

ㄴ. 종합금융회사의 어음관리계좌(CMA)는 예금자보호가 되지만 증권회사의 어음관리계좌(CMA)는 예금자보호가 되지 않는다.

ㄷ. 양도성예금증서는 정기예금에 양도성을 부여한 금융상품으로 중도해지가 되지 않으므로 만기 전에 현금화가 불가능하다.

ㄹ. 실세금리연동형 정기예금은 시장실세금리를 반영하여 적용금리를 변경하는 정기예금으로 금리 상승기 목돈 운용에 적합하다.

① ㄱ, ㄷ   ② ㄱ, ㄹ

③ ㄴ, ㄷ   ④ ㄴ, ㄹ

> **해설** ㄴ과 ㄹ은 옳은 설명이고, ㄱ과 ㄷ은 틀린 내용이다.
>
> ㄴ. CMA는 종합금융회사나 증권회사가 고객의 예탁금을 어음 및 국·공채 등 단기금융상품에 직접 투자하여 운용한 후 그 수익을 고객에게 돌려주는 단기 금융상품이다. 종합금융회사의 CMA는 예금자보호 대상이 되지만 증권회사의 CMA는 그렇지 않다.
>
> ㄹ. 실세금리연동형 정기예금은 가입 후 일정기간마다 시장실세금리를 반영하여 적용금리를 변경하는 정기예금으로 금리변동기, 특히 금리상승기에 실세금리에 따라 목돈을 운용하는 데에 적합한 금융상품이다.
>
> **오답분석** ㄱ. 시장금리부 수시입출금식예금(MMDA; Money Market Deposit Account)은 고객이 우체국이나 은행에 맡긴 자금을 단기금융상품에 투자해 얻은 이익을 이자로 지급하는 구조로 되어 있어 시장실세금리에 의한 고금리가 확정금리로 적용되고 입출금이 자유로우며 각종 이체 및 결제기능이 가능한 단기상품이다. 주로 증권사, 종합금융회사의 어음관리계좌(CMA), 자산운용회사의 단기금융상품펀드(MMF) 등과 경쟁하는 상품이다.
>
> ㄷ. 양도성예금증서(CD; Certificate of Deposit)는 정기예금에 양도성을 부여한 특수한 형태의 금융상품으로 은행이 무기명 할인식으로 발행하여 거액의 부동자금을 운용하는 수단으로 자주 활용된다. 중도해지가 불가능하지만, 만기 전에 현금화하고자 할 경우에는 증권회사 등을 통해 유통시장에서 매각할 수 있다.
>
> 정답 : ④

17 환매조건부채권(RP)에 대한 설명으로 가장 옳은 것은?

① 투자금액과 기간을 자유롭게 선택할 수 있는 시장금리연동형 확정금리상품이다.

② 대부분 만기가 지난 후에도 별도의 이자를 가산해 주는 것이 일반적이다.

③ 환매조건부채권의 최소거래금액은 1,000만 원 이상으로 제한된다.

④ 예금자보호 대상에 해당되지 않아 안정성이 낮고 위험이 높은 편이다.

해설 환매조건부채권(RP; Re-purchase Paper)은 금융회사가 보유하고 있는 국채, 지방채, 특수채, 상장법인 및 등록법인이 발행하는 채권 등을 고객이 매입하면 일정기간이 지난 뒤 이자를 가산하여 고객으로부터 다시 매입하겠다는 조건으로 운용되는 단기 금융상품이다. 투자금액과 기간을 자유롭게 선택할 수 있는 시장금리연동형 확정금리상품으로서 비교적 수익률이 높은 편이며 단기여유자금을 운용할 때 유리한 저축수단이다. 주로 통장거래로 이루어지며 30일 이내 중도 환매 시에는 당초 약정금리보다 훨씬 낮은 금리를 적용받게 된다.

오답분석 ② 대부분 만기가 지난 후에는 별도의 이자를 가산해 주지 않는다는 점에 유의해야 한다.
③ 최소거래금액에 제한은 없으나 1,000만 원 이상이 일반적이다.
④ 예금자보호 대상은 아니지만 국채, 지방채 등 우량 채권을 대상으로 투자되므로 안정성이 높은 편이다.

정답 : ①

18 주택청약종합저축에 대한 설명으로 옳지 않은 것은?

① 주택청약종합저축은 전체 은행을 통해 1인 1계좌만 개설 가능하다.
② 적립식과 예치식을 병행하여 매월 2만 원 이상 50만 원 이내에서 자유롭게 불입할 수 있다.
③ 수도권의 경우 가입 후 1년이 지나면 1순위가 되고, 수도권 외의 지역은 6개월이 지나면 1순위가 된다.
④ 총급여 8천만 원 이하 근로소득자로서 무주택 세대주인 경우는 120만 원까지 소득공제 혜택이 주어진다.

해설 주택청약종합저축의 가입은 가입은 주택소유·세대주 여부, 연령 등에 관계없이 누구나 가능하나 전체 업무취급 은행을 통해 1인 1계좌만 개설 가능하다. 청약대상은 국민주택의 경우 해당 지역에 거주하는 무주택 세대의 구성원으로서 1세대당 1주택, 민영주택의 경우는 지역별 청약가능 예치금을 기준으로 1인당 1주택 청약이 가능하다.
③ 수도권의 경우 가입 후 1년이 지나면 1순위가 되며, 수도권 외의 지역은 6~12개월 범위에서 시·도지사가 정하는 기간이 지나면 1순위가 된다.

오답분석 ① 주택청약종합저축은 신규분양 아파트 청약에 필요한 저축으로서 기존의 청약저축, 청약부금, 청약예금의 기능을 묶어 놓은 금융상품으로 전체 업무취급 은행을 통해 1인 1계좌만 개설할 수 있다.
② 납입 방식은 일정액 적립식과 예치식을 병행하여 매월 2만 원 이상 50만 원 이내에서 자유롭게 불입할 수 있으며(국고금관리법에 따라 10원 단위까지 납입 가능), 잔액이 1,500만 원 미만인 경우 월 50만 원을 초과하여 잔액 1,500만 원까지 일시 예치가 가능하고, 잔액이 1,500만 원 이상인 경우는 월 50만 원 이내에서 자유롭게 적립할 수 있다.
④ 총급여 8천만 원 이하 근로소득자로서 무주택 세대주인 경우는 월 납입 인정 한도가 25만 원으로 최대 연 300만 원의 40%인 120만 원까지 소득공제 혜택이 주어진다.

정답 : ③

19 펀드(집합투자증권)에 대한 설명으로 가장 옳은 것은?

① 펀드는 증권회사가 운용전략을 수립하여 운용하는 상품이다.
② 보험사는 펀드판매회사로서의 역할을 수행할 수 없다.
③ 일반적으로 펀드운용사는 매년 사전 약정된 정액의 운용보수를 수취한다.
④ 펀드운용에 대한 준법감시 업무는 일반사무수탁회사가 담당한다.

해설 펀드는 자산운용회사, 펀드판매회사, 자산보관회사, 일반사무수탁회사 등 4개의 회사가 서로 다른 역할을 하면서 유기적으로 연결되어 운용된다. 이중 일반사무수탁회사가 자산의 투자과정에서 발생하는 수익증권의 발행 및 명의 개서업무, 계산업무, 준법감시 업무 등을 담당한다.

오답 분석 ① 자산운용회사가 어느 주식이나 채권에 얼마만큼 투자할지 투자전문가가 운용전략을 세워 체계적으로 관리한다.
② 은행, 보험사, 증권회사 등은 투자자에게 펀드 투자를 권유하고 투자계약을 체결하는 펀드판매회사로서의 역할을 수행한다.
③ 펀드 자금을 운용하는 대가로 자산운용회사가 받는 돈을 운용보수라고 하며 매년 펀드 자산의 일정 비율을 보수로 수취한다.

정답 : ④

20 펀드(fund)에 대한 설명으로 옳지 <u>않은</u> 것은?

① 펀드와 같은 간접투자상품은 제3자에게 자금을 위탁하여 운용하므로 투자위험을 줄일 수 있다.
② 펀드는 투자포트폴리오의 운용성과에 따라서 수익 또는 손실이 발생할 수 있다.
③ 펀드의 원금손실이 발생할 경우 자산운용회사와 판매회사가 손실액을 분담한다.
④ 투자자는 펀드의 운용특성, 투자위험 및 보수·수수료 등을 확인한 뒤 투자를 결정하여야 한다.

해설 펀드(집합투자증권)는 2명 이상의 불특정 다수의 투자자로부터 자금을 모아서 자산운용회사가 주식, 채권, 인프라 및 실물자산 등 다양한 자산에 분산투자하여 그 결과를 각 투자자의 투자금액에 비례하여 돌려주는 간접 투자상품이다. 이러한 펀드는 투자포트폴리오의 운용성과에 따라서 수익 또는 손실이 발생할 수 있으며, 운용결과 원금손실이 발생하는 경우 투자자 자신의 책임으로 귀속되는 실적배당상품이다.

오답 분석 ① 직접투자는 투자자가 주식, 채권, 부동산, 파생상품 등에 대한 투자정보를 스스로 수집·판단하여 투자를 하고, 또한 본인의 한정된 자금만으로 투자하기 때문에 분산투자가 어려워 투자위험이 높다. 반면, 펀드와 같은 간접투자는 자산운용 전문가인 제3자에게 자금을 위탁하여 운용할 뿐만 아니라 여러 사람으로부터 모은 대규모 자금으로 분산투자하여 투자위험을 줄일 수 있다.
④ 투자자는 펀드투자 의사결정 시 펀드의 운용특성, 투자위험 및 보수·수수료 등을 확인해야 하며, 투자 이후에도 펀드 운용성과 등을 지속적으로 모니터링하여 필요시 펀드 교체 여부 등을 판단해야 한다.

정답 : ③

21 펀드의 운용 구조에 관한 설명으로 옳지 <u>않은</u> 것은?

① 은행, 보험사, 증권회사 등은 투자자에게 펀드 투자를 권유하고 투자계약을 체결하는 펀드판매회사로서의 역할을 수행하고 있다.
② 자산운용회사는 투자전문가를 통해 펀드의 운용전략을 세워 어느 주식이나 채권에 얼마만큼 투자할지를 체계적으로 관리한다.
③ 수익증권을 판매한 투자자금은 펀드를 설정하고 운용하는 자산운용회사가 관리하므로 자산운용회사가 파산할 경우 투자 자금은 보호를 받을 수 없다.
④ 일반사무수탁회사는 자산의 투자과정에서 발생하는 수익증권의 발행 및 명의개서업무, 계산업무, 준법감시 업무 등을 담당한다.

22 펀드의 투자 비용에 대한 내용으로 옳지 <u>않은</u> 것은?

① 자산운용회사는 펀드 자금의 운용 대가로 운용보수를 수취한다.

② 한 차례 지불로 끝나는 보수와 달리 수수료는 지속적이고 정기적으로 지급된다.

③ 신탁보수와 사무수탁보수는 운용보수, 판매수수료, 판매보수 등에 비해 적은 편이다.

④ 통상 환매수수료는 가입 후 90일 또는 180일 등 일정기간으로 제한하고 있다.

23 펀드투자의 장점으로 가장 옳지 <u>않은</u> 것은?

① 소액투자와 달리 고액투자 시 분산투자효과를 거둘 수 있다.

② 전문가에 의해 투자되어 관리되고 운용된다.

③ 규모의 경제를 통해 비용을 절감할 수 있다.

④ 명시적 비용은 물론 암묵적 기회비용도 줄일 수 있다.

24 펀드의 종류와 유형에 관한 설명으로 옳은 것은?

① 사모형펀드는 100인 이하의 투자자들로부터 자금을 모집하며, 전문투자자만으로는 49인 이하, 일반투자자는 100인 이하로 구성할 수 있다.
② 개방형펀드는 환매가 가능한 펀드로 첫 모집 당시에만 자금을 모집하고 기간이 끝나면 전 자산을 정산해서 상환이 이루어진다.
③ 수시로 추가입금이 가능한 펀드를 단위형펀드라고 한다.
④ 주식 및 채권 투자비율이 각각 50% 미만이면 혼합형 펀드이다.

25 종류형펀드 중 펀드슈퍼마켓에서 투자할 수 있는 클래스는?

① A클래스
② E클래스
③ S클래스
④ O클래스

해설 종류형펀드(멀티클래스펀드)는 운용방식이 같더라도 펀드투자비용의 부과 체계가 다른 여러 펀드를 구분하기 위한 것으로 대체로 펀드 이름의 마지막 부분에는 알파벳이 표기되어 있다. 투자자는 투자기간이나 투자금액 등을 고려하여 자신에게 적합한 종류(클래스)를 선택할 수 있다. 이중 S클래스는 펀드슈퍼마켓 전용 펀드로, 다른 클래스보다 판매보수가 낮고 후취판매수수료를 징구한다.

오답분석 ① A클래스는 가입시 선취판매수수료를 징구하는 반면, B클래스는 일정기간 내에 환매시 후취수수료를 징구한다. 그리고 C클래스는 선취, 후취 판매수수료가 없고, D클래스는 선취, 후취 판매수수료가 모두 징구되는 펀드이다.
② 종류형펀드는 가입채널에 따라 구분되기도 하는데 펀드슈퍼마켓에서 투자하는 S클래스와 달리 E클래스는 온라인 전용펀드이다.
④ O클래스는 사전지정운용제도(디폴트옵션) 전용 펀드이다.

정답 : ③

26 금융상품을 비교한 내용으로 옳지 않은 것은?

		상장지수펀드(ETF)	인덱스펀드
①	특징	주식시장 인덱스를 추종하여 주식처럼 유가증권시장에 상장되어 거래	특정 인덱스를 추종하는 펀드로, 상장되어 거래되지 않고 일반펀드와 가입과정이 동일
②	투자비용	액티브펀드보다 낮은 비용이 발생하며 ETF거래를 위해 거래세 및 수수료 지불	대부분 ETF보다 높은 보수를 책정하고 있으나 액티브펀드보다는 낮은 수준
③	거래	일반펀드와 마찬가지로 순자산에 의해 수익률이 하루에 한번 결정되며 일반펀드와 같은 가입·환매체계를 거침	일반 주식처럼 장중 거래 가능하며 환금성이 뛰어나며, 주식과 같은 거래비용이 발생
④	운용	운용자는 환매 등에 신경을 쓰지 않으며 인덱스와의 추적오차를 줄이기 위해 최선을 다함	환매요청시 포트폴리오 매각과정에서 추적오차가 발생할 수 있고, 펀드규모가 너무 작을 경우 포트폴리오 구성에 문제 발생 가능

해설 상장지수펀드(ETF; Exchange Traded Funds)는 특정한 지수의 움직임에 연동해 운용되는 인덱스 펀드의 일종으로 거래소에 상장되어 실시간으로 매매된다. 지수에 연동되어 수익률이 결정된다는 점에서 인덱스 펀드와 유사하지만 증권시장에 상장되어 주식처럼 실시간으로 매매가 가능하다는 점에서 차이가 있다. 최근에는 ETF와 유사한 형태의 금융상품인 상장지수증권(ETN; Exchange Traded Notes)이 상장되어 활발하게 거래되고 있다. ETN은 기초지수 변동과 수익률이 연동되도록 증권회사가 발행하는 파생결합증권으로서 거래소에 상장되어 거래되는 증권이다. ETF와 ETN은 모두 인덱스 상품이면서 거래소에 상장되어 거래된다는 점에서는 유사하나 ETF의 경우는 자금이 외부 수탁기관에 맡겨지기 때문에 발행기관의 신용위험이 없는 반면에 ETN은 발행기관인 증권회사의 신용위험에 노출된다. 또한 ETF는 만기가 없는 반면에 ETN은 1~20년 사이에서 만기가 정해져 있다는 점에서도 차이가 있다.
③ 반대로 설명되어 있다.

정답 : ③

27 〈보기〉에서 금융상품에 대한 설명으로 옳은 것을 모두 고른 것은?

> ─────〈 보 기 〉─────
> ㄱ. 보통예금은 우체국, 은행(농·수협중앙회 포함), 상호저축은행 등이 취급하지만, 저축예금은 은행에서만 취급한다.
> ㄴ. 종합금융회사의 CMA와 증권회사의 CMA 모두 예금자보호 대상이다.
> ㄷ. RP를 30일 이내 중도 환매할 경우 당초 약정금리보다 훨씬 낮은 금리를 적용받게 된다.
> ㄹ. 재간접펀드는 과도한 분산투자와 이중의 보수지급으로 수익성이 떨어질 수 있다.

① ㄱ, ㄴ   ② ㄱ, ㄷ   ③ ㄴ, ㄷ   ④ ㄷ, ㄹ

> **해설** ㄷ과 ㄹ은 옳은 내용이고, ㄱ과 ㄴ은 틀린 내용이다.
> ㄷ. RP(환매조건부채권)는 통장거래로 이루어지며 30일 이내 중도 환매 시에는 당초 약정금리보다 훨씬 낮은 금리를 적용받게 된다. RP의 최소거래금액에는 제한이 없지만 1,000만원 이상이 일반적이다.
> ㄹ. 재간접펀드는 기존에 실적이 뛰어난 펀드를 골라 투자할 수 있으며, 특히 해외의 특정 지역이나 섹터 펀드, 헤지펀드 등 일반투자자가 접근하기 어려운 펀드에 대해서도 분산투자가 가능하다는 장점을 갖는다. 하지만 판매보수와 운용보수를 이중으로 지급하는 등 비용부담이 일반펀드에 비해 높을 수 있고, 과도한 분산투자로 수익성이 떨어질 수 있으며, 투자자가 하위펀드의 투자전략이나 운용내용을 파악하기도 쉽지 않다..
>
> **오답분석** ㄱ. 보통예금과 저축예금 모두 우체국, 은행(농·수협중앙회 포함), 상호저축은행 등에서 취급한다.
> ㄴ. 종합금융회사의 CMA는 예금자보호의 대상이지만, 증권회사의 CMA는 예금자보호의 대상에서 제외된다.
>
> 정답 : ④

28 금융 투자상품에 대한 설명으로 옳지 <u>않은</u> 것은? (2019 기출)

① 수입업자는 선물환 매입계약을 통해 환율변동에 따른 환리스크를 헤지(hedge)할 수 있다.
② 투자자의 원본 결손액에 대해 불법행위로 인한 손해 여부를 입증해야 하는 책임은 금융투자업자에게 있다.
③ 풋옵션의 경우, 기초자산 가격이 행사가격 이하로 하락함에 따라 매수자의 이익과 매도자의 손실이 무한정으로 커질 수 있다.
④ 상장지수증권(ETN)은 외부수탁기관에 위탁되기 때문에 발행기관의 신용위험이 없고 거래소에 상장되어 실시간으로 매매가 이루어진다.

> **해설** 상장지수펀드(ETF)와 유사한 형태의 금융상품인 상장지수증권(ETN; Exchange Traded Notes)은 기초지수 변동과 수익률이 연동되도록 증권회사가 발행하는 파생결합증권으로서 거래소에 상장되어 거래되는 증권이다. 발행회사인 증권회사는 투자수요가 예상되는 다양한 ETN을 상장시켜 투자자가 쉽게 ETN을 사고팔 수 있도록 실시간 매도·매수호가를 공급한다. ETF는 만기가 없는 반면에 ETN은 1~20년 사이에서 만기가 정해져 있다는 점에서도 차이가 있다.
> ④ ETF와 ETN은 모두 인덱스 상품이면서 거래소에 상장되어 거래된다는 점에서는 유사하나 ETF의 경우는 자금이 외부 수탁기관에 맡겨지기 때문에 발행기관의 신용위험이 없는 반면에 ETN은 발행기관인 증권회사의 신용위험에 노출된다.

① 선물환거래는 계약시 합의된 환율에 따라 미래의 특정일에 한 통화에 대하여 다른 통화의 일정량을 인도 또는 인수하기로 약속하는 거래이다. 따라서 수입업자는 선물환의 매입계약을 통해 환율변동에 따른 환리스크를 헤지 (위험회피, 위험분산)할 수 있다.

② 투자자보호 조치의 일환으로 설명의무 미이행 또는 중요사항에 대한 허위설명이나 설명누락 등으로 손실이 발생할 경우 금융투자회사에 배상책임이 부과된다. 아울러 투자자가 금융상품투자로 지급하는 금전 총액에서 취득하게 되는 금전 총액을 공제한 원본 결손액에 대한 불법행위로 인한 손해 여부의 입증책임을 금융투자업자가 지도록 하였다. 이는 입증책임의 전환을 통해 금융소비자(투자자)를 보호하기 위한 조치이다.

③ 옵션 매수자의 손실은 프리미엄에 한정되지만 이익은 무한정이다. 반면, 옵션 매도자의 이익은 프리미엄에 한정되지만 손실은 무한정이다.

정답 : ④

29 주가지수연계펀드(ELF)와 유사상품에 대한 설명으로 옳지 못한 것은?

① ELF는 대체로 펀드재산의 대부분을 증권회사에서 발행하는 권리증서(warrant)를 편입해 펀드수익률이 주가에 연동되도록 한다.

② ELF를 종합주가지수와 같은 주가지수 뿐 아니라 개별종목 주가나 특정업종과 같이 다양한 곳에 연계하기도 한다.

③ ELD와 ELS는 운용사와 판매사가 일치하지만, ELF는 운용사와 판매사가 일치하지 않는다.

④ ELD와 ELS는 지수에 따라 사전에 정한 수익을 지급하지만, ELF는 운용성과에 따라 실적배당을 한다.

국내에서 판매되는 주가지수연계펀드(ELF; Equity Linked Funds)는 대체로 펀드재산의 대부분을 국공채나 우량 회사채에 투자하여 만기시 원금을 확보하고 나머지 잔여재산을 증권회사에서 발행하는 권리증서(warrant)를 편입해 펀드수익률이 주가에 연동되도록 한 구조화된 상품이다.

② ELF는 개발초기와 달리 지금은 종합주가지수와 같은 주가지수 뿐 아니라 개별종목 주가나 특정업종과 같이 다양한 곳에 연계되는 경향이 강하다. 일본 니케이지수, 홍콩 항셍지수 등 해외증시와 연동한 상품도 있고, 주가상승으로 투자기간 도중에 목표수익률을 달성하면 투자원금과 수익금을 돌려주는 조기상환형 상품도 있다.

③ ELD는 예금의 성격을 지니고 ELS는 유가증권의 성격을 지니며 ELF는 펀드의 성격을 갖는다. ELD는 은행이 판매·운용하고, ELS는 투자매매업자 또는 투자중개업자가 판매하고 투자매매업자가 운용한다. 하지만 ELF는 투자매매업자 또는 투자중개업자가 판매한 뒤 집합투자업자(자산운용사)가 운용한다.

④ ELD와 ELS는 지수에 따라 사전에 정한 수익을 만기수익으로 지급하는 상품이지만, ELF는 만기수익을 운용성과에 따른 실적배당을 하는 상품이다.

정답 : ①

30 〈보기〉의 밑줄 친 '이 상품'은 무엇인가?

〈보기〉

소액개인투자자가 전문가를 통해 간접적으로 부동산 투자를 할 수 있도록 투자자금을 모아 부동산 개발, 매매, 임대 및 주택저당채권(MBS; Mortgage Backed Securities) 등에 투자한 후 이익을 배당한다. 이 상품을 통해 현금화가 매우 어려운 부동산 투자의 단점을 극복할 수 있다.

① ETF   ② ELD   ③ ELF   ④ REITs

> **해설** 부동산투자신탁(REITs; Real Estate Investment Trusts)은 투자자금을 모아 부동산 개발, 매매, 임대 및 주택저당채권 등에 투자한 후 이익을 배당하는 금융상품이다. 설립형태에 따라 회사형과 신탁형으로 구분되는데, 회사형은 주식을 발행하여 투자자를 모으는 형태로서 증권시장에 상장하여 주식을 거래하는 것이고, 신탁형은 수익증권을 발행하여 투자자를 모으는 형태로 상장의무가 없다. 리츠를 이용하면 소액개인투자자라도 대규모 자금이 필요하고 거래비용 및 세금이 부담되는 부동산 투자를 전문가를 통해 간접적으로 할 수 있고, 현금화가 매우 어려운 부동산 투자의 단점을 리츠 주식의 매매를 통해 해결할 수 있다.
>
> 정답 : ④

31 〈보기〉에서 재간접펀드의 장점으로 옳은 내용을 모두 고른 것은?

〈보기〉

(ㄱ) 기존에 실적이 뛰어난 펀드를 골라 투자할 수 있다.
(ㄴ) 일반투자자가 접근하기 어려운 펀드에 대해서도 분산투자가 가능하다.
(ㄷ) 일반펀드에 비해 판매보수와 운용보수 등 비용부담이 낮다.
(ㄹ) 투자자가 하위펀드의 투자전략이나 운용내용을 파악하기에 용이하다.

① (ㄱ), (ㄴ)   ② (ㄱ), (ㄷ)   ③ (ㄴ), (ㄷ)   ④ (ㄷ), (ㄹ)

> **해설** 재간접펀드(fund of funds)는 펀드의 재산을 다른 펀드가 발행한 간접투자증권에 투자하는 펀드로, 한 개의 펀드에서 다른 여러 가지 펀드들에 분산투자하는 것이다. 재간접펀드를 통해 (ㄱ)기존에 실적이 뛰어난 펀드를 골라 투자할 수 있고 해외의 특정 지역이나 섹터 펀드, 헤지펀드 등 (ㄴ)일반투자자가 접근하기 어려운 펀드에 대해서도 분산투자가 가능하다. 이처럼 재간접펀드는 분산투자 및 다양한 투자전략의 효과가 있지만, (ㄷ)판매보수와 운용보수를 이중으로 지급하는 등 비용부담이 일반펀드에 비해 높을 수 있다. 또한, 투자한 하위펀드가 다시 여러 섹터와 종목에 투자하는 과정에서 과도한 분산투자로 수익성이 떨어질 수 있고 (ㄹ)투자자 입장에서 하위펀드의 투자전략이나 운용내용을 파악하기도 쉽지 않다. 이런 이유로 투자자 보호를 위해 재간접펀드는 동일 자산운용사가 운용하는 펀드들에 대한 투자는 펀드자산 총액의 50%를 초과할 수 없고 같은 펀드에 대해서는 자산총액의 20%를 초과할 수 없도록 규제하고 있다.
>
> 정답 : ①

32 금융상품과 그에 대한 설명이 바르게 연결된 것은?

① 인버스 ETF – 해당 지수보다 변동폭을 크게 만든 ETF이다.

② 레버리지 ETF – 해당 지수와 반대로 움직이면서 수익이 발생하는 ETF이다.

③ 주가지수연계 펀드 – 만기 시 원금을 확보하면서도 펀드수익률이 주가에 연동되도록 한 구조화 상품이다.

④ 재간접펀드 – 동일 자산운용사가 운용하는 펀드들에 대한 투자는 펀드자산 총액의 20%를 초과할 수 없다.

> **해설** 국내에서 판매되는 주가지수연계 펀드(ELF; Equity Linked Funds)는 대체로 펀드재산의 대부분을 국공채나 우량 회사채에 투자하여 만기시 원금을 확보하고 나머지 잔여재산을 증권회사에서 발행하는 권리증서(warrant)를 편입해 펀드수익률이 주가에 연동되도록 한 구조화된 상품이다. ELF 중에는 주가상승으로 투자기간 도중에 목표수익률을 달성하면 투자원금과 수익금을 돌려주는 조기상환형 상품도 있다.

> **오답분석** ① ② 상장지수펀드(ETF; Exchange Traded Funds)는 특정한 지수의 움직임에 연동해 운용되는 인덱스 펀드의 일종으로 거래소에 상장되어 실시간으로 매매된다. ETF의 구성은 해당 지수에 포함된 상품의 바스켓과 동일한 것이 일반적이지만 해당 지수보다 변동폭을 크게 만든 레버리지 ETF나 해당 지수와 반대로 움직이면서 수익이 발생하는 인버스 ETF도 발행된다.
> ④ 재간접펀드의 투자자 보호를 위해 동일 자산운용사가 운용하는 펀드들에 대한 투자는 펀드자산 총액의 50%를 초과할 수 없고 같은 펀드에 대해서는 자산총액의 20%를 초과할 수 없도록 규제하고 있다.

정답 : ③

33 펀드 투자의 유의사항으로 가장 잘못된 것은?

① 펀드는 투자성과에 따라 원금 손실이 발생할 수 있다.

② 특정 산업이나 테마, 지역에 집중된 펀드의 경우 리스크가 커질 수 있다.

③ 펀드에 따라 수수료와 보수 체계가 다양하고 환매조건이 상이하다.

④ 과거 실적이 좋지 못한 펀드는 미래에도 수익률이 낮게 나타날 가능성이 높다.

> **해설** 펀드의 과거 수익률은 오로지 참고자료에 불과하다. 펀드 선택 시 최근 수익률이 높은 펀드를 고르는 경우가 많지만, 과거의 실적이 향후 경향성을 띠며 미래에도 계속 이어진다는 보장이 없다. 많은 실증 분석결과 펀드의 과거 수익률과 미래 수익률의 상관관계 낮은 것으로 나타나므로 과거 수익률에 대한 과신은 피하는 것이 바람직하다.

> **오답분석** ① 펀드는 예금자보호대상이 아니며 투자성과에 따라 손실이 발생할 수도 있고 심지어 전액 원금 손실에까지 이를 수도 있으므로 모든 투자의 책임은 본인이 감수하여야 함을 기억하고 각자 자신의 투자성향과 재무상태에 맞추어 투자해야 한다.
> ② 섹터, 테마, 지역, 운용회사 등에 따라 분산해서 투자하는 것이 바람직하다. 특정 산업이나 테마에 한정된 펀드도 많이 있으며 특정 지역에 집중된 해외펀드의 경우 국가 리스크가 발생할 수 있다.
> ③ 펀드에 따라 수수료 및 보수 체계가 다양하고 환매조건이 다르기 때문에 펀드에 가입하기 전에 선취 또는 후취수수료, 판매보수와 운용보수, 환매수수료 등 계약조건을 꼼꼼하게 따져 보아야 한다.

정답 : ④

34 선물거래에 관한 내용으로 옳지 **않은** 것은?

① 선물계약은 현재시점에서 계약은 하되 물품은 장래에 인수·인도한다는 점에서 현물계약과 다르다.

② 선물계약은 장래의 일정 시점에 일정 품질의 물품 또는 금융상품을 일정 가격에 인수·인도하기로 계약한다는 점에서 선도계약과 차이가 있다.

③ 상품선물은 기초자산이 실물상품인 선물로서 초기에는 농산물, 축산물 등에 한정되었으나 점차 대상이 확대되고 있다.

④ 금융선물의 종류에는 금리선물, 주식관련선물, 통화선물 등이 있다.

> **해설** 선물계약(futures contracts)은 장래의 일정 시점을 인수·인도일로 하여 일정한 품질과 수량의 어떤 물품 또는 금융상품을 사전에 정한 가격에 사고팔기로 약속하는 계약이다.
> ② 선물계약은 선도계약 중 거래가 표준화되고 거래소를 통해 이루어지는 보다 좁은 범위의 계약으로 볼 수 있다. 선물계약과 선도계약은 장래의 일정 시점에 일정 품질의 물품 또는 금융상품을 일정 가격에 인수·인도하기로 계약한다는 점에서는 동일하다. 하지만 선도계약은 거래당사자들이 자유롭게 계약내용을 정하고 장소에 구애받지 않고 거래할 수 있는 데 반해 선물계약은 계약내용이 표준화되어 있고 공식적인 거래소를 통해 거래가 이루어진다.
>
> **오답 분석** ① 선물계약은 현재시점에서 계약은 하되 물품은 장래에 인수·인도한다는 점에서 계약과 동시에 정해진 가격으로 물품을 인수·인도하는 현물계약과 대비된다.
> ③ 상품선물(commodity futures)은 기초자산이 실물상품인 선물로서 초기에는 농산물, 축산물 등에 한정되었으나 점차 확대되어 현재는 임산물, 비철금속, 귀금속, 에너지 등에 이르기까지 다양하다.
> ④ 금융선물(financial futures)에는 기초자산이 되는 금융상품에 따라 금리에 의해 가격이 결정되는 장단기 채권을 기초자산으로 하는 금리선물(interest rate futures), 개별주식 및 주가지수를 거래대상으로 하는 주식관련선물(stock-related futures), 그리고 주요국의 통화를 대상으로 하는 통화선물(currency futures)이 있다.
>
> 정답 : ②

35 옵션에 대한 설명으로 옳지 **못한** 것은?

① 옵션계약을 체결하는 경우 계약당사자 쌍방이 모두 계약이행의 의무를 지게 된다.

② 옵션거래는 선진국을 중심으로 다양한 투자수단을 제공하는 데 널리 활용되고 있다.

③ 옵션계약은 미래에 가격이 불리한 방향으로 움직이는 것에 대비한 보호수단을 제공한다.

④ 옵션매입자의 경우 옵션의 거래비용은 옵션프리미엄에 한정된다.

> **해설** 옵션계약은 장래의 일정시점 또는 일정기간 내에 특정 기초자산을 정한 가격에 팔거나 살 수 있는 권리이다.
> ① 선물계약이 매입측과 매도측 쌍방이 모두 계약이행의 의무를 지게 되는 반면, 옵션계약은 계약당사자 중 일방이 자기에게 유리하면 계약을 이행하고 그렇지 않으면 계약을 이행하지 않을 수 있는 권리를 갖고 상대방은 이러한 권리행사에 대해 계약이행의 의무만을 지게 된다는 점에서 차이가 있다.

② 옵션거래는 1980년대 이후 유용성이 널리 인식되면서 선진국을 중심으로 다양한 투자수단을 제공하는 데 널리 활용되면서 큰 폭의 성장세를 보여 왔다. 전통적인 금융상품인 주식, 채권 등과 결합하거나 옵션 간의 결합을 통해 다양한 형태의 수익구조를 갖는 투자수단을 만드는 데 활용되고 있다.

③ 옵션계약은 미래에 가격이 불리한 방향으로 움직이는 것에 대비한 보호수단을 제공하고 가격이 유리한 방향으로 움직일 때는 이익을 취할 수 있도록 해준다.

④ 옵션매입자의 경우 옵션의 거래비용은 옵션프리미엄에 한정되기 때문에 옵션투자는 적은 투자비용으로 레버리지가 매우 높은 투자손익이 발생하게 된다.

정답 : ①

36 옵션관련 용어에 대한 설명으로 바르지 못한 것은?

① 행사가격 : 옵션보유자가 선택권을 행사하는데 있어서 기준이 되는 가격

② 옵션발행자 : 옵션계약에서 선택권을 갖는 측

③ 만기일 : 옵션보유자가 선택권을 행사할 수 있도록 정해진 기간

④ 옵션프리미엄 : 옵션매입자가 옵션매도자에게 지급하는 금액

해설 옵션관련 용어로는 기초자산, 옵션보유자(옵션매입자), 옵션발행자(옵션매도자), 행사가격, 만기일, 옵션프리미엄(옵션가격) 등이 있다. 옵션발행자는 옵션보유자의 계약상대방으로서 계약 이행의 의무를 지는 측이다. 옵션계약에서 선택권을 갖는 측은 옵션보유자이다.

※ 옵션관련 용어

용어	내용
기초자산 underlying asset	· 옵션거래의 대상이 되는 상품 또는 자산 · 옵션의 가치를 산정하는 기초
옵션보유자(옵션매입자) option holder	· 옵션계약에서 선택권을 갖는 측
옵션발행자(옵션매도자) option writer	· 옵션보유자의 계약상대방이 되어 계약을 이행해야 할 의무를 지는 측
행사가격 exercise price, strike price	· 기초자산에 대해 사전에 정한 매수가격(콜옵션의 경우) 또는 매도가격(풋옵션의 경우)으로서 옵션보유자가 선택권을 행사하는데 있어서 기준이 되는 가격 · 콜옵션매수자는 기초자산의 가격이 행사가격 이상으로 상승할 때 권리를 행사하고 풋옵션매수자는 기초자산의 가격이 행사가격 아래로 하락할 때 권리를 행사
만기일 expiration date	· 옵션보유자가 선택권을 행사할 수 있도록 정해진 미래의 특정 시점 또는 정해진 기간 · 만기일이 지나면 해당 옵션은 그 가치를 상실하고 더 이상 권리 행사 불가
옵션프리미엄(옵션가격) option premium	· 옵션매입자가 선택권을 갖는 대가로 옵션매도자에게 지급하는 금액

정답 : ②

37 옵션을 분류한 내용으로 옳지 <u>않은</u> 것은?

① 콜옵션 : 기초자산을 매입하기로 한 측이 옵션보유자가 되는 경우
② 미국식 옵션 : 옵션의 만기일에만 권리를 행사할 수 있는 형태의 옵션
③ 통화옵션 : 외국통화가 기초자산이 되는 옵션
④ 선물옵션 : 선물계약 자체를 기초자산으로 하는 옵션

> **해설** 옵션은 권리의 유형에 따라 콜옵션과 풋옵션, 권리행사의 기간(시기)에 따라 유럽식 옵션과 미국식 옵션, 기초자산
> 에 따라 주식옵션·주가지수옵션·통화옵션·금리옵션·선물옵션 등으로 분류할 수 있다.
> ② 유럽식 옵션은 옵션의 만기일에만 권리를 행사할 수 있는 형태의 옵션이고, 미국식 옵션은 옵션의 만기일이
> 될 때까지 언제라도 권리를 행사할 수 있는 형태의 옵션이다.

※ 옵션의 분류

기준	종류	내용
권리의 유형	콜옵션 (call option)	· 기초자산을 약정된 행사가격에 살 수 있는 권리 · 기초자산을 매입하기로 한 측이 옵션보유자가 되는 경우 · 콜옵션의 매입자는 장래의 일정시점 또는 일정기간 내에 특정 기초자산을 정해진 가격으로 매입할 수 있는 선택권을 보유
	풋옵션 (put option)	· 기초자산을 약정된 행사가격에 팔 수 있는 권리 · 기초자산을 매도하기로 한 측이 옵션보유자가 되는 경우 · 풋옵션의 매입자는 장래의 일정시점 또는 일정기간 내에 특정 기초자산을 정해진 가격으로 매도할 수 있는 권리를 보유
권리행사 기간(시기)	유럽식 옵션 (European option)	· 옵션의 만기일에만(on expiration date) 권리를 행사할 수 있는 형태의 옵션
	미국식 옵션 (American option)	· 옵션의 만기일이 될 때까지(by expiration date) 언제라도 권리를 행사할 수 있는 형태의 옵션
기초자산	주식옵션 (stock option)	· 개별 주식이 기초자산이 되는 옵션 · 옵션 중 가장 흔한 형태
	주가지수옵션 (stock index option)	· 주가지수 자체가 기초자산이 되는 옵션 · 주가지수는 시장 전체의 움직임을 대표하는 경우와 특정부문을 대상으로 하는 것이 있음
	통화옵션 (currency option)	· 외국통화가 기초자산이 되는 옵션 · 특정 외환을 미리 정한 환율로 사고팔 수 있는 권리를 매매 · 우리나라에서는 미국달러옵션이 상장되어 거래
	금리옵션 (Interest Rate Option)	· 국채, 회사채, CD 등 금리변동과 연계되는 금융상품이 기초자산이 되는 옵션 · 기간에 따라 단기, 중기, 장기로 구분
	선물옵션 (options on futures)	· 현물을 기초자산으로 하는 선물계약 자체를 기초자산으로 하는 옵션 · 선물콜옵션을 행사하면 선물매수포지션이 생기고 선물풋옵션을 행사하면 선물매도포지션을 받게 됨

정답 : ②

38 〈보기〉에서 장내 파생상품에 대한 설명으로 옳은 것을 모두 고른 것은? (2022 기출)

〈 보 기 〉

ㄱ. 옵션 매수자의 이익은 옵션 프리미엄에 한정되고 손실은 무한정인 반면, 매도자의 손실은 옵션 프리미엄에 한정되고 이익은 무한정이다.

ㄴ. 풋옵션의 매도자는 장래의 일정 시점 또는 일정 기간 내에 특정 기초자산을 정해진 가격으로 매도할 수 있는 권리를 가진다.

ㄷ. 옵션 계약에서는 계약이행의 선택권을 갖는 계약자가 의무만을 지는 상대방에게 자신이 유리한 조건을 갖는 데 대한 대가를 지불하고 계약을 체결하게 된다.

ㄹ. 계약 내용이 표준화되어 있고 공식적인 거래소를 통해 매매되는 선물거래에는 헤징(hedging) 기능, 현물시장의 유동성 확대 기여, 장래의 가격정보 제공 기능 등이 있다.

① ㄱ, ㄴ   ② ㄱ, ㄷ
③ ㄴ, ㄹ   ④ ㄷ, ㄹ

해설 파생상품(derivatives)은 기초자산의 가치 변동에 따라 가격이 결정되는 금융상품을 말하며, 그 상품의 가치가 기초자산의 가치 변동으로부터 파생되어 결정되기 때문에 '파생상품'이라고 부른다.

ㄷ. 옵션계약은 장래의 일정시점 또는 일정기간 내에 특정 기초자산을 정한 가격에 팔거나 살 수 있는 권리를 말한다. 옵션계약에서는 계약이행의 선택권을 갖는 계약자가 의무만을 지는 상대방에게 자신이 유리한 조건을 갖는데 대한 대가를 지불하고 계약을 체결하게 된다.

ㄹ. 선물계약(futures contracts)은 장래의 일정 시점을 인수·인도일로 하여 일정한 품질과 수량의 어떤 물품 또는 금융상품을 사전에 정한 가격에 사고팔기로 약속하는 계약이다. 선물거래의 기능으로는 가격변동 리스크를 줄이는 헤징, 현물시장의 유동성 확대, 장래의 가격정보 제공, 새로운 투자수단의 제공 등을 꼽을 수 있다.

오답 분석 ㄱ. 옵션의 매수자 손실은 프리미엄에 한정되지만 이익은 무한정이고, 매도자 이익은 프리미엄에 한정되나 손실은 무한정이다.

ㄴ. 옵션은 선택권 보유자에 따라 콜옵션과 풋옵션으로 구분된다. 콜옵션(call option)은 기초자산을 매입하기로 한 측이 옵션보유자가 되는 경우로, 콜옵션의 매입자는 장래의 일정시점 또는 일정기간 내에 특정 기초자산을 정해진 가격으로 매입할 수 있는 선택권을 가진다. 반면, 풋옵션(put option)은 기초자산을 매도하기로 한 측이 옵션보유자가 되는 경우로, 풋옵션의 매입자는 장래의 일정시점 또는 일정기간 내에 특정 기초자산을 정해진 가격으로 매도할 수 있는 권리를 가진다.

정답 : ④

39 선물과 옵션의 차이를 비교한 내용으로 옳지 <u>않은</u> 것은?

① 선물은 기초자산을 매수 또는 매도하는 계약이고, 옵션은 기초자산을 매수·매도할 권리를 거래하는 계약이다.
② 선물은 현물지수의 움직임에 연동되지만, 옵션은 일정 범위 안에서만 현물지수 움직임에 연동된다.
③ 옵션 계약시에는 매수자와 매도자 모두 증거금이 필요하지만, 선물 계약시에는 매도자에게만 증거금이 요구된다.
④ 선물은 매도자와 매수자 모두 이익과 손실이 무한정인 반면, 옵션의 매수자의 경우 손실은 프리미엄에 한정된다.

> **해설** 선물계약(futures contracts)은 장래의 일정 시점을 인수·인도일로 하여 일정한 품질과 수량의 어떤 물품 또는 금융상품을 사전에 정한 가격에 사고팔기로 약속하는 계약이고, 옵션계약은 장래의 일정시점 또는 일정기간 내에 특정 기초자산을 정한 가격에 팔거나 살 수 있는 권리이다. 선물계약이 매입측과 매도측 쌍방이 모두 계약이행의 의무를 지게 되는 반면, 옵션계약은 계약당사자 중 일방이 자기에게 유리하면 계약을 이행하고 그렇지 않으면 계약을 이행하지 않을 수 있는 권리를 갖고 상대방은 이러한 권리행사에 대해 계약이행의 의무만을 지게 된다는 점에서 차이가 있다.
> ③ 선물의 경우 매수자와 매도자 모두 증거금이 필요하지만, 옵션의 경우 매도자에게만 증거금이 필요하다.
>
> **오답분석** ④ 선물의 경우 매도자와 매수자의 이익과 손실이 무한정이지만, 옵션의 경우는 이와 다르다. 옵션 매수자의 이익은 무한정이지만 손실은 프리미엄에 한정되고, 옵션 매도자의 이익은 프리미엄에 한정되지만 손실은 무한정이다.
>
> 정답 : ③

40 구조화 상품에 관한 내용으로 바르지 <u>못한</u> 것은?

① 구조화 상품은 저위험·고수익 상품의 개발 또는 미술품 등의 고가품을 증권으로 가공·변형하여 투자할 수 있도록 하는 과정에서 등장하였다.
② 주가연계증권(ELS)은 개별 주식의 가격이나 주가지수, 섹터지수 등의 기초자산과 연계되어 미리 정해진 방법으로 투자수익이 결정되는 증권이다.
③ 원유, 금 등의 상품가격, 이자율 등의 변동과 연계되어 미리 정해진 방법으로 투자수익이 결정되는 파생결합증권도 발행되고 있다.
④ 구조화증권에 투자하려면 기대수익률에 앞서서 기초자산, 상품구조와 유동성 등에 대한 정확한 이해가 선행될 필요가 있다.

[해설] 구조화 상품은 예금, 주식, 채권, 대출채권, 통화, 옵션 등 당초의 자산을 가공하거나 혼합하여 만들어진 새로운 금융상품이다. 구조화 상품에는 주식이나 채권, 파생상품 등을 혼합하여 만든 ELS(Equity Linked Securities), DLS(Derivative Linked Securities), 예금과 주식을 혼합하여 만든 주가연계예금(ELD), 일부 부동산펀드, ETF, ABCP 등이 포함된다.
① 우리나라에서 구조화 상품은 2000년 이후 점차 저성장·저금리 기조에 들어서면서 예금을 선호하던 상당수의 사람들이 대안을 모색하고 주식에 투자해왔던 사람들 역시 리스크에 대한 대안을 필요로 하는 배경 속에서 중위험/중수익 금융상품이 개발되는 과정에서 등장하였다. 또한, 다양한 투자대상에 대한 개인의 관심 증가에 부응하기 위하여 부동산, 항공기, 미술품 등의 상품을 증권으로 가공·변형하여 투자가 가능하도록 하는 과정에서 구조화 상품이 더욱 다양해졌다.

[오답분석] ② 주가연계증권(ELS; Equity Linked Securities)은 파생결합증권의 일종으로 개별 주식의 가격이나 주가지수, 섹터지수 등의 기초자산과 연계되어 미리 정해진 방법으로 투자수익이 결정되는 증권이다.
③ 파생결합증권은 기초자산의 가격·이자율·지표·단위 또는 이를 기초로 하는 지수 등의 변동과 연계하여 미리 정하여진 방법에 따라 지급금액 또는 회수금액이 결정되는 권리가 표시된 증권이다. 기초자산이 원유, 금 등의 상품가격, 이자율, 지표 또는 이를 기초로 하는 지수 등의 변동과 연계되어 미리 정해진 방법으로 투자수익이 결정되는 파생결합증권(DLS; Derivative Linked Securities)도 발행되고 있다.
④ 구조화증권의 상품구조나 내용이 복잡하여 정확하게 이해하기 난해하고 구조화증권의 가치평가나 관련정보 입수에도 어려움이 많으므로 구조화증권에 투자하려면 기대수익률에 앞서서 기초자산, 상품구조와 유동성 등에 대한 정확한 이해가 선행될 필요가 있다.

정답 : ①

41 신탁 및 신탁상품에 관한 내용으로 옳지 않은 것은?

① 신탁은 자본시장법에 의해 허가를 받은 신탁업자에게 재산을 맡겨서 운용하도록 하는 행위이다.
② 금전으로 신탁을 설정하는 금전신탁 중 특정금전신탁은 수탁자에게 재산의 운용방법을 일임한 신탁이다.
③ 재산신탁은 금전 외의 재산인 금전채권, 유가증권, 부동산 등으로 신탁을 설정하고 신탁 종료 시 운용재산을 그대로 수익자에게 교부하는 신탁이다.
④ 종합재산신탁은 하나의 신탁계약에 의해 금전, 유가증권, 부동산, 동산 등 모든 재산권을 종합적으로 관리·운용·처분하여 주는 신탁이다.

[해설] 금전신탁은 금전으로 신탁을 설정하고 신탁 종료시 금전 또는 운용재산을 수익자에게 그대로 교부하는 신탁이다. 금전신탁은 위탁자가 신탁재산의 운용방법을 직접 지시하는지 여부에 따라 특정금전신탁과 불특정금전신탁으로 나뉜다. 신탁계약 또는 위탁자의 지시에 따라 신탁재산 운용방법이 특정되면 특정금전신탁이고, 수탁자에게 재산의 운용방법을 일임하면 불특정금전신탁이 된다. 불특정금전신탁은 집합투자기구(펀드)와 같은 성격으로 보아 간접투자자산운용법 시행 이후 신규수탁이 금지되었다.

① 신탁은 자본시장법에 의해 허가를 받은 신탁업자에게 재산을 맡겨서 운용하도록 하는 행위이다. 위탁자가 특정한 재산권을 수탁자에게 이전하거나 기타의 처분을 하고 수탁자로 하여금 수익자의 이익 또는 특정한 목적을 위하여 그 재산권을 관리·운용·처분하게 하는 법률관계가 바로 신탁이다.
③ 재산신탁은 금전 외의 재산인 금전채권, 유가증권, 부동산 등으로 신탁을 설정하고 위탁자의 지시 또는 신탁계약에서 정한 바에 따라 관리·운용·처분한 후 신탁 종료 시 운용재산을 그대로 수익자에게 교부하는 신탁이다.
④ 종합재산신탁은 금전 및 금전 외 재산을 하나의 계약으로 포괄적으로 설정하는 신탁이다. 하나의 신탁계약에 의해 금전, 유가증권, 부동산, 동산 등 모든 재산권을 종합적으로 관리·운용·처분하여 주는 신탁이다.

정답 : ②

42 〈보기〉의 내용에 해당하는 금융상품은?

〈 보 기 〉

주식, 채권, 금융상품 등 증권회사(투자매매업자)에 예탁한 개인투자자의 자금을 한꺼번에 투자자문업자로부터 운용서비스 및 그에 따른 부대서비스를 포괄적으로 받는 금융상품이다.

① 랩어카운트(wrap account)
② 종합재산신탁
③ 단기금융상품펀드(MMF; Money Market Fund)
④ 시장금리부 수시입출금식예금(MMDA; Money Market Deposit Account)

해설 주식, 채권, 금융상품 등 증권회사(투자매매업자)에 예탁한 개인투자자의 자금을 한꺼번에 싸서(wrap) 투자자문업자(통상 자산운용회사나 증권회사가 겸업)로부터 운용서비스 및 그에 따른 부대서비스를 포괄적으로 받는 계약은 랩어카운트(wrap account)이다. 랩어카운트는 주식, 채권, 투자신탁 등을 거래할 때마다 수수료를 지불하지 않고 일괄해서 연간 보수로 지급한다. 즉, 보수는 실제 매매거래의 횟수 등과 무관하게 자산잔액의 일정 비율(약 1~3% 수준)로 결정되며, 여기에는 주식매매위탁수수료, 운용보수, 계좌의 판매서비스, 컨설팅료 등이 모두 포함된다.

오답 분석 ② 신탁은 자본시장법에 의해 허가를 받은 신탁업자에게 재산을 맡겨서 운용하도록 하는 행위로, 위탁자가 특정한 재산권을 수탁자에게 이전하거나 기타의 처분을 하고 수탁자로 하여금 수익자의 이익 또는 특정한 목적을 위하여 그 재산권을 관리·운용·처분하게 하는 법률관계를 말한다. 종합재산신탁은 금전 및 금전 외 재산을 하나의 계약으로 포괄적으로 설정하는 신탁이다. 하나의 신탁계약에 의해 금전, 유가증권, 부동산, 동산 등 모든 재산권을 종합적으로 관리·운용·처분하여 주는 신탁이다.
③ 단기금융상품펀드(MMF; Money Market Fund)는 고객의 돈을 모아 주로 CP(기업어음), CD(양도성예금증서), RP(환매조건부채권), 콜(call) 자금이나 잔존만기 1년 이하의 안정적인 국공채로 운용하는 실석배당상품이다.
④ 시장금리부 수시입출금식예금(MMDA; Money Market Deposit Account)은 고객이 우체국이나 은행에 맡긴 자금을 단기금융상품에 투자해 얻은 이익을 이자로 지급하는 구조로 되어 있어 시장실세금리에 의한 고금리가 적용되고 입출금이 자유로우며 각종 이체 및 결제기능이 가능한 단기상품이다.

정답 : ①

43 외화예금 관련 금융상품에 대한 설명으로 바르지 <u>못한</u> 것은?

① 외화보통예금은 예치금액, 예치기간 등에 제한이 없고 입출금이 자유롭다.

② 외화정기예금은 여유자금을 장기간 안정적으로 운용하기에 적합하다.

③ 외화적립식예금은 정기적금과 비슷하지만 정기적금보다 적립일, 적립 횟수에 제한이 많다.

④ 외화예금은 USD, JPY, EUR 등 10여 개 통화로 예치 가능하다.

해설 외화적립식예금은 외화를 매월 일정액 또는 자유롭게 적립하여 예치기간별로 금리를 적용받는 상품이다. 은행별로 차이는 있으나 계약기간을 1개월에서 24개월까지 자유롭게 선정할 수 있다. 정기적금과 비슷하나 정기적금보다는 적립일, 적립 횟수에 제한이 없는 등 자유롭게 운영된다.

오답분석 ① 외화보통예금은 보통예금처럼 예치금액, 예치기간 등에 제한이 없고 입출금이 자유로운 외화예금이다. 외화 여유자금을 초단기로 예치하거나 입출금이 빈번한 자금을 운용하기에 적합하며 주로 해외송금을 자주 하는 기업이나 개인들이 이용하고 원화로 외화를 매입하여 예치할 수도 있다. 향후 예치통화의 환율이 오르내릴 경우 환차익이나 환차손이 발생할 수도 있다.
② 외화정기예금은 외화로 예금하고 인출하는 정기예금으로, 약정기간이 길수록 확정이자가 보장되므로 여유자금을 장기간 안정적으로 운용하기에 적합하다.
④ 외화예금은 외국통화로 가입할 수 있는 예금으로 USD, JPY, EUR 등 10여 개 통화로 예치 가능하다.

정답 : ③

01 저축의 기초

Step 1 오엑스 Quiz

1 저축을 하는 목적은 예정된 날짜에 이자와 원금을 확실하게 회수하여 계획했던 미래 소비에 사용하는 것이다. ○|×

2 최근 전 세계적으로 저금리가 고착화되면서 낮은 수익률을 보이는 저축보다는 어느 정도 리스크를 감당하더라도 수익률을 높일 수 있는 투자에 대한 관심이 커지고 있다. ○|×

3 단리는 일정한 기간에 오직 원금에 대해서만 미리 정한 이자율을 적용하여 이자를 계산하는 방법이고, 복리는 원금뿐 아니라 발생한 이자도 재투자된다고 가정한다. ○|×

4 금융상품 중에는 정책적으로 이자 또는 배당에 대해 과세되지 않는 비과세상품이나 낮은 세율이 적용되는 세금우대상품도 있는데, 이러한 상품은 한시적으로 일부 계층에게만 제한적으로 허용되는 경우가 대부분이다. ○|×

01 저축과 투자에 관한 설명으로 옳지 못한 것은?

① 현재의 소비를 포기하고 미래로 소득을 이연한다는 측면에서 볼 때 투자도 저축의 일종으로 볼 수 있다.

② 현실에서는 저축을 투자에 비해 불확실성이 매우 적은 자산축적 활동으로 인식하는 경향이 있다.

③ 저축의 목적은 예정된 날짜에 이자와 원금을 확실하게 회수하여 계획했던 미래 소비에 사용하는 것이다.

④ 고금리가 고착화될 경우 리스크를 감내하더라도 수익률이 높은 투자에 대한 관심이 증대된다.

> 해설 투자는 원금 손실을 볼 수도 있고 어느 정도의 수익이 발생할지도 알 수 없다는 점에서 저축에 비해 미래의 현금흐름에 불확실성이 존재한다. 투자를 통해 저축으로 발생하는 이자보다 더 많은 수익을 거둘 수도 있지만, 투자에는 반드시 리스크가 따르며 투자의 종류에 따라 리스크의 크기도 다르다.
> ④ 최근 전 세계적으로 저금리가 고착화되면서 낮은 수익률을 보이는 저축보다는 어느 정도 리스크를 감당하더라도 수익률을 높일 수 있는 투자에 대한 관심이 커지고 있다. 즉, 고금리일 때보다 저금리로 인해 저축을 통한 수익성이 낮아질 때 투자에 대한 관심이 증대된다고 보아야 한다.
>
> 정답 : ④

02 저축에 관한 내용으로 옳지 않은 것은?

① 복리는 단리와 달리 원금뿐 아니라 발생한 이자도 재투자된다고 가정한다.

② 72법칙을 통해 단리로 계산하여 원금이 두 배가 되는 시기를 쉽게 파악할 수 있다.

③ 인플레이션이 발생하면 저축한 화폐의 가치가 하락하여 미래의 구매력이 낮아진다.

④ 우리나라는 금융소득에 대하여 15.4%(지방소득세 포함)를 원천징수한다.

> 해설 저축기간과 금리와의 관계를 설명하는 '72법칙'은 복리로 계산하여 원금이 두 배가 되는 시기를 쉽게 파악할 수 있도록 한다. 복리의 저축 상품인 경우 72를 금리로 나누어(72÷금리) 원금이 두 배가 되는 시점을 예측할 수 있으므로 목표수익률을 정할 때 편리하게 활용할 수 있다.
>
> 오답분석 ① 기간이 1년인 경우 이자금액은 단순히 원금에 이자율을 곱하여 나온 값으로 계산하지만, 기간이 1년 이상인 경우에는 이자율을 곱하는 원금을 어떻게 평가하느냐에 따라 단리(單利)와 복리(複利)로 구분할 수 있다. 단리는 일정한 기간에 오직 원금에 대해서만 미리 정한 이자율을 적용하여 이자를 계산하지만, 복리는 원금뿐만 아니라 발생한 이자도 재투자된다는 가정하에 계산을 한다.
> ③ 인플레이션이 있으면 똑같은 돈으로 구입할 수 있는 물건이 줄어들기 때문에 화폐 가치가 하락하므로 인플레이션율이 높을수록 저축한 돈의 가치를 유지하면서 소비를 미래로 늦추기가 어려워진다.
> ④ 우리나라에서는 이자소득을 포함한 금융소득에 대해서 분리과세를 통해 금융회사가 일률적으로 14%(지방소득세를 포함하면, 15.4%)를 원천징수하고 나머지를 지급한다. 다만, 금융상품 중에는 정책적으로 이자 또는 배당에 대해 과세되지 않는 비과세상품이나 낮은 세율이 적용되는 세금우대상품도 있다.
>
> 정답 : ②

03 저축과 이자에 관한 내용으로 옳지 <u>않은</u> 것은?

① 저축은 예정된 날짜에 원리금을 확실하게 회수하여 계획했던 미래 소비에 사용하는데 유리하다.

② 경제위기로 인해 저금리 기조가 유지될 경우 저축에 대한 관심이 커지게 된다.

③ 이자소득세로 이자소득의 14%(지방소득세를 포함 15.4%)를 원천징수한다.

④ 72법칙을 이용하여 원하는 자금운용기간을 정할 수 있다.

> **해설** 저금리가 고착화되면 낮은 수익률을 보이는 저축보다는 어느 정도 리스크를 감당하더라도 수익률을 높일 수 있는 투자에 대한 관심이 커지게 된다.
>
> **오답 분석** ① 저축을 하는 목적은 예정된 날짜에 이자와 원금을 확실하게 회수하여 계획했던 미래 소비에 사용하는 것이다.
> ③ 우리나라에서는 이자소득을 포함한 금융소득에 대해서 분리과세를 통해 금융회사가 일률적으로 14%(지방소득세를 포함 15.4%)를 원천징수하고 나머지를 지급한다.
> ④ 복리로 계산하여 원금이 두 배가 되는 시기를 '72법칙'을 통해 간단한 공식으로 계산할 수 있다. 72법칙을 이용하면 원하는 목표수익률이나 자금운용기간을 정하는 데 도움이 된다.
>
> 정답 : ②

04 갑은 1,000만 원을 은행에 예치하면서 2년 만기로 연 10%의 이자를 받기로 했다. 단리와 복리 이자로 각각 계산할 때, 갑이 만기 때 받을 수 있는 금액은?

① 1,100만 원   1,120만 원

② 1,120만 원   1,200만 원

③ 1,200만 원   1,210만 원

④ 1,110만 원   1,120만 원

> **해설** 단리 계산은 단순히 원금에 대한 이자를 계산하는 방법이고, 복리 계산은 원금에 대한 이자뿐만 아니라 이자에 대한 이자까지 계산하는 방식이다. 갑이 1,000만 원에 대하여 단리로 2년간 10%의 이자를 받을 경우 매년 원금 1,000만 원에 대하여 100만 원씩을 수령하게 되어 만기 시 총 1,200만 원을 받을 수 있다. 반면, 복리일 경우에는 첫 해에는 원금 1,000만 원에 대한 100만 원의 이자를 받고, 둘째 해에는 원금 1,000만원과 이자 100만 원에 대한 10%의 이자 110만 원을 더해 만기 시 총 1,210만 원을 수령할 수 있다.
>
> 정답 : ③

05 〈보기〉와 같은 조건일 때 단리계산과 복리 계산에 대한 설명으로 옳지 <u>않은</u> 것은? (2024 기출)

〈 보 기 〉

현재 원금	총 투자 기간	이자율
1,000,000원	5년	연 5%

① 단리 계산 시 5년 후의 원리금은 1,250,000원이 된다.

② 복리 계산 시 5년 후의 원리금 계산식은 $1,000,000원 \times (1+0.05)^5$이다.

③ 총 투자 기간 중 처음 1년 거치기간에 대한 단리 계산과 복리 계산 결과의 원리금은 동일하지 않다.

④ 복리 계산 시 '72의 법칙'에 따라 10년 소요 기간 동안 현재 원금의 2배가 되려면 〈보기〉의 이자율보다 연 2.2%p가 더 높아야 한다.

해설 단리는 일정한 기간에 오직 원금에 대해서만 미리 정한 이자율을 적용하여 이자를 계산하는 방법이고, 복리는 이자에도 이자가 붙는다. 다만, 총 투자 기간 중 아직 이자가 발생하지 않은 처음 1년 거치기간에는 단리와 복리 모두 본래의 원금에 대해서만 이자가 발생하므로 원리금이 동일하다.

오답분석 ① 단리는 'FV = PV × [1 + (r × n)]'으로 계산한다. FV는 투자 기간 이후의 원리금인 미래가치, PV는 현재의 원금인 현재가치, r은 수익률(연이율), n은 투자기간(연단위)이다. 따라서 원금 1,000,000원을 5%의 이자율로 5년간 저축할 경우 원리금은 1,250,000원이 된다.

② 복리는 'FV = PV × (1 + r)ⁿ'으로 계산한다. 따라서 복리 계산 시 5년 후의 원리금 계산식은 '1,000,000원 × (1 + 0.05)⁵'이다.

④ '72법칙'을 통해 복리로 계산하여 원금이 두 배가 되는 시기를 쉽게 알아볼 수 있다. 이 법칙은 목표수익률을 정할 때에도 활용할 수 있는데, 만일 10년 안에 원금이 두 배가 되기 위한 금리는 72 ÷ 10 = 7.2%(년)이다. 따라서 현재 이자율은 5%보다 2.2%p가 더 높아야 한다.

정답 : ③

02 투자의 기초

1. 2년 → 1년

1 보유기간수익률은 투자기간이 서로 다른 경우에는 비교가 불가능하기 때문에 통상 2년을 기준으로 표준화하여 연간 보유기간수익률로 표시하는 것이 일반적이다.   ○│×

2. 단기투자 → 장기투자

2 거래비용을 제외한 나머지가 실질적인 투자수익이 되므로 거래횟수가 잦을수록 비용 대비 수익이 낮아지게 되어 단기투자가 유리하게 된다.   ○│×

3 저축이나 투자를 통해 발생한 수익에 대해 과세가 된다면 세금을 제외한 나머지가 실질적인 수익이 되므로 세전(before-tax) 수익률과 세후(aftertax) 수익률을 구분할 필요가 있다.   ○│×

4. risk는 부정적 상황 외에 긍정적 가능성도 내포하는 반면, danger는 부정적 결과만 있다.

4 부정적인 결과만 있는 risk와 부정적인 결과와 긍정적인 결과가 동시에 존재하는 danger는 구분되어 사용되어야 한다.   ○│×

5 확정된 수익률이 보장되는 저축과 달리 투자는 앞으로 어떤 결과가 발생할지 모르는 불확실성이 있기 때문에 필연적으로 리스크가 수반된다.   ○│×

6. 사후적인 실현수익률과 기대수익률은 구별된다. 리스크가 큰 투자라고 해서 높은 수익률을 보장하지는 않는다.

6 기대수익률(expected return)이란 어떤 자산을 현재가격으로 매입할 때 평균적으로 예상되는 수익률을 의미하므로 실제 투자 결과로 발생하는 실현수익률과 동일한 의미로 받아들여진다.   ○│×

7 기대수익률이 높아야만 투자자들이 기꺼이 리스크를 감당하여 투자를 하게 된다.   ○│×

8 투자의 기대수익률은 무위험수익률에 리스크 프리미엄을 합한 값과 같다.   ○│×

9 안정성을 선호한다면 리스크가 낮은 저축의 비중을 높이되 높은 수익을 원한다면 리스크를 떠안고 투자의 비중을 높여야 한다.   ○│×

10 분산투자를 통해서 위험을 줄일 수 있는 부분은 체계적 위험이라 하고 분산투자로도 그 크기를 줄일 수 없는 부분은 비체계적 위험이라고 한다. ○│×

11 투자의 레버리지는 총 투자액 중 부채의 비중이 커지면(자기자본의 비중이 작아지면) 감소하게 된다. ○│×

12 레버리지는 손익의 규모를 확대시켜 레버리지가 커질수록 그 방향이 양이든 음이든 투자수익률은 가격변동률의 몇 배로 증가함으로써 리스크가 커지게 된다. ○│×

13 기업이 감내할 만한 범위 내에서 적절한 부채를 사용하는 것은 바람직하지만, 개인은 투자할 때 부채 없이 여유자금으로 하는 것이 원칙이다. ○│×

14 금융투자상품은 권리취득에 소요되는 비용(투자금액)이 그러한 권리로부터 발생하는 금액보다 클 가능성이 있는(원금손실의 가능성이 있는) 상품이다. ○│×

15 투자는 한 번의 의사결정으로 끝나는 것이 아니라 투자기간 동안은 투자의 목표(목적)에 알맞은 수단인지 다른 대안은 없는지 등을 자신의 상황에 비추어 지속적으로 판단할 필요가 있다. ○│×

16 금융투자업자의 투자자 보호장치 중 적합성원칙, 적정성원칙, 설명의무, 부당권유 금지, 불공정영업행위금지, 광고 규제는 금융소비자보호법 시행에 따라 6대 판매원칙으로 통합되었다. ○│×

10. 분산투자를 통해 줄일 수 있는 위험을 비체계적 위험(분산가능 위험)이라고 하고, 분산투자로도 줄일 수 없는 위험을 체계적 위험(분산불가능 위험)이라고 한다.

11. 투자 레버리지는 '총투자액/자기자본'으로 계산된다. 따라서 부채의 비중이 커지면 투자 레버리지는 증가한다.

01 투자와 수익에 관한 내용으로 옳지 <u>못한</u> 것은?

① 투자는 개인이 자산을 다양하게 운용하고 관리하기 위해 활용하는 금융적 도구이다.
② 투기는 과도한 이익을 추구하면서 비합리적으로 자금을 운용하는 것이다.
③ 투자수익(profit)은 투자한 양과 회수되거나 회수될 양과의 차이를 의미한다.
④ 거래횟수가 잦을수록 비용 대비 수익이 낮아지게 되어 단기투자가 유리하다.

> **해설** 투자는 미래에 긍정적인 이익이 발생하기를 바라면서 불확실성을 무릅쓰고 경제적 가치가 있는 자산을 운용하는 것이다. 이러한 투자에는 거래비용이 발생하는데, 증권을 거래할 때 증권회사에 지급하는 거래수수료나 부동산거래에서 중개업자에게 지급하는 중개수수료 등이 이에 해당한다. 실질적인 투자수익은 거래비용을 제외한 나머지로 계산되므로 거래횟수가 잦을수록 비용 대비 수익이 낮아지게 되어 장기투자가 유리하게 된다.
>
> **오답분석** ② 투기는 과도한 이익을 추구하면서 비합리적으로 자금을 운용하는 것으로, 건전한 투자와는 구분이 된다.
> ③ 투자에서 수익(profit)이란 투자한 양과 회수되거나 회수될 양과의 차이를 말한다. 투자량에 비해 회수량이 많으면 양(+)의 수익이 발생하고 투자량에 비해 회수량이 적으면 음(−)의 수익이 발생한다. 투자수익률은 '(기말의 투자가치 − 투자원금) ÷ 투자원금 × 100'으로 계산할 수 있다.
>
> 정답 : ④

02 투자의 위험(risk)에 대한 설명으로 옳지 <u>않은</u> 것은? (2024 기출)

① 투자에서의 위험은 미래에 받게 되는 수익이 불확실성에 노출되는 정도를 의미하며 부정적 상황 외 긍정적 가능성도 포함된다.
② 분산투자를 통해서 위험의 크기를 줄일 수 없는 부분을 분산불가능 위험 또는 비체계적 위험이라고 한다.
③ 투자 레버리지 공식에 따르면 총 투자액 1천만 원 중 5백만 원이 자기 자본일 경우, 레버리지는 2배가 된다.
④ 투자의 기대수익률은 리스크가 없는 상태에서의 수익률인 무위험수익률과 리스크에 대한 보상으로 증가하는 기대수익률인 리스크 프리미엄을 합한 값과 같다.

> **해설** 투자 가치에 영향을 미치는 원인에 따라 위험의 종류를 크게 두 가지로 나누는데, 분산투자를 통해서 위험을 줄일 수 있는 부분은 분산가능 위험 또는 비체계적 위험이라 하고 분산투자로도 그 크기를 줄일 수 없는 부분은 분산불가능 위험 또는 체계적 위험이라고 한다.

03　투자의 위험에 관한 설명으로 옳은 것은?

① 투자에서 얘기하는 위험(risk)은 미래에 받게 되는 수익이 불확실성에 노출되는 정도를 의미하며 부정적인 상황을 전제한다.
② 위험이 있는 자산은 위험이 없는 자산에 비해 할인되어 거래되므로 위험이 많은 투자일수록 평균적으로 높은 수익이 난다.
③ 지렛대를 의미하는 레버리지(leverage)는 자산배분을 통한 분산투자 기법을 의미하는 것으로 투자위험을 관리하는 대표적인 방법이다.
④ 리스크가 전혀 없는 상태에서의 수익률을 리스크 프리미엄(risk premium)이라고 한다.

해설 투자는 확정된 수익률이 보장되는 저축과 달리 앞으로 어떤 결과가 발생할지 모르는 불확실성인 리스크(risk)가 수반된다. 리스크가 크다는 것은 투자 결과의 변동 폭이 크다는 의미이므로 일반적으로 투자수익과 위험은 동행하는 경향이 있다. 위험이 많은 투자일수록 평균적으로 높은 수익이 나게 되는데 이와 같은 투자의 특성을 '고수익 고위험(high risk high return)'이라고 한다.

오답분석 ① 투자에서 얘기하는 위험은 오로지 부정적인 결과만 있는 danger와 달리 부정적인 상황 외에 긍정적 가능성도 내포한다.
③ 투자위험을 관리하기 위한 대표적인 방법으로 자산배분을 통한 분산투자 기법은 포트폴리오(portfolio) 투자이다. 레버리지(leverage) 투자는 기대수익률을 더욱 높이기 위해 투자위험을 오히려 확대하는 전략이다. 금융에서는 실제의 가격변동률보다 몇 배 많은 투자수익률이 발생하는 현상을 레버리지로 표현하는데, 레버리지 효과를 유발하여 가격변동률보다 몇 배 많은 투자수익률이 발생하려면 투자액의 일부를 자신의 자본이 아닌 부채로 조달하여야 한다.
④ 리스크가 전혀 없는 상태에서의 수익률을 무위험수익률(risk-free rate of return)이라고 하고, 리스크에 대한 보상으로 증가하는 기대수익률을 리스크 프리미엄(risk premium)이라고 한다. 투자의 기대수익률은 무위험수익률에 리스크 프리미엄을 합한 값과 같다.

정답 : ②

04 「자본시장과 금융투자업에 관한 법률(자본시장법)」의 내용으로 옳지 <u>않은</u> 것은?

① 전문적인 금융지식을 보유하지 않은 개인이나 기업인 일반투자자에게 금융투자상품을 판매할 경우 여러 투자 권유 준칙을 지키며 판매하도록 한다.

② 금융투자상품은 이익을 얻거나 손실을 회피할 목적으로 현재 또는 장래의 특정 시점에 금전 등을 지급하기로 약정함으로써 취득하는 권리이다.

③ 금융투자상품의 판매자인 금융회사와 소속 직원들의 입장에서 투자권유를 함에 있어서 꼭 지켜야 할 기준과 절차를 '표준투자권유준칙'이라고 한다.

④ 자본시장법은 투자자보호를 강화하기 위하여 기존의 투자권유제도를 폐지하고 투자상품의 판매 및 영업에 관한 절차를 통일하였다.

> **해설** 자본시장법은 금융규제 완화로 인한 원금손실 가능 금융투자상품의 대거 등장에 따라 투자권유제도를 도입하고 투자상품의 판매 및 영업에 관한 절차를 통일하는 등 투자자보호장치를 강화하고 있다.
>
> **오답분석** ① 자본시장을 규제하는 기본법인 「자본시장과 금융투자업에 관한 법률(이하 '자본시장법')」에는 금융투자상품의 개념에 대한 포괄적인 규정, 금융업에 관한 제도적 틀을 금융기능 중심으로 재편, 투자자보호제도 강화 등의 내용을 담고 있다. 금융투자자는 전문투자자와 일반투자자로 구분되는데 특히 전문적인 금융지식을 보유하지 않은 개인이나 기업에 해당하는 일반투자자에게 금융투자상품을 판매할 경우 여러 투자 권유 준칙을 지키며 판매하도록 규정함으로써 금융소비자 보호를 강화하였다.
> ② 금융상품은 원본의 손실 가능성(이를 '투자성'이라 한다)이 있는 금융투자상품과 은행 예금과 같이 처음에 투자한 원본의 손실가능성이 없는 비금융투자상품으로 구분된다. 자본시장법 상 금융투자상품은 '이익을 얻거나 손실을 회피할 목적으로 현재 또는 장래의 특정 시점에 금전 등을 지급하기로 약정함으로써 취득하는 권리로서, 그 권리를 취득하기 위하여 지급하였거나 지급하여야 할 금전 등의 총액이 그 권리로부터 회수하였거나 회수할 수 있는 금전 등의 총액을 초과하게 될 위험이 있는 것'으로 정의된다.
> ③ 표준투자권유준칙은 금융투자상품의 판매자인 금융회사와 소속 직원들의 입장에서 투자권유를 함에 있어 꼭 지켜야 할 기준과 절차이며, 금융투자상품의 구매자인 투자자도 숙지할 필요가 있다.
>
> 정답 : ④

05 금융상품 중 금융투자상품에 대한 설명으로 가장 옳은 것은?

① 투자금액이 권리를 통해 회수할 수 있는 금액보다 클 가능성이 있다.

② 금융투자상품 중 증권은 원본을 초과하는 손실이 발생할 가능성이 있는 것이다.

③ 파생상품은 투자금액 원본까지를 한도로 손실이 발생할 수 있다.

④ 「자본시장과 금융투자업에 관한 법률」은 규율 대상 투자상품을 일일이 열거함으로써 금융소비자 보호를 강화하고 있다.

해설 금융투자상품은 이익을 얻거나 손실을 회피할 목적으로 현재 또는 장래의 특정 시점에 금전 등을 지급하기로 약정함으로써 취득하는 권리로서, 그 권리를 취득하기 위하여 지급하였거나 지급하여야 할 금전 등의 총액이 그 권리로부터 회수하였거나 회수할 수 있는 금전 등의 총액을 초과하게 될 위험이 있는 것으로 정의된다. 즉, 금융투자상품은 권리취득에 소요되는 비용인 투자금액이 그러한 권리로부터 발생하는 금액보다 클 가능성이 있으므로 원금손실의 가능성이 있는 금융상품이다.

오답 분석 ②③ 금융투자상품은 증권과 파생상품으로 구분할 수 있다. 이중 증권은 투자금액 원본까지를 한도로 손실이 발생할 가능성이 있는 금융상품이고, 파생상품은 원본을 초과한 손실이 발생할 가능성이 있는 금융상품이다.
④ 자본시장법에서는 종전과 달리 대상 상품을 일일이 열거하지 않고 앞으로 탄생할 수 있는 신상품까지 포괄하여 투자성의 특징을 갖는 모든 투자상품을 규율한다.

정답 : ①

---

06 표준투자권유준칙에 따른 투자상품의 판매과정을 순서대로 올바르게 열거한 것은?

〈 보 기 〉
ㄱ) 일반투자자와 전문투자자의 구분
ㄴ) 방문 목적 확인
ㄷ) 투자권유 희망여부 파악
ㄹ) 관련 서류의 교부
ㅁ) 투자권유 절차

① (ㄱ) → (ㄴ) → (ㄷ) → (ㄹ) → (ㅁ)
② (ㄴ) → (ㄱ) → (ㄷ) → (ㅁ) → (ㄹ)
③ (ㄷ) → (ㄱ) → (ㄴ) → (ㄹ) → (ㅁ)
④ (ㄷ) → (ㄴ) → (ㄱ) → (ㅁ) → (ㄹ)

해설 표준투자권유준칙에 따른 투자상품의 판매과정은 '방문목적의 확인 → 일반투자자와 전문투자자의 구분 → 투자권유 희망여부 파악 → 투자권유 희망 시 투자자 정보파악 → 투자권유 절차 → 설명의무 → 투자설명서 등 관련 서류의 교부 등'으로 진행하여야 한다. 만약 투자권유를 희망하지 않는 경우에는 '투자권유 불원 확인서'를 작성하고 후속 금융상품 판매절차를 진행한다.

정답 : ②

07 금융투자업자의 투자자 보호장치로서 규제의 명칭과 내용이 잘못 연결된 것은?

① 고객알기제도 – 투자자의 특성(투자목적·재산상태 등)을 면담·질문 등을 통하여 파악한 후 서면 등으로 확인 받아야 한다.

② 적정성의 원칙 – 투자권유는 투자자의 투자목적·재산상태·투자경험 등에 적정해야 한다.

③ 부당권유 금지 – 손실부담의 약속 및 이익보장 약속을 금지한다.

④ 설명의무 – 투자권유 시 금융상품의 내용과 위험에 대하여 설명하고 이해했음을 서면 등으로 확인받아야 한다.

해설 투자자를 보호하기 위한 규제에는 신의성실의 의무, 투자자의 구분, 고객알기제도, 적합성의 원칙, 적정성의 원칙, 설명의무, 부당권유 금지, 불공정영업행위 금지, 광고 규제 등이 있다. 이중 투자권유는 투자자의 투자목적·재산상태·투자경험 등에 적합해야 한다는 내용은 적합성의 원칙에 해당한다. 적정성의 원칙은 파생상품 등이 일반투자자에게 적정한지 여부를 판단해야 한다는 내용이다.

오답분석 ③ 부당권유 금지는 손실부담의 약속 및 이익보장 약속을 금지함은 물론 투자자가 원하는 경우를 제외하고 방문·전화 등에 의한 투자권유도 금지한다.
④ 설명의무는 투자권유 시 금융상품의 내용과 위험에 대하여 설명하고 이해했음을 서면 등으로 확인받아야 하고, 설명의무 미이행으로 손해발생시 금융투자회사에게 배상책임을 부과한다는 내용이다.

정답 : ②

03 주식투자

Step 1 오엑스 Quiz

1 출자한 회사가 파산하여 갚아야 할 부채가 주주지분 이상이 되면 주주들이 지분율에 따라 분담하여 갚아야 한다. ○│×

2 출자한 회사에 대한 주주의 권리 중 주식매수청구권, 신주인수권, 회계장부 열람청구권 등은 자익권에 해당한다. ○│×

3 주식은 만기가 별도로 존재하지 않고 출자한 원금을 상환받지 못하는 증권이며 채권자에게 지급할 확정금액을 넘어선 재산의 가치가 증가할수록 청구권의 가치는 증가하게 된다. ○│×

4 인플레이션으로 부동산 및 실물자산의 가격이 오르면 주식 가격은 하락하는 경향을 보인다. ○│×

5 최초기업공개 시에는 대부분 직접발행의 방식으로 주식을 발행한다. ○│×

6 주식회사가 무상증자를 할 경우 회사와 주주의 실질재산에는 변동이 없다. ○│×

7 권리락일에는 신주인수권 가치만큼 기준주가가 하락하여 시작하게 된다. ○│×

8 주식배당은 주주들에게 배당을 하고 싶으나 기업이 재무적으로 어려움에 처해 있거나 투자계획 등으로 현금을 아껴야 할 필요가 있을 때 많이 이루어진다. ○│×

9 주식배당 시 주주들의 보유 주식 수가 늘어나 실제 주주의 부(富)가 증대되지만, 자신의 보유주식 수에 비례하여 주식배당을 받으므로 각 주주들의 지분율에는 변동이 없다. ○│×

---

1. 주주는 지분가치를 초과한 부채에 대해 책임을 지지 않는다.

2. 이익배당청구권이나 잔여재산 분배청구권, 신주인수권, 주식매수청구권, 주식명의개서청구권 및 무기명주권의 기명주권으로의 전환청구권 등은 자익권에 속한다. 한편, 의결권, 회계장부 열람청구권, 이사해임청구권, 주주총회 소집요구권 등은 공익권에 해당한다.

4. 주식은 부동산 및 실물자산을 보유한 기업에 대한 소유권을 나타내므로 물가가 오르면 그만큼 소유자산 가치가 올라 주식의 가격도 오르는 경향이 있으므로 인플레이션 헤지가 가능하다.

5. 직접발행 → 간접발행

9. 기업의 전체 시장가치가 변하지 않은 상태에서 배당지급일에 주식의 시장가치는 낮아지고 주식의 수만 늘어났기 때문에 실제 주주의 부에도 변동이 없다.

---

10 대기업의 소액주주들은 대체로 지분이 낮아 의결권 등을 행사할 기회는 거의 없고 배당금(dividend income)과 주식매매에 의한 자본이득(capital gain)에 관심을 갖는다.   ○|×

11. 낮은 → 높은

11 보통주에 대한 투자는 미래의 배당금 수령이나 주가의 불확실성으로 투자위험이 높으며, 그만큼 낮은 수익이 기대되는 투자대상이기도 하다.   ○|×

12. 성장주는 주로 수익을 기업내부에 유보(재투자)하여 높은 성장률과 기업가치 증대에 주력하고 배당금으로 분배하는 부분은 많지 않으므로 자본이득에 중점을 두어야 하는 시기에 적합하다.

12 성장주는 자본이득보다 배당소득에 중점을 두어야 하는 시기에 적합한 투자대상이다.   ○|×

13. 경기순환주 → 경기방어주, 경기순환주는 경제의 활동수준에 따라 기업의 영업실적이나 수익의 변화가 심한 주식이다.

13 경기순환주는 경기 변화에 덜 민감하며 경기침체기에도 안정적인 주가흐름을 나타낸다.   ○|×

14. 보통 종합주가지수(KOSPI)를 구성하는 시가총액 순서로 1~100위의 기업의 주식을 대형주라고 하고, 101~300위를 중형주, 301위 이하를 소형주로 나눈다.

14 보통 종합주가지수(KOSPI)를 구성하는 시가총액 순서로 201위 이하를 중소형주라고 한다.   ○|×

15 중소형주는 기업규모가 작고 경제나 경기변동에 따라 가격의 등락 폭이 큰 경우가 많으므로 투자의 위험이 상대적으로 크지만 수익의 기회도 큰 경향이 있다.   ○|×

16 매년 3월, 9월 선물 만기일에 시가총액 규모별 주가지수 정기 변경에 따라 대형주·중형주·소형주가 구분된다.   ○|×

17. 장외시장 → 장내시장, 2005년 1월 기존의 증권거래소와 코스닥시장, 선물거래소가 통합거래소 체제로 일원화되면서 지금은 또 다른 장내시장의 하나가 되었다.

17 코스닥시장은 원래는 미국의 나스닥(NASDAQ)과 유사하게 장외거래 대상 종목으로 등록된 주식을 전자거래시스템인 코스닥(KOSDAQ; Korea Securities Dealers Automated Quotation)을 통해 매매하는 시장으로 출발한 장외시장이다.   ○|×

18. 코넥스의 투자주체는 자본시장법상의 전문투자자로 제한되며 일반투자자는 펀드 가입 등을 통해 간접투자를 할 수 있다.

18 코넥스의 투자주체는 증권사·펀드·정책금융기관·은행·보험사·각종 연기금 등 자본시장법상의 전문투자자 및 일반투자자이다.   ○|×

19 매수주문의 경우 가장 낮은 가격을, 매도주문의 경우 가장 높은 가격을 우선적으로 체결하고 동일한 가격의 주문 간에는 시간상 먼저 접수된 주문을 체결하게 된다. ○│✕

20 대부분의 주식거래는 지정가 주문에 의해 이루어지고 시장가 주문은 거래량이 갑자기 증가하면서 주가가 급등하는 종목을 매수하고자 할 때 종종 이용된다. ○│✕

21 일반적으로 유가증권시장의 주식매매 단위는 10주이다. ○│✕

19. 가격우선원칙에 따라 매수주문의 경우 가장 높은 가격을, 매도주문의 경우 가장 낮은 가격을 우선적으로 체결한다.

21. 10주 → 1주

01 주식과 관련한 내용으로 옳지 않은 것은?

① 주식은 만기가 별도로 존재하지 않고 출자한 원금을 상환받지 못하는 증권이다.
② 주식배당 시 주주들의 보유 주식 수가 늘어나 실제 주주의 부(富)가 증대된다.
③ 주식투자는 미래의 배당금 수령이나 주가의 불확실성으로 투자위험이 높다.
④ 대부분의 주식거래는 지정가 주문에 의해 이루어진다.

해설 주식배당은 주주들에게 배당을 하고 싶으나 기업이 재무적으로 어려움에 처해 있거나 투자계획 등으로 현금을 아껴야 할 필요가 있을 때 많이 이루어진다. 기업의 전체 시장가치가 변하지 않은 상태에서 주식배당이 실시되면 배당지급일에 주식의 시장가치는 낮아지고 주식의 수만 늘어났기 때문에 실제 주주의 부에도 변동이 없다.

오답분석 ① 주식은 만기가 별도로 존재하지 않고 출자한 원금을 상환받지 못하는 증권이며 채권자에게 지급할 확정금액을 넘어선 재산의 가치가 증가할수록 청구권의 가치는 증가하게 된다.
③ 주식(보통주)에 대한 투자는 미래의 배당금 수령이나 주가의 불확실성으로 투자위험이 높으며, 그만큼 높은 수익이 기대되는 투자대상이기도 하다.
④ 대부분의 주식거래는 지정가 주문에 의해 이루어지고 시장가 주문은 거래량이 갑자기 증가하면서 주가가 급등하는 종목을 매수하고자 할 때 종종 이용된다.

정답 : ②

02 주식회사와 주식에 관한 설명으로 옳지 않은 것은?

① 주식은 주식회사에 투자하는 재산적 가치가 있는 유가증권이다.
② 주식회사는 사원인 주주들이 출자한 자본금의 대가로 주식을 발행한다.
③ 주주는 보유한 주식의 지분만큼 권리와 책임을 부여받는다.
④ 주식회사가 파산할 경우 주주들이 지분율에 따라 부채를 나누어 책임져야 한다.

해설 주식회사의 주주는 유한책임을 원칙으로 하므로 출자한 자본액의 한도 내에서만 경제적 책임을 진다. 따라서 출자한 회사가 파산하여 갚아야 할 부채

오답분석 ① 주식은 주식회사의 자본을 구성하는 단위이며 주식회사에 투자하는 재산적 가치가 있는 유가증권이다. 주식은 높은 수익률과 위험을 가지는 투자자산으로 인식되고 있다.
② 주식회사는 사원인 주주들의 출자로 설립된다. 주식회사는 주주들에게 자본금 명목으로 돈을 받고 그 대가로 출자증권인 주식을 발행한다.
③ 주주는 주주평등의 원칙에 따라 주주가 갖는 주식 수에 따라 평등하게 취급된다. 따라서 각자 보유한 주식 지분만큼의 권리와 책임을 갖게 된다.

정답 : ④

03 주주가 갖는 권리 중 그 성격이 다른 것은?

① 이익배당청구권
② 잔여재산 분배청구권
③ 신주인수권
④ 회계장부 열람청구권

> **해설** 주주가 출자한 회사에 대한 권리는 크게 자신의 재산적 이익을 위해 인정되는 권리인 자익권과 회사 전체의 이익과 관련된 공익권으로 나뉜다. 주주의 자익권에는 이익배당청구권, 잔여재산 분배청구권, 신주인수권, 주식매수청구권, 주식명의개서청구권, 무기명주권의 기명주권으로의 전환청구권 등이 있다. 그리고 주주의 공익권에는 의결권, 회계장부 열람청구권, 이사해임청구권, 주주총회 소집요구권 등이 포함된다.
>
> 정답 : ④

04 주식투자의 특성으로 볼 수 없는 것은?

① 높은 수익을 기대할 수 있다.
② 환금성이 뛰어나다.
③ 소액주주의 배당소득세가 없다.
④ 인플레이션을 헤지할 수 있다.

> **해설** 소액주주의 상장주식 매매차익에 대해서는 양도소득세가 없으며 배당에 대해서만 배당소득세가 부과된다.
>
> **오답분석** ① 주식투자를 통해 얻을 수 있는 수익에는 자본이득과 배당금이 있다. 자본이득은 주식의 가격이 변동하여 차익이 발생함에 따라 거둘 수 있는 주식의 매매차익이고, 배당금은 주식회사가 사업연도가 끝나고 결산을 한 후에 남은 이익의 일부를 주주들에게 분배하는 돈이다.
> ② 상장된 주식은 증권시장을 통하여 자유롭게 사고팔아 현금화할 수 있고 거래비용도 저렴하며 매매절차가 간단하므로 환금성이 높다.
> ④ 주식은 부동산 및 실물자산을 보유한 기업에 대한 소유권을 나타낸다. 따라서 물가가 오르면 그만큼 소유자산 가치가 올라 주식의 가격도 오르는 경향이 있다.
>
> 정답 : ③

05 주식의 발행에 대한 설명으로 가장 옳은 것은?

① 주식의 직접발행은 전문성과 판매망을 갖춘 중개기관을 거쳐 주식을 발행하는 방식이다.
② 일정한 요건을 충족시킨 기업이 발행한 주식을 증권시장에서 거래할 수 있도록 허용하는 것을 기업공개(IPO)라고 한다.
③ 유상증자의 경우 회사와 기존 주주의 실질재산에는 아무런 변동이 없다.
④ 주식배당과 주식분할의 경우 주주들의 보유 주식 수는 늘어나지만 실제 주주의 부(富)에는 변동이 없다.

해설 주식배당은 주주들에게 배당을 하고 싶으나 기업이 재무적으로 어려움에 처해 있거나 투자계획 등으로 현금을 아껴야 할 필요가 있을 때 현금 대신 주식으로 배당을 실시하여 이익을 자본으로 전입하는 것이다. 그리고 주식분할(액면분할)은 보다 많은 투자자들에게 그 기업의 주식을 매수할 수 있게 하기 위해 주식의 시장가격을 낮추고자 할 때 액면가를 낮추면서 보유 주식 수를 늘려주는 것이다. 따라서 주주들의 입장에서는 주식배당 또는 주식분할을 실시할 경우 보유 주식 수는 늘어나지만 실제로 부가 증대되지는 않는다.

**오답
분석** ① 주식의 직접발행은 발행기업이 중개기관을 거치지 않고 투자자에게 직접 주식을 팔아 자금을 조달하는 방식으로 유상증자를 통해 기존 주주 또는 제3자에게 주식을 배정하는 경우에 주로 사용된다. 그리고 주식의 간접발행은 전문성과 판매망을 갖춘 중개기관을 거쳐 주식을 발행하는 방식으로 최초기업공개 시에는 대부분 간접발행 방식을 사용한다.
② 기업공개(IPO)란 주식회사가 일정한 법정절차와 방법에 따라 일반대중을 대상으로 주주를 공개모집하여 발행주식의 일부를 매각함으로써 일반대중이 유가증권을 자유로이 매매할 수 있게 하는 것을 말한다. 일정한 요건을 충족시킨 기업이 발행한 주식을 증권시장에서 거래할 수 있도록 허용하는 것은 상장(listing)이다.
③ 유상증자의 경우 기존주주와의 이해상충 문제가 발생할 수 있다. 하지만 주금의 납입 없이 이사회 결의로 준비금이나 자산재평가적립금 등을 자본에 전입하여 전입액만큼 발행한 신주를 기존주주에게 보유 주식 수에 비례하여 무상으로 교부하는 무상증자의 경우에는 회사와 주주의 실질재산에 변동을 초래하지 않는다.

정답 : ④

06 주식회사의 유상증자 방식 중 '주주우선공모방식'에 해당하는 것은?

① 기존주주와 우리사주조합에게 신주를 배정하고 실권주 발생 시 이사회 결의에 따라 처리방법을 결정한다.
② 기존주주와 우리사주조합에게 신주를 배정하고 실권주 발생 시 일반투자자를 대상으로 청약을 받은 다음 청약 미달 시 이사회 결의로 그 처리방법을 결정한다.
③ 기존주주 대신 관계회사나 채권은행 등 제3자가 신주인수를 하도록 하는 방식이다.
④ 기존주주에게 신주인수권리를 주지 않고 일반투자자를 대상으로 청약을 받는 방식이다.

해설 유상증자는 이미 설립되어 있는 주식회사가 자기자본을 조달하기 위하여 새로운 주식을 발행하는 것을 말한다. 기업의 자기자본이 확대되기 때문에 기업이 재무구조를 개선하고 타인자본에 대한 의존도를 낮추는 대표적인 방법이다. 자금조달을 위해 기업이 유상증자를 할 경우 원활한 신주 매각을 위해 일반적으로 20~30% 할인하여 발행하는데, 기존주주와의 이해상충문제가 발생할 수 있어 신주인수권의 배정방법이 중요한 문제가 된다. 신주인수권의 배정방법으로는 주주배정방식, 주주우선공모방식, 제3자 배정방식, 일반공모방식 등이 있다. 이중 주주배정방식과 거의 동일하나 실권주 발생 시 일반투자자를 대상으로 청약을 받은 다음 청약 미달 시 이사회 결의로 그 처리방법을 결정하는 것이 주주우선공모방식이다.

**오답
분석** ① 주주배정방식에 해당한다.
③ 제3자 배정방식에 해당한다.
④ 일반공모방식에 해당한다.

정답 : ②

07 주식의 종류 중 〈보기〉의 내용에 부합하는 것은?

〈 보 기 〉

기업의 영업실적이나 수익 증가율이 시장평균보다 높을 것으로 기대되는 주식으로 배당소득보다는 자본이득에 중점을 두어야 하는 시기에 적합한 투자대상이다.

① 성장주
③ 가치주
② 우선주
④ 배당주

> **해설** 성장주는 기업의 영업실적이나 수익 증가율이 시장평균보다 높을 것으로 기대되는 주식으로, 주로 수익을 기업내부에 유보(재투자)하여 높은 성장률과 기업가치 증대에 주력하고 배당금으로 분배하는 부분은 많지 않다. 따라서 배당소득보다는 자본이득에 중점을 두어야 하는 시기에 적합한 투자대상이 된다.
>
> **오답분석** ② 우선주는 배당이나 잔여재산분배에 있어서 사채권자보다는 우선순위가 낮으나 보통주 주주보다는 우선권이 있는 주식을 말한다.
> ③ 가치주는 주식의 내재가치보다 현재의 주가수준이 낮게 형성되어 있으나 기업의 이익이나 자산의 구조를 볼 때 앞으로 가격이 오를 것으로 생각되는 주식이다. 저평가된 이유는 주로 향후 성장률이 낮을 것으로 예상되거나 악재로 인해 주가가 지나치게 하락하였기 때문이다.
> ④ 배당주는 기업에 이익이 발생할 때 이를 재투자하기보다는 주주에게 배당금의 형태로 배분하는 비율이 높은 주식이다. 배당주는 주식의 매매차익을 노리기보다는 주식을 보유하면서 정기적으로 수익을 얻으려는 투자자들이 관심을 갖는다.
>
> 정답 : ①

08 주식의 유통시장에 관한 내용으로 옳은 것은?

① 유가증권시장이란 한국거래소(KRX)가 개설·운영하는 시장으로 엄격한 상장 요건을 충족하는 주식이 상장(listing)되어 거래되는 시장이다.
② 코스닥시장은 장외거래 대상 종목으로 등록된 주식을 전자거래시스템인 코스닥(KOSDAQ)을 통해 매매하는 시장으로 자리잡았다.
③ 상장 문턱을 낮추고 공시의무를 완화하여 창업 초기 중소기업의 자금조달을 위해 설립된 코넥스에 대한 일반투자자의 직접투자가 활성화되고 있다.
④ K-OTC시장은 비상장주식이 거래되는 비제도화·비조직화된 장외시장이다.

> **해설** 발행된 주식의 거래가 이루어지는 시장을 주식 유통시장(secondary market)이라고 하며, 우리나라의 주식 유통시장은 유가증권시장, 코스닥시장, 코넥스시장, K-OTC시장 등으로 구분된다. 그중 유가증권시장은 한국거래소(KRX)가 개설·운영하는 시장으로 엄격한 상장 요건을 충족하는 주식이 상장(listing)되어 거래되는 시장이다.

② 코스닥시장은 미국의 나스닥(NASDAQ)과 유사하게 장외거래 대상 종목으로 등록된 주식을 전자거래시스템인 코스닥(KOSDAQ; Korea Securities Dealers Automated Quotation)을 통해 매매하는 시장으로 출발하였으나, 2005년 1월 기존의 증권거래소와 코스닥시장, 선물거래소가 통합거래소 체제로 일원화되면서 지금은 또 다른 장내시장의 하나가 되었다. 유가증권시장보다는 상장 기준이 덜 엄격한 코스닥시장에는 주로 중소기업이나 벤처기업이 상장되어 거래된다.
③ 기존 주식시장인 유가증권시장이나 코스닥에 비해 상장 문턱을 낮추고 공시의무를 완화하여 창업 초기 중소기업의 자금조달을 위해 2013년 7월 개장한 코넥스(KONEX; Korea New Exchange)에 대한 투자는 증권사·펀드·정책금융기관·은행·보험사·각종 연기금 등 자본시장법상의 전문투자자로 제한된다. 일반투자자는 펀드가입 등을 통해 간접투자만 할 수 있다.
④ K-OTC시장(한국장외시장, Korea Over-The-Counter)은 유가증권시장·코스닥·코넥스에서 거래되지 못하는 비상장주식 가운데 일정 요건을 갖추어 지정된 주식의 매매를 위해 한국금융투자협회가 개설·운영하는 제도화·조직화된 장외시장이다.

정답 : ①

09 주식의 매매체결에 대한 내용으로 옳지 <u>않은</u> 것은?

① 한국거래소의 정규 주식 매매시간은 08:30~16:00까지이다.
② 가격우선원칙과 시간우선원칙을 적용하여 개별경쟁으로 매매거래가 체결된다.
③ 시간외거래는 기관투자자 사이의 시간외 대량매매에 주로 활용된다.
④ 시초가와 종가는 동시호가제도를 채택하고 있다.

해설 한국거래소의 정규시장 주식 매매시간은 09:00~15:30까지이다.

체결방식	시간
장 전 종가매매	08:30~08:40
동시호가	08:30~09:00, 15:20~15:30
정규시장매매	09:00~15:30
장 후 종가매매	15:30~16:00 (체결은 15:40부터, 10분간 접수)
시간외 단일가매매	16:00~18:00 (10분 단위, 총 12회 체결)

② 매매체결방식은 가격우선원칙과 시간우선원칙을 적용하여 개별경쟁으로 매매거래가 체결된다. 매수주문의 경우 가장 높은 가격을, 매도주문의 경우 가장 낮은 가격을 우선적으로 체결하고 동일한 가격의 주문 간에는 시간상 먼저 접수된 주문을 체결한다.
③ 정규주문 거래 외에 장이 끝난 15:30부터 18:00까지 그리고 개장 전인 08:30부터 08:40까지 시간외거래가 가능하다. 시간외거래는 기관투자자 사이의 시간외 대량매매에 주로 활용되고 있다.
④ 시초가와 종가의 경우는 시간의 선후에 상관없이 일정 시간 동안 주문을 받아 제시된 가격을 모아 단일가격으로 가격이 결정되는 동시호가제도를 채택하고 있다.

정답 : ①

10 주식거래에 관한 내용으로 옳은 것은?

① 시장가주문은 원하는 매수나 매도의 가격을 지정하여 주문하는 방식이다.

② 일반적으로 유가증권시장의 주식 매매 단위는 10주이고, 최소 호가 단위는 일만 원 미만 10원이다.

③ 우리나라 주식시장의 일일 최대가격변동폭은 전일 종가 대비 ±50% 이내이다.

④ 매매가 체결된 주식의 결제시점은 체결일로부터 3영업일이다.

해설 매매가 체결된 주식의 결제시점은 체결일로부터 3영업일로 되어 있다. 만약 주식의 매매가 목요일에 체결되었다면 토요일과 일요일 외에 다른 휴장일이 없는 경우 다음 주 월요일이 결제일이 된다. 매입의 경우는 증권계좌에서 매입대금이 출금되면서 주식이 입고되고, 매도의 경우는 증권계좌에 매도 대금이 입금되면서 주식이 출고된다.

오답분석 ① 지정가주문(limit order)은 원하는 매수나 매도 가격을 지정하여 주문하는 방법이고, 시장가주문(market order)은 가격을 지정하지 않고 주문시점에서 가장 유리한 가격에 우선적으로 거래될 수 있도록 주문하는 방법이다. 대부분의 주식거래는 지정가 주문에 의해 이루어지고 시장가 주문은 거래량이 갑자기 증가하면서 주가가 급등하는 종목을 매수하고자 할 때 종종 이용된다.

② 일반적으로 유가증권시장의 주식매매 단위는 1주인데, 최소 호가 단위 즉 최소 가격 변동폭(minimum tick)은 주가 수준에 따라 차이가 있어 일천 원 미만 1원, 오천 원 미만 5원, 일만 원 미만 10원, 오만 원 미만 50원, 십만 원 미만 100원, 오십만 원 미만 500원, 오십만 원 이상 1,000원이다.

③ 우리나라 주식시장은 일일 최대가격변동폭을 전일 종가 대비 ±30% 이내에서 가격이 변동하여 상·하한가가 결정하도록 하는 가격제한(price limit) 제도를 채택하고 있다. 이는 단기간 주가 급등락으로 인한 주식시장의 불안정을 예방하고 개인투자자 보호를 위해 도입되었다.

정답 : ④

04 채권투자

오엑스 Quiz

1 발행된 채권은 주식처럼 유통시장에서 자유롭게 매매할 수 있다. ○ | ×

2 주식시장과 동일하게 채권시장도 발행시장과 유통시장으로 구분할 수 있다. ○ | ×

3 발행자가 처음 채권을 발행하는 시장이 발행시장이며, 이미 발행된 채권이 거래되는 시장이 유통시장이다. ○ | ×

4 채권의 매매는 기관투자자 간의 거액거래가 일반적이지만 소액채권의 경우 개인투자자들도 증권회사를 통해 쉽게 참여할 수 있다. ○ | ×

5 채권은 발행자로 하여금 단기적으로 거액의 자금을 조달할 수 있게 한다. ○ | ×

6 회사채의 경우 대부분 기업의 설비투자 용도로 발행되는데, 투자자의 환금성 보장을 위해 반드시 유통시장이 있어야 한다. ○ | ×

7 채권의 이자소득에 대해서는 이자소득세가 과세되지만 매매에 따른 자본이득에 대해서는 주식과 마찬가지로 과세되지 않는다. ○ | ×

8 채권은 만기일에 약속된 원금과 이자를 받을 수 있고 차입자가 파산할 경우에도 주주권에 우선하여 변제받을 수 있다. ○ | ×

9 채권은 원금의 손실가능성이 매우 낮아 단리효과를 이용한 장기투자에 적합하다. ○ | ×

10 정부의 재정흑자가 클수록 국채의 발행잔액과 유통시장이 커진다. ○ | ×

11 지방채의 발행잔액은 국채에 미치지 못하지만 신용도는 국채보다 높고 유동성도 비교적 높은 편이다. ○ | ×

---

5. 채권은 장기적으로 안정적인 자금을 조달할 수 있게 한다.

9. 단리효과 → 복리효과

10. 재정흑자 → 재정적자

11. 지방채의 발행잔액과 신용도는 국채에 미치지 못하며 유동성도 비교적 낮은 편이다.

정답 | 1. ○ 2. ○ 3. ○ 4. ○ 5. × 6. ○ 7. ○ 8. ○ 9. × 10. × 11. ×

12 우리나라의 통화안정증권은 상환기간이 1년 초과 5년 이하인 중기채에 해당한다. ○|×

12. 통화안정증권은 통상적으로 상환기간이 1년 이하인 단기채에 속한다. 중기채에는 3년 만기로 발행되는 대부분의 회사채 및 금융채가 해당된다.

13 채권은 시간이 경과하면서 장기채권에서 중기채권으로 다시 단기채권으로 바뀌게 되며, 기간이 짧아져감에 따라 다른 요인들이 모두 동일하다면 채권가격의 변동성은 감소한다. ○|×

14 대부분의 회사채가 이표채로 발행되고 있으며 국고채, 회사채, 금융채 중 일부가 이표채로 발행된다. ○|×

15 통화안정증권, 산금채 일부는 할인채에 해당하며 대부분 1년 미만의 잔존만기를 갖는다. ○|×

16 국민주택채권(1종, 2종), 지역개발채권, 금융채의 일부는 복리채의 방식으로 발행된다. ○|×

17 우리나라에서는 과거 무보증채가 많이 발행되었으나, 외환위기 이후부터 보증채의 발행이 급속히 증가하였다. ○|×

17. 과거 보증채가 많이 발행되었으나 외환위기 이후부터 무보증채의 발행이 급속히 증가하였다.

18 전환사채 발행기관의 주가가 어느 수준 이상으로 상승하게 되면 보유자가 전환권을 행사하여 채권을 포기하고 주식을 취득함으로써 추가적인 수익을 추구하고, 그렇지 않을 때는 전환하지 않고 계속 사채의 형태로 보유하게 된다. ○|×

19 전환사채는 보유자가 자신에게 유리할 때만 전환권을 행사하여 추가적인 수익을 꾀할 수 있는 선택권이 주어지기 때문에 다른 조건이 동일하다면 일반사채에 비해 높은 금리로 발행된다. ○|×

19. 전환사채는 일반사채에 비해 낮은 금리로 발행된다.

20 신주인수권부사채의 보유자가 신주인수권을 행사하면 채권에 대한 권리는 소멸한다. ○|×

20. 신주인수권부사채는 전환사채와 달리 발행된 채권은 그대로 존속하는 상태에서 부가적으로 신주인수권이라는 옵션이 부여되어 있으며 신주인수권은 정해진 기간 내에는 언제든지 행사할 수 있다.

21 신주인수권부사채의 발행조건에는 몇 주를 어느 가격에 인수할 수 있는지가 미리 정해져 있어서 발행기관의 주가가 하락하게 되면 신주인수권을 행사하여 당시 주가보다 낮은 가격에 주식을 보유할 수 있게 된다. ○|×

21. 발행기관의 주가가 상승하게 되면 주가보다 낮은 가격에 주식을 보유할 수 있다.

24. 교환사채도 전환사채와 같이 권리 행사 시 기존의 채권자 지위를 상실한다.

25. 조기상환권부채권을 행사하면 낮은 금리로 자금을 재조달할 수 있는 발행회사에게는 유리한 반면 기존의 고금리 채권 상품을 더이상 보유할 수 없게 된 채권투자는 불리하므로 높은 금리로 발행된다.

27. 이자지급기간 개시 전에 차기 지급이자율이 결정된다.

30. 유동화 대상자산이 회사채이면 CBO(Collateralized Bond Obligation), 대출채권이면 CLO(Collateralized Loan Obligation), 주택저당채권(mortgage)이면 주택저당증권(MBS; Mortgage Backed Securities)이라고 한다.

32. 인플레이션
→ 디플레이션

22 신주인수권부사채는 보유자에게 유리한 선택권이 주어지기 때문에 다른 조건이 같다면 일반사채에 비해 낮은 금리로 발행된다. ○|×

23 교환사채에는 발행 당시에 추후 교환할 때 받게 되는 주식의 수를 나타내는 교환비율이 미리 정해져 있다. ○|×

24 교환사채의 교환권을 행사하게 되면 사채권자로서의 지위를 유지한다는 점에서 전환사채와 차이가 있다. ○|×

25 조기상환권이 옵션으로 부가되어 있는 채권은 그런 조건이 없는 채권에 비해 낮은 금리로 발행된다. ○|×

26 조기변제요구권은 채권투자자에게 유리한 조건이기 때문에 이러한 옵션이 부가된 조기변제요구권부채권은 그렇지 않은 채권에 비해 낮은 금리로 발행될 수 있다. ○|×

27 변동금리부채권은 일반적으로 채권발행시에 지급이자율의 결정방식이 약정되며 매번 이자지급기간 개시 후에 차기 지급이자율이 결정된다. ○|×

28 기준금리로는 시장의 실세금리를 정확히 반영하고 신용도가 우수한 금융시장의 대표적인 금리가 주로 사용되는데 우리나라에서는 CD금리, 국고채 수익률, KORIBOR(Korea inter-bank offered rate) 등이 있다. ○|×

29 기준금리에 가산되어 지급이자율을 결정하는 가산금리는 발행자의 신용도와 발행시장의 상황을 반영하여 결정된다. ○|×

30 ABS에서 유동화 대상자산이 회사채이면 CLO, 대출채권이면 CBO라고 한다. ○|×

31 ABS 투자자는 높은 신용도를 지닌 증권에 상대적으로 높은 수익률로 투자할 수 있다는 장점이 있다. ○|×

32 물가연동채권은 인플레이션 상황에서는 원금손실 위험도 있고 발행물량과 거래량이 적어 유동성이 떨어진다는 단점이 있다. ○|×

정답 | 22. ○ 23. ○ 24. × 25. × 26. ○ 27. × 28. ○ 29. ○ 30. × 31. ○ 32. ×

33 정부의 입장에서는 물가가 안정적으로 관리되면 물가연동채권을 고정금리국채보다 싼 이자로 발행할 수 있다는 장점이 있다.　　　　　○｜×

34 신종자본증권은 변제 시 일반 후순위채권보다 선순위라는 점에서 투자자에게 유리하다.　　　　　○｜×

35 첨가소화채권은 표면이자율이 확정되어 있고 만기는 5년 이상 장기채권으로 발행되지만, 대부분 매입과 동시에 현장에서 매도되는 게 일반적이다.　　　　　○｜×

36 채권발행 주체의 이자비용은 법인세 감면효과가 없지만, 우선주와 보통주의 배당금은 법인세를 감소시키는 효과가 있다.　　　　　○｜×

34. 주식보다는 변제가 앞서지만 일반 후순위채권보다 늦은 후순위이므로 투자자에게 높은 금리를 제공한다는 점에서 유리하다.

36. 채권발행 주체의 이자비용은 법인세를 감소시키는 효과가 있지만 우선주와 보통주의 배당금은 법인세를 차감한 순이익에서 지급되므로 회사의 입장에서 법인세 감면효과가 없다.

01 채권의 특성을 설명한 내용으로 옳지 않은 것은?

① 채권은 발행 시에 약정이자와 상환금액이 사전 확정된다.
② 채권은 발행 시에 상환기간이 정해지는 기한부증권이다.
③ 채권은 주식과 달리 원금 손실의 우려가 전혀 없다.
④ 채권은 장기적으로 안정적인 자금을 조달하는데 유리하다.

> **해설** 채권은 원금 보존 기능이 전혀 없는 주식에 비해 안정성이 높다. 하지만 채권의 경우에도 발행기관이 도산하여 변제능력을 상실할 경우 원금을 회수하지 못할 우려가 전혀 없는 것은 아니다. 이런 점에서 채권은 예금자 보호제도가 마련되어 있는 예금에 비해 안정성이 낮은 것으로 평가된다.

> **오답 분석** ① 채권은 확정이자부증권이다. 발행 시에 발행자가 지급하여야 할 약정이자와 만기 시 상환해야 할 금액이 사전에 확정되며, 발행자의 영업실적과 무관하게 이자와 원금을 상환해야 한다.
> ② 채권은 기한부증권이다. 주식과 달리 채권은 원금과 이자의 상환기간이 발행할 때 정해진다.
> ④ 채권은 장기증권이다. 따라서 발행자로 하여금 장기적으로 안정적인 자금을 조달할 수 있게 한다. 회사채의 경우 대부분 기업의 설비투자 용도로 발행된다.

정답 : ③

02 채권과 관련한 용어 중 〈보기〉의 내용에 해당하는 것은?

〈 보 기 〉

• 투자 원본금액에 대한 수익의 비율이다.
• 통상적으로 1년을 단위로 계산된다.
• 표면이율, 발행수익률, 만기수익률, 실효수익률, 연평균수익률 등 다양한 개념이 있다.

① 액면
② 매매단가
③ 수익률
④ 표면이자율

> **해설** 채권과 관련된 용어에는 액면, 매매단가, 표면이자율, 만기, 잔존기간, 수익률 등이 있다. 이중 투자 원본금액에 대한 수익의 비율을 수익률이라고 한다. 채권의 수익률을 나타내는 개념으로는 표면이율, 발행수익률, 만기수익률, 실효수익률, 연평균수익률 등이 있으며, 보통 1년을 단위로 계산된다. 수익률은 베이시스포인트(bp; basis point)로 표시하는데, 1bp는 1/100%(0.01% 또는 0.0001)에 해당한다. 즉, 이자율이 10bp 변동하였다면 0.1%(또는 0.001)만큼 변동한 것을 의미한다.

03 채권의 종류별 설명으로 잘못된 것은?

① 금융채 – 특별법에 의하여 설립된 금융회사가 발행하는 채권으로서 금융채의 발행은 특정한 금융회사의 중요한 자금조달수단의 하나이다.

② 할인채 – 표면상 이자가 지급되지 않는 대신에 액면금액에서 상환일까지의 이자를 공제한 금액으로 매출되는 채권이다.

③ 담보부채권 – 원리금 지급불능시 발행주체의 특정 재산에 대한 법적 청구권을 지키는 채권이다.

④ 전환사채 – 일정기간이 경과된 후 보유자의 청구에 의하여 발행회사가 보유 중인 다른 주식으로의 교환을 청구할 수 있는 권리가 부여된 사채이다.

해설 채권은 정부, 지방자치단체, 공공기관, 특수법인 또는 주식회사가 불특정 다수의 투자자를 대상으로 비교적 장기에 걸쳐 대규모 자금을 조달할 목적으로 발행하는 일종의 차용증서인 유가증권이다. 채권은 확정이자부증권이고 기한부증권이자 장기증권으로서의 성격을 갖는다.

④ 회사채의 형태로 발행되지만 일정기간이 경과된 후 보유자의 청구에 의하여 발행회사가 보유 중인 다른 주식으로의 교환을 청구할 수 있는 권리가 부여된 사채는 교환사채(EB)이다. 전환사채(CB)는 순수한 회사채의 형태로 발행되지만 일정 기간이 경과된 후 보유자의 청구에 의하여 발행회사의 주식으로 전환될 수 있는 권리가 붙어 있는 사채이다.

오답분석 ① 채권은 발행주체에 따라 국채, 지방채, 특수채, 금융채, 회사채 등으로 구분된다. 이중 금융채는 특별법에 의하여 설립된 금융회사가 발행하는 채권으로서 통화조절을 위해 한국은행이 발행하는 통화안정증권, 산업자금 조달을 위한 산업금융채권, 중소기업 지원을 위한 중소기업금융채권 및 각 시중은행이 발행하는 채권과 카드회사, 캐피탈회사, 리스회사, 할부금융회사 등이 발행하는 채권들이 여기에 속한다.

② 채권은 이자 지급방법에 따라 이표채, 할인채, 복리채 등으로 구분한다. 이중 할인채는 표면상 이자가 지급되지 않는 대신에 액면금액에서 상환일까지의 이자를 공제한 금액으로 매출되는 채권으로서 이자가 선급되는 효과가 있다.

③ 채권은 발행유형에 따라 보증채와 무보증채, 담보부채권과 무담보부채권, 후순위채권 등으로 구분할 수 있다. 이중 담보부채권은 원리금 지급불능시 발행주체의 특정 재산에 대한 법적 청구권을 지키는 채권이다.

정답 : ④

04 채권의 종류별 특성을 설명한 내용으로 옳지 <u>않은</u> 것은?

① 대부분의 회사채가 이표채로 발행되고 있다.
② 조기상환권이 옵션으로 부가되어 있는 채권은 다른 채권에 비해 저금리로 발행된다.
③ 전환사채 발행기관의 주가가 하락하는 경우에는 사채를 주식으로 전환하지 않는 것이 유리하다.
④ 첨가소화채권은 대부분 매입과 동시에 현장에서 매도되는 것이 일반적이다.

> **해설** 옵션부사채 중 조기상환권부채권의 경우 발행회사가 조기상환권을 행사하면 낮은 금리로 자금을 재조달할 수 있는 발행회사에게는 유리한 반면 기존의 고금리 채권 상품을 더이상 보유할 수 없게 된 채권투자자는 불리해진다. 따라서 조기상환권부사채는 다른 채권에 비해 높은 금리로 발행된다. 반대로 조기변제요구권이 부여되어 있는 경우에는 채권투자자에게 유리한 조건이 형성되기 때문에 이러한 옵션이 부가된 조기변제요구권부사채는 그렇지 않은 채권에 비해 낮은 금리로 발행될 수 있다.

> **오답분석** ① 대부분의 회사채가 이표채로 발행되고 있으며 국고채와 금융채 중 일부도 이표채로 발행된다. 반면 통화안정증권, 산금채 일부는 할인채에 해당한다.
> ③ 전환사채 발행기관의 주가가 어느 수준 이상으로 상승하게 되면 보유자가 전환권을 행사하여 채권을 포기하고 주식을 취득함으로써 추가적인 수익을 추구하고, 그렇지 않을 때는 전환하지 않고 계속 사채의 형태로 보유하게 된다.
> ④ 첨가소화채권은 표면이자율이 확정되어 있고 만기는 5년 이상 장기채권으로 발행되지만, 대부분 매입과 동시에 현장에서 매도되는 게 일반적이다.

정답 : ②

05 특수한 형태의 채권 중 〈보기〉의 설명에 해당하는 것은?

──────〈 보 기 〉──────

회사채의 형태로 발행되지만 일정기간이 경과된 후 보유자의 청구에 의하여 발행회사가 보유 중인 다른 주식으로의 교환을 청구할 수 있는 권리가 부여된 사채이다.

① 옵션부사채   ② 교환사채
③ 신주인수권부사채   ④ 전환사채

> **해설** 회사채의 형태로 발행되지만 일정기간이 경과된 후 보유자의 청구에 의하여 발행회사가 보유 중인 다른 주식으로의 교환을 청구할 수 있는 권리가 부여된 사채는 교환사채이다. 교환사채에는 발행 당시에 추후 교환할 때 받게 되는 주식의 수를 나타내는 교환비율이 미리 정해져 있다. 교환권을 행사할 경우 사채권자로서의 지위를 상실한다는 점에서는 전환사채와 동일하지만, 전환사채의 경우에는 전환을 통해 발행회사의 주식을 보유하게 되는 반면 교환사채의 경우는 발행회사가 보유 중인 타 회사의 주식을 보유하게 된다는 점에서 차이가 있다.

① 옵션부사채란 발행 당시에 제시된 일정한 조건이 성립되면 만기 전이라도 발행회사가 채권자에게 채권의 매도를 청구할 수 있는 권리, 즉 조기상환권이 있거나, 채권자가 발행회사에게 채권의 매입을 요구할 수 있는 권리, 즉 조기변제요구권이 부여되는 사채이다.

③ 신주인수권부사채란 채권자에게 일정기간이 경과한 후에 일정한 가격(행사가격)으로 발행회사의 일정 수의 신주를 인수할 수 있는 권리, 즉 신주인수권이 부여된 사채이다.

④ 순수한 회사채의 형태로 발행되지만 일정 기간이 경과된 후 보유자의 청구에 의하여 발행회사의 주식으로 전환될 수 있는 권리가 붙어 있는 사채이다.

정답 : ②

06 채권에 대한 설명으로 옳지 않은 것은?

① 주가지수연계채권은 채권의 이자나 만기상환액이 주가나 주가지수에 연동되어 있는 채권이다.
② 물가연동채권은 원금 및 이자지급액을 물가에 연동시켜 물가상승에 따른 실질구매력을 보장하는 회사채이다.
③ 변동금리부채권은 지급이자율이 대표성을 갖는 시장금리에 연동하여 매 이자지급 기간마다 재조정된다.
④ 자산유동화증권은 유동화 대상자산을 집합하여 특수목적회사에 양도하고 그 자산을 기초로 자금을 조달한다.

물가연동채권(KTBi; Inflation-Linked Korean Treasury Bond)은 정부가 발행하는 국채로 원금 및 이자지급액을 물가에 연동시켜 물가상승에 따른 실질구매력을 보장하는 채권이다. 이자 및 원금이 소비자물가지수(CPI)에 연동되어 물가상승률이 높아질수록 투자수익률도 높아져 인플레이션 헤지 기능이 있다. 아울러 정부의 원리금 지급보증으로 최고의 안전성이 보장된다. 하지만 물가가 지속적으로 하락하는 디플레이션 상황에서는 원금손실 위험도 있고 발행물량과 거래량이 적어 유동성이 떨어진다는 단점이 있다. 정부의 입장에서는 물가가 안정적으로 관리되면 고정금리국채보다 싼 이자로 발행할 수 있다는 장점이 있다.

① 주가지수연계채권(ELN; Equity Linked Note)은 채권의 이자나 만기상환액이 주가나 주가지수에 연동되어 있는 채권이다. 은행이 발행하는 주가지수연동정기예금(ELD; Equity Linked Deposit)이나 증권회사가 발행하는 주가지수연계증권(ELS; Equity Linked Securities)도 ELN과 유사한 구조이다. 우리나라에서는 주로 원금보장형 주가지수연계채권이 발행되는데, 이 상품은 투자금액의 대부분을 일반 채권에 투자하고 나머지를 파생상품(주로 옵션)에 투자하는 방식으로 운용된다.

③ 변동금리부채권(FRN; Floating Rate Note)은 발행일로부터 원금상환일까지 금리변동에 관계없이 발행 당시에 정한 이자율로 이자를 지급하는 금리확정부채권과 달리 지급이자율이 대표성을 갖는 시장금리에 연동하여 매 이자지급 기간마다 재조정된다. 변동금리부 채권의 지급이자율은 대표성을 갖는 시장금리에 연동되는 기준금리와 발행기업의 특수성에 따라 발행시점에 확정된 가산금리를 더하여 결정된다.

④ 자산유동화증권(ABS; Asset Backed Securities)은 금융회사가 보유 중인 자산을 표준화하고 특정 조건별로 집합(Pooling)하여 이를 바탕으로 증권을 발행한 후 유동화자산으로부터 발생하는 현금흐름으로 원리금을 상환하는 증권이다.

정답 : ②

07 신종자본증권에 대한 설명으로 옳지 <u>않은</u> 것은?

① 신종자본증권은 일정 수준 이상의 자본요건을 충족할 경우 자본으로 인정되는 채무증권이다.

② 채권과 주식의 중간적 성격을 가지고 있어 하이브리드채권으로 불리기도 한다.

③ 대부분의 경우 발행 후 5년이 지나면 발행기업이 채권을 회수할 수 있는 풋옵션이 부여되어 있다.

④ 자기자본비율 제고를 위해 은행의 자본확충 목적으로 발행되었으나 점차 일반 기업의 발행도 증가하고 있다.

해설   신종자본증권은 변제 시 일반 후순위채권보다 늦은 후순위채라는 점에서 투자자에게 높은 금리를 제공하는 반면에 대부분의 경우 발행 후 5년이 지나면 발행기업이 채권을 회수할 수 있는 콜옵션(조기상환권)이 부여되어 있다.

오답분석   ② 신종자본증권은 채권과 주식의 중간적 성격을 가지고 있다. 통상 30년 만기의 장기채로 고정금리를 제공하고 청산 시 주식보다 변제가 앞선다는 점(후순위채 보다는 후순위)에서 채권의 성격을 가지고 있다. 하지만 만기 도래 시 자동적인 만기연장을 통해 원금상환부담이 없어진다는 점에서 영구자본인 주식과 유사하다.
④ 초기에는 국제결제은행(BIS)의 건전성 감독지표인 자기자본비율 제고를 위해 은행의 자본확충 목적으로 발행되었으나 점차 일반 기업의 발행도 증가하고 있다.

정답 : ③

---

08 〈보기〉의 내용에 해당하는 채권은 무엇인가?

〈 보 기 〉

• 주택이나 자동차를 구입하거나 금융회사에서 부동산을 담보로 대출을 받을 때 의무적으로 구입해야 하는 채권이다.
• 정부나 지방자치단체 등이 공공사업 추진을 위해 재원을 조달하고자 할 때 관련 국민들에게 법률에 의해 강제로 매입하게 하는 준조세로서의 성격을 지닌다.
• 표면이자율이 확정되어 있고 만기는 5년 이상 장기채권으로 발행된다.
• 대부분 매입과 동시에 현장에서 매도되는 게 일반적이다.

① 첨가소화채권   ② 자산유동화증권
③ 신종자본증권   ④ 옵션부사채

첨가소화채권은 정부나 지방자치단체 등이 공공사업 추진을 위해 재원을 조달하고자 할 때 관련 국민들에게 법률에 의해 강제로 매입하게 하는 준조세 성격을 갖는 것으로, 주택이나 자동차를 구입하거나 금융회사에서 부동산을 담보로 대출을 받을 때 의무적으로 구입해야 한다. 표면이자율이 확정되어 있고 만기는 5년 이상 장기 채권으로 발행되며, 대부분 매입과 동시에 현장에서 매도되는 게 일반적이다. 채권은 대규모여서 소액투자인인 일반인들이 접근하기 어려우나 일반인들도 첨가소화채권을 소유하는 경우가 있다. 정부는 이러한 의무매입국공채의 환금성을 높여서 채권시장의 공신력을 높이고, 첨가소화채권을 통해 채권이라는 것을 처음 가지게 된 일반 대다수 국민의 채권시장에 대한 신뢰도를 높이기 위해 소액국공채거래제도를 운영하고 있다. 소액국공채 매매거래 제도를 적용받는 거래대상 채권에는 제1종 국민주택채권, 서울도시철도채권 및 서울특별시 지역개발채권, 지방공기업법에 의하여 특별시, 광역시 및 도가 발행한 지역개발공채증권, 주요 광역시 발행 도시철도채권 등이 있다.

정답 : ①

09 채권에 대한 설명으로 옳지 <u>않은</u> 것은? (2023 기출)

① 채권은 정부, 지방자치단체, 금융회사 또는 신용도가 높은 주식회사 등이 발행하므로 채무 불이행 위험이 상대적으로 낮다.

② 전환사채는 발행회사가 보유 중인 타 회사의 주식을 보유하게 되는 반면 교환사채는 발행회사의 주식을 보유하게 된다는 점에서 차이가 있다.

③ 우리나라에서 주로 발행되는 주가지수연계채권(원금보장형)은 투자금액의 대부분을 일반 채권에 투자하고 나머지를 파생상품(주로 옵션)에 투자하는 방식으로 운용된다.

④ 첨가소화채권은 주택 또는 자동차를 구입하거나 부동산을 담보로 대출을 받을 때 의무적으로 매수해야 하는 채권으로 정부나 지방자치단체 등이 공공사업추진을 위한 재원을 조달하려는 목적으로 발행하는 채권이다.

전환사채(CB; Convertible Bond)는 순수한 회사채의 형태로 발행되지만 일정 기간이 경과된 후 보유자의 청구에 의하여 발행회사의 주식으로 전환될 수 있는 권리가 붙어 있는 사채이다. 그리고 교환사채(EB; Exchangeable Bond)는 회사채의 형태로 발행되지만 일정 기간이 경과된 후 보유자의 청구에 의하여 발행회사가 보유 중인 다른 주식으로의 교환을 청구할 수 있는 권리가 부여된 사채이다.
② 전환사채는 발행회사의 주식을 보유하게 되는 반면, 교환사채는 발행회사가 보유 중인 타 회사의 주식을 보유하게 된다는 점에서 차이가 있다.

정답 : ②

10 다음 표는 채권과 주식의 비교표이다. 옳지 <u>않은</u> 것은?

	구분	채권	주식
①	발행기관	정부, 지방 자치 단체, 특수 법인, 금융기관, 회사 등	주식회사
②	자본 조달 형태	타인 자본(부채)	자기 자본
③	조달 원금의 상환 의무	만기 시 원금 상환	상환 의무 없음
④	위험의 정도	주식에 비해 높다	채권에 비해 낮다

11 그림은 갑 ~ 병의 금융 상품별 투자 비중을 나타낸다. 이에 대한 분석으로 옳지 <u>않은</u> 것은?

① 갑은 배당금을 받을 수 있는 상품에 투자하였다.
② 을이 투자한 상품은 모두 이자 수입을 기대할 수 있다.
③ 병의 투자 상품에는 시세 차익을 기대할 수 있는 것이 있다.
④ 병은 을보다 안정성이 높은 상품을 선호한다.

12 다음 중 금융에 관한 설명으로 옳지 <u>않은</u> 것은?

① 금융시장은 자금 공급자와 수요자를 중개해주는 역할을 한다.
② 금융제도는 금융 거래가 이루어지는 방식과 이에 대한 제반 규칙을 의미한다.
③ 금융시장은 자금의 수요자와 공급자 사이에 금융 거래가 조직적으로 이루어지는 장소이다.
④ 금융상품 중 채권의 가격은 시중금리와 비례하여 변동한다.

13 주식투자와 채권투자에 대한 설명으로 옳은 것은? (2024 기출)

① 유상증자는 기업의 자기 자본이 확대되기 때문에 기업의 재무구조를 개선하고 타인 자본에 대한 의존도를 낮춘다.

② 우선주는 배당이나 잔여재산분배에 있어 사채권자보다 우선순위가 높은 주식을 말하며 의결권이 제한되는 특징이 있다.

③ 교환사채는 회사채의 형태로 발행되지만 일정 기간이 경과된 후 보유자의 청구에 의하여 발행 회사의 주식으로 교환할 수 있다.

④ 주식 분할은 현금 대신 주식으로 배당을 실시하여 이익을 자본으로 전입하는 것을 의미하며 기업이 재무적으로 어렵거나 현금을 아껴야 할 필요가 있을 때 이루어진다.

14 주식투자 및 채권투자의 주요 내용에 대한 설명으로 옳은 것을 모두 고른 것은? (2021 기출)

〈보기〉

ㄱ. 신종자본증권은 대부분 발행 후 5년이 지나면 투자자가 채권에 대해 상환을 요구할 수 있는 풋 옵션이 부여되어 있다.

ㄴ. 채권의 가격은 시장금리 및 발행기관의 신용 변화에 영향을 받아 변동하게 되며, 다른 요인들이 모두 동일하다면 채권은 잔존기간이 짧아질수록 가격의 변동성이 증가한다.

ㄷ. 유상증자는 기업의 재무구조를 개선하고 타인자본에 대한 의존도를 낮출 수 있는 반면, 무상증자는 회사와 주주의 실질재산에는 변동이 없다. 유·무상증자 권리락일에는 신주인수권 가치만큼 기준주가가 하락한 상태에서 시작하게 된다.

ㄹ. 2021.3.9.(화)에 유가증권시장에서 매입한 주식(전일종가 75,000원)의 당일 중 최소 호가 단위는 100원이며, 주중에 다른 휴장일이 없다면 2021.3.11.(목) 개장 시점에 증권계좌에서 매입대금은 출금되고 주식은 입고된다.

① ㄱ, ㄴ   ② ㄱ, ㄹ

③ ㄴ, ㄷ   ④ ㄷ, ㄹ

해설 주식은 주식회사의 자본을 구성하는 단위이며 주식회사에 투자하는 재산적 가치가 있는 유가증권이다. 투자대상으로서의 주식은 높은 수익률과 위험을 가지는 투자자산으로 인식되고 있다. 반면, 채권은 정부, 지방자치단체, 공공기관, 특수법인 또는 주식회사가 불특정 다수의 투자자를 대상으로 비교적 장기에 걸쳐 대규모 자금을 조달할 목적으로 발행하는 일종의 차용증서인 유가증권이다.

ㄷ. 유상증자는 기업이 신주를 발행하여 자본금을 증가시키는 것으로 재무구조를 개선하고 타인자본에 대한 의존도를 낮추는 대표적인 방법이다. 반면 무상증자는 주금 납입 없이 이사회 결의로 준비금이나 자산재평가적립금 등을 자본에 전입하고 전입액 만큼 발행한 신주를 기존주주에게 보유 주식수에 비례하여 무상으로 교부하는 것으로, 회사와 주주의 실질재산에는 변동이 없다. 한편, 유·무상증자를 위해서는 주주가 확정되어야 하며 이를 위해 유·무상증자 기준일을 정하고 기준일 현재 주주인 사람을 증자 참여 대상자로 확정하게 된다. 이때 유·무상증자 기준일 전일은 유·무상증자 권리락일(자산분배가 공표된 기업의 주식이 그 자산의 분배권이 소멸된 이후 거래되는 첫날)이 되어 그날 이후 주식을 매수한 사람은 증자에 참여할 권리가 없다. 따라서 권리락일에는 신주인수권 가치만큼 기준주가가 하락하여 시작하게 된다.

ㄹ. 매매가 체결된 주식의 결제시점은 체결일로부터 3영업일로 되어 있다. 예를 들어 목요일에 매매가 체결된 주식은 토요일과 일요일 외에 다른 휴장일이 없다면 다음 주 월요일이 결제일이 되어 개장 시점에 매입의 경우는 증권계좌에서 매입대금이 출금되면서 주식이 입고되고, 매도의 경우는 증권계좌에 매도 대금이 입금되면서 주식이 출고된다. 한편, 전일종가 75,000원인 경우 최소 호가 단위는 100원이다.

ㄱ. 신종자본증권은 일정 수준 이상의 자본요건을 충족할 경우 자본으로 인정되는 채무증권으로, 채권과 주식의 중간적 성격을 가지고 있어 하이브리드채권으로 불리기도 한다. 통상 30년 만기의 장기채로 고정금리를 제공하고 청산 시 주식보다 변제가 앞선다는 점(후순위채보다는 후순위)에서 채권의 성격을 가지고 있으나 만기 도래 시 자동적인 만기연장을 통해 원금상환부담이 없어진다는 점에서 영구자본인 주식과 유사하다. 변제 시 일반 후순위채권보다 늦은 후순위채라는 점에서 투자자에게 높은 금리를 제공하는 반면에 대부분의 경우 발행 후 5년이 지나면 발행기업이 채권을 회수할 수 있는 콜옵션(조기상환권)이 부여되어 있다.

ㄴ. 채권 발행일로부터 원금상환일까지의 기간을 만기 또는 원금상환기간이라고 하며, 이미 발행된 채권이 일정기간 지났을 때 그때부터 원금상환일까지 남은 기간을 잔존기간이라고 한다. 다른 요인들이 모두 동일하다면 채권은 잔존기간이 짧아질수록 가격의 변동성이 감소한다.

정답 : ④

05 증권분석

Step 1 오엑스 Quiz

1 하향식(Top-down) 분석은 일반 경제를 검토하는 것에서 시작하여 특정산업으로, 최종적으로는 기업자체를 검토하는 분석방법이고, 상향식(Bottom-up) 분석은 투자 가망 회사에 초점을 두고 개별 기업의 사업, 재무, 가치 등 투자자가 선호할 만한 것들을 보유한 기업을 선택한 후 산업과 시장에 대해 그 기업을 비교한다.   ○│×

2 호경기 때 약한 기업의 주식에 투자하는 것보다 불경기 때 좋은 주식에 투자하는 것이 성과가 좋을 수 있다.   ○│×

3 실적발표가 예상을 크게 상회하는 경우는 '어닝 서프라이즈(earning surprise)'라고 하여 주가가 폭락하고, 예상에 크게 못 미칠 때에는 '어닝 쇼크(earning shock)'라고 하며 주가가 크게 상승하는 경우도 있다.   ○│×

4 이자보상배율이 높으면 이자비용을 커버하기에 충분한 영업이익이 있다는 뜻이고 이자보상배율이 1보다 작다면 영업이익으로 이자비용도 감당하지 못한다는 의미이다.   ○│×

5 유동성지표가 높을수록 단기부채를 상환하기 위한 유동자산 또는 당좌자산이 충분하다는 것을 의미한다.   ○│×

6 매출액 대비 수익률을 각각 당기순이익과 영업이익으로 측정한 매출액순이익률(Ration of Net income to Sales)과 매출액영업이익률(Ration of Operating profit to Sales) 중 매출액순이익률이 더 많이 사용된다.   ○│×

2. 호황기에는 강한 기업이나 약한 기업 모두 높은 실적을 거두지만 불황기에는 강한 기업까지도 번창하기 어렵기 마련이므로, 호경기 때 약한 기업의 주식에 투자하는 것이 불경기 때 좋은 주식에 투자하는 것보다 성과가 좋을 수 있다.

3. 어닝 서프라이즈에는 주가가 크게 상승하고, 어닝 쇼크에는 주가가 폭락할 가능성이 높다.

5. 다만, 유동성 비율이 지나치게 높으면 불필요하게 많은 자금을 수익성이 낮은 현금성 자산으로 운용하고 있다는 의미도 있다.

6. 당기순이익은 지분법 이익과 같이 기업 본연의 영업활동과 상관없이 발생한 영업외 수익과 이자비용과 같은 영업외 비용의 영향을 받기 때문에 영업이익만으로 측정한 매출액영업이익률이 더 많이 사용된다.

정답 | 1. ○ 2. × 3. × 4. ○ 5. ○ 6. ×

7 총자산이익률(ROA; Return on Asset)은 주주의 몫인 자기자본을 얼마나 효율적으로 활용하여 이익을 창출하였는지를 보여주는 지표로 주주의 부를 극대화한다는 측면에서 주식시장에서 가장 중요한 재무비율 지표로 인식된다.　　　　　　　　　　　　　　　　　　　○ | ×

8 재무제표에 나타난 장부가치(book value)는 미래의 경제적 이익을 반영하는 주식시장의 시장가치(market value)와 괴리될 수밖에 없다.　○ | ×

9 주가이익비율이 상대적으로 높으면 주가가 저평가되어 있다는 것을 의미하며 낮으면 고평가되어 있다는 것을 의미한다.　　　　　○ | ×

7. 총자산이익률(ROA; Return on Asset) → 자기자본이익률(ROE; Return on Equity), 총자산 대비 당기순이익으로 측정한 총자산이익률(ROA; Return on Asset)은 기업이 자산을 활용하여 이익을 창출하는 능력을 나타낸다.

8. 근본적으로 회계정보는 과거의 결과를 정리한 것이고 주가는 미래의 가능성을 반영하고 있기 때문이다.

9. 반대로 기술되어 있다.

01 증권분석에 대한 설명으로 옳지 못한 것은?

① 기본적 분석은 과거의 증권가격 및 거래량의 추세와 변동패턴을 바탕으로 미래 증권가격의 움직임을 예측하는 분석기법이다.

② 상장기업은 기업공시제도에 따라 중요한 기업 정보를 반드시 공시하여야 한다.

③ 상장기업은 매 분기마다 주요한 재무정보를 발표하는 것이 일반적이다.

④ 유행성 정보는 일시적 현상에 그치는 경우가 대부분이므로 루머에 따른 급등락에 유의하여야 한다.

해설 증권분석(securities analysis)은 여러 가지 자료나 정보를 토대로 가격의 적정성이나 미래의 가격예측에 대해 판단하는 것이다. 증권분석의 방법에는 기본적 분석과 기술적 분석이 있다. 이중 기본적 분석은 시장에서 증권에 대한 수요와 공급에 의해서 결정되는 시장가격이 그 증권의 내재가치 (intrinsic value)와 동일하지 않을 수 있다는 전제하에 증권의 내재가치를 중점적으로 분석하는 방법이고, 기술적 분석은 과거의 증권가격 및 거래량의 추세와 변동패턴에 관한 역사적인 정보를 이용하여 미래증권가격의 움직임을 예측하는 분석기법이다. 기본적 분석에는 경제분석, 산업분석, 기업분석으로 이어지는 환경적 분석과 재무제표를 중심으로 기업의 재무상태와 경영성과를 평가하는 재무적 분석이 포함되며 하향적 분석 또는 상향적 분석을 통하여 시장가격과의 비교함으로써 과소 또는 과대평가된 증권을 발견한다.

오답분석 ② 상장기업은 기업공시제도(corporate disclosure system)에 따라 자사 증권에 대한 투자판단에 중대한 영향을 미칠 수 있는 중요한 기업 정보를 반드시 공시하도록 되어 있다. 기업공시제도는 투자자가 기업의 실체를 정확히 파악하여 투자결정을 할 수 있도록 함으로써 증권시장 내의 정보의 불균형을 해소하고 증권거래의 공정성을 확보하여 투자자를 보호하는 기능을 수행한다.

③ 일반적으로 상장기업의 경우에는 매 분기마다 매출액, 영업이익, 당기순이익 등의 주요한 재무정보를 발표하도록 되어 있다. 예상을 크게 상회하는 경우는 '어닝 서프라이즈(earning surprise)'라고 하여 주가가 크게 상승하고, 예상에 크게 못 미칠 때에는 '어닝 쇼크(earning shock)'라고 하며 주가가 폭락하는 경우도 있다.

④ 유행성 정보는 일시적 현상에 그치는 경우가 대부분이며 많은 경우 실적이 뒷받침되지 않으면서 루머에 따라 급등락하기 때문에 일반투자자는 조심해야 한다.

정답 : ①

02 〈보기〉에서 증권투자 또는 증권분석에 대한 설명으로 옳은 것을 모두 고른 것은? (2022 기출)

〈 보 기 〉

ㄱ. 무상증자와 주식배당은 주주들의 보유 주식 수가 늘어나고, 주주의 실질 재산에는 변동이 없다는 점에서 유사하다.

ㄴ. 전환사채(CB) 신주인수권부사채(BW)는 보유자에게 유리한 선택권이 주어지기 때문에 다른 조건이 동일하다면 일반사채에 비해 높은 금리로 발행된다.

ㄷ. 우선주와 채권은 회사경영에 대한 의결권이 없고, 법인이 우선주 배당금 또는 채권 이자 지급 시 비용처리를 할 수 없다는 공통점이 있다.

ㄹ. 이자보상배율이 높으면 이자 비용을 충당하기에 충분한 영업이익이 있다는 뜻이고 이자보상배율이 1보다 작다면 기업이 심각한 재무적 곤경에 처해 있다고 볼 수 있다.

① ㄱ, ㄷ   ② ㄱ, ㄹ

③ ㄴ, ㄷ   ④ ㄴ, ㄹ

해설 투자는 미래에 긍정적인 이익이 발생하기를 바라면서 불확실성을 무릅쓰고 경제적 가치가 있는 자산을 운용하는 것을 의미한다. 그리고 증권투자는 주식과 채권 등 증권을 대상으로 투자하는 것을 말한다. 한편, 증권분석은 여러 가지 자료나 정보를 토대로 그 가격의 적정성이나 미래의 가격예측에 대해 판단을 하는 것을 지칭한다.

ㄱ. 무상증자는 주금 납입 없이 이사회 결의로 준비금이나 자산재평가적립금 등을 자본에 전입하고 전입액만큼 발행한 신주를 기존주주에게 보유 주식수에 비례하여 무상으로 교부하는 것으로, 회사와 주주의 실질재산에는 변동이 없다. 그리고 주식배당은 현금 대신 주식으로 배당을 실시하여 이익을 자본으로 전입하는 것을 의미하는 것으로, 주식배당 시 주주들의 보유 주식 수는 늘어나지만 실제 주주의 부(富)에는 변동이 없다.

ㄹ. 이자보상배율은 부채에서 발생하는 이자비용을 같은 기간의 영업이익에 의해 얼마만큼 커버할 수 있는지를 살펴보는 지표이다. 이자보상배율이 높으면 이자비용을 커버하기에 충분한 영업이익이 있다는 뜻이고 이자보상배율이 1보다 작다면 영업이익으로 이자비용도 감당하지 못한다는 의미로 기업이 심각한 재무적 곤경에 처해 있다고 볼 수 있다.

오답분석 ㄴ. 전환사채는 순수한 회사채의 형태로 발행되지만 일정 기간이 경과된 후 보유자의 청구에 의하여 발행회사의 주식으로 전환될 수 있는 권리가 붙어 있는 사채이다. 전환사채는 보유자가 자신에게 유리할 때만 전환권을 행사하여 추가적인 수익을 꾀할 수 있는 선택권이 주어지기 때문에 다른 조건이 동일하다면 일반사채에 비해 낮은 금리로 발행된다. 그리고 신주인수권부사채란 채권자에게 일정기간이 경과한 후에 일정한 가격(행사가격)으로 발행회사의 일정 수의 신주를 인수할 수 있는 권리, 즉 신주인수권이 부여된 사채이다. 신주인수권부사채 역시 보유자에게 유리한 선택권이 주어지기 때문에 다른 조건이 같다면 일반사채에 비해 낮은 금리로 발행된다.

ㄷ. 우선주는 배당이나 잔여재산분배에 있어서 사채권자보다는 우선순위가 낮으나 보통주 주주보다는 우선권이 있는 주식을 말한다. 반면, 채권은 정부, 지방자치단체, 공공기관, 특수법인 또는 주식회사가 불특정 다수의 투자자를 대상으로 비교적 장기에 걸쳐 대규모 자금을 조달할 목적으로 발행하는 일종의 차용증서인 유가증권이다. 법인이 채권의 이자를 지급하는 경우에는 비용처리를 할 수 있지만, 우선주 배당금을 지급하는 경우에는 법인의 비용처리가 불가하다.

정답 : ②

03 기업 재무비율분석에 관한 내용으로 옳지 않은 것은?

① 레버리지비율은 기업이 자산이나 자기자본에 비하여 부채를 얼마나 사용하고 있는가를 보여준다.

② 유동성지표는 기업이 부담하고 있는 장단기부채를 충분하게 상환할 수 있는 능력을 살펴보는 지표이다.

③ 활동성지표는 기업이 보유자산을 얼마나 잘 활용하고 있는가를 보여주는 지표이다.

④ 기업의 경영성과를 나타내며 가장 중요한 재무비율지표로 평가되는 수익성지표는 크게 매출액과 투자자본 대비 수익률로 측정된다.

> **해설** 일반인들이 기업의 재무제표를 면밀하게 분석하는 것은 어렵기 때문에 중요한 정보만을 정리하여 간결한 수치로 나타내어 분석하는 것을 재무비율분석이라고 하며 대표적인 재무비율 지표에는 레버리지비율, 유동비율, 활동성비율, 수익성비율 등이 있다. 이중 기업이 부담하고 있는 단기부채를 충분하게 상환할 수 있는 능력을 살펴보는 지표인 유동성지표(liquidity measures)는 1년 이내에 만기가 돌아오는 유동부채 대비 현금성이 있는 유동자산의 비율로 측정된다. 유동성지표가 높을수록 단기부채를 상환하기 위한 유동자산 또는 유동자산에서 재고자산을 뺀 당좌자산이 충분하다는 것을 뜻한다. 하지만 이 비율이 지나치게 높으면 불필요하게 많은 자금을 수익성이 낮은 현금성 자산으로 운용하고 있다는 의미가 된다.
>
> **오답분석** ① 기업이 자산이나 자기자본에 비하여 부채를 얼마나 사용하고 있는가를 보여주는 레버리지비율(leverage measures)을 나타내는 부채비율은 총자산 대비 총부채로 측정하지만, 종종 자기자본 대비 부채의 비중으로 측정하기도 한다. 부채의 레버리지효과는 기업이익을 증폭시키기 때문에 주주 이익을 높이는 데 기여할 수 있다. 하지만 부채가 과도할 경우 기업의 파산 가능성을 높이게 된다.
> ③ 기업이 보유자산을 얼마나 잘 활용하고 있는가를 보여주는 지표인 활동성지표(activity measures)는 주로 총자산 대비 매출액으로 측정한 자산회전율로 측정한다. 자산회전율이 낮다면 매출이 둔화되었거나 비효율적인 자산에 투자하여 자산의 활용도가 낮다는 의미가 된다.
>
> 정답 : ②

04 재무비율 분석에 대한 설명으로 가장 옳은 것은?

① 유동성지표가 높을수록 단기부채 상환을 위한 유동자산 또는 당좌자산이 충분하다는 것을 의미한다.

② 이자보상배율이 1보다 작다면 이자비용을 커버하기에 충분한 영업이익이 있다는 뜻이다.

③ 매출액영업이익률(Ration of Operating profit to Sales)보다 매출액순이익률(Ration of Net income to Sales)이 더 많이 사용된다.

④ 총자산이익률(ROA; Return on Asset)은 주주의 몫인 자기자본을 얼마나 효율적으로 활용하여 이익을 창출하였는지를 보여주는 지표이다.

> **해설** 유동성지표가 높을수록 단기부채를 상환하기 위한 유동자산 또는 당좌자산이 충분하다는 것을 의미한다. 다만 유동성 비율이 지나치게 높으면 불필요하게 많은 자금을 수익성이 낮은 현금성 자산으로 운용하고 있다는 의미도 있다.

② 이자보상배율이 높으면 이자비용을 커버하기에 충분한 영업이익이 있다는 뜻이고 이자보상배율이 1보다 작다면 영업이익으로 이자비용도 감당하지 못한다는 의미이다.

③ 당기순이익은 지분법 이익과 같이 기업 본연의 영업활동과 상관없이 발생한 영업외 수익과 이자비용과 같은 영업외 비용의 영향을 받기 때문에 영업이익만으로 측정한 매출액영업이익률이 더 많이 사용된다.

④ 자기자본이익률(ROE; Return on Equity)은 주주의 몫인 자기자본을 얼마나 효율적으로 활용하여 이익을 창출하였는지를 보여주는 지표로 주주의 부를 극대화한다는 측면에서 주식시장에서 가장 중요한 재무비율 지표로 인식된다.

정답 : ①

05 다음 재무비율 지표 중 활동성지표에 해당하는 것은?

① 자산회전율   ② 이자보상배율
③ 당좌비율   ④ 총자산이익률

해설 재무비율 지표에는 레버리지비율, 유동성비율, 활동성비율, 수익성비율 등이 있다. 레버리지비율에는 부채비율과 이자보상배율이 포함되고, 유동성지표에는 유동비율과 당좌비율이 포함된다. 그리고 활동성 비율에 해당하는 지표에는 자산회전율, 평균회수기간, 재고자산회전율 등이 있고, 수익성지표에는 매출액순이익률, 매출액영업이익률, 총자산이익률(ROA), 자기자본이익률(ROE) 등이 포함된다.

구분		계산식
레버리지비율	부채비율	총부채 ÷ 자기자본
	이자보상배율	영업이익 ÷ 이자비용
유동성비율	유동비율	유동자산 ÷ 유동부채
	당좌비율	(유동자산 − 재고자산) ÷ 유동부채
활동성비율	자산회전율	매출액 ÷ 총자산
	평균회수기간	(매출채권×365일) ÷ 매출액
	재고자산회전율	매출액 ÷ 재고자산
수익성비율	매출액순이익률	당기순이익 ÷ 매출액
	매출액영업이익률	영업이익 ÷ 매출액
	총자산이익률(ROA)	순이익 ÷ 총자산
	자기자본이익률(ROE)	순이익 ÷ 자기자본

정답 : ①

06 주가배수 평가 지표 중 PBR을 구하는 공식은?

① 주당시장가격 ÷ 주당장부가치
② 주가 ÷ 주당순이익
③ 순이익 ÷ 총자산
④ 총부채 ÷ 자기자본

주가배수 평가 지표에는 주가이익비율(PER)과 주가장부가치비율(PBR)이 있다. 이중 주가장부가치비율(PBR; price book value ratio)은 시장가치(market value)를 나타내는 주가를 장부가치(book value)를 보여주는 주당순자산(BPS; book-value per share)으로 나눈 비율이다. 이는 주당 가치평가 시 시장가격과 장부가치의 괴리 정도를 평가하는 지표로 'PBR = 주가 ÷ 주당순자산(BPS) = 주당시장가격 ÷ 주당장부가치'로 구한다. 주당순자산은 기업 청산 시 장부상으로 주주가 가져갈 수 있는 몫을 나타내며 PBR이 낮을수록 투자자는 낮은 가격에 주당순자산을 확보하게 된다.

② 기업이 벌어들이는 주당이익에 대해 증권시장의 투자자들이 어느 정도의 가격을 지불하고 있는가를 뜻하는 것으로, 주식가격을 1주당 순이익(EPS; Earning Per Share)으로 나눈 값은 주가이익비율(PER; Price Earning Ratio)이다.
③ ROA에 해당한다. 총자산 대비 당기순이익으로 측정한 총자산이익률(ROA; Return on Asset)은 기업이 자산을 활용하여 이익을 창출하는 능력을 나타내며, 자기자본이익률(ROE; Return on Equity)은 주주의 몫인 자기자본을 얼마나 효율적으로 활용하여 이익을 창출하였는지를 보여주는 지표이다.
④ 부채비율을 구하는 방식이다. 기업이 자산이나 자기자본에 비하여 부채를 얼마나 사용하고 있는가를 보여주는 지표를 레버리지비율(leverage measures)이라고 하며, 일반적인 부채비율은 총자산 대비 총부채로 측정하지만 종종 자기자본 대비 부채의 비중으로 측정되기도 한다.

정답 : ①

07 재무비율 분석의 내용으로 옳지 못한 것은?

① 이자보상배율이 1보다 작으면 영업이익으로 이자비용도 감당하지 못한다는 의미이다.
② 유동성지표가 높을수록 단기부채를 상환하기 위한 유동자산 또는 당좌자산이 충분하다는 것을 의미한다.
③ 총자산이익률(ROA; Return on Asset)은 주주의 몫인 자기자본을 얼마나 효율적으로 활용하여 이익을 창출하였는지를 보여주는 지표로 주주의 부를 극대화한다는 측면에서 주식시장에서 가장 중요한 재무비율 지표로 인식된다.
④ 재무제표에 나타난 장부가치(book value)는 주식시장의 시장가치(market value)와 괴리될 수밖에 없다.

주주의 몫인 자기자본을 얼마나 효율적으로 활용하여 이익을 창출하였는지를 보여주는 지표로 주주의 부를 극대화한다는 측면에서 주식시장에서 가장 중요한 재무비율 지표로 인식되는 것은 자기자본이익률(ROE; Return on Equity)이다. 총자산 대비 당기순이익으로 측정한 총자산이익률(ROA; Return on Asset)은 기업이 자산을 활용하여 이익을 창출하는 능력을 나타낸다.

① 이자보상배율이 높으면 이자비용을 커버하기에 충분한 영업이익이 있다는 뜻이고 이자보상배율이 1보다 작다면 영업이익으로 이자비용도 감당하지 못한다는 의미이다.
② 유동성지표가 높을수록 단기부채를 상환하기 위한 유동자산 또는 당좌자산이 충분하다는 것을 의미한다. 다만, 유동성 비율이 지나치게 높으면 불필요하게 많은 자금을 수익성이 낮은 현금성 자산으로 운용하고 있다는 의미도 있다.
④ 재무제표에 나타난 장부가치(book value)는 미래의 경제적 이익을 반영하는 주식시장의 시장가치(market value)와 괴리될 수밖에 없다. 근본적으로 회계정보는 과거의 결과를 정리한 것이고 주가는 미래의 가능성을 반영하고 있기 때문이다.

정답 : ③

Step 1 오엑스 Quiz

1 은행, 저축은행과 마찬가지로 우체국예금은 예금자보호법에 따라 1인당 최고 5천만 원(세전)까지 지급이 보장된다. ○ | ×

2 우체국예금은 우체국에서 취급하는 예금을 말하며 우체국을 통하여 누구나 편리하고 간편하게 저축수단을 이용하게 함으로써 국민의 저축의욕을 북돋우고 일상생활의 안정을 도모한다. ○ | ×

3 우체국예금·보험 이외에 우체국에서 취급하는 금융 관련 업무로는 우편환, 우편대체, 신용카드, 집합투자증권(펀드) 판매, 외국환, 전자금융 업무가 있다. ○ | ×

4 우체국은 업무 제휴를 통해 신용카드 발급, 증권계좌 개설, 결제대금 수납, 은행 입·출금서비스 제공, 노란우산 판매대행 등 타 금융기관 업무를 대리 수행하며 민영금융기관의 창구망 역할을 대행하고 있다. ○ | ×

5 우체국금융 창구망을 통한 보편적 금융서비스 제공은 농·어촌지역에도 도시지역과 동일한 수준의 금융서비스를 제공하여 도시·농어촌 간의 금융서비스 격차를 해소하는데 크게 기여하고 있다. ○ | ×

6 「우정사업운영에 관한 특례법」상 각 사업의 적자가 발생하더라도 우편사업특별회계, 우체국예금특별회계 또는 우체국보험특별회계의 세출예산 상호 간 이용하거나 전용이 금지된다. ○ | ×

7 우체국금융에서 발생하는 이익잉여금을 통해 일반회계 전출(국가 재정으로의 이익금 귀속)할 뿐 아니라, 금융시장 안정과 타 금융기관 정상화 등 금융구조조정 지원을 위해 공공자금관리기금에 출연하여 지원하고 있다. ○ | ×

8 「공공자금관리기금법」에 의해 우체국 금융자금 중 일부를 공공자금관리기금에 예탁함으로써 국가의 재정 부담을 완화하고, 중소·벤처기업 지원 등 공적 목적의 투자를 수행함으로써 금융위기 등 급격한 경기침체 시에 기업의 연쇄 도산을 막는 역할에 기여하고 있다. ○ | ×

---

1. 은행이나 저축은행과 달리 우체국예금은 국가가 전액 지급을 보장한다. 참고로 농·축협, 신협, 새마을금고 등의 상호금융은 소관 법률 내 예금자보호준비금을 통하여 5천만원까지(해당 지역 본점과 지점의 예금은 합산) 지급을 보장한다.

3. 신용카드 → 체크카드

6. 필요한 경우 각 회계의 총액 범위에서 각 과목 상호 간에 이용하거나 전용할 수 있다.

7. 공공자금관리기금 → 공적자금상환기금

정답 | 1. × 2. ○ 3. × 4. ○ 5. ○ 6. × 7. × 8. ○

01 우체국금융 연혁에 관한 내용으로 옳지 <u>않은</u> 것은?

① 우체국 예금업무는 1905년 우편저금과 우편환 서비스를 실시하면서 시작되었다.

② 우체국금융은 1977년 새마을금고로 이관되었다가 1983년 1월부터 재개되었다.

③ 2012년 스마트 금융시스템을 오픈한 이후 지속적인 디지털금융 고도화를 꾀하고 있다.

④ 2023년 국가기관 최초로 마이데이터(본인신용정보관리업) 본허가를 획득하였다.

> **해설** 우체국금융은 1977년 농업협동조합으로 이관되었다가 1982년 12월 제정된 「우체국예금·보험에 관한 법률」에 의거하여 1983년 1월부터 금융사업의 재개와 함께 현재의 국영금융기관으로서의 역할을 수행하고 있다.
>
> **오답분석** ① 우체국금융은 1905년 우편저금과 우편환, 1929년 우편보험을 실시한 이후 전국 각지에 고루 분포되어 있는 우체국을 금융창구로 활용하여 국민들에게 각종 금융서비스를 제공하고 있다.
> ③ 2012년 스마트 금융시스템을 오픈한 이후 2019년 우체국스마트뱅킹 전면 개편, 2023년 차세대 금융시스템 도입 등 지속적인 디지털금융 고도화를 통해 국민들이 우체국금융 창구뿐만 아니라 우체국금융 온라인을 통해 언제 어디서나 쉽고 편리하게 금융서비스를 제공받을 수 있게 하였다.
> ④ 2023년에는 국가기관 최초로 마이데이터(본인신용정보관리업) 본허가를 획득하는 등 우체국 금융은 스마트한 국민금융을 제공하는 국내 유일의 소매금융 중심의 국영 금융기관으로 발돋움하고 있다.
>
> 정답 : ②

02 우체국금융의 연혁에 대한 설명으로 옳지 <u>않은</u> 것은?

① 우체국보험은 1929년 5월에 제정된 '조선간이생명보험령'에 따라 1929년 10월에 조선총독부 체신국에서 종신보험과 양로보험을 판매하기 시작한 것을 시초로 한다.

② 1952년 12월에 '국민생명보험법' 및 '우편연금법'을 개정하면서 기존 일본식 명칭이었던 '국민생명보험'을 '간이생명보험'으로 개칭하였다.

③ 1977년 1월 당시 체신부는 국가 정책 사업인 전기통신사업으로 역량을 결집하기 위해서 국민생명보험사업 분야를 농협으로 모두 이관 조치하였다가 1982년 12월 31일 체신예금·보험에 관한 법률 및 체신보험특별회계법을 제정하였고 1983년부터 본격적인 보험사업을 재개하기 시작하였다.

④ 2023년에는 국가기관 최초로 마이데이터(본인신용정보관리업) 본허가를 획득하는 등 금융사업의 다각화와 전문화를 통해 스마트한 국민금융을 제공하고 있다.

> **해설** 1952년 12월에 '국민생명보험법' 및 '우편연금법'을 제정함에 따라 기존 일본식 명칭이었던 '간이생명보험'을 '국민생명보험'으로 개칭하였다.

03 우체국금융에 대한 설명으로 옳은 것은? (2022 기출)

① 1905년부터 우편저금, 우편환과 우편보험을 실시하였다.

② 1982년 12월 제정된 「우체국예금·보험에 관한 법률」에 의거하여 1983년 1월부터 금융사업이 재개되었다.

③ 우체국의 금융업무에는 우체국예금, 우체국보험, 주택청약저축, 신탁, 펀드판매 등이 있다.

④ 우체국예금의 타인자본에는 예금을 통한 예수부채와 채권의 발행 등을 통한 차입부채가 있다.

해설 우체국금융은 우편사업의 부대업무로 운영되며 과도한 국가 재정 목적의 활용으로 인한 적자 누적과 우편사업 겸업에 따른 전문성 부재 논란이 이어지며 사업을 중단하고 1977년 농업협동조합으로 이관하였다가, 이후 우편사업의 재정지원과 금융의 대중화 실현을 위하여 1982년 12월 제정된 「우체국예금·보험에 관한 법률」에 의거 1983년 1월부터 금융사업의 재개와 함께 현재의 국영금융기관으로서의 역할을 수행하고 있다.

**오답
분석** ① 우체국금융은 1905년 우편저금과 우편환, 1929년 우편보험을 실시한 이후 전국 각지에 고루 분포되어 있는 우체국을 금융창구로 활용하여 국민들에게 각종 금융서비스를 제공하고 있다.
③ 우체국의 금융업무는 「우정사업운영에 관한 특례법」에서 고시하는 우체국예금, 우체국보험, 우편환·대체, 외국환업무, 체크카드, 펀드판매, 전자금융서비스 등이 있다. 주택청약저축과 신탁은 우체국 금융업무에 포함되지 않는다.
④ 금융기관의 건전성 관리를 기준으로 볼 때 우체국예금은 일반은행과 달리 타인자본에는 예금을 통한 예수부채만 있고, 은행채의 발행 등을 통한 차입 혹은 금융기관 등으로부터의 차입을 통한 차입부채는 없다.

정답 : ②

04 〈보기〉에서 우체국 금융의 업무 범위에 해당하는 것의 총 개수는? (2024 기출)

〈 보 기 〉		
ㄱ. 체크카드	ㄴ. 펀드판매	ㄷ. 증권계좌개설
ㄹ. 전자금융서비스	ㅁ. 우편환·대체	ㅂ. 신탁

① 2개   ② 3개
③ 4개   ④ 5개

해설 ㄱ, ㄴ, ㄷ, ㄹ, ㅁ은 우체국 금융 업무 범위에 속하지만, ㅂ은 우체국 금융 업무 범위에 해당하지 않는다. 우체국의 금융 업무는 「우정사업운영에 관한 특례법」에서 고시하는 우체국예금, 우체국보험, 우편환·대체, 외국환업무, 체크카드, 펀드판매, 전자금융서비스 등이 있다. 또한, 전국 우체국 금융창구를 업무 제휴를 통해 민영금융기관에 개방하여 신용카드 발급, 증권계좌 개설, 결제대금 수납, 은행 입·출금서비스 제공 노란우산 공제 판매대행 등 타 금융기관 업무를 대리 수행하며 민영금융기관의 창구망 역할을 대행하고 있다.

오답분석 우체국금융은 은행법에 따른 은행업 인가를 받은 일반은행이나 보험업법에 따른 보험업 인가를 받은 보험회사와는 달리 「우체국예금·보험에 관한 법률」등 소관 특별법에 의해 운영되는 국영금융기관으로 대출, 신탁, 신용카드 등 일부 금융 업무에 제한을 받고 있다.

정답 : ④

05 우체국금융의 현황에 대한 내용으로 옳지 <u>않은</u> 것은?

① 우체국예금은 일반은행과 달리 여신이 전혀 없다.
② 우체국예금은 자기자본에 자본금 및 주식발행 초과금이 없다.
③ 우체국예금상품의 종류 및 가입대상, 금리 등은 과학기술정보통신부장관이 고시한다.
④ 원칙적으로 우체국예금에는 예수부채만 있고, 차입부채는 없다.

해설 우체국예금은 일반은행과 달리 여신업무를 주된 업무로 하지 않는다. 다만, 우체국예금에 여신이 전혀 없는 것은 아니다. 우편대체 계좌대월 등 일부 특수한 경우에는 우체국예금에도 여신이 발생한다. 따라서 우체국예금은 일반은행과 달리 우편대체 계좌대월 등 일부 특수한 경우를 제외하고는 여신이 없다고 볼 수 있다.

오답분석 ② 우체국예금은 일반은행과 달리 주식 발행이 없으므로 자기자본에 자본금 및 주식발행 초과금이 없다.
③ 우체국예금상품의 구체적인 종류 및 가입대상, 금리 등은 과학기술정보통신부장관이 정하여 고시하도록 하고 있다.
④ 우체국예금은 일반은행과 달리 타인자본에는 예금을 통한 예수부채만 있고, 은행채의 발행 등을 통한 차입 혹은 금융기관 등으로부터의 차입을 통한 차입부채는 없다.(단, 환매조건부채권매도 등을 통한 차입부채는 있을 수 있다.)

정답 : ①

06 우체국금융의 현황에 관한 내용으로 가장 옳은 것은?

① 우체국예금은 예금자보호법에 따라 1인당 최고 5천만 원까지 지급이 보장된다.
② 우체국예금·보험 이외에도 우편환과 우편대체, 신용카드, 펀드 판매 등의 금융 업무를 수행한다.
③ 우체국예금특별회계는 각 과목 상호간 이용과 전용이 금지되어 있다.
④ 신용카드 발급, 증권계좌 개설, 노란우산 판매대행 등 타 금융기관 업무를 대리 수행한다.

해설 우체국은 업무 제휴를 통해 신용카드 발급, 증권계좌 개설, 결제대금 수납, 은행 입·출금서비스 제공, 노란우산 판매대행 등 타 금융기관 업무를 대리 수행하며 민영금융기관의 창구망 역할을 대행하고 있다.

오답분석 ① 은행이나 저축은행과 달리 우체국예금은 국가가 전액 지급을 보장한다. 참고로 농·축협, 신협, 새마을금고 등의 상호금융은 소관 법률 내 예금자보호준비금을 통하여 5천만 원까지(해당 지역 본점과 지점의 예금은 합산) 지급을 보장한다.

② 우체국예금·보험 이외에 우체국에서 취급하는 금융 관련 업무로는 우편환, 우편대체, 체크카드, 집합투자증권(펀드) 판매, 외국환, 전자금융 업무가 있다.

③ 「우정사업운영에 관한 특례법」상 각 사업의 적자발생 등 필요한 경우 우편사업특별회계, 우체국예금특별회계 또는 우체국보험특별회계의 세출예산 각각의 총액 범위에서 각 과목 상호간에 이용하거나 전용할 수 있다.

정답 : ④

07 우체국금융에 대한 설명으로 옳지 않은 것은?

① 예금상품의 구체적인 종류 및 가입대상, 금리 등은 우정사업본부장이 정하여 고시한다.
② 우체국예금은 주식 발행이 없으므로 자기자본에 자본금 및 주식발행 초과금이 없다.
③ 우체국보험은 계약 보험금 한도액이 보험종류별로 피보험자 1인당 4천만 원으로 제한되어 있다.
④ 우체국금융은 국영금융으로서 대출, 신탁, 신용카드 등 일부 금융업무에 제한을 받고 있다.

해설 우체국예금이란 「우체국예금·보험에 관한 법률」에 따라 우체국에서 취급하는 예금을 말하며 우체국을 통하여 누구나 편리하고 간편하게 저축수단을 이용하게 함으로써 국민의 저축의욕을 북돋우고 일상생활의 안정을 도모한다. 우체국예금 상품은 크게 요구불예금과 저축성예금으로 구분할 수 있으며, 예금상품의 구체적인 종류 및 가입대상, 금리 등은 과학기술정보통신부장관이 정하여 고시하도록 하고 있다. 한편, 우체국보험의 종류는 보장성보험, 저축성보험, 연금보험이 있으며 각 보험의 종류에 따른 상품별 명칭, 특약, 보험기간, 보험료납입기간, 가입연령, 보장내용 등은 우정사업본부장이 정하여 고시한다.

오답분석 ② 금융기관의 건전성 관리를 기준으로 볼 때 우체국예금은 일반은행과 달리 주식 발행이 없으므로 자기자본에 자본금 및 주식발행 초과금이 없다. 그리고 타인자본에 예금을 통한 예수부채만 있고, 은행채의 발행 등을 통한 차입 혹은 금융기관 등으로부터의 차입을 통한 차입부채가 없다. 또한, 우편대체 계좌대월 등 일부 특수한 경우를 제외하고는 여신이 없다.(단, 환매조건부채권매도 등을 통한 차입부채는 있을 수 있다.)

③ 우체국보험이란 「우체국예금·보험에 관한 법률」에 따라 우체국에서 피보험자의 생명·신체의 상해(傷害)를 보험사고로 하여 취급하는 보험을 말하며 보험의 보편화를 통하여 재해의 위험에 공동으로 대처하게 함으로써 국민의 경제생활 안정과 공공복리의 증진에 이바지함을 목적으로 한다. 우체국보험은 동법에 따라 계약 보험금 한도액이 보험종류별로 피보험자 1인당 4천만 원으로 제한되어 있다.

④ 우체국금융은 은행법에 따른 은행업 인가를 받은 일반은행이나 보험업법에 따른 보험업 인가를 받은 보험회사와는 달리 「우체국예금·보험에 관한 법률」등 소관 특별법에 의해 운영되는 국영금융기관으로 대출, 신탁, 신용카드 등 일부 금융 업무에 제한을 받고 있다.

정답 : ①

08 우체국 금융의 역할 중 〈보기〉의 내용과 관계 있는 것은?

〈 보 기 〉

- 사회적 취약계층과 서민·소상공인을 대상으로 다양한 금융상품과 금융서비스를 출시하여 자산형성 지원
- 우체국공익재단을 통해 전국의 우체국 네트워크를 활용한 민관 협력 활동은 물론 미래세대 육성, 의료 복지 인프라 기반 조성 등의 활동 수행

① 보편적 금융서비스의 제공　　　　　② 우편사업의 안정적 운영 지원
③ 국가 재정 및 산업 육성에 기여　　　④ 서민경제 활성화 지원

> **해설** 우체국금융은 간편하고 신뢰 가는 예금·보험 사업을 운영하게 함으로써 금융의 대중화를 통하여 국민의 저축 의욕을 북돋우고, 보험의 보편화를 통하여 재해의 위험에 공동으로 대처하게 함으로써 국민 경제생활의 안정과 공공복리의 증진 임무를 수행한다.
> ④ 우체국금융은 서민경제 지원을 위하여 기초생활보호대상자, 장애인, 소년소녀가장, 다문화 가정 등 사회적 취약계층과 서민·소상공인을 대상으로 자산형성을 지원하고 보험료 부담을 경감하며 금융 수수료 면제 혜택을 제공한다. 또한 우체국 네트워크를 활용한 긴급재난지원금 등 각종 정부 지원금 사업 신청 대행접수, 사회공헌 활동 등을 통해 국영 금융기관의 공익적 역할을 수행한다. 그리고 공익사업의 전문성과 효율성, 지속 가능성 증대를 위해 2013년 우체국공익재단을 설립하여 아동청소년의 건강한 성장 지원을 위한 미래세대 육성, 의료 사각지대에 놓인 소외된 이웃을 위한 의료복지 인프라 기반 조성, 자연 생태계 조성과 같은 지속가능 친환경 활동 등을 수행한다.
>
> **오답분석** ① 우체국금융은 수익성과 관계없이 전국적으로 고르게 분포되어 있는 우체국 국사를 금융창구로 운영하며 기본적인 금융서비스를 제공할 뿐만 아니라 민간 금융기관과의 다양한 제휴를 통해 시중은행 수준의 금융상품 및 서비스를 제공함으로써 국민들에게 지역 차별 없는 금융 접근성을 제공한다.
> ② 우체국은 금융 사업을 함께 영위하며 금융 사업에서 발생한 수익의 일부를 지원하는 등 우편서비스의 지속적인 운영에 이바지한다.
> ③ 우체국금융에서 발생하는 이익잉여금을 통해 일반회계 전출(국가 재정으로의 이익금 귀속)과 공적자금상환기금 등을 지원하는 등 국가 재정 및 산업 육성에 기여한다.
>
> 정답 : ④

09 「우체국예금·보험에 관한 법률」과 동법 시행령·시행규칙에 관한 내용으로 옳은 것은? (2021 기출)

① 연 면적의 100분의 20을 우정사업에 직접 사용하고 나머지는 영업시설로 임대하고자 하는 업무용 부동산은 우체국 예금자금으로 취득할 수 있다.

② 우체국 예금자금은 금융기관 또는 재정자금에 예탁하거나 1인당 2천만 원 이내의 개인 신용대출 등의 방법으로도 운용한다.

③ 우체국은 예금보험공사에 의한 예금자보호 대상 금융기관의 하나이지만, 특별법인 이 법에 의해 우체국예금(이자 포함)과 우체국보험계약에 따른 보험금 등 전액에 대하여 국가가 지급 책임을 진다.

④ 우체국 예금자금으로 「자본시장과 금융투자업에 관한 법률」에 따른 파생상품 거래 시 장내파생상품 거래를 위한 위탁증거금 총액은 예금자금 총액의 100분의 20 이내로 한다.

해설 「우체국예금·보험에 관한 법률」제18조 제1항은 과학기술정보통신부장관이 예금 및 이자의 지급에 지장이 없는 범위에서 예금자금을 운용할 수 있도록 규정하고 있으며, 운용 범위에는 '대통령령으로 정하는 업무용 부동산의 취득·처분 및 임대'가 포함된다.

> **법률 제18조**(예금자금의 운용) ① 과학기술정보통신부장관은 예금(이자를 포함한다)의 지급에 지장이 없는 범위에서 예금자금을 다음 각 호의 방법으로 운용한다.
>
> 1. 금융기관에 예탁(預託)
> 2. 재정자금에 예탁
> 3. 「자본시장과 금융투자업에 관한 법률」에 따른 증권의 매매 및 대여
> 4. 「자본시장과 금융투자업에 관한 법률」제355조에 따른 자금중개회사를 통한 금융기관에 대여
> 5. 「자본시장과 금융투자업에 관한 법률」제5조에 따른 파생상품의 거래
> 6. 대통령령으로 정하는 업무용 부동산의 취득·처분 및 임대
>
> **시행령 제3조의2**(업무용 부동산의 범위) 「우체국예금·보험에 관한 법률」제18조 제1항 제6호에서 "대통령령으로 정하는 업무용 부동산"이란 다음 각 호의 어느 하나에 해당하는 부동산을 말한다.
>
> 1. 영업시설(연면적의 100분의 10 이상을 우정사업에 직접 사용하는 시설만 해당한다)
> 2. 연수시설
> 3. 복리후생시설
> 4. 제1호부터 제3호까지의 용도로 사용할 토지·건물 및 그 부대시설

오답분석 ② 우체국 예금자금은 개인 신용대출의 방법으로 운용할 수 없다. 우체국은 개인 신용대출을 취급하지 않는다.
③ 우체국의 경우 예금보험공사의 보호대상 금융회사는 아니지만, 우체국예금·보험에 관한 법률 제4조(국가의 지급 책임)에 의거하여 우체국 예금(이자 포함)과 우체국 보험 계약에 따른 보험금 등 전액에 대하여 국가에서 지급을 책임지고 있다.

> **법률 제4조**(국가의 지급 책임) 국가는 우체국예금(이자를 포함한다)과 우체국보험계약에 따른 보험금 등의 지급을 책임진다.

④ 법률 제18조 제1항 제5호는 예금자금으로 파생상품을 거래할 수 있음을 규정하고 있다. 그리고 동조 제2항은 '제1항제3호에 따른 증권의 매입, 같은 항 제4호에 따른 금융기관에의 대여, 같은 항 제5호에 따른 파생상품 거래의 각 총액이 예금자금에서 차지하는 비율과 같은 항 제6호에 따른 업무용 부동산의 보유한도는 예금의 안정을 해치지 아니하는 범위에서 과학기술정보통신부령으로 정한다.'고 밝히고 있다.

> **시행규칙 제15조의2**(증권 매입비율 등) ③ 법 제18조제1항제5호에 따른 파생상품 거래 중 장내파생상품을 거래하기 위한 위탁증거금 총액은 예금자금 총액의 100분의 1.5 이내로 한다.
> ④ 법 제18조제1항제5호에 따른 파생상품의 거래 중 장외파생상품을 거래하기 위한 기초자산의 취득가액 총액은 예금자금 총액의 100분의 20 이내로 한다.

정답 : ①

10 다음 (가) ~ (다)는 「우체국예금·보험에 관한 법률」 및 동법 시행규칙에 대한 설명이다. 괄호 안에 들어갈 내용으로 옳은 것은? (2023 기출)

〈 보 기 〉

(가) 잔액이 1만 원 미만으로서 1년 이상 계속하여 거래가 없을 때 거래중지계좌에 편입할 수 있으며, 거래중지계좌에의 편입은 매년 ( )회 한다.

(나) 저축성예금의 예금자로서 우정사업본부장이 정하는 기간 이상 월부금을 납입하거나 우정사업본부장이 정하는 기간 이상 예치한 자는 예입액의 ( )퍼센트의 범위에서 만기 전에 지급을 청구할 수 있다.

(다) 체신관서는 예금자가 ( )년간 예금을 하지 아니하거나 예금의 지급, 이자의 기입, 인감 변경, 예금통장(예금증서를 포함한다)의 재발급신청 등을 하지 아니한 경우에는 과학기술정보통신부령으로 정하는 바에 따라 그 예금의 지급청구나 그 밖에 예금의 처분에 필요한 신청을 할 것을 최고(催告)하여야 한다.

	(가)	(나)	(다)
①	1	80	5
②	2	90	5
③	1	80	10
④	2	90	10

해설 제시된 (가)~(다)에 해당하는 우체국예금보험에 관한 법률과 시행규칙의 조항은 다음과 같다.

우체국예금보험법 시행규칙 제20조(거래중지계좌에의 편입) ① 체신관서는 요구불예금계좌가 다음 각 호의 어느 하나에 해당될 때에는 거래중지계좌에 해당 계좌를 편입할 수 있다.

1. 잔액이 1만원 미만으로서 1년 이상 계속하여 거래가 없을 때
2. 잔액이 1만원 이상 5만원 미만으로서 2년 이상 계속하여 거래가 없을 때
3. 잔액이 5만원 이상 10만원 미만으로서 3년 이상 계속하여 거래가 없을 때

② 제1항에 따른 거래중지계좌에의 편입은 매년 2회 하며, 상반기에는 5월 마지막 일요일에 편입하고 하반기에는 11월 마지막 일요일에 편입한다.

우체국예금보험법 시행규칙 제28조(만기 전 지급) ① 저축성예금의 예금자로서 우정사업본부장이 정하는 기간 이상 월부금을 납입하거나 우정사업본부장이 정하는 기간 이상 예치한 자는 예입액의 90퍼센트의 범위에서 만기 전에 지급을 청구할 수 있다.

우체국예금보험법 제24조(예금지급청구권의 소멸) ① 체신관서는 예금자가 10년간 예금을 하지 아니하거나 예금의 지급, 이자의 기입, 인감 변경, 예금통장(예금증서를 포함한다)의 재발급신청 등을 하지 아니한 경우에는 과학기술정보통신부령으로 정하는 바에 따라 그 예금의 지급청구나 그 밖에 예금의 처분에 필요한 신청을 할 것을 최고(催告)하여야 한다.

정답 : ④

11 우체국예금·보험에 관한 설명으로 옳은 것은? (2012 기출)

① 우체국예금은 「예금자보호법」에 의하여 원리금 전액이 지급 보장된다.

② 우체국보험은 보험을 효율적으로 운영하고 위험을 적절하게 분산하기 위하여 재보험에 가입할 수 있다.

③ 우체국보험은 「우체국예금·보험에 관한 법률」에 따라 계약 보험금 한도액이 보험종류별로 피보험자 1인당 5천만 원으로 제한되어 있다.

④ 우체국예금은 주식 발행을 통해 자기자본에 자본금 및 주식발행 초과금이 발생한다.

> **해설** 「우체국예금·보험에 관한 법률」 제46조의2에 따라 과학기술정보통신부장관은 보험을 효율적으로 운영하고 위험을 적절하게 분산하기 위하여 필요하다고 인정하면 재보험에 가입할 수 있다.
>
> **오답 분석** ① 우체국예금은 「우체국예금·보험에 관한 법률」에 의해 국가가 전액 지급을 보장한다.
> ③ 우체국보험은 「우체국예금·보험에 관한 법률」에 따라 계약 보험금 한도액이 보험종류별로 피보험자 1인당 4천만 원으로 제한되어 있다.
> ④ 우체국예금은 주식 발행이 없으므로 자기자본에 자본금 및 주식발행 초과금이 없다.
>
> 정답 : ②

12 우체국예금에 대한 설명으로 옳지 <u>않은</u> 것은?

① 예금에 신규로 예입하려는 자는 현금 또는 증권등과 함께 예금가입신청서 및 예입신청서를 체신관서에 제출하여야 한다.

② 체신관서는 요구불예금계좌의 잔액이 1만 원 미만으로서 1년 이상 계속하여 거래가 없을 때에는 해당 계좌를 거래중지계좌에 편입할 수 있다.

③ 저축성예금의 예금자는 예입액의 80퍼센트의 범위에서 만기 전에 지급을 청구할 수 있다.

④ 예금자가 요구불예금을 해약하거나 저축성예금을 중도해약할 때에는 통장 등과 함께 예금해약청구서를 체신관서에 제출하여야 한다.

> **해설** 저축성예금의 예금자로서 우정사업본부장이 정하는 기간 이상 월부금을 납입하거나 우정사업본부장이 정하는 기간 이상 예치한 자는 예입액의 90퍼센트의 범위에서 만기 전에 지급을 청구할 수 있다.
>
> **오답 분석** ① 예금에 신규로 예입하려는 자는 현금 또는 증권등과 함께 예금가입신청서 및 예입신청서를 체신관서에 제출하여야 한다. 한편, 예금자가 예금의 지급을 청구할 때에는 통장등과 함께 예금지급청구서를 체신관서에 제출하여야 한다.
> ② 체신관서는 요구불예금계좌의 잔액이 1만원 미만으로서 1년 이상 계속하여 거래가 없을 때, 잔액이 1만원 이상 5만원 미만으로서 2년 이상 계속하여 거래가 없을 때, 잔액이 5만원 이상 10만원 미만으로서 3년 이상 계속하여 거래가 없을 때에는 거래중지계좌에 해당 계좌를 편입할 수 있다. 거래중지계좌에의 편입은 매년 2회 하며, 상반기에는 5월 마지막 일요일에 편입하고 하반기에는 11월 마지막 일요일에 편입한다.
>
> 정답 : ③

13 〈보기〉에서 「우체국 예금거래 기본약관」에 대한 설명으로 옳은 것의 총 개수는? (2024 기출)

〈보기〉

ㄱ. 이 약관은 국민의 저축 의욕을 북돋우고 국민 경제생활의 안정과 공공복리의 증진에 이바지함을 목적으로 한다.

ㄴ. 예금이율을 변경할 때에는 예금이율 변경시행일 1개월 전에 그 내용을 우체국과 인터넷 홈페이지에 게시하여야 한다.

ㄷ. 법령의 개정이나 제도의 개선 등으로 긴급히 약관을 변경할 때에는 즉시 이를 게시 또는 공고하여야 한다.

ㄹ. 예금이율을 변경한 때에 거치식·적립식예금은 계약 당시의 이율을 적용하되, 변동금리가 적용되는 예금은 금리를 변경한 다음 날로부터 변경이율을 적용한다.

① 1개
② 2개
③ 3개
④ 4개

해설 ㄷ은 옳은 설명이고, ㄱ과 ㄴ, ㄹ은 틀린 내용이다.

ㄷ. 우체국은 약관을 변경하고자 할 때에는 변경약관 시행일 1개월 전에 그 내용을 우체국과 인터넷 홈페이지에 게시하여 예금주에 알린다. 다만, 법령의 개정이나 제도의 개선 등으로 인하여 긴급히 약관을 변경할 때에는 즉시 이를 게시 또는 공고하여야 한다.

오답 분석 ㄱ. 우체국 예금거래 기본약관은 우체국과 예금주가 서로 믿음을 바탕으로 예금거래를 빠르고 틀림없이 처리하는 한편, 서로의 이해관계를 합리적으로 조정하기 위하여 기본적이고 일반적인 사항을 정한 것이다. 체신관서(遞信官署)로 하여금 간편하고 신용 있는 예금·보험사업을 운영하게 함으로써 금융의 대중화를 통하여 국민의 저축의욕을 북돋우고, 보험의 보편화를 통하여 재해의 위험에 공동으로 대처하게 함으로써 국민 경제생활의 안정과 공공복리의 증진에 이바지함을 목적으로 하는 것은 「우체국예금·보험에 관한 법률」이다.

ㄴ. 우체국은 예금종류별 이율표를 창구 또는 인터넷 홈페이지에 비치·게시하고, 이율을 바꾼 때는 그 바꾼 내용을 창구 또는 인터넷 홈페이지에 1개월 동안 게시한다.

ㄹ. 이율을 바꾼 때에는 입출금이 자유로운 예금은 바꾼 날로부터 바꾼 이율을 적용하며, 거치식·적립식예금은 계약 당시의 이율을 적용함을 원칙으로 하되, 변동금리가 적용되는 예금은 금리를 바꾼 날로부터 바꾼 이율을 적용한다.

정답 : ①

제2편 우체국금융 제도

제5장
예금업무 개론

제6장
내부통제 및 금융소비자보호

제7장
예금관련법

01 예금계약

Step 1 오엑스 Quiz

1. 쌍무계약에 대한 설명이다. 편무계약은 당사자의 일방만이 채무를 부담하거나 또는 쌍방이 채무를 부담하더라도 그 채무가 서로 대가적 의미를 갖지 않는 계약이다.

1 계약의 각 당사자가 서로 대가적 의미를 가지는 채무를 부담하는 계약을 편무계약이라고 한다. ○│✕

2. 낙성계약에 대한 설명이다. 요물계약은 합의 이외에 물건의 인도 기타의 급부를 하여야만 성립하는 계약이다.

2 계약당사자 간의 합의만으로도 성립하는 계약을 요물계약이라고 한다. ○│✕

3. 요물계약 → 낙성계약

3 오늘날에는 금융회사의 예금계약 체결 시에 그러한 금전의 인도를 요하지 않는 예금(0원으로 통장개설)이 늘어가고 있는 실정을 감안하면 요물계약이 대두되고 있다. ○│✕

4 당좌예금은 어음·수표의 지급 사무처리의 위임을 목적으로 하는 위임계약과 금전소비임치계약이 혼합된 계약이다. ○│✕

5. 질권 설정은 금지되지만, 금융회사가 승낙하면 양도는 가능하다.

5 보통예금·저축예금은 반환기간이 정하여지지 않아 언제든지 입·출금을 자유롭게 할 수 있으며, 질권 설정도 가능하다. ○│✕

6 예금의사의 합치란 막연히 예금을 한다는 합의와 금전의 인도가 있었던 것으로는 부족하고, 어떤 종류·어떤 이율·어떤 기간으로 예금을 하겠다는 의사의 합치가 있는 경우를 말한다. ○│✕

7 예금거래기본약관은 현금입금의 경우, 예금계약은 금융회사가 금원을 받아 확인한 때에 성립하는 것으로 규정하고 있다. ○│✕

정답 │ 1. ✕ 2. ✕ 3. ✕ 4. ○ 5. ✕ 6. ○ 7. ○

8 원칙적으로 예금수령의 권한을 갖고 있는 금융회사 종사자는 영업장 내외에서 그 권한을 부여받는 것으로 본다. ○ | ×

9 영업점 이외에서 예금을 수령할 수 있는 대리권을 가진 자, 예컨대 지점장(우체국장) 또는 대리권을 수여받은 자 등이 금전을 수령하고 이를 확인한 때에는 즉시 예금계약이 성립하는 것으로 보아야 한다. ○ | ×

10 타점권 입금에 의한 예금계약의 성립시기에 관하여 예금거래기본약관은 양도설의 입장을 취하고 있다. ○ | ×

11 자점권 입금의 경우 실무상 잔액을 확인하지 않고 일단 입금기장하고 잔액을 나중에 처리할 경우에도 발행인의 잔액에서 수표액면 금액이 현실로 인출되어 예입자의 계좌에 입금되지 않으면 예금계약이 성립하지 않는다. ○ | ×

12 약관은 기업에게는 계약체결에 소요되는 시간·노력·비용을 절약할 수 있고 그 내용을 완벽하게 구성할 수 있다는 장점이 있는 반면, 고객에게는 일방적으로 불리한 경우가 많다. ○ | ×

13 객관적·통일적 해석의 원칙은 약관이 해석자의 주관이 아니라 객관적 합리성에 입각하여 해석되어야 하며 시간, 장소, 거래상대방에 따라 달리 해석되어서는 안 된다는 원칙이다. ○ | ×

14 예금계약에 대해서는 당해 예금상품의 약관이 우선적으로 적용되고 그 약관에 규정이 없는 경우에는 예금거래기본약관, 예금별 약관의 내용이 차례로 적용된다. ○ | ×

8. 예금수령의 권한을 가진다고 하는 것은 예금장부, 증서·통장 등의 용지, 직인, 회계기 등을 갖춘 점포 내에서의 권한을 의미하는 것이기 때문에 금융회사 종사자라 할지라도 그 권한은 영업장 내에서의 권한이지, 영업점 외에까지 그 권한이 미치는 것은 아니다.

10. 양도설 → 추심위임설, 증권으로 입금했을 때 금융회사가 그 증권을 교환에 돌려 부도반환시한이 지나고 결제를 확인했을 때에 예금계약이 성립한다고 규정하고 있다.

14. 당해 예금상품의 약관, 예금별 약관, 예금거래기본약관의 내용이 차례로 적용된다.

01 예금계약의 법적 성질 중 〈보기〉의 내용에 부합하는 것은?

〈 보 기 〉

예금계약은 계약당사자의 일방이 미리 작성하여 정형화해 둔 일반거래약관에 따라 체결되는 계약이다. 즉, 금융회사가 예금거래기본약관 등을 제정하고 이를 계약의 내용으로 삼는다.

① 소비임치계약　　　　　　　　　　② 위임계약
③ 부합계약　　　　　　　　　　　　④ 상사계약

> **해설** 예금계약은 법적으로 소비임치계약, 상사계약, 부합계약의 성질을 갖는다. 이중 부합계약이란 계약당사자의 일방이 미리 작성하여 정형화해 둔 일반거래약관에 따라 체결되는 계약을 의미한다. 예금계약은 금융회사가 예금거래기본약관 등을 제정하고 이를 예금계약의 내용으로 삼는다는 점에서 부합계약에 해당한다. 그러므로 예금거래기본약관은 그 내용이 공정하여야 하며, 거래처와 계약을 체결함에 있어 금융회사는 약관의 내용을 명시하고 중요내용을 설명하여야만 예금계약이 성립한다.
>
> **오답분석** ①② 소비임치계약은 수취인이 보관을 위탁받은 목적물의 소유권을 취득하여 이를 소비한 후 그와 같은 종류·품질 및 수량으로 반환할 수 있는 특약이 붙어 있는 것을 내용으로 하는 계약이다. 따라서 예금자가 금전의 보관을 위탁하고 금융회사가 이를 승낙하여 자유롭게 운용하다가 같은 금액의 금전을 반환하면 되는 예금계약은 소비임치계약으로 볼 수 있다. 다만, 당좌예금은 위임계약과 소비임치계약이 혼합된 계약이다.
> ④ 금융회사는 상인이므로 금융회사와 체결한 예금계약은 상사임치계약이 된다.
>
> 정답 : ③

02 예금계약의 법적 성질에 대한 설명으로 가장 옳은 것은?

① 금융회사는 상인이므로 금융회사와 체결한 예금계약은 민사임치계약이다.
② 낙성계약설에 의하면 예금계약이 성립하기 위해서는 반드시 입금자원의 입금이 있어야 한다.
③ 만기일 이후 거래처의 청구에 따라 지급하는 정기예금의 기한의 이익은 금융회사에 있다.
④ 예금계약을 요물소비임치계약으로 보는 견해에 의하면 예금의사의 합치만으로 예금계약이 성립한다.

> **해설** 예금계약은 예금자가 금전의 보관을 위탁하고 금융회사가 이를 승낙하여 자유롭게 운용하다가 같은 금액의 금전을 반환하면 되는 소비임치계약이자, 금융회사가 예금거래기본약관 등을 제정하고 이를 예금계약의 내용으로 삼는다는 점에서 부합계약이다.
> ③ 정기예금은 약정한 만기일 이후 거래처가 청구한 때에 지급한다고 규정하여 기한의 이익이 금융회사에 있다.

① 금융회사는 상인이므로 금융회사와 체결한 예금계약은 상사임치계약이며, 민사임치와 달리 선량한 관리자의 주의의무를 부담한다.
② 낙성계약설에 의하면 예금계약은 금융회사와 거래처와의 예금을 하기로 하는 합의에 의해 성립하며, 반드시 입금자원의 입금이 있어야 하는 것이 아니다.
④ 예금계약을 요물소비임치계약으로 보는 견해에 의하면 예금의사의 합치와 요물성의 충족이 있으면 예금계약이 성립한다고 한다.

정답 : ③

03 각종 예금계약의 법적 구조에 대한 설명으로 가장 옳은 것은?

① 저축예금은 질권 설정이 금지되고 어떤 경우에도 양도가 불가하다.
② 거치식예금인 정기예금의 기한의 이익은 예금자에게 있다.
③ 상호부금은 쌍무계약의 성질을 지닌 것으로 보아왔으나, 편무계약으로 보아야 한다는 견해도 유력하게 주장되고 있다.
④ 월부금을 정해진 회차에 따라 납입하기로 계약하는 정기적금의 가입자는 월부금을 납입할 의무를 진다.

해설 상호부금은 일정한 기간을 정하여 부금을 납입하게 하고 기간의 중도 또는 만료 시에 부금자에게 일정한 금전을 급부할 것을 내용으로 하는 약정이다. 종래 실무계에서는 거래처가 부금을 납입할 의무를 부담하고 금융회사는 중도 또는 만기 시에 일정한 급부를 하여야 하는 쌍무계약의 성질을 지닌 것으로 보아왔다. 그러나 상호부금의 예금적 성격을 강조하여 정기적금과 동일하게 편무계약으로 보아야 한다는 견해도 현재 유력하게 주장되고 있다.

① 보통예금·저축예금은 반환기간이 정하여지지 않아 언제든지 입·출금을 자유롭게 할 수 있으며 질권 설정이 금지되어 있다. 다만 금융회사가 승낙할 경우 양도가 가능하다.
② 정기예금은 예치기간이 약정된 금전소비임치계약이다. 거치식예금 약관 제2조는 기한이 도래하지 않음으로써 그 기간 동안 당사자가 받는 이익인 기한의 이익이 금융회사에 있음을 명확히 하고 있다. 정기예금은 약정한 만기일 이후 거래처가 청구한 때에 지급한다고 규정되어 있으므로 예금주는 원칙적으로 만기일 전에 예금의 반환을 청구할 수 없다.
④ 정기적금은 월부금을 정해진 회차에 따라 납입하면 만기일에 금융회사가 계약액을 지급하겠다는 계약이다. 그리고 계약의 당사자 일방만이 채무를 부담하거나 또는 쌍방이 채무를 부담하더라도 그 채무가 서로 대가적 의미를 갖지 않는 편무계약이므로 가입자는 월부금을 납입할 의무가 없다.

정답 : ③

04 예금계약에 관한 설명으로 옳지 않은 것은?

① 예금계약은 소비임치계약의 성격을 갖는다.
② 예금거래기본약관은 현금입금의 경우, 예금계약은 금융회사가 금원을 받아 확인한 때에 성립하는 것으로 규정하고 있다.
③ ATM의 예금계약이 성립하는 시기는 고객이 확인버튼을 누른 때라고 보는 것이 통설이다.
④ 현금에 의한 계좌송금의 경우 수탁영업점의 수취인의 예금거래영업점에 대한 입금의뢰 시 예금계약이 성립한 것으로 본다.

해설 계좌송금은 계좌송금신청인의 수탁영업점에 대한 송금신청, 수탁영업점의 수취인의 예금거래영업점에 대한 입금의뢰, 수취인의 예금거래영업점의 입금처리 형식으로 업무처리 과정이 진행된다. 현금에 의한 계좌송금의 경우에는 예금원장에 입금기장을 마친 때에 예금계약이 성립하며, 증권류에 의한 계좌송금의 경우에는 증권류의 입금과 같은 시기에 예금계약이 성립한다.

오답분석 ① 예금계약은 소비임치계약, 상사계약, 부합계약으로서의 성격을 갖는다. 소비임치계약이란 수취인이 보관을 위탁받은 목적물의 소유권을 취득하여 이를 소비한 후 그와 같은 종류·품질 및 수량으로 반환할 수 있는 특약이 붙어 있는 것을 내용으로 하는 계약이다. 한편 예금계약에 대하여 쌍무계약과 편무계약, 낙성계약과 요물계약의 성격을 둘러싼 논의들이 있다.
② 예금계약을 요물소비임치계약으로 보는 견해에 의하면 예금의사의 합치와 요물성의 충족이 있으면 예금계약이 성립한다고 보며, 예금거래기본약관도 이와 같은 입장을 취한다. 다만, 낙성계약설은 예금계약은 금융회사와 거래처와의 예금을 하기로 하는 합의에 의해 성립하며, 반드시 입금자원의 입금이 있어야 하는 것이 아니라는 견해를 보인다.
③ ATM의 조작은 예금주 자신에 의하여 이루어지고 최종적으로 그 현금이 금융회사에 인도되는 것은 예금주가 확인버튼을 누른 때이므로, 예금계약이 성립하는 시기는 고객이 확인버튼을 누른 때라고 보는 것이 통설이다.

정답 : ④

05 금융기관의 예금거래업무에 관한 설명으로 옳은 것은? (2010 기출 변형)

① 예금계약은 예금자가 금전의 보관을 위탁하고 금융기관이 운용하다가 추후 금전을 반환하는 소비대차계약이다.
② 양도성예금증서는 정기예금에 양도성을 부여한 특수한 형태의 금융상품으로 은행이 무기명 할인식으로 발행한다.
③ 점외수금의 경우, 지점장(우체국장)은 영업점으로 돌아와 수납직원에게 금전을 넘겨주고 그 수납직원이 이를 확인한 때 예금계약이 성립한다.
④ 공동대표이사와 거래 시 공동대표 1인이 다른 어느 1인에게 모든 업무를 포괄적으로 위임하는 것은 유효하다.

해설 양도성예금증서(CD; Certificate of Deposit)는 정기예금에 양도성을 부여한 특수한 형태의 금융상품으로 은행이 무기명 할인식으로 발행하여 거액의 부동자금을 운용하는 수단으로 자주 활용된다.

오답분석 ① 예금계약은 예금자가 금전의 보관을 위탁하고 금융회사가 이를 승낙하여 자유롭게 운용하다가 같은 금액의 금전을 반환하면 되는 소비임치계약이다.
③ 점외수금의 경우에는 그 수금직원이 영업점으로 돌아와 수납직원에게 금전을 넘겨주고 그 수납직원이 이를 확인한 때에 예금계약이 성립하는 것으로 보아야 한다. 그러나 영업점 이외에서 예금을 수령할 수 있는 대리권을 가진 자, 예컨대 지점장(우체국장) 또는 대리권을 수여 받은 자 등이 금전을 수령하고 이를 확인한 때에는 즉시 예금계약이 성립하는 것으로 보아야 한다.
④ 공동대표이사 제도는 회사의 대표자가 독단 또는 전횡으로 권한을 남용하는 것을 방지하기 위하여 여러 사람의 대표자가 공동으로서만 대표권을 행사할 수 있도록 하는 제도이다. 따라서 예금거래도 공동으로 하는 것이 원칙이다.

정답 : ②

06 예금거래에 관한 내용으로 가장 옳은 것은?

① 점외수금의 경우 그 수금직원이 영업점으로 돌아와 수납직원에게 금전을 넘겨준 때에 예금계약이 성립한다.
② ATM 입금 시 예금계약이 성립하는 시기는 고객이 확인버튼을 누른 때라고 보는 것이 통설이다.
③ 현금에 의한 계좌송금의 경우 예금거래영업점에 대한 입금의뢰 시 예금계약이 성립한다.
④ 타점권 입금과 관련하여 추심위임설은 타점권의 입금과 동시에 예금계약이 성립한다고 본다.

> **해설** ATM의 조작은 예금주 자신에 의하여 이루어지고 최종적으로 그 현금이 금융회사에 인도되는 것은 예금주가 확인 버튼을 누른 때이므로, 예금계약이 성립하는 시기는 고객이 확인버튼을 누른 때라고 보는 것이 통설이다.

> **오답 분석** ① 점외수금의 경우에는 그 수금직원이 영업점으로 돌아와 수납직원에게 금전을 넘겨주고 그 수납직원이 이를 확인한 때에 예금계약이 성립하는 것으로 보아야 한다.
> ③ 계좌송금은 계좌송금신청인의 수탁영업점에 대한 송금신청, 수탁영업점의 수취인의 예금거래영업점에 대한 입금의뢰, 수취인의 예금거래영업점의 입금처리 형식으로 업무처리 과정이 진행된다. 현금에 의한 계좌송금의 경우에는 예금원장에 입금기장을 마친 때에 예금계약이 성립하며, 증권류에 의한 계좌송금의 경우에는 증권류의 입금과 같은 시기에 예금계약이 성립한다.
> ④ 추심위임설은 타점권의 입금과 동시에 그 타점권이 미결제 통보와 부도실물이 반환되지 않는 것을 정지조건으로 하여 예금계약이 성립한다고 보는 견해이고, 양도설은 타점권의 입금과 동시에 예금계약이 성립하고 다만 그 타점권이 부도반환 되는 경우에는 소급하여 예금계약이 해제되는 것으로 보는 견해이다. 단, 추심위임설에도 불구하고 타점발행의 자기앞수표로 입금할 경우에는 발행 금융회사가 사고신고 된 사실이 없고 결제될 것이 틀림없음을 확인하여 예금원장에 입금기장을 마친 때에도 예금계약은 성립하는 것으로 본다.
>
> 정답 : ②

07 예금거래약관에 대한 설명으로 옳지 않은 것은? (2008 기출)

① 약관의 의미가 불명확한 때에는 고객에게는 유리하게, 작성자에게는 불리하게 해석하는 것이 원칙이다.
② 약관은 해석자의 주관에 의할 것이 아니라 객관적 합리성에 입각하여 해석되어야 하며, 시간·장소·거래상대방에 따라 달리 해석되어서는 안 된다.
③ 개별적인 예금상품의 특성에 따라 세부적인 내용을 약관이나 특약의 형식으로 정하고 있다.
④ 예금계약에 대해서는 예금거래기본약관을 우선 적용하고 예금 종류별 약관, 당해 예금상품의 약관을 차례로 적용하는 것이 원칙이다.

> **해설** 예금계약에 대해서는 당해 예금상품의 약관이 우선적으로 적용되고 그 약관에 규정이 없는 경우에는 예금별 약관, 예금거래기본약관의 내용이 차례로 적용된다.

08 예금거래의 약관에 대한 설명으로 옳지 않은 것은?

① 약관은 통상적으로 고객의 소비자 주권을 강화하기 위하여 금융기관의 의무를 명시하는데 초점을 둔다.

② 고객이 계약의 거래행태 등 제반사정에 비추어 예상하기 어려운 약관조항은 불공정한 약관으로 추정된다.

③ 약관의 의미가 불명확한 때에는 작성자인 기업 측에 불이익이 되고 고객에게는 유리하게 해석되어야 한다는 원칙은 작성자불이익의 원칙이다.

④ 일반거래약관에 따라 체결되는 계약을 부합계약이라고 부른다.

09 「약관의 규제에 관한 법률」에 근거하여 '불공정 약관'의 판단기준에 해당하는 것을 모두 고른 것은?

〈 보 기 〉

ㄱ. 고객에 대하여 부당하게 불리한 조항
ㄴ. 고객이 계약의 거래행태 등 제반사정에 비추어 예상하기 어려운 조항
ㄷ. 계약의 목적을 달성할 수 없을 정도로 계약에 따르는 본질적 권리를 제한하는 조항

① ㄱ
② ㄱ, ㄴ
③ ㄴ, ㄷ
④ ㄱ, ㄴ, ㄷ

해설 「약관의 규제에 관한 법률」은 불공정약관조항 여부를 판단하는 일반 원칙으로서 신의성실의 원칙에 반하여 공정을 잃은 약관조항은 무효라고 선언하고 있다. 공정을 잃은 약관조항의 판단기준으로 고객에 대하여 부당하게 불리한 조항, 고객이 계약의 거래행태 등 제반사정에 비추어 예상하기 어려운 조항, 계약의 목적을 달성할 수 없을 정도로 계약에 따르는 본질적 권리를 제한하는 조항을 구체적으로 규정하여 이에 해당하는 약관조항을 불공정한 약관으로 추정하고 있다. 따라서 〈보기〉의 내용은 모두 옳은 내용이다.

정답 : ④

02 예금거래의 상대방

Step 1 오엑스 Quiz

1. 미성년자가 법정대리인의 동의하에 행한 법률행위라 할지라도 법정대리인은 미성년자의 법률행위를 취소할 수 있다.　　　　　○ | ×

2. 피성년후견인이라 하더라도 가정법원이 정한 범위 또는 일상생활에 필요하고 대가가 과도하지 않는 법률행위는 취소할 수 없다.　　　　○ | ×

3. 미성년자의 경우 그 법정대리인이 범위를 정하여 처분을 허락한 재산은 자유로이 처분할 수 있다.　　　　　　○ | ×

4. 피성년후견인의 경우 가정법원이 결정한 동의유보의 범위에 포함되지 않은 재산은 자유로이 처분할 수 있다.　　　　○ | ×

5. 미성년자의 법정대리인은 친권자 또는 후견인이며, 대리관계는 가족관계등록부나 기본증명서를 통해 확인할 수 있다.　　　○ | ×

6. 외국인과의 예금거래는 원칙적으로 내국인과의 예금거래와 다른 점이 없지만, 「외국환거래법」상의 외국인은 거주자와 비거주자를 구분하여 제한하고 있으므로 비거주자는 거래가 전면 제한된다.　　○ | ×

7. 공동대표이사제도를 채택하고 있는 경우에는 예금거래도 공동으로 하는 것이 원칙이다.　　　　　　○ | ×

8. 등기가 이루어지지 않은 외국회사는 계속적 거래를 할 수 없으므로(상법 제616조), 계속적 거래를 전제로 하는 당좌계좌개설은 허용되지 않는다.
　　　　　　○ | ×

9. 국가나 지방자치단체와의 예금거래 행위의 법적 성질이 공법관계인가 사법관계인가에 관하여 통설은 이를 공법관계로 본다.　　○ | ×

10. 국가·지방자치단체 등과 예금거래를 할 때 예금주명의는 공공단체로 하되, 예금거래 입출금과 관련해서는 출납원을 거래상대방으로 거래하는 것이 타당하다.　　　　　　○ | ×

---

1. 미성년자가 법정대리인의 동의 없이 법률행위를 한 경우에는 법정대리인이 미성년자의 법률행위를 취소할 수 있지만, 동의가 전제된 경우에는 취소할 수 없다.

4. 피한정후견인에 대한 설명이다. 피성년후견인은 일상생활에 필요하고 대가가 과도하지 않은 범위 내에서의 재산에 대해서만 자유로이 처분할 수 있다.

6. 외국인이라도 거주자이면 금융회사와의 원화예금거래는 자유이다. 또한 비거주자라도 외국환은행과 일부 예금거래는 가능하다.

9. 통설은 사법관계로 본다.

정답 | 1. × 2. ○ 3. ○ 4. × 5. ○ 6. × 7. ○ 8. ○ 9. × 10. ○

11 고유번호를 부여받지 못한 법인격 없는 사단의 예금은 총유적으로 귀속된다. ○|×

12 법인격 없는 재단은 권리능력이 없고, 법인격 없는 사단과 같은 구성원도 없으므로 그 예금의 귀속관계는 준총유나 준합유의 관계가 될 수 없다. ○|×

13 「민법」은 조합의 지위를 별도의 법인격으로 인정한다. ○|×

11. 고유번호를 부여받지 못한 경우에는 개인예금으로 처리된다.

13. 우리 민법은 조합을 구성원 사이의 계약관계로 보고 있다.

---

01 제한능력자에 대한 설명으로 옳지 <u>않은</u> 것은? (2024 기출)

① 민법 제13조에 따르면 가정법원은 피한정후견인이 한정후견인의 동의를 받아야 하는 행위의 범위를 정할 수 있다.

② 4촌 이내의 친족도 피한정후견인이 한정후견인의 동의를 받아야만 할 수 있는 행위의 범위변경을 가정법원에 청구할 수 있다.

③ 피한정후견인은 질병, 노령, 장애 등의 사유로 인한 정신적 제약으로 사무를 처리할 능력이 부족하여 한정후견개시 심판을 받은 자이다.

④ 원칙적으로 행위능력이 없는 미성년자·피성년후견인·피한정후견인은 단독으로 유효한 법률 행위를 하는 것이 제한된 제한능력자이다.

> **해설** 제한능력자는 단독으로 유효한 법률행위를 하는 것이 제한되는 자로서 이에는 미성년자·피성년후견인·피한정후견인이 있다. 미성년자는 19세 미만의 자이고, 피성년후견인은 질병, 장애, 노령 등의 사유로 인한 정신적 제약으로 사무를 처리할 능력이 지속적으로 결여되어 성년후견개시의 심판을 받은 자이다. 원칙적으로 미성년자와 피성년후견인은 행위능력이 없다. 하지만 질병, 장애, 노령 등의 사유로 인한 정신적 제약으로 사무를 처리할 능력이 부족하여 한정후견개시의 심판을 받은 자인 피한정후견인은 원칙적으로 행위능력이 있다.
>
> **오답분석** ① 민법 제13조제1항은 '가정법원은 피한정후견인이 한정후견인의 동의를 받아야 하는 행위의 범위를 정할 수 있다.'고 규정하고 있다.
> ② 가정법원은 본인, 배우자, 4촌 이내의 친족, 한정후견인, 한정후견감독인, 검사 또는 지방자치단체의 장의 청구에 의하여 제1항에 따른 한정후견인의 동의를 받아야만 할 수 있는 행위의 범위를 변경할 수 있다.
>
> 정답 : ④

02 제한능력자와의 예금거래에 대한 설명으로 옳지 <u>않은</u> 것은?

① 제한능력자와 예금계약을 체결한 경우 법정대리인은 예금계약을 취소하고 금융회사에 손해배상을 청구할 수 있다.

② 피성년후견인이 일상생활에 필요하고 대가가 과도하지 않은 범위 내에서의 재산을 예금한 경우 문제될 것이 전혀 없다.

③ 피한정후견인에 대하여 가정법원이 결정한 동의유보의 범위에 포함되지 않은 재산으로 예금계약을 체결하는 것은 허용된다.

④ 당좌예금에 대한 제한능력자의 단독 거래는 허용되지 않는다.

> **해설** 금융회사가 피성년후견인과 예금계약을 체결하거나, 법정대리인의 동의 없이 미성년자 또는 피한정후견인과 예금계약을 맺은 경우 법정대리인이 예금계약을 취소한다 할지라도 원금을 반환하면 족하다. 금융회사가 예금을 지급한 후에는 법정대리인이 예금계약을 취소하려 하여도 취소의 대상이 없으므로 금융회사가 손해를 입을 염려는 없다.

②③ 미성년자의 경우 그 법정대리인이 범위를 정하여 처분을 허락한 재산과 피성년후견인의 경우 일상생활에 필요하고 대가가 과도하지 않는 범위 내에서의 재산 및 피한정후견인의 경우 가정법원이 결정한 동의유보의 범위에 포함되지 않은 재산은 자유로이 처분할 수 있으므로 이들이 용돈·학비 등을 가지고 예금을 하는 경우에는 전혀 문제가 없다.

④ 당좌예금거래는 어음·수표의 지급사무를 위임하는 계약이므로 제한능력자의 단독거래는 허용하지 않는 것이 원칙이다.

정답 : ①

03 예금거래의 상대방이 제한능력자인 경우와 관련한 내용으로 옳지 <u>않은</u> 것은?

① 미성년자가 법정대리인의 동의하에 예금거래를 했더라도 법정대리인이 이를 취소할 수 있다.
② 미성년자의 법정대리관계는 가족관계등록부나 기본증명서를 통해 확인할 수 있다.
③ 피성년후견인의 대리인인 후견인을 확인하기 위해서는 후견등기부가 필요하다.
④ 제한능력자의 법정대리인이 예금계약을 취소한다 할지라도 원금을 반환하면 족하다.

미성년자가 법정대리인의 동의 없이 법률행위를 한 경우에는 법정대리인이 미성년자의 법률행위를 취소할 수 있지만, 동의가 전제된 경우에는 취소할 수 없다. 따라서 미성년자의 예금거래가 법정대리인의 동의하에 있었다면 이에 대하여 법정대리인이 이를 취소할 수 없다.

② 미성년자의 법정대리인은 친권자 또는 후견인이며, 대리관계는 가족관계등록부나 기본증명서를 통해 확인할 수 있다.
③ 피성년후견인 및 피한정후견인의 대리인은 후견인이며 이를 확인하기 위해 후견등기부가 필요하다.
④ 금융회사가 피성년후견인과 예금계약을 체결하거나, 법정대리인의 동의 없이 미성년자 또는 피한정후견인과 예금계약을 맺은 경우 법정대리인이 예금계약을 취소한다 할지라도 원금을 반환하면 족하고, 금융회사가 예금을 지급한 후에는 법정대리인이 예금계약을 취소하려 하여도 취소의 대상이 없으므로 금융회사가 손해를 입을 염려는 없다.

정답 : ①

04 피성년후견인 및 피한정후견인의 정당한 법정대리인을 확인하기 위한 서류는?

① 가족관계등록부   ② 후견등기부
③ 법원의 선임심판서   ④ 기본증명서

05 외국인과의 예금거래에 관한 내용으로 옳은 것은?

① 외국인과의 예금거래의 성립과 효력은 당사자 간에 준거법에 관한 합의가 없으면 외국인이 속한 국적지의 법률에 따른다.

② 예금거래에 관하여 외국법에 따르기로 합의하는 일은 거의 없으므로 원칙적으로 내국인과의 예금거래와 다른 점이 없다.

③ 거주자인 외국인이라도 금융 회사와의 원화예금거래에는 제약이 따른다.

④ 비거주자인 외국인은 어떤 예금거래도 할 수 없다.

06 회사와의 예금거래에 관한 설명 중 옳지 않은 것은?

① 공동대표이사제도를 채택하고 있는 경우 그중 지정된 1인이 예금거래를 하는 것이 원칙이다.

② 외국회사와의 예금거래는 법인등기사항전부증명서를 징구하여 한국 내의 예금자와 거래한다.

③ 회사와 당좌거래를 할 때에는 등기사항전부증명서와 인감증명 등을 징구하여야 한다.

④ 등기가 이루어지지 않은 외국회사와는 당좌계좌개설이 허용되지 않는다.

② 외국회사의 대표자로 등기된 자는 회사의 영업에 관하여 재판상·재판외의 권한을 행사할 수 있다. 따라서 법인 등기사항전부증명서를 징구하여 한국 내의 예금자와 예금거래를 하면 된다.

③ 당좌거래와 같이 회사의 신용상태와 행위능력 등이 특히 문제되는 경우에는 등기사항전부증명서과 인감증명 등을 징구하며 법인의 존재 여부와 대표자를 엄격하게 확인할 필요가 있다.

④ 등기가 이루어지지 않은 외국회사는 계속적 거래를 할 수 없으므로, 계속적 거래를 전제로 하는 당좌계좌개설은 허용되지 않는다.

정답 : ①

07 국가나 지방자치단체와의 예금거래에 관한 내용으로 옳은 것은?

① 국가나 지방자치단체와의 예금거래 행위는 공법관계로 보는 것이 통설이다.
② 국고금은 예외 없이 한국은행에 예탁하여야 한다.
③ 지방자치단체의 출납사무는 담당자로 임명된 출납원이 처리한다.
④ 국가나 지방자치단체의 예금주 명의는 담당 출납원으로 한다.

해설 지방자치단체는 그 재정을 「지방재정법」이 정하는 바에 따라 규율한다. 그리고 그 재정의 출납사무는 지방자치단체의 장 또는 그의 위임을 받은 공무원이 임명한 출납원이 담당한다.

오답분석 ① 국가나 지방자치단체와의 예금 거래행위의 법적성질이 공법관계인가 사법관계인가에 관하여는 이론이 있지만, 이를 사법관계로 보는 것이 통설이다.

② 국고금은 법령 규정이 인정하는 예외적인 경우를 제외하고는 한국은행에 예탁하여야 한다. 다만 국고대리점 또는 국고수납대리점 업무를 취급하는 일반은행에서도 이를 수납할 수 있다.

④ 국가·지방자치단체 등과 예금거래를 할 때 예금주명의는 공공단체로 하되, 예금거래 입출금과 관련해서는 출납원을 거래상대방으로 거래하는 것이 타당하다.

정답 : ③

08 법인격 없는 단체와의 예금거래에 관한 설명으로 가장 옳은 것은?

① 고유번호를 부여받지 못한 법인격 없는 사단인 경우 예금은 사단에 총유적으로 귀속된다.
② 법인격 없는 재단이 갖고 있는 예금의 귀속관계는 준총유 또는 준합유의 관계가 된다.
③ 금융회사는 조합과 예금거래를 할 때에는 조합대표자의 명의로 하는 것이 원칙이다.
④ 조합의 예금거래는 그 귀속관계가 조합원 전원의 준합유에 속한다.

해설 조합이란 2인 이상의 특정인이 서로 출자하여 공동의 사업을 영위함을 목적으로 결합된 단체이다. 「민법」은 조합에 대하여 법인격을 인정하지 않고 구성원 사이의 계약관계로 본다. 조합이 갖고 있는 예금의 귀속관계는 조합원 전원의 준합유에 속하게 된다. 참고로 공유는 각자가 보유한 자기의 몫을 처분할 자유를 갖는 것이고, 합유는 각자의 지분을 마음대로 처분할 수 없어 처분이 필요한 경우 전원의 동의를 얻어야 한다. 그리고 총유는 각자의 지분을 인정하지 않으며, 사원총회의 결의에 의해서만 의사결정을 하여야 한다. 한편, 준합유는 2인 이상이 소유권 이외의 재산권을 준공동소유의 한 형태로 소유하는 것이고, 준총유는 법인이 아닌 사단이 소유권 이외의 재산권을 소유하는 것이다.

구분	공유	합유	총유
공동목적	없음	있음	있음
지분	인정	인정	불인정
지분처분	자유	전원의 동의	불가능
분할청구	가능	조합의 존속기간 동안 불가능	불가능
사용·수익	지분비율	지분비율, 조합계약	정관 기타 규약
관리행위 등	지분의 과반수	조합원의 과반수	사원총회의 결의

오답분석 ① 법인격 없는 사단과 거래 시 「부가가치세법」에 의한 고유번호를 부여받은 경우에는 그 대표자와 예금거래를 하면 되고 개설된 예금은 대표자 개인의 예금이 아니라 법인격 없는 사단에 총유적으로 귀속되지만, 고유번호를 부여받지 못한 경우에는 개인예금으로 처리된다.
② 법인격 없는 재단이 갖고 있는 예금의 귀속관계는 준총유나 준합유의 관계가 될 수 없다. 왜냐하면 법인격이 없는 재단은 권리능력이 없고, 법인격 없는 사단과 같은 구성원도 없기 때문이다.
③ 금융회사가 조합과 예금거래를 하기 위해서는 조합원 전원의 이름으로 하는 것이 원칙이나 각 조합원의 위임을 받은 조합대표자와 거래할 수 있다.

정답 : ④

03 예금의 입금과 지급

1 현금입금의 경우 입금의뢰액보다 실제 확인된 금액이 적은 경우에 입금 의뢰액대로 예금계약이 성립함을 주장하기 위해서는 금융회사가 그 입금의뢰액을 입증할 책임을 부담한다.   ○|×

1. 금융회사 → 입금자, 예금계약은 금융회사가 거래처로부터 교부받은 금전을 확인한 때에 성립하기 때문에 입금자가 입증책임을 진다.

2 금융회사가 실제로 받은 금액보다 과다한 금액으로 통장 등을 발행한 경우, 실제로 입금한 금액에 한하여 예금계약이 성립하고 초과된 부분에 대하여는 예금계약이 성립하지 않는다.   ○|×

3 잘못된 입금(계좌상위입금)은 착오에 기인한 것이므로 반드시 착오계좌 예금주의 동의를 구하여 취소한 후 정당계좌에 입금하여야 한다.   ○|×

3. 착오계좌 예금주의 동의 없이 취소하여 정당계좌에 입금할 수 있다.

4 어음을 지급제시기간 내에 제시하지 못하더라도 입금인은 배서인에 대하여 상환청구권을 행사할 수 있지만, 금융회사는 제시기일 경과로 인한 어음교환업무규약상의 과태료를 부담해야 한다.   ○|×

4. 입금인은 상환청구권을 상실한다. 따라서 입금받은 어음을 지급제시기간 내에 제시할 수 있는지를 확인하여야 한다.

5 지급제시기간 내에 수표가 제시되지 않을 경우에 입금인은 상환청구권을 상실하며 금융회사는 어음교환업무규약상의 과태료 제재를 받는다.   ○|×

6 수표를 발행일자 이전에 교환에 회부함으로써 발행인이 손해를 보았다면 입금인은 채무불이행으로 인한 손해를 배상하여야 한다.   ○|×

7 계좌송금 시 금융실명제에 따라 반드시 실명확인을 해야 하지만, 입금의뢰인의 연락처를 기재할 필요는 없다.   ○|×

7. 금융회사는 위임사무가 종료한 때에 위임인에게 사무처리의 결과를 통지하여야 하므로 반드시 입금의뢰인의 주소·전화번호 등을 기재해 놓아야 한다.

8 착오송금액은 법적으로 수취인의 예금이기 때문에 송금인은 수취인의 동의 없이는 자금을 돌려받을 수가 없고, 수취인에게는 금전을 돌려줄 민사상 반환의무가 발생하지 않는다.   ○|×

8. 자금이체의 원인인 법률관계가 존재하지 않으므로 수취인에게는 금전을 돌려줄 민사상 반환의무가 발생한다.

9. 착오송금시 먼저 금융회사를 통해 수취인에게 반환을 요청하여야 하며, 금융회사의 반환청구절차 결과 '반환거절' 또는 일부반환'으로 종결되어 미반환된 경우에만 예금보험공사에 반환지원을 신청할 수 있다.

10. 착오송금 반환지원의 신청은 착오송금일로부터 1년 이내에 할 수 있다. 신청 시 통상 접수일로부터 약 2개월 내에 반환을 받을 수 있을 것으로 예상된다.

12. 예금통장이나 예금증서는 단순한 증거증권에 불과하므로 그 소지 유무만으로 예금 반환청구권이 주어지는 것이 아니라 실질적 권리자임을 입증함으로써 예금의 반환을 청구할 수 있다.

14. 채권의 준점유자에 대한 변제, 영수증 소지자에 대한 변제, 상관습, 예금거래기본약관의 면책의 요건을 구비한 자에게 예금을 지급한 경우에는 이를 수령한 자가 진정한 권리자인지 여부에 관계없이 그 지급이 유효하고 금융회사는 면책되는 것으로 규정하고 있다.

15. 면책이 되지 않는다.

16. 예금주가 아닌 제3자에게 지급한 경우에는 면책되지 않으므로 반드시 본인의 의사를 확인하여야 한다.

9 착오송금 시 먼저 예금보험공사를 통해 수취인에게 반환을 요청하여야 하며, 그럼에도 미반환된 경우 송금업무를 한 금융회사를 통해 수취인의 동의 여부와 관계없이 반환을 강제할 수 있다. ○│×

10 착오송금 반환지원은 착오송금일로부터 2개월 내에 신청하여야 한다. ○│×

11 착오송금에 대하여 예금보험공사로부터 반환지원을 받기 위해서는 예금보험공사 홈페이지를 통해 온라인 신청을 하거나, 예금보험공사 본사 상담센터에 방문하여 신청할 수 있다. ○│×

12 예금통장이나 증서를 소지하고 있지 않은 경우 예금의 반환을 청구할 수 없다. ○│×

13 무기명예금을 지급하여야 할 장소는 원칙적으로 계좌개설 영업점이다. ○│×

14 금융회사가 수령자에 대하여 진정한 권리자인지 여부를 조사하지 않고 상관습에 따라 예금을 지급한 경우에는 그 지급이 무효가 된다. ○│×

15 예금주 본인에게만 지급하겠다는 특약이 있더라도 인감이나 비밀번호가 일치함을 확인하고 제3자에게 예금을 지급할 경우 금융기관의 책임이 면제된다. ○│×

16 편의지급의 경우 예금주에게 지급한 경우와 마찬가지로 종업원 등과 같은 예금주가 아닌 제3자에게 지급하여도 변제의 효과가 발생한다. ○│×

Step 2 기출 & 예상 문풀

01 예금의 현금입금에 관한 내용으로 옳은 것은?

① 입금 의뢰액보다 실제 확인된 금액이 적은 경우, 금융회사가 그 입금 의뢰액을 입증할 책임을 부담한다.

② 금융회사가 실제보다 과다한 금액으로 통장 등을 발행한 경우 초과된 부분까지 예금계약이 성립한다.

③ 제삼자가 과다입금 사실을 모르고 그 예금에 대하여 질권을 취득하고 금전을 대부해 준 경우 금융회사가 그로 인한 손해배상책임을 진다.

④ 계좌상위 입금 시 금융회사는 착오계좌 예금주의 동의를 받아 취소하여야 한다.

> **해설** 제삼자가 과다입금 사실을 모르고 그 예금에 대하여 질권을 취득하고 금전을 대부해 주었다거나 압류·전부명령을 받은 경우에는 그로 인한 손해를 금융회사가 배상하여야 한다. 다만 그 배상의 범위는 예금액이 아니라 전부명령신청 등 그 절차를 취하는 과정에서 발생한 비용에 상응한다.

> **오답분석** ① 예금계약은 금융회사가 거래처로부터 교부받은 금전을 확인한 때에 성립하기 때문에 입금 의뢰액보다 실제 확인된 금액이 적은 경우에 입금 의뢰액대로 예금계약이 성립함을 주장하기 위해서는 입금자가 그 입금 의뢰액을 입증할 책임을 부담한다. 단, 현금의 확인을 유보하는 의사 없이 예금통장 등을 발행한 경우에 부족액이 발생한 경우에는 금융회사가 입증책임을 부담한다.
> ② 금융회사가 실제로 받은 금액보다 과다한 금액으로 통장 등을 발행한 경우, 실제로 입금한 금액에 한하여 예금계약이 성립하고 초과된 부분에 대하여는 예금예약이 성립하지 않는다.
> ④ 직원이 입금조작을 잘못하여 착오계좌에 입금한 계좌상위 입금으로 인하여 정당계좌에 자금부족이 발생한 경우에는 금융회사의 과실에 의한 채무불이행으로 되어 그 손해를 배상하여야 한다. 잘못된 입금은 착오에 기인한 것이므로 착오계좌 예금주의 동의 없이 취소하여 정당계좌에 입금할 수 있다. 잘못된 입금을 취소하기 전에 예금주가 동 예금을 인출하였다면 이는 원인 없이 타인의 재산으로부터 부당하게 이득을 취한 것이므로 반환하여야 한다.

정답 : ③

02 증권류의 입금에 관한 설명으로 옳지 <u>않은</u> 것은?

① 타점권인 어음이나 수표를 입금 받는 경우 지급제시기간을 확인하여야 한다.

② 백지보충을 하지 않은 상태에서 어음을 제시할 경우 입금인의 상환청구권이 상실된다.

③ 입금인이 백지보충을 하지 않은 경우 금융회사가 백지보충의 의무를 부담한다.

④ 금융회사가 부도사실을 추심의뢰인에게 상당한 기일이 지나도록 통지하지 않은 경우 입금인에게 그 손해를 배상하여야 한다.

> **해설** 입금인은 증권을 입금시키고자 하는 경우 백지를 보충하여야 하며 금융회사는 백지보충의무를 부담하지 않는다.

03 계좌송금에 관한 설명으로 옳지 못한 것은?

① 계좌송금은 입금의뢰인이 수납 금융회사에 대하여 송금할 금액을 입금하면서 예금주에게 입금하여 줄 것을 위탁하고 수납 금융회사가 이를 승낙함으로써 성립하는 위임계약이다.

② 입금의뢰인은 위임을 받은 예금 금융회사가 위임사무를 종료하기 전에는 언제든지 계좌송금을 철회할 수 있다.

③ 타점권 계좌송금은 입금기장을 마친 시점에 예금계약이 성립한다.

④ 착오송금액에 대하여 송금인은 수취인의 동의 없이는 자금을 돌려받을 수 없다.

04 금융기관의 예금거래에 관한 설명으로 옳지 <u>않은</u> 것은?

① 법정대리인의 대리나 동의 없이 제한능력자와 체결한 예금계약에 대해 법정대리인이 예금계약을 취소할 경우 원금만 반환하면 된다.

② 대리권의 발생 원인으로는 본인의 수권행위에 의하여 생기는 임의대리와 법률의 규정에 의하여 생기는 법정대리가 있다.

③ 외국인과의 예금거래의 성립과 효력은 당사자 간에 준거법에 관한 합의가 없으면 외국인이 속한 국가의 법률을 따른다.

④ 법인과 예금거래를 하려면, 진정한 대표자인지 여부와 대리인의 대리권의 존부나 대리권의 범위 등을 확인하는 것이 원칙이다.

> **[해설]** 외국인과의 예금거래의 성립과 효력은 당사자 간에 준거법에 관한 합의가 없으면 행위지의 법률에 따른다. 그러나 예금거래에 관하여 외국법에 따르기로 합의하는 일은 거의 없으므로 결국 우리나라법이 적용된다. 따라서 원칙적으로 내국인과의 예금거래와 다른 점이 없다.
>
> **[오답분석]** ① 금융회사가 피성년후견인과 예금계약을 체결하거나, 법정대리인의 동의 없이 미성년자 또는 피한정후견인과 예금계약을 맺은 경우 법정대리인이 예금계약을 취소한다 할지라도 원금을 반환하면 족하고, 금융회사가 예금을 지급한 후에는 법정대리인이 예금계약을 취소하려 하여도 취소의 대상이 없으므로 금융회사가 손해를 입을 염려는 없다. 다만, 당좌예금거래는 어음·수표의 지급사무를 위임하는 계약이므로 제한능력자의 단독거래는 허용하지 않는 것이 원칙이다.
> ② 모든 예금거래를 예금주 본인과 할 수는 없으므로 예금주의 대리인 또는 예금주의 심부름을 하는 자와 예금거래를 하는 대리제도를 인정한다. 대리란 타인이 본인의 이름으로 법률행위를 하거나 의사표시를 수령함으로써 그 법률효과가 직접 본인에 관하여 생기는 제도이다. 대리권의 발생 원인으로는 본인의 수권행위에 의하여 생기는 임의대리와 법률의 규정에 의하여 생기는 법정대리가 있다.
> ④ 법인과의 예금거래는 그 대표자 또는 그로부터 대리권을 수여받은 대리인과 하여야 한다. 법 이론적으로 법인과 예금거래를 하려면, 진정한 대표자인지 여부와 대리인의 대리권의 존부나 대리권의 범위 등을 확인하여야 한다. 그러나 실무상 당좌거래의 경우를 제외하고, 이러한 확인을 하고 예금거래를 개시하는 경우는 거의 없다. 그 이유는 예금의 경우에 금융회사가 채무자로서 예금계약이 취소되더라도, 금전을 반환하면 될 뿐이기 때문이다. 그리고 선의로 지급한 이상 약관상의 면책규정이나 민법상의 채권의 준점유자에 대한 변제에 의하여 구제받을 수 있기 때문이다.
>
> 정답 : ③

05 예금의 지급과 관련한 내용으로 옳지 <u>않은</u> 것은?

① 예금주의 청구에 의하여 금융회사가 예금을 지급하면 예금계약이 소멸한다.

② 예금거래기본약관은 예금채무가 지참채무임을 명시적으로 규정하고 있다.

③ 무기명예금을 지급하여야 할 장소는 원칙적으로 계좌개설 영업점이다.

④ 기한의 정함이 있는 예금은 예금의 기일이 도래하고 예금주의 청구가 있는 때에만 채무불이행으로 인한 책임을 부담한다.

06 예금지급의 면책과 관련한 설명으로 옳지 <u>못한</u> 것은?

① 금융회사가 채권의 준점유자에게 예금을 지급한 경우 책임을 면할 수 없다.
② 인감 또는 서명은 육안으로 상당한 주의를 하여 일치한다고 인정되면 족하다.
③ 금융기관의 '선의'는 적극적으로 채권의 준점유자에게 수령권한이 있다고 믿었음을 전제한다.
④ 종업원 등과 같은 예금주 아닌 제삼자에게 편의지급한 경우에는 면책될 수 없다.

07 예금지급업무 상 유의사항에 관한 설명으로 옳지 <u>않은</u> 것은?

① 예금의 귀속에 관하여 다툼이 있는 경우에는 진정한 예금주가 누구인지에 관하여 소송의 결과 등을 통하여 확인한 후 지급하여야 한다.
② 예금청구서의 금액·비밀번호·청구일자 등이 정정된 경우 정정인을 받거나 새로운 전표를 작성하여야 한다.
③ 기한부예금을 중도해지하는 경우 금융회사의 주의의무가 가중되므로 반드시 본인 의사를 확인하여야 한다.
④ 폰뱅킹에 의한 자금이체 신청의 경우 금융회사가 폰뱅킹신청 등록 시 거래상대방의 본인 여부를 확인함에는 주민등록증 소지만으로 족하다.

> **해설** 폰뱅킹에 의한 자금이체 신청의 경우 금융회사가 폰뱅킹신청 등록시 거래상대방의 본인여부를 확인하는 때 그 상대방이 거래명의인의 주민등록증을 소지하고 있는지 여부를 확인하는 것만으로는 부족하고, 그 직무수행상 필요로 하는 충분한 주의를 다하여 주민등록증의 진정여부 등을 확인함과 아울러 그에 부착된 사진과 실물을 대조하여야 한다.
>
> **오답분석** ① 정당한 예금주에 의한 청구인지 여부를 따져보아야 한다. 만약 예금의 귀속에 관하여 다툼이 있는 경우에는 진정한 예금주가 누구인지에 관하여 소송의 결과 등을 통하여 확인한 후 지급하여야 한다. 예금주 본인에게만 지급하겠다는 특약이 있는 예금을 제3자에게 지급할 경우 인감이나 비밀번호가 일치한다 할지라도 금융기관이 면책될 수 없으므로 주의를 요한다.
> ② 예금청구서는 영수증의 역할을 하는 것이므로 예금청구서의 금액·비밀번호·청구일자 등이 정정된 경우에는 반드시 정정인을 받든가 또는 새로운 전표를 작성하도록 하여야 한다. 그렇지 않으면 그 진정성이 의심될 뿐만 아니라 주의의무가 가중되어 선의·무과실로 면책될 가능성이 감소되기 때문이다.
> ③ 기한부예금이나 적금을 중도해지하는 경우 이는 금융회사가 이익을 포기하여 중도해지청구에 응하는 것이고, 예금주로서는 만기까지 통장이나 인감보관, 그 상실의 경우 금융회사에 대한 신고에 있어 보통예금이나 기한도래 후의 정기예금에 비하여 소홀히 할 가능성이 있으므로 금융회사의 예금주 본인, 사자 또는 대리인에 대한 확인의 주의의무가 가중된다. 따라서 반드시 본인의 의사를 확인하는 것이 필요하다.
>
> 정답 : ④

08 예금의 입금과 지급 업무에 대한 설명으로 옳지 <u>않은</u> 것은? (2018 기출)

① 기한부 예금을 중도해지 하는 경우, 반드시 예금주 본인의 의사를 확인하는 것이 필요하다.
② 금융기관은 진정한 예금주에게 변제한 때에 한하여 예금채무를 면하게 되는 것이 원칙이다.
③ 송금인의 단순착오로 인해 수취인의 계좌번호가 잘못 입력되어 이체가 완료된 경우, 언제든지 수취인의 동의 없이도 송금액을 돌려받을 수 있다.
④ 금융기관이 실제 받은 금액보다 과다한 금액으로 통장을 발행한 경우, 실제 입금한 금액에 한하여 예금계약이 성립하고 초과된 부분에 대하여는 예금계약이 성립하지 않는다.

09 예금의 입금과 지급에 대한 설명으로 옳지 않은 것은? (2023 기출)

① 금융회사는 예금청구서의 금액·비밀번호·청구일자 등이 정정된 경우, 반드시 정정인을 받거나 새로운 전표를 작성하도록 하여야 한다.

② 직원이 입금조작을 잘못하여 착오계좌에 입금한 경우, 금융회사는 착오계좌 예금주의 동의와 관계없이 취소 처리하고 정당계좌에 입금할 수 있다.

③ 금융회사는 실제로 받은 금액보다 과다한 금액으로 통장 등을 발행한 경우, 실제로 입금한 금액에 한하여 예금계약이 성립하므로 예금주의 계좌에서 초과입금액을 인출하면 된다.

④ 송금인이 착오송금한 경우, 송금인은 금융회사를 통해 수취인에게 반환요청할 수 있고, 반환이 거절된 경우에는 반환거절일로부터 1년 이내 예금보험공사에 반환지원 신청을 할 수 있다.

10 예금의 입금과 지급에 관한 내용으로 옳은 것을 〈보기〉에서 모두 고른 것은?

〈 보 기 〉

ㄱ. 착오송금액은 법적으로 수취인의 예금이기 때문에 송금인은 수취인의 동의 없이는 자금을 돌려받을 수 없다.

ㄴ. 입금 의뢰액보다 실제 확인된 금액이 적은 경우에 입금 의뢰액대로 예금계약이 성립함을 주장하기 위해서는 금융회사가 그 입금 의뢰액을 입증할 책임을 부담한다.

ㄷ. 보통예금이나 당좌예금과 같이 기한의 정함이 없는 예금에 대하여는 예금주는 금융회사 영업시간 내에는 언제라도 예금을 청구할 수 있고 금융회사가 이에 응하지 않을 경우에는 채무불이행이 된다.

ㄹ. 편의지급의 변제 효과는 예금주에게 지급한 경우 및 종업원 등과 같은 예금주 아닌 제3자에게 지급한 경우에도 동일하게 발생한다.

---

① ㄱ, ㄴ   ② ㄱ, ㄷ

③ ㄴ, ㄷ   ④ ㄷ, ㄹ

해설 ㄱ. 착오송금이란 송금인의 착오로 인해 송금금액, 수취금융회사, 수취인 계좌번호 등이 잘못 입력돼 이체된 거래로서, 착오송금액은 법적으로 수취인의 예금이기 때문에 송금인은 수취인의 동의 없이는 자금을 돌려받을 수 없다. 그러나 일단 수취인이 예금채권을 취득하였더라도 법적으로는 자금이체의 원인인 법률관계가 존재하지 않으므로, 수취인은 금전을 돌려줄 민사상 반환의무가 발생하고, 송금인은 수취인에 대하여 착오이체 금액 상당의 부당이득반환청구권을 가지게 된다.

ㄷ. 보통예금이나 당좌예금과 같이 기한의 정함이 없는 예금에 대하여는 예금주는 금융회사 영업시간 내에는 언제라도 예금을 청구할 수 있고 금융회사가 이에 응하지 않을 경우에는 채무불이행이 되며, 금전채권의 성질상 채무자인 금융회사는 원칙적으로 불가항력을 주장할 수도 없다. 정기예금 등과 같이 기한의 정함이 있는 예금은 약정한 지급기일에 지급을 하여야 하나 기한의 정함이 있는 예금도 추심채무이므로 예금의 기일이 도래하고 예금주의 청구가 있는 때에만 채무불이행으로 인한 책임을 부담한다.

오답분석 ㄴ. 예금계약은 금융회사가 거래처로부터 교부받은 금전을 확인한 때에 성립하기 때문에 입금 의뢰액보다 실제 확인된 금액이 적은 경우에 입금 의뢰액대로 예금계약이 성립함을 주장하기 위해서는 입금자가 그 입금 의뢰액을 입증할 책임을 부담한다. 그러나 현금의 확인을 유보하는 의사 없이 예금통장 등을 발행한 경우에 부족액이 발생한 경우에는 금융회사가 입증책임을 부담한다.

ㄹ. 무통장 지급·무인감지급 등과 같이 약관이 정하는 예금지급절차를 따르지 않은 편의지급을 예금주에게 지급한 경우에는 변제의 효과가 발생하나, 종업원 등과 같은 예금주 아닌 제3자에게 지급한 경우에는 면책될 수 없다. 따라서 실무상 부득이 편의 취급할 경우에는 예금주에 한해서 취급하고, 평소 예금거래를 대신하는 종업원 등이 편의취급을 요구할 경우에도 본인의 의사를 확인하여야 한다.

정답 : ②

04 예금의 관리

Step 1 오엑스 Quiz

1. 법정상속의 제3순위는 형제자매, 제4순위는 4촌 이내의 방계혈족이다. 배우자는 직계비속 또는 직계존속과 동순위로 공동상속하며, 만약 직계비속과 직계존속이 없는 경우 단독으로 상속한다.

1 법정상속의 제1순위는 직계비속, 제2순위는 직계존속, 제3순위는 배우자이다. O | X

2. 피상속인의 사망과 동시에 상속인에게 상속이 이루어진다.

2 상속은 사망한 사람의 재산이 생존하고 있는 사람에게 승계되는 것으로, 상속인의 사망과 동시에 피상속인에게 상속이 이루어진다. O | X

3. 상속은 피상속인의 사망과 동시에 개시된다.

3 상속은 피상속인의 사망사실에 대한 사망신고로 가족관계등록부에 기재된 시점에 개시된다. O | X

4 친양자는 친생부모와의 친족관계 및 상속관계가 모두 종료되므로 생가부모의 예금을 상속하지는 못한다. O | X

5. 배우자는 1.5, 그 밖의 자녀에게는 1의 비율로 상속한다.

5 공동상속인 간의 상속분은 균분하여야 하지만, 배우자와 자녀가 공동상속을 하는 경우에는 배우자에게는 1, 그 밖의 자녀에게는 1.5의 비율로 상속한다. O | X

6. 합유설에 대한 설명이다. 공유설은 공동상속인이 상속분에 따라 각자의 지분을 가지며, 그 지분을 자유로이 처분할 수 있다는 견해로, 통설에 해당한다.

6 공유설은 공동상속인이 상속분에 따른 지분은 가지나, 상속재산을 분할하기까지는 그 공동 상속재산의 지분에 대한 처분은 공동상속인 전원의 동의를 얻어야 한다는 견해이다. O | X

7 상속재산이 공동상속인에게 합유적으로 귀속된다는 합유설에 따르면 행방불명인 자의 지분을 제외한 나머지 부분도 지급할 수 없지만, 공유설을 취할 경우에는 행방불명인 자의 상속분을 제외한 나머지 부분은 각 상속인에게 지급할 수 있다. O | X

8 유언집행자는 유언의 내용대로 재산을 관리하고 기타 유언의 집행에 필요한 행위를 할 권리와 의무가 있고 그러한 권한에 따른 유언집행자의 행위의 효과가 상속인에게 귀속된다. O | X

정답 | 1. × 2. × 3. × 4. ○ 5. × 6. × 7. ○ 8. ○

9 국제사법상 상속은 피상속인의 본국법에 의하므로 외국인의 경우에는 예금주의 본국법에 의하여 상속절차를 밟는 것이 원칙이다. O | ×

10 피상속인이 외국인인 경우 만기가 도래하지 않은 예금에 대하여 채권자의 지급청구가 있으면 변제자가 과실 없이 채권자를 알 수 없는 경우를 사유로 변제 공탁하는 것이 최선의 방법이다. O | ×

11 상속의 포기와 마찬가지로 한정승인 또한 법원의 한정승인심판서를 징구하여 확인하여야 한다. O | ×

12 상속예금지급 시 상속인 전원의 동의서 및 손해담보약정을 반드시 징구하여야 한다. O | ×

13 당좌거래는 그 법적 성질이 위임계약이고 당사자 일방의 사망 시 계약관계가 종료되므로 당좌거래계약을 해지하고 상속인으로부터 미사용 어음·수표를 회수하여야 한다. O | ×

14 예금의 양도가 유효하면 예금주의 명의를 양수인으로 변경하여야 하고, 예금이자의 귀속에 관한 합의가 없는 경우에는 예금양도효력의 발생일을 기준으로 그 이전 발생분은 양수인에게 귀속하고 그 이후 발생분은 양도인에게 귀속한다. O | ×

15 피담보채권의 변제기는 도래했으나 질권설정된 예금채권의 변제기는 도래하지 않은 경우 질권자는 질권설정된 예금채권의 변제기까지 기다려야 한다. O | ×

16 질권설정된 예금을 기한 갱신하는 경우 두 예금채권 사이에는 동일성이 인정되므로 종전 예금채권에 설정한 담보권은 당연히 새로 성립하는 예금채권에도 미친다. O | ×

17 질권설정된 예금을 다른 종목의 예금으로 바꾼 경우 두 예금채권 사이에는 동일성이 인정되므로 종전 예금채권에 설정된 담보채권은 새로이 성립하는 예금채권에도 미친다. O | ×

18 질권의 효력은 그 원금뿐만 아니라 이자에도 미치므로 예금주가 이자의 지급을 요청하는 경우에도 질권자의 동의하에서만 지급이 가능하다. O | ×

10. 만기가 도래한 예금에 대한 설명이다. 만기가 도래하지 않은 예금에 대하여는 변제공탁이 불가능하므로 주한해당국 공관의 확인을 받고 필요한 경우에는 내국인으로 하여금 보증을 하도록 한 후에 지급하여야 한다.

12. 동의서 및 손해담보약정의 징구와 관련해서는 분쟁의 소지가 많고 이를 징구하지 않더라도 정당한 절차에 따라 상속예금을 지급하였다면 상속채권의 준점유자에 대한 변제로서 유효할 수 있으므로 반드시 징구하여야 하는 것은 아니다.

14. 효력 발생일 이전 발생분은 양도인, 이후 발생분은 양수인에게 귀속한다.

17. 특정한 사정이 없는 한 원칙적으로 두 예금채권 사이에는 동일성이 인정되지 않으므로 종전 예금채권에 설정된 담보권은 새로이 성립하는 예금채권에 미치지 않는다.

19. 압류명령의 효력은 그 결정문이 제3채무자인 은행(우체국)에 송달된 때이다.

20. 송달장소는 송달을 받을 자의 주소·거소·영업소 또는 사무소 어느 곳이라도 무방하기 때문에 결정문이 본점에 접수된 때에 압류명령의 효력이 발생한다.

21. 압류결정문은 예금주에도 송달되기 때문에 압류 사실을 통지해 줄 법적 의무가 없다.

26. 반대로 기술되어 있다. 추심명령은 채권의 이전이 없으므로 그 확정으로 효력이 생기게 할 필요가 없고, 전부명령은 즉시항고가 허용되므로 확정되어야 그 효력이 생긴다.

28. 대법원 판례에 따라 체납처분절차와 압류가 경합한 경우 체납처분절차가 우선할 수 없다. 따라서 채권자의 추심요청시 경합사실을 안내하고 지급을 거절하여야 한다.

19 예금에 대한 압류명령의 효력이 발생하는 시기는 압류명령이 채무자와 제3채무자에게 송달된 때이다. O | X

20 압류명령의 결정문이 본점에 송달되는 경우 효력이 발생하는 시점은 본점이 그 결정문을 해당지점에 이첩한 때이므로 압류명령을 접수한 본점은 이를 신속하게 소관 영업점에 통지하여 예금이 지급되지 않도록 하여야 한다. O | X

21 예금에 대한 압류가 있는 경우에 은행(우체국)이 그 압류의 사실을 예금주에게 통지해 줄 법적인 의무가 있다. O | X

22 집행채권자는 압류를 신청할 때에 압류할 채권이 다른 채권과 구별하여 특정할 수 있도록 그 종류와 액수 즉, 예금종류와 피압류예금액을 명시하지 않으면 안 되며, 만일 피압류예금을 특정할 수 없으면 압류의 효력이 없다. O | X

23 예금주에게 한 종류의 예금 1개 계좌만 있을 때에는 반드시 예금의 종류와 계좌를 명시하지 않더라도 특정된다고 볼 수 있다. O | X

24 여러 종류의 예금이 여러 계좌로 있는 경우에도 집행채권의 총액이 예금총액을 상회하는 경우에는 압류명령이 유효하다고 본다. O | X

25 집행채권의 총액이 예금채권을 하회하는 경우에는 압류의 효력이 없다고 보지만, 압류명령이 채무자가 제3채무자에 대하여 가지는 동종의 예금에 관하여는 계약일이 오래된 순서로 청구채권에 달하기까지의 금액을 압류한다고 표시되어 있을 때에는 특정성이 인정되므로 그 압류명령은 유효하다. O | X

26 추심명령은 확정되어야 그 효력이 생기고, 전부명령은 제3채무자에 대한 송달로서 그 효력이 생긴다. O | X

27 체납처분압류는 압류목적채권의 지급금지·처분금지 및 추심권의 효력까지 있으므로 마치 민사집행법상의 압류명령과 추심명령을 합한 것과 같다. O | X

28 민사집행법상 법원 압류와 국세징수법상 체납처분의 압류가 경합할 경우 체납처분절차가 우선한다. O | X

29 민사집행법에 의한 압류(가압류)가 경합된 경우에는 압류선착주의에 의해 먼저 송달된 기관에 우선권이 부여되고, 국세징수법에 의한 압류(체납처분절차)가 경합된 경우에는 우선권이 없으므로 채권자의 추심 요청시 경합사실을 안내하고 지급을 거절한다.　　　　　○ | ×

30 민사집행법에 의한 압류와 국세징수법 준용기관의 압류가 경합된 경우에는 우선권이 없으므로 채권자의 추심요청시 경합사실을 안내하고 지급 거절을 해야 하지만, 국세징수법에 의한 압류(체납처분절차)와 국세징수법 준용기관의 압류가 경합된 경우에는 국세우선원칙에 따라 송달 시점에 관계없이 체납처분압류가 우선이다.　　　　　○ | ×

31 체납처분에 의하여 압류된 예금을 지급할 때에는 은행(우체국)이 그 처분청에 스스로 납부하여야 한다.　　　　　○ | ×

32 연금·건강보험료 등을 체납하면 연금관리공단이나 국민건강보험공단 등은 자신의 권한으로 체납자의 재산을 압류할 수 있는데, 실거래의 처리는 조세의 체납처분압류에 준하여 하면 된다.　　　　　○ | ×

01 현행 상속제도에 대한 설명으로 옳은 것은? (2022 기출)

① 상속은 사망한 시점이 아니라 사망한 사실이 가족관계등록부에 기재된 시점에서 개시된다.

② 피상속인에게 어머니, 배우자, 2명의 자녀, 2명의 손자녀가 있을 경우 배우자의 상속분은 1.5/3.5이다.

③ 친양자입양제도에 따라 2008년 1월 1일 이후에 입양된 친양자는 친생부모 및 양부모의 재산을 모두 상속받을 수 있다.

④ 유언의 방식 중 공정증서 또는 자필증서에 의한 경우에는 가정 법원의 유언검인심판서를 징구하여 유언의 적법성 여부를 확인하여야 한다.

> **해설** 피상속인에게 어머니, 배우자, 2명의 자녀, 2명의 손자녀가 있는 경우 법정상속의 제 1순위인 2명의 자녀와 배우자가 공동상속한다. 2명의 자녀는 균등분할상속하지만, 배우자는 5할을 가산한다. 따라서 자녀들이 각각 1을 상속받는다면 배우자는 1.5를 상속받게 되므로 배우자의 상속분은 전체 상속분 1+1+1.5=3.5 중에서 1.5(1.5/3.5)가 된다.

> **오답 분석** ① 상속은 사망한 시점에서 개시되며 사망한 사실이 가족관계등록부에 기재된 시점에서 개시되는 것은 아니다.
> ③ 양자는 법정혈족이므로 친생부모 및 양부모의 예금도 상속하지만, 2008.1.1.부터 시행된 친양자 입양제도에 따라 입양된 친양자는 친생부모와의 친족관계 및 상속관계가 모두 종료되므로 생가부모의 예금을 상속하지는 못한다.
> ④ 유언상속의 경우에는 유언서의 내용을 확인하되 자필증서·녹음·비밀증서에 의한 경우에는 법원의 유언검인심판을 받은 유언검인심판서를 징구하여야 한다.
>
> 정답 : ②

02 예금주의 사망 시 적용되는 상속제도에 대한 설명으로 옳지 않은 것은? (2019 기출)

① 친양자 입양제도에 따라 입양된 친양자는 법정혈족이므로 친생부모 및 양부모의 예금을 상속받을 수 있다.

② 예금주의 아들과 손자는 같은 직계비속이지만 아들이 손자보다 선순위로 상속받게 된다.

③ 특정유증의 경우, 수증자는 상속인 또는 유언집행자에 대하여 채권적 청구권만을 가진다.

④ 협의 분할 시 공동상속인 중 친권자와 미성년자가 있는 경우, 미성년자에 대하여 특별대리인을 선임하여 미성년자를 대리하도록 해야 한다.

> **해설** 친양자는 양자와 달리 기존의 모든 친족관계가 소멸되고 새롭게 양부와 양모의 친족관계로 편입된다. 따라서 친양자로 입양된 자는 양부모의 예금을 상속받을 수는 있지만, 친생부모의 예금은 상속받을 수 없다. 친양자제도는 2008년에 도입되었는데, 미성년자를 대상으로 부부가 공동입양하여야 한다.

03 〈보기〉의 내용 중 예금주의 사망과 관련한 상속제도에 대한 설명으로 옳은 것의 개수는?

─〈 보 기 〉─

ㄱ. 직계존속과 배우자는 법정상속의 제1순위에 해당한다.

ㄴ. 대습상속은 배우자 상호 간(배우자가 타인과 재혼한 경우 포함)에도 인정된다.

ㄷ. 공유설은 상속재산을 분할하기까지는 그 공동재산의 지분에 대한 처분은 공동상속인 전원의 동의를 얻어야 한다는 견해이다.

ㄹ. 포괄유증은 상속재산의 전부 또는 일정비율로 자산과 부채를 함께 유증하는 것이다.

ㅁ. 유언집행자의 권한에 따른 유언집행자의 행위의 효과는 상속인에게 귀속된다.

ㅂ. 상속인은 피상속인의 사망 이후 3개월 내에 상속을 포기할 수 있다.

① 0개   ② 2개
③ 4개   ④ 6개

ㄱ. 민법상 법정상속의 순위는 다음과 같으며, 배우자는 피상속인의 직계비속 또는 직계존속과 동순위로 상속권자가 된다.
- 제1순위 : 피상속인의 직계비속
- 제2순위 : 피상속인의 직계존속
- 제3순위 : 피상속인의 형제자매
- 제4순위 : 피상속인의 4촌 이내의 방계혈족

ㄴ. 대습상속제도에 따라 상속인이 될 직계비속 또는 형제자매가 상속개시 전에 사망하거나 결격자가 된 경우에 그 직계비속 또는 배우자가 있는 때에는 그 직계비속이 사망하거나 결격된 자의 지위를 순위에 갈음하여 상속권자가 된다. 다만, 배우자가 타인과 재혼한 경우에는 인척관계가 소멸되므로 상속인이 될 수 없다.

ㄷ. 상속재산 공유의 성질과 관련하여 공유설은 공동상속인이 상속분에 따라 각자의 지분을 가지며 그 지분을 자유로이 처분할 수 있다는 견해이고, 합유설이란 공동상속인이 상속분에 따른 지분은 가지만 상속재산을 분할하기까지는 그 공동상속재산의 지분에 대한 처분은 공동상속인 전원의 동의를 얻어야 한다는 견해이다. 이에 대한 대법원의 판례는 없으나 공유설이 통설이며 법원의 실무처리도 공유설에 따르고 있다.

ㅂ. 상속인은 상속의 개시 있음을 안 날로부터 3개월 내에 단순승인이나 한정승인 또는 상속포기를 할 수 있다.

정답 : ②

04 다음 사례에서 A 씨의 아내가 받는 상속액은?

A 씨는 아내, 딸 1명, 아들 1명을 둔 가정의 가장이다. 딸과 아들은 모두 미혼이며, 자녀가 없는 상태이다. 어느날 교통사고로 A 씨는 현장에서 사망하였고, 같이 타고 있던 아들은 병원으로 옮겨져 치료를 받다가 사망하였다. 유언장은 없는 상태였고, A 씨가 남겨 놓은 재산을 계산해 보니 2억 1,000만 원이었다.

① 6,000만 원
② 7,000만 원
③ 9,000만 원
④ 1억 5,000만 원

법정상속 1순위자는 직계비속이다. 배우자는 직계비속과 공동으로 상속받되, 5할을 가산한다. 따라서 A의 재산 2억1,000만원을 아내 9,000만원, 딸과 아들이 각각 6,000만원씩 상속받는다. 아들 역시 사망하였으나, A보다 늦게 사망하였으므로 상속의 대상이 된다. 다만, 아들이 받은 6,000만원은 아들의 사망으로 법정 상속순위에서 앞선 A의 아내에게 전액 상속되어 A의 아내는 총 1억5,000만원을 상속받게 된다.

※ 법정상속의 순위

제1순위	직계 비속과 배우자	배우자는 직계 비속이 있으면 직계 비속과 공동 상속하고, 직계 비속이 없으면 직계 존속과 공동 상속하며, 직계 비속과 직계 존속이 모두 없으면 단독으로 상속
제2순위	직계 존속과 배우자	
제3순위		형제자매
제4순위		4촌 이내의 방계 혈족

정답 : ④

05 다음은 상속 가계도를 나타낸 것이다. C의 사망(그 외는 생존하고 있는 것으로 본다)으로 인한 상속에 대한 설명으로 옳은 것은? (2023 기출)

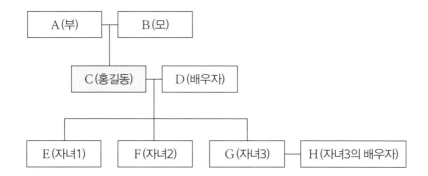

① C의 사망 당시 G가 상속결격자였다면 상속인은 총 3명이다.

② C가 정기적금 적립기간 중에 사망한 경우, E는 F와 G의 동의만으로도 C의 적금계약을 승계할 수 있다.

③ C가 사망 당시 유언으로 전 재산 9억 원을 사회단체에 기부하여 공동상속인 모두가 유류분 반환 청구를 한다면 E의 유류분 금액은 1억 원이다.

④ 합유설에 의하면 C의 사망 당시 F가 행방불명인 경우 F의 상속분을 제외한 나머지 상속분은 각 공동상속인 요청에 따라 분할하여 지급할 수 있다.

해설 법정상속의 제1순위는 피상속인의 직계비속이고, 배우자는 직계비속과 공동상속한다. 따라서 C가 사망한 경우 상속인은 직계비속에 해당하는 자녀 E, F, G와 배우자 D가 된다. 그리고 상속인 간 상속분은 공동분할상속하되, 배우자에게는 5할(50%)을 가산하여야 한다.
③ C가 사망 당시 9억 원의 재산을 남긴 경우 직계비속인 E, F, G는 각각 2억 원씩의 상속분을 받게 되고, 배우자인 D는 3억 원의 상속분을 받게 된다. 하지만 C가 유언으로 전 재산 9억 원을 사회단체에 기부하였고, 이에 대해 공동상속인 모두가 유류분 반환 청구를 한다면 직계비속과 배우자의 유류분은 1/2까지 인정되어 직계비속인 E, F, G의 유류분은 1억 원이고, 배우자인 D의 유류분은 1억 5천만 원이다.

오답분석 ① 상속인이 될 직계비속 또는 형제자매가 상속개시 전에 사망하거나 결격자가 된 경우에는 그의 직계비속이나 배우자가 있을 때 이들이 사망하거나 결격된 상속인의 지위를 이어받을 수 있는 대습상속제도가 채택되어 있다. 따라서 C의 사망 당시 G가 상속결격자였다면 G의 상속분을 그의 배우자인 H가 대습상속하게 된다. 그러면 이 경우에도 상속인은 총 4인이다.
② 적금 적립기간 중 예금주가 사망하고 공동상속인 중 1인이 적금계약을 승계하기 위해서는 상속인 전원의 동의가 필요하다.
④ 상속재산의 공유의 성질에 대하여는 공유설과 합유설의 대립이 있다. 공유설이란 공동상속인이 상속분에 따라 각자의 지분을 가지며, 그 지분을 자유로이 처분할 수 있다는 견해이며, 합유설이란 공동상속인이 상속분에 따른 지분은 가지나, 상속재산을 분할하기까지는 그 공동 상속재산의 지분에 대한 처분은 공동상속인 전원의 동의를 얻어야 한다는 견해이다. 따라서 C의 사망 당시 F가 행방불명인 경우 F의 상속분을 제외한 나머지 상속분은 각 공동상속인 요청에 따라 분할하여 지급할 수 있는 견해는 공유설에 해당한다.

정답 : ③

06 상속과 관련한 특수문제에 대한 설명으로 가장 옳은 것은?

① 합유설을 취할 경우 행방불명인 자의 상속분을 제외한 나머지 부분은 각 상속인에게 지급할 수 있다.

② 상속권자나 수증인이 없는 경우 상속재산관리인을 선임하여 상속재산 청산 절차를 밟는다.

③ 적극적 재산보다 소극적 재산이 많은 경우 상속인은 상속의 개시된 날로부터 3개월 내에 상속을 포기할 수 있다.

④ 은행(우체국)이 예금주의 사망사실을 모르는 상태에서 선의로 예금을 지급한 경우에는 이로 인한 손해를 변제할 책임을 진다.

> **해설** 상속권자나 수증인이 없는 경우에는 이해관계인 및 검사의 청구에 의하여 상속재산관리인을 선임하고, 재산관리인은 채권신고기간을 정하여 공고하고 상속재산을 청산하는 절차를 밟는다. 그리고 채권신고기간 종료 시까지 상속인이 나타나지 않으면 2년간의 상속인 수색절차를 거쳐 상속인이 없으면 특별연고권자에게 재산을 분여한다. 특별연고자도 없으면 국고에 귀속된다.
>
> **오답 분석** ① 상속재산이 공동상속인에게 합유적으로 귀속된다는 합유설에 따르면 행방불명인 자의 지분을 제외한 나머지 부분도 지급할 수 없다. 그러나 공유설을 취할 경우에는 행방불명인 자의 상속분을 제외한 나머지 부분은 각 상속인에게 지급할 수 있다.
> ③ 적극적 재산보다 소극적 재산 즉, 빚이 더 많은 경우 상속인은 상속의 개시 있음을 안 날로부터 3개월 내에 상속을 포기할 수 있다. 상속의 포기는 엄격한 요식행위이므로 법원의 심판서를 징구하여 확인하여야 한다. 한편, 아직은 적극적 재산이 더 많지만 감추어진 빚이 우려될 경우에는 상속포기 외에도 한정승인을 선택할 수도 있다. 한정승인이란 상속으로 인하여 취득할 재산의 범위 내에서 채무를 변제할 것을 조건으로 상속을 승인하는 것을 말하는데 한정승인 또한 법원의 한정승인심판서를 징구하여 확인하여야 한다.
> ④ 은행(우체국)이 예금주의 사망사실을 모르는 상태에서 과실 없이 선의로 예금통장이나 증서를 소지한 자에게 신고된 인감과 비밀번호에 의하여 예금을 지급한 경우에는 채권의 준점유자에 대한 변제로서 면책된다. 다만, 은행(우체국)이 그 예금약관으로 지급의 면책에 관하여 규정하고 있다 하더라도 은행(우체국)의 주의의무를 경감시키거나 과실이 있는 경우까지 면책되는 것은 아니다.
>
> 정답 : ②

07 예금의 상속에 관한 내용으로 옳은 것의 총 개수는?

〈 보 기 〉

ㄱ. 특정유증의 경우 예금을 상속인이나 유언집행자에게 지급함이 원칙이다.

ㄴ. 예금주가 유언 없이 사망한 경우에는 반드시 제적등본을 징구하여 상속인을 확인하여야 한다.

ㄷ. 협의분할에 따른 예금지급을 위해서는 상속재산분할협의서·공동상속인의 인감증명서·손해담보각서 등을 징구하여야 한다.

ㄹ. 피상속인이 외국인인 경우 만기가 도래한 예금에 대해 채권자의 지급청구가 있으면 주한 해당국 공관의 확인을 받고 필요한 경우에는 내국인으로 하여금 보증을 하도록 한 후에 지급하여야 한다.

① 1개　　　　　　　　　② 2개
③ 3개　　　　　　　　　④ 4개

해설 ㄱ. 특정유증의 경우에는 수증자가 상속인 또는 유언집행자에 대하여 채권적 청구권만 가지므로 은행(우체국)은 예금을 상속인이나 유언집행자에게 지급함이 원칙이다. 다만 실무상으로는 수증자가 직접 지급하여 줄 것을 요구하는 경우가 많으므로 유언집행자 또는 법정상속인으로부터 유증을 원인으로 하는 명의변경신청서를 징구하여 예금주의 명의를 수증자로 변경한 후에 예금을 지급하면 된다.
ㄷ. 협의분할에 따른 예금지급을 위해서는 상속인의 범위를 확정하고 상속재산분할협의서·공동상속인의 인감증명서·손해담보각서 등을 징구한 후 지급하면 된다.

오답분석 ㄴ. 예금주가 유언 없이 사망한 경우에는 법정상속이 이루어지게 되므로 가족관계등록 사항별 증명서(필요시 제적등본)를 징구하여 상속인을 확인하여야 한다.
ㄹ. 국제사법상 상속은 피상속인의 본국법에 의하여야 하지만 실무상 은행(우체국)이 외국의 상속법에 정통할 수 없으므로, 피상속인이 외국인인 경우 만기가 도래한 예금은 채권자의 지급청구가 있으면 변제자가 과실 없이 채권자를 알 수 없는 경우를 사유로 변제공탁하는 것이 최선의 방법이고, 만기가 도래하지 않은 예금의 경우에는 변제공탁이 불가능하므로 주한 해당국 공관의 확인을 받고 필요한 경우에는 내국인으로 하여금 보증을 하도록 한 후에 지급하여야 한다.

정답 : ②

08 상속예금의 지급에 관한 내용으로 옳지 못한 것은?

① 상속인들로부터 가족관계등록사항별 증명서와 유언장 등을 징구하여 상속인을 확인한다.
② 상속예금지급 시 상속인 전원의 동의서 및 손해담보약정을 반드시 징구하여야 한다.
③ 당좌거래에 대해서는 계약을 해지하고 상속인으로부터 미사용 어음·수표를 회수한다.
④ 정기적금의 적립기간 중 예금주가 사망하고 공동상속인 중 1인이 적금계약을 승계하고자 할 경우 상속인 전원의 동의가 필요하다.

해설 상속예금지급 시 상속인 전원의 동의서 및 손해담보약정을 받는 것이 바람직하다. 그러나 위 동의서 및 손해담보약정의 징구와 관련해서는 분쟁의 소지가 많고 이를 징구하지 않더라도 정당한 절차에 따라 상속예금을 지급하였다면 상속채권의 준점유자에 대한 변제로서 유효할 수 있으므로 반드시 징구하여야 하는 것은 아니다.

오답분석 ① 상속인들로부터 가족관계등록사항별 증명서(필요시 제적등본)·유언장 등을 징구하여 상속인을 확인한다.
③ 당좌거래는 그 법적성질이 위임계약이고 당사자 일방의 사망으로 계약관계가 종료되므로 당좌거래계약을 해지하고 상속인으로부터 미사용 어음·수표를 회수하여야 한다.
④ 예금주가 사망한 경우에는 상속인이 포괄적으로 예금주의 지위를 승계한다. 따라서 정기적금의 경우 일반 상속재산의 지급절차에 의하면 족하다. 다만 적금 적립기간 중 예금주가 사망하고 공동상속인 중 1인이 적금계약을 승계하기 위해서는 상속인 전원의 동의가 필요하다.

정답 : ②

09 예금채권의 양도에 대한 설명으로 옳지 <u>않은</u> 것은? (2024 기출)

① 기명식예금은 지명채권이므로 원칙적으로 그 양도성이 인정된다.
② 예금주가 양도금지특약을 위반하여 예금을 다른 사람에게 양도한 경우, 그 양도는 무효이다.
③ 은행(우체국)양도승낙서는 예금채권에 대해 권리가 경합한 때 누가 우선하는가를 결정하는 기준이 된다.
④ 실무상 양도인인 예금주가 예금양도 통지만을 하는 경우, 당사자 사이에는 유효하나 그 양도로 은행(우체국)에 대항할 수는 없다.

> **해설** 예금채권의 양도란 예금주가 그 예금채권을 다른 사람에게 양도하는 것을 말한다. 제3자에게 예금양도로써 대항하기 위해서는 은행(우체국)의 승낙서에 확정일자를 받아 두어야 한다. 확정일자 날인은 예금채권에 대해 권리가 경합한 때에 누가 우선하는가를 결정하는 기준이 되는 것으로 제3자와의 관계에서 확정일자를 받지 않았으면 채권의 양수로 대항할 수 없으며, 확정일자를 받았으면 대항요건을 갖춘 시기의 앞뒤에 따라 그 우열관계가 결정된다.
>
> **오답분석** ① 기명식 예금은 지명채권이므로 원칙적으로 그 양도성이 인정된다. 다만 당사자 사이의 특약으로 그 양도성을 배제할 수 있는데, 예금거래의 실무상으로는 증권적 예금을 제외하고는 대부분의 예금에 대해 양도금지특약을 하고 있다.
> ② 예금주가 양도금지 특약을 위반하여 예금을 다른 사람에게 양도한 경우, 그 양도는 무효이고 은행(우체국)에 대하여 대항할 수 없다.
> ④ 예금을 양도하기 위해서는 양도인과 양수인 사이에 예금양도계약 및 은행(우체국)의 승낙이 있어야 한다. 실무상 양도인인 예금주가 예금양도 통지만을 하는 경우가 있으나 이는 양도금지특약을 위반한 것이므로, 당사자 사이에는 유효하나 그 양도로 은행(우체국)에 대항할 수 없다.
>
> 정답 : ③

10 예금채권의 양도에 관한 내용으로 옳지 <u>않은</u> 것은?

① 예금거래의 실무상으로 증권적 예금을 제외한 대부분의 예금에 대해 양도금지특약을 하고 있다.
② 예금주가 양도금지 특약을 위반하여 예금을 다른 사람에게 양도한 경우 그 양도는 무효가 된다.
③ 예금을 양도하기 위해서는 양도인과 양수인 사이에 예금양도계약을 체결하고 은행(우체국)에 통보하면 된다.
④ 은행(우체국)이 양도승낙의 신청을 받은 경우 예금양도승낙신청서를 징구하여야 한다.

> **해설** 예금채권의 양도란 예금주가 그 예금채권을 다른 사람에게 양도하는 것을 말하며, 기명식예금은 지명채권이므로 원칙적으로 그 양도성이 인정된다. 예금을 양도하기 위해서는 양도인과 양수인 사이에 예금양도계약 및 은행(우체국)의 승낙이 있어야 한다. 실무상 양도인인 예금주가 예금양도 통지만을 하는 경우가 있으나 이는 양도금지특약을 위반한 것이므로, 당사자 사이에는 유효하나 그 양도로 은행(우체국)에 대항할 수 없다. 또한 제3자에게 예금양도로써 대항하기 위해서는 은행(우체국)의 승낙서에 확정일자를 받아 두어야 한다.

① 당사자 사이의 특약으로 그 양도성을 배제할 수 있다. 예금거래의 실무상으로는 증권적 예금을 제외하고는 대부분의 예금에 대해 양도금지특약을 하고 있다. 양도금지특약을 규정한 이유는 대량적·반복적 지급거래를 수반하는 예금거래에 있어서 은행(우체국)이 일일이 정당하게 양도된 것인지 여부를 확인하여야 하는 번거로움과 이중지급의 위험성을 배제하고 채권보전의 확실성을 도모하기 위함이다.

② 예금주가 양도금지 특약을 위반하여 예금을 다른 사람에게 양도한 경우, 그 양도는 무효이고 은행(우체국)에 대하여 대항할 수 없다. 민법이 선의의 양수인에 대하여는 양도제한의 특약을 가지고 대항할 수 없다고 규정하고 있기는 하지만, 예금에 양도금지특약이 있다는 것은 공지의 사실이므로 양수인은 선의를 주장하기 어렵다.

④ 은행(우체국)이 양도승낙의 신청을 받은 경우 예금양도승낙신청서를 징구하여야 한다. 이때 예금양도승낙신청서에는 양도인과 양수인 연서로 하며 제3자에게 대항하기 위해서는 확정일자를 득한 것을 징구하는 것이 바람직하다. 또한, 승낙서는 2부를 작성하여 1부는 교부하고 1부는 은행(우체국)이 보관하여 향후 분쟁에 대비하여야 한다. 구두에 의한 승낙도 유효하나 분쟁의 소지가 있으므로 서면에 의하도록 한다.

정답 : ③

11 예금채권의 양도와 질권설정에 관한 내용으로 옳지 <u>않은</u> 것은?

① 예금거래의 실무상 증권적 예금을 제외하고는 대부분의 예금에 양도금지특약을 하고 있다.

② 제3자에게 예금양도로써 대항하기 위해서는 은행(우체국)의 승낙서에 확정일자를 받아 두어야 한다.

③ 예금을 받은 은행(우체국)이 질권설정하는 경우에는 승낙이라는 특별한 절차를 거치지 않아도 된다.

④ 질권설정된 예금과 피담보채권의 변제기가 도래한 경우 질권자는 제3채무자에게 그 변제금액의 공탁을 청구할 수 있다.

해설 질권설정된 예금채권의 변제기는 이르렀으나 피담보채권의 변제기가 도래하지 않은 경우 질권자는 제3채무자에게 그 변제금액의 공탁을 청구할 수 있다. 질권설정된 예금과 피담보채권의 변제기가 도래하여 질권자의 직접청구가 있는 경우 제3채무자인 은행(우체국)은 예금주에게 질권자에 대한 지급에 이의가 있는지의 여부를 조회하고, 승낙문언을 기재한 질권설정승낙의뢰서, 피담보채권에 관한 입증서류(대출계약서, 어음 등), 피담보채권액에 관한 입증서류(원장, 대출원리금계산서 등), 예금증서 및 질권자의 지급청구서 등을 징구한 후 지급하면 된다.

④ 질권설정된 예금과 피담보채권의 변제기가 도래한 경우에는 질권자가 제3채무자에게 지급청구를 할 수 있으므로 공탁청구를 할 필요가 없다.

오답 분석 ① 기명식예금은 지명채권이므로 원칙적으로 그 양도성이 인정되지만, 예금거래의 실무상으로는 증권적 예금을 제외하고는 대부분의 예금에 대해 양도금지특약을 하고 있다.

② 예금을 양도하기 위해서는 양도인과 양수인 사이에 예금양도계약 및 은행(우체국)의 승낙이 있어야 하며, 제3자에게 예금양도로써 대항하기 위해서는 은행(우체국)의 승낙서에 확정일자를 받아 두어야 한다.

③ 그 예금을 받은 은행(우체국)이 질권설정하는 경우에는 자기가 받은 예금에 질권설정하는 것이므로 승낙이라는 특별한 절차를 거치지 않아도 되나, 제3자가 질권설정하는 경우에는 예금양도의 경우와 마찬가지 이유에서 질권설정금지특약을 두고 있어 은행(우체국)의 승낙을 필요로 한다.

정답 : ④

12 예금채권에 대한 질권설정을 규정한 내용으로 바르지 못한 것은?

① 질권설정금지특약에 따라 제삼자가 예금에 질권을 설정하는 것은 원칙적으로 금지된다.

② 피담보채권의 변제기는 도래했으나 질권설정된 예금채권의 변제기는 도래하지 않은 경우, 질권자는 제3채무자에게 그 변제금액의 공탁을 청구할 수 있다.

③ 은행(우체국)은 질권설정된 예금과 피담보채권의 변제기가 도래하여 질권자의 직접청구가 있는 경우 예금주에게 이의 여부를 확인하고 관련 서류를 징구한 뒤 예금을 지급한다.

④ 피담보채권의 변제기보다 예금의 변제기가 먼저 도래한 경우 같은 종류의 예금으로 갱신할 수 있다.

> **해설** 예금은 그 예금을 받은 은행 또는 다른 금융회사나 일반인 등 제3자가 자기의 채권을 담보하기 위하여 질권설정을 하는 예가 적지 않다. 질권자는 질권의 목적이 된 채권을 직접 청구할 수 있다. 질권설정된 예금채권의 변제기는 이르렀으나 피담보채권의 변제기가 도래하지 않은 경우 질권자는 제3채무자에게 그 변제금액의 공탁을 청구할 수 있고, 이 경우 질권은 그 공탁금 위에 계속 존속한다. 반대로 피담보채권의 변제기는 도래했으나 질권설정된 예금채권의 변제기는 도래하지 않은 경우 질권자는 질권설정된 예금채권의 변제기까지 기다려야 한다.
>
> **오답분석** ① 제3자가 질권설정하는 경우에는 예금양도의 경우와 마찬가지 이유에서 질권설정금지특약을 두고 있어 은행(우체국)의 승낙을 필요로 한다. 다만, 예금을 받은 은행(우체국)이 질권설정하는 경우에는 자기가 받은 예금에 질권설정하는 것이므로 승낙이라는 특별한 절차를 거치지 않아도 된다.
> ③ 질권설정된 예금과 피담보채권의 변제기가 도래하여 질권자의 직접청구가 있는 경우 제3채무자인 은행(우체국)은 예금주에게 질권자에 대한 지급에 이의가 있는지의 여부를 조회하고, 승낙문언을 기재한 질권설정승낙의뢰서, 피담보채권에 관한 입증서류(대출계약서, 어음 등), 피담보채권액에 관한 입증서류(원장, 대출원리금계산서 등), 예금증서 및 질권자의 지급청구서 등을 징구한 후 지급하면 된다.
> ④ 피담보채권의 변제기보다 예금의 변제기가 먼저 도래하여 은행(우체국)이 예금주를 위해서 그 예금을 새로이 갱신하는 경우 실무상 다툼의 염려가 있고 혹 이중지급의 우려도 있기 때문에 같은 종류의 예금으로 갱신하여야 한다.
>
> 정답 : ②

13 예금에 대한 압류에 관한 설명으로 옳지 못한 것은?

① 예금에 대한 (가)압류 명령이 송달된 경우 압류명령의 송달연월일 및 접수시각을 명확히 기록하고, 송달보고서에 기재된 시각을 확인하여야 한다.

② 압류명령에 진술최고서가 첨부된 경우에는 송달일로부터 한 달 이내에 진술서를 작성하여 법원에 제출한다.

③ 예금에 대한 압류명령의 효력이 발생하는 시기는 그 결정문이 제3채무자인 은행(우체국)에 송달된 때이다.

④ 피압류예금의 집행채권자가 압류 신청 시 다른 채권과 구별하여 특정하지 않아 피압류예금을 특정할 수 없는 경우에는 압류의 효력이 발생하지 않는다.

해설 압류에는 강제집행절차상의 압류와 국세징수법상의 체납처분에 의한 압류가 있다. 그리고 강제집행개시에 앞선 보전처분으로서의 가압류가 있고, 압류 이후의 환가처분으로서의 전부명령과 추심명령이 있다. 압류명령은 채무자와 제3채무자에게 송달된다. 제3채무자인 은행(우체국)에 예금에 대한 (가)압류 명령이 송달되고 압류명령에 진술최고서가 첨부된 경우에는 송달일로부터 1주일 이내에 진술서를 작성하여 법원에 제출한다.

오답분석 ① 예금에 대한 (가)압류 명령이 송달된 경우 압류명령의 송달연월일 및 접수시각을 명확히 기록하고, 송달보고서에 기재된 시각을 확인하여야 한다. 또한, 어떠한 종류의 명령인가를 명백히 파악하고, 예금주와 질권자 등에게 압류사실을 통지한다.
③ 예금에 대한 압류명령의 효력이 발생하는 시기는 그 결정문이 제3채무자인 은행(우체국)에 송달된 때이다. 이와 같이 은행(우체국)에 압류결정문이 송달된 때를 그 효력발생시기로 한 것은 제3채무자인 은행(우체국)이 그러한 결정이 있음을 안 때에 집행채무자인 예금주에 대하여 현실로 예금의 지급을 금지할 수 있기 때문이다.
④ 집행채권자는 압류를 신청할 때에 압류할 채권이 다른 채권과 구별하여 특정할 수 있도록 그 종류와 액수 즉, 예금종류와 피압류예금액을 명시하지 않으면 안 된다. 만일 피압류예금을 특정할 수 없으면 압류의 효력이 없다.

정답 : ②

14 압류된 예금의 지급과 관련한 내용으로 옳지 않은 것은?

① 예금채권의 환가를 위해 '압류 및 전부명령'이나 '압류 및 추심명령'이 행해지는 것이 일반적이다.
② 추심명령은 전부명령의 경우와는 달리 제3채무자에 대한 송달로서 그 효력이 생긴다.
③ 전부채권자에 대한 채권이전 및 채무자의 채무변제효력은 전부명령이 확정된 시점에 발생한다.
④ 지급조건이 충족되었을 때 은행(우체국)은 주민등록증 등으로 전부채권자나 추심채권자의 수령권한을 확인한 후 영수증을 징구하고 예금을 지급한다.

해설 예금채권의 압류만으로써는 압류채권자의 집행채권에 만족을 줄 수 없으므로 압류채권자는 자기 채권의 만족을 위하여 압류한 예금채권을 환가할 필요가 있다. 예금채권의 환가방법으로 추심명령과 전부명령이 이용된다. 이중 전부명령은 집행채무자(예금주)가 제3채무자(우체국)에 대하여 가지는 예금채권을 집행채권과 집행비용청구권에 갈음하여 압류채권자에게 이전시키는 법원의 명령이다. 전부명령은 즉시항고 없이 법정기간이 지나거나 즉시항고가 각하 또는 기각되어야 확정되고 전부명령은 그 효력이 생긴다. 다만, 전부명령의 실체적 효력인 전부채권자에 대한 채권이전 및 채무자의 채무변제효력은 그 전부명령이 확정되면 전부명령이 제3채무자에게 송달된 때 소급해서 생긴다. 전부명령의 확정여부는 법원에서 발급한 확정증명원으로 확인한다.

오답분석 예금채권의 압류만으로써는 압류채권자의 집행채권에 만족을 줄 수 없으므로 압류채권자는 자기 채권의 만족을 위하여 압류한 예금채권을 환가할 필요가 있다. 예금채권의 환가방법으로 추심명령과 전부명령이 이용된다. 이중 전부명령은 집행채무자(예금주)가 제3채무자(우체국)에 대하여 가지는 예금채권을 집행채권과 집행비용청구권에 갈음하여 압류채권자에게 이전시키는 법원의 명령이다. 전부명령은 즉시항고 없이 법정기간이 지나거나 즉시항고가 각하 또는 기각되어야 즉시항고는 확정되고 전부명령은 그 효력이 생긴다. 다만, 전부명령의 실체적 효력인 전부채권자에 대한 채권이전 및 채무자의 채무변제효력은 그 전부명령이 확정되면 전부명령이 제3채무자에게 송달된 때 소급해서 생긴다. 전부명령의 확정여부는 법원에서 발급한 확정증명원으로 확인한다.

정답 : ③

15 예금에 대한 압류와 관련된 내용으로 옳은 것을 모두 고른 것은?

─〈 보 기 〉─

(ㄱ) 예금에 대한 압류명령의 효력이 발생하는 시기는 압류명령이 채무자와 제3채무자에게 송달된 때이다.

(ㄴ) 집행채권자가 압류를 신청할 때에는 예금의 종류와 피압류예금액을 명시하지 않으면 안 된다.

(ㄷ) 집행채권의 총액이 예금채권을 하회하는 경우에는 압류의 효력이 없다고 본다.

(ㄹ) 추심명령은 확정되어야 그 효력이 생기고, 전부명령은 제3채무자에 대한 송달로서 그 효력이 생긴다.

① (ㄱ), (ㄴ)　　　　② (ㄱ), (ㄷ)　　　　③ (ㄴ), (ㄷ)　　　　④ (ㄷ), (ㄹ)

> **해설** ㄴ과 ㄷ은 옳은 설명이고, ㄱ과 ㄹ은 틀린 설명이다.
> 　ㄴ. 집행채권자는 압류를 신청할 때에 압류할 채권이 다른 채권과 구별하여 특정할 수 있도록 그 종류와 액수 즉, 예금 종류와 피압류예금액을 명시하지 않으면 안 되며, 만일 피압류예금을 특정할 수 없으면 압류의 효력이 없다.
> 　ㄷ. 여러 종류의 예금이 여러 계좌로 있을 때 집행채권의 총액이 예금채권을 하회하는 경우에는 압류의 효력이 없다고 보지만, 압류명령이 채무자가 제3채무자에 대하여 가지는 동종의 예금에 관하여는 계약일이 오래된 순서로 청구채권에 달하기까지의 금액을 압류한다고 표시되어 있을 때에는 특정성이 인정되므로 그 압류명령은 유효하다.
>
> **오답 분석** ㄱ. 예금에 대한 압류명령의 효력이 발생하는 시기는 그 결정문이 제3채무자인 은행(우체국)에 송달된 때이다.
> 　ㄹ. 반대로 기술되어 있다. 추심명령은 채권의 이전이 없으므로 그 확정으로 효력이 생기게 할 필요가 없고, 전부명령은 즉시항고가 허용되므로 확정되어야 그 효력이 생긴다.
>
> 정답 : ③

16 예금에 대한 체납처분압류와 민사집행법상 강제집행의 경합 관계에 대한 내용으로 옳지 <u>않은</u> 것은?

① 국세징수법 준용기관의 압류가 경합된 경우 압류선착주의가 적용되지 않으므로, 압류가 경합된 경우 기관 간 협의하여 처리한다.

② 민사집행법에 의한 압류(가압류)가 경합된 경우 우선권이 없으므로 채권자의 추심요청시 경합사실을 안내하고 지급을 거절한다.

③ 민사집행법에 의한 압류와 국세징수법에 의한 압류가 경합된 경우 국세징수에 우선권이 인정된다.

④ 민사집행법에 의한 압류와 국세징수법 준용기관의 압류가 경합된 경우 우선권이 없으므로 채권자의 추심요청시 경합사실을 안내하고 지급을 거절한다.

> **해설** 민사집행법에 의한 압류와 국세징수법에 의한 압류(체납처분절차)가 경합된 경우 우선권이 없으므로 채권자의 추심요청시 경합사실을 안내하고 지급을 거절하여야 한다.

오답분석 민사집행법에 의한 압류(가압류)가 경합된 경우 우선권이 없으므로 채권자의 추심요청시 경합사실을 안내하고 지급을 거절해야 하고, 국세징수법에 의한 압류(체납처분절차)가 경합된 경우 압류선착주의에 의해 먼저 송달된 기관에 우선권을 부여하므로 후순위 압류기관에서 추심요청시 지급이 불가하다. 민사집행법에 의한 압류와 국세징수법에 의한 압류(체납처분절차)가 경합된 경우 또는 민사집행법에 의한 압류와 국세징수법 준용기관의 압류가 경합된 경우에는 우선권이 없으므로 채권자의 추심요청시 경합사실을 안내하고 지급을 거절하여야 한다. 국세징수법에 의한 압류(체납처분절차)와 국세징수법 준용기관의 압류가 경합된 경우에는 국세우선원칙에 따라 송달시점에 관계없이 체납처분압류가 우선된다. 그리고 국세징수법 준용기관의 압류가 경합된 경우에는 압류선착주의가 적용되지 않으므로, 압류가 경합된 경우 기관 간 협의하여 처리하도록 한다.

정답 : ③

01 내부통제·준법감시 개요

Step 1 오엑스 Quiz

1 내부통제는 운영의 목적, 보고의 목적, 준법의 목적을 각각의 부서가 달성함으로 전체 조직의 목표를 달성하도록 하는 수단이다. O|×

2 합리적 확신은 인간실수, 직원공모 등 모든 내부통제 시스템이 가지고 있는 내재적 한계에 기인한다. O|×

3 외환위기 이후 금융권 전 부문에 대한 규제완화, 구조조정 및 개방화가 진전되면서 금융회사의 내부통제 강화를 위한 선진국의 준법감시제도가 국내에 도입되는 분위기가 조성되었다. O|×

4 준법감시는 조직의 자산보호, 회계자료의 정확성 및 신뢰성 체크, 조직운영의 효율적 증진, 경영방침의 준수를 위하여 채택한 조정수단 및 조치 등을 포함하는 경우 내부통제에 해당한다. O|×

5 미국 등 선진국의 경우 준법감시(Compliance)는 내부통제(Internal Control)의 전부 또는 일부를 대상으로 하는 업무로서 업종별·회사별로 다양하게 정의된다. O|×

01 내부통제에 관련한 설명으로 적절하지 않은 것은?

① 내부통제는 조직의 목표 달성을 위해 경영진이 효과적으로 직원을 통제하기 위한 일련의 수단과 방법을 의미한다.

② 「금융회사의 지배구조에 관한 법률」에 금융회사가 효과적인 내부통제제도를 구축·운영해야 하는 법적인 근거가 마련되어 있다.

③ 정부와 금융당국은 외환위기 직후인 1999년에 사외이사와 감사위원회, 준법감시인 및 선진화된 리스크관리 제도 등의 내부통제 수단을 도입하였다.

④ 일반적으로 권한의 적절한 배분 및 제한, 정기 또는 불시 점검 및 테스트 등이 내부통제 수단으로 활용되고 있다.

해설 내부통제는 조직이 효율적인 업무운영, 정확하고 신뢰성 있는 재무보고 체제의 유지, 관련법규 및 내부정책·절차의 준수 등과 같은 조직의 목표를 달성하려는 합리적인 확신을 주기 위하여 조직 내부에서 자체적으로 마련하여 이사회, 경영진 및 직원 등 조직의 모든 구성원들이 지속적으로 실행·준수하도록 하는 일련의 통제과정이다. 내부통제제도는 조직이 추구하는 최종목표를 달성하기 위한 과정 또는 수단이자 특정한 목표를 달성하는데 합리적인 확신을 주는 것이다. 따라서 금융회사 내 모든 구성원에 의해 수행되는 일련의 통제활동이라고 볼 수 있다.

오답분석 ② 「금융회사의 지배구조에 관한 법률」에는 금융회사가 효과적인 내부통제제도를 구축·운영해야 하는 법적인 근거를 제시하고 있다. 「금융회사의 지배구조에 관한 법률」 제24조는 "금융회사는 법령을 준수하고 경영을 건전하게 하며 주주 및 이해관계자 등을 보호하기 위하여 금융회사의 임직원이 직무를 수행할 때 준수하여야 할 기준 및 절차(내부통제기준)를 마련하여야 한다."고 규정하고 있다.
③ 1997년 국내기업들의 경영투명성 결여, 회계정보의 신뢰성 부족, 경영감시기능 미흡으로 인한 독단적 경영 등이 IMF 경제위기의 주요한 원인으로 주목되면서 내부통제의 중요성이 강조되기 시작했다. 1999년에는 정부와 금융당국에서도 내부통제 수단으로 사외이사와 감사위원회, 준법감시인 및 선진화된 리스크관리 제도 등을 도입하게 되었다.
④ 내부통제의 주요 수단은 조직의 경영목표, 규모 및 영업활동의 특성 등에 따라 형태 및 강도의 차이가 있겠지만 일반적인 내부통제 수단은 권한의 적절한 배분 및 제한, 회사 자산 및 각종 기록에의 접근 제한, 직무분리 및 직무순환, 정기적인 점검 및 테스트, 불시 점검 및 테스트 등이 있다.

정답 : ①

02 내부통제의 구성요소 중 〈보기〉의 내용과 가장 관련 있는 것은?

──────────〈 보 기 〉──────────

- 목표달성에 부정적인 영향을 미치는 리스크를 통제하기 위한 정책 및 절차 수립 등 제도를 구축하고 운영한다.
- 적절한 직무 분리, 각종 한도 설정, 예외 적용 시 특별승인절차 등의 방법을 활용한다.

① 리스크 평가   ② 통제 활동
③ 정보의 수집과 의사소통   ④ 모니터링

> **해설** 내부통제의 구성요소에는 통제의 환경적 요인, 리스크에 대한 정확한 인식과 평가, 통제 활동, 적절한 정보의 수집·관리 및 신속한 정보제공 시스템, 모니터링 등이 있다. 이중 적절한 직무 분리, 각종 한도 설정, 특별승인절차 등 리스크 통제를 위한 정책과 절차를 수립하는 등 제반 제도를 구축하고 운영하는 것은 통제 활동에 해당한다.
>
> **오답분석** ① 리스크 평가는 효과적인 내부통제시스템 구축을 위해 조직이 직면하고 있는 리스크를 종류별·업무별로 인식하고 측정, 분석하는 것이다.
> ③ 구성원이 본연의 책임과 역할을 제대로 수행함으로써 내부통제가 원만하게 작동하도록 하기 위해서는 적절한 정보가 수집·관리되고, 필요한 사람에게 신속하게 제공될 수 있는 시스템을 갖추어야 한다.
> ④ 내부통제의 모든 과정은 모니터링되고 지속적으로 수정 및 보완되어야 한다. 내부통제시스템을 상시 모니터링해야 하며, 중요한 리스크에 대한 모니터링은 내부감시기능에 의해 정기적으로 평가되고 일상적인 영업활동의 일부가 되어야 한다.
>
> 정답 : ②

03 내부통제가 원활하게 이루어지기 위한 환경적 요인으로 적절하지 <u>못한</u> 것은?

① 내부통제에 적합한 조직구조   ② 적절한 인사 및 연수정책
③ 내부통제를 유인하는 보상체계   ④ 조직에 대한 충성심과 집단사고

> **해설** 내부통제가 원활하게 이뤄지기 위해서는 조직 내 모든 구성원이 내무통제시스템의 중요성을 인식하고, 내부통제기준 및 절차를 준수하겠다는 통제문화가 형성되는 것이 중요하다. 내부통제에 적합한 조직구조, 효과적인 내부통제가 이루어지도록 유인하는 보상체계, 적절한 인사 및 연수정책, 이사회의 내부통제에 대한 관심 방향, 임직원의 성실성과 자질 등의 환경적 요인이 갖춰졌을 때 내부통제를 성공적으로 달성할 수 있다.
> ④ 조직에 대한 맹목적인 충성심을 갖거나 집단사고에 빠져 반론을 제기하기가 어려운 조직문화가 형성되면 효과적인 내부통제를 달성할 수 없다.
>
> 정답 : ④

04 〈보기〉의 내용 중 내부통제기준에 포함되어야 할 내용으로 옳은 것을 모두 고른 것은?

〈 보 기 〉

(ㄱ) 업무의 통합 및 조직구조　　　　　(ㄴ) 내부통제 전문 인력과 지원조직
(ㄷ) 준법감시인의 임면 절차　　　　　(ㄹ) 내부통제 이행에 대한 간섭 배제

① (ㄱ), (ㄴ)　　　　　② (ㄱ), (ㄷ)　　　　　③ (ㄴ), (ㄷ)　　　　　④ (ㄷ), (ㄹ)

해설 내부통제기준에 포함되어야 하는 사항은 다음과 같다.

① 업무의 분장 및 조직구조
② 임직원이 업무를 수행할 때 준수하여야 하는 절차
③ 내부통제와 관련하여 이사회, 임원 및 준법감시인이 수행하여야 하는 역할
④ 내부통제와 관련하여 이를 수행하는 전문성을 갖춘 인력과 지원조직
⑤ 경영의사결정에 필요한 정보가 효율적으로 전달될 수 있는 체제의 구축
⑥ 임직원의 내부통제기준 준수 여부를 확인하는 절차·방법과 내부통제기준을 위반한 임직원의 처리
⑦ 임직원의 금융관계법령 위반행위 등을 방지하기 위한 절차나 기준
⑧ 내부통제기준의 제정 또는 변경 절차
⑨ 준법감시인의 임면 절차
⑩ 이해상충을 관리하는 방법 및 절차 등
⑪ 상품 또는 서비스에 대한 광고의 제작 및 내용과 관련한 준수사항
⑫ 「금융회사의 지배구조에 관한 법률」 11조제1항에 따른 임직원 겸직이 연대 손해배상 면제요건(제11조제4항)을 충족하는지에 대한 평가·관리

> **제11조**(겸직 승인 및 보고 등) ① 금융회사는 해당 금융회사의 임직원이 제10조제2항부터 제4항까지의 규정에 따라 다른 회사의 임직원을 겸직하려는 경우에는 이해상충 방지 및 금융회사의 건전성 등에 관하여 대통령령으로 정하는 기준(이하 이 조에서 "겸직기준"이라 한다)을 갖추어 미리 금융위원회의 승인을 받아야 한다. 다만, 이해상충 또는 금융회사의 건전성 저해의 우려가 적은 경우로서 대통령령으로 정하는 경우에는 다음 각 호의 사항을 대통령령으로 정하는 방법 및 절차에 따라 금융위원회에 보고하여야 한다.
> 1. 겸직하는 회사에서 수행하는 업무의 범위
> 2. 겸직하는 업무의 처리에 대한 기록 유지에 관한 사항
> 3. 그 밖에 이해상충 방지 또는 금융회사의 건전성 유지를 위하여 필요한 사항으로서 대통령령으로 정하는 사항
>   ④ 임직원을 겸직하게 한 금융지주회사와 해당 자회사등은 금융업의 영위와 관련하여 임직원 겸직으로 인한 이해상충 행위로 고객에게 손해를 끼친 경우에는 연대하여 그 손해를 배상할 책임이 있다. 다만, 다음 각 호의 어느 하나에 해당하는 경우에는 그러하지 아니하다.
> 1. 금융지주회사와 해당 자회사등이 임직원 겸직으로 인한 이해상충의 발생 가능성에 대하여 상당한 주의를 한 경우
> 2. 고객이 거래 당시에 임직원 겸직에 따른 이해상충 행위라는 사실을 알고 있었거나 이에 동의한 경우
> 3. 그 밖에 금융지주회사와 해당 자회사등의 책임으로 돌릴 수 없는 사유로 손해가 발생한 경우로서 대통령령으로 정하는 경우

⑬ 그 밖에 내부통제기준에서 정하여야 할 세부적인 사항으로서 금융위원회가 정하여 고시하는 사항

05 내부통제와 준법감시제도에 대한 설명으로 옳지 않은 것은?

① 우정사업본부는 직제에 의거 준법감시담당관을 준법감시인으로 정하고 있다.
② 외환위기 이후 선진국의 준법감시제도가 국내에 도입되는 분위기가 조성되었다.
③ 내부통제를 강화하기 위해서는 업무의 집권화를 강화하는 조직개편이 필요하다.
④ 준법감시인제도는 정부와 금융당국이 1999년에 내부통제 수단으로 도입하였다.

해설 내부통제제도는 조직이 추구하는 최종목표를 달성하기 위한 과정 또는 수단이고, 금융회사 내 모든 구성원에 의해 수행되는 일련의 통제활동이며, 특정한 목표를 달성하는데 합리적인 확신을 주는 것이다.
③ 내부통제 기준에는 업무의 분장 및 조직구조, 임직원이 업무 수행 시에 준수해야 하는 절차, 이해상충을 관리하는 방법 및 절차, 내부통제기준의 제정 또는 변경 절차 등이 포함되어야 한다. 내부통제를 위해서는 구성원 간 상호 견제를 위하여 집권화보다는 적절한 업무의 분장이 필요하다.

오답 분석 ① 준법감시(Compliance)란 법령, 기업윤리, 사내규범 등의 법규범을 철저히 준수해 사업운영을 완전하게 하기 위한 것으로, 법규범 위반을 조직적으로 사전에 방지하는 것이고, 준법감시인은 내부통제기준의 준수 여부를 점검하고 내부통제기준을 위반하는 경우 이를 조사하는 등 내부통제 관련 업무를 총괄하는 자이다. 우정사업본부는 직제에 의거 준법감시담당관을 준법감시인으로 정하고 있다.
② 외환위기 이후 금융권 전 부문에 대한 규제완화, 구조조정 및 개방화가 진전되면서 금융회사의 내부통제 강화를 위한 선진국의 준법감시제도가 국내에 도입되는 분위기가 조성되었다.
④ 정부와 금융당국은 1999년에 내부통제 수단으로 사외이사와 감사위원회, 준법감시인 및 선진화된 리스크관리 제도 등을 도입하였다.

정답 : ③

06 내부통제와 준법감시제도에 대한 설명으로 옳지 않은 것은?

① 우정사업본부는 직제에 의거 준법감시담당관을 준법감시인으로 정하고 있다.
② 외환위기 이후 선진국의 준법감시제도가 국내에 도입되는 분위기가 조성되었다.
③ 내부통제를 강화하기 위해서는 업무의 집권화를 강화하는 조직개편이 필요하다.
④ 준법감시인제도는 정부와 금융당국이 1999년에 내부통제 수단으로 도입하였다.

해설 내부통제제도는 조직이 추구하는 최종목표를 달성하기 위한 과정 또는 수단이고, 금융회사 내 모든 구성원에 의해 수행되는 일련의 통제활동이며, 특정한 목표를 달성하는데 합리적인 확신을 주는 것이다.
③ 내부통제 기준에는 업무의 분장 및 조직구조, 임직원이 업무 수행 시에 준수해야 하는 절차, 이해상충을 관리하는 방법 및 절차, 내부통제기준의 제정 또는 변경 절차 등이 포함되어야 한다. 내부통제를 위해서는 구성원 간 상호 견제를 위하여 집권화보다는 적절한 업무의 분장이 필요하다.

오답분석 ① 준법감시(Compliance)란 법령, 기업윤리, 사내규범 등의 법규범을 철저히 준수해 사업운영을 완전하게 하기 위한 것으로, 법규범 위반을 조직적으로 사전에 방지하는 것이고, 준법감시인은 내부통제기준의 준수 여부를 점검하고 내부통제기준을 위반하는 경우 이를 조사하는 등 내부통제 관련 업무를 총괄하는 자이다. 우정사업본부는 직제에 의거 준법감시담당관을 준법감시인으로 정하고 있다.
② 외환위기 이후 금융권 전 부문에 대한 규제완화, 구조조정 및 개방화가 진전되면서 금융회사의 내부통제 강화를 위한 선진국의 준법감시제도가 국내에 도입되는 분위기가 조성되었다.
④ 정부와 금융당국은 1999년에 내부통제 수단으로 사외이사와 감사위원회, 준법감시인 및 선진화된 리스크관리 제도 등을 도입하였다.

정답 : ③

07 준법감시와 준법감시인제도에 관한 설명으로 옳지 <u>않은</u> 것은?

① 준법감시를 통해 조직 차원에서 법규범 위반을 사전 방지할 수 있다.
② 준법감시인은 내부통제 관련 업무를 총괄하는 자로 내부통제기준의 준수 여부를 점검하고 내부통제기준을 위반하는 경우 이를 조사하는 역할을 수행한다.
③ 외환위기 이후 금융권 전 부문에 대한 규제완화, 구조조정 및 개방화가 진전되면서 준법감시제도가 무력화되는 문제점이 나타났다.
④ 「금융회사의 지배구조에 관한 법률」을 통해 금융회사에 준법감시인을 1명 이상 두도록 규정하고 있다.

해설 외환위기 이후 금융권 전 부문에 대한 규제완화, 구조조정 및 개방화가 진전되면서 금융회사의 내부통제 강화를 위한 선진국의 준법감시제도가 국내에 도입되는 분위기가 조성되었다.

오답분석 ① 준법감시(Compliance)란 법령, 기업윤리, 사내규범 등의 법규범을 철저히 준수해 사업운영을 완전하게 하기 위한 것으로, 법규범 위반을 조직적으로 사전에 방지하는 것이다.
② 준법감시인이란 내부통제기준의 준수 여부를 점검하고 내부통제기준을 위반하는 경우 이를 조사하는 등 내부통제 관련 업무를 총괄하는 자를 말한다.
④ 「금융회사의 지배구조에 관한 법률」 제25조는 "금융회사는 내부통제기준의 준수 여부를 점검하고 내부통제기준을 위반하는 경우 이를 조사하는 등 내부통제 관련 업무를 총괄하는 사람(준법감시인)을 1명 이상 두어야 하며, 준법감시인이 필요하다고 판단되는 경우 조사결과를 감사위원회 또는 감사에게 보고할 수 있다"고 규정하고 있다. 한편, 우정사업본부는 직제에 의거, 준법감시담당관을 준법감시인으로 정하고 있다.

정답 : ③

02 금융실명거래 원칙 및 방법

1. 업무수탁자는 실명확인을 할 수 없다. 실명확인자는 실명확인 업무에 대한 권한·의무가 주어진 영업점(본부의 영업부서 포함) 직원(계약직, 시간제 근무자, 도급직 포함)이며 후선부서 직원(본부직원, 서무원, 청원경찰 등)은 실명확인할 수 없으나 본부부서 근무직원이 실명확인 관련 업무를 처리하도록 지시 또는 명령받은 경우는 실명확인을 할 수 있다.

1 실명확인자에는 금융회사 등의 임원 및 직원, 업무수탁자(대출모집인, 카드모집인, 보험모집인, 공제모집인 등) 등이 포함된다.   ○ | ×

2. 사업자등록증 사본은 동일 금융회사 내부에서 원본을 대조·확인한 경우에 사용이 가능하다.

2 법인의 경우에는 사업자등록증, 고유번호증, 사업자등록증명원이 실명확인증표가 되며, 사업자등록증 사본은 사용할 수 없다.   ○ | ×

3 임의단체의 경우 납세번호 또는 고유번호가 있을 때에는 납세번호증 또는 고유번호증이 실명확인증표가 되고, 납세번호 또는 고유번호가 없는 경우에는 대표자 개인의 실명확인증표가 된다.   ○ | ×

4. 본인의 실명확인증표는 사본으로도 가능

4 대리인을 통하여 계좌개설을 할 경우 본인 및 대리인 모두의 실명확인증표 원본과 첨부된 위임장의 진위여부 확인을 위한 인감증명서 및 본인서명사실확인서를 제시받아야만 실명확인이 가능하다.   ○ | ×

5 대리인을 통하여 계좌개설을 할 경우 위임장에 인감날인 시에는 인감증명서를 징구하고, 서명날인 시에는 본인서명사실확인서를 징구한다.   ○ | ×

6 비대면 실명확인 대상 금융거래는 계좌개설에 한정되는 것은 아니며 금융실명법상 실명확인 의무가 적용되는 모든 거래에 적용된다.   ○ | ×

7. 비대면 실명확인 적용 대상자는 명의자 본인에 한정하고 대리인은 제외된다. 또한 인정대상 실명확인증표는 주민등록증, 운전면허증(모바일 운전면허증 포함), 여권 또는 외국인등록증, 국가보훈등록증(모바일 국가보훈등록증 포함)이다.

7 비대면 실명확인 적용 대상자는 명의자 본인과 대리인이며, 인정 대상 실명확인증표는 주민등록증, 운전면허증 및 여권이다.   ○ | ×

8 비대면 실명확인의 적용 대상으로 개인뿐만 아니라 법인도 가능하지만, 법인의 경우 금융회사가 위임·대리 관계를 확인할 수 있는 각종 서류(위임장 및 인감증명서 등)의 검증을 위해 대면 확인을 하는 것이 바람직하다.   ○ | ×

01 금융실명거래 시 실명확인 방법에 대한 설명으로 옳지 <u>않은</u> 것은? (2022 기출 변형)

① 금융회사 본부의 비영업부서 근무직원이라도 실명확인 관련 업무를 처리하도록 지시받은 경우에는 실명확인을 할 수 있다.

② 금융회사의 임·직원이 아닌 대출모집인이나 보험모집인 등 업무 수탁자는 실명확인을 할 수 없다.

③ 대리인을 통하여 계좌개설을 할 경우 본인 및 대리인 모두의 실명 확인증표와 첨부된 위임장의 진위 여부 확인을 위한 인감증명서 및 본인서명사실확인서를 제시받아 실명 확인을 하되 본인의 실명확인 증표는 사본으로도 가능하다.

④ 재예치 계좌를 개설할 때에는 기존 계좌 개설 당시에 고객으로부터 징구하여 보관 중인 실명확인증표 사본을 재사용할 수 있다.

> **해설** 금융실명제란 금융회사 등이 실명에 의해 고객과 금융거래를 하도록 실명확인 의무를 부여하는 제도이고, 실명이란 주민등록표 상의 성명 및 주민등록번호, 사업자등록증에 기재된 법인명 및 등록번호 등을 의미한다.
> ④ 계좌개설시(신규 및 재예치)마다 실명확인증표 원본(동시에 다수의 계좌를 개설하는 경우 기 실명확인된 실명확인증표 재사용 가능)에 의하여 실명을 확인하여 거래원장, 거래신청서, 계약서 등에 "실명확인필"을 표시하고 확인자가 날인 또는 서명하여야 한다.

> **오답분석** ①② 실명확인자는 실제로 고객의 실명을 확인한 금융회사의 직원이다. 실명확인자는 실명확인업무에 대한 권한·의무가 주어진 영업점(본부의 영업부서 포함) 직원(계약직, 시간제 근무자, 도급직 포함)이며 후선부서 직원(본부직원, 서무원, 청원경찰 등)은 실명확인할 수 없으나 본부부서 근무직원이 실명확인 관련 업무를 처리하도록 지시 또는 명령받은 경우는 실명확인을 할 수 있다. 금융회사 등의 임원 및 직원이 아닌 업무수탁자(대출모집인, 카드모집인, 보험모집인, 공제모집인 등) 등은 실명확인을 할 수 없다.
> ③ 대리인을 통하여 계좌개설을 할 경우 인감증명서가 첨부된 위임장을 징구하여야 한다. 본인 및 대리인 모두의 실명확인증표와 첨부된 위임장의 진위 여부 확인을 위한 인감증명서 및 본인서명사실확인서를 제시받아 실명 확인을 하는데, 이 경우 본인의 실명확인증표는 사본으로도 가능하다.
>
> 정답 : ④

02 실명확인증표에 관한 설명으로 옳은 것은?

① 제시된 실명확인증표의 사진에 의하여 본인여부의 식별이 곤란한 경우 다른 실명확인증표의 사용은 불가하다.

② 개인의 경우 청소년증, 경로우대증, 노인복지카드, 장애인복지카드 등도 실명확인증표로 사용할 수 있다.

③ 법인의 경우 사업자등록증을 실명확인증표로 사용할 수 있지만, 사업자등록증 사본은 사용할 수 없다.

④ 임의단체의 경우에는 대표자 개인의 실명확인증표가 유일한 실명확인증표가 된다.

03 계좌에 의한 실명확인에 대한 설명으로 옳지 <u>않은</u> 것은?

① 계좌개설 시마다 실명확인증표 원본에 의하여 실명을 확인하여야 하지만, 재예치 시에는 해당 절차를 생략할 수 있다.
② 계좌개설 시에는 실명확인증표 사본 등 실명확인에 필요한 관련 서류를 첨부·보관한다.
③ 대리인을 통하여 계좌개설을 할 경우 인감증명서가 첨부된 위임장을 징구한다.
④ 가족대리 시 주민등록등본, 가족관계등록부 등 가족관계확인 서류를 징구하여야 한다.

04 비대면 실명확인에 관한 설명으로 옳은 것은?

① 비대면 실명확인 대상 금융거래는 계좌개설에 한정된다.
② 비대면 실명확인 적용 대상자는 명의자 본인 및 대리인이다.
③ 비대면 실명확인은 개인을 대상으로 하며 법인은 제외된다.
④ 인정 대상 실명확인증표는 주민등록증, 운전면허증 및 여권 등이다.

> **해설** 비대면 실명확인은 거래자 본인 여부를 확인할 때 온라인 채널 등 대면 이외의 방식으로 실명확인하는 것이다. 인정 대상 실명확인증표는 주민등록증, 운전면허증(모바일운전면허증 포함), 여권 또는 외국인등록증, 국가보훈등록증(모바일 국가보훈등록증 포함)이다.
>
> **오답분석** ① 비대면 실명확인 대상 금융거래는 계좌개설에 한정되지 않고 금융실명법상 실명확인 의무가 적용되는 모든 거래에 적용된다.
> ② 비대면 실명확인 적용 대상자는 명의자 본인에 한정하고 대리인은 제외된다.
> ③ 비대면 실명확인의 적용 대상으로 개인뿐만 아니라 법인도 가능하지만, 법인의 경우 금융회사가 위임·대리 관계를 확인할 수 있는 각종 서류(위임장 및 인감증명서 등)의 검증을 위해 대면 확인을 하는 것이 바람직하다.
>
> 정답 : ④

05 비대면 실명확인의 방식으로 볼 수 <u>없는</u> 것은?

① 거래자의 실명확인증표 사본을 제출받아 확인
② 거래자와의 전화통화를 통해 확인
③ 접근매체 전달업무 위탁기관 등을 통해 실명확인증표 확인
④ 이미 실명확인을 거쳐 개설된 계좌와의 거래를 통한 확인

> **해설** 비대면 실명확인은 아래의 2가지 이상의 방식을 활용하여 가능하다.
>
> > ① 거래자의 실명확인증표 사본을 제출받아 확인
> > ② 거래자와의 영상통화 등(실시간 원격 얼굴인식 기술 등을 활용)을 통해 확인
> > ③ 전자금융거래법 제2조 제10호에 따른 접근매체 전달업무 위탁기관 등을 통하여 실명확인증표 확인
> > ④ 금융실명법상 실명확인을 거쳐 거래자 명의로 금융회사에 이미 개설된 계좌와의 거래를 통한 확인
> > ⑤ 기타 ①~④에 준하는 새로운 방식을 통하여 확인
> >
> > ※ 금융회사가 금융실명법상 실명확인을 거쳐 거래자의 동의를 받아 전자금융거래법 제2조제10호라목에 따른 생체정보를 직접 등록받은 후 이와 대조하여 확인하는 방식도 ⑤에 해당
> >
> > > 전자금융거래법 제2조(정의)
> > > 10. "접근매체"라 함은 전자금융거래에 있어서 거래지시를 하거나 이용자 및 거래내용의 진실성과 정확성을 확보하기 위하여 사용되는 다음 각 목의 어느 하나에 해당하는 수단 또는 정보를 말한다.
> > > 가. 전자식 카드 및 이에 준하는 전자적 정보
> > > 나. 「전자서명법」 제2조제3호에 따른 전자서명생성정보 및 같은 조 제6호에 따른 인증서
> > > 다. 금융회사 또는 전자금융업자에 등록된 이용자번호
> > > 라. 이용자의 생체정보
> > > 마. 가목 또는 나목의 수단이나 정보를 사용하는데 필요한 비밀번호

정답 : ②

06 비대면 실명확인에 대한 내용으로 옳지 <u>않은</u> 것은?

① 비대면 실명확인 대상 금융거래는 계좌개설로 한정된다.
② 비대면 실명확인 적용 대상자는 명의자 본인으로 한정된다.
③ 비대면 실명확인을 함에 있어서 국가보훈등록증과 모바일 국가보훈등록증도 실명확인증표로 인정된다.
④ 비대면 실명확인 방식 중에는 금융실명법상 실명확인을 거쳐 거래자 명의로 금융회사에 이미 개설된 계좌와의 거래를 통한 확인의 방법이 있다.

> **해설** 비대면 실명확인은 거래자 본인 여부를 확인할 때 온라인 채널 등 대면 이외의 방식으로 실명확인 하는 것을 의미한다. 비대면 실명확인 대상 금융거래는 계좌개설에 한정되는 것은 아니며 금융실명법상 실명확인 의무가 적용되는 모든 거래에 적용된다.
>
> **오답분석** ② 비대면 실명확인 적용 대상자는 명의자 본인에 한정하고 대리인은 제외된다.
> ③ 비대면 실명확인 시 인정대상 실명확인증표에는 주민등록증, 운전면허증(모바일 운전면허증 포함), 여권 또는 외국인등록증, 국가보훈등록증(모바일 국가보훈등록증 포함)이 포함된다.
> ④ 비대면 실명확인은 거래자의 실명확인증표 사본 제출, 거래자와의 영상통화 등(실시간 원격 얼굴인식 기술 등을 활용), 접근매체 전달업무 위탁기관 등을 통하여 실명확인증표 확인, 금융실명법상 실명확인을 거쳐 거래자 명의로 금융회사에 이미 개설된 계좌와의 거래를 통한 확인, 기타 이에 준하는 새로운 방식 중에서 2가지 이상의 방식을 활용하여 가능하다.

정답 : ①

07 금융실명제의 원칙 및 방법에 대한 설명으로 옳은 것은?

① 실명확인자는 실제로 고객의 실명을 확인한 금융회사 직원이지만, 업무수탁자도 실명확인을 할 수 있다.
② 실명이란 주민등록표 상의 성명 및 주민등록번호, 사업자등록증에 기재된 법인명 및 등록번호 등을 의미한다.
③ 개인의 경우 주민등록증이 원칙이며 운전면허증도 가능하지만, 여권은 실명확인증표가 될 수 없다.
④ 실명확인 된 계좌의 입출금, 해지 및 이체, 재예치 등 실명이 확인된 계좌에 의한 계속거래 시 실명확인의 생략이 가능하다.

> **해설** 금융실명제란 금융회사 등이 실명에 의해 고객과 금융거래를 하도록 실명확인 의무를 부여하는 제도를 말한다. 실명이란 주민등록표상의 성명 및 주민등록번호, 사업자등록증에 기재된 법인명 및 등록번호 등을 의미한다.

오답분석 ① 실명확인자는 실명확인업무에 대한 권한·의무가 주어진 영업점(본부의 영업부서 포함) 직원(계약직, 시간제 근무자, 도급직 포함)이며 후선 부서 직원(본부직원, 서무원, 청원경찰 등)은 실명확인할 수 없으나 본부부서 근무직원이 실명확인 관련 업무를 처리하도록 지시 또는 명령받은 경우는 실명확인을 할 수 있다. 금융회사 등의 임원 및 직원이 아닌 업무수탁자(대출모집인, 카드모집인, 보험모집인, 공제모집인 등) 등은 실명확인을 할 수 없다.
③ 개인의 경우에는 주민등록증이 원칙이지만 국가기관, 지방자치단체, 유아교육법·초중등교육법·고등교육법에 의한 학교의 장이 발급한 것으로 성명, 주민등록번호가 기재되어 있고 부착된 사진에 의하여 본인임을 확인할 수 있는 유효한 증표(운전면허증, 여권, 청소년증, 경로우대증, 노인복지카드, 장애인복지카드, 학생증 등)도 실명확인증표가 될 수 있다. 한편, 법인의 경우에는 사업자등록증, 고유번호증, 사업자등록증명원이 실명확인증표가 된다. 사업자등록증 사본은 동일 금융회사 내부에서 원본을 대조·확인한 경우에 사용이 가능하다.
④ 재예치 등 계좌가 새로 개설되는 경우는 계속거래가 아니다. 그리고 입출금에는 통장, 거래카드 등으로 입출금하는 경우가 해당되며, 무통장 입금(송금)은 해당하지 않는다.

정답 : ②

08 실명확인의 생략이 가능한 거래에 해당하지 <u>않는</u> 것은?

① 실명이 확인된 계좌에 의한 계속 거래
② 각종 공과금 등의 수납
③ 100만 원 이하 수표의 해외 송금
④ 보험 공제거래와 여신거래

해설 「금융실명거래 및 비밀보장에 관한 법률」 시행령에서는 금융거래 중 실명확인의 생략이 가능한 거래를 규정하고 있다. 실명확인의 생략이 가능한 거래는 다음과 같다.

> ① 실명이 확인된 계좌에 의한 계속 거래
> ② 각종 공과금 등의 수납
> ③ 100만 원 이하의 원화 송금(무통장입금 포함) 또는 그에 상당하는 외국통화 매입·매각
> ④ 보험 공제거래, 여신거래는 실명거래 대상에서 제외

③ 100만 원 이하의 원화 송금(무통장입금 포함) 또는 그에 상당하는 외국통화를 매입·매각하는 경우에는 실명확인을 생략할 수 있다. 하지만 수표 및 어음 입금 시 금액 상관없이 실명확인 대상이며 수표·어음 뒷면에 입금계좌번호를 기재하는 것으로 실명확인에 갈음하고 무통장입금 의뢰서에 실명확인 날인을 하여야 한다. 그리고 동일 금융회사 등에서 본인 또는 그 대리인이 동일자 동일인에게 100만 원을 초과하는 금액을 분할 입금하는 것을 금융회사가 인지한 경우에는 그 초과금액에 대하여 실명확인을 하여야 한다. 외국환거래에 있어서도 외화예금, 환전(100만 원 초과), 해외로 외화송금, 해외로부터 외화 송금, 외화수표 추심 등은 실명확인 대상에 포함된다.

정답 : ③

03 금융거래에 대한 비밀보장

1. 정보제공이 가능한 경우이다. 이외에도 명의인의 서면상의 요구나 동의를 받은 경우, 법원의 제출명령 또는 법관이 발부한 영장에 의한 경우, 조세에 관한 법률의 규정에 의하여 소관 관서장의 요구에 의한 경우 등에는 정보제공이 가능하다.

1 동일 금융회사의 내부 또는 금융회사 상호 간에 업무상 필요한 정보 등을 제공할 목적으로는 금융거래의 정보를 제공할 수 없다. O|X

2 과세자료의 제공, 금융회사 내부 또는 금융회사 상호 간 정보제공의 경우에는 기록·관리의무가 면제된다. O|X

Step 2 기출 & 예상 문풀

01 금융거래에 대한 비밀보장제도에 대한 설명으로 가장 옳은 것은?

① 금융회사 종사자는 본인이 취급하는 업무에 의하여 직접적으로 알게 된 금융거래정보에 대해서만 비밀보장 의무를 진다.

② 비밀보장 의무가 있는 「금융회사등에 종사하는 자」에는 금융회사 등의 임·직원, 대리인, 사용인 및 기타 종업원이 포함된다.

③ 용역직, 계약직으로 금융회사에 종사하는 자에게는 비밀보장의 의무가 부여되지만, 아르바이트나 파트타임으로 종사하는 경우에는 비밀보장 의무가 부여되지 않는다.

④ 당해 정보만으로 명의인의 정보 등을 직접 알 수 없는 경우에는 비밀보장의 대상에서 제외된다.

해설 「금융실명거래 및 비밀보장에 관한 법률」은 금융회사 종사자에게 명의인의 서면상 요구나 동의 없이는 금융거래정보 또는 자료를 타인에게 제공하거나 누설할 수 없도록 비밀보장의무를 규정하고 있다(법 제4조제1항). 금융회사 업무에 종사하면서 금융거래 정보를 알게 된 자는 본인이 취급하는 업무에 의하여 직접적으로 알게 된 경우뿐만 아니라 간접적으로 알게 된 경우에도 비밀보장의 의무를 지게 된다.
② 비밀보장 의무가 있는 「금융회사등에 종사하는 자」는 금융회사 등의 임·직원, 대리인, 사용인 및 기타 종업원으로서, 금융거래 내용에 대한 정보 또는 자료를 취급·처리하는 업무에 사실상 종사하는 자는 모두 포함된다.

오답 분석 ① 금융회사 업무에 종사하면서 금융거래 정보를 알게 된 자는 본인이 취급하는 업무에 의하여 직접적으로 알게 된 경우뿐만 아니라 간접적으로 알게 된 경우에도 비밀보장의 의무를 지게 된다.
③ 용역직, 계약직, 아르바이트, 파트타임 등 고용형식이나 직위 등에 관계 없이 금융회사 등의 업무에 종사하면서 금융거래 정보를 알게 된 자는 자기가 취급하는 업무에 의해서 직접적으로 알게 된 경우 뿐만 아니라 간접적으로 알게 된 경우에도 비밀보장의 의무를 지게 된다.
④ 비밀보장의 대상이 되는 금융거래정보 또는 자료란 특정인의 금융거래사실(누가 어느 금융회사 등, 어느 점포와 금융거래를 하고 있다는 사실)과 금융회사가 보유하고 있는 금융거래 내용을 기록·관리하고 있는 모든 장표·전산기록 등의 원본·사본(금융거래자료) 및 그 기록으로부터 알게 된 것(금융거래정보) 등이다. 당해 정보만으로 명의인의 정보 등을 직접 알 수 없더라도 다른 정보와 용이하게 결합하여 식별할 수 있는 것 역시 비밀보장의 대상이 된다.

정답 : ②

02 금융거래의 비밀보장제도에 관한 내용으로 가장 옳은 것은?

① 금융회사 종사자는 본인이 취급하는 업무에 의하여 직접적으로 알게 된 경우에 한정하여 비밀보장의 의무를 진다.

② 금융회사가 금융거래정보 등을 제공한 경우에는 정보 등을 제공한 다음날부터 10일 이내에 명의인에게 서면으로 통보하여야 한다.

③ 금융회사의 직원이 금융거래 비밀보장의무 위반행위를 한 경우에는 5년 이하의 징역 또는 5천만 원 이하의 벌금에 처한다.

④ CCTV화면 관련 정보는 비밀보장의 대상에 포함된다.

해설 「금융실명거래 및 비밀보장에 관한 법률」은 금융회사의 직원이 불법 차명거래 알선·중개 행위를 하거나 금융거래 비밀보장의무 위반행위를 한 경우에는 5년 이하의 징역 또는 5천만 원 이하의 벌금에 처하고, 실명거래의무 위반행위를 하거나 설명의무 위반행위, 금융거래정보의 제공사실 통보의무 위반행위, 금융거래 정보 제공 내용 기록·관리의무 위반행위를 한 경우에는 3천만 원 이하의 과태료를 부과하도록 규정하고 있다.

오답 분석 ① 금융회사 업무에 종사하면서 금융거래 정보를 알게 된 자는 본인이 취급하는 업무에 의하여 직접적으로 알게 된 경우뿐만 아니라 간접적으로 알게 된 경우에도 비밀보장의 의무를 지게 된다.
② 금융회사가 금융거래정보 등을 제공한 경우에는 정보 등을 제공한 날로부터 10일 이내에 제공한 거래정보 등의 주요 내용, 사용 목적, 제공받은 자 및 제공일자 등을 명의인에게 서면으로 통보하여야 한다.
④ CCTV화면 관련 정보는 비밀보장의 대상에서 제외되며, CCTV관련 정보는 「개인정보 보호법」 등 타 법률에 따라 제한사항 여부를 확인하여야 한다.

정답 : ③

03 금융거래 비밀보장의 대상에 포함되는 것은?

① 순수한 대출거래·보증·담보내역 등에 관한 정보 및 자료

② 신용카드 발급, 가맹점 가입, 카드를 이용한 매출, 현금서비스, 기타 회원, 가맹점 및 채무관리 등에 관한 정보 및 자료

③ 성명, 주민등록번호, 계좌번호, 증서번호 등이 삭제된 다수 거래자의 금융거래 자료로서 특정인에 대한 금융거래정보를 식별할 수 없는 자료

④ 정보 요구자가 특정인의 성명, 주민등록번호, 계좌번호 등을 삭제하는 조건으로 요구한 당해 특정인의 식별 가능한 금융거래 자료 또는 정보

> **해설** 금융거래 비밀보장의 대상은 ① 특정 명의인이 전화번호, 주소, 근무처 등이 포함된 금융거래 자료 또는 정보, ② 정보 요구자가 특정인의 성명, 주민등록번호, 계좌번호 등을 삭제하는 조건으로 요구한 당해 특정인의 식별 가능한 금융거래 자료 또는 정보 등이다. 하지만 특정명의인의 금융거래 사실 또는 금융거래에 대한 정보를 알 수 없는 것은 비밀보장의 대상에서 제외된다.
>
> 〈비밀보장의 대상에서 제외되는 예〉
>
> ① 금융거래에 관한 단순통계자료
> ② 성명, 주민등록번호, 계좌번호, 증서번호 등이 삭제된 다수 거래자의 금융거래 자료로서 특정인에 대한 금융거래정보를 식별할 수 없는 자료
> ③ '93. 8. 12이전에 거래된 무기명, 가명의 금융거래
> ④ 순수한 대출거래·보증·담보내역 등에 관한 정보 및 자료
> ⑤ 신용카드 발급, 가맹점 가입, 카드를 이용한 매출, 현금서비스, 기타 회원, 가맹점 및 채무관리 등에 관한 정보 및 자료
> ⑥ 대여금고 이용에 관한 정보
> ⑦ CCTV화면 관련 정보
> ※ CCTV관련 정보는 「개인정보 보호법」 등 타 법률에 따라 제한사항 여부 확인
>
> 정답 : ④

04 금융실명법상 제3자에게 금융거래정보를 제공할 수 있는 경우에 해당하지 <u>않는</u> 것은?

① 명의인의 서면상의 요구나 동의를 받은 경우

② 검사의 제출명령에 의한 경우

③ 조세에 관한 법률의 규정에 의한 소관관서장의 요구

④ 금융회사 상호 간에 업무상 필요한 정보 등을 제공하는 경우

해설 「금융실명거래 및 비밀보장에 관한 법률」은 금융회사 종사자로 하여금 명의인의 서면상 요구나 동의 등 법률상 일정한 사유가 있는 경우에만 금융거래정보를 제3자에게 제공할 수 있게 하고, 제공하는 경우에도 사용목적에 필요한 최소한의 범위 내에서 인적사항을 명시하는 등 법령이 정하는 방법 및 절차에 의하여 정보를 제공하도록 하고 있다. 금융실명법상 정보제공이 가능한 경우는 다음과 같으며, 그 외에도 타법률의 규정에 의하여 정보제공이 가능하다.

> ① 명의인의 서면상의 요구나 동의를 받은 경우
> ② 법원의 제출명령 또는 법관이 발부한 영장에 의한 경우
> ③ 조세에 관한 법률의 규정에 의하여 소관관서장의 요구(상속·증여재산의 확인, 체납자의 재산조회 등)에 의한 거래정보 등을 제공하는 경우
> ④ 동일 금융회사의 내부 또는 금융회사 상호 간에 업무상 필요한 정보 등을 제공하는 경우 등

② 검사의 제출명령이 아니라 법원의 제출명령에 의해 정보제공이 가능하다.

정답 : ②

05 금융거래정보의 제공을 요구받았을 때 확인해야 하는 사항으로 옳은 것을 모두 고른 것은?

〈 보 기 〉

(ㄱ) 명의인의 인적사항을 확인하기 위하여 성명, 주민등록번호, 계좌번호를 모두 확인하여야 한다.
(ㄴ) 요구하는 거래정보의 내용과 대상 거래기간을 확인하여야 한다.
(ㄷ) 요구하는 기관의 담당자 인적사항을 파악해야 하지만, 책임자의 인적사항까지 확인할 필요는 없다.
(ㄹ) 금융거래정보 요구의 법적 근거를 확인하여야 한다.

① (ㄱ), (ㄴ)   ② (ㄴ), (ㄷ)
③ (ㄴ), (ㄹ)   ④ (ㄷ), (ㄹ)

해설 법률의 규정에 따라 금융거래정보 제공을 요구하는 자는 금융위원회가 정하는 표준양식에 의하여 금융회사의 특정 점포에 요구해야 한다. 따라서 금융회사는 표준양식(금융거래의 정보제공 요구서)에 따라 다음 사항을 확인한 후 정보를 제공하여야 한다.

> ① 명의인의 인적사항(성명, 주민등록번호, 계좌번호, 수표·어음 등 유가증권의 증서번호 등 중 하나)
> ② 요구 대상 거래기간
> ③ 요구의 법적 근거
> ④ 사용 목적
> ⑤ 요구하는 거래정보의 내용
> ⑥ 요구하는 기관의 담당자 및 책임자의 성명과 직책 등 인적사항

오답분석 (ㄱ) 명의인의 인적사항을 파악하기 위하여 성명, 주민등록번호, 계좌번호, 수표·어음 등 유가증권의 증서번호 등 중 하나를 확인한다.
(ㄷ) 요구하는 기관의 담당자 및 책임자의 성명과 직책 등 인적사항을 확인한 후 제공한다.

정답 : ③

06 금융거래정보를 보관 또는 관리하는 부서에 일괄 조회요구를 할 수 있는 경우에 해당하지 <u>않는</u> 것은?

① 금융회사 내부 또는 금융회사 상호간에 업무상 필요한 정보를 요구하는 경우

② 법원의 제출명령 또는 법관이 발부한 영장에 의하여 거래정보를 요구하는 경우

③ 부동산거래와 관련한 소득세 또는 법인세의 탈루혐의가 인정되는 자의 필요한 거래정보를 세무관서의 장이 요구하는 경우

④ 9백만 원의 체납액이 있는 체납자의 재산조회를 위하여 필요한 거래정보를 국세청장 등이 요구하는 경우

> **해설** 정보제공요구는 특정점포에 요구하여야 하지만 다음의 경우는 거래정보 등을 보관 또는 관리하는 부서에 일괄 조회요구를 할 수 있다.
>
> > ① 명의인이 서면상의 요구나 동의에 의한 정보제공
> > ② 법원의 제출명령 또는 법관이 발부한 영장에 의하여 거래정보를 요구하는 경우
> > ③ 부동산거래와 관련한 소득세 또는 법인세의 탈루혐의가 인정되는 자의 필요한 거래정보를 세무관서의 장이 요구하는 경우
> > ④ 체납액 1천만 원 이상인 체납자의 재산조회를 위하여 필요한 거래정보를 국세청장 등이 요구하는 경우
> > ⑤ 금융회사 내부 또는 금융회사 상호간에 업무상 필요한 정보를 요구하는 경우
>
> 정답 : ④

07 〈보기〉에서 「금융실명거래 및 비밀보장에 관한 법률」에 대한 설명으로 옳은 것을 모두 고른 것은? (2024 기출)

> ─────〈 보 기 〉─────
>
> ㄱ. 금융회사 등은 명의인의 서면상의 동의를 받아 명의인 외의 자에게 거래정보 등을 제공한 경우, 사용목적은 기록·관리해야 할 대상이 아니다.
> ㄴ. 금융회사 직원이 금융거래 비밀보장 의무위반행위를 한 경우, 3천만 원 이하의 과태료를 부과한다.
> ㄷ. 특정인의 금융거래 사실 또는 금융거래정보를 식별할 수 없는 자료라도 비밀보장 대상이 된다.
> ㄹ. 금융회사 업무 종사자는 본인이 취급하는 업무에 의하여 직접적 또는 간접적으로 금융거래 정보를 알게 된 경우에 비밀보장 의무가 있다.

① ㄱ, ㄷ   ② ㄱ, ㄹ

③ ㄴ, ㄹ   ④ ㄷ, ㄹ

ㄱ. 금융회사가 명의인 이외의 자로부터 정보의 제공을 요구받았거나 명의인 이외의 자에게 정보 등을 제공하는 경우, 그 내용을 기록·관리하여야 한다. 금융회사 등이 기록·관리하여야 하는 사항은 ① 요구자의 인적사항, 요구하는 내용 및 요구일자 ② 제공자의 인적사항 및 제공일자 ③ 제공된 거래정보 등의 내용 ④ 제공의 법적근거 ⑤ 명의인에게 통보된 날이다. 따라서 사용 목적은 기록·관리해야 할 대상이 아니다.

ㄹ. 「금융실명거래 및 비밀보장에 관한 법률」은 금융회사 종사자에게 명의인의 서면 상 요구나 동의 없이는 금융거래정보 또는 자료를 타인에게 제공하거나 누설할 수 없도록 비밀보장의무를 규정하고 있다. 금융회사 업무에 종사하면서 금융거래 정보를 알게 된 자는 본인이 취급하는 업무에 의하여 직접적으로 알게 된 경우뿐만 아니라 간접적으로 알게 된 경우에도 비밀보장의 의무를 지게 된다.

ㄴ. 금융회사의 직원이 불법 차명거래 알선·중개 행위를 하거나 금융거래 비밀보장의무 위반행위를 한 경우에는 5년 이하의 징역 또는 5천만 원 이하의 벌금에 처하고, 실명거래의무 위반행위를 하거나 설명의무 위반행위, 금융거래정보의 제공사실 통보의무 위반행위, 금융거래 정보 제공 내용 기록·관리의무 위반행위를 한 경우에는 3천만 원 이하의 과태료를 부과하도록 규정하고 있다.

ㄷ. 특정명의인의 금융거래 사실 또는 금융거래에 대한 정보를 알 수 없는 것은 비밀보장의 대상에서 제외한다.

정답 : ②

08 「금융실명거래 및 비밀보장에 관한 법률」에 의거하여 금융기관이 금융 거래정보를 제공할 때의 업무 처리에 대한 설명으로 옳은 것은? (2014 기출)

① 금융거래정보 등을 제공한 경우에는 그 내용을 표준양식에 따라 기록·관리하여 10년 동안 보관해야 한다.

② 금융거래정보 등의 제공사실에 대한 통보의무를 위반한 경우에는 3,000만 원 이하의 벌금에 처해진다.

③ 금융거래정보 등을 제공한 경우에는 제공한 날로부터 10일 이내에 그 사실을 명의인에게 서면으로 통보하여야 한다.

④ 통보유예 요청을 받은 경우에는 통보유예 기간이 종료된 날로부터 30일 이내에 정보제공 사실을 명의인에게 서면으로 통보하여야 한다.

① 금융거래정보 등을 제공한 경우 관련 서류의 보관 기간은 정보제공일로부터 5년간이며 금융회사 등이 기록·관리하여야 하는 사항은 다음과 같다.

> ① 요구자의 인적사항, 요구하는 내용 및 요구일자
>
> ② 제공자의 인적사항 및 제공일자
>
> ③ 제공된 거래정보 등의 내용
>
> ④ 제공의 법적 근거
>
> ⑤ 명의인에게 통보된 날

② 금융거래정보의 제공사실 통보의무 위반행위, 금융거래 정보제공 내용 기록·관리의무 위반행위를 한 경우에는 3천만 원 이하의 과태료를 부과하도록 규정하고 있다.

④ 통보유예기간이 종료되면 종료일로부터 10일 이내에 명의인에게 정보제공사실과 통보유예 사유 등을 통보해야 한다.

정답 : ③

---

09 〈보기〉에서 금융거래 비밀보장에 대한 설명으로 옳은 것을 모두 고른 것은? (2023 기출)

─〈 보 기 〉─

(ㄱ) 금융거래정보제공 관련 서류의 보관기간은 정보제공일로부터 5년간이다.

(ㄴ) 통보유예기간이 종료되면 즉시 명의인에게 정보제공사실과 통보유예 사유 등을 통보하여야 한다.

(ㄷ) 과세자료의 제공, 금융회사 내부 또는 금융회사 상호 간에 정보를 제공한 경우에는 그 내용을 기록·관리하여야 한다.

(ㄹ) 금융회사가 금융거래정보 등을 제공한 경우에는 정보 등을 제공한 날로부터 10일 이내에 명의인에게 서면으로 제공사실을 통보하여야 한다.

① (ㄱ), (ㄴ)   ② (ㄱ), (ㄹ)   ③ (ㄴ), (ㄷ)   ④ (ㄷ), (ㄹ)

해설 「금융실명거래 및 비밀보장에 관한 법률」은 금융회사 종사자에게 명의인의 서면상 요구나 동의 없이는 금융거래정보 또는 자료를 타인에게 제공하거나 누설할 수 없도록 비밀보장의무를 규정하고 있다.

(ㄱ) 관련 서류의 보관 기간은 정보제공일로부터 5년간이며 금융회사 등이 기록·관리하여야 하는 사항은 ① 요구자의 인적사항, 요구하는 내용 및 요구 일자 ② 제공자의 인적사항 및 제공 일자 ③ 제공된 거래정보 등의 내용 ④ 제공의 법적 근거 ⑤ 명의인에게 통보된 날이다.

(ㄹ) 금융회사가 금융거래정보 등을 제공한 경우에는 정보 등을 제공한 날로부터 10일 이내에 제공한 거래정보 등의 주요 내용, 사용 목적, 제공받은 자 및 제공 일자 등을 명의인에게 서면으로 통보하여야 한다.

오답 분석
(ㄴ) 정보 등의 요구자가 통보유예를 요청하는 경우에는 통보를 유예할 수 있으며 통보유예 요청 가능 사유는 ① 사람의 생명이나 신체의 안전을 위협할 우려가 있는 경우 ② 증거인멸·증인위협 등 공정한 사법절차의 진행을 방해할 우려가 명백한 경우 ③ 질문·조사 등의 행정절차의 진행을 방해하거나 과도하게 지연시킬 우려가 있는 경우이다. 통보유예기간이 종료되면 종료일로부터 10일 이내에 명의인에게 정보제공사실과 통보유예 사유 등을 통보해야 한다.

(ㄷ) 금융회사가 명의인 이외의 자로부터 정보의 제공을 요구받았거나 명의인 이외의 자에게 정보 등을 제공하는 경우, 그 내용을 기록·관리하여야 한다. 다만 과세자료의 제공, 금융회사 내부 또는 금융회사 상호 간의 정보제공의 경우에는 기록·관리의무가 면제된다.

정답 : ②

04 자금세탁방지제도

1 금융정보분석원은 법무부, 금융위원회, 국세청, 관세청, 경찰청, 한국은행, 금융감독원 등 관계기관의 전문 인력으로 구성되어 있다.   ○ | ✕

1. 한국은행은 제외하여야 한다.

2 의심거래보고제도는 주관적 판단에 의존하는 제도인 반면, 고액현금거래보고제도는 객관적 사실을 대상으로 한다는 점에서 차이가 있다. ○ | ✕

3 금융거래의 상대방이 자금세탁행위나 공중협박자금조달행위를 하고 있다고 의심되는 합당한 근거가 있는 경우 금융회사는 지체없이 의무적으로 금융정보분석원에 의심거래보고를 해야 하지만, 우체국은 의무 보고 대상 기관에 포함되지 않는다.   ○ | ✕

3. 우체국도 의심거래보고의 의무 보고 대상 기관에 포함된다.

4 금융회사 등의 영업점 직원은 업무지식과 전문성, 경험을 바탕으로 고객의 평소 거래상황, 직업, 사업내용 등을 고려하여 취급한 금융거래가 의심거래로 판단되면 그 내용을 수시로 직접 금융정보분석원으로 보고한다.   ○ | ✕

4. 영업점 직원은 보고책임자에게 의심스러운 거래 보고를 한다.

5 고객확인의무 이행을 요청하는 정보에 대해 고객이 제공을 거부할 경우 고액현금거래보고의 대상이 된다.   ○ | ✕

5. 고객확인의무 이행의 요청 정보에 대해 고객이 제공을 거부하는 경우는 의심거래보고의 대상이다.

6 금융회사 등의 보고책임자는 의심스러운 거래보고서에 보고기관, 의심스러운 거래자, 의심스러운 거래내역, 의심스러운 거래 관련계좌, 송금인/수취인 정보, 의심스러운 거래유형, 의심스러운 거래에 대한 서술부분(의심스러운 거래의 개요 및 보고 이유를 설명) 등을 기재하여 금융정보분석원에 보고한다.   ○ | ✕

7 금융회사 등의 보고책임자는 의심거래를 금융정보분석원에 보고할 때 문서·전자기록매체로 제출하되 긴급한 경우에는 온라인으로 보고할 수 있다.   ○ | ✕

7. 보고책임자는 온라인으로 보고하거나 문서 또는 저장매체로 제출하되, 긴급한 경우에는 우선 전화나 Fax로 보고하고 추후 보완할 수 있다.

8. 1백만 원 이하의 선불카드 거래 금액도 고액현금거래 보고의 기준금액 산정에서 제외된다.

8 1백만 원 이하의 원화송금(무통장입금 포함) 금액과 1백만 원 이하에 해당하는 외국통화 매입·매각 금액은 고액현금거래보고의 기준금액 산정 대상에서 제외되지만, 1백만 원 이하의 선불카드 거래 금액은 고액현금거래보고 기준금액 산정 대상에 포함된다. ○|×

9 「금융실명법」상 실명확인의 생략이 가능한 각종 공과금 등을 수납한 금액과 법원공탁금, 정부·법원보관금, 송달료를 지출한 금액, 은행지로장표에 의하여 수납한 금액 등은 모두 고액현금거래보고의 기준금액 산정 대상에서 제외된다. ○|×

10 우리나라는 「특정금융정보법」에 따라 다른 금융회사 등과의 현금의 지급 또는 영수, 국가·지방자치단체와의 현금 지급 또는 영수에 해당하는 경우 고액현금거래보고에서 제외하는 '면제대상 법정 지정방식'을 채택하고 있다. ○|×

11 계좌의 신규 개설이란 고객이 금융기관에서 예금계좌, 위탁매매계좌 등을 개설하는 경우뿐만 아니라, 일반적으로 금융기관과 계속적인 금융거래를 개시할 목적으로 계약을 체결하는 것을 말한다. ○|×

12. 보험·공제 계약도 계좌의 신규 개설에 포함한다.

12 대출·보증·팩토링 계약의 체결, 양도성 예금증서, 표지어음의 발행, 펀드 신규 가입, 대여금고 약정, 보관어음 수탁을 위한 계약 등도 "계좌의 신규개설"에 포함되지만, 보험·공제계약은 계약의 신규 개설로 보지 않는다. ○|×

13 계좌 신규개설의 경우는 거래금액에 상관없이 고객확인의무를 수행하여야 한다. ○|×

14. 1백만 원 초과'가 아니라 '1천만 원(미화 1만 불 상당액) 이상'이다.

14 무통장입금(송금), 외화송금·환전, 자기앞수표 발행 및 지급, 우편환 발행 및 지급, 보호예수, 선불카드 매매 등의 일회성 금융거래가 1백만 원을 초과할 경우 고객의 신원을 확인해야 한다. ○|×

15. 1천만 원 → 1백만 원

15 타행송금, 해외송금 등 전신송금액이 1천만 원을 초과할 경우 고객의 신원을 확인하여야 한다. ○|×

16 「금융실명법」상 실명확인의 생략이 가능한 각종 공과금의 수납, 300만 원 이하의 원화 송금(무통장입금 포함) 및 이에 상당하는 외국통화의 매입·매각 시에는 고객확인의무가 면제된다. ○│✕

17 법원공탁금, 정부·법원 보관금, 송달료를 지출한 금액은 고객확인의무가 면제된다. ○│✕

18 보험기간의 만료 시 보험계약자, 피보험자 또는 보험수익자에 대하여 만기환급금이 발생하지 아니하는 보험계약 등에 대해서는 고객확인의무가 면제된다. ○│✕

19 고객별 신원확인을 할 때 영리법인과 비영리법인, 기타 단체에 대해서는 실지명의는 물론 연락처와 대표자 성명·생년월일·국적 등을 확인해야 한다. ○│✕

20 개인 고객의 경우 타인을 위한 거래를 하고 있다고 의심되거나 고객이 실제소유자가 따로 존재한다고 밝힌 경우에만 실제소유자를 새로 파악하고, 그 외에는 계좌 명의인을 실제소유자로 간주한다. ○│✕

21 법인 또는 단체 고객인 경우 대표자가 실제소유자가 된다. ○│✕

22 투명성이 보장되거나 정보가 공개된 국가·지자체·공공단체·금융회사 및 사업보고서 제출 대상 법인의 경우 고객 확인의무의 면제가 가능하다. ○│✕

23 2016년부터 강화된 FATF(국제자금세탁방지기구) 국제기준을 반영하여 금융회사가 고객확인 시 실제 소유자 여부를 확인해야 하는 사항이 추가되었다. ○│✕

24 고객확인을 거부하는 고객에 대해 신규거래는 거절할 수 있지만, 기존 거래는 유지하여야 한다. ○│✕

16. 300만 원 → 100만 원, 그 외에도 「금융실명법」 제3조 제2항 제3호에서 정한 특정채권의 거래, 법원공탁금, 정부·법원 보관금, 송달료를 지출한 금액, 보험기간의 만료 시 보험계약자, 피보험자 또는 보험수익자에 대하여 만기환급금이 발생하지 아니하는 보험계약 등은 고객확인의무가 면제된다.

19. 영리법인은 실지명의, 업종, 본점 및 사업장 소재지, 연락처, 대표자 성명, 생년월일 및 국적을 확인해야 하고, 비영리법인 및 기타 단체는 실지명의, 설립목적, 주된 사무소 소재지, 연락처, 대표자 성명, 생년월일 및 국적을 확인해야 한다. 참고로 개인에 대해서는 실지명의, 주소, 연락처를 확인한다.

21. 법인 또는 단체 고객인 경우 1) 100분의 25 이상의 지분증권을 소유한 사람이 실제소유자가 되지만, 이렇게 해서 실제소유자를 확인할 수 없는 경우 2) ①대표자 또는 임원·업무집행사원의 과반수를 선임한 주주(자연인)이나 ②최대 지분증권을 소유한 사람, ③그 외에 법인·단체를 사실상 지배하는 사람이 실제소유자로 한다. 하지만 이 모든 방법으로도 실제소유자를 파악하기 어렵다면 3) 법인 또는 단체의 대표자를 실제소유자로 본다.

24. 고객확인을 거부하는 고객에 대해 신규거래 거절 및 기존 거래 종료가 의무화되도록 하였다.

01 자금세탁방지제도에 대한 설명으로 옳지 <u>않은</u> 것은? (2024 기출)

① 이 제도는 「국제조세조정에 관한 법률」에 따라 금융거래 상대방의 금융정보 교환 의무, 인적 사항 확인 절차, 과태료 규정 등을 정의하고 있다.

② 의심거래보고(STR)를 허위로 하는 경우, 1년 이하의 징역 또는 1천만 원 이하의 벌금에 처한다.

③ 고객확인제도(CDD)는 금융회사가 고객과 거래 시 고객의 실지명의(성명, 실명번호) 이외에 주소, 연락처, 실제 소유자 등을 확인하는 제도이다.

④ 강화된 고객확인제도(EDD)는 차등화된 고객 확인을 실시하여 고객의 실지명의(성명, 실명번호) 및 CDD 확인 이외에 금융거래 목적·거래자금의 원천 등까지 추가로 확인하는 제도이다.

> **해설** 자금세탁방지제도란 국내·국제적으로 이루어지는 불법자금의 세탁을 적발·예방하기 위한 법적·제도적 장치로서 사법제도, 금융제도, 국제협력을 연계하는 종합 관리시스템을 의미한다. 우리나라의 경우 「특정 금융거래정보의 보고 및 이용 등에 관한 법률」 제2조 제4호 및 5호, 「범죄수익은닉의 규제 및 처벌 등에 관한 법률」 제3조를 통해 자금세탁을 "불법재산의 취득·처분사실을 가장하거나 그 재산을 은닉하는 행위 및 탈세목적으로 재산의 취득·처분사실을 가장하거나 그 재산을 은닉하는 행위"로 규정하고 있다. 「국제조세조정에 관한 법률」은 금융정보자동교환을 위한 국내 규정이다.

> **오답분석** ② 의심거래보고제도(Suspicious Transaction Report, STR)란, 금융거래(카지노에서의 칩 교환 포함)와 관련하여 수수한 재산이 불법재산이라고 의심되는 합당한 근거가 있거나 금융거래의 상대방이 자금세탁행위를 하고 있다고 의심되는 합당한 근거가 있는 경우 이를 금융정보분석원장에게 보고토록 한 제도이다. 의심거래보고를 허위보고 하는 경우 1년 이하의 징역 또는 1천만 원 이하의 벌금에 처하며, 미보고하는 경우 3천만 원 이하의 과태료 부과도 가능하다.
> ③ 고객확인제도(CDD: Customer Due Diligence)는 금융회사가 고객과 거래 시 고객의 실지명의(성명, 실명번호) 이외에 주소, 연락처, 실제 소유자 등을 확인하고, 자금세탁행위 등의 우려가 있는 경우 금융거래 목적 및 자금의 원천 등을 추가로 확인하는 제도이다.
> ④ 강화된 고객확인제도(Enhanced Due Diligence, EDD)는 고객별·상품별 자금세탁 위험도를 분류하고 자금세탁위험이 큰 경우에는 더욱 엄격한 고객확인, 즉 실제 당사자 여부 및 금융거래 목적과 거래자금의 원천 등을 확인하도록 하는 제도이다.
>
> 정답 : ①

02 〈보기〉에서 자금세탁방지제도에 대한 설명으로 옳은 것을 모두 고른 것은? (2022 기출 변형)

───────〈 보 기 〉───────

ㄱ. 금융감독원은 금융기관 등으로부터 자금세탁 관련 의심거래를 수집·분석하여 불법거래, 자금세탁행위 또는 공중협박 자금 조달행위와 관련된다고 판단되는 금융거래 자료를 법 집행기관에 제공한다.

ㄴ. 고객확인제도는 금융회사가 고객과 거래 시 자금세탁행위 등의 우려가 있는 경우 실제 당사자 여부 및 금융거래 목적을 확인하는 제도로, 금융실명제가 포함하지 않고 있는 사항을 보완하는 차원에서 「금융실명거래 및 비밀보장에 관한 법률」을 개정하고 이 제도를 도입하였다.

ㄷ. 고액현금거래보고제도는 1거래일 동안 1천만 원 이상의 현금을 입금하거나 출금한 경우 거래자의 신원과 거래일시, 거래금액 등 객관적 사실을 전산으로 자동 보고하는 것이다.

ㄹ. 의심거래보고를 허위보고하는 경우 1년 이하의 징역 또는 1천만 원 이하의 벌금에 처하며, 미보고하는 경우 3천만 원 이하의 과태료 부과도 가능하다.

① ㄱ, ㄴ   ② ㄱ, ㄹ
③ ㄴ, ㄹ   ④ ㄷ, ㄹ

해설 자금세탁방지제도란 국내·국제적으로 이루어지는 불법자금의 세탁을 적발·예방하기 위한 법적·제도적 장치로서 사법제도, 금융제도, 국제협력을 연계하는 종합 관리시스템을 의미한다.

ㄷ. 고액현금거래보고제도(Currency Transaction Reporting System, CTR)는 일정금액 이상의 현금거래를 KoFIU에 보고토록 한 제도이다. 1거래일 동안 1천만 원 이상의 현금을 입금하거나 출금한 경우 거래자의 신원과 거래일시, 거래금액 등 객관적 사실을 전산으로 자동 보고토록 하고 있다.

ㄹ. 의심거래보고제도(Suspicious Transaction Report, STR)란, 금융거래(카지노에서의 칩 교환 포함)와 관련하여 수수한 재산이 불법재산이라고 의심되는 합당한 근거가 있거나 금융거래의 상대방이 자금세탁행위를 하고 있다고 의심되는 합당한 근거가 있는 경우 이를 금융정보분석원장에게 보고토록 한 제도이다. 의심거래보고를 허위보고하는 경우 1년 이하의 징역 또는 1천만 원 이하의 벌금에 처하며, 미보고하는 경우 3천만 원 이하의 과태료 부과도 가능하다.

오답분석 ㄱ. 우리나라의 금융정보분석기구(자금세탁방지기구)는 「특정금융거래정보의 보고 및 이용에 관한 법률」에 의거하여 설립된 금융정보분석원(Korea Financial Intelligence Unit, KoFIU)이다. 금융정보분석원은 금융기관 등으로부터 자금세탁관련 의심거래를 수집·분석하여 불법거래, 자금세탁행위 또는 공중협박자금조달행위와 관련된다고 판단되는 금융거래 자료를 법 집행기관(검찰청·경찰청·국세청·관세청·금융위·선관위·국정원·행안부·해경·공수처 등) 제공하는 업무를 주 업무로 하고, 금융기관 등의 의심거래 보고업무에 대한 감독 및 검사, 외국의 FIU와의 협조 및 정보교류 등을 담당하고 있다.

ㄴ. 고객확인제도란(CDD; Customer Due Diligence), 금융회사가 고객과 거래 시 고객의 실지명의(성명, 실명번호) 이외에 주소, 연락처, 실제 소유자 등을 확인하고, 자금세탁행위 등의 우려가 있는 경우 금융거래 목적 및 자금의 원천 등을 추가로 확인하는 제도이다. 우리나라는 금융실명제를 토대로 하되 금융실명제가 포함하지 않고 있는 사항을 보완하는 차원에서 「특정금융정보법」에 근거를 두고 2006년 1월 18일부터 이 제도를 도입하였다. 2010년 7월 새롭게 제정·시행된 「자금세탁방지 및 공중협박자금조달금지 업무규정(FIU고시)」에서는 고객확인제도의 이행사항을 상세하게 규정하고 있다.

정답 : ④

03 자금세탁방지제도에 대한 설명으로 옳지 <u>않은</u> 것은? (2016 기출)

① 자금세탁이란 일반적으로 '자금의 위법한 출처를 숨겨 적법한 것처럼 위장하는 과정'을 의미한다.
② 의심거래보고제도(STR)의 보고대상에 대해 정해진 기준금액은 없으며 금융기관이 주관적으로 판단하여 보고한다.
③ 금융정보분석원(KoFIU)은 보고된 혐의거래를 조사·수사하여 법집행기관에 기소 등의 의법조치를 의뢰한다.
④ 고객확인제도(CDD)의 확인대상이 되는 '계좌의 신규 개설'에는 양도성예금증서, 표지어음의 발행, 대여금고 약정도 포함된다.

> **해설** 금융정보분석원(KoFIU)은 금융기관 등으로부터 자금세탁관련 의심거래를 수집·분석하여 불법거래, 자금세탁행위 또는 공중협박 자금조달행위와 관련된다고 판단되는 금융거래 자료를 법집행기관(검찰청·경찰청·해양경찰청·국세청·관세청·금융위·중앙선관위 등)에 제공한다. 그 후 법집행기관에서 거래내용을 조사·수사하여 기소 등의 법조치를 하는 것이다.

> **오답분석** ① 자금세탁(Money Laundering)의 개념은 일반적으로 "자금의 위법한 출처를 숨겨 적법한 것처럼 위장하는 과정"을 의미하며, 각국의 법령이나 학자들의 연구목적에 따라 구체적인 개념은 다양하게 정의되고 있다.
> ② 의심거래보고제도(Suspicious transaction report, STR)에서 불법재산 또는 자금세탁행위를 하고 있다고 의심되는 합당한 근거의 판단주체는 금융회사 종사자이며, 그들의 주관적 판단에 의존하는 제도라는 특성이 있다.
> ④ 고객확인제도(Customer Due Diligence, CDD)에서 말하는 '계좌의 신규개설'에는 보험·공제계약, 대출·보증·팩토링 계약의 체결, 양도성예금증서, 표지어음의 발행, 펀드 신규 가입, 대여금고 약정, 보관어음 수탁을 위한 계약 등이 포함된다. 계좌를 신규개설하는 경우에는 거래금액에 상관없이 고객확인의무를 수행해야 한다.

정답 : ③

04 자금세탁방지제도에 대한 설명으로 옳지 <u>않은</u> 것은?

① 금융기관은 계좌의 신규개설이나 2천만 원(미화 1만 불)이상의 일회성 금융거래 시 고객의 신원을 확인해야 한다.
② 1거래일 동안 1천만 원 이상의 현금을 입금하거나 출금한 경우 거래자의 신원과 거래일시, 거래금액 등 객관적 사실을 전산으로 자동 보고토록 하고 있다.
③ 금융회사 등은 금융거래와 관련하여 수수한 재산이 불법재산이라고 의심되는 합당한 근거가 있는 경우에는 지체 없이 의무적으로 금융정보분석원에 의심거래보고를 하여야 한다.
④ 금융정보분석원(KoFIU)은 금융기관 등의 의심거래 보고업무에 대한 감독 및 검사, 외국의 FIU와의 협조 및 정보교류 등을 담당한다.

해설 자금세탁방지제도란 국내·국제적으로 이루어지는 불법자금의 세탁을 적발·예방하기 위한 법적·제도적 장치로서 사법제도, 금융제도, 국제협력을 연계하는 종합 관리시스템을 의미한다. 의심거래보고제도(Suspicious Transaction Report, STR), 고액현금거래보고제도(Currency Transaction Reporting System, CTR), 고객확인제도(CDD; Customer Due Diligence)가 포함된다.

① 고객확인제도는(CDD; Customer Due Diligence) 금융회사가 고객과 거래 시 고객의 실지명의(성명, 실명번호) 이외에 주소, 연락처, 실제 소유자 등을 확인하고, 자금세탁행위 등의 우려가 있는 경우 금융거래 목적 및 자금의 원천 등을 추가로 확인하는 제도이다. 금융기관은 계좌의 신규개설이나 1천만 원(미화 1만 불)이상의 일회성 금융 거래, 1백만 원을 초과하는 전신송금, 금융거래의 실제 당사자 여부가 의심되는 등 자금세탁행위나 공중협박자금조달 행위를 할 우려가 있는 경우 고객의 신원을 확인해야 한다. 고객확인 과정에서 정보의 제공 및 관련서류의 제출을 거부하는 경우 금융거래를 거절할 수 있다.

오답 분석 ② 고액현금거래보고제도(Currency Transaction Reporting System, CTR)는 일정금액 이상의 현금거래를 KoFIU에 보고토록 한 제도이다. 1거래일 동안 1천만 원 이상의 현금을 입금하거나 출금한 경우 거래자의 신원과 거래일시, 거래금액 등 객관적 사실을 전산으로 자동 보고토록 하고 있다.

③ 의심거래보고제도(Suspicious Transaction Report, STR)는 금융거래(카지노에서의 칩 교환 포함)와 관련하여 수수한 재산이 불법재산이라고 의심되는 합당한 근거가 있거나 금융거래의 상대방이 자금세탁행위를 하고 있다고 의심되는 합당한 근거가 있는 경우 이를 금융정보분석원장에게 보고토록 한 제도이다. 금융회사 등(우체국 포함)은 금융거래와 관련하여 수수한 재산이 불법재산이라고 의심되는 합당한 근거가 있거나 금융거래의 상대방이 자금세탁행위나 공중협박자금조달행위를 하고 있다고 의심되는 합당한 근거가 있는 경우 및 "범죄수익은닉의 규제 및 처벌 등에 관한 법률" 제5조제1항 및 "공중 등 협박목적 및 대량살상무기확산을 위한 자금조달행위의 금지에 관한 법률" 제5조제2항에 따라 관할 수사기관에 신고한 경우에는 지체 없이 의무적으로 금융정보분석원에 의심거래보고를 하여야 한다. 의심거래보고를 하지 않는 경우에는 관련 임직원에 대한 징계 및 기관에 대한 시정명령과 과태료 부과 등 제재처분이 가능하다.

④ 금융정보분석원(Korea Financial Intelligence Unit, KoFIU)은 법무부·금융위원회·국세청·관세청·경찰청·한국은행·금융감독원 등 관계기관의 전문 인력으로 구성되어 있으며, 금융기관 등으로부터 자금세탁관련 의심거래를 수집·분석하여 불법거래, 자금세탁행위 또는 공중협박자금조달행위와 관련된다고 판단되는 금융거래 자료를 법 집행기관(검찰청·경찰청·국세청·관세청·금융위·중앙선관위·국정원·행안부·해경·공수처 등)에 제공하는 업무를 주 업무로 하고, 금융기관 등의 의심거래 보고업무에 대한 감독 및 검사, 외국의 FIU와의 협조 및 정보교류 등을 담당하고 있다.

정답 : ①

05 '의심거래보고제도(STR)'에 관한 설명으로 옳지 않은 것은?

① 금융회사가 금융거래의 상대방과 공모하여 의심거래보고를 하지 않거나 허위보고를 하는 경우에는 12개월의 범위 내에서 영업정지처분도 가능하다.

② 금융회사 등의 영업점 직원은 업무지식과 전문성, 경험을 바탕으로 고객의 평소 거래상황, 직업, 사업내용 등을 고려하여 취급한 금융거래가 의심거래로 판단되면 그 내용을 보고책임자에게 보고한다.

③ 보고책임자는 의심스러운 거래보고서를 온라인으로 보고하거나 문서·전자기록매체로 제출하되, 긴급한 경우에는 우선 전화나 Fax로 보고하고 추후 보완할 수 있다.

④ 고객확인의무 이행을 요청하는 정보에 대해 고객이 제공을 거부하거나 수집한 정보의 검토 결과 고객의 금융거래가 정상적이지 못하다고 판단하는 경우 의심스러운 거래로 보고한다.

의심거래보고를 하지 않는 경우에는 관련 임직원에 대한 징계 및 기관에 대한 시정명령과 과태료 부과 등 제재처분이 가능하다. 특히 금융회사가 금융거래의 상대방과 공모하여 의심거래보고를 하지 않거나 허위보고를 하는 경우에는 6개월의 범위 내에서 영업정지처분도 가능하다. 한편, 의심거래보고를 허위보고하는 경우 1년 이하의 징역 또는 1천만 원 이하의 벌금에 처하며, 미보고하는 경우 3천만 원 이하의 과태료 부과도 가능하다.

③ 보고책임자는 「특정 금융거래정보 보고 및 감독규정」의 별지 서식에 의한 의심스러운 거래보고서에 보고기관, 의심스러운 거래자, 의심스러운 거래내역, 의심스러운 거래 관련계좌, 송금인/수취인 정보, 의심스러운 거래유형, 의심스러운 거래에 대한 서술부분(의심스러운 거래의 개요 및 보고 이유를 설명) 등을 기재하여 온라인으로 보고하거나 문서·전자기록매체로 제출하되, 긴급한 경우에는 우선 전화나 Fax로 보고하고 추후 보완할 수 있다.

정답 : ①

06 '고액현금거래보고제도(CTR)'에 관한 설명으로 옳지 않은 것은?

① 금융기관 직원의 주관적 판단에 의존하는 의심거래보고제도만으로는 금융기관의 보고가 없는 경우 불법자금을 적발하기가 사실상 불가능하다는 문제점을 해결하기 위하여 도입되었다.

② 고액현금거래보고의 보고 기준금액은 동일인 기준 1거래일 동안 지급받거나 영수한 현금액을 각각 합산하여 산정한다.

③ 분할거래를 통해 고액현금거래보고제도를 회피하는 것을 방지하기 위해 일정기간 동안의 다중거래는 단일거래로 판단하여 그 합이 보고기준금액을 넘을 경우에도 보고토록 하는 장치를 두고 있다.

④ 다른 금융회사 등과의 현금의 지급 또는 영수 내역에 대해서도 고액현금거래보고를 해야 한다.

우리나라는 「특정금융정보법」에 따라 다른 금융회사 등과의 현금의 지급 또는 영수, 국가, 지방자치단체와의 현금의 지급 또는 영수에 해당하는 경우 보고를 면제토록 하는 '면제대상 법정 지정방식'을 채택하고 있다.

② 고액현금거래보고의 보고 기준금액은 「특정금융정보법」 제4조2에서 정한 금액으로 동일인 기준 1거래일 동안 지급받거나 영수한 현금액을 각각 합산하여 산정한다. 여기에서 동일인이란 「금융실명법」 제2조 제4호의 실지명의가 동일한 경우(주민등록표상의 명의 등)를 의미한다. 한편, 고객이 고액현금거래보고를 회피할 목적으로 금액을 분할하여 금융거래를 하고 있다고 의심되는 합당한 근거가 있는 경우에는 의심거래보고(STR)를 해야 한다.

정답 : ④

07 '고액현금거래보고'의 기준금액 산정 시 제외거래에 해당하지 않는 것은?

① 1백만 원 이하의 원화 무통장입금액

② 3백만 원 이하에 해당하는 외국통화의 매입·매각 금액

③ 법원공탁금, 정부·법원보관금, 송달료를 지출한 금액

④ 은행지로장표에 의하여 수납한 금액

고액현금거래보고의 기준 금액은 1천만 원 원화이다. 다만, 기준금액을 산정할 때 다음과 같은 거래는 제외한다.
  (1) 1백만 원 이하의 원화송금(무통장입금 포함) 금액
  (2) 1백만 원 이하에 해당하는 외국통화 매입·매각 금액
  (3) 「금융실명법」상 실명확인 생략 가능한 각종 공과금 등을 수납한 금액 수납·지출 금액
  (4) 법원공탁금, 정부·법원보관금, 송달료를 지출한 금액
  (5) 은행지로장표에 의하여 수납한 금액
  (6) 1백만 원 이하의 선불카드 거래 금액

정답 : ②

08 '고객확인제도(CDD)'와 관련하여 고객확인의무의 면제 대상에 해당하지 않는 것은?

① 1백만 원 이하의 원화 무통장송금
②「금융실명법」제3조 제2항 제3호에서 정한 특정채권의 거래
③ 법원공탁금, 정부·법원보관금, 송달료를 지출한 금액
④ 보험기간의 만료 시 만기환급금이 발생하는 보험계약

보험기간 만료 시 만기환급금이 발생하지 않는 보험계약인 경우 고객확인의무의 면제 대상이 된다. 고객확인의무 면제
대상은 다음과 같다.
  (1) 「금융실명법」상 실명확인 생략 가능한 각종 공과금의 수납, 100만 원 이하의 원화 송금(무통장입금 포함), 100만
  원 이하에 상당하는 외국통화의 매입·매각
  (2) 「금융실명법」 제3조 제2항 제3호에서 정한 특정채권의 거래
  (3) 법원공탁금, 정부·법원 보관금, 송달료를 지출한 금액
  (4) 보험기간의 만료 시 보험계약자, 피보험자 또는 보험수익자에 대하여 만기환급금이 발생하지 아니하는 보험계약 등

정답 : ④

09 '고객확인제도(CDD)'의 고객확인 내용에 대한 설명으로 옳지 않은 것은?

① 개인 고객인 경우 실지명의와 주소 및 연락처를 확인해야 한다.
② 개인 고객인 경우 타인을 위한 거래를 하고 있다고 의심되거나 고객이 실제소유자가 따로 존재한다고
  밝힌 경우에만 실제소유자를 새로 파악한다.
③ 법인 또는 단체 고객인 경우 법인·단체를 사실상 지배하는 사람을 실제소유자로 하되, 이를 확인할 수
  없는 경우에는 100분의 25 이상의 지분증권을 소유한 사람을 실제소유자로 본다.
④ 투명성이 보장되거나 정보가 공개된 국가·지자체·공공단체·금융회사 및 사업보고서 제출대상법인
  의 경우 확인의무를 면제할 수 있다.

해설 실제소유자(Beneficial Owner)란 "고객을 최종적으로 지배하거나 통제하는 자연인"으로서 해당 금융거래를 통하여 궁극적으로 혜택을 보는 개인을 말한다. 법인 또는 단체인 고객에 대하여 실제소유자는 다음과 같이 3단계로 파악한다. 따라서 100분의 25 이상의 지분증권을 소유한 사람을 찾고, 이를 확인할 수 없는 경우에는 대표자 또는 임원·업무집행사원의 과반수를 선임한 주주(자연인), 최대 지분증권을 소유한 사람, 법인·단체를 사실상 지대하는 사람을 찾아봐야 한다. 그럼에도 이 모두를 확인할 수 없다면 법인 또는 단체의 대표자를 실제소유자로 파악한다.

(1단계) 100분의 25 이상의 지분증권을 소유한 사람

⇓ (1단계에서 확인할 수 없는 경우)

(2단계) ①, ②, ③ 중 택일 ① 대표자 또는 임원·업무집행사원의 과반수를 선임한 주주(자연인) ② 최대 지분증권을 소유한 사람 ③ ①·②외에 법인·단체를 사실상 지배하는 사람 * 단, 최대 지분증권 소유자가 법인 또는 단체인 경우, 금융회사는 3단계로 바로 가지 않고 최종적으로 지배하는 사람을 추적하는 것을 선택할 수 있음

⇓ (2단계에서 확인할 수 없는 경우)

(3단계) 법인 또는 단체의 대표자

정답 : ③

10 '강화된 고객확인제도(EDD)'에 관한 내용 중 옳지 않은 것은?

① 고객별·상품별 자금세탁 위험도를 분류하고 자금세탁위험이 큰 경우에는 실제 당사자 여부 및 금융거래 목적과 거래자금의 원천 등을 확인하도록 하는 제도이다.

② 금융회사는 고객과 거래유형에 따른 자금세탁 위험도를 평가하고 위험도에 따라 차등화된 고객확인을 실시하여야 한다.

③ 2016년부터 강화된 FATF 국제기준을 반영하여 금융회사는 고객확인 시 실제 소유자 여부를 확인하는 사항이 추가되었다.

④ 고객확인을 거부하는 고객에 대해서는 기존 거래는 유지하되, 신규거래는 거절하도록 의무화되었다.

해설 강화된 고객확인제도는 고객별·상품별 자금세탁 위험도를 분류하고 자금세탁위험이 큰 경우에는 더욱 엄격한 고객확인, 즉 실제 당사자 여부 및 금융거래 목적과 거래자금의 원천 등을 확인하도록 하는 제도이다. 위험기반 접근법(Risk-based Approach)에 기초하여 위험이 낮은 고객에 대해서는 간소화된 고객확인으로 고객확인에 수반되는 비용과 시간을 절약하는 반면, 고위험 고객(또는 거래)에 대하여는 강화된 고객확인을 실시하여야 한다.
④ 고객확인을 거부하는 고객에 대해서는 신규거래의 거절은 물론 기존 거래의 종료가 의무화되도록 하였다.

정답 : ④

05 금융소비자보호

1 은행, 보험대리점, 증권사, 여전사, 저축은행 등은 금융회사 등의 업종 구분상 직접 판매업자에 해당한다.　　　　　　　　　○ | ×

2 금융상품 6대 판매원칙 중 소비자의 재산상황, 금융상품 취득·처분 경험 등의 정보를 파악하고 이에 비추어 부적합한 금융상품 계약체결의 권유를 금지하는 것은 적정성의 원칙이다.　　　　　　　　　○ | ×

3 예금성 상품의 경우 금융상품의 6대 판매원칙 중 적합성의 원칙은 수익률 등 변동 가능성이 있는 상품에 한정하여 적용되고, 적정성의 원칙은 미적용된다.　　　　　　　　　○ | ×

4 대출성 금융상품의 청약 철회 숙려 기간은 계약서류 제공일, 계약체결일 또는 계약에 따른 금전·재화 등 제공일로부터 7일 이내이다.　　○ | ×

5 민간은행과 다른 조직특성을 갖는 우체국은 금융소비자를 보호하기 위한 자체 법체계와 제도를 가지고 있다.　　　　　　　　　○ | ×

6 우체국예금의 경우 금융상품의 원금과 이자를 합한 5,000만 원까지 예금자를 보호하는 시중은행과는 달리, 예금자보호 한도에 제한이 없다.
　　　　　　　　　○ | ×

7 정부기관으로서 민간과 다른 조직 특성을 가진 우체국은 금융소비자보호법의 적용을 받지 않고 별도의 특별법을 통해 금융소비자를 보호한다.
　　　　　　　　　○ | ×

1. 보험대리점 → 보험사, 보험대리점은 보험설계·중개사나 투자권유대행인 및 카드·대출모집인 등과 함께 판매대리·중개업자로 분류된다.

2. 적정성의 원칙 → 적합성의 원칙. 적정성의 원칙은 소비자가 자발적으로 구매하려는 금융상품이 소비자의 재산상황, 투자경험, 신용 및 변제계획 등에 비추어 부적절할 경우 이를 고지하고 확인하도록 한 것이다.

4. 7일 → 14일, 이밖에 보장성 금융상품은 보험증권 수령일로부터 15일과 청약일로부터 30일 중 먼저 도래하는 기간 이내이고 투자성·금융상품자문은 제공일 또는 계약체결일로부터 7일 이내이다.

7. 동일기능–동일규제 원칙 아래「금융소비자보호법(이하 금소법)」에서 적용되는 우체국 예금·보험법의 동일 상품에 대해서는 금소법을 최대한 준용하되, 민간과는 다른 우체국금융의 조직특성(정부조직·감독제도)과 일부 영업행위에 관한 사항은 소비자 권익의 영향이 없는 범위 내에서 반영한다.

8 우체국 예금·보험법은 예금성 상품, 투자성 상품, 보장성 상품 등에 대하여 우체국금융소비자 보호를 적용하도록 규정하고 있다.　　　　　O | X

9 우체국 판매 상품 중 펀드, 하이브리드 체크카드는 금융소비자보호법을 준용하여 소비자를 보호한다.　　　　　O | X

10 우체국 금융은 청약철회권, 위법계약해지권, 자료열람요구권 등을 도입하여 민간은행에 준하는 고객보호 및 서비스 품질을 제공하고 있다.
　　　　　O | X

11 우체국예금·보험분쟁조정위원회는 금융당국의 분쟁조정제도(금융감독원 금융분쟁조정위원회)를 준용하여 법적 절차(소송) 없이 고객과 우체국 간의 분쟁을 공정하고 신속하게 해결함으로써 소비자의 권익을 보호한다.　　　　　O | X

01 금융소비자보호제도에 관한 내용으로 가장 옳은 것은?

① 예금성 상품의 경우 금융상품의 6대 판매원칙 중 적정성의 원칙은 적용되지 않는다.

② 대출성 금융상품의 청약 철회 숙려 기간은 계약서류 제공일, 계약체결일 또는 계약에 따른 금전·재화 등 제공일로부터 7일 이내이다.

③ 정부기관으로서 민간과 다른 조직 특성을 가진 우체국은 금융소비자보호법의 적용을 받지 않고 별도의 특별법을 통해 금융소비자를 보호한다.

④ 「우체국예금·보험법」은 예금성 상품, 투자성 상품, 보장성 상품 등에 대하여 우체국금융소비자 보호를 적용하도록 규정하고 있다.

> **해설** 예금성 상품의 경우 금융상품의 6대 판매원칙 중 적합성의 원칙은 수익률 등 변동 가능성이 있는 상품에 한정하여 적용되고, 적정성의 원칙은 미적용된다.
>
> **오답 분석** ② 대출성 금융상품의 청약 철회 숙려 기간은 계약서류 제공일, 계약체결일 또는 계약에 따른 금전·재화 등 제공일로부터 14일 이내이다. 이밖에 보장성 금융상품은 보험증권 수령일로부터 15일과 청약일로부터 30일 중 먼저 도래하는 기간 이내이고 투자성·금융상품자문은 제공일 또는 계약체결일로부터 7일 이내이다.
> ③ 동일기능-동일규제 원칙 아래 「금융소비자보호법(금소법)」에서 적용되는 우체국 예금·보험법의 동일 상품에 대해서는 금소법을 최대한 준용하되, 민간과는 다른 우체국금융의 조직특성(정부조직·감독제도)과 일부 영업행위에 관한 사항은 소비자 권익의 영향이 없는 범위 내에서 반영한다.
> ④ 「우체국예금·보험법」은 예금성 상품과 보장성 상품에 대하여 우체국금융소비자 보호를 적용한다. 대출성 상품과 투자성 상품은 제외된다.
>
> 정답 : ①

02 다음 밑줄 친 내용에 대한 설명으로 옳은 것은? (2024 기출)

> 금융소비자보호법은 개별업법에서 일부 금융상품에 한정하여 적용하고 있는 <u>금융상품 6대 판매원칙</u>을 모든 금융상품으로 확대하여 적용하였다.

① 예금성 상품의 경우, 수익률 등 변동 가능성이 없는 상품에 한정하여 적합성의 원칙이 적용된다.

② 적정성의 원칙에 따르면 소비자에게 부적합한 금융상품 계약체결의 권유를 금지하여야 한다.

③ 소비자가 설명을 요청하는 경우뿐만 아니라 계약체결을 권유할 경우에도 상품의 중요사항을 설명하여야 한다.

④ 소비자가 오인할 우려가 있는 허위사실 등을 알리는 행위를 금지하는 것은 불공정 영업행위 금지에 해당한다.

해설 「금융소비자보호법」은 개별 업법에서 일부 금융상품에 한정하여 적용하고 있는 금융상품 6대 판매원칙을 모든 금융상품에 확대 적용하여 업권에 따른 금융소비자보호 공백을 해소하기 위한 법적 근거를 마련하였다. 금융상품 6대 판매원칙은 적합성의 원칙, 적정성의 원칙, 설명의무, 불공정영업행위 금지, 부당권유행위 금지, 허위·과장광고 금지이다. 이중 설명의무는 계약 체결을 권유하거나 소비자가 설명을 요청하는 경우에 상품의 중요사항을 설명하도록 규정하고 있다.

오답분석 ① 금융투자상품, 변액보험 등 일부 상품에 도입되어 있던 적합성의 원칙을 모든 금융상품으로 확대하였다. 단, 예금성 상품의 경우 수익률 등 변동 가능성이 있는 상품으로 한정된다.
② 소비자의 재산상황, 금융상품 취득·처분 경험 등의 정보를 파악하고 이에 비추어 부적합한 금융상품 계약 체결의 권유를 금지하는 것은 적합성의 원칙이다. 적정성의 원칙은 소비자가 자발적으로 구매하려는 금융상품이 소비자의 재산상황, 투자 경험, 신용 및 변제계획 등에 비추어 부적정할 경우 이를 고지하고 확인하도록 하는 것이다.
④ 금융상품 계약 체결 권유 시 소비자가 오인할 우려가 있는 허위 사실 등을 알리는 행위를 금지하는 것은 부당권유행위 금지이다. 불공정영업행위 금지는 판매업자등이 금융상품 판매 시 우월적 지위를 이용하여 소비자의 권익을 침해하는 행위를 금지하는 것이다.

정답 : ③

03 「금융소비자보호에 관한 법률」에서 규정하고 있는 내용에 해당하지 <u>않는</u> 것은?

① 금융상품의 유형과 금융회사 등의 업종 구분
② 국가와 금융상품판매업자 등의 책무
③ 금융상품판매업자 등의 영업행위 준수사항
④ 금융거래의 비밀 보장

해설 2020년 3월 금융소비자의 권익 증진과 금융소비자 보호의 실효성을 높이고 금융상품판매업 및 금융상품자문업의 건전한 시장질서 구축을 위하여 금융상품판매업자 및 금융상품자문업자의 영업에 관한 준수사항과 금융소비자 권익 보호를 위한 금융소비자정책 및 금융분쟁조정절차 등에 관한 사항을 규정하는 「금융소비자보호에 관한 법률」이 제정되어 2021년 3월에 시행되었다. 금융소비자보호법은 동일기능 동일규제 원칙 아래 금융상품의 유형과 금융회사 등의 업종 구분 등을 정의하고 금융소비자의 권리와 책무, 국가와 금융상품판매업자 등의 책무, 금융상품판매업자 등의 영업행위 준수사항, 금융소비자보호 감독 및 처분 등에 대하여 규정하고 있다.
④ 금융거래의 비밀 보장과 관련된 내용은 「금융실명거래 및 비밀보장에 관한 법률(금융실명법)」에 규정되어 있다.

정답 : ④

04 「금융소비자보호법」에서 규정하고 있는 금융상품의 유형 중 〈보기〉의 내용에 부합하는 것은?

〈 보 기 〉

- 보험업법상 보험상품 및 이와 유사한 것으로서 대통령령으로 정하는 것
- 생명보험, 손해보험 등

① 예금성 상품　　　　　　　　　　　② 대출성 상품
③ 투자성 상품　　　　　　　　　　　④ 보장성 상품

해설　「금융소비자보호법」은 금융상품을 크게 예금성, 대출성, 투자성, 보장성 상품 등 4가지 유형으로 분류하고 있다. 이중 생명보험, 손해보험 등 보험업법상 보험상품 및 이와 유사한 것으로서 대통령령으로 정하는 것은 보장성 상품에 해당한다.

오답분석　① 예금성 상품은 은행법상 예금 및 이와 유사한 것으로서 대통령령으로 정하는 것이다.
② 대출성 상품은 주택대출, 신용대출 등 은행법상 대출 및 이와 유사한 것으로서 대통령령으로 정하는 것이다.
③ 투자성 상품은 펀드, 신탁 등 자본시장법상 금융투자상품 및 이와 유사한 것으로서 대통령령으로 정하는 것이다.

정답 : ④

05 「금융소비자보호법」에서 규정하고 있는 금융회사의 업종 구분 유형 중 〈보기〉의 내용에 부합하는 것은?

〈 보 기 〉

- 자신이 직접 계약의 상대방으로서 금융상품에 관한 계약체결을 영업으로 하는 자이다.
- 은행, 보험사, 증권사, 여전사, 저축은행 등이 해당한다.

① 직접판매업자　　　　　　　　　　② 판매대리업자
③ 중개업자　　　　　　　　　　　　④ 자문업자

해설　「금융소비자보호법」은 금융회사를 금융상품직접판매업자, 금융상품판매대리·중개업자, 금융상품자문업자로 분류하고 있다. 이중 은행, 보험사, 증권사, 여전사, 저축은행 등 자신이 직접 계약의 상대방으로서 금융상품에 관한 계약체결을 영업으로 하는 자는 금융상품직접판매업자이다.

오답분석　②③ 투자권유대행인, 보험설계·중개사, 보험대리점, 카드·대출모집인 등 금융회사와 금융소비자의 중간에서 금융상품 판매를 중개하거나 금융회사의 위탁을 받아 판매를 대리하는 자는 금융상품판매대리·중개업자이다.
④ 투자자문업자 등 금융소비자가 본인에게 적합한 상품을 구매할 수 있도록 자문을 제공하는 금융회사를 자문업자라고 한다

정답 : ①

06 「금융소비자보호법」에 의한 업종 구분 중 〈보기〉의 유형에 해당하는 금융기관으로 볼 수 <u>없는</u> 것은?

〈 보 기 〉

금융회사와 금융소비자의 중간에서 금융상품 판매를 중개하거나 금융회사의 위탁을 받아 판매를 대리하는 자이다.

① 증권사
② 투자권유대행인
③ 보험대리점
④ 카드모집인

해설 「금융소비자보호법」은 금융회사 등의 업종을 금융상품직접판매업자, 금융상품판매 대리·중개업자 또는 금융상품자문업자로 분류하였다. 이중 금융회사와 금융소비자의 중간에서 금융상품 판매를 중개하거나 금융회사의 위탁을 받아 판매를 대리하는 자는 '금융상품판매 대리·중개업자'이다. '금융판매 대리·중개업자'에는 투자권유대행인, 보험설계·중개사, 보험대리점, 카드·대출모집인 등이 포함된다.
① 증권사는 은행, 보험사, 여전사, 저축은행 등과 함께 금융상품직접판매업자에 속한다.

정답 : ①

07 「금융소비자보호법」에서 규정하고 있는 금융상품 6대 판매원칙 중 〈보기〉의 내용에 부합하는 것은?

〈 보 기 〉

• 소비자의 재산상황, 금융상품 취득·처분 경험 등의 정보를 파악하고 이에 비추어 부적합한 금융상품 계약 체결의 권유를 금지하였다.
• 금융투자상품, 변액보험 등 일부 상품에 도입되어 있던 해당 원칙을 모든 금융상품으로 확대하였다.

① 적합성의 원칙
② 적정성의 원칙
③ 불공정영업행위 금지
④ 부당권유행위 금지

해설 「금융소비자보호법」은 개별업법에서 일부 금융상품에 한정하여 적용하고 있는 금융상품 6대 판매원칙을 모든 금융상품에 확대 적용하여 업권에 따른 금융소비자보호 공백을 해소하기 위한 법적 근거를 마련하였다. 이중 〈보기〉의 내용은 적합성의 원칙에 해당한다. 금융상품 6대 판매원칙은 다음과 같다.

판매원칙	내용
적합성의 원칙	· 소비자의 재산상황, 금융상품 취득·처분 경험 등의 정보를 파악하고 이에 비추어 부적합한 금융상품 계약 체결의 권유를 금지 · 금융투자상품, 변액보험 등 일부 상품에 도입되어 있던 해당 원칙을 모든 금융상품으로 확대 · 예금성 상품의 경우 수익률 등 변동 가능성이 있는 상품에 한정
적정성의 원칙	· 소비자가 자발적으로 구매하려는 금융상품이 소비자의 재산상황, 투자경험, 신용 및 변제 계획 등에 비추어 부적정할 경우 이를 고지하고 확인(예금성 상품에는 미적용)
설명의무	· 계약체결을 권유하거나 소비자가 설명을 요청하는 경우 상품의 중요사항을 설명
불공정영업행위 금지	· 판매업자 등이 금융상품 판매 시 우월적 지위를 이용하여 소비자의 권익을 침해하는 행위 금지
부당권유행위 금지	· 금융상품 계약 체결 권유 시 소비자가 오인할 우려가 있는 허위 사실 등을 알리는 행위를 금지
허위·과장광고 금지	· 금융상품 또는 판매업자 등의 업무에 관한 광고 시 필수 포함사항 및 금지행위 등

정답 : ①

08 「금융소비자보호법」에서 마련해 둔 금융소비자보호를 위한 장치에 관한 내용으로 옳지 못한 것은?

① 설명의무 위반에 따른 손해배상청구소송 시 금융회사가 고의·과실 여부를 입증하도록 하였다.
② 대출성 상품의 청약철회 숙려 기간은 계약서류 제공일, 계약체결일 또는 계약에 따른 금전·재화 등 제공일로부터 7일 이내이다.
③ 금융회사의 분쟁조정제도 무력화 방지 및 분쟁조정·소송 시 소비자의 정보접근 권한을 법으로 강화하였다.
④ 소비자가 소액분쟁을 신청한 경우 분쟁조정 완료 시까지 금융회사의 제소를 금지하는 조정이탈금지 제도가 마련되었다.

해설 금융소비자보호법을 제정함으로서 소비자의 선택권 확대, 피해 방지, 사후구제 강화 등을 위한 제도 또한 새롭게 도입하였다. 특히, 청약철회권을 도입하여 일정기간 내 소비자가 금융상품 계약을 철회하는 경우 금융상품 판매자는 이미 받은 금전·재화 등을 소비자에게 반환하여야 한다. 금융상품 유형 별 청약 철회 숙려 기간은 다음과 같다.

상품 구분	상품 유형별 숙려 기간
보장성	보험증권 수령일로부터 15일과 청약일로부터 30일 중 먼저 도래하는 기간 이내
투자성·금융상품자문	계약서류 제공일 또는 계약체결일로부터 7일 이내
대출성	계약서류 제공일, 계약체결일 또는 계약에 따른 금전·재화 등 제공일로부터 14일 이내

① 「금융소비자보호법」은 금융상품 판매원칙 위반과 관련 위법계약해지권, 징벌적 과징금 도입, 과태료 부과, 판매제한명령, 손해배상 입증책임 전환 등 금융상품판매업자등의 판매원칙 준수를 위한 다양한 실효성 확보 수단을 명시하고 위반 시 제재를 강화하였다. 특히 설명의무 위반에 따른 손해배상청구소송 시 고의·과실에 대한 입증 책임을 소비자가 아닌 금융회사가 입증하도록 하였다.

③④ 금융회사와 소비자 간 분쟁조정 과정 중 금융회사의 소 제기 시 조정절차가 중지되는 점을 들어 금융회사는 불리한 결정이 예상되면 소송을 제기하는 사례가 다수 발생함에 따라 금융회사의 분쟁조정제도 무력화 방지 및 분쟁조정·소송 시 소비자의 정보접근 권한을 법으로 강화하였다.

> ① 분쟁조정이 신청된 사건에 대하여 소송이 진행 중일 경우 법원이 그 소송을 중지할 수 있도록 소송중지제도를 도입
> ② 소비자가 신청한 소액분쟁(권리·이익의 가액이 2천만 원 이내)에 따른 분쟁조정 완료 시까지 금융회사의 제소를 금지하는 조정이탈금지제도 마련
> ③ 소비자가 분쟁조정·소송 등 대응 목적으로 금융회사 등이 유지·관리하는 자료 열람을 요구 시 금융회사 등이 영업비밀의 현저한 침해 등의 경우가 아닌한 이를 수용할 의무 명시

정답 : ②

09 우체국금융의 소비자보호제도에 관한 설명으로 옳지 않은 것은?

① 우체국예금의 경우 예금자보호 한도에 제한이 없다.
② 우체국 판매 상품 중 펀드, 하이브리드 체크카드는 「금융소비자보호법」을 최대한 준용한다.
③ 청약철회권, 위법계약해지권, 자료열람요구권 등을 도입하였고, 민간은행에 준하는 고객보호 및 서비스 품질을 제공한다.
④ 고객과 우체국 간의 분쟁 발생 시 금융감독원 금융분쟁조정위원회를 통해 소송 없이 공정하고 신속하게 분쟁해결을 할 수 있다.

우체국금융은 금융당국의 분쟁조정제도(금융감독원 금융분쟁조정위원회)를 준용한 '우체국예금·보험분쟁조정위원회'를 통해 법적 절차(소송) 없이, 고객과 우체국 간의 분쟁을 공정하고 신속하게 해결하여 소비자의 권익을 보호하고 있다.

① 우체국예금의 경우 시중은행(금융상품의 원금과 이자를 합한 5,000만 원까지)과는 달리, 예금자보호한도에 제한이 없다.
② 「금융소비자보호법」에서 적용되는 우체국 예금·보험법의 동일 상품에 대해서는 그 내용을 최대한 준용한다. 따라서 우체국 판매 상품 중 펀드, 하이브리드 체크카드는 금소법을 준용한다.
③ 「우체국예금·보험에 관한 법률(2023.3.21. 개정 2023.9.22. 시행)」 개정 및 자체 규정(고시 제정/훈령 개정) 마련을 통해 우체국금융 소비자의 사전정보제공 및 사후구제 강화 등을 위한 제도 또한 새롭게 도입하였다. 이를 통해 청약철회권, 위법계약해지권, 자료열람요구권 등을 도입, 민간은행에 준하는 고객보호 및 서비스 품질을 제공함으로써 시장경쟁력을 확보하고, 동시에 국가금융 정책 목표 달성을 위해 노력하고 있다.

정답 : ④

01 예금자보호

Step 1 오엑스 Quiz

1 농·수협지역조합, 신용협동조합, 새마을금고는 현재 예금보험공사의 보호대상 금융회사는 아니며, 관련 법률에 따른 자체 기금에 의해 보호된다. ○|×

2 정부, 지방자치단체(국·공립학교 포함), 한국은행, 금융감독원, 예금보험공사, 부보금융회사의 예금은 예금보험의 보호대상에서 제외한다. ○|×

3 은행의 요구불예금, 저축성예금, 적립식예금, 외화예금, 주택청약저축, 주택청약종합저축 등은 예금보험의 보호대상이다. ○|×

> **3.** 주택청약저축과 주택청약종합저축은 양도성예금증서(CD), 환매조건부채권(RP), 수익증권·뮤추얼펀드·MMF 등의 금융투자상품, 특정금전신탁 등 실적배당형 신탁, 은행발행채권, 개발신탁 등과 함께 비보호금융상품에 해당한다.

4 투자매매업자와 투자중개업자를 통해 증권의 매수 등에 사용하지 않고 고객계좌에 현금으로 남아 있는 금액은 예금보호 금융상품에 속한다. ○|×

5 투자매매업자와 투자중개업자가 취급하는 수익증권, 뮤추얼펀드, MMF 등 금융투자상품은 예금자보호를 받을 수 없지만, 환매조건부채권(RP)과 증권사 종합자산관리계좌(CMA)는 예금자보호를 받을 수 있다. ○|×

> **5.** RP와 CMA도 비보호금융상품이다.

6 보험회사의 금융상품 중 개인이 가입한 보험계약, 퇴직보험, 변액보험계약 특약, 보증보험계약, 재보험계약 등은 예금보험의 보호대상이다. ○|×

> **6.** 보험회사의 보증보험계약, 재보험계약, 보험계약자 및 보험료납부자가 법인인 보험계약, 변액보험계약 주계약(최저사망보험금·최저연금적립금·최저중도인출금 등 최저보증 제외), 확정급여형 퇴직연금제도의 적립금 등은 비보호금융상품에 해당한다.

7. 반대로 기술되어 있다. 종합금융회사의 발행어음, 표지어음, 어음관리계좌(CMA) 등은 예금자보호금융상품이지만 금융투자상품(수익증권, 뮤추얼펀드, MMF 등), 환매조건부채권(RP), 양도성예금증서(CD), 기업어음(CP), 종금사 발행채권 등은 비보호금융상품이다.

8. 표지어음도 예금자보호금융상품에 속한다.

10. 상호저축은행중앙회가 발행한 자기앞수표 등도 예금자보호금융상품에 속한다.

11. 변액보험계약 주계약은 비보호금융상품이지만, 최저보증 대상 상품들은 예금자보호 대상 상품이다.

12. 중소기업퇴직연금기금에 편입된 금융상품 중 예금보호 대상으로 운용되는 금융상품은 은행이든 보험회사든 모두 예금보호를 받을 수 있다.

15. 확정급여형퇴직연금제도 → 확정기여형퇴직연금제도, 보험회사를 통한 확정급여형 퇴직연금제도의 적립금은 비보호금융상품에 속한다.

---

7 종합금융회사의 환매조건부채권(RP), 양도성예금증서(CD), 기업어음(CP) 등은 예금자보호금융상품이지만 발행어음, 표지어음, 어음관리계좌(CMA) 등은 비보호금융상품이다. O|×

8 상호저축은행 및 상호저축은행중앙회의 보통예금, 저축예금, 정기예금, 정기적금, 신용부금은 예금자보호금융상품이지만 표지어음은 비보호금융상품이다. O|×

9 상호저축은행 및 상호저축은행중앙회의 개인종합자산관리계좌(ISA)에 편입된 금융상품 중에도 예금보호 대상으로 운용되는 금융상품이 포함되어 있다. O|×

10 상호저축은행중앙회가 발행한 자기앞수표는 예금자보호 대상 금융상품에 포함되지 않는다. O|×

11 최저사망보험금·최저연금적립금·최저중도인출금·최저종신중도인출금 등 최저보증을 포함한 변액보험계약 주계약은 예금자보호 대상 금융상품에 포함되지 않는다. O|×

12 중소기업퇴직연금기금에 편입된 금융상품 중 은행에서 취급하는 것은 예금보호대상으로 운용되지만, 보험회사에서 취급하는 것은 비보호금융상품이다. O|×

13 확정기여형, 개인형 퇴직연금제도 및 중소기업퇴직연금기금 편입 금융상품 중 예금보호 대상으로 운용되는 금융상품은 합산하여 5천만원까지 별도 보호하며, 사고보험금과 연금저축(신탁·보험)은 각각 5천만원 한도로 별도 보호된다. O|×

14 저축은행이 부보금융회사로부터 조달하여 예금보호대상 금융상품으로 운용하는 확정기여형 퇴직연금제도 및 개인형 퇴직연금제도의 적립금은 예금자보호를 받을 수 있다. O|×

15 예금보호대상 금융상품으로 운용되는 확정급여형퇴직연금제도 또는 개인퇴직연금제도의 적립금을 합하여 가입자 1인당 최고 5천만 원(세전)까지 다른 예금과 별도로 보호하고 있다. O|×

16 예금자보호제도의 보호금액 5천만 원(외화예금 포함)은 예금의 종류별 또는 지점별 보호금액이다. ○│✕

16. 동일한 금융회사 내에서 예금자 1인이 보호받을 수 있는 총 금액이다.

Step 2 기출 & 예상 문풀

01 예금자보호제도에 대한 설명으로 옳지 <u>않은</u> 것은?

① 예금보험은 금융회사가 납부한 예금 보험료의 범위 내에서 예금을 대신 지급한다.
② 은행의 양도성예금증서(CD)와 환매조건부채권(RP)은 비보호금융상품에 해당한다.
③ 예금자보호제도는 예금의 전액을 보호하지 않고 일정액만을 보호하고 있다.
④ 보호금액은 동일한 금융회사 내에서 예금자 1인이 보호받을 수 있는 총 금액으로, 개인뿐만 아니라 법인도 대상이 된다.

> **해설** 예금보험은 예금자를 보호하기 위한 목적으로 법에 의해 운영되는 공적보험이기 때문에 예금을 대신 지급할 재원이 금융회사가 납부한 예금 보험료만으로도 부족할 경우에는 예금보험공사가 직접 채권(예금보험기금채권)을 발행하는 등의 방법을 통해 재원을 조성하게 된다.

정답 | 16. ✕

② 은행의 예금보호금융상품과 비보호금융상품은 다음과 같이 구분된다.

구분	보호금융상품	비보호금융상품
은행	· 요구불예금 (보통예금, 기업자유예금, 별단예금, 당좌예금 등) · 저축성예금 (정기예금, 저축예금, 주택청약예금, 표지어음 등) · 적립식예금 (정기적금, 주택청약부금, 상호부금 등) · 외화예금 · 예금보호대상 금융상품으로 운용되는 확정기여형 퇴직연금제도 및 개인형퇴직연금제도의 적립금 · 개인종합자산관리계좌(ISA)에 편입된 금융상품 중 예금보호 대상으로 운용되는 금융상품 · 원본이 보전되는 금전신탁 등	· 양도성예금증서(CD) · 환매조건부채권(RP) · 금융투자상품(수익증권, 뮤추얼펀드, MMF등) · 특정금전신탁 등 실적배당형 신탁 · 은행 발행채권 · 주택청약저축, 주택청약종합저축 등 · 확정급여형 퇴직연금제도의 적립금 · 개발신탁

③ 예금자보호제도는 다수의 소액예금자를 우선 보호하고 부실 금융회사를 선택한 예금자도 일정 부분 책임을 분담한다는 차원에서 예금의 전액을 보호하지 않고 일정액만을 보호하고 있다. 원금과 소정이자를 합하여 1인당 5천만 원까지만 보호되며 초과금액은 보호되지 않는다.

④ 보호금액 5천만 원(외화예금 포함)은 예금의 종류별 또는 지점별 보호금액이 아니라 동일한 금융회사 내에서 예금자 1인이 보호받을 수 있는 총 금액이다. 이 때 예금자 1인이라 함은 개인뿐만 아니라 법인도 대상이 되며, 예금의 지급이 정지되거나 파산한 금융회사의 예금자가 해당 금융회사에 대출이 있는 경우에는 예금에서 대출금을 먼저 상환(상계)시키고 남은 예금을 기준으로 보호한다.

정답 : ①

02 예금자보호제도에 대한 설명으로 옳지 <u>않은</u> 것은?

① 확정급여형퇴직연금의 적립금은 예금자보호대상에 해당한다.

② 비과세 또는 분리과세 되는 금융소득은 종합과세 대상에서 제외된다.

③ 부보금융회사의 예금은 예금보험의 보호대상에서 제외한다.

④ 농·수협지역조합은 관련 법률에 따른 자체 기금에 의해 예금자를 보호한다.

확정급여형 퇴직연금제도의 적립금은 비보호금융상품에 속한다.

② 비과세되는 금융소득은 과세대상이 아니고, 분리과세 되는 금융소득은 원천징수로 납세의무가 종결되므로 금융소득종합과세 대상에서 제외된다.

③ 정부, 지방자치단체(국·공립학교 포함), 한국은행, 금융감독원, 예금보험공사, 부보금융회사의 예금은 예금보험의 보호대상에서 제외한다.

④ 농·수협지역조합, 신용협동조합, 새마을금고는 현재 예금보험공사의 보호대상 금융회사는 아니며, 관련 법률에 따른 자체 기금에 의해 보호된다.

정답 : ①

03 예금자보호법에서 정한 예금보험제도에 대한 설명으로 옳은 것은? (2019 기출)

① 은행, 보험회사, 종합금융회사, 수협은행, 외국은행 국내지점은 보호대상 금융회사이다.

② 외화예금, 양도성예금증서(CD), 환매조건부채권(RP), 주택청약저축은 비보호 금융상품이다.

③ 서울시가 시중은행에 가입한 정기예금 1억 원은 5천만 원 한도 내에서 예금자보호를 받는다.

④ 금융회사가 예금을 지급할 수 없게 되면 법에 의해 금융감독원이 대신하여 예금을 지급하는 공적 보험 제도이다.

> **해설** 보호대상 금융회사는 은행, 보험회사(생명보험·손해보험회사), 투자매매업자·투자중개업자, 종합금융회사, 상호저축 은행이다. 농협은행, 수협은행 및 외국은행 국내지점은 보호대상 금융회사이지만 농·수협 지역조합, 신용협동조합, 새 마을금고는 현재 예금보험공사의 보호대상 금융회사는 아니며, 관련 법률에 따른 자체 기금에 의해 보호된다. 우체국 의 경우 예금보험공사의 보호대상 금융회사는 아니지만, 「우체국예금·보험에 관한 법률」 제4조(국가의 지급 책임)에 의거하여 우체국예금(이자 포함)과 우체국보험 계약에 따른 보험금 등 전액에 대하여 국가에서 지급을 책임지고 있다. 예금자보호법에서 예금보험의 적용을 받는 보호대상 금융회사로 정하고 있는 '부보금융회사'의 범위는 다음과 같다.
>
> > 제2조(정의) 이 법에서 사용하는 용어의 뜻은 다음과 같다.
> >
> > 1. "부보금융회사"(附保金融會社)란 이 법에 따른 예금보험의 적용을 받는 자로서 다음 각 목의 어느 하 나에 해당하는 금융회사를 말한다.
> >
> > 가. 「은행법」 제8조제1항에 따라 인가를 받은 은행
> > 나. 「한국산업은행법」에 따른 한국산업은행
> > 다. 「중소기업은행법」에 따른 중소기업은행
> > 라. 「농업협동조합법」에 따른 농협은행
> > 마. 「수산업협동조합법」에 따라 설립된 수협은행
> > 바. 「은행법」 제58조제1항에 따라 인가를 받은 외국은행의 국내 지점 및 대리점(대통령령으로 정하는 외국은행의 국내 지점 및 대리점은 제외한다)
> > 사. 「자본시장과 금융투자업에 관한 법률」 제12조에 따라 같은 법 제3조제2항에 따른 증권을 대상으로 투 자매매업·투자중개업의 인가를 받은 투자매매업자·투자중개업자(「자본시장과 금융투자업에 관한 법 률」 제78조에 따른 다자간매매체결회사, 예금등이 없는 투자매매업자·투자중개업자로서 대통령령으로 정하는 자 및 「농업협동조합의 구조개선에 관한 법률」 제2조제1호에 따른 조합은 제외한다)
> > 아. 「자본시장과 금융투자업에 관한 법률」 제324조제1항에 따라 인가를 받은 증권금융회사
> > 자. 「보험업법」 제4조제1항에 따라 허가를 받은 보험회사(재보험 또는 보증보험을 주로 하는 보험회 사로서 대통령령으로 정하는 보험회사는 제외한다)
> > 차. 「자본시장과 금융투자업에 관한 법률」에 따른 종합금융회사
> > 카. 「상호저축은행법」에 따른 상호저축은행 및 상호저축은행중앙회

> **오답분석** ② 양도성예금증서(CD), 환매조건부채권(RP), 주택청약저축은 비보호 금융상품이지만, 외화예금은 원화로 환산한 금액 기준으로 예금자 1인당 5천만원 범위 내에서 보호된다.
> ③ 정부와 지방자치단체 및 국·공립학교, 한국은행, 금융감독원, 예금보험공사, 부보금융회사의 예금은 보호 대상에서 제외한다. 따라서 서울시가 시중은행에 가입한 정기예금 1억 원은 예금자보호를 받지 못한다.
> ④ 예금보험제도는 금융회사가 예금을 지급할 수 없게 되면 법에 의해 예금보험공사가 대신하여 예금을 지 급하는 공적 보험제도이다. 예금자보호법에 의해 설립된 예금보험공사는 평소에 금융회사로부터 예금보험료를 받아 예금보험기금을 적립한 후 금융회사가 예금지급을 할 수 없는 상황이 되면 금융회사를 대신하여 예금보험금 을 지급한다.

정답 : ①

04 예금자보호에 대한 설명으로 옳지 않은 것은? (2023 기출)

① 정부, 지방자치단체(국·공립학교 포함), 한국은행, 금융감독원, 예금보험공사, 부보금융회사의 예금은 보호대상에서 제외한다.

② 주택청약저축, 주택청약종합저축 상품은 보호금융상품이며, 주택청약예금, 주택청약부금은 비보호금융상품이다.

③ 보호금액 5천만 원은 예금의 종류별 또는 지점별 보호금액이 아니라 동일한 금융회사 내에서 예금자 1인이 보호받을 수 있는 총금액이다.

④ 예금보험공사로부터 보호받지 못한 나머지 예금은 파산한 금융회사가 선순위채권을 변제하고 남은 재산이 있는 경우 이를 다른 채권자들과 함께 채권액에 비례하여 분배받는다.

해설 주택청약저축, 주택청약종합저축 상품은 비보호금융상품이고 주택청약예금, 주택청약부금은 보호금융상품이다.

오답분석 ① 예금보험공사는 예금보험 가입 금융회사가 취급하는 '예금' 등만을 보호한다. 따라서 정부, 지방자치단체(국·공립학교 포함), 한국은행, 금융감독원, 예금보험공사, 부보금융회사의 예금은 보호대상에서 제외한다.
③ 보호금액 5천만 원(외화예금 포함)은 예금의 종류별 또는 지점별 보호금액이 아니라 동일한 금융회사 내에서 예금자 1인이 보호받을 수 있는 총금액이다. 이때 예금자 1인이라 함은 개인뿐만 아니라 법인도 대상이 되며, 예금의 지급이 정지되거나 파산한 금융회사의 예금자가 해당 금융회사에 대출이 있는 경우에는 예금에서 대출금을 먼저 상환(상계)시키고 남은 예금을 기준으로 보호한다.
④ 예금보험공사로부터 보호받지 못한 나머지 예금은 파산한 금융회사가 선순위채권을 변제하고 남는 재산이 있는 경우 이를 다른 채권자들과 함께 채권액에 비례하여 분배받음으로써 그 전부 또는 일부를 돌려받을 수 있다.

정답 : ②

02 | 금융소득 종합과세

Step 1 오엑스 Quiz

1 이자소득과 배당소득 등 금융소득 중에서 비과세 되는 금융소득과 분리과세 되는 금융소득은 종합과세 대상에서 제외된다.　　　　○│×

1. 비과세되는 금융소득은 과세대상이 아니고, 분리과세 되는 금융소득은 원천징수로 납세의무가 종결되므로 금융소득종합과세 대상에서 제외된다.

2 장기채권이자 분리과세 신청(30%), 비실명금융소득(42,90%), 직장공제회 초과반환금(기본세율)은 분리과세 금융소득에 해당한다.　　○│×

2. 모두 분리과세 금융소득인 것은 맞지만, 비실명금융소득의 세율은 42.90%에서 45.90%로 인상되었다.

3 개인연금저축과 장기주택마련저축의 이자와 배당은 분리과세한다.　　○│×

3. 분리과세 금융소득이 아니라 비과세 금융소득에 해당한다.

4 비과세종합저축의 이자·배당은 1명당 저축원금 5천만 원 이하에 대하여 비과세한다.　　○│×

5 개인종합자산관리계좌(ISA)에서 발생하는 금융소득(이자소득과 배당소득)의 비과세 한도(200만 원, 400만 원)를 초과하는 금액은 비과세 금융소득에 해당한다.　　○│×

5. 비과세 금융소득이 아니라 분리과세 금융소득에 해당한다.

6 「소득세법」에 의해 실지명의가 확인되지 아니하는 이자는 42%의 세율로 분리과세한다.　　○│×

6. 실지명의가 확인되지 아니하는 이자는 45%의 세율로 분리과세한다.

7 금융소득(비과세 또는 분리과세분 제외)이 개인별로 종합과세기준금액인 연간 2천만 원 이하인 경우에는 소득세법에 근거하여 14% 또는 25%의 세율로 분리과세한다.　　○│×

8 특정사회기반시설(뉴딜 인프라) 집합투자기구 투자자 배당소득과 투융자집합투자기구 투자자 배당소득은 비과세 금융소득에 해당한다.　○│×

8. 비과세 금융소득 → 분리과세 금융소득, 두 가지 모두 「조세특례제한법」에 의한 분리과세 금융소득에 해당한다. 특정사회기반시설(뉴딜 인프라) 집합투자기구 투자자 배당소득은 9%, 투융자집합투자기구 투자자 배당소득은 14%의 세율이 적용된다.

9 금융소득이 2천만 원(종합과세기준금액)을 초과하는 경우와 국내에서 원천징수 되지 않은 국외에서 받는 금융소득은 종합과세의 대상이 된다.　　○│×

정답 | 1. ○　2. ×　3. ×　4. ○　5. ×　6. ×　7. ○　8. ×　9. ○

10 2천만 원을 초과하는 금융소득만 다른 종합소득과 합산하여 산출세액을 계산하고 2천만 원 이하 금액은 원천징수세율(14%)을 적용하여 산출세액을 계산한다. O|X

11. 종합과세기준 초과 여부를 계산함에 있어서는 배당소득에 대해 배당가산하지 않은 금액으로 한다.

11 종합과세기준금액(2천만 원)의 초과 여부를 계산함에 있어서 배당소득에 대해 배당가산(Gross-up)한 금액으로 한다. O|X

12 전체 금융소득 중 2천만 원까지는 원천징수세율로 납세의무가 종결되는 분리과세와 같은 결과가 된다. O|X

13 금융소득이 2천만 원을 초과하는 경우에는 배당가산(Gross-up)한 금액을 종합과세 금융소득으로 한다. O|X

14. 예외적으로 출자공동사업자로부터 받는 배당은 종합과세기준금액을 초과하지 않더라도 종합과세한다.

14 출자공동사업자로부터 받는 배당(원천징수세율 25%)은 종합과세기준금액(2천만 원)을 초과하더라도 분리과세한다. O|X

15. 과세표준이 8,800만 원 초과 ~ 1억 5천만 원 이하인 경우 종합소득세율은 35%이고 누진공제액은 1,544만 원이다. 종합소득세율이 38%이고 누진공제액이 1,994만 원에 해당하는 과세표준은 1억 5천만 원 초과 ~ 3억 원 이하이다.

15 과세표준이 8,800만 원 초과 ~ 1억 5천만 원 이하인 경우 종합소득세율은 38%이고 누진공제액은 1,994만 원이다. O|X

16. 당해연도 12월 1일 ~ 12월 31일 → 다음 해 5월 1일 ~ 5월 31일

16 1년간 금융소득이 2천만 원을 초과한 경우 또는 국내에서 원천징수 되지 않는 금융소득이 있는 경우 발생년도 당해 연도 12월 1일부터 12월 31일까지 주소지 관할세무서에 종합소득세 확정 신고·납부하여야 한다. O|X

17. 작은 금액 → 큰 금액

17 종합소득산출세액은 금융소득을 기본세율로 과세 시 산출세액과 금융소득을 원천징수세율로 과세 시 산출세액 중 작은 금액으로 한다. O|X

18. 큰 금액 → 작은 금액

18 배당세액공제는 '종합소득 산출세액에서 분리과세방식 산출세액을 뺀 금액'과 '배당가산액(배당가산 대상 금액 × 11%)' 중 큰 금액으로 한다.

19 '비영업대금이익'이 있는 경우 종합과세방식으로 계산할 때에는 금융소득에 합산하여 세액을 산출하고, 분리과세방식으로 계산할 때에는 25%의 세율로 별도 계산한다. O|X

정답 | 10. O 11. × 12. O 13. O 14. × 15. × 16. × 17. × 18. × 19. O

01 종합과세에서 제외되는 금융소득 중 비과세 금융소득에 해당하는 것이 <u>아닌</u> 것은?

① 장기저축성보험의 보험차익
② 직장공제회 초과반환금
③ 재형저축에 대한 이자·배당
④ 개인연금저축의 이자·배당

해설 금융소득 종합과세는 '금융소득 − 종합과세 제외 금융소득'이다. 따라서 '(이자소득+배당소득) − (비과세 되는 금융소득+분리과세 금융소득)'이 종합과세되는 금융소득이 된다. 비과세 되는 금융소득과 분리과세 되는 금융소득은 다음과 같다.

구분	비과세 금융소득	분리과세 금융소득
소득세법	① 「신탁법」에 의한 공익신탁의 이익 ② 장기저축성보험의 보험차익	① 부동산 경매입찰을 위하여 법원에 납부한 보증금 및 경락대금에서 발생하는 이자 (14%) ② 실지명의가 확인되지 아니하는 이자 (45%) ③ '17.12.31. 이전에 가입한 10년 이상 장기채권(3년 이상 계속하여 보유)으로 분리과세를 신청한 이자와 할인액 (30%) ④ 직장공제회 초과반환금 (기본세율) ⑤ 수익을 구성원에게 배분하지 아니하는 개인으로 보는 법인격 없는 단체로서 단체명을 표기하여 금융거래를 하는 단체가 금융회사 등으로부터 받는 이자 배당 (14%) ⑥ 금융소득(비과세 또는 분리과세분 제외)이 개인별로 연간 2천만원(종합과세기준 금액)이하인 경우 (14% 또는 25%)
조세특례제한법	① 개인연금저축의 이자·배당 ② 장기주택마련저축의 이자·배당 ③ 비과세종합저축의 이자·배당 (1명당 저축원금 5천만 원 이하) ④ 조합 등 예탁금의 이자 및 출자금에 대한 배당 ⑤ 재형저축에 대한 이자·배당 ⑥ 농어가목돈마련저축의 이자 ⑦ 우리사주조합원이 지급 받는 배당 ⑧ 농업협동조합근로자의 자사출자지분 배당 ⑨ 영농·영어조합법인의 배당 ⑩ 농업회사법인 출자금의 배당 ⑪ 재외동포전용 투자신탁 등의 배당 (1억 원 이하) ⑫ 녹색예금, 녹색채권의 이자와 녹색투자신탁등의 배당 (조특법§ 91조의13) ⑬ 경과규정에 의한 국민주택 등 이자 (94.12.22. 소법 부칙§ 9) ⑭ 개인종합자산관리계좌(ISA)에서 발생하는 금융소득(이자소득과 배당소득)의 합계액 중 200만원 또는 400만원까지	① 발행일부터 최종 상환일까지의 기간이 7년 이상인 사회기반시설에 대한 민간투자법 제58조제1항의 규정에 의한 사회기반시설채권으로서 '14년말 까지 발행된 채권의 이자 (14%) ☞ 2010.1.1. 이후 발행하는 사회기반시설채권은 최종 상환일까지의 기간이 7년 이상(15년→7년)으로 변경 되었으며, 10년부터 수해방지채권은 분리과세 대상에서 제외되었음 ② 영농·영어조합법인의 배당 (5%) ③ 세금우대종합저축의 이자·배당 (9%) ④ 재외동포전용투자신탁 등의 배당 (5%) ⑤ 집합투자증권의 배당소득에 대한 과세특례 (5%, 14%) ⑥ 고위험고수익투자신탁 등에 대한 이자 배당 (14%) ⑦ 개인종합자산관리계좌(ISA)에서 발생하는 금융소득(이자소득과 배당소득)의 비과세 한도(200만원, 400만원)를 초과하는 금액 (9%) ⑧ 특정사회기반시설(뉴딜 인프라) 집합투자기구 투자자 배당소득(9%) ⑨ 투융자집합투자기구 투자자 배당소득(14%) ※ 조건부 과세대상 ① 2016. 1.1. 이후 선박투자회사로부터 받은 배당소득 ② 2017. 1.1. 이후 해외자원개발투자회사·해외자원개발투자전문회사로부터 받은 배당소득
금융실명거래 및 비밀보장에 관한 법률		① 비실명금융자산으로서 금융회사 등을 통해 지급되는 이자·배당 (90%) ② 「금융실명거래 및 비밀보장에 관한 법률」에 의하여 발행된 비실명채권에서 발생된 이자(2000.12.31. 까지 20%, 2001.1.1. 이후 15%)

② 직장공제회 초과반환금은 비과세 금융소득이 아니라 분리과세 금융소득에 해당한다.

정답 : ②

02 〈보기〉 중에서 금융소득 중 비과세 금융소득에 해당하는 것을 모두 고른 것은?

〈 보 기 〉

ㄱ. 공익신탁의 이익, 장기저축성보험차익
ㄴ. 개인종합자산관리계좌(ISA)에서 발생하는 금융소득의 합계액 중 200만 원 또는 400만 원까지
ㄷ. 직장공제회 초과반환금(기본세율)
ㄹ. 농업회사법인 출자 거주자의 식량작물재배업소득 외의 소득에서 발생한 배당
ㅁ. 우리사주조합원이 지급받는 배당

① ㄱ, ㄴ, ㄷ   ② ㄱ, ㄴ, ㅁ
③ ㄴ, ㄷ, ㄹ   ④ ㄷ, ㄹ, ㅁ

> **해설** 금융소득 중 비과세 금융소득 대상은 공익신탁의 이익, 장기저축성보험차익, 장기주택마련저축 이자·배당, 개인연
> 금저축 이자·배당, 비과세종합저축 이자·배당(1인당 5천만 원 이하), 농·어민 조합 예탁금 이자, 농어가 목돈 마련
> 저축 이자, 녹색 예금·채권 이자, 재형저축에 대한 이자·배당, 경과규정에 따른 국민주택채권 이자, 우리사주조합
> 원이 지급받는 배당, 조합 등 예탁금의 이자 및 출자금에 대한 배당, 영농·영어조합법인 배당, 재외동포 전용 투자
> 신탁(1억원 이하) 등으로부터 받는 배당, 녹색투자신탁 등 배당, 저축지원을 위한 조특법에 따른 저축에서 발생하
> 는 배당, 개인종합자산관리계좌(ISA)에서 발생하는 금융소득의 합계액 중 200만원 또는 400만원까지 등이다.

> **오답
> 분석** 장기채권이자 분리과세 신청(30%), 비실명금융소득(45,90%), 직장공제회 초과반환금(기본세율), 7년(15년)이상 사
> 회기반시설채권이자(14%), 영농·영어 조합법인(1천2백만원 초과분)으로부터 받는 배당(5%), 농업회사법인 출
> 자 거주자의 식량작물재배업소득 외의 소득에서 발생한 배당(14%), 사회기반시설투융자집합투자기구의 배당
> (5%, 14%), 세금우대종합저축 이자·배당(9%), 개인종합자산관리계좌(ISA)에서 발생하는 금융소득의 비과세 한도
> (200만원, 400만원)를 초과하는 금액 등은 분리과세 금융소득에 해당한다.

정답 : ②

03 금융소득의 과세제도에 관한 내용 중 옳지 않은 것은?

① 개인별 연간 금융소득이 2천만 원을 초과하는 경우 초과 금액에 대해서는 다른 소득과 합산하여 종합
   과세한다.
② 종합과세대상 금융소득이 발생한 경우 발생년도 다음 해 5월 1일~31일까지 주소지 관할세무서에 신
   고하여야 한다.
③ 금융소득의 종합과세기준금액인 2천만 원의 초과 여부를 계산함에 있어서는 배당소득에 대해 배당가
   산(Gross-up)한 금액으로 한다.
④ 비과세 또는 분리과세분을 제외한 금융소득이 연간 2천만 원 이하인 경우에는 14% 또는 25%의 세율
   로 분리과세한다.

> **해설** 금융소득의 종합과세기준금액인 2천만 원의 초과 여부를 계산함에 있어서는 배당소득에 대해 배당가산(Gross-up)하
> 지 않은 금액으로 한다.

① 금융소득 종합과세제도에 따라 개인별 연간 금융소득(이자·배당 소득)이 2천만 원 이하일 경우에는 원천징수하고, 2천만 원을 초과하는 금융소득은 2천만 원에 대하여는 원천징수세율을 적용하되 2천만 원을 초과하는 금액은 다른 종합소득(근로소득·사업소득·연금소득 등)과 합산하여 누진세율을 적용하여 종합과세한다.

② 종합과세대상 금융소득이 발생한 경우 발생년도 다음 해 5월 1일~31일까지 주소지 관할세무서에 신고하지 않거나 불성실하게 신고하는 경우에는 가산세를 부담하게 된다.

④ 비과세 또는 분리과세분을 제외한 금융소득이 개인별로 종합과세기준금액인 연간 2천만 원 이하인 경우에는 소득세법에 근거하여 14% 또는 25%의 세율로 분리과세한다.

정답 : ③

04 갑의 2023년 귀속 금융소득 현황이 〈보기〉와 같을 때 종합소득산출세액은?

―〈 보 기 〉―

- 정기예금 이자 : 75,100,000원
- 회사채 이자 : 20,000,000원
- 영농조합법인의 배당 : 10,000,000원
- 비과세종합저축원금 5천만 원에 대한 이자 : 1,000,000원

단, 종합소득 공제는 5,100,000원, 누진 공제액은 5,760,000원으로 한다.

① 9,580,000원   ② 11,980,000원

③ 13,840,000원   ④ 16,780,000원

해설 〈보기〉의 항목 중 영농조합법인의 배당과 비과세종합저축(1명당 저축원금 5천만 원 이하)의 이자는 비과세금융소득에 해당한다. 따라서 종합과세되는 금융소득금액은 정기예금 이자와 회사채 이자를 합한 75,100,000+20,000,000=95,100,000원이다. 이중 기준금액초과 금융소득은 95,100,000−20,000,000=75,100,000원이고, 여기에서 다시 종합소득공제를 제외하면 75,100,000−5,100,000=70,000,000원이 된다. 70,000,000의 기본세율은 24%이므로 이를 '(2천만원 초과금액 − 종합소득공제)×기본세율 − 누진공제 + (20,000,000×14%)'에 대입하면 70,000,000×0.24 − 5,760,000 + 2,800,000 = 13,840,000원이 된다.

정답 : ③

05 A씨의 2023년 귀속 금융소득 현황이 다음과 같을 때 종합소득 산출세액으로 옳은 것은? (2019 기출 변형)

─────〈 보 기 〉─────

- 정기예금 이자: 55,100,000원
- 우리사주 배당금: 20,000,000원
- 환매조건부채권 이자(RP): 30,000,000원
- 농업회사법인 출자금 배당: 10,000,000원
  단, 종합소득 공제는 5,100,000원, 누진 공제액은 5,760,000원으로 한다.

① 9,580,000원   ② 11,9140,000원
③ 14,380,000원   ④ 16,780,000원

───

해설 제시된 자료에서 종합과세되는 금융소득금액은 정기예금 이자와 환매조건부채권 이자이다. 우리사주 배당금과 농업회사법인 출자금 배당은 비과세 대상이고, 분리과세되는 금융소득은 원천징수로 납세의무가 종결되어 금융소득 종합과세 대상에서 제외된다. 따라서 종합과세되는 금융소득금액은 55,100,000+30,000,000=85,100,000원이고, 기준금액초과 금융소득은 85,100,000−20,000,000=65,100,000원이다. 이를 바탕으로 (1)금융소득을 기본세율로 과세 시 산출세액과 (2)금융소득을 원천징수세율로 과세 시 산출세액을 비교하여 둘 중 큰 금액이 종합소득산출세액이 된다. 따라서 종합소득산출세액은 둘 중 더 큰 금액인 11,914,000원이 된다.

> (1) {(2천만 원 초과금액 − 종합소득공제) × 기본세율 − 누진공제액} + (2천만 원 × 14%)
>   {(65,100,000 − 5,100,000) × 24% − 5,760,000} + (20,000,000 × 14%)
> = (60000000 × 24% − 5,760,000) + 2,800,000
> = 14,400,000 − 5,760,000 + 2,800,000 = 11,440,000원
> (2) 금융소득 × 14%
>   85,100,000 × 14% = 11,914,000원

※ 종합소득세 기본세율

과세표준(2023년 이후~)	세 율	누진공제액
1,400만 원 이하	6%	–
1,400만 원 초과 ~ 5,000만 원 이하	15%	126만 원
5,000만 원 초과 ~ 8,800만 원 이하	24%	576만 원
8,800만 원 초과 ~ 1억5천만 원 이하	35%	1,544만 원
1억 5천만 원 초과 ~ 3억 원 이하	38%	1,994만 원
3억 원 초과 ~ 5억 원 이하	40%	2,594만 원
5억 원 초과	42%	3,594만 원
10억 초과	45%	6,594만 원

정답 : ②

06 갑의 2023년 소득 현황이 〈보기〉와 같을 때 종합소득산출세액과 배당세액공제액을 바르게 연결한 것은?

〈보기〉

- 사업소득금액 : 20,000,000원
- 회사채 이자 : 10,000,000원
- 정기예금 이자 : 5,000,000원
- 비영업대금이익 : 5,000,000원
- 비상장법인배당 : 50,000,000원
  단, 종합소득 공제는 5,100,000원이고, 누진공제액은 5,760,000원이다.

① 종합소득산출세액 13,936,000원, 배당세액공제 2,611,000원
② 종합소득산출세액 11,325,000원, 배당세액공제 2,611,000원
③ 종합소득산출세액 13,936,000원, 배당세액공제 5,500,000원
④ 종합소득산출세액 11,325,000원, 배당세액공제 5,500,000원

해설 종합과세되는 금융소득금액은 회사채 이자, 정기예금 이자, 비영업대금이익, 비상장법인배당을 합한 금액이다.
○ 금융소득 = 회사채 이자 + 정기예금 이자 + 비영업대금이익 + 비상장법인배당
= 10,000,000 + 5,000,000 + 5,000,000 + 50,000,000 = 70,000,000원
○ 종합과세기준금액 초과금액 = 70,000,000 − 20,000,000 = 50,000,000원
○ 배당가산(Gross-up) 대상 금액 : 50,000,000원
○ 배당가산액 = 50,000,000 × 11% = 5,500,000원

(1) 종합과세방식
[(종합과세기준금액 초과금액 + 배당가산액 + 다른 종합소득금액) − 종합소득공제] × 기본세율 − 누진공제액 + (종합과세기준금액 × 원천징수세율) = 산출세액
[(50,000,000 + 5,500,000 + 20,000,000) − 5,100,000)] × 24% − 5,760,000 + (20,000,000 × 14%)
= 70,400,000 × 24% − 5,760,000 + 2,800,000 = 16,896,000 − 5,760,000 + 2,800,000 = 13,936,000원
(2) 분리과세방식
[(20,000,000 − 5,100,000) × 15% − 1,260,000] + [5,000,000 × 25% + 65,000,000 × 14%]
= [2,235,000 − 1,260,000] + [1,250,000 + 9,100,000] = 975,000 + 10,350,000 = 11,325,000원

○ 종합소득 산출세액 계산 [(1), (2) 중 큰 금액] : 13,936,000원
○ 배당세액공제 [㉮, ㉯ 중 적은 금액] : 2,611,000원
㉮ 배당가산액 : 50,000,000 × 11% = 5,500,000
㉯ 위 종합소득 산출세액(13,936,000) − 위 분리과세방식 산출세액(11,325,000) = 2,611,000원

정답 : ①

07 〈보기〉는 갑의 2023년 귀속 금융소득 현황이다. 이에 따른 갑의 종합소득 산출세액은?

〈 보 기 〉

- 은행예금 이자 : 3,000,000원
- 회사채 이자 : 15,000,000원
- 환매조건부채권 이자 : 2,000,000원
- 비영업대금이익 : 5,000,000원
- 우리사주 배당금 : 10,000,000원
- 사업소득 금액 : 30,100,000원

단, 종합소득 공제는 5,100,000원, 누진공제액은 1,260,000원으로 한다.

① 5,990,000원
② 6,040,000원
③ 6,540,000원
④ 7,540,000원

해설 제시된 자료에서 종합과세되는 금융소득금액은 은행예금 이자와 회사채 이자, 환매조건부채권 이자, 비영업대금이익이다. 우리사주 배당금은 비과세 대상이다. 비과세 대상인 우리사주 배당금을 제외한 금융소득은 3,000,000 + 15,000,000 + 2,000,000 + 5,000,000 = 25,000,000원이고, 기준금액초과 금융소득은 5,000,000원이다. 이를 바탕으로 (1)금융소득을 기본세율로 과세 시 산출세액과 (2)금융소득을 원천징수세율로 과세 시 산출세액을 비교하여 둘 중 큰 금액이 종합소득산출세액이 된다. 따라서 종합소득산출세액은 둘 중 더 큰 금액인 6,540,000원이다.

(1) 금융소득을 기본세율로 과세 시 산출세액
{(2천만 원 초과금액 + 사업소득금액 − 종합소득공제) × 기본세율 − 누진공제액} + (2천만 원 × 14%)
= {(5,000,000 + 30,100,000 − 5,100,000) × 15% − 1,260,000} + (2,800,000)
= 4,500,000 − 1,260,000 + 2,800,000
= 6,040,000원

(2) 금융소득을 원천징수세율로 과세 시 산출세액
{(비영업대금이익 제외 금융소득금액 × 14%) + (비영업대금이익 × 25%)} + {(사업소득금액 − 종합소득공제) × 기본세율 − 누진공제액}
= {(20,000,000 × 14%) + (5,000,000 × 25%)} + {(30,100,000 − 5,100,000) × 15% − 1,260,000}
= (2,800,000 + 1,250,000) + (3,750,000 − 1,260,000)
= 4,050,000 + 2,490,000 = 6,540,000원

정답 : ③

03 금융정보 자동교환 협정

1 정보교환협정에 따른 금융정보자동교환 이행규정(기획재정부 고시)은 국제조세조정에 관한 법률에서 위임을 받아 금융거래회사등이 금융거래 상대방의 인적사항 등을 확인하기 위한 실사절차, 자료보고방법, 비보고 금융회사와 제외계좌 등을 규정하고 있다. ○│×

2 기존계좌로 소액을 거래할 경우 금융정보 자동교환을 위한 실사 내용으로 거주지 주소확인과 전산기록 검토를 통한 추정정보 확인(확인되는 경우 본인확인서 및 증빙자료 수취), 특정한 경우 마스터파일·문서기록 검토를 통해 추정정보를 확인하고 확인되는 경우 본인확인서 및 증빙자료를 수취해야 하지만, 미국의 경우 거주지 주소확인이 제외된다. ○│×

3 금융시장에서 거래되고 금융회사를 통해 유통·보유되는 양도성 채권상품(양도성 예금증서 등 증서식 예금상품을 포함)을 포함한 예금계좌는 보고대상 금융계좌이다. ○│×

3. 양도성 채권상품은 예금계좌에서 제외한다.

4 수탁계좌는 보고대상 금융계좌에 포함되지만, 보험계약 또는 연금계약인 경우에는 수탁계좌로 보지 않는다. ○│×

5 금융회사가 국세청에 보고해야 하는 보고대상 금융계좌 중 '현금가치 보험계약'에서 일반손해보험계약(보험업감독규정 제1-2조제11호) 및 이에 해당하지 않는 보험계약 중 순보험료가 위험보험료만으로 구성되는 보험계약과 두 보험회사 간의 보장성 재보험계약은 제외된다. ○│×

01 자금세탁방지제도와 금융정보 자동교환 협정에 대한 내용으로 옳은 것은?

① 고액현금거래보고의 보고 기준금액은 동일인 기준 10거래일동안 지급받거나 영수한 현금액을 각각 합산하여 산정한다.

② 고객이 고액현금거래보고를 회피할 목적으로 금액을 분할하여 금융거래를 하고 있다고 의심되는 합당한 근거가 있는 경우에는 고액현금거래로 보고해야 한다.

③ 100만 원 이하의 원화송금(무통장입금 포함) 금액은 고액현금거래의 기준금액 산정 시 제외거래에 해당한다.

④ 금융정보 자동교환을 위한 국제 협정을 이행하기 위하여 국내 금융거래회사등은 보고대상 금융계좌에 대한 정보를 수집하여 해당 정보를 금융위원회에 보고하여야 한다.

> **해설** 1백만 원 이하의 원화송금(무통장입금 포함) 금액, 1백만 원 이하에 해당하는 외국통화 매입·매각 금액, 「금융실명법」상 실명확인 생략 가능한 각종 공과금 등을 수납한 금액, 법원공탁금, 정부·법원보관금, 송달료를 지출한 금액, 은행지로장표에 의하여 수납한 금액, 1백만 원 이하의 선불카드 거래 금액 등은 고액현금거래의 기준금액 산정 시 제외거래에 해당한다.
>
> **오답분석** ① 고액현금거래보고의 보고 기준금액은 「특정금융정보법」 제4조2에서 정한 금액으로 동일인 기준 1거래일동안 지급받거나 영수한 현금액을 각각 합산하여 산정한다. 이때 동일인이란 「금융실명법」 제2조 제4호의 실지명의가 동일한 경우(주민등록표상의 명의 등)를 의미한다.
> ② 고객이 고액현금거래보고를 회피할 목적으로 금액을 분할하여 금융거래를 하고 있다고 의심되는 합당한 근거가 있는 경우에는 의심거래보고(STR)를 해야 한다.
> ④ 금융정보 자동교환을 위한 국제 협정을 이행하기 위하여 국내 금융거래회사등은 관리하고 있는 금융계좌 중 계좌보유자가 보고대상 '해외 납세의무자'에 해당하는지 여부를 확인하는 실사 절차를 수행해야 한다. 금융거래회사등은 보고대상 금융계좌에 대한 정보를 수집하여 해당 정보를 국세청에 보고하여야 한다.
>
> 정답 : ③

02 금융정보 자동교환 협정에 관한 내용으로 옳지 <u>않은</u> 것은?

① 금융정보자동교환 이행규정은 금융거래회사등이 금융거래 상대방의 인적사항 등을 확인하기 위한 실사절차, 자료보고방법, 비보고 금융회사와 제외계좌 등을 규정하고 있다.

② 국내 금융거래회사등은 관리하고 있는 금융계좌 중 계좌보유자가 보고 대상 '해외 납세의무자'에 해당하는지 여부를 확인하는 실사 절차를 수행해야 한다.

③ 금융거래회사등은 보고 대상 금융계좌에 대한 정보를 수집하여 국세청에 보고하여야 한다.

④ 제외계좌에 해당하는 계좌들은 보고와 실사절차 대상에서 제외되지만, 계좌잔액 합산 대상 금융계좌에는 포함된다.

해설 제외계좌는 개인퇴직계좌, 생명보험계약 등과 같이 해당 계좌가 세제혜택 대상이고 계좌에 관한 정보가 과세당국에 보고 되는 등 이행규정에서 규정한 특정 조건을 모두 충족하며 조세회피 등에 사용될 위험이 낮은 것으로 판단되는 특정 금융계좌이다. 금융계좌라 하더라도 제외계좌에 해당하는 계좌들은 보고뿐만 아니라 실사절차, 계좌잔액 합산 대상 금융계좌에서도 제외된다.

오답분석 ① 정보교환협정에 따른 금융정보자동교환 이행규정(기획재정부 고시)은 국제조세조정에 관한 법률에서 위임을 받아 금융거래회사등이 금융거래 상대방의 인적사항 등을 확인하기 위한 실사절차, 자료보고방법, 비보고 금융회사와 제외계좌 등을 규정하고 있다.
② 금융정보 자동교환을 위한 국제 협정을 이행하기 위하여 국내 금융거래회사등은 관리하고 있는 금융계좌 중 계좌보유자가 보고 대상 '해외 납세의무자'에 해당하는지 여부를 확인하는 실사 절차를 수행해야 한다.
③ 금융거래회사등은 보고 대상 금융계좌에 대한 정보를 수집한 다음 해당 정보를 국세청에 보고하여야 한다.

정답 : ④

03 금융정보 자동교환 협정에 따른 금융회사의 의무와 관련한 내용으로 옳지 <u>않은</u> 것은?

① 금융거래회사등은 보고대상 금융계좌에 대한 정보를 수집하여 해당 정보를 국세청에 보고하여야 한다.
② 금융거래회사등은 개인이나 단체가 신규계좌를 개설할 때 본인확인서를 통해 '해외 납세의무자' 여부를 실사하여야 한다.
③ 일반손해보험계약과 보험회사 간 보장성 재보험계약은 보고대상 금융계좌에 해당한다.
④ 금융계좌라 하더라도 제외계좌에 해당하는 계좌들은 보고뿐만 아니라 실사절차, 계좌잔액 합산 대상 금융계좌에서도 제외된다.

해설 금융정보 자동교환 협정에 따라 금융회사는 실사의 의무, 정보수집 및 보고의 의무 등을 져야 한다. 실사의 의무는 국내 금융거래회사등이 금융정보 자동교환을 위한 국제 협정을 이행하기 위하여 관리하고 있는 금융계좌 중 계좌보유자가 보고대상 '해외 납세의무자'에 해당하는지 여부를 확인하는 실사 절차를 수행해야 하는 것이고, 정보수집 및 보고의 의무는 금융거래회사등이 보고대상 금융계좌에 대한 정보를 수집하여 해당 정보를 국세청에 보고하여야 하는 것을 가리킨다.
③ 보고대상 금융계좌에는 예금계좌와 수탁계좌, 자본 및 채무지분, 현금가치보험계약, 연금계약이 포함된다. 이중 현금가치 보험계약은 위험보장을 목적으로 우연한 사건 발생에 관하여 발행인이 금전 또는 그 밖의 급여를 지급할 것을 약정하고 대가를 수수하는 현금가치가 있는 보험계약을 말한다. 단, (1)보험업감독규정 제1-2조제11호에 따른 일반손해보험계약, (2)앞의 (1)에 해당하지 않는 보험계약 중 순보험료가 위험보험료만으로 구성되는 보험계약, (3)두 보험회사 간의 보장성 재보험계약은 현금가치보험계약에서 제외된다.

오답분석 ④ 제외계좌란 개인퇴직계좌, 생명보험계약 등과 같이 해당 계좌가 세제혜택 대상이고 계좌에 관한 정보가 과세당국에 보고되는 등 이행규정(제31조 제외계좌)에서 규정한 특정 조건을 모두 충족하며 조세회피 등에 사용될 위험이 낮은 것으로 판단되는 특정 금융계좌를 말한다. 금융계좌라 하더라도 제외계좌에 해당하는 계좌들은 보고뿐만 아니라 실사절차, 계좌잔액 합산 대상 금융계좌에서도 제외된다.

정답 : ③

제3편 우체국금융 상품

제8장
우체국금융 상품

제9장
우체국금융 서비스

제10장
전자금융

01 예금상품

Step 1 오엑스 Quiz

1 우체국예금 상품은 예금사업의 영위를 위해 이익을 창출할 수 있도록 수익성이 고려되어야 하며, 수익성뿐만 아니라 국민경제의 공익증진 및 금융시장 발전에 기여하는 방안, 소비자보호의 관점도 고려되어야 한다.

○|×

2 듬뿍우대저축예금은 법인, 고유번호증을 부여받은 단체, 사업자등록증을 가진 개인사업자 등을 대상으로 예치 금액별로 차등 금리를 적용하는 기업 MMDA 상품으로 입출금이 자유로운 예금이다.

○|×

3 우체국 행복지킴이통장의 가입대상은 국가에서 지급하는 각종 복지급여 수급자로 기초생활수급자, 기초연금수급자, 장애인연금수급자, 긴급지원 대상자 등은 포함되지만 아동수당·영아수당 수급자, 소기업·소상공인 공제금 수급자 등은 포함되지 않는다.

○|×

4 「자동차손해배상보장법」에서 정하는 자동차 사고 피해지원금 수급자와 「의료급여법」에서 정하는 의료급여 수급자 모두 우체국 행복지킴이통장에 가입할 수 있다.

○|×

5 우체국 국민연금안심통장의 예금 평균 잔액이 50만 원 이상인 경우 연 0.1%p의 우대이율이 제공된다.

○|×

6 우체국 하도급지킴이통장의 예금 출금은 '정부계약 하도급관리시스템'의 이체요청과 우체국창구에서만 가능하며, 전자금융과 자동화기기 등을 통한 출금은 불가하다.

○|×

2. 듬뿍우대저축예금이 아니라 기업든든MMDA통장에 대한 설명이다. 듬뿍우대저축예금은 개인고객을 대상으로 예치 금액별로 차등 금리를 적용하는 개인 MMDA 상품으로 입출금이 자유로운 예금이다.

3. 모두 포함된다. 그 외에도 장애수당·장애아동수당 수급자, 한부모가족지원 보호대상자, 요양비등 국민건강보험 급여수급자, 어선원보험의 보험급여 지급대상자, 노인장기요양 특별현금급여비 수급자, 건설근로자 퇴직공제금 수급자, 아동복지법에서 정하는 자립수당 수급자, 재난적의료비 지원금액 수급자 등이 가입할 수 있다.

5. 우체국 국민연금안심통장의 예금 평균 잔액이 30만원 이상 50만원 미만인 경우에는 연0.1%p의 우대이율이 제공되고, 예금 평균 잔액이 50만원 이상인 경우에는 연0.2%p의 우대이율이 제공된다.

6. 우체국창구에서도 출금할 수 없다.

정답 | 1. ○ 2. × 3. × 4. ○ 5. × 6. ×

7 우체국 다드림통장의 패키지 중 베이직에는 금융기관이 제외되지만, 사업자에는 금융기관이 포함된다. ○│×

8 우체국 다드림통장의 패키지 중 최고 우대이율이 제공되는 것은 '주니어'이다. ○│×

9 우체국 공무원연금평생안심통장과 우체국 호국보훈지킴이통장의 예금 평균 잔액이 50만 원 이상인 경우 연0.1%p의 우대이율이 제공된다. ○│×

10 우체국 페이든든⁺ 통장 중 개인통장은 우체국 거치식 예금 보유, 각종 자동이체 실적 등에 따라 우대혜택이 제공된다. ○│×

11 우체국 페이든든⁺ 통장 중 사업자통장은 '우체국페이'의 간편결제·간편송금 이용실적에 따라 우대혜택이 제공된다. ○│×

12 우체국 페이든든⁺ 통장 중 사업자통장은 우체국 소상공인 정기예금을 보유한 경우, 가입자가 소상공인 또는 소기업 대표자일 경우 우대혜택이 제공된다. ○│×

13 우체국 페이든든⁺ 통장의 개인통장과 사업자통장 모두 가입자가 소상공인인 경우 우대혜택이 제공된다. ○│×

---

7. 베이직과 사업자 모두 금융기관은 제외된다. 베이직에는 개인, 개인사업자, 법인, 단체가 가입 가능하고 사업자에는 개인사업자, 법인, 단체가 가입 가능하다.

8. 우체국 다드림통장 패키지의 최고 우대이율은 주니어 연0.4%p, 직장인·사업자·실버 연0.6%p, 베이직 연0.15%p이다.

9. 예금 평균 잔액이 50만원 이상 100만원 미만인 경우에는 연0.1%p의 우대이율이 제공되지만, 예금 평균 잔액이 100만원 이상인 경우에는 연0.2%p의 우대이율이 제공된다.

10. 우체국 거치식 예금 보유를 우체국 적립식 예금 보유로 수정하여야 한다. 우체국 페이든든⁺ 통장 중 개인통장은 '우체국페이'의 간편결제·간편송금 이용실적, 우체국 적립식 예금 보유, 각종 자동이체 실적, 가입자가 소상공인 또는 소기업 대표자일 경우 우대혜택이 제공된다.

11. '우체국페이'의 간편결제·간편송금 이용실적에 따라 우대혜택이 제공되는 것은 개인통장이다. 사업자통장은 '우체국페이(제로페이 포함)'의 간편결제 가맹점 결제계좌가 우체국 계좌로 약정되어 있는 경우, '우체국 소상공인 정기예금' 정상 보유, 소상공인 또는 소기업으로 확인된 경우에 우대혜택이 제공된다.

12. 소기업 대표자를 소기업으로 수정하여야 한다. 개인통장의 경우 소기업 대표자에 대하여 우대혜택을 제공하고, 사업자통장의 경우는 가입자가 소기업일 경우 우대혜택을 제공한다.

---

14 우체국 청년미래든든통장의 매 결산기간 중 평균잔액이 100만 원 이상인 금액에 대하여 이 예금에 우체국 체크카드 이용 실적이 있는 경우 또는 이 예금에 우체국페이 이용(간편결제 또는 간편송금) 이용 실적이 있는 경우 최고 연1.0%p의 상품 우대이율을 제공한다.   ○│×

15 우체국 퇴직연금 정기예금은 우정사업본부와 퇴직연금사업자의 사전 협약에 의해 전국 모든 우체국에서 가입이 가능하다.   ○│×

16 20~40대 직장인과 카드 가맹점, 법인 등을 대상으로 급여이체 실적 및 카드 가맹점 결제계좌 이용 등 일정 조건에 해당하는 경우 우대금리를 제공하는 적립식 예금은 2040+α자유적금, 정기예금은 2040+α정기예금이다.   ○│×

17 우체국 소상공인정기예금 가입자가 중소기업중앙회에서 운영하는 노란우산을 보유한 경우 연0.3%p의 상품 우대이율이 적용된다.   ○│×

18 우체국 파트너든든 정기예금의 상품 우대이율은 우편 계약고객으로 확인되는 경우 연0.2%p, 우체국 수시입출식 예금 평균잔액 실적에 해당되는 경우 연0.1%p, 우체국 체크카드 이용실적 우대에 해당되는 경우 연0.1%p, 우체국 예금 우수고객일 경우 연0.1~0.15%p로 최고 연0.55%p이다.   ○│×

19 우체국 편리한 e정기예금과 시니어 싱글벙글 정기예금, 초록별 사랑 정기예금의 상품 우대이율은 모두 최고 연 0.4%p이다.   ○│×

20 우체국 새출발자유적금 중 새출발 희망 패키지의 가입대상자는 헌혈자, 입양자, 장기·골수기증자, 다자녀가정, 부모봉양자, 농어촌 읍면단위 거주자, 개인신용평점 상위 92% 초과 개인, 협동조합종사자, 소상공인 등이다.   ○│×

21 우체국 새출발자유적금의 상품 최고 우대이율은 새출발 희망패키지 연0.5%p, 새출발 행복패키지 연2.2%p이다.   ○│×

정답 │ 14. × 15. × 16. ○ 17. × 18. × 19. ○ 20. × 21. ×

22 우체국 가치모아적금은 예금주에게 매월 자동이체 저축현황을 알려주는 자동이체 알림 서비스, 모임추천번호에 등록한 인원 현황을 알려주는 모임적금 알림 서비스, 고객이 통장명칭을 자유로이 선정할 수 있는 통장별칭 서비스 등 다양한 우대서비스를 제공한다. ○ | ×

23 우체국 수시입출식 예금에서 우체국 가치모아적금으로 자동이체 약정을 하고 5명이 자동이체실적 횟수를 달성한 경우 우대이율은 연0.5%p이다. ○ | ×

24 우체국 장병내일준비적금의 가입대상은 현역병, 상근예비역, 의무경찰, 해양의무경찰, 의무소방대원, 사회복무요원, 대체복무요원 등 병역의무 수행자로 만기일은 5년 이내의 기간으로 한정한다. ○ | ×

25 「장병내일준비적금」 상품을 판매하는 모든 취급기관(우체국 등 14개)을 합산하여 고객의 최대 저축 한도는 월 30만 원까지 가능하다. ○ | ×

26 우체국 장병내일준비적금의 상품 우대이율은 적금 가입기간에 상관없이 최고 연 0.8%p가 제공된다. ○ | ×

27 달달하이(high) 적금은 실명의 개인이 1개월 또는 2개월의 초단기로 가입하며 단기간의 소액이지만 높은 금리를 제공하는 스마트뱅킹 전용 적립식 예금이다. ○ | ×

28 청년미래든든통장, 새출발자유적금, 소상공인정기예금 등은 모두 공익형 예금상품에 해당한다. ○ | ×

---

23. 1명 달성시 연0.1%p, 2명 달성시 연0.2%p, 3~10명(최대 10명) 달성시 연0.3%p의 우대이율이 적용된다.

24. 만기일을 전역(또는 소집해제) 예정일로 한정한다.

25. 30만 원 → 55만 원

26. 적금 가입기간이 6개월 미만인 경우 상품 우대이율은 최고 연 0.6%p가 제공된다.

28. 공익형 예금상품에는 요구불예금 중 행복지킴이통장, 국민연금안심통장, 공무원연금평생안심통장, 호국보훈지킴이통장, 청년미래든든통장, 희망지킴이통장, 건설하나로통장, 우체국취업이룸통장과 적립식 예금 중 새출발자유적금, 장병내일준비적금 및 거치식 예금 중 이웃사랑정기예금, 소상공인정기예금 등 총 12종이 포함된다.

---

01 〈보기〉에서 우체국 예금상품에 대한 설명으로 옳은 것을 모두 고른 것은? (2024 기출)

─〈 보 기 〉─

ㄱ. 저축예금은 개인과 법인 고객을 대상으로 하는 입출금이 자유로운 예금이다.

ㄴ. 듬뿍우대저축예금은 개인고객을 대상으로 예치 금액별로 차등 금리를 적용하는 개인 MMDA 상품 이다.

ㄷ. 우체국 청년미래든든통장은 가입대상이 18세부터 30세까지 실명의 개인이며 대학생·사회초년생 등에게 다양한 혜택을 제공한다.

ㄹ. 우체국 생활든든통장은 가입대상이 50세 이상 실명의 개인이며 시니어 특화예금이다.

① ㄱ, ㄴ

② ㄱ, ㄷ

③ ㄴ, ㄹ

④ ㄷ, ㄹ

해설 ㄴ과 ㄹ은 옳은 설명이고, ㄱ과 ㄷ은 틀린 내용이다.

ㄴ. '듬뿍우대저축예금(MMDA: Money Market Deposit Account)'은 개인고객을 대상으로 예치 금액별로 차등 금리 를 적용하는 개인 MMDA 상품으로 입출금이 자유로운 예금이다.

ㄹ. '우체국 호국보훈지킴이통장'의 가입대상은 실명의 개인이며 독립·국가유공자의 보훈급여금 등 수급 권리를 보호 하기 위한 「압류방지 전용 통장」으로 관련 법령에 따라 가입자에게 지급되는 보훈급여금, 참전명예수당, 고엽제수당 등 정기 급여에 한하여 입금이 가능한 예금이다.

오답 분석 ㄱ. '저축예금'은 개인고객을 대상으로 하여 입출금이 자유로운 예금이다. 법인 고객은 저축예금에 가입할 수 없다.

ㄷ. '우체국 청년미래든든통장'은 대학생·취업준비생·사회초년생의 안정적인 사회 진출 지원을 위해 금리우대, 수수 료 면제, 창구소포 할인쿠폰 등 다양한 혜택을 제공하는 입출금이 자유로운 예금이다. 우체국 청년미래든든통장의 가 입대상은 18세 이상 ~ 35세 이하 실명의 개인이다.

정답 : ③

02 우체국 예금상품 중 우체국 행복지킴이통장의 가입 대상에 해당하지 않는 것은?

① 기초생활 수급자

② 기초(노령)연금 수급자

③ 공무원연금, 별정우체국연금 수급권자

④ 한부모가족지원 보호대상자

해설 우체국 행복지킴이통장은 저소득층 생활안정 및 경제활동 지원 도모를 목적으로 기초생활보장, 기초(노령)연금, 장애인연금, 장애(아동)수당 등의 기초생활 수급권 보호를 위한 「압류방지 전용 통장」으로 관련 법령에 따라 압류방지 수급금에 한해 입금이 가능한 요구불예금이다. 우체국 행복지킴이통장의 가입 대상은 「국민기초생활보장법」에서 정하는 기초생활 수급자, 「기초연금법」에서 정하는 기초(노령)연금 수급자, 「장애인연금법」에서 정하는 장애인연금 수급자, 「장애인복지법」에서 정하는 장애수당, 장애아동수당 수급자, 「한부모가족지원법」에서 정하는 한부모가족지원 보호대상자, 「국민건강보험법」에서 정하는 요양비등 보험급여수급자, 「긴급복지지원법」에서 정하는 긴급지원 대상자, 「어선원 및 어선 재해보상보험법」에서 정하는 어선원보험의 보험급여 지급대상자, 「노인장기요양보험법」에서 정하는 특별현금급여비 수급자, 「건설근로자의 고용개선 등에 관한 법률」에서 정하는 건설근로자 퇴직공제금 수급자, 「아동수당법」에서 정하는 아동수당·영아수당 수급자, 「중소기업협동조합법」에서 정하는 소기업·소상공인 공제금 수급자, 「아동복지법」에서 정하는 자립수당 수급자, 「재난적의료비 지원에 관한 법률」에서 정하는 재난적의료비 지원금액 수급자, 「자동차손해배상보장법」에서 정하는 자동차 사고 피해지원금 수급자, 「의료급여법」에서 정하는 의료급여 수급자, 「아동복지법」에서 정하는 자립정착금 수급자, 「영유아보육법」에서 정하는 양육수당 수급자, 「구직자 취업촉진 및 생활안정지원에 관한 법률」에서 정하는 구직촉진수당 등 수급자, 「고용보험법」에서 정하는 실업급여 수급자, 「산업재해보상보험법」에서 정하는 산업재해보상보험 보험급여 수급자, 「임금채권보장법」에서 정하는 체불 임금등 대지급금 수급자, 「장애인복지법」에서 정하는 저소득장애인 진단서 발급비 및 검사비 수급자 등 국가에서 지급하는 각종 복지급여 수급자이다.

③ 공무원연금, 별정우체국연금 수급권자와 관련이 있는 우체국 예금상품은 우체국 공무원연금평생안심통장이다. 이는 공무원연금, 별정우체국연금 수급권자의 연금수급 권리를 보호하기 위한 「압류방지 전용 통장」으로 관련 법령에 따라 공무원연금공단, 별정우체국연금관리단에서 입금하는 수급금에 한하여 입금이 가능한 요구불예금이다.

정답 : ③

---

03 우체국 예금상품 중 〈보기〉의 설명에 해당하는 것은?

〈 보 기 〉

- 일하는 기혼 여성 및 다자녀 가정 등 워킹맘을 우대하고, 다문화·한부모 가정 등 목돈마련 지원과 금융거래 실적 해당 시 우대혜택이 커지는 적립식 예금이다.
- 우체국 수시입출식예금에서 이 적금으로 월 30만 원 이상 자동이체약정 시 부가서비스로 우체국쇼핑 할인쿠폰을 제공한다.

① 우체국 마미든든 적금
② 우체국 아이LOVE 적금
③ 우체국 새출발자유적금
④ 우체국 가치모아적금

해설 〈보기〉 우체국 적립식 예금 상품 중 마미든든 적금에 관한 내용이다.

오답분석 ② 우체국 아이LOVE 적금은 19세 미만의 어린이·청소년의 목돈 마련을 위해 사회소외계층, 단체가입, 가족 거래 실적 등에 따라 우대금리를 제공하는 적립식 예금이다.
③ 우체국 새출발자유적금은 사회 소외계층 및 농어촌 고객의 생활 안정과 사랑 나눔실천(헌혈자, 장기기증자 등) 국민 행복 실현을 위해 우대금리 등의 금융혜택을 적극 지원하는 공익형 적립식 예금이다.
④ 우체국 가치모아적금은 여행자금, 모임회비 등 목돈 마련을 위해 여럿이 함께 저축할수록 우대혜택이 커지고 다양한 우대서비스를 제공하는 적립식 예금이다.

정답 : ①

04 '우체국 아이LOVE적금'의 특징으로 옳은 것을 모두 고른 것은?

〈 보 기 〉

ㄱ. 가입 고객은 우체국 주니어보험에 무료로 가입할 수 있다.
ㄴ. 사회소외계층, 단체가입, 가족거래 실적 등에 따라 우대금리를 제공한다.
ㄷ. 우체국 수시입출식예금의 10만 원 미만 자투리 금액을 매월 이 적금으로 자동 저축하는 자투리 저축 서비스가 제공된다.
ㄹ. 19세 미만의 미성년자를 양육하는 부모의 목돈 마련을 위한 예금상품이다.

① ㄱ, ㄴ
② ㄱ, ㄷ
③ ㄴ, ㄷ
④ ㄷ, ㄹ

> **해설** 우체국 아이LOVE 적금은 19세 미만의 어린이·청소년의 목돈 마련을 위해 사회소외계층, 단체가입, 가족 거래 실적 등에 따라 우대금리를 제공하는 적립식 예금상품이다. 가입 고객을 대상으로 우체국 주니어보험 무료가입, 캐릭터통장 및 통장명 자유선정, 자동 재예치서비스 등의 부가서비스를 제공하고, 우체국 수시입출식 예금의 자투리 금액(1만 원 미만 잔액)을 매월 이 적금으로 자동 저축하는 서비스인 자투리 저축 서비스도 제공한다.
>
> **오답 분석** ㄷ. 자투리 저축 서비스는 우체국 수시입출식 예금의 1만 원 미만 잔액을 매월 이 적금으로 자동 저축하는 서비스이다.
> ㄹ. 19세 미만의 어린이·청소년의 목돈 마련을 위한 예금상품이다.
>
> 정답 : ①

05 〈보기〉에서 우체국 예금상품에 대한 설명으로 옳은 것은 모두 몇 개인가? (2022 기출 변형)

〈 보 기 〉

ㄱ. 우체국 생활든든통장 : 기초생활보장, 기초(노령)연금, 장애인연금, 장애(아동)수당 등의 기초생활 수급권보호를 위한 압류방지전용통장
ㄴ. 이웃사랑정기예금 : 사회 소외계층과 사랑나눔실천자 및 읍·면 단위 지역에 거주하는 농어촌 지역 주민의 경제생활 지원을 위한 공익형 정기예금
ㄷ. 우체국 편리한 e정기예금 : 만 50세 이상 중년층 고객을 위한 우대이율 및 세무, 보험 등 부가서비스를 제공하는 정기예금
ㄹ. 우체국 다드림적금 : 주거래 고객 확보 및 혜택 제공을 목적으로 각종 이체 실적 보유 고객, 우체국예금 우수고객, 장기거래 등 주거래 이용 실적이 많을수록 우대 혜택이 커지는 적립식 예금

① 1개
② 2개
③ 3개
④ 4개

해설 우체국 예금상품에 대한 설명으로 옳은 것은 ㄴ과 ㄹ 두 개다.

ㄴ. 이웃사랑정기예금은 국민기초생활수급자, 장애인, 한부모가족, 소년소녀가정, 조손가정, 다문화가정 등 사회 소외 계층과 장기기증희망등록자, 골수기증희망등록자, 헌혈자, 입양자 등 사랑나눔 실천자 및 농어촌 지역(읍·면 단위 지역 거주자) 주민의 경제생활 지원을 위한 공익형 정기예금이다.

ㄹ. 우체국 다드림적금은 주거래 고객 확보 및 혜택 제공을 목적으로 각종 이체 실적 보유 고객, 장기거래 등 주거래 이용 실적이 많을수록 우대 혜택이 커지는 적립식 예금이다.

오답분석 ㄱ. 우체국 생활든든통장은 50세 이상 고객의 기초연금, 급여, 용돈 수령 및 체크카드 이용 시 금융 수수료 면제, 우체국 보험료 자동이체 또는 공과금 자동이체 시 캐시백, 창구소포 할인쿠폰 등 다양한 서비스를 제공하는 시니어 특화 입출금이 자유로운 예금이다. 저소득층 생활안정 및 경제활동 지원 도모를 목적으로 기초생활보장, 기초(노령)연금, 장애인연금, 장애(아동)수당 등의 기초생활 수급권 보호를 위한 「압류방지 전용 통장」으로 관련 법령에 따라 압류방지 수급금에 한해 입금이 가능한 예금상품은 '우체국 행복지킴이통장'이다.

ㄷ. 우체국 편리한 e정기예금은 보너스입금, 비상금 출금, 자동 재예치, 만기 자동해지 서비스로 편리한 목돈 활용이 가능한 디지털전용 정기예금이다. 여유자금 추가입금과 긴급자금 분할해지가 가능한 정기예금으로 만 50세 이상 중년층 고객을 위한 우대금리 및 세무, 보험 등 부가서비스를 제공하는 예금상품은 '시니어 싱글벙글 정기예금'이다.

정답 : ②

06 우체국 예금상품과 설명을 연결한 것으로 옳지 <u>않은</u> 것은?

① 기업든든MMDA통장 – 법인, 고유번호증을 부여받은 단체, 사업자등록증을 가진 개인사업자 등을 대상으로 예치금액별로 차등 금리를 적용하는 기업 MMDA 상품으로 입출금이 자유로운 예금

② 우체국 럭키 BC바로 적금 – 우체국 예금 거래실적에 따라 상품 우대이율을 제공하고 BC바로카드 제휴이벤트 이용 조건에 따라 BC바로카드 '특별리워드' 혜택을 제공하는 적립식 예금

③ 우체국 생활든든통장 – 50세 이상 고객의 기초연금, 급여, 용돈 수령 및 체크카드 이용 시 금융 수수료 면제 등 다양한 서비스를 제공하는 시니어 특화 입출금이 자유로운 예금

④ 2040^{+a}정기예금 – 20~40대 직장인과 카드 가맹점, 법인 등의 자유로운 목돈 마련을 위해 급여이체 및 카드 가맹점 결제계좌 이용고객, 인터넷뱅킹 가입 고객 등의 조건에 해당하는 경우 우대금리를 제공하는 적립식 예금

해설 2040^{+a}정기예금은 20~40대 직장인과 법인 등의 안정적 자금운용을 위해 급여이체 실적, 체크카드 이용 실적,, 우체국예금, 보험, 우편 우수고객 등 일정 조건에 해당하는 경우 우대금리를 제공하는 정기예금이다.

④ 20~40대 직장인과 카드 가맹점, 법인 등의 자유로운 목돈 마련을 위해 급여이체 실적, 카드 가맹점 결제계좌 이용, 적금 자동이체 실적 등의 조건에 해당하는 경우 우대금리를 제공하는 적립식 예금은 2040^{+a}자유적금이다.

오답분석 ③ 우체국 생활든든통장은 50세 이상 고객의 기초연금, 급여, 용돈 수령 및 체크카드 이용 시 금융 수수료 면제, 우체국 보험료 자동이체 또는 공과금 자동이체 시 캐시백, 창구소포 할인쿠폰 등 다양한 서비스를 제공하는 시니어 특화 입출금이 자유로운 예금이다.

정답 : ④

07 우체국 적립식 예금에 대한 설명으로 옳지 <u>않은</u> 것은? (2024 기출)

① 달달하이(high) 적금은 1개월 또는 2개월의 초단기로 가입하는 스마트뱅킹전용 적립식 예금으로 가입 대상은 실명의 개인이다.

② 우체국 마미든든 적금은 우체국 수시입출식 예금에서 월 30만 원 이상 이 적금으로 자동이체약정을 할 경우, 부가서비스로 우체국 쇼핑 할인쿠폰을 제공한다.

③ 우체국 아이LOVE적금은 가입 고객을 대상으로 우체국 주니어보험 무료가입, 통장명 자유 선정, 자동 재예치 등의 부가서비스를 제공한다.

④ 2040$^{+\alpha}$ 자유적금은 여행 자금, 모임회비 등 목돈 마련을 위해 여럿이 함께 자유롭게 저축할수록 다양한 우대 서비스를 제공하는 적립식 예금이다.

> **해설** 여행자금, 모임회비 등 목돈 마련을 위해 여럿이 함께 저축할수록 우대혜택이 커지고 다양한 우대 서비스를 제공하는 적립식 예금은 '우체국 가치모아적금'이다. '2040$^{+\alpha}$ 자유적금'은 20~40대 직장인과 카드가맹점, 법인 등의 자유로운 목돈 마련을 위해 급여이체 실적, 카드 가맹점 결제계좌 이용, 적금 자동이체 실적 등의 조건에 해당하는 경우 우대금리를 제공하는 적립식 예금이다.
>
> 정답 : ④

08 우체국 예금상품에 대한 설명으로 옳은 것을 모두 고른 것은? (2021 기출)

〈보 기〉

ㄱ. e-Postbank정기예금은 자동이체 약정, 체크카드 이용실적, 자동 재예치 실적에 따라 우대금리를 제공한다.

ㄴ. 「중소기업협동조합법」에서 정하는 소기업·소상공인 공제금 수급자는 우체국 행복지킴이통장 가입 대상이다.

ㄷ. 입양자는 이웃사랑정기예금과 우체국 새출발자유적금 패키지 중 새출발 행복 상품에 가입할 수 있다.

ㄹ. 우체국 하도급지킴이통장은 공사대금 및 입금이 하도급자와 근로자에게 기간 내 집행될 수 있도록 관리, 감독하기 위한 압류방지 전용 통장이다.

① ㄱ, ㄴ   ② ㄱ, ㄹ

③ ㄴ, ㄷ   ④ ㄷ, ㄹ

해설 〈보기〉의 내용 중 옳은 것은 ㄴ과 ㄷ이다.

ㄴ. 우체국 행복지킴이통장은 저소득층 생활안정 및 경제활동 지원 도모를 목적으로 기초생활보장, 기초(노령)연금, 장애인연금, 장애(아동)수당 등의 기초생활 수급권 보호를 위한 「압류방지 전용 통장」으로 관련 법령에 따라 압류방지 수급금에 한해 입금이 가능한 예금이다. 가입대상은 다음과 같다.

> 아래에서 정하는 실명의 개인
>
> ① 「국민기초생활보장법」에서 정하는 기초생활 수급자, ② 「기초연금법」에서 정하는 기초(노령)연금 수급자, ③ 「장애인연금법」에서 정하는 장애인연금 수급자, ④ 「장애인복지법」에서 정하는 장애수당·장애아동수당 수급자, ⑤ 「한부모가족지원법」에서 정하는 한부모가족지원 보호대상자, ⑥ 「국민건강보험법」에서 정하는 요양비등 보험급여수급자, ⑦ 「긴급복지지원법」에서 정하는 긴급지원 대상자, ⑧ 「어선원 및 어선 재해보상 보험법」에서 정하는 어선원보험의 보험급여 지급대상자, ⑨ 「노인장기요양보험법」에서 정하는 특별현금급여비 수급자, ⑩ 「건설근로자의 고용개선 등에 관한 법률」에서 정하는 건설근로자 퇴직공제금 수급자, ⑪ 「아동수당법」에서 정하는 아동수당, 영아수당 수급자, ⑫ 「중소기업협동조합법」에서 정하는 소기업·소상공인 공제금 수급자, ⑬ 「아동복지법」에서 정하는 자립수당 수급자, ⑭ 「재난적의료비 지원에 관한 법률」에서 정하는 재난적의료비 지원금액 수급자, ⑮ 「자동차손해배상보장법」에서 정하는 자동차 사고 피해지원금 수급자, ⑯ 「의료급여법」에서 정하는 의료급여 수급자, ⑰ 「아동복지법」에서 정하는 자립정착금 수급자, ⑱ 「영유아보육법」에서 정하는 양육수당 수급자, ⑲ 「구직자 취업촉진 및 생활안정지원에 관한 법률」에서 정하는 구직촉진수당 등 수급자, ⑳ 「고용보험법」에서 정하는 실업급여 수급자, ㉑ 「산업재해보상보험법」에서 정하는 산업재해보상보험 보험급여 수급자, ㉒「임금채권보장법」에서 정하는 체불 임금등 대지급금 수급자, ㉓「장애인복지법」에서 정하는 저소득장애인 진단서 발급비 및 검사비 수급자

ㄷ. 이웃사랑정기예금은 국민기초생활수급자, 장애인, 한부모가족, 소년소녀가정, 조손가정, 다문화가정 등 사회 소외계층과 장기기증희망등록자, 골수기증희망등록자, 헌혈자, 입양자 등 사랑나눔 실천자 및 농어촌 지역(읍·면 단위 지역 거주자) 주민의 경제생활 지원을 위한 공익형 정기예금이다. 한편, 우체국 새출발자유적금은 사회 소외계층 및 농어촌 고객의 생활 안정과 사랑 나눔실천(헌혈자, 장기기증자 등) 국민 행복 실현을 위해 우대금리 등의 금융혜택을 적극 지원하는 공익형 적립식 예금으로, 새출발 희망 패키지와 새출발 행복 패키지로 구분된다. 이에 따르면 입양자는 새출발 행복 패키지의 가입 대상자에 해당한다.

패키지	새출발 희망	새출발 행복
가입 대상자	기초생활수급자, 근로장려금수급자, 장애인 연금·장애수당·장애아동수당수급자. 한부모가족지원보호대상자, 소년소녀가장, 북한이탈주민, 결혼이민자	헌혈자, 입양자, 장기·골수기증자, 다자녀가정, 부모봉양자, 농어촌 읍면단위 거주자, 개인신용평점 상위 92% 초과 개인, 협동조합종사자, 소상공인

 오답분석 ㄱ. e-Postbank정기예금은 인터넷뱅킹, 스마트뱅킹으로 가입이 가능한 온라인 전용상품으로 온라인 예·적금 가입, 자동이체 약정, 체크카드 이용실적에 따라 우대금리를 제공하는 정기예금이다. 따라서 '자동 재예치 실적' 대신 '예·적금 가입'이 들어가야 한다.

ㄹ. 우체국 하도급지킴이통장은 압류방지 전용 통장에 해당하지 않는다. 우체국 하도급지킴이통장은 조달청에서 운영하는 '정부계약 하도급관리시스템'을 통해 발주한 공사대금 및 입금이 하도급자와 근로자에게 기간 내 집행될 수 있도록 관리, 감독하기 위한 전용통장으로, 예금 출금은 '정부계약 하도급관리시스템'의 이체요청을 통해서만 가능하며 우체국창구, 전자금융, 자동화기기 등을 통한 출금은 불가하다. 우체국 하도급지킴이통장의 가입대상은 법인 및 사업자등록증을 소지한 개인사업자, 고유번호(또는 납세번호)를 부여받은 단체이다. 한편, 공익형 상품의 종류는 다음과 같다.

구분	수시입출식예금(6종)	적립식 예금(2종)	거치식 예금(2종)
10종	행복지킴이통장, 국민연금안심통장, 공무원연금평생안심통장, 호국보훈지킴이통장, 청년미래든든통장, 건설하나로통장	새출발자유적금, 장병내일준비적금	이웃사랑정기예금, 소상공인정기예금

09 우체국 예금상품에 대한 설명으로 옳은 것은? (2018 기출 변형)

① 시니어 싱글벙글 정기예금은 만 60세 이상 중년층 고객을 위한 우대이율 및 세무, 보험 등 부가서비스를 제공한다.

② 우체국 국민연금안심통장과 우체국 생활든든통장은 압류방지 전용 통장이다.

③ 우체국 장병내일준비적금의 저축한도는 매월 40만 원 범위 내에서 적립 가능하다.

④ 우체국 아이LOVE 적금은 19세 미만의 어린이·청소년의 목돈 마련을 위해 사회소외계층, 단체가입, 가족 거래 실적 등에 따라 우대금리를 제공하는 적립식 예금이다.

> **해설** 우체국 아이LOVE 적금은 19세 미만의 어린이·청소년의 목돈 마련을 위해 사회소외계층, 단체가입, 가족 거래 실적 등에 따라 우대금리를 제공하는 적립식 예금이다. 가입 고객을 대상으로 우체국 주니어보험 무료가입, 캐릭터통장 및 통장명 자유선정, 자동 재예치서비스 등의 부가서비스를 제공한다. 또한, 우체국 수시입출식 예금의 자투리 금액(1만 원 미만 잔액)을 매월 이 적금으로 자동 저축하는 서비스인 자투리 저축 서비스를 제공한다.

> **오답분석** ① 시니어 싱글벙글 정기예금은 여유자금 추가입금과 긴급자금 분할해지가 가능한 정기예금으로 만 50세 이상 중년층 고객을 위한 우대금리 및 세무, 보험 등 부가서비스를 제공한다.
> ② 우체국 국민연금 안심통장은 국민연금 수급권자의 연금수급 권리를 보호하기 위해 관련법에 따라 압류대상에서 제외하는 압류방지 전용 통장에 해당한다. 하지만, 우체국 생활든든통장은 압류방지 전용 통장에 해당하지 않는다. 압류방지 전용 통장에는 우체국 행복지킴이 통장, 우체국 국민연금안심통장, 우체국 공무원연금평생안심통장, 우체국 호국보훈지킴이통장, 우체국 희망지킴이통장, 우체국취업이룸통장 등이 있다.
> ③ 우체국 장병내일준비적금은 국군병사의 군복무 중 목돈 마련을 지원하고, 금융실적에 따라 우대금리, 부가서비스를 제공하는 적립식 예금이다. 이 예금의 저축한도는 매월 30만 원 범위 내에서 적립 가능하며, 「장병내일준비적금」 상품을 판매하는 모든 취급기관을 합산하여 고객의 최대 저축 한도는 월 55만 원까지 가능하다.

10 우체국 예금상품에 대한 설명으로 옳지 않은 것은?

① 우체국 하도급지킴이통장의 예금 출금은 '정부계약 하도급관리시스템'의 이체요청을 통해서만 가능하며 우체국창구, 전자금융, 자동화기기 등을 통한 출금은 불가하다.

② 우체국 마미든든적금은 우체국 수시입출식 예금에서 이 적금으로 월 50만 원 이상 자동이체약정 시 부가서비스로 우체국 쇼핑 할인쿠폰을 제공한다.

③ 우체국 아이LOVE적금은 우체국 수시입출식 예금의 자투리 금액(1만 원 미만 잔액)을 매월 이 적금으로 자동 저축하는 서비스인 자투리 저축 서비스를 제공한다.

④ 우체국 퇴직연금 정기예금은 우정사업본부와 퇴직연금사업자의 사전 협약에 의해 가입이 가능하며, 우정사업본부가 정한 우체국에 한해 취급이 가능한 상품이다.

해설 우체국 예금상품 중 우체국 마미든든적금은 일하는 기혼 여성 및 다자녀 가정 등 워킹맘을 우대하고, 다문화·한부모 가정 등 목돈마련 지원과 금융거래 실적 해당 시 우대혜택이 커지는 적립식 예금으로, 우체국 수시입출식 예금에서 이 적금으로 월 30만원 이상 자동이체약정 시 부가서비스로 우체국쇼핑 할인쿠폰을 제공한다.

오답분석 ① 우체국 하도급지킴이통장은 조달청에서 운영하는 '정부계약 하도급관리시스템'을 통해 발주한 공사대금 및 입금이 하도급자와 근로자에게 기간 내 집행될 수 있도록 관리, 감독하기 위한 전용통장으로, 예금 출금은 '정부계약 하도급관리시스템'의 이체요청을 통해서만 가능하며 우체국창구, 전자금융, 자동화기기 등을 통한 출금은 불가하다.
③ 우체국 아이LOVE 적금은 19세 미만의 어린이·청소년의 목돈 마련을 위해 사회소외계층, 단체가입, 가족 거래 실적 등에 따라 우대금리를 제공하는 적립식 예금으로 가입 고객을 대상으로 우체국 주니어보험 무료가입, 캐릭터통장 및 통장 명 자유선정, 자동 재예치서비스 등의 부가서비스 제공하며 우체국 수시입출식 예금의 자투리 금액(1만원 미만 잔액)을 매월 이 적금으로 자동 저축하는 서비스인 자투리 저축 서비스를 제공한다.
④ 우체국 퇴직연금 정기예금은 「근로자퇴직급여보장법」에서 정한 자산관리업무를 수행하는 퇴직연금사업자를 위한 전용 정기예금으로 우정사업본부와 퇴직연금사업자의 사전 협약에 의해 가입이 가능하며, 우정사업본부가 정한 우체국에 한해 취급이 가능한 상품이다.

정답 : ②

11 우체국 예금상품에 대한 설명으로 옳지 <u>않은</u> 것은?

① 듬뿍우대저축예금은 MMDA통장으로 법인, 고유번호증을 부여받은 단체, 사업자등록증을 가진 개인사업자 등을 대상으로 예치금액별로 차등 금리를 적용하는 상품이다.
② 우체국 국민연금안심통장은 국민연금 수급권자의 연금수급 권리를 보호하기 위한 「압류방지 전용 통장」으로 관련 법령에 따라 국민연금공단에서 입금하는 국민연금 급여에 한하여 입금이 가능한 예금상품이다.
③ 우체국 페이든든+ 통장은 우체국예금 모바일 어플리케이션인 '우체국페이' 이용 실적 등에 따라 우대혜택을 제공하는 통장이다.
④ 챔피언정기예금은 가입기간(연, 월, 일 단위 가입) 및 이자지급방식(만기일시지급식, 월이자지급식)을 자유롭게 선택할 수 있는 고객맞춤형 정기예금상품이다.

해설 법인, 고유번호증을 부여받은 단체, 사업자등록증을 가진 개인사업자 등을 대상으로 예치금액별로 차등 금리를 적용하는 기업 MMDA 상품으로 입출금이 자유로운 예금은 '기업든든MMDA통장'이다. 듬뿍우대저축은 개인고객을 대상으로 예치 금액별로 차등 금리를 적용하는 개인 MMDA 상품으로 입출금이 자유로운 예금상품이다.

오답분석 ③ 우체국 페이든든+ 통장은 우체국예금 모바일 어플리케이션인 '우체국페이' 이용 실적 등에 따라 우대혜택을 제공하는 통장으로 실명의 개인으로 가입하는 개인통장과 개인사업자, 법인으로 가입하는 사업자 통장으로 구분할 수 있다. 개인통장은 '우체국페이'의 간편결제·간편송금 이용실적, 우체국 적립식 예금 보유, 각종 자동이체 실적, 가입자가 소상공인 또는 소기업 대표자일 경우 우대혜택을 제공하고, 사업자통장은 '우체국페이'의 간편결제 가맹점 결제계좌가 우체국 계좌로 약정되어 있는 경우, 우체국 소상공인 정기예금을 보유한 경우, 가입자가 소상공인 또는 소기업일 경우에 우대혜택을 제공한다.
④ 챔피언정기예금은 가입기간(연, 월, 일 단위 가입) 및 이자지급방식(만기일시지급식, 월이자지급식)을 자유롭게 선택할 수 있는 고객맞춤형 정기예금이다. 챔피언정기예금을 우체국 창구를 통해 가입하는 경우 가입대상에 제한이 없지만, 인터넷뱅킹·스마트뱅킹을 통해 가입하는 경우에는 실명의 개인으로 제한된다.

정답 : ①

12 〈보기〉에서 설명하는 우체국 거치식예금을 바르게 짝지은 것은? (2024 기출)

〈 보 기 〉

(가) 가입기간(연, 월, 일 단위) 및 이자 지급방식(만기일시지급식, 월이자지급식)을 자유롭게 선택할 수 있는 고객맞춤형 정기예금이다.

(나) 가입대상은 실명의 개인으로 인터넷뱅킹, 스마트뱅킹을 통해 가입이 가능한 온라인 전용 상품이며 온라인 예·적금 가입, 자동이체 약정, 체크카드 이용 실적에 따라 우대금리를 제공하는 정기 예금이다.

	(가)	(나)
①	이웃사랑정기예금	e-Postbank 정기예금
②	이웃사랑정기예금	우체국 편리한 e정기예금
③	챔피언정기예금	e-Postbank 정기예금
④	챔피언정기예금	우체국 편리한 e정기예금

해설　가입기간(연, 월, 일 단위 가입) 및 이자 지급방식(만기일시지급식, 월이자지급식)을 자유롭게 선택할 수 있는 고객맞춤형 정기예금은 '챔피언정기예금'이고, 가입대상은 실명의 개인이며 인터넷뱅킹, 스마트뱅킹으로 가입이 가능한 온라인 전용상품으로 온라인 예·적금 가입, 자동이체 약정, 체크카드 이용실적에 따라 우대금리를 제공하는 정기예금은 'e-Postbank정기예금'이다.

정답 : ③

13 우체국예금 상품에 대한 설명으로 옳은 것은? (2023 기출 변형)

① 우체국 생활든든통장은 대학생·취업준비생·사회초년생의 안정적인 사회 진출 지원을 위해 금리우대, 수수료 면제, 창구소포 할인쿠폰 등 다양한 혜택을 제공하는 입출금이 자유로운 예금이다.

② 우체국 가치모아적금은 예금주에게 매주 알림저축 서비스를 통해 편리하게 목돈 모으기가 가능한 적립식 예금이다.

③ 이웃사랑정기예금은 종이통장 미발행, 친환경 활동 및 기부참여 시 우대혜택을 제공하는 ESG 연계 정기예금이다.

④ 우체국 편리한 e정기예금은 보너스 입금, 비상금 출금, 자동 재예치, 만기 자동해지 서비스로 편리한 목돈 활용이 가능한 디지털전용 정기예금이다.

해설　우체국 예금상품 중 보너스입금, 비상금 출금, 자동 재예치, 만기 자동해지 서비스로 편리한 목돈 활용이 가능한 디지털전용 정기예금은 우체국 편리한 e정기예금이다. 우체국 편리한 e정기예금의 가입대상은 '실명의 개인'이다.

① 대학생·취업준비생·사회초년생의 안정적인 사회 진출 지원을 위해 금리우대, 수수료 면제, 창구소포 할인쿠폰 등 다양한 혜택을 제공하는 입출금이 자유로운 예금은 우체국 청년미래든든통장이다. 우체국 생활든든통장은 50세 이상 고객의 기초연금, 급여, 용돈 수령 및 체크카드 이용 시 금융수수료 면제, 우체국 보험료 자동이체 또는 공과금 자동이체 시 캐시백, 창구소포 할인쿠폰 등 다양한 서비스를 제공하는 시니어 특화 입출금이 자유로운 예금이다.

② 매일 저축(자동이체) 및 매주 알림저축 서비스를 통해 소액으로 쉽고 편리하게 목돈 모으기가 가능한 디지털전용 적립식 예금은 우체국 매일모아 e적금이다. 우체국 가치모아적금은 여행자금, 모임회비 등 목돈 마련을 위해 여럿이 함께 저축할수록 우대혜택이 커지고 다양한 우대 서비스를 제공하는 적립식 예금이다.

③ 종이통장 미발행, 친환경 활동 및 기부참여 시 우대혜택을 제공하는 ESG 연계 정기예금은 초록별 사랑 정기예금이다. 이웃사랑정기예금은 국민기초생활수급자, 장애인, 한부모가족, 소년소녀가정, 조손가정, 다문화가정 등 사회 소외계층과 장기기증희망등록자, 골수기증희망등록자, 헌혈자, 입양자 등 사랑나눔 실천자 및 농어촌 지역(읍·면 단위 지역 거주자) 주민의 경제생활 지원을 위한 공익형 정기예금이다.

정답 : ④

14 우체국 예금상품에 대한 설명으로 옳은 것은?

① 장병내일준비적금은 우체국을 포함한 모든 취급기관을 합산한 최대 저축한도가 매월 20만 원까지이다.

② 우체국 다드림통장은 예금, 보험, 우편 등 우체국 이용고객 모두에게 혜택을 제공하는 상품으로 거래 실적별 포인트 제공과 패키지별 우대금리 및 수수료 면제 등 다양한 우대서비스를 제공한다.

③ 우체국 생활든든통장은 건설업에 종사하는 '우체국 건설 올패스 카드' 이용고객을 우대하는 전용통장이다.

④ 우체국 페이든든⁺통장은 저소득층 생활안정 및 경제활동 지원 도모를 목적으로 기초생활보장, 기초(노령)연금, 장애인연금, 장애(아동)수당 등의 기초생활 수급권 보호를 위한 「압류방지 전용 통장」이다.

해설 우체국 다드림통장은 예금, 보험, 우편 등 우체국 이용고객 모두에게 혜택을 제공하는 상품으로 거래 실적별 포인트 제공과 패키지별 우대금리 및 수수료 면제 등 다양한 우대서비스를 제공하는 우체국 대표 입출금이 자유로운 예금으로, 패키지별 가입대상자는 다음과 같다.

패키지	주니어	직장인	사업자	실버	베이직
가입대상자	만 19세 미만 실명의 개인	실명의 개인	개인사업자, 법인, 단체(금융기관 제외)	만 50세 이상 실명의 개인	개인, 개인사업자, 법인, 단체(금융기관 제외)

① 우체국 장병내일준비적금은 국군병사의 군복무 중 목돈 마련을 지원하고, 금융실적에 따라 우대금리, 부가서비스를 제공하는 적립식 예금이다. 가입대상은 현역병, 상근예비역, 의무경찰, 해양의무경찰, 의무소방대원, 사회복무요원, 대체복무요원 등 병역의무 수행자로 만기일은 전역(또는 소집해제) 예정일로 한정되며 이 예금의 저축한도는 매월 30만 원 범위 내에서 적립 가능하다. 단, 「장병내일준비적금」 상품을 판매하는 모든 취급기관(우체국, 국민, 기업, 신한, 우리, 하나, 농협, 수협, 대구, 부산, 광주, 전북, 경남, 제주은행)을 합산하여 고객의 최대 저축 한도는 월 55만 원까지 가능하다.

③ 건설업에 종사하는 '우체국 건설 올패스 카드' 이용고객을 우대하는 전용통장은 우체국 건설하나로통장이다. 우체국 생활든든통장은 50세 이상 고객의 기초연금, 급여, 용돈 수령 및 체크카드 이용시 금융 수수료 면제, 우체국 보험료 자동이체 또는 공과금 자동이체 시 캐시백, 창구소포 할인쿠폰 등 다양한 서비스를 제공하는 시니어 특화 입출금이 자유로운 예금이다.

④ 저소득층 생활안정 및 경제활동 지원 도모를 목적으로 기초생활보장, 기초(노령)연금, 장애인연금, 장애(아동)수당 등의 기초생활 수급권 보호를 위한 「압류방지 전용 통장」으로 관련 법령에 따라 압류방지 수급금에 한해 입금이 가능한 예금은 우체국 행복지킴이통장이다.

정답 : ②

15 우체국 예금상품에 대한 설명으로 옳지 <u>않은</u> 것은?

① 달달하이(high) 적금은 1개월 또는 2개월의 초단기로 가입하며 단기간의 소액이지만 높은 금리를 제공하는 스마트뱅킹 전용 적립식 예금이다.

② 우체국 선거비관리통장은 선거비용과 선거관리위원회의 선거경비 관리를 위한 입출금 통장으로 선거기간을 전후로 일정기간 동안 거래수수료 면제 서비스를 제공하는 입출금이 자유로운 예금이다.

③ 우체국 퇴직연금 정기예금은 「근로자퇴직급여보장법」에서 정한 자산관리업무를 수행하는 퇴직연금사업자를 위한 전용 정기예금으로, 우정사업본부와 퇴직연금사업자의 사전 협약에 의해 가입이 가능하며, 우정사업본부가 정한 우체국에 한해 취급이 가능한 상품이다.\

④ 정부보관금통장은 정부의 관서운영경비를 지급하는 관서운영경비 출납공무원이 교부받은 자금을 예치·사용하기 위해 개설하는 일종의 보통예금이다.

해설 정부의 관서운영경비를 지급하는 관서운영경비 출납공무원이 교부받은 자금을 예치·사용하기 위해 개설하는 일종의 보통예금은 '국고예금'이다. 우체국 정부보관금통장은 출납공무원이 배치된 국가기관 정부보관금에 대한 효율적인 자금관리를 위한 전용 통장이다.

정답 : ④

16 우체국 예금상품에 대한 설명으로 옳은 것은?

① 우체국 행복지킴이통장은 매 결산기간 중 예금 평균 잔액이 50만 원 이상인 경우 연 0.2%p의 우대이율을 제공한다.

② 달달하이(high) 적금은 실명의 개인이 1개월 또는 2개월의 초단기로 가입하는 스마트뱅킹 전용 적립식 예금이다.

③ 우체국 페이든든⁺ 통장 중 사업자통장은 '우체국페이'의 간편결제·간편송금 이용실적에 따라 우대혜택이 제공된다.

④ 우체국 퇴직연금 정기예금은 우정사업본부와 퇴직연금사업자의 사전 협약에 의해 전국 모든 우체국에서 가입이 가능하다.

> **해설** 달달하이(high) 적금은 실명의 개인이 1개월 또는 2개월의 초단기로 가입하며 단기간의 소액이지만 높은 금리를 제공하는 스마트뱅킹 전용 적립식 예금이다.
>
> **오답분석** ① 우체국 행복지킴이통장은 국가에서 지급하는 각종 복지급여 수급자를 대상으로 저소득층의 생활안정과 경제활동을 지원하는 상품이지만, 별도의 우대이율을 제공하지는 않는다.
> ③ '우체국페이'의 간편결제·간편송금 이용실적에 따라 우대혜택이 제공되는 것은 개인통장이다. 사업자통장은 '우체국페이'의 간편결제 가맹점 결제계좌가 우체국 계좌로 약정되어 있는 경우에 우대혜택이 제공된다.
> ④ 우체국 퇴직연금 정기예금은 우정사업본부와 퇴직연금사업자의 사전 협약에 의해 가입이 가능하며, 우정사업본부가 정한 우체국에 한해 취급이 가능한 상품이다.
>
> 정답 : ②

17 우체국 예금상품의 가입대상이 <u>다른</u> 것은?

① 챔피언정기예금의 우체국 창구 가입
② 우체국 호국보훈지킴이통장
③ 우체국 공무원연금평생안심통장
④ 우체국 다드림적금

> **해설** 우체국 호국보훈지킴이통장, 우체국 공무원연금평생안심통장, 우체국 다드림적금의 가입대상은 '실명의 개인'이다. 하지만 챔피언정기예금을 우체국 창구에서 가입할 경우에는 가입대상에 제한이 없다. 다만, 챔피언정기예금을 인터넷뱅킹·스마트뱅킹을 통해 가입하는 경우에는 가입대상이 '실명의 개인'이다.
>
> 정답 : ①

18 우체국예금 상품 중 공익형 예금상품에 속하지 <u>않는</u> 것은?

① 새출발자유적금

② 건설하나로통장

③ 장병내일준비적금

④ 우체국 마미든든적금

> **해설** 공익형 예금상품은 금융소외계층의 기초생활 보장을 위한 수급금 압류방지 통장과 서민·소상공인 등 금융소외계층의 자산형성을 지원하기 위해 특별 우대이율을 제공하는 상품이다. 우체국 마미든든적금은 공익형 예금상품에 해당하지 않는다. 행복지킴이통장, 국민연금안심통장, 공무원연금평생안심통장, 호국보훈지킴이통장, 청년미래든든통장, 건설하나로통장 등 수시입출식예금 6종과 새출발자유적금, 장병내일준비적금 등 적립식예금 2종 및 이웃사랑정기예금, 소상공인정기예금 등 거치식예금 2종 등 총 10종의 우체국 예금상품이 공익형 예금상품에 해당한다.
>
> 정답 : ④

19 우체국 예금상품 중 공익형 예금상품에 해당하는 것을 모두 고른 것은?

〈 보 기 〉

ㄱ. 우체국 청년미래든든통장

ㄴ. 우체국 새출발자유적금

ㄷ. 우체국 마미든든적금

ㄹ. 우체국 생활든든통장

① ㄱ, ㄴ   ② ㄱ, ㄷ   ③ ㄴ, ㄷ   ④ ㄷ, ㄹ

> **해설** 공익형 상품이란 우체국예금 상품 중 국영금융기관으로서의 공적인 역할 제고를 위한 예금으로서 정부정책 지원 및 금융소외계층, 사회적 약자를 지원하기 위한 예금이다. 우체국은 총 12종의 예금상품을 통해 금융소외계층의 기초생활 보장을 위한 수급금 압류방지 통장과 서민·소상공인 등 금융소외계층의 자산형성을 지원하기 위한 특별 우대이율을 제공 중에 있다. 공익형 예금상품의 종류는 다음과 같다.
>
> | 구분 | 수시입출식예금 (6종) | 적립식예금 (2종) | 거치식예금 (2종) |
> |---|---|---|---|
> | 10종 | 행복지킴이통장, 국민연금안심통장, 공무원연금평생안심통장, 호국보훈지킴이통장, 청년미래든든통장, 건설하나로통장 | 새출발자유적금, 장병내일준비적금 | 이웃사랑정기예금, 소상공인정기예금 |
>
> 정답 : ①

20 〈보기〉의 설명에 해당하는 금융상품으로 볼 수 <u>없는</u> 것은?

〈 보 기 〉

우체국예금 상품 중 정부정책 지원 및 금융소외계층, 사회적 약자를 지원하기 위한 예금이다. 우체국은 금융소외계층의 기초생활 보장을 위한 수급금 압류방지 통장과 서민·소상공인 등 금융소외계층의 자산형성을 지원하기 위한 특별 우대이율을 제공한다.

① 청년미래든든통장　　　　　　　② 새출발자유적금
③ 이웃사랑정기예금　　　　　　　④ 파트너든든정기예금

[해설] 공익형 상품이란 우체국예금 상품 중 국영금융기관으로서의 공적인 역할 제고를 위한 예금으로서 정부 정책 지원 및 금융소외계층, 사회적 약자를 지원하기 위한 예금이다. 우체국은 총 12종의 예금상품을 통해 금융소외계층의 기초생활 보장을 위한 수급금 압류방지 통장과 서민·소상공인 등 금융소외계층의 자산형성을 지원하기 위한 특별 우대이율을 제공하고 있다. 다만, 파트너든든정기예금은 공익형 상품에 포함되지 않는다.

※ 공익형 예금상품의 종류

구분	종류	비고	
수시입출식예금	행복지킴이통장, 국민연금안심통장, 공무원연금평생안심통장, 호국보훈지킴이통장, 청년미래든든통장, 건설하나로통장	6종	10종
적립식예금	장병내일준비적금, 새출발자유적금	2종	
거치식예금	이웃사랑정기예금, 소상공인정기예금	2종	

정답 : ④

21 우체국 공익형 예금상품에 대한 설명으로 <u>옳지 않은</u> 것은? (2024 기출)

① 우체국 새출발자유적금의 새출발 행복 패키지는 기초생활수급자, 근로장려금수급자, 장애수당수급자에게 우대금리를 제공하는 공익형 적립식 예금이다.
② 우체국 국민연금안심통장은 가입대상이 실명의 개인이며 국민연금 수급권자의 연금수급 권리를 보호하기 위한 압류 방지 전용 통장이다.
③ 우체국 건설하나로통장의 가입대상은 자격 확인 증빙서류를 통해 건설업 종사자임을 알 수 있는 실명의 개인 또는 개인사업자이다.
④ 우체국 장병내일준비적금은 국군 병사의 군 복무 중 목돈 마련을 지원하고 금융 실적에 따라 우대금리를 제공하는 적립식 예금이다.

해설 '우체국 새출발자유적금'의 가입대상은 새출발자유적금 패키지 구분별로 정한다. 새출발 희망 패키지는 기초생활수급자, 근로장려금수급자, 장애인연금·장애수당·장애아동수당수급자, 한부모가족지원보호대상자, 소년소녀가장, 북한이탈주민, 결혼이민자를 대상으로 하고, 새출발 행복 패키지는 헌혈자, 입양자, 장기·골수기증자, 다자녀가정, 부모봉양자, 농어촌 읍면단위 거주자, 개인신용평점 상위92% 초과 개인, 협동조합종사자, 소상공인을 대상으로 한다.

정답 : ①

02 카드상품(체크카드)

1 우체국 체크카드의 발급대상 중 일반법인은 법인카드의 발급대상이고, 개인사업자는 개인카드의 발급대상이다. ○|×

2 우체국 체크카드의 기본 사용한도(일한도)는 12세 이상 3만 원, 14세 이상 6백만 원 등 대상에 따라 상이한데, 12~13세인 미성년자가 14세 이상이 되면 자동으로 한도상향이 이루어진다. ○|×

3 우체국 체크카드 중 법인카드의 기본한도는 일한도 6백만 원, 월한도 2천만 원이다. ○|×

4 우체국 하이브리드카드는 18세 이상이 발급받을 수 있지만, 18세인 미성년자의 경우 후불교통기능만 가능하다. ○|×

5 우체국 개인 체크카드는 다른 금융기관의 카드와 달리 가족카드가 발급되지 않는다. ○|×

6 우체국 가족카드의 발급대상은 본인회원의 배우자, 자녀, 자녀의 배우자, 부모, 조부모, 형제자매, 손자녀 등이며, 본인회원 배우자의 부모와 배우자의 형제자매는 제외한다. ○|×

1. 일반법인, 개인사업자, 고유번호 또는 납세번호가 있는 단체 등은 법인카드 발급 대상이다.

2. 12세~13세는 14세 이상이 되는 시점에 자동으로 한도상향이 되지 않으며 원할 경우 우체국창구, 인터넷뱅킹, 스마트뱅킹을 통하여 한도 상향 신청을 해야 한다.

3. 참고로 법인카드의 최대한도는 일한도 1억 원, 월한도 3억 원이다.

5. 우체국 체크카드는 본인회원이 발급한 개인형 카드에 가족이 추가 발급하는 카드로 이용에 관한 모든 책임을 본인회원이 부담하는 가족카드의 기능을 포함한다.

6. 우체국 가족카드의 발급대상은 본인회원의 배우자, 자녀, 자녀의 배우자, 부모, 조부모, 형제자매, 손자녀, 본인회원 배우자의 부모, 배우자의 형제자매이다.

7. 우체국 국민행복 체크카드에 관한 설명이다. 우체국 국민행복 체크카드는 정부에서 지원하는 다양한 국가바우처를 한 장의 카드로 이용할 수 있으며 부가서비스는 A, B, C 세 타입의 선택적인 혜택 제공이 가능한 카드이다. 우체국 개이득 체크카드는 혜택이 펼쳐지는(開:펼쳐질 개) 디자인이 예쁜 세로형 카드로 국내 전 가맹점 0.3%, OTT·패션·멤버십 30% 캐시백이 제공된다.

8. '우체국 브라보 체크카드'가 아니라 '우체국 동행 체크카드'이다. '우체국 브라보 체크카드'는 음식점·대형마트·전기차 충전 5%, 주유 L당 40원, 약국·기능식품·골프 10%, 영화·도서·숙박 15% 캐시백 제공하는 카드이다.

12. 지역사랑상품권의 선불 교통기능은 일부상품만 가능하다.

13. 일반형과 하이브리드 카드 모두 점자카드 발급이 가능하다.

7 우체국 체크카드 중 정부에서 지원하는 다양한 국가바우처를 한 장의 카드로 이용할 수 있는 상품은 '우체국 개이득 체크카드'이다.　　○ | ×

8 우체국 체크카드 중 중증장애인 근로자를 대상으로 출퇴근 비용을 지원하는 상품은 '우체국 브라보 체크카드'이다.　　○ | ×

9 우체국의 지역사랑상품권은 지역상권 활성화를 위해 지자체가 발행하고 지자체 행정구역 내에서 사용하는 카드형 상품권으로 제천화폐모아를 시작으로 총 37종이 운영 중에 있다.　　○ | ×

10 우체국 체크카드 중 e-나라도움 카드는 국고보조금을 교부받는 개인에게 발급하는 개인형과 국고보조금을 교부받는 사업자 및 보조사업자에게 발급하는 법인형이 있다.　　○ | ×

11 '어디서나' 체크카드의 교통기능은 일반 발급일 경우 선불, 하이브리드 카드일 경우에는 후불을 적용한다.　　○ | ×

12 우체국의 지역사랑상품권은 전종 교통기능 선불카드 기능을 포함하여 발급된다.　　○ | ×

13 go캐시백글로벌 카드의 경우 일반형만 점자카드가 가능하고 하이브리드형은 점자카드가 불가능하다.　　○ | ×

14 성공파트너, e-나라도움(법인형), Biz플러스, BizFit(개인사업자) 등 법인용 체크카드의 현금 입출금 기능은 개인사업자에 한하여 선택이 가능하다.　　○ | ×

15 개인고객은 적립 1포인트 이상 시 1포인트 단위로 사용 가능하지만, SSGPAY는 가맹점에서 사용 시 SSG MONEY로 전환 후 사용 가능하며 전환기준 및 한도는 SSGPAY 정책에 따른다.　　○ | ×

16 개인고객은 적립 1포인트 이상 시 1 포인트 단위로 우체국 창구, 우체국예금 고객센터, 인터넷뱅킹, 스마트뱅킹을 통하여 캐시백 전환이 가능하고, 법인고객은 적립 포인트가 30,000포인트 이상시 1,000포인트 단위로 우체국, 우체국예금 고객센터 및 인터넷뱅킹을 통하여 캐시백 전환이 가능하다. ○|×

17 우체국 하이브리드카드에는 우체국 행복한 하이브리드 카드, 우체국 다드림 하이브리드 카드, 우체국 어디서나 하이브리드 카드, 우체국 드림플러스아시아나 하이브리드 카드, 우체국 go캐시백글로벌 하이브리드 카드, 우체국 브라보 하이브리드 카드 등 총 6종(판매상품 기준)이 있다. ○|×

18 우체국 체크카드 발급 당시 최초상태로 해외원화결제 차단서비스가 기본으로 설정되어 있다. ○|×

19 해외원화결제(DCC) 차단서비스의 설정은 언제든지 변경이 가능하며, 우체국 창구·우체국예금 고객센터·인터넷뱅킹·스마트뱅킹을 통하여 각 카드별로 설정 및 해제가 가능하다. ○|×

20 아파트관리비 자동납부 서비스는 우체국 체크카드 개인형 상품과 법인형 상품 모두 신청 가능하다. ○|×

21 미성년자의 경우 법정대리인이 거래 중단을 요청하는 경우에는 체크카드의 이용정지 및 일시 제한이 가능하다. ○|×

18. 우체국 체크카드 발급 당시 최초상태는 해제(해외에서 원화결제 가능)상태이나 우체국 브라보 체크카드, 우체국 BizFit 체크카드, 우체국 공무원연금복지 체크카드는 해외원화결제(DCC) 차단 서비스가 기본으로 설정 되어 있다.

20. 우체국 체크카드 개인형 상품에 한하여 신청 가능하고 법인카드, 후불 하이패스, e-나라도움, 국민행복바우처 전용카드는 신청이 불가하다.

21. 그 외에도 예금에서 결제계좌의 지급정지 사유에 해당하는 경우 및 카드의 부정사용·비정상적인 거래로 판단되거나, 해킹으로 인하여 회원에게 피해가 갈 것이 우려되는 경우에도 이용정지 및 일시 제한이 가능하다.

01 우체국 예금상품 및 체크카드에 대한 설명으로 옳은 것을 모두 고른 것은? (2019 기출 변형)

〈 보 기 〉

ㄱ. 법인용 체크카드의 현금 입출금 기능은 개인사업자에 한하여 선택 가능하다.

ㄴ. 우체국 소상공인정기예금은 노란우산에 가입하거나 신용카드 가맹점 결제계좌 약정 시 우대금리를 제공한다.

ㄷ. e-Postbank정기예금은 매일 저축(자동이체) 및 매주 알림저축 서비스를 통해 소액으로 쉽고 편리하게 목돈 모으기가 가능한 디지털전용 예금이다.

ㄹ. '우체국 행복한 체크카드'는 의료혜택 특화 카드로, 하이브리드카드의 경우 교통기능이 후불 적용되고 점자카드도 발급이 가능하며 해외에서도 사용 가능하다.

① ㄱ, ㄴ   ② ㄴ, ㄷ

③ ㄷ, ㄹ   ④ ㄱ, ㄹ

해설 ㄱ과 ㄹ은 옳은 설명이지만, ㄴ과 ㄷ은 틀린 내용이다.

ㄱ. 법인용 체크카드의 현금 입출금 기능은 법인사업자를 제외한 개인사업자에 한하여 선택 가능하다.

ㄹ. 우체국 '행복한' 체크카드는 의료 특화 카드로 병의원·약국·학원·대형마트·문화 10%, 우체국 최대 12% 캐시백 및 그린서비스를 제공하는 카드로 일반카드는 선불교통, 하이브리드카드는 후불교통 기능이 제공된다. 가족카드는 일반 체크가드인 경우에만 가능하고, 점자카드 발급이 가능하며, 해외겸용으로 사용할 수 있다.

오답 분석 ㄴ. 우체국 소상공인정기예금은 실명의 개인 또는 개인사업자인 소상공인·소기업 대표자를 대상으로 노란우산 가입, 우체국 수시입출식예금 실적에 따라 우대금리를 제공하는 서민자산 형성 지원을 위한 공익형 정기예금이다. 신용카드 가맹점 결제계좌 약정 시 우대금리를 제공하지는 않는다.

ㄷ. e-Postbank정기예금은 인터넷뱅킹, 스마트뱅킹으로 가입이 가능한 온라인 전용상품으로 온라인 예·적금 가입, 자동이체 약정, 체크카드 이용실적에 따라 우대금리를 제공하는 정기예금이다. 매일 저축(자동이체) 및 매주 알림저축 서비스를 통해 소액으로 쉽고 편리하게 목돈 모으기가 가능한 디지털전용 적립식 예금은 우체국 매일모아 e적금이다.

정답 : ④

02 우체국금융 상품에 대한 〈보기〉의 설명에서 괄호에 들어갈 연령이 순서대로 바르게 나열된 것은?

〈 보 기 〉

- 우체국 다드림통장의 주니어 패키지의 가입대상자는 (㉠)세 미만 실명의 개인이다.
- 우체국 생활든든통장은 (㉡)세 이상 고객의 기초연금, 급여, 용돈 수령 및 체크카드 이용 시 금융 수수료 면제 등의 혜택이 제공된다.
- 우체국 체크카드 중 소액신용 및 후불교통 기능이 부여되어 있는 하이브리드카드의 가입연령은 (㉢)세 이상이다.

	㉠	㉡	㉢
①	19	50	18
②	15	50	12
③	19	55	18
④	15	55	12

> **해설** 우체국 다드림통장의 패키지 중 '주니어'의 가입대상은 19세 미만 실명의 개인이고, 우체국 생활든든통장은 50세 이상 고객의 기초연금, 급여, 용돈 수령 및 체크카드 이용 시 금융수수료 면제, 우체국 보험료 자동이체 또는 공과금 자동이체 시 캐시백, 창구소포 할인쿠폰 등 다양한 서비스를 제공하는 시니어 특화 입출금이 자유로운 예금이다. 그리고 우체국 체크카드 중 개인형 일반 상품의 가입연령은 12세 이상이며, 소액신용 및 후불교통 기능이 부여되어 있는 하이브리드카드의 가입연령은 18세 이상이다.
>
> 정답 : ①

03 우체국 체크카드에 대한 설명으로 옳은 것은? (2024 기출 변형)

① 법인용 체크카드의 기본 사용한도는 일 1천만 원, 월 2천만 원이며, 최대 사용한도는 일 5천만 원, 월 3억 원이다.

② 법인용 체크카드의 발급대상은 일반법인, 개인사업자, 고유번호 또는 납세번호가 있는 단체(임의단체)이다.

③ 우체국 개이득 체크카드는 음식점·대형마트·전기차 충전 5%, 주유 L당 40원, 약국·기능식품·골프 10%, 영화·도서·숙박 15% 캐시백을 제공한다.

④ 우체국 행복한 체크카드는 페플라스틱을 재활용한 친환경카드로 MZ고객 니즈를 반영한 상품이다.

> **해설** 우체국 체크카드 발급대상은 개인과 법인으로 구분된다. 개인형 일반 상품의 가입연령은 12세 이상이며, 소액신용 및 후불교통 기능이 부여되어 있는 하이브리드카드의 가입 연령은 18세 이상이다. 법인카드의 경우 일반법인, 개인사업자, 고유번호 또는 납세번호가 있는 단체가 발급 대상이다.

04 우체국 체크카드에 대한 설명으로 옳지 <u>않은</u> 것은?

① 우체국 체크카드 중 정부에서 지원하는 다양한 국가바우처를 한 장의 카드로 이용할 수 있는 상품은 '우체국 개이득 체크카드'이다.

② '우체국 어디서나 체크카드' 하이브리드카드의 교통기능은 후불로 적용된다.

③ 14세 이상 가입자의 우체국 체크카드의 기본 일한도는 6백만 원이다.

④ 우체국 하이브리드카드를 발급받은 18세인 미성년자는 후불교통기능만 이용할 수 있다.

05 〈보기〉에서 체크카드에 대한 설명으로 옳은 것을 모두 고른 것은? (2022 기출 변형)

────〈 보 기 〉────

ㄱ. 우체국 법인용 체크카드에는 지역사랑상품권, Biz플러스 등이 있다.

ㄴ. 우체국 체크카드의 발급대상은 개인카드의 경우 우체국 수시 입출식통장을 보유한 12세 이상의 개인이다.

ㄷ. 고객의 신용등급에 따라 소액의 신용공여가 부여된 하이브리드형 카드를 발급받아 이용할 수 있다.

ㄹ. 증권사나 종합금융회사의 MMF를 결제계좌로 하는 체크카드도 발급이 가능하다.

① ㄱ, ㄴ   ② ㄱ, ㄹ

③ ㄴ, ㄷ   ④ ㄷ, ㄹ

해설 체크카드는 지불결제 기능을 가진 카드로서 카드거래 대금은 체크카드와 연계된 고객의 예금계좌 범위 내에서 즉시 인출된다.
ㄴ. 우체국 체크카드의 발급대상은 일반 개인카드의 경우 우체국 수시 입출식통장을 보유한 12세 이상의 개인이고, 하이브리드카드의 경우는 18세 이상(18세 미성년자의 경우 소액신용이 불가하고 후불교통기능만 가능)이다.
ㄷ. 하이브리드카드는 체크·신용결제 방식이 혼합된 겸용카드로서 고객의 신용등급에 따라 소액의 신용공여가 부여된다. 하이브리드 체크카드는 계좌 잔액범위 내에서는 체크카드로 결제되고, 계좌 잔액이 부족한 상태에서 잔액을 초과하여 승인 신청이 되면 신청금액 전액이 신용카드로 결제되는데, 부여 가능 최대 신용한도는 30만 원이다. 그리고 하이브리드 신용카드는 회원이 지정한 일정금액 이하의 거래는 체크카드로 결제되고, 초과 거래는 신용카드로 결제된다.

오답분석 ㄱ. 우체국 법인용 체크카드에는 성공파트너, e-나라도움(법인형), 성부구매, Biz플러스, BizFit(개인사업자) 등이 있다. 지역사랑상품권은 개인용 체크카드에 해당한다.
ㄹ. 체크카드는 은행 또는 카드사가 제휴한 은행에 입출금 자유로운 통장을 소지한 개인 및 기업회원을 대상으로 발급 가능하며, 최근에는 증권사나 종금사의 CMA를 결제계좌로 하는 체크카드의 발급도 활발하다. 따라서 MMF를 CMA로 수정하여야 옳은 설명이다.

정답 : ③

06 우체국 카드상품(체크카드)에 대한 설명으로 옳지 <u>않은</u> 것은?

① 발급대상은 개인카드의 경우 12세 이상의 개인이며, 결제계좌는 현재 우체국 요구불 예금으로 지정하도록 되어 있다.
② 그린 플랫폼 서비스 제공 상품인 경우 에코머니 포인트 적립, 공공시설 무료입장·할인 등의 혜택이 제공된다.
③ '우체국 브라보 체크카드'는 개인사업자 및 소상공인 대상 사업에 적합한 서비스를 제공하는 상품으로, 개인도 발급을 받을 수 있다.
④ 우체국 체크카드의 해지 중 카드 유효기간 내 회원의 요청에 의한 해지를 일반해지라고 한다.

해설 개인사업자 및 소상공인 대상 사업에 적합한(Fit) 서비스를 제공하는 상품은 '우체국 BizFit 체크카드(개인)'이며, 이 상품은 개인도 발급을 받을 수 있다. '우체국 브라보 체크카드'는 중장년 세대의 Bravo Life를 위한 카드로 음식점·대형마트·전기차 충전 5%, 주유 L당 40원, 약국·기능식품·골프 10%, 영화·도서·숙박 15% 캐시백을 제공하는 카드이다.

오답분석 ① 우체국 체크카드의 발급대상은 개인카드의 경우 12세 이상의 개인이다. 법인카드의 경우 일반법인, 개인사업자, 고유번호 또는 납세번호가 있는 단체 등 법인이 발급 대상이다.
② 우체국 체크카드 중 '행복한(일반/하이브리드)', '국민행복', '우리동네Plus', '공무원연금복지' 등 그린 플랫폼 서비스 제공 상품에는 에코머니 포인트 적립, 공공시설 무료입장·할인 등의 혜택이 제공된다.
④ 우체국 체크카드의 해지는 카드 유효기간 내 회원의 요청에 의해 해지되는 일반해지, 체크카드 결제계좌 해지에 따른 당연해지, 본인 회원 카드 해지 시 가족카드가 해지되는 자동해지가 있다.

정답 : ③

07 우체국 체크카드에 대한 설명으로 가장 옳은 것은?

① 우체국의 지역사랑상품권은 전종 교통기능 선불카드 기능을 포함하여 발급된다.

② 우체국 개인 체크카드는 다른 금융기관의 카드와 달리 가족카드가 발급되지 않는다.

③ 미성년자의 법정대리인이 거래 중단을 요청하는 경우 체크카드의 이용정지 및 일시 제한이 가능하다.

④ 우체국 체크카드 중 중증장애인 근로자를 대상으로 교통비를 지원하는 전용상품은 '브라보'이다.

> **해설** 미성년자의 경우 법정대리인이 거래 중단을 요청하는 경우에는 체크카드의 이용정지 및 일시 제한이 가능하다. 그 외에도 결제계좌가 지급정지 사유에 해당하는 경우 및 카드의 부정사용·비정상적인 거래로 판단되거나, 해킹으로 인하여 회원에게 피해가 갈 것이 우려되는 경우에도 이용정지 및 일시 제한이 가능하다.
>
> **오답분석** ① 지역사랑상품권의 선불 교통기능은 일부상품만 가능하다.
> ② 우체국 체크카드는 본인회원의 가족으로서 카드 이용에 관한 모든 책임을 본인회원이 부담하는 것을 조건으로 발급하는 가족카드의 기능을 포함한다.
> ④ 중증장애인 근로자를 대상으로 출퇴근 교통비를 지원하는 전용상품은 '우체국 동행 카드'이다. '우체국 동행 카드'는 디지털 콘텐츠 서비스 20%, 온라인쇼핑·배달앱 15%, 커피·생활 잡화 스토어·우체국 5% 캐시백을 제공한다.
>
> 정답 : ③

08 우체국 카드상품(체크카드)의 특징을 설명한 것으로 않은 것은?

① '우체국 영리한PLUS 체크카드' – 디지털 콘텐츠 서비스 20%, 온라인쇼핑·배달앱 15%, 커피·생활 잡화 스토어·우체국 5% 캐시백이 제공되며, 국내외 겸용(Mastercard)으로 12세 이상 발급 가능

② '우체국 개이득 체크카드' – 혜택이 펼쳐지는 디자인이 예쁜 세로형 카드로, 국내외 겸용(VISA)으로 12세 이상 발급 가능

③ '우체국 국민행복 체크카드' – 중증장애인 근로자를 대상으로 출퇴근 비용을 지원하는 상품

④ '우체국 건설올패스카드' – 건설근로자가 건설현장에서 설치된 단말기에 태그하여 출퇴근 기록을 남길 수 있는 기능과 체크카드 기능이 합쳐진 통합 카드

> **해설** 중증장애인 근로자를 대상으로 출퇴근 교통비를 지원하는 상품은 '우체국 동행카드'이다. '우체국 국민행복 체크카드'는 정부에서 지원하는 다양한 국가바우처를 한 장의 카드로 이용할 수 있으며 A, B, C 세 타입의 선택적인 부가 서비스 혜택 제공이 가능한 카드이다.
>
> 정답 : ③

09 우체국 체크카드에 대한 설명으로 옳은 것은? (2021 기출 변형)

① 법인의 우체국 체크카드 월 사용한도는 기본 한도 1억 원, 최대 한도 3억 원이다.

② 우체국 Biz플러스 체크카드는 전 가맹점 0.3%, 우체국 5%, 알뜰폰 통신료 10% 우체국 포인트 적립 및 Oh! Point 가맹점 이용 시 Oh! Point 적립(가맹점에 따라 적립률 상이)이 되는 카드이다.

③ 우체국 라이프⁺플러스 체크카드의 교통기능은 일반카드일 경우에는 선불, 하이브리드카드일 경우에는 후불 적용된다.

④ 우체국 체크카드는 카드 유효기간의 만료 또는 회원 본인이 사망하거나 피성년후견인·피한정후견인으로 우체국에 신고 등록된 경우, 효력이 상실된다.

[해설] 우체국은 국민의 건전한 소비문화 조성과 친서민 경제 활성화를 위해 전자금융거래법(제2조 및 제28조) 상 근거를 통해 우체국 결제계좌 잔액의 범위 내에서 지불결제 및 현금카드 기능을 부여한 체크카드 사업을 2011년 11월부터 시행 중이다. 우체국 체크카드는 회원이 가입신청서를 작성하여 카드 발급을 요청하면 우체국에서 이를 심사하여 금융단말기에 등록하고 카드를 교부함으로써 효력이 발생한다. 단, 위탁업체를 통하여 후 발급 받은 경우에는 카드 수령 후 회원 본인이 우체국 창구 방문, 인터넷뱅킹, 스마트뱅킹, ARS를 통하여 사용 등록하여야 효력이 발생한다.

④ 우체국 체크카드는 카드 유효기간이 만료되거나, 회원 본인의 사망 또는 피성년후견인/피한정후견인으로 우체국에 신고 등록한 경우 효력이 상실되며, 법인 회원의 경우 폐업, 청산에 따라 우체국에 신고 등록한 경우에도 효력이 상실된다.

[오답분석] ① 우체국체크카드의 사용한도는 개인, 법인 등 고객에 따라 일별 월별 한도의 차이가 있다. 법인의 경우 일한도는 기본 한도 6백만 원 최대 한도 1억 원, 월한도는 기본 한도 2천만 원 최대 한도 3억 원이다. 우체국 체크카드의 사용한도는 다음과 같다.

구분		기본 한도		최대 한도	
		일한도	월한도	일한도	월한도
개인	만12세 이상	3만 원	30만 원	3만 원	30만 원
	만14세 이상	6백만 원	2천만 원	5천만 원	5천만 원
법인		6백만 원	2천만 원	1억 원	3억 원

② '우체국 Biz플러스 체크카드'는 주유소, 신차구매 등 개인사업자 및 소상공인을 위한 맞춤형 혜택을 제공하는 법인카드이다. 대형마트·전통시장 7%, 주유 L당 최대 50원, 신차구매 0.5%, 우체국 0.3%, 해외 전 가맹점 1% 캐시백이 제공되며, 캐시백형과 캐시백 미제공형 중 선택할 수 있다. 전 가맹점 0.3%, 우체국 5%, 알뜰폰 통신료 10% 우체국 포인트 적립 및 Oh! Point 가맹점 이용 시 Oh! Point 적립(가맹점에 따라 적립률 상이)은 '우체국 다드림 체크카드'에 대한 내용이다.

③ 우체국 라이프⁺플러스 체크카드는 온라인쇼핑·홈쇼핑·대형마트·편의점·반려동물 업종·레저/스포츠 10% 캐시백, 우체국 5% 캐시백, 해외 전 가맹점 1% 캐시백이 제공 카드이다. 우체국 라이프⁺플러스 체크카드에는 현금카드기능과 복지카드기능이 있고, 점자카드와 해외겸용이 가능하다. 하지만 교통카드 기능과 가족카드 기능은 제공되지 않는다.

정답 : ④

10 우체국 법인카드에 대한 설명으로 옳은 것은? (2023 기출 변형)

① 법인용 체크카드의 현금 입출금 기능은 법인, 임의단체에 한하여 선택 가능하다.

② 개인 체크카드 발급대상은 우체국 거치식예금 통장을 보유한 12세 이상의 개인이다.

③ 위탁업체를 통하여 발급받은 경우, 고객이 카드 수령 후 우체국을 직접 방문하여 사용 등록하여야만 효력이 발생한다.

④ 우체국 체크카드는 상품별 특성에 따라 다양한 기능 추가 및 발급 형태의 선택이 가능하다.

> **해설** 우체국 체크카드는 상품별 특성에 따라 다양한 기능 추가 및 발급 형태의 선택이 가능하므로 개별 상품별 기능을 비교하여 자신에게 맞는 상품을 선택할 필요가 있다.
>
> **오답분석** ① 법인용 체크카드의 현금 입출금 기능은 개인사업자에 한하여 선택 가능하다.
> ② 우체국 개인 체크카드의 발급대상은 12세 이상의 개인이며, 결제계좌는 현재 우체국 요구불 예금으로 지정하도록 되어 있다.
> ③ 우체국 체크카드는 회원이 가입신청서를 작성하여 카드 발급을 요청하면 우체국에서 이를 심사하여 금융단말기에 등록하고, 카드를 교부함으로써 효력이 발생한다. 단, 위탁업체를 통하여 후 발급 받은 경우에는 카드 수령 후 회원 본인이 우체국 창구 방문, 인터넷뱅킹, 스마트뱅킹, ARS를 통하여 사용 등록하여야 효력이 발생한다.
>
> 정답 : ④

11 우체국 체크카드의 사용한도와 발급대상에 대한 설명으로 옳은 것은?

① 우체국 체크카드의 발급대상은 법인카드의 경우 일반법인, 개인사업자, 고유번호 또는 납세번호가 있는 단체 등 법인이 발급 대상이다.

② 12~13세인 미성년자가 14세가 될 경우 우체국 체크카드의 사용한도가 자동으로 상향된다.

③ 법인 체크카드의 최대 한도는 일한도 2천만 원, 월한도 1억 원이다.

④ 가족카드는 복지포인트 가맹점에서 배정된 포인트를 사용할 수 있는 기능이 부여된 카드이다.

> **해설** 우체국 체크카드의 개인카드 발급대상은 12세 이상의 개인지만, 소액신용 및 후불교통 기능이 부여되어 있는 하이브리드카드의 가입연령은 18세이다. 단, 하이브리드의 경우 18세는 후불교통만 가능하고 소액신용은 불가하다. 그리고 법인카드의 발급대상은 일반법인, 개인사업자, 고유번호 또는 납세번호가 있는 단체(임의단체) 등이다.
>
> **오답분석** ② 미성년자(만12세~만13세)는 만14세 이상이 되는 시점에 자동으로 한도상향이 되지 않으며 우체국창구, 인터넷뱅킹, 우체국뱅킹을 통하여 별도의 한도 상향 신청이 필요하다.
> ③ 법인 체크카드의 기본 한도는 일한도 6백만 원, 월한도 2천만 원이고 최대 한도는 일한도 1억 원, 월한도 3억 원이다.
> ④ 복지포인트가 부여된 임직원이 발급받는 카드로 복지포인트 가맹점에서 결제 시 복지포인트로 결제 또는 차감이 가능한 카드는 복지카드이다. 가족카드는 본인회원이 발급한 개인형 카드에 가족이 추가 발급하는 카드로 이용에 관한 모든 책임을 본인회원이 부담하는 카드이다.
>
> 정답 : ①

03 펀드상품

1 2024년 12월 기준 우체국에서 판매하는 펀드상품은 대부분 수익형 위주로 구성되어 있다.　○│✕

2 펀드는 원금과 이자, 보험금 등 전액을 보장하는 우체국예금·보험 상품과는 달리 운용실적에 따라 손익이 결정되는 실적배당 상품이기 때문에 원금손실이 발생할 수도 있다.　○│✕

3 펀드상품 중 MMF는 수시입출금이 가능하고 입출금이나 투자금에 제한이 없지만, 환매수수료가 부과된다.　○│✕

4 예금자보호 대상 상품인 MMF는 위험을 체계적으로 관리하기 위해 투자대상자산의 신용등급과 잔존만기, 유동성, 평가방법 등을 엄격히 제한한다.　○│✕

5 채권형 펀드는 집합투자재산의 50% 이상을 채권 및 채권 관련 파생상품에 투자하는 펀드로 투자하는 채권의 종류에 따라 국공채형/일반형/회사채형 등으로 구분된다.　○│✕

6 채권형 펀드는 금리상승기에는 편입채권의 가격이 상승하여 수익이 커지고, 금리하락기에는 편입채권의 가격이 하락하여 수익이 작아진다.　○│✕

7 채권혼합형 펀드는 집합투자재산의 50% 미만을 주식에 투자하는 펀드로, 우체국 펀드의 경우 주식편입비중이 25% 이내인 펀드를 판매하고 있다.　○│✕

8 채권혼합형 펀드는 채권과 주식이 혼합되어 운용되나, 주식에의 투자 비중이 더 많아 주식의 수익성을 기대하는 펀드이다.　○│✕

9 채권혼합형 펀드는 서로 다른 위험과 기대수익을 가진 자산(주식과 채권)을 혼합하여 운용하기 때문에 자산배분효과가 크다.　○│✕

10 채권혼합형 펀드는 상대적으로 주식운용전략보다 채권운용전략이 펀드의 성과에 미치는 영향이 더욱 크다.　○│✕

---

1. 수익형 → 안정형

3. 환매수수료가 없다.

4. MMF는 예금자보호 대상 상품이 아니며, 보유 채권 부도 시 원금손실의 가능성이 있다.

6. 금리하락기에는 편입채권의 가격이 상승하여 수익이 커지고, 금리상승기에는 편입채권의 가격이 하락하여 수익이 작아진다.

7. 25% 이내 → 30% 이내

8. 채권혼합형 펀드는 채권에의 투자 비중이 주식에의 투자 비중보다 더 많아 채권의 안정성과 주식의 수익성을 기대하는 펀드이다.

10. 채권혼합형 펀드는 채권운용전략보다 주식운용전략이 펀드의 성과에 미치는 영향이 더욱 크다.

정답 │ 1. ✕ 2. ○ 3. ✕ 4. ✕ 5. ○ 6. ✕ 7. ✕ 8. ✕ 9. ○ 10. ✕

01 우체국에서 판매하는 펀드상품에 대한 설명으로 가장 옳은 것은?

① 채권형펀드는 집합투자재산의 50% 이상을 채권(채권 관련 파생상품)에 투자하는 펀드이다.

② 우체국은 주식비중이 50% 미만인 채권혼합형펀드 상품을 판매하고 있다.

③ 펀드의 종류 중 롱숏펀드는 대표적인 채권형펀드이다.

④ 우체국 펀드는 안정형 위주로 구성되어 원금손실 우려가 없다.

> **해설** 2016년 금융당국은 실물경제 지원을 위한 공모펀드 활성화 방안의 일환으로 집합투자증권업 채널의 확대를 위해 우체국을 포함한 농협 등 중소서민 금융회사의 펀드판매를 허용하였다.
>
> ① 채권형 펀드는 집합투자재산의 50% 이상을 채권 및 채권 관련 파생상품에 투자하는 펀드로 투자하는 채권의 종류에 따라 국공채형, 일반형, 회사채형 등으로 구분된다.
>
> **오답분석** ② 우체국은 공모펀드 중 원금손실 위험도가 낮은 MMF 13종, 채권형펀드 23종, 주식 비중이 30% 이하인 채권혼합형 펀드 20종 등 총 56종의 펀드상품을 우체국 창구 및 온라인을 통해 판매하고 있다. 채권혼합형 펀드는 집합투자재산의 50% 미만을 주식에 투자하는 펀드이지만, 우체국의 경우 주식편입비중이 30% 이내인 펀드를 판매한다.
> ③ 채권혼합형 펀드는 펀드의 전략에 따라 공모주, 가치주·성장주, 배당주, 대형주·중소형주, 저변동성, 테마투자펀드, 뉴딜테마, 인덱스 펀드, 롱숏펀드 등으로 구분된다. 롱숏펀드는 주가변동과 상관없이 주가가 오를 것으로 예상되는 주식은 사고 주가가 내릴 것으로 예상되는 주식은 미리 빌려서 팔아 수익을 내는 펀드이다.
> ④ 펀드는 원금과 이자, 보험금 등 전액을 보장하는 우체국예금·보험 상품과는 달리 운용실적에 따라 손익이 결정되는 실적배당 상품이기 때문에 원금손실이 발생할 수도 있다.
>
> 정답 : ①

02 우체국 판매 펀드상품에 대한 설명으로 옳지 않은 것은?

① 펀드는 운용실적에 따라 손익이 결정되는 실적배당 상품이기 때문에 원금손실이 발생할 수 있다.

② 우체국에서 판매하는 펀드상품은 우체국 예금상품의 낮은 금리수준을 보완하기 위하여 대부분 수익형 위주로 구성되어 있다.

③ 우체국의 펀드판매는 금융소외지역 서민층의 펀드 정보 접근성을 강화하고 투자시장 활성화의 측면에서 의미가 있다.

④ 우체국의 펀드상품 판매는 2018년 9월에 개시하였다.

> **해설** 2016년 금융당국은 실물경제 지원을 위한 공모펀드 활성화 방안의 일환으로 집합투자증권업(이하 펀드판매) 채널의 확대를 위해 우체국을 포함한 농협 등 중소서민금융 회사의 펀드판매를 허용하였다. 이에 우체국은 단계적인 준비 과정을 거쳐 2018년 9월부터 우체국 펀드판매를 개시하였다. 펀드는 원금과 이자, 보험금 등 전액을 보장하는 우체국예금·보험 상품과는 달리 운용실적에 따라 손익이 결정되는 실적배당 상품이기 때문에 원금손실이 발생할 수도 있다. 따라서 우체국에서 판매하는 펀드상품은 대부분 안정형 위주로 구성되어 있다.
>
> 정답 : ②

03 우체국에서 판매하는 펀드상품의 유형별 특징을 설명한 내용으로 옳지 <u>않은</u> 것은?

① MMF는 수시입출금이 가능하며, 환매수수료가 없고, 입출금이나 투자금의 제한이 없다.

② MMF는 예금자보호 대상 상품이 아니며, 보유 채권 부도 시 원금손실 가능성이 있다.

③ 채권형펀드는 금리상승기에 편입채권의 가격이 상승하여 수익이 커지고, 금리하락기에는 편입채권의 가격이 하락하여 수익이 작아진다.

④ 채권혼합형펀드는 서로 다른 위험과 기대수익을 가진 자산(주식과 채권)을 혼합하여 운용하기 때문에 자산배분효과가 크다.

> **해설** 우체국에서 판매하는 펀드상품의 유형은 MMF(Money Market Fund), 채권형 펀드, 채권혼합형 펀드로 나뉜다. MMF는 투자대상이 단기채권, CP(기업어음), CD(양도성예금증서) 등 단기금융상품에 투자하는 펀드이고, 채권형 펀드는 집합투자재산의 50% 이상을 채권 및 채권관련 파생상품에 투자하는 펀드이며, 채권혼합형펀드는 집합투자재산의 50% 미만을 주식에 투자하는 펀드로, 우체국 펀드의 경우 주식편입비 30% 이내 펀드를 판매하고 있다.
> ③ 채권형펀드는 금리하락기에 편입채권의 가격이 상승하여 수익이 커지고, 금리상승기에 편입채권의 가격이 하락하여 수익이 작아진다. 이는 금리와 채권의 가격이 반비례하는 이치에 따른 결과이다.
>
> 정답 : ③

01 전자금융

1 우체국이 제공하는 전자금융서비스는 크게 인터넷뱅킹, 모바일뱅킹, 폰뱅킹, CD/ATM 등의 서비스가 있다.　　　　　　　　　　　　　　 ○ | ×

2. 보험 관련 서비스도 우체국 인터넷뱅킹을 통하여 이용 가능하다.

2 우체국 인터넷뱅킹 금융상품 관련 서비스에는 예금과 체크카드 관련 업무는 물론 외환과 펀드 및 오픈뱅킹 서비스가 제공되지만 보험 관련 서비스는 제공되지 않는다.　　　　　　　　　　 ○ | ×

3. 펀드와 관련해서도 원천징수내역과 잔액증명 등에 대하여 비대면서류 제출이 가능하다.

4. 창구방문시 누락 또는 보완서류는 우체국과 사전 협의된 서류만 가능하다.

3 우체국 인터넷뱅킹 온라인 증명서 발급 서비스는 예금과 카드를 대상으로 하고 펀드에 관한 서비스는 제공하지 않는다.　　　　　　 ○ | ×

4 우체국 인터넷뱅킹을 통해 퇴직급여 계좌대월 재약정·해지, 해외거주자 보안매체 재발급, 개명에 따른 제변경, 해외거주자 사고계좌 해제, 창구방문시 누락 또는 보완서류(우체국 사전 협의와 무관), 친환경실천가입신청서 등의 비대면서류의 제출이 가능하다.　　　　　　 ○ | ×

5 우체국 인터넷빙킹은 카드분실·사고신고, 인증·보안, 경조금배달, 뱅킹관리, 소비자리서치 등의 서비스를 제공한다.　　　　　　　 ○ | ×

6 우체국 폰뱅킹 서비스는 고객이 직접 단축코드를 등록하여 편리하게 이용할 수 있는 고객 맞춤서비스도 제공 중이다.　　　　　　　 ○ | ×

7. 우체국 폰뱅킹으로 비대면 계좌개설을 할 수 없다.

7 우체국 폰뱅킹을 통해서 비대면계좌개설이 가능하다.　　　　 ○ | ×

8 우체국 인터넷뱅킹과 폰뱅킹을 통해서 보험료 납입과 자동이체 서비스를 이용할 수 있다.　　　　　　　　　　　　　　　　　 ○ | ×

9 현재 우체국예금은 어플리케이션 기반의 스마트폰뱅킹인 우체국뱅킹과 우체국페이 두 가지 모바일뱅킹 서비스를 제공하고 있다.　　　 ○ | ×

정답 | 1. ○ 2. × 3. × 4. × 5. ○ 6. ○ 7. × 8. ○ 9. ○

10 우체국 인터넷뱅킹을 해지하면 우체국뱅킹은 자동 해지되고, 우체국뱅킹을 해지하는 경우 인터넷뱅킹 이용 자격이 자동 해지된다.　　　　○|×

11 우체국뱅킹을 통해 예금과 체크카드, 외환, 펀드, 금융상품몰, 인증, 보안 및 각종 부가서비스가 제공되지만, 오픈뱅킹 서비스는 제공하지 않는다.　　　　○|×

12 우체국뱅킹을 통해 비대면서류제출, 증명서발급, 전자문서지갑은 물론 모바일번호표, 알뜰폰 가입, 생활혜택과 같은 고객편의 서비스 등의 부가서비스를 제공받을 수 있다.　　　　○|×

13 우체국뱅킹은 모임서비스, 더치페이, 경조금배달 등 생활금융 서비스를 제공 중에 있다.　　　　○|×

14 우체국페이는 우편결제, 제로페이, 교통결제, 포인트 결제 등 간편결제 서비스를 제공하고 있다.　　　　○|×

15 우체국페이를 통해 수신자의 전화번호로 바로 송금할 수 있는 전화번호 송금 서비스를 할 수 있으며, 전화번호 송금에 온라인 경조사 카드와 메시지를 첨부할 수 있는 경조 송금도 이용할 수 있다.　　　　○|×

16 우체국페이는 우체국 통합멤버십 포인트를 조회·충전·선물·캐시백 서비스인 잇다머니 서비스를 제공한다.　　　　○|×

17 우체국보험의 환급금대출신청은 우체국 인터넷뱅킹에서는 불가능하지만, 우체국보험 앱을 통해서는 신청 가능하다.　　　　○|×

18 우체국보험 앱을 통해 계약사항 조회와 부활보험료 조회 등 각종 조회 서비스 및 보험료 납입과 보험금 청구 등 지급 관련 서비스를 이용할 수 있지만 보험금 감액, 청약철회, 특약해지, 기간변경, 연금변경 등 계약사항 변경에 관련된 서비스는 제공받을 수 없다.　　　　○|×

19 전자금융이용 고객은 1회 및 1일 이체한도를 우체국이 정한 보안등급별 자금이체한도와 보안매체별 거래이용수단에 따라 계좌이체 한도를 지정할 수 있으며, 우체국이 정한 한도를 초과하여 지정할 수 없다.　　　　○|×

---

10. 우체국뱅킹을 해지하더라도 인터넷뱅킹 이용 자격은 계속 유지된다.

11. 오픈뱅킹 서비스도 제공된다. 우체국뱅킹을 통해 오픈뱅킹 계좌·카드·핀테크 관리, 오픈뱅킹 이체, 착오송금 반환 등의 서비스를 이용할 수 있다.

13. 모임서비스, 더치페이, 경조금배달 등 생활금융 서비스는 우체국페이를 통해 이용할 수 있다.

17. 인터넷뱅킹을 통해서도 우체국보험의 환급금대출신청이 가능하다.

18. 우체국보험 앱을 통해 보험관리, 납입, 지급, 대출/상환 서비스를 이용할 수 있는데, 보험관리에는 조회와 안내장/증명서는 물론 계약사항 변경에 대해서도 서비스 이용이 가능하다.

19. 우체국과의 별도 약정을 통해 우체국이 정한 이체한도를 초과하여 지정할 수 있다.

---

20. 별도계약을 하더라도 1회 이체한도는 10억 원이고, 1일 이체한도는 무제한이다.

22. 반대이다.

23. OTP(디지털 OTP 포함) → 보안카드

24. 통장(재)발급 서비스는 불가하다. 통장(재)발급 서비스가 가능한 자동화기기는 '우체국 스마트 ATM'이다.

26. 스마트ATM을 통해 수시입출식예금과 저축성예금에 대한 계좌개설이 가능하다.

20 법인(안전등급)의 인터넷뱅킹의 이체한도는 1회 10억 원, 1일 50억 원이지만 별도계약을 통해 1회 50억 원, 1일 100억 원으로 늘릴 수 있다.

O | ×

21 인터넷·모바일의 1일 자금이체한도는 합산하여 처리되며 안전등급의 경우 개인은 1회 1억 원, 1일 5억 원 한도이다.

O | ×

22 폰뱅킹의 안전등급 보안매체는 보안카드 + 이체비밀번호, 일반등급 보안매체는 OTP(디지털 OTP 포함) + 이체비밀번호이다.

O | ×

23 인터넷뱅킹과 모바일뱅킹의 일반등급과 기본등급 모두 우체국이 정한 인증서가 필요하며, 일반등급의 경우 OTP(디지털 OTP 포함)가 추가로 필요하다.

O | ×

24 우체국 자동화기기(CD/ATM)를 통해 휴대폰거래, 신용카드, T-money거래, 보험서비스, 통장(재)발급 서비스를 받을 수 있다.

O | ×

25 스마트ATM에서는 예금 출금과 입금·조회, 계좌이체·해외송금, 바이오·무통장거래, 통장정리, 공과금·등록금 납부 등 ATM 업무는 물론 계좌개설, 체크카드발급, 보안매체발급, 인터넷뱅킹 신규가입, 통장(재)발급, 분실신고·해제 등의 창구업무까지 이용할 수 있다.

O | ×

26 스마트ATM을 통해 계좌개설이 가능한 예금은 수시입출식예금으로 한정된다.

O | ×

27 스마트ATM을 통해 보안카드, 카드형 OTP 등 보안매체를 발급받을 수 있다.

O | ×

01 우체국 전자금융에 관한 내용 중 옳지 않은 것은?

① 우체국 인터넷뱅킹은 오픈뱅킹 서비스를 제공하지 않는다.
② 우체국 폰뱅킹은 고객이 직접 단축코드를 등록하여 이용할 수 있다.
③ 우체국 인터넷뱅킹과 폰뱅킹 모두 보험료 납입과 자동이체 서비스를 제공한다.
④ 우체국 인터넷뱅킹을 해지하면 우체국뱅킹은 자동 해지된다.

> **해설** 전자금융거래는 우체국이 전자적 장치를 통하여 제공하는 금융상품 및 서비스를 이용자가 전자적 장치를 통하여 비대면·자동화된 방식으로 직접 이용하는 거래를 말한다. 우체국이 제공하는 전자금융서비스는 크게 인터넷뱅킹, 모바일뱅킹, 폰뱅킹, CD/ATM 등의 서비스가 있다.
> ① 우체국 인터넷뱅킹을 통해 예금과 체크카드 관련 업무, 외환, 펀드, 오픈뱅킹 서비스 및 보험 관련 서비스 등을 이용할 수 있다.
>
> **오답분석** ② 우체국 폰뱅킹 서비스는 고객이 직접 단축코드를 등록하여 편리하게 이용할 수 있는 고객 맞춤서비스도 제공 중이다.
> ③ 우체국 인터넷뱅킹과 폰뱅킹을 통해서 보험료 납입과 자동이체 서비스를 이용할 수 있다.
> ④ 우체국뱅킹을 해지하더라도 인터넷뱅킹의 이용 자격은 계속 유지되지만, 우체국 인터넷뱅킹을 해지하면 우체국뱅킹은 자동 해지된다.
>
> 정답 : ①

02 우체국 전자금융의 주요 서비스에 대한 내용으로 옳지 않은 것은?

① 우체국 인터넷뱅킹을 통해 예금과 체크카드 관련 업무를 제공하지만, 오픈뱅킹 서비스는 제공되지 않는다.
② 우체국 폰뱅킹을 통해 보험료 납입과 자동이체는 물론 보험환급금대출 서비스를 이용할 수 있다.
③ 우체국뱅킹 앱을 통해 펀드매매, 펀드자동이체가 가능하다.
④ 우체국페이 앱을 통해 전화번호 송금에 온라인 경조사 카드와 메시지를 첨부할 수 있다.

> **해설** 전자금융거래라 함은 우체국이 전자적 장치를 통하여 제공하는 금융상품 및 서비스를 이용자가 전자적 장치를 통하여 비대면·자동화된 방식으로 직접 이용하는 거래를 말한다.
> ① 우체국 인터넷뱅킹 서비스를 통해 예금, 체크카드, 외환, 펀드, 오픈뱅킹, 보험 등의 업무를 처리할 수 있다. 예금 서비스는 조회, 이체, 공과금 관련 서비스를 제공하고, 보험서비스는 보험관리, 납입과 지급, 대출, 전자청약 등의 서비스를 제공한다.

② 보험과 관련한 우체국 폰뱅킹의 서비스에는 환급금대출·해지환급금·만기보험금·연금·배당금·휴면보험금 조회, 환급금대출 신청, 원리금 상환 및 대출이율 조회, 보험료 납입, 보험료 자동이체의 신정·변경·해지, 대출이자 자동이체 신청·변경·해지, 만기보험금·배당금·휴면보험금·해지환급금 신청 등이 있다.
③ 우체국뱅킹을 통해 펀드와 관련하여 내펀드조회, 펀드매매, 펀드계좌관리, 펀드자동이체, 펀드소액투자서비스 등이 가능하다.
④ 우체국페이 앱의 경조 송금 서비스를 통해 전화번호 송금에 결혼, 상조 등 온라인 경조사 카드와 메시지를 첨부할 수 있다.

정답 : ①

03 우체국 금융서비스에 관한 내용 중 옳지 않은 것은?

① 우체국 인터넷뱅킹을 통해서 보험료 납입과 자동이체 서비스를 이용할 수 있다.
② 우체국뱅킹 앱을 통해 오픈뱅킹 서비스를 이용할 수 있다.
③ 우체국 폰뱅킹을 통해 비대면계좌개설이 가능하다.
④ 우체국페이 앱을 통해 우체국 통합멤버십 포인트 조회·충전·선물·캐시백과 관련한 '잇다머니' 서비스를 이용할 수 있다.

폰뱅킹이라 함은 고객의 신청에 따라 우체국예금·보험 고객센터를 통해 가정이나 사무실 등에서 다양한 우체국예금·보험서비스를 전화통화로 간편하게 처리할 수 있는 서비스를 말한다. 우체국 폰뱅킹으로는 비대면계좌개설을 할 수 없다.

① 우체국 인터넷뱅킹과 폰뱅킹을 통해서 보험료 납입과 자동이체 서비스를 이용할 수 있다.
② 우체국뱅킹 앱을 통해 오픈뱅킹(계좌, 카드, 핀테크) 관리, 오픈뱅킹 이체, 착오송금반환 등의 서비스를 이용할 수 있다.
④ 우체국페이 앱을 통해 간편결제, 간편송금(이체), 생활금융, 잇다머니 서비스를 이용할 수 있다.

정답 : ③

04 밑줄 친 (   )에서 제공하는 주요 서비스 내용으로 옳은 것은? (2022 기출 변형)

〈 보 기 〉

(_____)은/는 우체국예금 모바일뱅킹에 핀테크를 접목시킨 간편결제 및 간편송금 서비스를 제공하는 앱이다.

① 수신자의 휴대전화 번호만 알면 경조금 및 경조카드를 보낼 수 있다.
② 보이스피싱 피해신고서비스를 제공받을 수 있다.
③ 조회와 이체를 할 때 쉬운말서비스가 제공된다.
④ 비대면서류제출, 모바일번호표, 증명서발급, 전자문서지갑 기능을 제공한다.

해설 우체국페이는 우체국예금 모바일뱅킹에 핀테크를 접목시킨 간편결제 및 간편송금 서비스를 제공하는 앱이다. 우체국페이 앱을 통해 우편결제, 제로페이, 교통결제, 포인트 결제 등의 간편결제 서비스를 이용할 수 있다. 그리고 계좌번호 송금, 전화번호 송금, 경조 송금 등 간편송금(이체) 서비스도 제공되며 모임서비스, 더치페이, 경조금배달 등 생활금융서비스와 잇다머니서비스도 제공한다.
① 전화번호 송금서비스는 수신자의 계좌번호를 몰라도 전화번호로 바로 송금할 수 있는 서비스이다. 그리고 경조송금서비스는 전화번호 송금에 온라인 경조사 카드와 메시지를 첨부할 수 있는 서비스이다.

오답분석 ②③ 포이스피싱 피해신고서비스와 잔액조회, 거래내역조회, 우체국간 이체 및 우체국과 은행간 이체 시 쉬운말 서비스가 제공되는 것은 우체국 폰뱅킹이다.
④ 비대면서류제출, 모바일번호표, 증명서발급, 전자문서지갑 기능은 우체국뱅킹 앱에서 제공받을 수 있는 부가서비스들이다.

정답 : ①

05 우체국뱅킹 앱의 서비스에 해당하지 <u>않는</u> 것은?

① 계좌조회, 거래내역조회, 이체결과조회, 수표조회
② 오픈뱅킹(계좌, 카드, 핀테크) 관리, 오픈뱅킹 이체, 착오송금반환
③ 집배원이 직접 지정한 수신자에게 현물(현금, 현금증서)과 경조카드 배달
④ 내펀드조회, 펀드매매, 펀드계좌관리, 펀드자동이체, 펀드소액투자서비스

해설 우체국뱅킹 앱은 우체국 전자금융서비스 신청 고객이 우체국 방문 없이 스마트폰에서 우체국금융 서비스(가입, 조회, 이체 등)를 이용할 수 있는 우체국예금 스마트폰뱅킹 전용 어플리케이션이다. 계좌관리, 이체/결제/출금, 공과금, 해외송금/환전 등 예금관련 업무는 물론 체크카드, 보험, 펀드 및 오픈뱅킹 업무 등이 제공된다. 우체국뱅킹 앱의 주요 서비스는 다음과 같다.

구분	주요 서비스
예금	●(조회) 계좌조회, 거래내역조회, 이체결과조회, 수표조회 ●(이체/출금) 이체, 생활송금, 자동이체, 간편결제, 스마트(ATM)출금, 이체관리 ●(공과금) 통합공과금, 지로, 범칙/벌과금, 통합사회보험료, 생활요금
체크카드	●내카드조회, 이용조회, 포인트/캐시백 관리, 카드관리, 카드재발급
외환	●환율조회, 외화환전, 해외송금, 해외송금조회
펀드	●내펀드조회, 펀드매매, 펀드계좌관리, 펀드자동이체, 펀드소액투자서비스
오픈뱅킹	●오픈뱅킹(계좌, 카드, 핀테크) 관리, 오픈뱅킹 이체, 착오송금반환
금융상품몰	●예금/보험/카드/펀드상품 소개 및 가입, 판매종료상품 안내, 금융계산기
인증	●간편인증, PASS인증, 공동인증서, 금융인증서, PC로그인/인증
보안	●전자금융사기예방서비스, 해외IP차단서비스, 디지털 OTP, OTP 이용등록/보정
부가서비스	●비대면서류제출, 증명서발급, 전자문서지갑, 고객편의 서비스(모바일번호표, 알뜰폰 가입, 생활혜택)

③ 집배원이 직접 지정한 수신자에게 현물(현금, 현금증서)과 경조카드를 배달하거나 전화번호 송금에 온라인 경조사 카드(결혼, 상조 등)와 메시지를 첨부하는 경조 송금 서비스는 우체국페이 앱을 통해 제공받을 수 있다.

정답 : ③

06　우체국 전자금융에 대한 설명으로 옳은 것은?

① '우체국페이' 앱은 우체국 방문 없이 보험가입, 보험금청구 등 우체국보험과 관련된 다양한 서비스를 모바일로 간편하게 이용할 수 있는 우체국스마트보험 모바일 앱이다.

② 우체국보험 앱은 바코드를 통하여 우체국 통합멤버십 포인트로 카페, 편의점 등 생활밀접형 가맹점에서 오프라인 결제가 가능한 '포인트 결제'서비스를 제공한다.

③ 법인은 안전등급을 통해 인터넷뱅킹으로 1회 10억 원 한도로 자금을 이체할 수 있다.

④ 전 금융기관을 통합하여 OTP를 연속 5회 이상 잘못 입력한 경우 전자금융서비스의 이용이 제한된다.

 전자금융거래라 함은 우체국이 전자적 장치를 통하여 제공하는 금융상품 및 서비스를 이용자가 현금자동지급기, 자동입출금기, 지급용단말기, 컴퓨터, 전화기 그 밖에 전자적 방법으로 전자금융거래정보를 전송하거나 처리하는데 이용되는 장치 등 전자적 장치를 통하여 비대면·자동화된 방식으로 직접 이용하는 거래를 말한다. 우체국이 제공하는 전자금융서비스는 크게 인터넷뱅킹, 모바일뱅킹, 폰뱅킹, CD/ATM 등의 서비스가 있다.

③ 전자금융 보안등급별 자금이체 한도는 다음과 같다.

구분 안전등급 일반등급			보안등급		
			기본등급		
인터넷뱅킹	개인	1회	1억 원	1천만 원	3백만 원
		1일	5억 원	5천만 원	3백만 원
	법인	1회	10억 원		
		1일	50억 원		
	법인 (별도계약)	1회	10억 원		
		1일	무제한		
모바일뱅킹	개인	1회	1억 원	1천만 원	1천만 원
		1일	5억 원	5천만 원	1천만 원
폰뱅킹	개인	1회	5천만 원	3백만 원	
		1일	2억 5천만 원	5백만 원	
	법인	1회	1억 원		
		1일	5억 원		

오답분석 ① 우체국 방문 없이 보험가입, 보험금청구 등 우체국보험과 관련된 다양한 서비스를 모바일로 간편하게 이용할 수 있는 우체국스마트보험 모바일 어플리케이션은 '우체국보험'이다.

② 포인트결제서비스는 우체국페이 앱을 통해 제공하고 있다.

④ 우체국이 전자금융서비스의 전부 또는 일부를 제한할 수 있는 경우는 다음과 같다.

　◇ 계좌 비밀번호, 보안카드 비밀번호, 폰뱅킹 이체비밀번호, 모바일 인증서에 등록한 PIN, 패턴, 생체인증 정보, OTP(디지털OTP 포함) 인증번호 등을 연속 5회 이상 잘못 입력한 경우
　◇ OTP는 전 금융기관을 통합하여 연속 10회 이상 잘못 입력한 경우 OTP의 경우
　◇ 기타 예금거래 기본약관 등에서 정한 거래 제한 사유가 발생한 경우

정답 : ③

07 다음 우체국 금융직원 중 가장 적절히 예금업무 처리를 한 직원으로 옳은 것은? (2024 기출)

① 연선: 고객이 방금 실수로 다른 계좌에 송금했다고 해서 즉시 예금보험공사에 반환지원 신청을 하시라고 안내했어.

② 승재: 고객이 대여금고를 약정하러 왔었는데 계속적 금융거래가 아니라서 고객확인제도(CDD)에서 말하는 고객 확인을 하지는 않았어.

③ 명은: 고객이 전화로 기업인터넷뱅킹서비스를 인터넷뱅킹으로 가입 가능한지 물어봤는데 무조건 우체국 방문신청해야 한다고 안내했어.

④ 민경: 대리인(乙)이 우체국에 와서 본인(甲)의 신분증 사본으로 계좌 개설이 가능한지 물어보길래 사본으로는 불가능하다고 했어.

> **해설** 인터넷뱅킹을 이용하려는 개인고객은 금융실명거래 확인을 위한 신분증을 지참하고 거래금융기관을 방문하여 신청하거나 비대면으로 신청할 수 있다. 하지만 기업고객은 사업자등록증, 대표자 신분증 등 관련 서류를 지참하여 거래금융기관에 방문하여 신청해야 한다.
>
> **오답분석** ① '21년 7월 예금자보호법 개정에 따라 계좌번호 착오 등의 사유로 송금인 실수로 잘못 송금한 건에 대해 금융기관을 통해 반환 신청하였으나, 반환받지 못하는 경우 착오 송금액을 예금보험공사가 대신 찾아주는 '착오송금 반환지원제도'가 신설되었다. 착오송금이 발생한 경우 즉시 예금보험공사에 반환지원 신청을 할 수는 없고, 우선 금융기관을 통해 반환 신청을 해야 한다.
> ② 보험·공제계약, 대출·보증·팩토링 계약의 체결, 양도성 예금증서, 표지어음의 발행, 펀드 신규 가입, 대여금고 약정, 보관어음 수탁을 위한 계약 등 계좌를 신규 개설하는 경우 고객확인 대상에 해당한다.
> ④ 대리인을 통하여 계좌개설을 할 경우 본인 및 대리인 모두의 실명확인증표와 첨부된 위임장의 진위여부 확인을 위한 인감증명서 및 본인서명사실확인서를 제시받아 실명 확인을 하여야 한다. 이 경우 본인의 실명확인증표는 사본으로도 가능하다.
>
> 정답 : ③

08 자동화기기를 통하여 제공받을 수 있는 우체국금융 서비스에 포함되지 <u>않는</u> 것은?

① CD/ATM - 지로·공과금·대학등록금 납부

② CD/ATM - 전자통장·티머니거래, 통장발급

③ 스마트ATM - 보안카드, 카드형 OTP의 발급

④ 스마트ATM - 저축성예금의 계좌개설

> **해설** 우체국금융 자동화기기인 CD 또는 ATM을 이용하여 입금/출금/조회, 계좌이체/해외송금, 통장/보험정리, 무통장/무카드거래 등 예금업무와 휴대폰거래, 신용카드, 지로/공과금/대학등록금 납부, 전자통장/T-money거래, 보험서비스 등의 서비스를 이용할 수 있다. 최근에는 우체국 스마트 ATM을 통해 계좌개설(수시입출식예금·저축성예금), 체크카드 발급, 보안매체 발급(보안카드·카드형 OTP), 인터넷뱅킹 신규가입, 통장(재)발급, 분실신고/해제 등의 창구업무는 물론 예금 출금/입금· 조회, 계좌이체/해외송금, 바이오/무통장거래, 통장정리, 공과금/등록금 납부 등 ATM업무를 볼 수 있다.
> ② 통장(재)발급은 스마트ATM에서는 가능하지만, CD/ATM에서는 통장정리만 가능하다.
>
> 정답 : ②

02 통합멤버십 ~ 우편환·대체

1 통합멤버십 포인트는 우정사업 서비스 및 이벤트에서 모은 포인트 외에 우체국예금 계좌로 선불 충전이 가능하다. ○ | ×

2 보유하고 있는 통합멤버십 포인트로 우체국 우편서비스와 제휴 가맹점에서 결제가 가능하다. ○ | ×

3 통합멤버십 관리·결제 등 전체 기능은 우체국 인터넷뱅킹과 우체국페이 앱을 통해 제공한다. ○ | ×

4 우체국 통합멤버십은 기존 우정사업 서비스를 이용하는 고객들을 대상으로 한다. ○ | ×

5 통합멤버십 회원가입은 우체국페이앱에서만 제공하며 우체국페이 신규 가입절차에 통합멤버십 회원 가입절차가 포함되어 있다. ○ | ×

6 우체국페이 서비스는 그대로 유지하면서 통합멤버십 회원만 단독으로 탈회하는 것도 가능하다. ○ | ×

7 통합멤버십의 1포인트는 1원 가치를 가지며 우정사업을 이용하는 기존 고객이 보유한 포인트를 통합멤버십 포인트로 전환할 경우 1:1로 전환된다. ○ | ×

8 통합멤버십 포인트는 우체국 창구(우편접수, 통장재발행 수수료)와 우체국쇼핑 웹·앱(상품 결제), 제휴처(한국페이즈, BC카드 제휴사)에서 포인트 차감방식으로 사용이 가능하다. ○ | ×

9 적립포인트는 우체국 계좌 연결 후 계좌이체를 통해 선불 충전한 포인트이다. ○ | ×

3. 통합멤버십 관리·결제 등 전체 기능은 우체국페이 앱에서만 제공한다.

4. 우체국 통합멤버십은 기존 우정사업 서비스를 이용하는 고객여부와 상관없이 멤버십 신규 회원 가입을 통해 이용할 수 있다.

6. 통합멤버십 회원의 단독 탈회는 불가능하며 우체국페이 서비스 해지 시만 탈회가 가능하다.

9. 충전포인트에 대한 설명이다. 적립포인트는 우체국 체크카드 서비스 이용과 우체국쇼핑 상품 구입, 이벤트 참여로 적립되는 포인트이다.

10 전환포인트는 통합멤버십 회원 간 보유 포인트를 선물하거나 선물받은 포인트이다. ○|×

11 충전포인트의 충전한도는 1일 30만 원이고, 선물포인트의 충전한도는 1일 50만 원이다. ○|×

12 선물받은 선물 포인트는 언제든지 재선물할 수 있다. ○|×

13 우체국의 우편환 서비스는 크게 통상환, 온라인환 및 경조금배달서비스가 있다. ○|×

10. 선물포인트에 대한 설명이다. 전환포인트는 통합멤버십 가입 전 고객이 보유한 우체국 체크카드 및 우체국 쇼핑 포인트가 통합멤버십 가입으로 통합멤버십 포인트로 전환된 포인트이다.

11. 반대이다. 충전포인트의 충전한도는 1일 50만 원이고, 선물포인트의 충전한도는 1일 30만 원이다.

12. 선물받은 선물 포인트는 재선물이 불가하다.

---

01 우체국 통합멤버십에 대한 설명 중 옳지 않은 것은?

① 통합멤버십 포인트는 '우체국페이'에서 회원가입을 통하여 이용할 수 있다.

② 충전포인트의 충전한도는 건당 50만 원이며 총 보유한도는 200만 원이다.

③ 선물포인트의 선물 한도는 건당 10만 원, 1일 30만 원, 월 50만 원이다.

④ 잇다머니는 우체국 통합멤버십 포인트의 조회·충전·선물·캐시백 서비스이다.

> **해설** 통합멤버십 포인트 유형은 크게 적립·충전·선물·전환포인트로 구분할 수 있다. 이중 충전포인트의 충전한도는 건당 30만 원, 1일 50만 원이며 총 보유한도는 200만 원이고, 선물포인트의 선물 한도는 건당 10만 원, 1일 30만 원, 월 50만 원이다.
>
> **오답분석** ① 통합멤버십 포인트의 명칭은 잇다머니이며 우체국페이앱(App)에서 회원가입을 통하여 이용할 수 있다.
>
> 정답 : ②

02 우체국 통합멤버십에 대한 설명으로 옳은 것은?

① 통합멤버십 포인트는 우정사업 서비스 및 이벤트에서 모은 포인트로, 별도 충전은 불가능하다.

② 통합멤버십 관리·결제 등 전체 기능은 우체국뱅킹과 우체국페이 앱을 통해 제공한다.

③ 기존 우정사업 서비스를 이용하는 고객을 대상으로 통합멤버십 서비스가 제공된다.

④ 보유하고 있는 통합멤버십 포인트로 우체국 우편서비스와 제휴 가맹점에서 결제가 가능하다.

> **해설** 우체국 통합멤버십은 우정사업 서비스(체크카드, 쇼핑) 이용 및 이벤트 참여 등으로 모은 포인트를 통합하여 사용하는 서비스를 말한다. 통합멤버십 포인트의 명칭은 "잇다머니"이며 우체국페이앱(App)에서 회원가입을 통하여 이용할 수 있다.
> ④ 보유하고 있는 통합멤버십 포인트로 우체국 우편서비스는 물론 제휴 가맹점에서도 결제가 가능하다.
>
> **오답분석** ① 통합멤버십 포인트는 우정사업 서비스 및 이벤트에서 모은 포인트 외에 우체국예금 계좌로 선불 충전이 가능하다.
> ② 통합멤버십 관리·결제 등 전체 기능은 우체국페이앱에서만 제공한다.
> ③ 우체국 통합멤버십은 기존 우정사업 서비스를 이용하는 고객여부와 상관없이 멤버십 신규 회원 가입을 통해 이용할 수 있다. 회원가입은 우체국페이앱에서만 제공하며 우체국페이 신규 가입절차에 통합멤버십 회원 가입절차가 포함되어 있다. 통합멤버십 회원의 단독 탈회는 불가능하며 우체국페이 서비스 해지 시만 탈회가 가능하다.
>
> 정답 : ④

03 우체국 통합멤버십의 포인트에 대한 설명으로 옳지 <u>않은</u> 것은?

① 우정사업을 이용하는 기존 고객이 보유한 포인트를 통합멤버십 포인트로 전환할 경우 1:1로 전환된다.

② 통합멤버십 포인트는 우체국 창구와 우체국쇼핑은 물론 제휴처에서 포인트 차감방식으로 사용할 수 있다.

③ 선물포인트의 선물 한도는 건당 10만 원, 1일 30만 원, 월 50만 원이며, 받은 선물 포인트는 재선물이 가능하다.

④ 충전포인트의 충전한도는 건당 30만 원, 1일 50만 원이며 총 보유한도는 200만 원이다.

> **해설** 통합멤버십 포인트 유형은 크게 적립·충전·선물·전환포인트로 구분할 수 있다. 이중 적립포인트는 우체국 체크카드 서비스 이용과 우체국쇼핑에서 상품 구입, 이벤트 참여로 적립되는 포인트이고, 전환포인트는 통합멤버십 가입 전 고객이 보유한 우체국 체크카드 및 우체국쇼핑 포인트가 통합멤버십 가입으로 통합멤버십 포인트로 전환된 포인트를 말한다. 통합멤버십 가입 전 보유한 포인트는 멤버십 가입 후 익일에 일괄하여 통합멤버십 포인트로 전환된다.
> ③ 선물포인트는 통합멤버십 회원 간 보유 포인트를 선물하거나 선물 받은 포인트이다. 선물 한도는 건당 10만 원, 1일 30만 원, 월 50만 원이며, 받은 선물 포인트는 재선물이 불가하다.

> **오답 분석** ① 통합멤버십의 1포인트는 1원 가치를 가지며 우정사업을 이용하는 기존 고객이 보유한 포인트를 통합멤버십 포인트로 전환할 경우 1:1로 전환된다.
> ② 통합멤버십 포인트는 우체국 창구(우편접수, 통장재발행 수수료)와 우체국쇼핑 웹·앱(상품 결제), 제휴처(한국페이즈, BC카드 제휴사)에서 포인트 차감방식으로 사용이 가능하다.
> ④ 충전포인트는 우체국 계좌 연결 후 계좌이체를 통해 선불 충전한 포인트를 말한다. 충전한도는 건당 30만 원, 1일 50만 원이며 총 보유한도는 200만 원이다.
>
> 정답 : ③

04 우편환과 우편대체 서비스에 대한 설명으로 옳지 <u>못한</u> 것은?

① 우편환은 우편 또는 전자적 수단으로 전달되는 환증서를 통한 송금수단이다.

② 우체국의 우편환 서비스는 크게 통상환, 온라인환 및 경조금배달서비스가 있다.

③ 우편대체는 우체국에 개설한 우편대체계좌를 통하여 자금결제를 할 수 있는 제도이다.

④ 우편대체를 통해 공과금을 수납할 수 있지만, 공과금 자동이체서비스는 제공되지 않는다.

> **해설** 우편대체는 우체국에 개설한 우편대체계좌를 통하여 자금결제를 할 수 있는 제도로서 이를 통하여 세금·공과금·할부금 등 수납, 각종 연금·급여 지급, 공과금 자동이체 및 수표 발행 등의 서비스가 제공된다.

> **오답 분석** ① 우편환이란 「우편환법」에 따라 우편 또는 전자적 수단으로 전달되는 환증서(전자적 매체를 통해 표시되는 지급지시서 및 계좌입금 등을 포함)를 통한 송금수단이다. 우편환은 금융기관의 온라인망이 설치되어 있지 않은 지역에 대한 송금을 위해 이용된다.
>
> 정답 : ④

03 외국환

1 해외송금의 서비스 이용시간은 우체국 금융창구는 09:00~16:30, 인터넷·CD/ATM·스마트뱅킹은 연중 24시간(서비스 점검시간 23:50~00:10 제외)이다. ○|✕

2. 모든 해외송금에 적용되는 것은 아니고, 유로지로는 제외된다.

2 모든 해외송금은 국민인 거주자는 송금금액 건당 5천불 초과 시, 외국인·국민인 비거주자는 송금금액과 상관없이 거래외국환은행을 반드시 지정해야 한다. ○|✕

3. 반대로 기술되어 있다.

3 SWIFT 해외송금에는 수취인의 해외은행계좌에 송금하는 타발송금과 해외은행으로부터 수취인의 한국 우체국계좌로 송금하는 당발송금 업무가 있다. ○|✕

4 3~5영업일의 소요시간이 필요한 SWIFT 송금과 유로지로와 달리 특급송금은 송금 후 10분이 소요된다. ○|✕

5. 유로지로의 경우 주소지 송금도 가능하다.

5 SWIFT 송금과 유로지로는 계좌송금으로만 거래가 가능하고, 특급송금은 수취인 방문 지급 방식을 따른다. ○|✕

6. 스마트뱅킹을 통한 당발송금만 가능(21. 4월 시행)하며, 타발송금의 창구지급 및 배달서비스는 향후 도입예정이다.

6 간편 해외송금은 스마트뱅킹을 통한 당발송금과 타발송금의 창구지급 및 배달서비스가 제공된다. ○|✕

7. 유로지로와 특급송금이 반대로 제시되어 있다. 그리고 유로지로의 취급국가는 일본을 제외한 태국, 필리핀, 스리랑카, 베트남, 몽골이다.

7 2023년 12월 기준 SWIFT 송금과 유로지로는 전 세계 대부분의 국가에 서비스가 가능하지만, 특급송금은 태국, 필리핀, 스리랑카, 일본, 베트남, 몽골에 서비스가 가능하다. ○|✕

8. 간편해외송금의 경우에는 연간 5만불 이하로 제한된다.

8 건당 5천불 이하의 해외송금은 방식에 구분 없이 연간 송금한도에 제한이 없다. ○|✕

9 건당 5천불을 초과하는 경우 머니그램특급송금과 간편해외송금으로는 송금이 제한된다. ○ | ×

10 국민인 거주자는 건당 5천불을 초과하는 해외송금을 SWIFT와 머니그램특급송금 각각 연간 10만불 이하까지 송금할 수 있다. ○ | ×

11 해외송금의 소요시간은 머니그램특급송금이 가장 빠르고, 간편해외송금이 가장 느리다. ○ | ×

12 간편해외송금의 거래유형은 계좌, 방문, 배달, 전자지갑 등 국가에 따라 다양하다. ○ | ×

13 SWIFT, 유로지로와 달리 머니그램특급송금과 간편해외송금은 CD/ATM을 통한 송금이 불가능하다. ○ | ×

14 간편해외송금은 창구와 스마트뱅킹을 통해 송금할 수 있다. ○ | ×

15 우체국은 환전고객 외화 수령의 편의 제공을 위한 '외화배달 서비스'를 부가적으로 시행하고 있다. ○ | ×

16 우체국 외화환전 예약서비스는 인터넷뱅킹과 우체국뱅킹(스마트뱅킹)을 이용하여 원하는 수령일자 및 장소를 선택하여 지정한 날짜에 외화 실물을 직접 수령하는 서비스로, 환전예약 신청 당일 수령도 가능하다. ○ | ×

17 외화환전 예약서비스의 수령 장소는 고객이 지정한 일부 환전업무 취급 우체국 및 우정사업본부와 환전업무 관련 제휴된 하나은행 지점(환전소)에서 수령할 수 있다. ○ | ×

---

9. 유로지로와 간편해외송금의 경우에는 건당 5천불을 초과하는 해외송금이 불가하지만, SWIFT와 머니그램특급송금의 경우에는 송금이 가능하다.

10. 건당 5천불을 초과하는 송금은 SWIFT와 머니그램특급송금을 합산하여 국민인 거주자는 연간 10만불 이하, 외국인 비거주자는 연간 5만불 이하까지만 송금이 가능하다.

11. 머니그램특급송금은 송금 후 10분 뒤에 지급받을 수 있고, 간편해외송금은 즉시~2영업일이 소요되지만, SWIFT와 유로지로는 3~5영업일이 소요된다.

14. 간편해외송금은 창구, 인터넷뱅킹, CD/ATM으로는 송금할 수 없고, 오로지 스마트뱅킹을 통해서만 송금할 수 있다.

16. 환전예약 신청 당일 수령은 불가능하다.

---

01 **우체국 해외송금서비스에 대한 설명으로 옳은 것은? (2018 기출 변형)**

① 머니그램(MoneyGram) 해외송금은 수취인의 계좌번호 없이 당발송금이 가능하다.

② 국민인 거주자는 유로지로(Eurogiro) 해외송금을 통해 연간 10만불 이하까지 송금할 수 있다.

③ SWIFT의 거래유형은 계좌송금 및 주소지송금이고, 유로지로(Eurogiro)의 거래유형은 계좌송금이다.

④ SWIFT 송금은 EDI(전자문서 교환)방식의 국제금융 송금서비스로 우정사업자와 민간 금융기관이 회원으로 가입 후 회원 간 쌍무협정(Bilateral Agreement)을 통해 해외송금 업무를 수행한다.

> **해설** 우체국의 해외송금 업무는 크게 시중은행과의 제휴를 통한 SWIFT(계좌송금)·MoneyGram(무계좌 실시간 송금)과 유로지로 네트워크를 통해 우체국이 자체적으로 제공하는 Eurogiro 및 간편해외송금으로 구분할 수 있다.
> ① MoneyGram 특급송금 미국 텍사스에 본사를 둔 머니그램社와 제휴한 Agent 간 네트워크 상 정보에 의해 자금을 송금·수취하는 무계좌 거래로 송금 후 약 10분 뒤에 송금번호(REF.NO)만으로 수취가 가능한 특급해외송금 서비스이다.
>
> **오답분석** ② 유로지로 해외송금은 건당 5천불 이하만 제한 없이 송금할 수 있고, 건당 5천불 초과 금액은 송금할 수 없다.
> ③ SWIFT의 거래유형은 계좌송금이고, 유로지로(Eurogiro)의 거래유형은 계좌송금과 주소지송금이다.
> ④ 유로지로에 관한 설명이다. 유로지로는 유럽지역 우체국 금융기관이 주체가 되어 설립한 Eurogiro社의 네트워크를 사용하는 EDI(전자문서 교환)방식의 국제금융 송금서비스로 우정사업자와 민간 금융기관이 회원으로 가입 후 회원 간 쌍무협정(Bilateral Agreement)을 통해 해외송금 업무를 수행한다.
>
> 정답 : ①

02 **우체국 해외송금서비스에 대한 설명으로 옳지 않은 것은?**

① Eurogiro 해외송금은 SWIFT 송금과 달리 계좌송금만 가능하고 주소지 송금은 불가능하다.

② MoneyGram 특급송금은 송금번호(REF.NO)만으로 송금 후 약 10분 만에 수취가 가능한 특급해외송금서비스이다.

③ 우체국은 신한은행 SWIFT망을 통해 전 세계금융기관을 대상으로 해외송금 서비스를 운영하고 있다.

④ 우체국을 통해 SWIFT 자동송금서비스를 이용할 수 있다.

> **해설** 우체국의 해외송금 업무는 크게 시중은행과의 제휴를 통한 SWIFT(계좌송금)·MoneyGram(무계좌 실시간 송금)과 유로지로 네트워크를 통해 우체국이 자체적으로 제공하는 Eurogiro, 그리고 간편해외송금으로 구분할 수 있다. Eurogiro社의 네트워크를 사용하여 EDI(전자문서 교환)방식으로 국제금융 송금서비스를 제공하는 Eurogiro 해외송금은 계좌송금만 가능한 SWIFT 송금과 달리 계좌송금과 주소지 송금이 가능하다.

② MoneyGram 특급송금은 미국 텍사스에 본사를 둔 머니그램社와 제휴한 Agent 간 네트워크 상 정보에 의해 자금을 송금, 수취하는 무계좌 거래로 송금번호(REF.NO)만으로 송금 후 약 10분 만에 수취가 가능한 특급해외송금서비스이다. 반면 SWIFT 송금과 유로지로는 3~5영업일이 소요된다.

③ 우체국은 신한은행과 제휴를 통한 신한은행 SWIFT 망을 통해 전 세계금융기관을 대상으로 해외송금 서비스를 운영하고 있으며, 수취인의 해외은행계좌에 송금하는 당발송금과 해외은행으로부터 수취인의 한국 우체국계좌로 송금하는 타발송금 업무가 있다.

④ 우체국은 매월 약정한 날짜에 송금인 명의의 우체국 계좌에서 자금을 인출하여 해외의 수취인에게 자동으로 송금해주는 SWIFT 자동송금서비스도 제공하고 있다.

정답 : ①

03 우체국 해외송금 서비스 중 SWIFT 송금에 대한 내용으로 옳지 않은 것은?

① 전세계 약 210여개 국으로 송금이 가능하며, 소요시간은 3~5영업일이다.

② EDI(전자문서교환)방식의 국제금융 송금서비스로 계좌송금과 주소지송금이 가능하다.

③ 매월 약정한 날짜에 송금인 명의의 우체국계좌에서 자금을 인출하여 해외의 수취인에게 자동으로 송금해주는 '자동송금서비스'가 제공되고 있다.

④ 우체국은 신한은행과 제휴하여 전 세계금융기관을 대상으로 해외송금 서비스를 운영하고 있다.

우체국 해외송금 서비스는 SWIFT 송금, 유로지로, Moneygram 특급송금, 간편해외송금 등으로 구분할 수 있다. SWIFT 송금은 1973년 유럽 및 북미은행 중심으로 설립된 국제은행 간의 금융통신망인 SWIFT를 이용한 송금서비스로 은행 간 자금결제 및 메시지교환을 표준화된 양식에 의거 송수신함으로써 신속, 저렴, 안전한 송금서비스를 제공한다.

② EDI(전자문서교환)방식의 국제금융 송금서비스로 계좌송금과 주소지송금이 가능한 해외송금 서비스는 유로지로이다.

① SWIFT 송금과 유로지로는 3~5영업일이 소요되고, 특급송금은 송금 후 10분 뒤 수취인 지역 내 머니그램 Agent를 방문하여 수취할 수 있다.

정답 : ②

04 우체국 해외송금을 비교한 내용으로 옳은 것은?

① 해외송금의 종류와 관계없이 건당 5천불 이하의 송금액에 대해서는 별도의 송금한도를 두지 않는다.

② 간편해외송금은 스마트뱅킹을 통해 이용할 수 있고, 상대 국가에 따라 계좌, 방문, 배달, 전자지급 등 다양한 방식으로 송금을 할 수 있다.

③ 간편해외송금보다 유로지로를 통해 송금이 가능한 국가의 수가 더 많다.

④ 소요시간을 기준으로 볼 때 SWIFT해외송금이 간편해외송금보다 빠르다.

해설 간편 해외송금은 소액해외송금업체인 ㈜와이어바알리社와 제휴를 통해 제공하는 핀테크 해외송금으로, 수수료가 저렴하며 타 송금서비스 대비 고객에게 유리한 환율로 우체국 방문 없이 간편하게 송금하는 서비스이다. 간편해외송금은 다른 해외송금방식과 달리 해당국가 통화로 송금한다는 특징이 있다. 한편, SWIFT는 USD 등 13종으로 송금할 수 있고, 유로지로는 USD와 EUR로 송금할 수 있으며, 머니그램특급송금은 USD로 송금할 수 있다.
② 간편해외송금은 상대 국가에 따라 계좌, 방문, 배달, 전자지갑 등 다양한 방식으로 송금할 수 있는 서비스이다. 다만 창구, 인터넷뱅킹, CD/ATM으로는 이용할 수 없고 스마트뱅킹을 통해서만 이용할 수 있다. 한편, SWIFT와 유로지로는 창구, 인터넷뱅킹, CD/ATM, 스마트뱅킹을 통해 이용가능한 반면, 머니그램특급송금은 CD/ATM으로는 이용이 불가하다.

오답분석 ① SWIFT해외송금, 유로지로해외송금, 머니그램특급송금은 건당 5천불 이하의 송금에 대해서 별도의 송금한도를 두고 있지 않지만, 간편해외송금의 송금한도는 연간 5만불 이하로 제한된다. 한편, 건당 5천불 초과 송금에 대해서는 SWIFT와 머니그램을 합산하여 국민인 거주자은 연간 10만불 이하, 외국인 비거주자는 연간 5만불 이하의 송금한도가 주어진다. 유로지로와 간편해외송금으로는 건당 5천불을 초과하는 송금이 불가하다.
③ 2023년 12월 기준으로 SWIFT해외송금과 머니그램특급송금은 전 세계 대부분의 국가에서 취급하는 반면, 간편해외송금은 43개 국가, 유로지로해외송금은 태국, 필리핀, 스리랑카, 베트남, 몽골 등에서만 취급하고 있다.
④ SWIFT해외송금과 유로지로해외송금은 3~5영업일, 머니그램특급송금은 송금 후 10분, 간편해외송금은 즉시 ~2영업일이 소요된다. 따라서 SWIFT해외송금보다 간편해외송금이 더 빠르다.

정답 : ②

05 우체국의 환전업무에 대한 내용으로 옳은 것은?

① 외화환전 예약서비스를 통해 원하는 지정한 날짜에 대금을 지급하고 외화 실물을 수령할 수 있다.
② 외화환전 예약서비스를 이용할 경우 하나은행 지점 및 일부 환전업무 취급 우체국에서 외화를 수령할 수 있다.
③ 외화환전 예약서비스 이용 시 환전 가능 금액은 건당 3백만 원 이내이다.
④ 외화 배달서비스를 신청할 수 있는 통화는 미국달러(USD) 등 총 10종이다.

해설 우체국의 환전업무는 창구에서 직접 신청 후 즉시 현물로 수령하는 직접환전과 우체국 창구 또는 인터넷뱅킹·스마트뱅킹에서 신청 후 지정 우체국 또는 제휴은행 일부 지점에서 현물 수령이 가능한 외화환전 예약서비스가 있다. 참고로 외화환전 예약서비스를 통해 환전가능한 통화는 미국달러(USD), 유럽유로(EUR), 일본엔(JPY), 중국위안(CNY), 캐나다달러(CAD), 호주달러(AUD), 홍콩달러(HKD), 태국바트(THB), 싱가폴달러(SGD), 영국파운드(GBP) 등 총 10종이다.
② 외화환전 예약서비스를 통해 고객이 지정한 일부 환전업무 취급 우체국 및 우정사업본부와 환전업무 관련 제휴를 맺고 있는 하나은행 지점(환전소)에서 외화를 수령할 수 있다.

오답분석 ① 외화환전 예약서비스는 우체국 창구 방문 신청 또는 인터넷뱅킹·스마트뱅킹을 이용하여 환전(원화를 외화로 바꾸는 업무) 거래와 대금 지급을 완료하고, 원하는 수령일자 및 장소를 선택하여 지정한 날짜에 외화 실물을 직접 수령하는 서비스이다. 단, 환전예약 신청 당일 수령은 불가하다.
③ 외화환전 예약서비스 이용 시 환전 가능 금액은 건당 1백만 원 이내이다.
④ 외화배달 서비스는 우체국 인터넷뱅킹 또는 스마트뱅킹 등 비대면 채널을 통하여(우체국 창구 접수는 불가) 환전거래와 대금 지급을 완료하고, 고객이 직접 날짜와 장소를 지정하면 우편서비스(맞춤형계약등기)를 이용하여 접수된 외화 실물을 직접 배달해 주는 서비스이다. 외화 수령일은 신청일로부터 3영업일에서 10영업일 이내로 지정할 수 있으며, 외화 배달서비스 신청이 가능한 통화는 미국달러(USD), 유럽유로(EUR), 일본엔(JPY), 중국위안(CNY) 총 4개 통화이다.

06 〈보기〉에서 우체국 외국환 업무에 대한 설명으로 옳은 것을 모두 고른 것은? (2023 기출)

〈 보 기 〉

(ㄱ) 외화배달 서비스 이용 시 외화 수령일은 신청일로부터 3영업일에서 10영업일 이내로 지정할 수 있다.

(ㄴ) 머니그램(MoneyGram)은 송금 후 약 10분 뒤에 송금번호(REF.NO)만으로 수취가 가능한 특급해외송금 서비스이다.

(ㄷ) 외화환전 예약서비스는 인터넷뱅킹·스마트뱅킹에서 신청 후 모든 우체국 또는 제휴은행 일부 지점에서 현물을 수령할 수 있다.

(ㄹ) 우체국은 하나은행과 업무 제휴하여 하나은행 SWIFT망을 통해 전 세계 금융기관을 대상으로 해외송금 서비스를 운영하고 있다.

① ㄱ, ㄴ　　　　② ㄱ, ㄹ　　　　③ ㄴ, ㄷ　　　　④ ㄷ, ㄹ

해설 우체국은 「외국환거래법」 시행령 제14조의 3. 체신관서의 업무와 직접 관련된 외국환 업무 조항에 따라 업무를 수행하고 있다. 우체국 외국환 업무는 이용고객 대부분이 금융소외계층인 중·소도시 외국인 근로자 및 농·어촌지역 다문화가정으로 우체국의 보편적 금융서비스 제공 의무에 부합한다.

(ㄱ) 외화배달 서비스는 우체국 인터넷뱅킹 또는 스마트뱅킹 등 비대면 채널을 통하여(우체국 창구 접수는 불가) 환전거래와 대금 지급을 완료하고, 고객이 직접 날짜와 장소를 지정하면 우편서비스(맞춤형 계약등기)를 이용하여 접수된 외화 실물을 직접 배달해 주는 서비스이다. 외화 수령일은 신청일로부터 3영업일에서 10영업일 이내로 지정할 수 있으며, 외화 배달서비스 신청이 가능한 통화는 미국달러(USD), 유럽유로(EUR), 일본엔(JPY), 중국위안(CNY) 총 4개 통화이다.

(ㄴ) MoneyGram 특급송금은 미국 텍사스에 본사를 둔 머니그램社와 제휴한 Agent 간 네트워크상 정보에 의해 자금을 송금·수취하는 무계좌 거래로 송금 후 약 10분 뒤에 송금번호(REF.NO)만으로 수취가 가능한 특급해외송금 서비스이다.

오답 분석 (ㄷ) 외화환전 예약서비스는 우체국 창구 방문 신청 또는 인터넷뱅킹·스마트뱅킹을 이용하여 환전(원화를 외화로 바꾸는 업무) 거래와 대금 지급을 완료하고, 원하는 수령일자(환전예약 신청 당일 수령은 불가) 및 장소를 선택하여 지정한 날짜에 외화 실물을 직접 수령하는 서비스이다. 수령 장소는 고객이 지정한 일부 환전업무 취급 우체국 및 우정사업본부와 환전업무 관련 제휴된 하나은행 지점(환전소)에서 수령할 수 있다.

(ㄹ) 우체국은 신한은행과 제휴하여 신한은행 SWIFT망을 통해 전 세계금융기관을 대상으로 해외송금 서비스를 운영하고 있다.

정답 : ①

07 우체국 간편해외송금에 관한 내용으로 옳지 <u>않은</u> 것은?

① 해당국가 통화로 송금할 수 있다.

② 송금한도는 연간 5만불 이하이다.

③ 스마트뱅킹을 통한 당발송금만 가능하다.

④ 전세계 대부분의 국가에서 취급한다.

> **해설** 간편 해외송금은 소액해외송금업체인 ㈜와이어바알리社와 제휴를 통해 제공하는 핀테크 해외송금이다. 수수료가 저렴하며 타 송금서비스 대비 고객에게 유리한 환율로 우체국 방문 없이 간편하게 송금하는 서비스이다. 다만 스마트뱅킹을 통한 당발송금만 가능(21. 4월 시행)하며 타발송금의 창구지급 및 배달서비스는 향후 도입예정이다.
> ④ 간편 해외송금의 취급국가는 43개국(2023년 12월 기준)이다.
>
> 정답 : ④

04 제휴서비스

Step 1 오엑스 Quiz

1 우체국은 제한된 금융업무 범위를 보완하고 국민들에게 지역 차별 없는 종합적이고 보편적인 금융서비스 제공을 위해 전국에 있는 우체국망을 민간 금융기관에 개방하였다. ○ │ ×

2 우체국금융 창구망 및 시스템을 타 금융기관들에게 개방하여 농어촌 등 금융소외 지역에서도 도시 수준의 금융서비스를 제공받을 수 있도록 신용카드 등 제휴카드 발급, 증권계좌 개설, 시중 은행과의 창구망 공동이용을 통한 입출금 서비스 제공 등 민간 금융기관의 다양한 금융서비스를 우체국에서 제공하고 있다. ○ │ ×

3 우체국 창구망 공동이용업무에는 창구공동망업무(자동화기기 포함), 노란우산공제 판매대행, SWIFT해외송금, 환전서비스, 특급해외송금(머니그램), 우체국CMS 입금업무가 있다. ○ │ ×

4 우체국과 창구망 공동이용서비스를 제휴한 금융기관은 IBK기업은행, KDB산업은행, 한국씨티은행, 전북은행, KB국민은행, 신한은행, 하나은행, 우리은행, 경남은행, iM뱅크(구 대구은행) 등 총 10개 은행이며, 우체국 창구에서 제휴은행 통장의 신규발행 및 해지를 할 수 있다. ○ │ ×

4. 우체국 창구에서 제휴은행 통장 신규발행 및 해지는 불가능하다.

5 자동화기기를 이용한 우체국 창구망 공동이용 서비스를 통해 제휴은행 고객이 우체국 자동화기기에서 자행으로 이체할 수 있다. ○ │ ×

6 우체국에서의 '노란우산' 가입은 소기업·소상공인 대표자를 대상으로 하며, 무등록 소상공인은 가입이 불가하다. ○ │ ×

6. '노란우산'의 가입은 소기업·소상공인 대표자, 무등록 소상공인(사업자등록이 없는 일종의 프리랜서이나 사업소득원천징수영수증 발급이 가능한 자)을 대상으로 한다.

7 우체국 노란우산공제에 가입할 경우 압류·담보·양도 금지 및 무료상해보험가입(가입시점부터 2년간), 가입부금에 대해 연간 최대 500만 원 한도(25년부터 연간 최대 600만원 한도) 내 소득공제 및 연 복리이율 적용 등의 혜택이 주어진다. ○ │ ×

정답 | 1. ○ 2. ○ 3. ○ 4. × 5. ○ 6. × 7. ○

8 우체국 노란우산 판매대행 시 기 가입자 또는 강제 해지 후 1년 미경과 시에는 신규 및 (재)청약이 불가하므로 청약 전 기 가입 여부 등 조회를 필수적으로 실시하는 등 청약 전 고객 상담을 실시해야 한다. ○ | ×

9 CMS는 고객이 우체국에 개설된 제휴회사의 계좌로 무통장입금하고 그 입금 내역을 우정사업정보센터(우체국금융 IT운영 담당)에서 입금회사로 실시간으로 전송하는 시스템이며, 입금된 자금은 우정사업정보센터에서 회사가 지정한 정산계좌로 일괄 입금 처리한다. ○ | ×

10. 제휴 개인 신용카드의 경우 만 19세 이상 소득이 있는 자를 발급대상으로 한다.

10 우체국 제휴 체크카드와 신용카드는 개인의 경우 12세 이상을 발급 대상으로 하고, 법인과 임의단체에 대해서는 카드사별 심사를 거치도록 하고 있다. ○ | ×

11 우체국에서 제휴 체크카드 및 신용카드 발급 시, 결제 계좌는 우체국 요구불(수시입출식) 계좌만 가능하다. ○ | ×

12. 반대로 기술되어 있다. 제휴 체크카드 제휴기관은 신한카드이고, 제휴 신용카드 제휴기관은 하나카드이다.

12 우체국 제휴 체크카드의 제휴기관은 하나카드이고, 제휴 신용카드의 제휴기관은 신한카드이다. ○ | ×

13 우체국을 통해 제휴 증권·선물 회사의 계좌 개설, 증권·선물회사 간 자금이체, 제휴카드 발급, 계좌 비밀번호 변경 등의 업무를 이용할 수 있다. ○ | ×

01 우체국 외국환 및 제휴서비스에 대한 설명으로 옳은 것은? (2012 기출 변형)

① 제휴은행 고객은 창구망 공동이용 서비스를 통해 우체국 창구에서 타행환 거래 방식으로 입·출금 거래를 할 수 있다.

② 외화환전 예약서비스는 우체국 창구 방문 신청 또는 인터넷뱅킹·스마트뱅킹을 이용하여 환전 거래와 대금 지급을 완료하고, 신청 당일 지정 우체국에서 외화 실물을 직접 수령하는 서비스이다.

③ 해외송금 서비스는 수취인의 해외은행계좌로 송금하는 당발송금과 해외은행으로부터 수취인의 한국 우체국계좌로 송금을 받는 타발송금 업무가 있다.

④ 우체국은 신한은행 및 머니그램社와 제휴하여 계좌번호 없이 8자리 송금번호 및 수취인 영문명으로 송금하면 약 10분 뒤 수취인 지역 내 우체국를 방문하여 수취 가능한 특급송금 서비스를 제공하고 있다.

> **해설** 우체국은 신한은행과 제휴하여 신한은행 SWIFT 망을 통해 전 세계금융기관을 대상으로 해외송금 서비스를 운영하고 있다. 해외송금 서비스는 수취인의 해외은행계좌로 송금하는 당발송금과 해외은행으로부터 수취인의 한국 우체국계좌로 송금을 받는 타발송금 업무가 있다.
>
> **오답분석** ① 우체국과 은행이 업무제휴를 맺고 전용선 또는 금융결제원 공동망으로 양 기관 간 전산시스템을 연결하여 제휴은행 고객이 전국의 우체국 우체국 창구에서 기존의 타행환 거래 방식이 아닌 자행거래 방식으로 입출금 거래를 할 수 있도록 하고 있다.
> ② 우체국 창구 방문 신청 또는 인터넷뱅킹·스마트뱅킹을 이용하여 환전(원화를 외화로 바꾸는 업무) 거래와 대금 지급을 완료하고, 원하는 수령일자(환전예약 신청 당일 수령은 불가) 및 장소를 선택하여 지정한 날짜에 외화 실물을 직접 수령하는 서비스이다.
> ④ 우체국은 신한은행 및 머니그램社와 제휴하여 계좌번호 없이 8자리 송금번호 및 수취인 영문명으로 송금하면 약 10분 뒤 수취인 지역 내 머니그램 Agent를 방문하여 수취 가능한 특급송금 서비스를 제공하고 있다.
>
> 정답 : ③

02 우체국 금융의 제휴 서비스에 대한 설명으로 옳지 않은 것은? (2024 기출)

① 우체국은 신용카드사와 업무제휴를 통해 제휴 체크카드를 발급하고 있으며 심사기준으로 별도의 자격 기준을 부여하고 있다.

② 우체국은 증권·선물회사와 업무제휴 계약을 체결하여 전국 우체국 창구에서 고객의 증권·선물 계좌 개설을 대행하고 있다.

③ 우체국과 민간은행은 업무제휴를 맺어 제휴 은행 고객이 전국 우체국 창구에서 타행환 거래방식이 아닌 자행 거래방식으로 입·출금 거래를 할 수 있다.

④ 우체국은 카드·캐피탈 회사 등과 개별 이용약정을 통해 전국 우체국에서 CMS 입금 업무를 대행한다.

해설 우체국은 신용카드사와의 업무제휴를 통해 우체국예금의 현금카드와 체크카드 기능이 결합된 제휴 체크카드를 발급하거나 우체국예금의 현금카드와 신용카드 기능이 포함된 제휴 신용카드 상품을 출시함으로써 국민들의 카드이용 편의를 도모하고 있다. 제휴 체크카드는 자격기준이 없어 신용불량자도 발급받을 수 있지만, 제휴 신용카드는 별도 자격기준이 부여되어 있다.

오답분석 ② 우체국은 증권·선물회사와 업무제휴 계약을 체결하고 전국 우체국 창구에서 고객의 증권·선물 계좌개설, 관련 제휴카드 발급, 이체서비스 등을 대행하고 있다.

③ 우체국은 민간은행과 업무제휴를 맺고 전용선 또는 금융결제원 공동망으로 양 기관 간 전산 시스템을 연결하여 제휴은행 고객이 전국의 우체국 창구에서 기존의 타행환 거래 방식이 아닌 자행거래 방식으로 입·출금 거래를 할 수 있도록 하고 있다.

④ 우체국은 카드·캐피탈社 등과의 개별 이용약정을 통해 전국 우체국에서 CMS 입금 업무를 대행한다. CMS는 고객이 우체국에 개설된 제휴회사의 계좌로 무통장 입금하고 그 입금 내역을 우정사업정보센터(우체국금융 IT운영 담당)에서 입금회사로 실시간 전송하는 시스템이며, 입금된 자금은 우정사업정보센터에서 회사가 지정한 정산계좌로 일괄 입금 처리한다.

정답 : ①

03 우체국금융이 제공하는 제휴서비스에 대한 내용으로 옳은 것은?

① 창구망 공동이용을 통해 입금과 지급의 업무는 가능하지만 조회의 업무는 불가능하다.
② 우체국 창구에서 제휴은행의 통장을 신규발행하는 것은 불가능하지만, 해지는 가능하다.
③ 우체국은 고객이 창구에 CMS 입금의뢰를 할 경우 CMS 계좌에 번호와 함께 무통입금 서비스를 제공한다.
④ 우체국은 신용카드사와의 업무제휴를 통해 우체국예금의 현금카드와 체크카드 기능이 결합된 제휴 체크카드를 발급할 수 있지만, 신용카드사의 신용카드 기능을 포함할 수는 없다.

해설 우체국은 제한된 금융업무 범위를 보완하고 국민들에게 지역 차별 없는 종합적이고 보편적인 금융서비스를 제공하기 위하여 전국에 있는 우체국을 민간 금융기관들에 개방하였다. 우체국금융 창구망 및 시스템을 타 금융기관들에게 개방하여 신용카드 등 제휴카드 발급, 증권계좌 개설, 입출금 서비스 등 민간 금융기관의 다양한 금융서비스를 농어촌 등 금융소외 지역에도 도시수준으로 제공받을 수 있도록 다양한 창구망 공동이용, 노란우산공제 판매대행, 우체국 CMS 업무, 카드업무 대행 서비스, 증권계좌 개설 대행 등의 제휴서비스를 제공하고 있다.

③ CMS(Cash Management Service ; 자금관리서비스)는 고객이 우체국에 개설된 제휴회사의 계좌로 무통장 입금하고 그 입금 내역을 우정사업정보센터(우체국금융 IT운영 담당)에서 입금회사로 실시간으로 전송하는 시스템이며, 입금된 자금은 우정사업정보센터에서 회사가 지정한 회사의 정산계좌로 일괄 입금 처리한다. 고객이 우체국 창구에 무통장 입금을 의뢰하거나 인터넷뱅킹, 폰뱅킹, 자동화기기를 통한 CMS 이체를 하면 우체국은 해당 계좌에 CMS 번호와 함께 무통입금 처리한다.

① 창구망 공동이용은 우체국과 은행이 업무제휴를 맺고 전용선 또는 금융결제원 공동망으로 양 기관 간 전산시스템을 연결하여 제휴은행 고객이 전국의 우체국 우체국 창구에서 기존의 타행환 거래 방식이 아닌 자행거래 방식으로 입출금 거래를 할 수 있도록 하는 서비스로, 입·출금은 물론 조회업무도 가능하다. 이용가능업무는 다음과 같다.

창구	● (입금) 제휴은행 고객이 우체국 창구에서 제휴은행 고객계좌로 입금(유통, 무통) ● (지급) 제휴은행 고객이 우체국 창구에서 제휴은행 통장을 이용하여 출금 ● (통장정리) 제휴은행 고객이 우체국 창구에서 통장정리 ● (조회) 무통거래내역, 계좌잔액, 처리결과, 수수료 조회 * 우체국 창구에서 제휴은행 통장 신규발행(재발행) 및 해지는 불가
자동화기기	● (입금) 제휴은행 고객이 우체국 자동화기기에서 제휴은행 고객계좌로 입금 ● (지급) 제휴은행 고객이 우체국 자동화기기에서 제휴은행 카드로 출금 ● (이체) 제휴은행 고객이 우체국 자동화기기에서 자행으로 이체 ● (조회) 제휴은행 고객이 우체국 자동화기기에서 계좌잔액 조회 * 자동화기기에서는 카드 거래만 가능, 통장정리 불가

② 2024년 12월을 기준으로 우체국과 창구망 공동이용이 가능한 제휴은행은 IBK기업은행, KDB산업은행, 한국씨티은행, 전북은행, KB국민은행, 신한은행, 하나은행, 우리은행, 경남은행, iM뱅크(구 대구은행) 등 총 10개 은행이다. 다만, 우체국 창구에서 제휴은행의 통장 신규발행(재발행) 및 해지는 불가능하다.
④ 우체국은 신용카드사와의 업무제휴를 통해 우체국예금의 현금카드와 체크카드 기능이 결합된 제휴 체크카드를 발급하거나 우체국의 현금카드와 신용카드 기능이 포함된 제휴 신용카드 상품을 출시함으로써 국민들의 카드이용 이용 편의를 도모하고 있다.

정답 : ③

04   우체국금융의 제휴서비스 대한 내용으로 옳지 <u>않은</u> 것은?

① 우체국금융은 예금과 보험 외에도 신용카드 사업과 집합투자증권(펀드) 판매 등의 업무를 수행한다.
② 신용카드 등 제휴카드 발급, 증권계좌 개설, 시중은행과의 창구망 공동이용을 통한 입출금 서비스 제공 등 민간 금융기관의 다양한 금융서비스를 우체국에서 제공하고 있다.
③ 우체국금융은 창구망 및 시스템을 타 금융기관들에게 개방하여 농어촌 등 금융소외 지역에서도 도시 수준의 금융서비스를 제공받을 수 있도록 하고 있다.
④ 우체국은 증권·선물회사와 업무제휴 계약을 체결하고 전국 우체국 창구에서 고객의 증권·선물 계좌 개설, 관련 제휴카드 발급, 이체서비스 등을 대행하고 있다.

우체국예금·보험 이외에 우체국에서 취급하는 우체국 금융 업무로는 우편환, 우편대체, 체크카드, 집합투자증권(펀드) 판매, 외국환, 전자금융 업무가 있다. 우체국은 직접 신용카드 사업을 하지 못한다.

정답 : ①

05 우체국에서 판매대행 중인 '노란우산'에 대한 설명으로 옳지 않은 것은?

① 소기업·소상공인이 폐업이나 노령 등의 생계위협으로부터 생활의 안정을 기하고 사업재기 기회를 제공받을 수 있도록 하기 위해 사업주의 퇴직금(목돈)을 마련하도록 하는 공제제도이다.

② 우체국은 청약 전 고객 상담 및 청약서와 제반서류 접수, 부금 수납 등의 업무를 대행한다.

③ 기 가입자 또는 강제해지 후 1년 미경과 시에는 신규 및 (재)청약이 불가하므로 청약 전 기 가입여부 등 조회를 필수적으로 실시하여야 한다.

④ 해약지급신청서 및 제반서류의 접수 업무는 대행하지 않는다.

> **해설** '노란우산'은 소기업·소상공인이 폐업·노령·사망 등의 위험으로부터 생활안정을 기하고 사업재기 기회를 제공받을 수 있도록 중소기업협동조합법 제 115조 규정에 따라 '07. 9월부터 비영리기관인 중소기업중앙회에서 운영하는 공적 공제제도이다. '13. 11월부터 국가의 기본 인프라망인 전국 우체국 금융 창구를 통해 가입, 지급신청 등을 할 수 있도록 업무를 대행하고 있다. 소기업·소상공인 대표자는 물론 사업자등록이 없는 일종의 프리랜서이나 사업소득원천징수영수증의 발급이 가능한 무등록 소상공인이 가입할 수 있다. '노란우산'을 통해 압류·담보·양도 금지 및 무료상해보험가입(가입시점부터 2년간), 가입부금에 대해 연간 최대 500만 원 한도(25년부터는 연간 최대 600만원 한도) 내 소득공제 및 연 복리이율 적용 등의 혜택을 받게 된다.
>
> ④ 우체국은 '노란우산'과 관련하여 청약 전 고객 상담, 청약서(철회서) 및 제반 서류 접수, 부금 수납과 공제금/해약지급신청서 및 제반서류의 접수 업무를 대행한다.
>
> 정답 : ④

06 우체국에서 판매대행하고 있는 '노란우산'에 대한 설명으로 옳은 것을 모두 고른 것은?

―〈 보 기 〉―

ㄱ. 노란우산은 중소벤처기업부에서 운영하는 공적 공제제도이다.

ㄴ. 무등록 소상공인은 우체국 노란우산에 가입할 수 없다.

ㄷ. 우체국 노란우산에 가입할 경우 가입부금에 대해 연간 최대 500만 원 한도 내 소득공제 혜택이 주어졌으나, 25년부터는 600만 원 한도 내로 소득공제가 확대되었다.

ㄹ. 강제 해지 후 1년 미경과 시에는 우체국 노란우산에 신규 및 (재)청약이 불가하다.

① ㄱ, ㄴ   ② ㄱ, ㄷ   ③ ㄴ, ㄷ   ④ ㄷ, ㄹ

> **해설** ㄷ과 ㄹ은 옳은 내용이고, ㄱ과 ㄴ는 틀린 내용이다.
>
> ㄷ. 우체국 노란우산에 가입할 경우 압류·담보·양도 금지 및 무료상해보험가입(가입시점부터 2년간), 가입부금에 대해 연간 최대 500만 원 한도 내 소득공제 및 연 복리이율 적용 등의 혜택이 주어진다. 단, 25년부터는 연간 최대 600만 원 한도 내로 소득공제가 확대되었다.
>
> ㄹ. 우체국 노란우산 판매대행 시 기 가입자 또는 강제 해지 후 1년 미경과 시에는 신규 및 (재)청약이 불가하므로 청약 전 기 가입 여부 등 조회를 필수적으로 실시하는 등 청약 전 고객 상담을 실시해야 한다.
>
> **오답분석** ㄱ. 노란우산은 소기업·소상공인이 폐업·노령·사망 등의 위험으로부터 생활안정을 기하고 사업재기 기회를 제공받을 수 있도록 중소기업중앙회에서 운영하는 공적 공제제도이다. 2013년 7월부터 국가의 기본 인프라망인 전국 우체국 금융창구를 통해 가입과 지급신청 등을 할 수 있도록 업무를 대행하고 있다.
>
> ㄴ. 노란우산의 가입은 소기업·소상공인 대표자, 무등록 소상공인(사업자등록이 없는 일종의 프리랜서이나 사업소득원천징수영수증 발급이 가능한 자)을 대상으로 한다.

07 우체국의 제휴서비스에 대한 내용으로 옳지 못한 것은?

① 우체국 CMS 업무와 관련하여 우정사업정보센터는 입금거래내역을 해당 회사로 익월 10일까지 전송하고 입금된 자금을 해당 회사가 지정한 정산계좌로 일괄 이체한다.
② 우체국 창구망 공동이용을 통해 제휴은행 고객이 우체국 자동화기기에서 자행으로 이체 서비스를 이용할 수 있다.
③ 우체국의 현금카드 기능과 신용카드 기능이 포함된 제휴 신용카드 상품을 출시하여 국민의 카드사용 이용편의를 도모하고 있다.
④ 전국 우체국 창구에서 업무제휴 계약을 체결한 증권·선물회사의 계좌개설과 제휴카드 발급 및 이체서비스 등을 대행한다.

> **해설** 우체국 CMS 업무는 고객이 우체국에 개설된 제휴회사의 계좌로 무통장입금하고 그 입금 내역을 우정사업정보센터(우체국금융 IT운영 담당)에서 입금회사로 실시간으로 전송하는 시스템이다. 우체국 CMS 업무분담 내역은 다음과 같다.

구분	업무분담 내역
제휴회사	● 대금청구서 등 수납자료를 우체국 CMS 계좌번호와 함께 고객에게 통지 ● 입금거래내역과 정산자금 대상확인 * 카드사(신한, 롯데, 삼성, 현대), 현대백화점, AXA다이렉트보험, 공무원연금공단 등 7개
고 객	● 우체국창구에 무통장 입금을 의뢰하거나 인터넷뱅킹, 폰뱅킹, 자동화기기를 통한 CMS 이체를 함
우 체 국	● 고객이 우체국 창구에 입금을 의뢰하면 해당계좌에 CMS 번호와 함께 무통입금 처리
우정사업 정보센터	● 입금거래내역을 해당회사로 실시간 전송하고 입금된 자금을 해당 회사가 지정한 정산계좌로 일괄 이체 ● 익월 10일까지 해당회사에 수수료 내역을 통보하고 매달 20일에 해당회사 계좌에서 수수료를 출금하여 정산함

① 우정사업정보센터는 입금거래내역을 해당회사로 실시간 전송하고 입금된 자금을 해당 회사가 지정한 정산계좌로 일괄 이체한다. 익월 10일까지는 해당회사에 수수료 내역을 통보하도록 되어 있으며, 매달 20일에 해당회사의 계좌에서 수수료를 출금하여 정산한다.

오답 분석
② 우체국 창구망 공동이용 서비스를 통해 제휴은행 고객이 창구에서 입금, 지급, 통장정리, 조회 등의 서비스를 이용할 수 있고, 자동화기기를 통해 입금, 지급, 이체, 조회 등의 서비스를 이용할 수 있다. 자동화기기를 통한 이체는 제휴은행 고객이 우체국 자동화기기에서 자행으로 이체하는 서비스이다. 한편, 자동화기기에서는 카드 거래만 가능하고, 통장정리는 불가능하다.
③ 우체국은 신용카드사와의 업무제휴를 통해 우체국예금의 현금카드와 체크카드 기능이 결합된 제휴 체크카드를 발급하거나 우체국예금의 현금카드와 신용카드 기능이 포함된 제휴 신용카드 상품을 출시함으로써 국민들의 카드이용 이용편의를 도모하고 있다.
④ 우체국은 증권·선물회사와 업무제휴 계약을 체결하고 전국 우체국 창구에서 고객의 증권·선물 계좌개설, 관련 제휴카드 발급, 이체서비스 등을 대행하고 있다.

정답 : ①

01 전자금융의 의의와 특징 및 발전 과정

Step 1 오엑스 Quiz

1 전자금융 서비스 이용 시 고객 입장에서는 영업점 방문이 필요했던 전통적인 금융거래의 시간적·공간적 제약을 극복할 수 있어 금융서비스 이용편의가 크게 증대된다. ○|×

2 과거에는 금융거래를 위하여 금융기관을 직접 방문해야 했고 금융기관의 영업시간 내에만 금융거래가 가능했으나 비대면·비장표로 거래가 가능하여 24시간 언제 어디서든 금융거래가 가능해졌다. ○|×

3 모바일을 중심으로 발전 중인 전자금융 서비스는 전자기기가 익숙하지 않은 고령층 등 오프라인에서 금융거래를 하는 고객에게 금융소외의 발생 유인이 되며, 디지털 접근성 강화를 통한 금융포용 구현이 전자금융의 주요 과제로 부상하고 있다. ○|×

4. 모바일 기반 디지털금융 혁신화와 인터넷 기반 금융서비스 다양화의 순서가 반대로 기술되었다.

4 국내 전자금융의 발전은 PC기반 금융업무 자동화 → 네트워크 기반 금융전산 공동망화 → 모바일 기반 디지털금융 혁신화 → 인터넷 기반 금융서비스 다양화 → 신기술 기반 금융IT융합화의 단계로 전개되었다. ○|×

01 전자금융에 대한 내용으로 옳지 못한 것은?

① 전자금융의 초기에는 금융기관 업무의 자동화와 다양한 공동망을 구축하는데 중점을 두었다.

② 스마트폰의 등장으로 다양한 직불 및 선불 전자지급수단이 출시되고 금융기관을 중심으로 모바일금융서비스 제공이 확산되고 있다.

③ 접근매체로는 전자식 카드와 전자적 정보, 인증서, 이용자 번호, 이용자의 생체정보, 비밀번호 등이 있다.

④ 핀테크(Fintech) 기술의 발전으로 금융정보보호가 강화됨에 따라 비금융기업이 금융산업에 진입함에 있어서 제약이 커지고 있다.

> **해설** 전자금융이란 금융 업무에 IT기술을 적용하여 자동화, 전산화를 구현한 것을 의미한다. 최근에는 금융(Finance)과 기술(Technology)의 융합인 핀테크(Fintech)가 등장하는 등 디지털금융 관련 산업 환경이 급속히 변화하고 있다. 이처럼 금융과 ICT기술의 융합이 가속화되면서 금융서비스 영역에 기존 금융기관 외에도 ICT업체들의 전자금융산업 참여를 더욱 활발하게 촉진하고 있다.

> **오답분석** ① 초창기 전자금융의 의의는 금융기관 업무를 자동화함으로써 입출금, 송금 등 기본적인 금융서비스 처리 속도를 향상시키는 한편, 다양한 공동망 구축을 통하여 금융기관 간 거래의 투명성, 효율성 등을 제고하는 것이었다.
> ② 전자금융거래에서 이용되고 있는 전자적 장치는 전화, 현금자동 입·출금기(CD/ATM : Cash Dispenser / Automated Teller Machine) 등 전통적인 전자매체에서부터 PC, 태블릿 PC, 스마트폰 등 새로운 전자매체에 이르기까지 매우 다양하다. 특히 스마트폰의 등장으로 다양한 직불 및 선불 전자지급수단이 출시되고 금융기관을 중심으로 모바일금융서비스 제공이 확산되고 있다.
> ③ 접근매체란 전자금융거래에 있어서 거래지시를 하거나 이용자 및 거래내용의 진실성과 정확성을 확보하기 위하여 사용되는 수단 또는 정보를 의미한다. 접근 매체에는 전자식 카드 및 이에 준하는 전자적 정보, '전자서명법'상의 인증서, 금융회사 또는 전자금융업자에 등록된 이용자 번호, 이용자의 생체정보, 이상의 수단이나 정보를 사용하는데 필요한 비밀번호 등이 포함된다.
>
> 정답 : ④

02 전자금융에 따른 문제점으로 볼 수 없는 것은?

① 고객의 영업점 방문 횟수가 감소함에 따라 금융기관의 부가가치 창출 수단이 축소된다.

② 전산 장애 또는 운영자의 실수로 IT시스템이 정상적으로 작동하지 않아 운영이 중단될 수 있다.

③ 해킹 등 악의적인 접근으로 인한 금융정보 유출 혹은 비정상 고객으로 인한 부정거래 발생 빈도가 높아지고 있다.

④ IT시스템 장애 우려에 따른 금융기관의 운영리스크와 이로 인한 평판리스크가 증대되었다.

해설 전자금융을 통해 고객과 금융기관 모두 많은 편익을 거둘 수 있다. 고객의 입장에서는 전자금융의 등장으로 영업점 방문이 필요했던 전통적인 금융거래의 시간적·공간적 제약을 극복할 수 있어 금융서비스 이용편의가 크게 증대되었다. 그리고 금융기관의 입장에서는 고객이 이용할 수 있는 전자금융서비스 채널의 다양화를 통해 고객의 영업점 방문 횟수를 감소시킴으로써 금융기관에게는 효율적인 창구운영의 기회를 얻게됨은 물론, 다양한 전자금융 전용 상품 및 서비스의 개발이 가능하여 높은 부가가치 창출이 가능해졌다.

오답 분석 ② 전산화된 금융서비스들은 IT시스템 문제로 운영이 중단될 수 있으며 전산 장애 또는 운영자의 실수로 IT시스템이 정상적으로 작동하지 않을 경우 고객들에게 금융서비스를 제공할 수 없다. 이에 안정적인 전력 및 통신망 제공 등 IT시스템을 원활하게 동작할 수 있는 환경을 제공하고 운영에 필요한 전문 인력을 양성하는 한편, 장애에 대비한 업무지속계획을 수립하여 이를 준수해야 한다.
③ 비대면 및 공개 네트워크로 이루어져서 해킹 등 악의적인 접근으로 인한 금융정보 유출 혹은 비정상 고객으로 인한 부정거래 발생 빈도가 높아지고 있다. 따라서 IT시스템에 대한 정보보호를 위해 내부 직원에 대한 정보보호, 윤리 교육을 강화하여 내부자로 인한 정보유출 사고를 예방해야 한다.
④ 금융기관이 부담해야 하는 전반적인 리스크 상황이나 수준이 전통적인 금융서비스를 제공하던 때와 달라졌다. 특히 IT시스템 장애로 금융서비스가 중단됨으로써 발생할 수 있는 운영리스크와 이로 인한 금융기관의 평판리스크 등이 과거에 비하여 중요해졌다.

정답 : ①

03 전자금융의 발전 과정을 순서대로 올바르게 열거한 것은?

〈 보 기 〉

(ㄱ) PC기반 금융업무 자동화　　　　　(ㄴ) 네트워크 기반 금융전산 공동망화
(ㄷ) 인터넷 기반 금융서비스 다양화　　(ㄹ) 모바일 기반 디지털금융 혁신화
(ㅁ) 신기술 기반 금융IT 융합화

① (ㄱ) → (ㄴ) → (ㄷ) → (ㄹ) → (ㅁ)　　② (ㄱ) → (ㄷ) → (ㄴ) → (ㄹ) → (ㅁ)
③ (ㄴ) → (ㄱ) → (ㄷ) → (ㄹ) → (ㅁ)　　④ (ㄷ) → (ㄱ) → (ㄴ) → (ㄹ) → (ㅁ)

해설 국내 전자금융의 역사는 1980년대부터 현재까지 정부 및 금융기관의 많은 준비 작업과 지속적인 노력으로 큰 발전과 혁신을 거듭하고 있다. 이러한 전자금융은 'PC기반 금융업무 자동화 → 네트워크 기반 금융전산 공동망화 → 인터넷 기반 금융서비스 다양화 → 모바일 기반 디지털금융 혁신화 → 신기술 기반 금융IT 융합화'의 5단계를 거치면서 발전해왔다.

정답 : ①

04 전자금융에 관한 설명으로 옳은 것은? (2010 기출 변형)

① 우체국 CD/ATM 무매체거래 고객은 별도의 신청 없이 타 은행의 무매체거래를 이용할 수 있다.

② 텔레뱅킹은 실명확인증표가 있는 개인(외국인, 재외교포 포함) 및 기업이면 누구나 이용 가능하다.

③ 기명식 선불카드는 최고 50만 원까지 충전할 수 있으며, 발급 이후 양도가 불가능하다.

④ 전자금융은 PC기반 금융업무 자동화, 네트워크 기반 금융전산 공동망화, 인터넷 기반 금융서비스 다양화, 신기술 기반 금융IT 융합화, 모바일 기반 디지털금융 혁신화 순으로 발전하였다.

> **해설** 텔레뱅킹은 실명확인증표가 있는 개인(외국인, 재외교포 포함) 및 기업이면 누구나 이용 가능하다. 단 본인의 수시입출식 예금계좌(보통, 저축, 기업자유, 가계당좌, 당좌예금)가 있어 출금계좌로 지정할 수 있어야 하며, 금융기관 영업점에 신청해야 한다.

> **오답분석** ① 통장이나 카드 없이 금융거래가 가능한 무매체 거래는 고객이 사전에 금융기관에 신청하여 무매체 거래용 고유승인번호를 부여받은 뒤 CD/ATM에서 주민등록번호, 계좌번호, 계좌비밀번호, 고유승인번호를 입력하여 각종 금융서비스를 이용할 수 있는 거래를 말한다.
> ③ 기명식 선불카드는 카드실물에 회원의 성명이 인쇄되어 있거나 신용카드업자 전산에 회원으로서의 정보가 존재하여 발급 이후에 양도가 불가능하다. 기명식 선불카드는 최고 500만 원까지 충전할 수 있다.
> ④ 전자금융은 'PC기반 금융업무 자동화 → 네트워크 기반 금융전산 공동망화 → 인터넷 기반 금융서비스 다양화 → 모바일 기반 디지털금융 혁신화 → 신기술 기반 금융IT 융합화'의 단계로 발전하였다.
>
> 정답 : ②

02 인터넷뱅킹 / 모바일뱅킹 / 텔레뱅킹 / CD·ATM 서비스

Step 1 오엑스 Quiz

1. 개인이 이용하면 홈뱅킹, 기업이 이용하면 펌뱅킹이라고 한다.

1 이용자를 기준으로 개인이 이용하는 PC뱅킹을 펌뱅킹이라고 한다. ○ | ×

2 모바일뱅킹도 넓은 의미에서는 인터넷뱅킹의 범주에 포함된다고 할 수 있다. ○ | ×

3. 시장이 금융기관 중심에서 고객 중심으로 재편되었다.

3 인터넷을 통하여 금융상품 및 서비스에 대해 금융기관 간 비교가 가능해짐에 따라 다양한 금융서비스와 상품에 대한 수요가 높아지고, 시장에서 금융기관의 중심적 역할이 더욱 강화되고 있다. ○ | ×

4. 조회서비스만 이용할 고객은 공동인증서 발급 없이도 조회서비스를 이용할 수 있다.

4 인터넷뱅킹을 이용하려는 고객은 인증센터에 접속하여 공동인증서를 발급받고 최초 거래 시 이체비밀번호를 등록해야 하며, 조회서비스만 이용할 고객도 같은 절차를 거쳐야 한다. ○ | ×

5 인터넷뱅킹은 외화 환전이나 해외 송금의 경우에도 수수료 우대 혜택이 제공되며 예금 및 대출 상품 가입 시 우대 금리가 적용된다. ○ | ×

6 전자서명법 개정에 따라 공동인증서(舊공인인증서) 이외에도 여러 민간기관에서 발행하는 다양한 전자서명 서비스를 선택하여 사용할 수 있으며, 공동인증서의 발급은 거래 금융기관의 인터넷 홈페이지에서 가능하다. ○ | ×

7 OTP는 한번 사용한 비밀번호는 다시 반복하지 않으므로 보안카드보다 더 안전한 보안수단이다. ○ | ×

8. 전자형 OTP는 발급 받은 금융기관에서만 사용이 가능하다.

8 실물형 OTP와 전자형 OTP는 OTP 1개로 전 금융기관에서 전자금융서비스 이용이 가능하다. ○ | ×

정답 | 1. × 2. ○ 3. × 4. × 5. ○ 6. ○ 7. ○ 8. ×

9 국세, 관세, 지방세, 국민연금, 경찰청 교통범칙금은 인터넷 공과금 납부 대상이지만, 검찰청 벌과금과 대학등록금은 대상에 포함되지 않는다.

O | X

9. 납부 가능한 공과금의 종류에는 ① 금융결제원에서 승인한 지로요금, ② 서울시를 포함한 지방세(100여개 지방자치단체), ③ 국세, 관세, 각종 기금을 포함한 국고금(재정 EBPP), ④ 전화요금, 아파트 관리비, 상하수도 요금 등 생활요금, ⑤ 국민연금, 고용보험료, 산재보험료 등, ⑥ 경찰청 교통범칙금, 검찰청 벌과금, ⑦ 대학등록금이 모두 포함된다.

10 스마트폰뱅킹을 제외한 기존 모바일뱅킹(IC칩기반 모바일뱅킹, VM모바일뱅킹, 3G 모바일뱅킹, WAP뱅킹)은 2016년말 기준으로 모든 서비스가 종료되었다.

O | X

11 모바일뱅킹의 이용가능 시간은 인터넷뱅킹과 동일하게 대부분 24시간 연중무휴 이용이 가능하지만, 일부 서비스의 경우 00:00부터 07:00까지는 금융기관별로 일정시간 이용시간에 제한이 있다.

O | X

12 모바일뱅킹의 조회 및 자행이체 서비스 및 타행이체의 경우 무료로 제공하거나 건당 수수료를 부과하고 있다.

O | X

12. 조회 및 자행이체 서비스에 대하여는 무료로 제공하고 있으며, 타행이체의 경우 무료로 제공하거나 건당 수수료를 부과하고 있다.

13 모바일뱅킹 서비스는 거래 금융기관에 방문하여 전자금융서비스 신청을 통해 인터넷뱅킹과 모바일뱅킹을 가입하고 모바일뱅킹 앱(App)을 다운로드하여 서비스를 이용할 수 있으며, 비대면 신청은 허용되지 않는다.

O | X

13. 모바일뱅킹 앱에서 비대면 전자금융서비스 신청을 통해 이용할 수도 있다.

14 텔레뱅킹은 실명확인증표가 있는 개인 및 기업이면 누구나 이용 가능하지만 외국인과 재외교포는 제외되며, 본인의 수시입출식 예금계좌(보통, 저축, 기업자유, 가계당좌, 당좌예금)가 있어 출금계좌로 지정할 수 있어야 한다.

O | X

14. 외국인과 재외교포도 텔레뱅킹의 이용이 가능하다.

15 텔레뱅킹 이용 시 비밀번호를 연속 3회 잘못 입력하면 서비스가 제한되며, 은행(우체국) 창구에서 확인절차를 거쳐야 다시 이용할 수 있다.

O | X

15. 비밀번호를 연속 5회 잘못 입력하면 서비스가 제한된다.

16 본인확인을 할 때 주민등록증의 진위확인은 ARS(1382 행정안전부), 대한민국 전자정부 홈페이지를 활용할 수 있으나, ARS와 인터넷 장애 시 주민센터에서 유선으로 확인한다.

O | X

17 텔레뱅킹 서비스는 대부분 24시간 연중무휴 이용이 가능하지만, 상담원을 이용한 상담 및 이체 거래의 경우 주말 및 공휴일에는 제공하지 않는 것이 일반적이다.

O | X

18 텔레뱅킹으로 계좌이체를 하는 경우에는 이용자 비밀번호 이외에 보안카드 비밀번호와 출금계좌의 비밀번호를 입력하도록 하고, 최종 거래일로부터 6개월 이상(금융기관별 상이) 이용실적이 없는 경우에는 이용을 제한하고 있다. ○|×

19. 본인이 거래금융기관에 직접 방문하여 계좌이체 제한을 해제하면 바로 이용이 가능하다.

19 텔레뱅킹의 이용실적이 없어서 계좌이체가 제한되는 경우 본인이 거래금융기관의 온라인뱅킹을 통해 제한을 해제하면 바로 이용이 가능하다. ○|×

20 CD/ATM을 이용할 때 생체인식 수단에는 크게 지문, 손가락 정맥 등의 접촉식과 홍채, 손바닥 정맥 등 비접촉식으로 나뉜다. ○|×

21. 다른 은행의 CD/ATM에서는 이용할 수 없다.

21 무매체거래는 고객이 사전에 금융기관에 신청하여 해당 금융기관 및 타은행의 CD/ATM에서 이용할 수 있다. ○|×

01 인터넷뱅킹의 특징으로 볼 수 없는 것은?

① 저비용　　　　　　　　　　② 실시간성
③ 일방향성　　　　　　　　　④ 범세계화

> 해설 　인터넷뱅킹은 고객이 인터넷을 통해 각종 은행 업무를 원격지에서 편리하게 처리할 수 있는 새로운 형태의 금융서비스이다. 인터넷은 저비용, 실시간성, 멀티미디어화, 쌍방향성, 글로벌화라는 기본특성을 갖는다. 이로 인해 지역적·시간적 제약을 뛰어넘은 금융거래가 가능해져 금융서비스의 범세계화가 촉진되고 금융거래의 비용을 절감할 수 있다. 또한, 인터넷을 통하여 금융상품 및 서비스에 대해 금융기관 간 비교가 가능해짐에 따라 다양한 금융서비스와 상품에 대한 수요가 높아지고, 시장이 금융기관 중심에서 고객 중심으로 재편된다.
>
> 정답 : ③

02 인터넷뱅킹의 이용과 관련한 내용으로 옳지 못한 것은?

① 인터넷뱅킹을 이용하려는 개인고객은 반드시 신분증을 지참하고 거래금융기관을 방문하여 신청하여야 한다.
② 인터넷뱅킹을 통해 기본적인 금융서비스 외에도 계좌통합서비스, 상담 등을 제공받을 수 있다.
③ 금융서비스를 디지털 공간에서 이용하기 위해서는 디지털 신원인증을 필수적으로 거쳐야 한다.
④ 인터넷뱅킹 서비스는 대부분 24시간 연중무휴 이용이 가능하다.

> 해설 　인터넷뱅킹을 이용하려는 개인고객은 금융실명거래 확인을 위한 신분증을 지참하고 거래금융기관을 방문하여 신청하거나 비대면으로 신청할 수 있다. 기업고객은 사업자등록증, 대표자 신분증 등 관련 서류를 지참하여 거래금융 기관에 방문하여 신청해야 한다.
>
> 오답분석 　② 인터넷뱅킹을 제공하는 은행은 서비스 내용이 조금씩 다르지만 대부분 예금조회, 이체, 대출 등의 기본적인 금융서비스 외에도 계좌통합서비스, 기업간 전자상거래 결제서비스 등의 금융서비스도 제공하고 있으며, 각종 상담 및 이벤트 정보 등의 다양한 서비스도 제공한다.
> ③ 인터넷 서비스, 특히 금융서비스를 디지털 공간에서 이용하기 위해서는 디지털 공간에서 본인을 증명하는 행위인 디지털 신원인증을 필수적으로 거쳐야 한다. 1999년부터 도입된 공인인증서는 정부에서 인정한 공인인증기관이 발행하는 인증서로 거래사실을 법적으로 증빙할 수 있으므로 인감을 날인한 것과 같은 효력이 생긴다. 다만, 2020년 전자서명법 개정안이 시행되어 공인인증서의 법적 지위가 상실되었고 기존 인증 업체들은 '공동인증서'로 명칭을 변경하여 계속 서비스를 제공하고 있으며, 여러 민간기관에서 발행하는 다양한 전자서명 서비스를 선택하여 사용할 수 있다.
> ④ 인터넷뱅킹 서비스는 대부분 24시간 연중무휴 이용이 가능하지만, 일부 서비스의 경우 00:00부터 07:00까지는 금융기관별로 일정시간 이용시간에 제한이 있다.
>
> 정답 : ①

03 인터넷뱅킹 서비스에 관한 내용으로 옳지 않은 것은?

① 인터넷뱅킹은 외화 환전이나 해외 송금의 경우에도 수수료 우대 혜택이 제공된다.

② 인터넷뱅킹의 활성화로 시장에서 금융기관의 중심적 역할이 더욱 강화되고 있다.

③ 금융기관은 인터넷뱅킹 신청 고객에게 보안카드, OTP 등의 보안매체를 지급한다.

④ 인터넷뱅킹을 이용하려는 기업고객은 사업자등록증, 대표자 신분증 등 관련 서류를 지참하여 거래금융기관에 방문하여 신청해야 한다.

> **해설** 전자금융의 가장 대표적인 서비스라 할 수 있는 인터넷뱅킹은 고객이 인터넷을 통해 각종 은행업무를 원격지에서 편리하게 처리할 수 있는 새로운 형태의 금융서비스이다.
> ② 인터넷을 통하여 금융상품 및 서비스에 대해 금융기관 간 비교가 가능해짐에 따라 다양한 금융서비스와 상품에 대한 수요가 높아지게 되었다. 이에 따라 시장에서 금융기관의 중심적 역할이 축소되고 고객 중심으로 재편되었다.
>
> **오답분석** ① 인터넷뱅킹은 외화 환전이나 해외 송금의 경우에도 수수료 우대 혜택이 제공되며 예금 및 대출 상품 가입 시 우대금리가 적용된다.
> ③ 금융기관 지점에서는 인터넷뱅킹 신청 고객에게 보안카드, OTP(One Time Password) 등의 보안매체를 지급해준다.
> ④ 인터넷뱅킹을 이용하려는 기업고객은 사업자등록증, 대표자 신분증 등 관련 서류를 지참하여 거래금융기관에 방문하여 신청해야 한다.
>
> 정답 : ②

04 인터넷뱅킹 이용에 필요한 보안매체에 관한 내용으로 옳지 않은 것은?

① 보안카드에는 30개 또는 50개의 코드번호와 해당 비밀번호가 수록되어 있다.

② 전자금융거래의 인증을 위하여 이용고객에게 제공되는 일회용 비밀번호 생성 보안매체를 OTP라고 한다.

③ 실물형 OTP와 전자형 OTP는 발급받은 금융기관 외의 전 금융기관에서 사용할 수 있다.

④ 실물형 OTP는 보안카드보다 더 안전한 보안수단이다.

> **해설** 보안매체는 금융거래 시 사고를 예방하기 위해 계좌이체 및 상품 가입 등 전자금융거래 시 기존의 비밀번호 이외에 보안용 비밀번호를 추가 입력하는 보안수단이며, 크게 보안카드와 OTP로 구분된다. 보안카드는 보안용 비밀번호를 추가로 사용하기 위한 카드이고, OTP(One Time Password)란 전자금융거래의 인증을 위하여 이용고객에게 제공되는 일회용 비밀번호 생성 보안매체이다. OTP는 실물형과 전자형으로 구분된다. 실물형 OTP는 비밀번호 생성이 6자리 숫자를 1분 단위로 자동 변경되어 보여주며 고객은 전자금융 이용 시 해당 숫자를 보안카드 비밀번호 대신 입력한다. 반면, 전자형 OTP는 고객이 전자금융거래 시 금융기관 앱에 접속하여 사용자가 지정한 비밀번호를 통해 생성된 OTP번호를 자동으로 인증한다. 실물형 OTP는 전 금융기관에서 사용할 수 있지만, 전자형 OTP는 실물형 OTP와 다르게 발급받은 금융기관에서만 사용이 가능하다.
>
> **오답분석** ① 보안카드에는 30개 또는 50개의 코드번호와 해당 비밀번호가 수록되어 있어 거래 시마다 무작위로 임의의 코드번호에 해당하는 비밀번호를 입력한다.
> ④ 실물형 OTP는 한번 사용한 비밀번호는 다시 반복하지 않으므로 보안카드보다 더 안전한 보안수단이다.
>
> 정답 : ③

05 〈보기〉에서 인터넷으로 납부 가능한 공과금의 종류에 포함되는 것을 모두 고른 것은?

〈 보 기 〉

ㄱ. 국세, 관세, 각종기금을 포함한 국고금(재정 EBPP)
ㄴ. 서울시를 포함한 지방세(100여개 지방자치단체)
ㄷ. 국민연금, 고용보험료, 산재보험료 등
ㄹ. 경찰청 교통범칙금, 검찰청 벌과금

① ㄱ, ㄴ
② ㄴ, ㄷ
③ ㄴ, ㄷ, ㄹ
④ ㄱ, ㄴ, ㄷ, ㄹ

> **해설** 인터넷 공과금 납부는 각종 공과금 납부를 위하여 고객이 별도 영업점 창구를 방문할 필요 없이 인터넷뱅킹을 통하여 공과금의 과금내역을 조회하고 납부할 수 있도록 한 서비스이다. 납부 가능한 공과금의 종류에는 금융결제원에서 승인한 지로요금, 서울시를 포함한 지방세(100여개 지방자치단체), 국세·관세·각종기금을 포함한 국고금(재정 EBPP), 전화요금·아파트관리비·상하수도 요금 등 생활요금, 국민연금·고용보험료·산재보험료 등, 경찰청 교통범칙금과 검찰청 벌과금, 대학등록금 등이다.
>
> 정답 : ④

06 인터넷뱅킹과 모바일뱅킹을 비교한 내용으로 옳지 <u>않은</u> 것은?

		인터넷뱅킹	모바일뱅킹
①	매체	PC, 인터넷	휴대전화, 스마트기기
②	취급가능 정보	문자	문자, 화상, 음성
③	이용가능 장소	가정과 직장 등	제약 없음
④	통신료부담	고객	고객

> **해설** 인터넷뱅킹도 모바일뱅킹과 마찬가지로 문자, 화상, 음성 등을 통해 서비스를 이용할 수 있다.
>
> 정답 : ②

07 모바일뱅킹에 관한 내용 중 옳지 <u>못한</u> 것은?

① 은행은 모바일뱅킹 서비스를 통해 경쟁력 강화 및 비용 절감 효과를 거둘 수 있다.
② 태블릿PC나 스마트폰을 이용하여 시간과 장소에 상관없이 뱅킹서비스, 상품가입, 자산관리 등을 이용할 수 있는 금융서비스를 스마트폰뱅킹이라고 한다.
③ 모바일뱅킹을 통한 조회 및 이체서비스는 자행과 타행서비스 모두 무료로 제공하는 것이 일반적이다.
④ 모바일뱅킹서비스는 앱을 통해 비대면 전자금융서비스로 신청하여 이용할 수 있다.

모바일뱅킹 서비스는 고객이 휴대전화나 스마트기기 등을 수단으로 무선인터넷을 통하여 금융기관의 사이트에 접속하여 금융서비스를 이용할 수 있는 전자금융서비스이다. 일반적으로 모바일뱅킹을 통해 조회 및 자행이체 서비스를 이용할 경우 수수료는 무료이며, 타행이체의 경우에는 무료로 제공하거나 건당 수수료를 부과하고 있다.

① 은행은 모바일뱅킹 서비스를 통해 기존고객의 유지 및 신규고객 확보 등 경쟁력을 강화하고 은행업무의 자동화를 통해 은행 비용 절감이라는 경제적 효과를 누릴 수 있다.
② 스마트폰뱅킹이란 태블릿PC나 스마트폰으로 무선인터넷(LTE, 5G, WIFI 등)을 이용하여 시간과 장소에 상관없이 편리하게 뱅킹서비스, 상품가입, 자산관리 등을 이용할 수 있는 금융서비스이다.
④ 모바일뱅킹 서비스는 거래 금융기관에 방문하여 전자금융서비스 신청을 통해 인터넷뱅킹과 모바일뱅킹을 가입하고 모바일뱅킹 앱(App)을 다운로드하여 서비스를 이용하거나, 모바일뱅킹 앱에서 비대면 전자금융서비스 신청을 통해 이용한다.

정답 : ③

08 텔레뱅킹서비스에 대한 설명으로 옳지 <u>않은</u> 것은?

① 실명확인증표가 있는 개인 및 기업 누구나 이용 가능하지만, 외국인은 이용할 수 없다.
② 텔레뱅킹을 이용하려는 개인은 실명확인증표를 지참하여 영업점에서 신청하여야 한다.
③ 텔레뱅킹 이용 시 비밀번호를 5회 잘못 입력하면 서비스가 제한된다.
④ 통상적으로 최종 거래일로부터 12개월 이상 이용실적이 없는 경우에는 이용이 제한된다.

텔레뱅킹서비스는 실명확인증표가 있는 개인 및 기업이면 누구나 이용 가능하며, 외국인과 재외교포도 개인의 범주에 포함된다. 단 본인의 수시입출식 예금계좌(보통, 저축, 기업자유, 가계당좌, 당좌예금)가 있어 출금계좌로 지정할 수 있어야 하며, 금융기관 영업점에 신청해야 한다. 그러나 잔액 조회, 입출금내역 조회는 별도의 신청 없이도 가능하다.

② 개인의 경우 본인을 확인할 수 있는 실명확인증표를, 법인의 대표자인 경우 사업자등록증, 법인등기사항 전부증명서, 법인인감증명서, 법인인감, 대표자 실명확인증표 등을 지참하여 영업점에서 신청한다.
③ 텔레뱅킹은 영업점에서 이용자번호 등록과 보안카드를 수령한 후 각 은행별 접속번호에 접속한 후 서비스를 이용한다. 비밀번호를 연속 5회 일정횟수 이상 잘못 입력하면 서비스가 제한되며 은행(우체국) 창구에서 확인절차를 거쳐야 다시 이용할 수 있다.
④ 계좌이체 시에는 이용자 비밀번호 이외에 보안카드 비밀번호와 출금계좌의 비밀번호를 입력하도록 하고, 최종 거래일로부터 12개월 이상(금융기관별 상이) 이용실적이 없는 경우에는 이용을 제한하고 있다. 다만 이와 같은 경우에는 본인이 거래금융기관에 직접 방문하여 계좌이체 제한을 해제하면 바로 이용이 가능하다.

정답 : ①

09 CD/ATM 서비스에 관한 내용으로 옳지 <u>못한</u> 것은?

① CD/ATM서비스를 이용 시 보안을 위해 반드시 현금카드나 신용·체크카드를 통해 거래하도록 제한하고 있다.

② CD/ATM을 통하여 거래은행과 상관없이 이용한도 내에서 단기카드대출을 인출할 수 있다.

③ CD/ATM을 통한 계좌이체서비스는 1일 3,000만 원 이내의 범위에서 각 은행이 한도금액을 정하여 제공한다.

④ 제2금융권과 연계하여 CD/ATM을 통해 카드, 증권, 보험관련서비스를 제공하기도 한다.

> **해설** CD/ATM 서비스는 고객이 금융기관 창구에 방문하지 않고도 24시간 365일 은행의 현금자동 입·출금기인 CD(Cash Dispenser)와 ATM(Automated Teller Machine)을 이용하여 현금인출, 계좌이체, 잔액조회 등을 이용할 수 있는 서비스이다. CD/ATM서비스를 이용하기 위해서는 현금카드나 신용·체크카드 등이 있어야 하지만 최근 기술 발달로 휴대폰, 바코드, 생체인식으로도 CD/ATM 서비스를 이용할 수 있으며, 이용매체가 없어도 부여받은 고유승인번호로도 CD/ATM서비스 이용이 가능하다. 다만 무매체 거래는 개인정보 등이 유출될 경우 타인에 의한 예금 부정인출 가능성이 있고, 다른 은행의 CD/ATM에서는 이용할 수 없다는 단점이 있다.

> **오답 분석** ② 현금서비스 업무는 고객이 CD/ATM을 통하여 신용카드 현금서비스를 받을 수 있는 금융서비스이다. 고객은 거래은행과 상관없이 CD/ATM을 통하여 현금서비스 이용한도 내에서 현금을 인출 할 수 있다. 현금서비스의 한도는 각 신용카드 발급사가 개별고객의 신용도에 따라 정하고 있다.
> ③ CD/ATM을 통한 계좌이체는 금융위원회의 전자금융감독규정이 정한 한도금액(1회 이체가능금액 600만 원 이내 및 1일 이체가능금액 3,000만 원 이내) 내에서 각 은행이 정하여 운영하고 있다.
> ④ 은행은 CD/ATM을 통해 제2금융권과 연계하여 카드, 증권, 보험관련서비스를 제공하고 있다. 현금서비스 제공을 위한 전업계 카드사의 은행 CD/ATM 연계를 시작으로 증권사 자산관리계좌의 관리가 일반화되었고, 보험사의 대출원금 및 이자상환이나 분할보험금·배당금·중도보험금 등의 입·출금서비스도 가능하게 되었다.

정답 : ①

10 〈보기〉에서 CD/ATM 서비스에 대한 설명으로 옳은 것을 모두 고른 것은? (2023 기출)

─────〈 보 기 〉─────

(ㄱ) "우체국 스마트 ATM"은 기존 ATM 서비스뿐만 아니라 계좌개설, 체크카드 및 보안매체 발급, 비밀번호 변경 등이 가능하다.

(ㄴ) CD/ATM 계좌이체는 최근 1년간 영업점 창구를 통한 현금 입·출금 실적이 없는 고객에 한하여 1일 및 1회 이체한도를 각각 70만 원으로 축소하고 있다.

(ㄷ) CD/ATM 서비스를 이용하기 위해서는 현금카드나 신용·체크카드 등이 있어야 하지만 최근 기술 발달로 휴대폰, 바코드, 생체인식으로도 이용할 수 있으며 이용매체가 없어도 CD/ATM 서비스 이용이 가능하다.

(ㄹ) 보이스피싱 피해 방지를 위해 수취계좌 기준 1회 100만 원 이상 이체금액에 대해 CD/ATM에서 인출 시 입금된 시점부터 10분 후 인출 및 이체가 가능하도록 하는 지연 인출제도가 시행되고 있다.

① (ㄱ), (ㄷ)   ② (ㄴ), (ㄹ)   ③ (ㄱ), (ㄴ), (ㄷ)   ④ (ㄱ), (ㄷ), (ㄹ)

CD/ATM 서비스는 고객이 금융기관 창구에 방문하지 않고도 24시간 365일 은행의 현금자동 입·출금기(CD/ATM : Cash Dispenser/Automated Teller Machine)를 이용하여 현금인출, 계좌이체, 잔액조회 등을 이용할 수 있는 서비스이다.

(ㄱ) 최근 보급이 확대되고 있는 지능형 자동화기기인 "우체국 스마트 ATM"에서는 화상인증(신분증 복사기능+얼굴사진 촬영) 및 지문·얼굴 등 생체인증을 통해 이용고객의 신원확인이 가능하여, 서비스 제공범위가 기존 자동화기기 서비스는 물론 우체국 창구에서만 처리 가능하던 일부 업무(상품가입, 체크카드발급, 비밀번호 변경 등)까지 확대되었다.

(ㄷ) CD/ATM서비스를 이용하기 위해서는 현금카드나 신용·체크카드 등이 있어야 한다. 하지만 기술의 발달로 휴대폰, 바코드, 생체인식으로도 CD/ATM 서비스를 이용할 수 있을 뿐 아니라, 이용매체가 없어도 CD/ATM서비스 이용이 가능하다.

(ㄴ) CD/ATM의 계좌이체 기능을 이용한 전화금융사기(일명 '보이스피싱') 사건의 증가로 인한 피해를 최소화하기 위하여 최근 1년간 CD/ATM을 통한 계좌이체 실적이 없는 고객에 한하여 1일 및 1회 이체한도를 각각 70만 원으로 축소하였다.

(ㄹ) 보이스피싱 피해 방지를 위해 수취계좌 기준 1회 100만 원 이상 이체금액에 대해 CD/ATM에서 인출 시 입금된 시점부터 30분 후 인출 및 이체가 가능하도록 하는 지연인출제도가 시행되고 있다.

정답 : ①

11 전자금융에 대한 설명으로 가장 옳은 것은?

① 인터넷뱅킹을 통회 조회서비스만 이용하려는 고객도 인증센터에 접속하여 공동인증서를 발급받고 최초 거래 시 이체비밀번호를 등록해야 한다.

② 실물형 OTP와 전자형 OTP는 OTP 1개로 전 금융기관에서 전자금융서비스 이용이 가능하다.

③ 텔레뱅킹의 비밀번호를 연속으로 5회 잘못 입력하는 경우에는 서비스가 제한된다.

④ 고객이 사전에 금융기관에 신청한 경우 해당 금융기관 및 타은행의 CD/ATM에서 무매체거래를 이용할 수 있다.

텔레뱅킹 이용 시 비밀번호를 연속 5회 잘못 입력하면 서비스가 제한되며, 은행(우체국) 창구에서 확인절차를 거쳐야 다시 이용할 수 있다.

① 인터넷뱅킹을 이용하려는 고객은 인증센터에 접속하여 공동인증서를 발급받고 최초 거래 시 이체비밀번호를 등록해야 하며, 조회서비스만 이용할 고객은 공동인증서 발급 없이도 조회서비스를 이용할 수 있다.

② 전자형 OTP는 발급 받은 금융기관에서만 사용이 가능하다.

④ 무매체거래는 고객이 사전에 금융기관에 신청하여 해당 금융기관의 CD/ATM에서 이용할 수 있다. 다른 은행의 CD/ATM에서는 무매체거래의 이용이 불가능하다.

정답 : ③

03 신용카드 / 직불카드 / 체크카드 / 선불카드

1 신용카드를 제외한 선불카드, 체크카드, 직불카드, 현금IC카드는 모두 신용공여가 불가능하다.　　　　　　　　　　　　　　○|×

1. 체크카드는 일정 한도 내에서 신용공여가 가능하다.

2 신용카드 가맹점에서는 신용카드와 체크카드는 사용할 수 있지만, 선불카드, 직불카드, 현금IC카드는 사용할 수 없다.　　　　　○|×

2. 선불카드도 신용카드 가맹점에서 사용할 수 있다.

3 직불카드와 현금IC카드는 매출전표 접수 후 2영업일 이내에 입금되는 신용카드, 선불카드, 체크카드와 달리 결제 익일에 가맹점에 입금된다.　　　　　　　　　　　　　　　　　　　　　○|×

4 선불카드로 물품구매는 물론 예금입출금 등 현금카드 기능을 사용할 수 있다.　　　　　　　　　　　　　　　　　　　　　　　○|×

4. 선불카드는 다른 카드와 달리 예금입출금(현금카드 기능)을 할 수 없다.

5 신용카드는 선인출 후구매, 선불카드는 선구매 후인출 방식으로 계좌인출이 이루어진다.　　　　　　　　　　　　　　　　　○|×

5. 반대로 기술되어 있다.

6 가족회원은 카드이용대금에 대한 모든 책임을 본인회원이 부담할 것을 승낙하고 신용카드 회원에 가입한 자로 그 대상은 부모나 배우자, 배우자의 부모, 「민법」상 미성년인 자녀 및 형제자매 등이다.　○|×

6. 미성년인 자녀
→ 성년인 자녀

7 가족회원은 본인회원의 이용한도 범위 내에서 카드를 사용할 수 있으며 가족카드별로 한도를 별도로 지정할 수도 있다.　　　　○|×

8 기업공용카드의 카드 실물에 사용명의가 표시되어 있지 않으며 기업체 명칭이 영문으로 표기되어 있고, 기업개별카드의 앞면에는 사용자의 영문명이 기재되어 있으며 카드에 성명이 기재된 임직원만 그 카드를 사용할 권한이 있다.　　　　　　　　　　　　　　　　　○|×

9 일반 기업카드는 후불식 일반 신용카드로서 국내외에서 일시불 및 할부 이용이 가능하며, 해외에서는 기업개별카드에 한해 제휴은행 창구 및 ATM에서 단기카드대출(현금서비스) 사용이 가능하다.　○|×

9. 일반 기업카드는 국내외에서 일시불 이용만 가능하고 할부 이용은 불가능하다.

정답 | 1. × 2. × 3. ○ 4. × 5. × 6. × 7. ○ 8. ○ 9. ×

10. 신용공여기능은 없다.

11. 직불카드는 예금계좌를 기반으로 한 즉시결제방식을 이용한다.

14. 선불카드 → 체크카드

16. 단기카드대출 이용이 불가능하다.

18. 체크카드는 신용카드 대비 낮은 가맹점 수수료율과 높은 세액공제 제공의 혜택을 받는다.

10 직불형 기업카드는 결제계좌 잔액 범위 내에서 이용 가능한 기업카드로 국내외에서 이용 가능하며 신용공여기능이 포함되어 있다. ○|×

11 신용카드와 직불카드는 신용공여에 기반을 둔 후불결제방식을 이용한다. ○|×

12 직불카드는 자신의 예금계좌가 개설되어 있는 은행에서 발급받으며, 직불카드 취급가맹점이면 발급은행에 관계없이 어디에서나 사용할 수 있다. ○|×

13 직불카드는 직불카드 가맹점을 별도로 모집해야 하고, 직불카드 가맹점 공동규약에 의해 국내에서 직불기능 이용 시 일정 시간에는 사용이 불가능하다는 제약 등으로 인하여 활성화되지 못하였다. ○|×

14 선불카드는 지불결제 기능을 가진 카드로서 카드거래 대금은 고객의 예금계좌 범위 내에서 즉시 인출된다. ○|×

15 체크카드는 은행 또는 카드사가 제휴한 은행에 입출금 자유로운 통장을 소지한 개인 및 기업회원을 대상으로 발급 가능하며, 거래은행에서 발급받고 가맹점 이용과 이용시간에 제약을 받는 직불카드와 구분된다. ○|×

16 체크카드는 일시불 이용만 가능하고 할부거래는 불가능하지만, 단기카드대출(현금서비스) 이용이 가능하다. ○|×

17 체크카드는 연체 리스크가 없는 직불카드의 장점과 전국의 신용카드 가맹점망을 이용할 수 있는 신용카드 프로세스를 그대로 적용할 수 있는 신용카드의 장점을 가지고 있다. ○|×

18 체크카드는 소액 신용한도가 부여된 체크카드의 등장, 전반적인 체크카드 가맹점 수수료의 지속적 인하 등 체크카드 활성화 정책에도 불구하고 신용카드 대비 높은 가맹점 수수료율과 낮은 세액공제 제공으로 활성화되지 못하고 있다. ○|×

정답 | 10. × 11. × 12. ○ 13. ○ 14. × 15. ○ 16. × 17. ○ 18. ×

19 하이브리드 신용카드는 계좌 잔액범위 내에서는 체크카드로 결제되고 잔액이 소진되면 소액 범위 내에서 신용카드로 결제되며, 부여 가능 최대 신용한도는 30만원이다. ○ | ✕

20 선불카드 발행 권면금액 또는 충전액의 50/100 이상 사용한 경우에는 잔액의 환불이 가능하다. ○ | ✕

21 기명식 선불카드와 무기명식 선불카드 등 모든 선불카드는 양도가 가능하다. ○ | ✕

19. 하이브리드 신용카드 → 하이브리드 체크카드, 하이브리드 신용카드는 기존의 신용카드 회원에게 체크결제서비스를 부가하는 형태로 회원이 지정한 일정금액 이하의 거래는 체크카드로 결제되고 초과거래는 신용카드로 결제된다.

20. 선불카드 잔액 환불은 ① 천재지변으로 사용하기 곤란한 경우, ②선불카드의 물리적 결함, ③선불카드 발행 권면금액 또는 충전액의 60/100(1만원권 이하의 경우 80/100) 이상 사용한 경우에 가능하다.

21. 카드실물에 회원의 성명이 인쇄되어 있거나 신용카드업자 전산에 회원으로서의 정보가 존재하는 기명식 선불카드는 발급 이후에 양도가 불가능하다.

01   신용카드에 대한 설명으로 옳지 않은 것은?

① 신용등급 7등급 이하 및 미성년자에게는 원칙적으로 발급이 금지된다.

② 신용카드는 선불카드나 직불형카드와 달리 선구매 후인출 방식이다.

③ 신용카드망을 사용하며, 매출전표 접수후 2영업일 이내에 가맹점에 입금처리된다.

④ 신용카드는 현금이 없이도 물품을 구매할 수 있다는 장점이 있지만, 예금입출금 등 현금카드의 기능을 제공하지는 않는다.

> **해설** 신용카드(Credit Card)는 가맹점 확보 등 일정한 자격을 구비한 신용카드업자가 카드 신청인의 신용상태나 미래소득을 근거로 상품이나 용역을 신용구매하거나 현금서비스, 카드론 등의 융자를 받을 수 있도록 발급하는 지급수단이다.
> ④ 신용카드는 기본적으로 현금 및 수표를 대체하는 지급수단 기능을 수행한다. 아울러 현금카드의 기능을 추가하여 예금입출금 업무에 사용할 수도 있다.
>
> **오답 분석** ③ 신용카드망을 사용하는 신용카드, 선불카드, 체크카드로 결제하는 경우 매출전표 접수 후 2영업일 이내에 가맹점에 입금처리가 된다.
>
> 정답 : ④

02   신용카드의 특징을 설명한 내용으로 옳지 않은 것은?

① 신용카드는 대금 결제일까지 이용대금 납부를 유예하는 신용제공 기능을 갖지만, 현금을 대체하는 수단으로 볼 수는 없다.

② 때로는 신용카드가 사회 · 경제적 지위를 나타내는 징표로 인식되기도 한다.

③ 신용카드 이용 고객은 물품 및 서비스의 신용구매에 따른 실질적인 할인구매의 효과를 누릴 수 있다.

④ 신용카드 가맹점은 고정고객을 확보하거나 판매대금을 안정적이고 편리하게 회수할 수 있다.

> **해설** 신용카드(Credit Card)는 가맹점 확보 등 일정한 자격을 구비한 신용카드업자가 카드 신청인의 신용상태나 미래소득을 근거로 상품이나 용역을 신용구매하거나 현금서비스, 카드론 등의 융자를 받을 수 있도록 발급하는 지급수단이다. 신용카드는 기본적으로 현금 및 수표를 대체하는 지급수단 기능을 수행한다. 신용카드의 회원에게는 대금 결제일까지 이용대금 납부를 유예하는 신용제공 기능을 제공한다.
>
> **오답 분석** ② 신용카드는 일정자격 이상의 신청자에게만 발급되고 개인의 경제 현황에 따라 발급되는 카드등급이 다르므로 신용카드가 사회 · 경제적 지위를 나타내는 것으로 인식되기도 한다.
> ③④ 신용카드 사용 시 카드 이용고객 및 가맹점 모두에서 유리하다. 고객은 물품 및 서비스의 신용구매에 따른 실질적인 할인구매의 효과를 누릴 수 있고 또한 현금서비스 기능을 이용하여 긴급신용을 확보할 수 있다. 가맹점은 고정고객을 확보하거나 판매대금을 안정적이고 편리하게 회수할 수 있는 장점이 있다.
>
> 정답 : ①

03 신용카드 회원에 관한 설명으로 옳지 <u>못한</u> 것은?

① 본인회원은 별도로 정한 심사 기준에 의해 신용카드 회원으로 입회가 허락된 실명의 개인이다.

② 가족회원에게는 본인회원의 이용한도와 별개로 추가 한도가 주어지며, 가족카드별로 별도의 한도를 지정할 수 있다.

③ 기업공용카드는 실물에 사용명의가 표시되어 있지 않으며 기업체 명칭이 영문으로 표기되어 있다.

④ 기업개별카드는 카드에 성명이 기재된 임직원에게만 그 카드를 사용할 권한이 부여된다.

> **해설** 신용카드 회원이란 카드회사(신용카드업자)와의 계약에 따라 그로부터 신용카드를 발급받은 자를 말한다. 신용카드 회원은 개인회원과 기업회원으로 구분되며, 개인회원은 다시 본인회원과 가족회원으로 나뉜다. 이중 가족회원은 카드이용대금에 대한 모든 책임을 본인회원이 부담할 것을 승낙하고 신용카드 회원에 가입한 자로 그 대상은 부모나 배우자, 배우자의 부모, 「민법」상 성년인 자녀 및 형제자매 등이다. 가족회원은 본인회원의 이용한도 범위 내에서 카드를 사용할 수 있으며 가족카드별로 한도를 별도로 지정할 수도 있다.
>
> **오답분석** ① 본인회원은 별도로 정한 심사 기준에 의해 신용카드 회원으로 입회가 허락된 실명의 개인으로서 개인회원으로 신청한 자를 말한다.
> ③ 기업공용카드(무기명식 기업카드)는 기업회원이 특정 이용자를 지정하지 않은 카드로 카드발급 기업 또는 법인 임직원 누구든지 사용할 수 있다. 카드 실물에 사용명의가 표시되어 있지 않으며 기업체 명칭이 영문으로 표기되어 있다. 공용카드 신청서의 카드 서명란에는 카드를 실제로 사용하게 될 임직원의 서명을 기재하는 것이 아니라 법인명 또는 기업명을 기재하며, 카드를 사용할 경우 매출전표에는 사용자의 서명을 기재해야 한다.
> ④ 기업개별카드(사용자 지정카드)는 기업회원이 특정 이용자를 지정한 카드로 발급받은 기업 또는 법인의 지정된 임직원에 한하여 사용할 수 있는 권리가 부여된 카드이다. 카드의 앞면에 사용자의 영문명이 기재되어 있고 카드에 성명이 기재된 임직원만 그 카드를 사용할 권한이 있다.
>
> 정답 : ②

04 기업카드 중 〈보기〉의 설명에 해당하는 것은?

〈 보 기 〉

- 후불식 신용카드로서 국내외에서 일시불 이용만 가능하다.
- 해외에서는 기업개별카드에 한해 제휴은행 창구 및 ATM에서 단기카드대출(현금서비스) 사용이 가능하다.

① 일반 기업카드　　　　　　　② 직불형 기업카드
③ 정부구매카드　　　　　　　④ 구매전용카드

> **해설** 기업카드는 일반 기업카드, 직불형 기업카드, 정부구매카드, 구매전용카드 및 주유전용카드, 지방세납부 전용카드, 고용/산재보험결제 전용카드, 우편요금 결제 전용카드 등의 특화 기업카드로 구분할 수 있다. 이중 후불식 일반 신용카드로서 국내외에서 일시불 이용만 가능하며, 해외에서는 기업개별카드에 한해 제휴은행 창구 및 ATM에서 단기카드대출(현금서비스) 사용이 가능한 기업카드는 일반 기업카드이다.

② 직불형 기업카드는 결제계좌 잔액 범위 내에서 이용 가능한 기업카드로 국내외에서 이용 가능하며 신용공여기능은 없다.
③ 정부구매카드는 정부부처 및 소속기관의 관서경비를 지출할 목적으로 정부기관을 대상으로 발급하는 기업카드로 국가재정 정보시스템과 신용카드사 전산망을 연결, 신용카드 발급 및 사후관리를 파일 송수신으로 처리한다.
④ 구매전용카드는 구매기업과 판매기업 간 물품 등 거래와 관련하여 발생되는 대금을 신용카드업자가 구매기업을 대신하여 판매기업에게 대금을 선지급하고 일정기간 경과 후 구매기업으로부터 물품대금을 상환받는 카드로 실물없이 발급되기도 한다.

정답 : ①

05 신용카드의 결제 방식에 관한 설명으로 옳지 <u>않은</u> 것은?

① 일시불결제는 수수료 부담이 없는 대신 일시 상환에 따른 자금 부담이 있을 수 있다.
② 할부결제는 고객의 입장에서 여유로운 자금 운용이 가능하지만 원금 이외에 할부수수료의 부담이 있다.
③ 리볼빙 결제를 하면 연체를 피할 수 있지만, 해당 금액을 상환할 때까지 카드를 사용할 수 없다는 단점이 있다.
④ 리볼빙결제 방식은 이용고객의 경제여건에 따라 결제를 조절할 수 있는 맞춤형 결제방식이지만 높은 리볼빙 수수료를 부담해야 한다.

해설 신용카드 이용 대금의 결제 방식으로는 일시불결제, 할부결제, 리볼빙결제 등이 있다. 이중 리볼빙 결제 방식은 카드이용대금 중 사전에 정해져 있는 일정금액 이상의 건별 이용액에 대해서 이용금액의 일정비율을 결제하면 나머지 이용 잔액이 다음 결제대상으로 연장되도록 하는 것이다. 리볼빙 결제 후에는 잔여 이용한도 내에서 카드를 계속 사용할 수 있다.

오답분석 ① 일시불결제는 신용카드 발급 당시에 회원과 신용카드사 간의 결제 약정일에 카드사용 대금 전액을 결제하는 방식으로 고객 입장에서는 수수료 부담이 없지만 일시 상환에 따른 자금 부담이 있을 수 있다.
② 할부결제 방식은 카드 이용대금을 할부로 2개월 이상 분할하여 1개월 단위로 희망하는 기간 동안 이자를 부담하여 결제하는 방식으로 고객의 입장에서 여유로운 자금 운용이 가능하나 원금이외 할부수수료의 부담이 있다.

정답 : ③

06 직불카드에 대한 내용으로 옳은 것을 모두 고른 것은?

〈보기〉

(ㄱ) 직불카드 이용 시 고객의 예금계좌에서 즉시 카드결제대금이 인출된다.
(ㄴ) 자신의 예금계좌에서도 즉시 자금을 인출할 수 있지만, CD/ATM에서는 인출이 불가능하다.
(ㄷ) 신용카드는 즉시결제방식을, 직불카드는 후불결제방식을 이용한다는 점에서 차이가 있다.
(ㄹ) 직불카드는 자신의 예금계좌가 개설되어 있는 은행에서 발급받으며, 직불카드 취급가맹점이면 발급은행에 관계없이 어디에서나 사용할 수 있다.

① (ㄱ), (ㄴ)　　　② (ㄱ), (ㄹ)　　　③ (ㄴ), (ㄷ)　　　④ (ㄷ), (ㄹ)

07 체크카드에 대한 설명으로 옳지 않은 것은?

① 체크카드의 발급과정에서는 별도의 결제능력을 심사하지 않는다.
② 이용시간에 제한이 없고 신용카드 가맹점에서 이용이 가능하다.
③ 체크카드는 일시불 이용 및 할부거래가 가능하지만, 단기카드대출 이용은 불가능하다.
④ 하이브리드 체크카드는 계좌 잔액범위 내에서는 체크카드로 결제되고 잔액이 소진되면 소액 범위 내에서 신용카드로 결제된다.

08   선불카드의 특징과 종류에 관한 내용으로 옳은 것은?

① 선불카드는 신용카드와 달리 이용대금을 후불로 입금한다.
② 선불카드의 유효기간은 대부분 발행일로부터 5년이고 소정의 연회비가 부과된다.
③ 선불카드를 개인 신용카드로 구매 및 충전할 때 이용한도는 1인당 월 최대 100만 원이다.
④ 선불카드는 기명식과 무기명식 모두 발급이후 양도가 가능하다.

> **해설** 선불카드는 고객이 카드사에 미리 대금을 결제하고 카드를 구입한 후 카드에 저장된 금액 내에서만 이용할 수 있는 카드로서 기프트카드가 대표적이다. 선불카드 구매 시 현금, 체크카드 및 신용카드를 사용하며, 개인 신용카드로 구매 및 충전할 수 있는 이용한도는 1인당 월 최대 100만 원(선불카드 금액과 상품권 금액 합산)이다. 선불카드 잔액 환불은 ①천재지변으로 사용하기 곤란한 경우, ②선불카드의 물리적 결함, ③선불카드 발행 권면금액 또는 충전액의 60/100(1만원권 이하의 경우 80/100) 이상 사용한 경우에 가능하다.
>
> **오답분석** ① 신용카드의 경우 이용대금을 후불로 입금하지만 선불카드는 선불로 구매한다는 점에서 신용카드와 차이가 있다.
> ② 선불카드의 유효기간은 대부분 발행일로부터 5년이고 연회비는 없다.
> ④ 선불카드는 기명식과 무기명식 선불카드로 구분된다. 카드실물에 회원의 성명이 인쇄되어 있거나 신용카드업자 전산에 회원으로서의 정보가 존재하는 기명식 선불카드는 발급 이후에 양도가 불가능하다. 반면, 무기명식 선불카드는 카드실물에 성명이 인쇄되어 있지 않으며 신용카드업자 전산에 기명식 회원으로서의 정보가 존재하지 않아 양도가 가능하다. 기명식 선불카드는 최고 500만 원까지 충전할 수 있으나, 무기명식 선불카드의 경우 양도 가능하므로 뇌물 등의 수단으로 악용되는 것을 방지하기 위해 「여신전문금융업법 시행령」 및 「선불카드 표준약관」에서 충전 금액 한도를 최고 50만 원으로 제한하고 있다.
>
> 정답 : ③

09   〈보기〉의 내용과 같은 특성을 갖는 카드는 무엇인가?

─〈 보 기 〉─

- 회원자격에 제한이 없으나 소액신용한도 부여시 자체기준이 있다.
- 예금잔액 범위 내에서 이용할 수 있으며, 구매즉시 계좌에서 인출된다.
- 매출전표 접수 후 2영업일 이내에 가맹점에 입금된다.
- 신용카드망을 사용하며, 24시간 이용이 가능하다.

① 선불카드   ② 체크카드
③ 직불카드   ④ 현금IC카드

해설 체크카드는 지불결제 기능을 가진 카드로서 카드거래 대금은 체크카드와 연계된 고객의 예금계좌 범위 내에서 즉시 인출된다. 체크카드는 연체 리스크가 없는 직불카드의 장점과 전국의 신용카드 가맹점망을 이용할 수 있는 신용카드 프로세스를 그대로 적용할 수 있는 신용카드의 장점을 가지고 있다. 원래 의미의 체크카드는 신용공여 기능이 없어 할부서비스나 현금서비스를 이용할 수 없지만 최근에는 고객의 신용등급에 따라 소액의 신용공여(30만원 한도)가 부여된 하이브리드형 카드를 발급받아 이용할 수 있다.

※ 카드 종류별 비교

구분	신용카드	선불카드	직불형카드		
			체크카드	직불카드	현금IC카드
회원자격	저신용자 및 미성년자는 원칙적으로 발급금지	제한없음			
계좌인출	선구매후인출	선인출후구매	구매즉시 인출		
연회비	있음	없음			
이용한도	신용한도내	충전잔액범위내(기명은 500만원, 무기명은 50만원)	예금잔액범위내		
발급기관	카드사(겸영은행)		국내은행		
이용가능시간	24시간		08:00~23:30		24시간
승인절차	서명		PIN입력		
신용공여	가능	불가능	일정한도내(최대 30만원)	불가능	
사용 가맹점	신용카드가맹점		직불카드가맹점		현금IC카드가맹점
가맹점 입금	매출전표접수후 2영업일 이내		결제 익일		
부가혜택	있음	없음	있음	없음	
거래 승인	거래정지·잔여한도확인	권면잔액확인	거래정지·잔여한도확인	거래정지, 예금잔액, 비밀번호확인	
기능	물품구매	물품구매	물품구매		
	예금입출금(현금카드기능)		예금입출금(현금카드기능)		
네트워크	신용카드망		직불카드망(금융결제원)		CD공동망(금융결제원)

정답 : ②

10 카드에 관한 설명으로 옳은 것은?

① 신용카드를 제외한 선불카드, 체크카드, 직불카드, 현금IC카드는 모두 신용공여가 불가능하다.
② 가족회원에 대해서는 가족카드별로 한도를 별도로 지정할 수 있다.
③ 선불카드로 물품구매는 물론 예금입출금 등 현금카드 기능을 사용할 수 있다.
④ 신용카드 가맹점에서는 선불카드, 직불카드, 현금IC카드를 사용할 수 없다.

> **해설** 가족회원은 본인회원의 이용한도 범위 내에서 카드를 사용할 수 있으며 가족카드별로 한도를 별도로 지정할 수도 있다.
>
> **오답분석** ① 신용카드 외에도 체크카드는 일정 한도 내에서 신용공여가 가능하다.
> ③ 선불카드는 다른 카드와 달리 예금입출금(현금카드 기능)을 할 수 없다.
> ④ 신용카드 가맹점에서는 신용카드와 체크카드 및 선불카드는 사용할 수 있지만, 직불카드나 현금IC카드는 사용할 수 없다.
>
> 정답 : ②

11 카드 종류별 특징에 대한 설명으로 옳은 것은? (2008 기출 변형)

① 선불카드의 유효기간은 대부분 발행일로부터 10년이고 연회비는 없다.
② 직불카드 사용금액은 후불결제방식으로 결제된다.
③ 선불카드는 카드에 저장된 금액 내에서만 이용이 가능하다.
④ 하이브리드 체크카드는 회원이 지정한 일정금액 이하의 거래는 체크카드로 결제되고, 초과 거래는 신용카드로 결제된다.

> **해설** 선불카드는 고객이 카드사에 미리 대금을 결제하고 카드를 구입한 후 카드에 저장된 금액 내에서만 이용할 수 있는 카드로서 최근 인기를 얻고 있는 기프트카드가 대표적인 선불카드라고 할 수 있다.
>
> **오답분석** ① 선불카드 구매 시 현금, 체크카드 및 신용카드를 사용하며, 유효기간은 대부분 발행일로부터 5년이고 연회비는 없다. 단 개인 신용카드로 구매 및 충전할 수 있는 이용한도는 1인당 월 최대 100만 원 (선불카드 금액과 상품권 금액 합산)이다.
> ② 직불카드와 신용카드의 가장 큰 차이는 바로 결제방식의 차이라고 할 수 있는데 신용카드는 신용공여에 기반을 둔 후불결제방식을, 직불카드는 예금계좌를 기반으로 한 즉시결제방식을 이용한다
> ④ 하이브리드 신용카드에 대한 설명이다. 하이브리드 체크카드는 계좌 잔액범위 내에서는 체크카드로 결제되고 잔액이 소진되면 소액 범위 내에서 신용카드로 결제되는 것을 말한다.
>
> 정답 : ③

12 각종 카드상품에 대한 설명 중 옳지 <u>않은</u> 것은?

① 신용카드를 제외한 선불카드, 체크카드, 직불카드, 현금IC카드는 모두 신용공여가 불가능하다.

② 선불카드는 다른 카드와 달리 예금입출금 등 현금카드 기능은 사용할 수 없다.

③ 직불카드는 고객이 카드를 이용함과 동시에 고객의 신용한도가 아닌 예금계좌의 잔액 범위 내에서 카드결제대금이 바로 인출되는 카드이다.

④ 선불카드를 「재난 및 안전관리 기본법」에 따른 재난에 대응하여 국가 또는 지방자치단체가 지원금을 지급하기 위해 발행하는 경우 충전 금액 한도는 최고 300만 원이다.

> **해설** 신용카드 외에 선불카드, 직불카드, 현금IC카드는 모두 신용공여가 불가능하지만, 체크카드는 일정 한도 내에서 신용공여가 가능하다. 하이브리드 체크카드는 계좌 잔액범위 내에서는 체크카드로 결제되고 잔액이 소진되면 소액 범위 내에서 신용카드로 결제하는 것으로, 계좌 잔액이 부족한 상태에서 잔액을 초과하여 승인 신청이 되면 신청금액 전액이 신용카드로 결제된다. 하이브리드 체크카드에 부여 가능한 최대 신용한도는 30만 원이다.
>
> **오답분석** ② 선불카드로 물품구매를 할 수는 있지만, 다른 카드와 달리 예금입출금(현금카드 기능)은 할 수 없다.
>
> 정답 : ①

2025 계리직 공무원시험 대비
북적북적 저절로 암기노트 & 실전문풀

초판 2쇄 발행 • 2025년 3월 24일
초판 1쇄 발행 • 2025년 3월 17일

저자 • 이종학

발행인 • 최성훈

발행처 • 작품미디어

신고번호 • 제2020-000047호

주소 • 서울시 동작구 상도로 62가길 15-5(상도동)

메일 • jakpoommedia@gmail.com

블로그 • https://blog.naver.com/cshbulldog

전화 • 010-8991-1060

ISBN • 979-11-991417-0-4 (13350)

시험장에 가져가는

미 니 요 약 집

언어재활사
미니요약집

핵심키워드를 쏙쏙 담은 요약집으로

마지막까지 마무리!

PART **1** 신경언어장애

◆◇◆◇—— **중추신경계** ——◆◇◆◇

◆ **뇌(Brain)**

• 대 뇌
• 간뇌 : 시상, 기저핵
• 뇌간 : 중뇌 + 뇌교 + 연수

◆ **뇌실**

4개의 뇌실 : 가쪽뇌실(측뇌실), 제3뇌실, 제4뇌실

◆ **소뇌(Cerebellum)**

• 대뇌피질 : 일차피질
  – 특정운동이나 감각기능을 담당
  – 일차운동/감각/청각/시각/후각 피질 있음
• 연합피질
  – 신경언어와 관련된 연합피질
  – 전두/두정/측두/측두후두 연합피질 있음

*브로드만영역

엽	넘버	위치	다른 이름	기능
전두엽	4	중심전회, 전중심옆소엽	일차운동 영역	자발적 운동조절
	6	상전두회, 중전두회, 중심전회	전운동 영역	움직임 계획
	44, 45	하전두회	브로카 영역(Lt.)	말운동

두정엽	3, 1, 2	중심후회, 후중심옆소엽	일차감각 영역	촉각 (Touch)
	5, 7	상두정엽	감각연합 영역	시각운동, 시각, 읽기, 말
	39	하두정엽	각 회	지각, 시각, 읽기, 말
	40	하두정엽	모서리 위 이랑	지각, 시각, 읽기, 말
측두엽	41	가로측두회	일차청각 영역	듣 기
	42	가로측두회	청각연합 영역	듣 기
	22	상측두회	청각연합 영역(Lt.) 뒤쪽 베르니케 영역	듣기, 말 이해
후두엽	17	새발톱고랑	일차시각 영역	시 각
	18, 19	17번을 둘러싸고 있음	시각연합 영역	시각, 색상

◆ **간뇌**

• 시상 : 운동정보와 감각정보가 경유하는 중요한 기관
• 기저핵 : 영역에 따라 다르지만 수의적인 움직임 이 줄고 불수의적 움직임이 나타남

◆ 소 뇌

속도, 범위, 방향, 힘을 조절 → 손상 시 움직임이 서툴어지는 실조증

◆ 뇌 간

호흡과 심장박동 수를 조절, 복합적인 운동을 통합 → 생명과 연관 큼

◆ 섬유회로

• 투사섬유 : 뇌에서 뇌간, 척수로 연결(운동/원심성 회로)
• 교련섬유 : 뇌량(좌우반구를 연결하는 가장 큰 섬유), 전교련
• 해마교련 : 대부분의 기능은 뇌량에서 하며 나머지 부분들은 보조적인 역할 수행
• 연합섬유 : 반구 내의 피질영역끼리의 연결(구상속, 대상속, 궁상속)
• 추체로와 추체외로

◆ 척수(Spinal Cord)

경추, 흉추, 요추까지 뻗어 있음

◆ 혈관구조 및 혈액공급

• 경동맥체계
  – 외경동맥
  – 내경동맥 : 전대뇌동맥(ACA), 중대뇌동맥(MCA)
• 척추-뇌기저체계
  – 척추동맥 : 후하소뇌동맥(PICA)
  – 기저동맥 : 전하소뇌동맥(AICA), 후대뇌동맥(PCA), 위소뇌동맥(SCA)

◆◆◆◇ ── 말초신경계 ── ◇◆◆◆

◆ 뇌신경

번 호	뇌신경 이름	운 동	감 각
CN I	후신경		후 각
CN II	시신경		시 각
CN III	동안신경	눈운동	
CN IV	활차(도르래)신경	눈운동	
CN V	삼차신경	저작활동, 인두운동	얼굴 감각
CN VI	외전신경	눈운동	
CN VII	안면신경	얼굴운동	혀 앞부분 감각
CN VIII	전정신경		평형 및 청각
CN IX	설인신경	인두운동	혀 뒤, 경구개, 인두부분 감각
CN X	미주신경	후두, 인두, 내장운동	내장(심장, 위, 폐 등) 감각
CN XI	부신경	후두, 가슴, 어깨운동	
CN XII	설하신경	혀운동	

* 의사소통 관련 뇌신경
① 호흡 : 9, 10, 11   ② 발성 : 10
③ 조음 : 5, 7, 9, 12   ④ 공명 : 5, 9, 10
⑤ 청각 : 8

◆◆◆◇ ── 뇌졸중 ── ◇◆◆◆

◆ 허혈성 뇌졸중(폐색성 뇌졸중)

• 일과성 허혈발작(TIA)
• 관류저하
• 출혈성 뇌졸중(뇌출혈)
  – 혈관이 손상되어 혈액의 누출로 인하여 발생
  – 출혈의 위치에 따라 뇌외출혈과 뇌내출혈로 구분

3

◆ 언어중추실어증

전반/베르니케/브로카 → 우세반구의 언어중심영역에 손상

◆ 연합섬유손상실어증

연결피질운동/감각/전도실어증

◆ 선별검사

- 실어증–신경언어장애 선별검사(STAND)
- 한국판 프렌차이 실어증 선별검사(K–FAST)

◆ 표준화 검사

- 실어증 검사 개정판(K–WAB–R)
  - 실어증지수(AQ) = 스스로 말하기, 청각적 이해력(알아듣기), 따라 말하기, 이름대기
  - 언어지수(LQ) = 실어증지수항목, 읽기, 쓰기
  - 피질지수(CQ) = 언어지수항목, 동작, 구성, 시–공간, 계산
- 미네소타 실어증 감별진단검사(MTDDA) : 7범주 실어증 분류
- Porch 의사소통능력 지표(PICA)
- 보스턴 실어증 진단검사(BDAE–3)

◆ 심화검사

- 보스턴 이름대기 검사(BNT) : 이름대기 수행력에 대한 심화검사
- 토큰검사(RTT) : 청각적 이해력에 대한 심화검사

◆ 유형분류의 문제점

- 분류된 실어증 환자들이 유형별 특징을 모두 포함하지 않을 수 있음
- 분류가 되지 않거나 예외적인 환자들이 있음
- 실어증유형과 병소에 차이를 보일 수 있음

◆ 실어증 치료법

- 시각 동작 치료법(VAT)
- 멜로디 억양 치료법(MIT)
- 통제유발치료(CIT)
- 의미자질 분석(SFA)
- HELPSS
- 실어증 문장 산출 프로그램(SPPA)
- 실어증 의사소통 효과 증진법(PACE)
- 베르니케실어증 치료법(TWA)

◆ 경직형 마비말장애

- 양측 상부운동신경의 병리로 발생
- 말 특징 : 부정확한 자음, 쥐어짜는 목소리, 느린 말속도, 단조롭고 낮은 음도

◆ 이완형 마비말장애

- 하부 운동신경(구어를 담당하는 근육에 연결된 뇌신경)의 병리로 발생
- 말 특징
  - 부정확한 자음, 과다비성 및 비누출, 기식음, 흡기소리
  - 단조로운 음도 및 목소리 크기, 거친 목소리

◆ 과다운동형 마비말장애

- 추체외로(기저핵)의 병리로 발생
- 빠른 과다운동형(무도병)과 느린 과다운동형(근육 긴장이상증)이 있음

빠른 과다운동형	• 말 특징 : 비정상적 쉼, 말속도 및 말소리크기 변동, 음소사이 간격 연장, 모음 왜곡 • 부정확한 자음, 과다비성, 쥐어짜고 거친 음질, 발성중단 및 갑작스런 흡/호기
느린 과다운동형	• 말 특징 : 비정상적 쉼, 음소사이 간격 연장, 불규칙적 조음 붕괴, 지나친 음성크기 변동 • 느린 속도, 쥐어짜는 목소리, 발성중단

◆ 과소운동형 마비말장애

- 추체외로의 병리로 발생, 퇴행성 질환인 파킨슨병으로 인해 발생하는 경우가 빈번
- 느리고 움직임의 시작이 어려움, 근육의 위축, 떨림 등이 가장 큰 특징
- 말 특징 : 단조로운 음도, 부정확한 자음, 짧고 빠른 말(속도조절에 어려움), 거친 목소리

◆ 실조형 마비말장애

- 소뇌의 병리로 발생
  - 소뇌가 손상될 경우, 운동협응장애를 보이며 근긴장상실이 동반
  - 수의적 움직임이 느려지고 왜곡됨
- 말 특징 : 비일관적 자음오류/불규칙적 조음붕괴, 말속도 및 음성크기의 과도한 변동, 거친 음질, 음소 간 간격 연장

◆ 일측 상부운동신경 마비말장애

- 일측 상부운동신경의 병리로 발생
- 말 특징 : 경도의 부정확한 조음, 정상적이나 간혹 느린 말속도, 쥐어짜는 목소리, 간헐적 조음붕괴 및 과다비성

◆ 마비말장애 환자 평가목적

- 비정상적인 말인지 아닌지 판별
- 말의 특징
- 말의 중증도
- 치료방향
- 치료개입 적정성

◆ 치료원리

- 치료는 반드시 매일 지속적으로 실시
- 복합적인 감각단서를 사용
- 치료에 운율적인 요소를 항상 포함시켜야 함
- 정확하고 구체적인 피드백을 제공
- 치료프로그램은 구체적이어야 하며 체계적이어야 함
- 말소리, 낱말수준에서 반복훈련이 잘 이루어졌다면 점진적으로 과제에 변화를 주어 이를 유지하고 일반화시킴
- 훈련이 진행되어감에 따라 반응의 정확성이 증진되면 점진적으로 속도를 증가시킴
- 치료 시 말을 산출하는데 있어서 몸의 자세가 중요하다는 것을 기억
- 치료의 목표는 자연스러우며 효율적인 의사소통에 두어야 함
- 필요한 경우에는 보완대체의사소통을 사용
- 구어실행증의 치료는 자동구어를 활용하여 수의적인 구어사용을 극대화시키는 것에 초점을 맞추고, 학습의 난이도를 점진적으로 증가시키는 것에 중점을 두어야 함

◆ 직접치료

- 발성 : 호흡지지가 부족한 환자들에게 적용
  - 최적의 호흡그룹
  - 대조강세연습
  - 음도범위(Vocal Pitch Range)
- 공명 : 과다비성과 과소비성이 있음
  - 듣기훈련
  - 밀기와 힘주기훈련
  - 구개거상보철기
- 조음 : 조음중재는 마비말장애치료 중 가장 핵심
  - 조음유도법
  - 조음점지시법

5

◆ 간접치료

• 감각자극
  - 조음자 및 조음점 등 구강구조에 대한 감각의 민감성을 높여 조음 시 통제력을 향상시켜주는 방법
  - 입술, 혀, 인두, 연구개 등에 자극
  - 솔질, 두드리기, 진동, 온도자극 등
• 근육강화
  - 약화된 근육의 근력을 향상시키는 방법
  - 이완형 마비말장애 환자들에게 근육강화훈련이 주로 사용됨
  - 실조형의 경우 과한 움직임을 보이는 마비말장애 환자들의 경우에도 명료도가 떨어짐. 따라서 실조형과 같은 마비말장애의 경우 동적인 근력강화운동보다 정적인 근저항력을 기르는 훈련이 효과적

• 근긴장도 : 근육의 긴장은 명료도를 저해함

고긴장성 환자 (경직성/경축성 –파킨슨)	• 점진적 이완법 • 흔들기와 씹기 • 자가모니터링
저긴장성 환자 (이완성)	밀기–당기기

◆ 특정 치료기법

• 8단계 치료법(Resenbek et al., 1973)
• Initiating Speech Activities(Darley, 1975)
• Automatic Response(Aronson)
• Phonemic Drill
• 멜로디 억양 치료법(MIT)
• 구강근육음소재 구성을 위한 촉진치료(PROMPT)
• 불수의적 발화를 의도적으로 통제하기(VCIU)
• 다중 자극 음소 치료법(MIPT)
• 구어 운동 연습

CHAPTER 04   아동 마비말장애

◆ 아동 마비말장애 원인

• 뇌성마비로 인한 것이 가장 흔한 원인
• 뇌성마비는 출생 전 · 중 · 후에서 모두 발생할 수 있음

◆ 아동 마비말장애 유형

• 강직형(Spastic) : 가장 흔한 유형, 근육의 긴장도가 높음, 강직 때문에 막힘증상 같이 말이 자주 끊기고 쥐어짜는 긴장된 발성
• 무정위형(Athetoid) : 기저핵병변, 불수의적 움직임이 나타나 구어산출이 급작스럽거나 조절이 힘듦
• 실조형(Ataxic) : 소뇌병변, 운동감각 및 평형감각의 불협응
• 진전형(Tremor) : 스스로 억제할 수 없는 규칙적인 불수의적 떨림이 나타남
• 혼합형(Mixed) : 두 개 이상의 유형이 함께 나타남

◆ 아동 마비말장애 평가

호흡, 발성, 공명, 조음 및 명료도 등으로 영역을 세분화하여 평가

◆ 아동 마비말장애 치료

올바른 발성 및 조음운동을 위해서는 바른 자세로 앉아 있는 것이 치료의 기본

◆ 말실행증 특징

탐색적 조음행동, 느리고 힘겨운 말
- 조음오류 : 대치오류, 조음위치오류, 구강의 후방
  에서 발음되는 소리가 더 많음
- 일관성 : 비일관적인 조음오류, 자연스러운 상황
  에서 조음능력이 좋음

◆ 말실행증 평가 시 포함되어야 하는 사항

- 비구어구강운동산출능력
- 말산출
- 음운복잡성 증가에 따른 단어/문장 산출

◆ 말실행증 치료의 원칙

- 장기간의 집중적인 치료
- 반복학습
- 중립위치에서의 시작과 휴지
- 체계적인 난이도 진행
- 운율치료 병행
- 치료를 통한 긍정적 경험

◆ 경도 말실행증 치료

- 대부분 자발회복을 보임
- 치료 : 조음반복훈련(구, 문장, 발화 등 다양한 수
  준에서 연습), 말 문제로 인한 문제 시 대처방법
  지도

◆ 중도 말실행증 치료

- 어느 정도 의도적 발화산출이 가능 → 치료는 음
  절, 단어, 구 수준에서 시작
- 치료
  - 강세대조훈련 : 초기단계
  - 음독훈련 : 후기단계

◆ 심도 말실행증 치료

- 의도적인 말이나 발성을 거의 할 수 없고 구강안
  면실행증과 사지실행증을 동반함
- 치료 : 조음점지시법, 음소대조법, 수의적 통제법
  (VCIU)

◆ 아동기 말실행증 정의

- 태어날 때부터 선천적으로 갖거나 아동기에 발생
  하는 말장애
- 말을 하기 위한 운동을 계획하는데 문제가 생겨
  조음의 정확성과 일관성이 떨어지게 되어 조음장
  애를 일으킴

◆ 아동기 말실행증 특징

- 언어발달에 지연
- 정상적인 음질, 음도 보임
- 말속도, 리듬, 강세 등으로 운율에 문제를 보임
- 안면–구강구조에 마비는 없음
- 말산출 근육의 약화가 보이며 협응에 문제를 보
  여 교호운동이 느림

- 비일관적인 조음오류를 보이며 모색현상(Gro-
  ping)이 관찰됨
- 명제발화에서 어려움을 보이며 발화길이가 증가
  할수록 오류도 증가함

◆ 아동기 말실행증 평가

- 아동의 발달력, 구강실행증의 유무, 조음·음운능력,
  비구어적 의사소통, 말운동능력 등을 평가
- 다른 동반장애가 아동의 말운동장애에 영향을 끼
  치는지를 확인해 보아야 하며 동반장애들과의 치
  료 우선순위를 판단해야 함

◆ 아동기 말실행증 치료

- 집중적 · 반복적 · 개별적인 치료가 필요
- 성인 말실행증의 치료와 유사하게 진행

◆ 의사소통장애

- 운율장애
- 이해장애
- 발화의 내용 및 구성 이상
- 화용장애

◆ 행동 및 인지적 장애 - 지각장애

- 무 시
- 구성장애
- 질병인식불능증
- 지형장애

◆ 주의력 장애

우뇌손상 환자뿐 아니라 전반적 뇌손상 환자들에게서 흔히 관찰 → 치료에 집중하거나 치료를 유지하는데 어려움을 보임

◆ 표준화 검사

- RHLB-2(Bryam, 1995)
- MIRBI-2(Pimental & Knight, 2000)
- RICE-R(Cherney, Burns & Mogil, 1996)

◆ 비표준화 검사

ENH-RHS(Schneider, Buth, Eisenberg와 동료들, 1999)

◆ 의사소통장애

- 운율장애 : 모방치료, 인지-언어치료
- 화용장애 : 비디오테이프피드백, 의사소통촉진법

◆ 외상성 뇌손상 분류

- 관통(개방형)뇌손상
- 비관통(폐쇄)뇌손상
  - 비가속손상(고정머리외상)
  - 가속손상(운동머리외상)

◆ 외상성 뇌손상 일차적 결과

출혈, 혈종 등 뇌에 가해진 힘에 의해 생긴 것

◆ 외상성 뇌손상 이차적 결과

- 대뇌부종
- 뇌압 상승
- 혈액-뇌장벽의 변형
- 외상수두증
- 허혈뇌손상

◆ 외상성 뇌손상 예후인자

- 혼수상태기간
- 외상 후 기억상실 기간

기억상실 유형
- 후향기억장애 : 외상 전 기억을 잃음 = 외상 전 기억상실
- 전향기억장애 : 외상 후 기억을 잃음 = 외상 후 기억상실

◆ 환자 관련 변수

연령은 예후 예측에 가장 중요한 요소

◆ 언어와 의사소통

주의력, 집행기능, 기억력 등의 인지적 문제로 언어 및 의사소통능력에 저하를 보임

◆ 외상성 뇌손상 환자의 평가

- BTHI(Helm-Estabrooks & Hotz, 1991)
- RIPA-2(Ross, 1996)

◆ 외상성 뇌손상 환자의 치료-보상훈련

- 시간압박관리(TPM)
- 기억책략 : 단어연쇄책략, 첫글자 연상책략
- 외부기억 보조기구

◆ 인지장애

• 주관적 기억장애　　　　　　　　　• 경도인지장애
• 치 매

◆ 피질치매

구 분		초 기	중 기	말 기
알츠하이머병	보 존	• 구문, 구조 • 조음, 음운 • 음성의 질 • 화용 : 눈 맞춤, 차례 지키기 • 이야기 표현	• 음성의 질 • 화용 : 차례 지키기	
	손 상	• 단어인출 : 착 어 • 경미한 이해장애 　– 읽기/듣기 　– 비유/은유 　– 간접표현 • 이야기 내용 　– 주제 벗어남 　– 불필요한 내용 　– 부적절한 말	• 단어인출(빈번) • 구문, 구조 　– 미완성 문장 　– 비문법적 문장 • 읽 기 • 대 화 　– 상호작용 부재 　– 수동적 상대자 • 이해장애 : 친숙한 주제	• 단어인출 • 대 화 • 화 용 • 함묵증 • 반향어증 • 동어반복증 • 지남력 • 이해장애 • 구문구조 • 이야기
전두엽 치매/픽병	보 존	초기부터 언어장애가 두드러짐		
	손 상	• 단어인출 : 에둘러 표현, 대용어 • 반향어 • 동어반복증	읽기/듣기 이해	함묵증
원발성 진행성 실어증 (PPA)	비유창	보 존	단단어 이해력		
		손 상	• 비유창한 발화, 이름대기 → 명칭실어증, 음소착어★ • 따라 말하기(단단어~문장), 비문법적 구조(전보식 형태) • 문장이해력(복잡한 통사구조), 실독/실서(무의미 단어), 말실행증(O)		
	의 미	보 존	유창성, 따라 말하기(단단어~문장), 통사구조, 실행증(X)		
		손 상	• 보속증, 이름대기, 의미착어★, 이해력(단단어~문장) • 화용, 실독/실서(불규칙 단어)		
	발화 부족	보 존	단단어 이해력, 따라 말하기(단단어), 통사구조(초기), 실행증(X)		
		손 상	• 발화수가 적음, 이름대기 → 명칭실어증, 음소착어★, 따라 말하기(긴문장) • 문장 이해력, 실독/실서(무의미 단어)		

◆ 피질하치매

구 분		초 기	중 기	말 기
파킨슨병	보 존	• 어 휘 • 구문, 구조		
	손 상	• 음성 약화 • 미세글씨증	• 말속도 증가 • 조음 불명료 • 음절, 단어, 구 반복	이 해
진행핵상 마비(PSP)	보 존	언어능력		
	손 상	• 마비말장애(중도~심도) • 말속도(느림) • 구어반복 • 음성약화		함묵증
헌팅턴병	보 존	언어능력(판단, 주의집중, 기억능력은 어려움)		
	손 상	• 마비말장애 : 조음, 호흡 • 음성 : 불규칙적 끊김		함묵증
후천적 면역 결핍증후군	보 존	• 말 • 언어(대부분)		

	손 상	간 혹
		• 경한 단어인출
		• 경한 이해
			• 운동계 영향
			  – 마비말장애
			  – 느린 말속도
			  – 노력형 발화
			• 대화(요점찾기)
			• 이해 : 읽기/듣기
				• 짧은 자발화
				• 이해장애 : 고(高)친숙어/고
				  (高)사용어에 대해서만 이
				  해 가능

◆ 혼합치매

구 분	의사소통 특징
혈관성 치매	• 알츠하이머와 비슷한 언어장애를 보이나 알츠하이머에 비해 발화수가 적고 구문구조 면에 서 장애를 보임 • 마비말장애가 관찰되고 억양, 조음, 말속도에도 어려움이 보임
전(두)측두치매	• 보존 : 이해(표현 비해) • 손상 : 유창성 저하(반향어/보속), 이름대기, 음성개시, 실행증 → 함묵증
루이소체치매	• 알츠하이머, 혈관성치매 다음으로 높은 치매 • 의사소통 : 기억력이 상대적으로 좋음(언어, 주의, 시공간, 집행기능에 비해)
가성치매	• 의욕상실, 식욕상실, 인지장애, 불면증, 무관심 등 우울증상은 치매의 증상과 비슷하여 가성 치매라고 부름 • Pseudo + Dementia = 가짜 + 치매 = 가성치매

◆ 치매의 기타 원인

• 수두증
• 크로이츠펠트-야콥병

◆ 정신상태 평가

• 서울신경심리검사(SNSB)
• 간이정신상태검사(MMSE)

◆ 주의력 평가

• 지속적 주의검사
  – 문자소거과제
  – 기호소거과제
• 선택적 주의검사 : 스트룹검사
• 교대적 주의검사 : 기호잇기검사
• 배분적 주의검사

◆ 초기단계

• 기 억
  – 간격-회상 훈련(SRT)
  – 단서-행동연합, 얼굴/사물연합, 오류 없는 학습
• 의사소통
  – 촉진책략
  – 적응책략
  – 인생-경험책략
  – 스크립트책략

◆ 중기단계

• 보호자(감독인)의 역할이 중요, 환자 독립성의 감소로 보호자가 치료목표가 되기도 함
• 초기단계에 사용했던 의사소통책략을 잊음

◆ 말기단계

• 집 또는 시설에서 격리조치되기 쉬움
• 의사소통적인 면보다는 일상적 행동중재에 중점
• 보호자로 하여금 상황에 맞는 의사소통법을 독려하는 중재를 실시

CHAPTER 10   실독증

◆ 중추형

상위단계의 읽기문제로 언어적 문제와 시각적 문제가 복합됨
• 심층 실독증 : 어휘경로와 음운경로 모두 손상
• 음운 실독증 : 음운경로의 손상, 어휘경로에 의존하여 읽음
• 어휘(표층) 실독증 : 철자인식 가능, 어휘경로 결함으로 음운경로 의존

◆ 말초형

시각적 처리능력의 손상으로 문제를 보임
• 순수(실서증 X) 실독증 : 시력문제는 없지만 시각자극처리 어려움으로 읽지 못함
• 무시 실독증 : 병소의 대측시야 무시
• 주의력 실독증 : 단단어 읽을 때 어려움은 없으나 긴 문장에서 어려움을 겪음

◆ 읽기평가에서 문자자극요소

• 어휘성   • 규칙성
• 애매성   • 구체성
• 친숙성   • 길 이

◆ 중추형

단어를 쓰기 위해 여러 인지정보를 사용하는 단계
에서 결함이 있는 경우
• 심층 실서증
• 음운 실서증
• 어휘(표층) 실서증
• 의미실서증
• 자소-완충기 장애
• 보속 실서증

◆ 말초형

철자표상을 손의 움직임 등을 조절하여 물리적으로
산출하는 단계에 결함
• 이서장애
• 실행 실서증
• 실행증이 아닌 운동장애
• 무시(구심) 실서증

◆ 삼킴단계

• 구강준비단계
• 구강단계/구강 운반단계
• 인두단계
• 식도단계

◆ 삼킴장애 증상

• 음식물을 인식하지 못함
• 입 안으로 음식물을 넣지 못함
• 입 속에서 음식물 또는 침을 조절 못함
• 삼킴 전 · 중 · 후에 기침 동반
• 인후두 부근의 분비물 증가
• 걀르릉거리는 음성(Gurgly Voice)
• 폐 렴
• 이유를 알 수 없는 체중 감소
• 삼키기 어렵다는 환자의 호소

◆ 영상검사

• 초음파
• 비디오 내시경
• 비디오투시조영/수정된 바륨검사(MBS)
• 섬광조영검사(Scintingraphy)
• 광섬유 내시경

◆ 비영상검사

• 근전도 검사(EMG)
• 성문전도 검사(EGG)
• 경부청진
• 검압법/인두계측(Manometry)
• 네 손가락법

◆ 보상기법

• 자세변화(인두의 면적을 변화시키거나 음식이 내
　려가는 방향을 변화시킴)
• 감각 입력의 향상
• 제공하는 음식의 양과 속도의 변화
• 음식의 농도 혹은 점도의 변화
• 구강 내 보철

◆ 재활치료기법

• 직접치료 : 음식물을 사용하여 환자에게 특별한
　지시에 따라 삼키게 하는 방법
• 간접치료 : 음식물을 사용하지 않고 구강 및 인
　두근육의 강화를 통해 삼키는 기능을 향상시키는
　방법

◆ 인두구조 운동치료기법

• 발살바 메뉴버
• 마사코 메뉴버
• 멘델슨 메뉴버

PART 2 유창성장애

◆ 말더듬의 종류

핵심 행동	반 복	• 말소리를 멈추지 못하고 여러 번 되풀이 되는 상태 • 반복에서 고려할 사항 : 반복의 속도, 반복의 균일성·규칙성, 반 복에서의 긴장도, 단위반복수
	연 장	• 말소리가 0.5초 이상 길게 이어져 계속되는 상태 • 연장되는 소리 : 마찰음과 단모음
	막 힘	• 말소리가 정지되어 말을 더 이상 이어나갈 수 없는 상태 • 막힘이 주로 나타나는 소리 : 파 열음과 파찰음
부수 행동 (= 이차 행동)	탈출 행동	반복, 연장, 막힘의 말더듬이 시작 되면 여기에서 빠져나오기 위해 하 는 행동
	회피 행동	• 말을 더듬을 가능성이 있는 두렵 고 공포의 대상이 되는 말소리, 낱말, 대상, 상황 등을 피하려는 행동 • 거부행동 • 바꾸어 말하기 : 동의의 다른 낱 말로 대치하기, 에두르기, 순서 바꾸어 말하기, 전보식 표현, 대 용어 사용, 기타 특이한 방법, 연 기책

◆ 비유창성 비교
[파라다이스-유창성검사(P-FAⅡ 기준)]

구 분	정상적인 비유창성(ND)	병리적인 비유창성(AD)
주 저	• 1~3초 침묵 • 긴장 동반하지 않음	• 주저함이 3초 이 상 지속 • 긴장 동반
간투사	의미전달내용과 관련 없는 낱말 표현	• 간투사를 3회 이 상 반복 • 질적양상 동반
미완성, 수정	• 발화를 끝맺지 않음 • 산출발화 수정	• 수정을 연속적으 로 함 • 긴장 동반
반 복	• 1~2회 반복 • 긴장 동반하지 않음	• 다음절 낱말, 구, 어절 등 3회 이상 반복 • 음소, 음절부분, 음절, 낱말부분, 일음절 낱말의 반 복이 나타남
비운율적 발성	나타나지 않음	연장, 막힘, 깨진 낱말

◆ 말더듬 발생률 및 출현율

• 발생률
  - 살아오면서 말을 더듬은 경험이 있었던 사람들
    의 비율
  - 6개월 이상 더듬은 경우 5%
• 출현율
  - 특정 시기에 특정 연령대, 대상 등에서 말을 더
    듬고 있는 사람들의 비율
  - 5세 유치원 아이들의 2.4%, 학령기 어린이의
    1%

◆ 말더듬의 역사

구조 주의	• 허구조 및 기능에 문제가 있다고 봄 • 대뇌반구우세이론
정신 분석	• 말소리수정법에 기초 • 진단착오이론 : "Monster Studies"(사람을 대상으로 연구)
행동 주의	• 유창성완성법에 기초 • 학습이론 : 이원론, 일원이론

현 대	Van Riper
	• 말을 하는데 어려움이 생겼을 때, 다른 사람
	  이 부정적인 반응을 했을 때 말더듬이 생긴
	  다고 봄
	• 핵심행동이 지속되면 부수행동이 생긴다고
	  주장

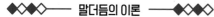 **말더듬의 이론**

◆ 심리적 요인

• 억압 · 욕망가설
• 접근회피갈등이론
• 의사소통–정서 말더듬이론

◆ 학습적 요인

• 예상투쟁모델
• 진단착오이론
• 이원이론(Brutten & Shoemaker)

◆ 신경생리학적 요인

• 대뇌반구우세이론(Orton & Travis)
• 유전이론
• 수정된 발성가설

◆ 인지언어학적 요인

• 내적 수정가설
• 실행 및 계획이론

◆ 발달·환경 요인

신체발달	신경자원을 한쪽에 집중사용 시 다른 한 쪽에서는 신경자원의 결핍이 일어남
인지발달	• 정신지체 중에 말더듬 비율이 높음 • 전조작기에 말더듬이 발생하는 비율이 높음

사회 · 정서	• 흥분하거나 급하게 하는 말을 더듬음
	• 2~3세 : 부모에 대한 의존과 개인화
	  사이의 갈등이 격렬할 때
	• 집안과 가정에서의 안정감 손상이 비
	  유창성 유발
	• 자신의 능력이 어른의 기대 또는 형제
	  자매의 기대의 수준에 미치지 못한다
	  고 생각할 때 말을 더듬음

말 · 언어	• 언어폭발기에 말더듬이 나타나기 시작함 • 2~6세 사이

◆ Van Riper(1982)

구 분	경로 1(Track Ⅰ)	경로 2(Track Ⅱ)	경로 3(Track Ⅲ)	경로 4(Track Ⅳ)
발 증	30~50개월	Track 1보다 발증시기가 빠름	5~9세	청년기에 시작
특 징	• 정상적인 유창성과 말더듬의 교체가 빈번(즉, 말더듬의 정도의 기복이 심함) • 점진적인 시작	• 언어발달 지체, 언어의사소통 시작 초기부터 비유창함 • 상당수 조음음운장애 동반	갑작스러운 말더듬 출현, 그와 관련된 경험, 사건, 심한 심리적 충격이나 갑작스러운 환경변화	의도적으로 말을 더듬는 것 같은 모습을 보임
말 행동 순서	음절반복/단위반복수는 3회 가량, 첫 낱말 또는 휴지 다음의 첫 낱말 ⬇ 반복 불규칙, 속도 빨라짐 ⬇ 연장과 막힘 출현 ⬇ 연장과 막힘 지속	음절반복(불규칙적 빠른 반복, 주로 1음절 낱말 반복), 침묵, 주저, 수정 및 간투사 사용이 많음, 갑작스런 호흡 및 말 시작 ⬇ 반복 위주지만 연장 간혹 출현	막힘 (특징 : 처음부터 심하다) ⬇ 연 장 ⬇ 음절 반복	정형화, 의도적 반복(낱말이나 구절), 반복수가 유난히 많음 ⬇ 음절 반복
탈출 행동 순서	① 긴장은 거의 보이지 않음 ② 탈출행동 출현시작 ③ 탈출행동 다양화, 다층화 ④ 말더듬공포, 회피행동 발달	말더듬을 인식하지 못하여 탈출행동 나타나지 않음. 순간적인 공포는 있지만 그때뿐임	탈출행동 일찍 출현, 긴장 및 극단적	
공포 및 회피 순서	① 말더듬 인식 없음 ② 인식 후 놀라움 및 당황 ③ 말소리/낱말공포 ④ 상황공포 및 회피	① 말더듬 인식 없음 ② 상황공포 ③ 상황공포 심화, 몰아서 말하려는 증상	인식 있음, 당황 및 공포 > 경로 1, 2	당황, 수치심, 두려움, 공포 없음

◆ Bloodstein(1960, 1995)

① 1단계
- 2~6세의 학령전기 어린이들의 말더듬 단계
- 간헐적(Episodic), 어린이가 흥분하거나 당황할 때 말을 더듬음
- 주요 핵심행동은 반복(첫 음절 혹은 낱말 전체) 혹은 연장과 막힘 출현
- 여러 위치에서 말을 더듬음(명사, 동사, 형용사, 부사 등의 내용어와 더불어 기능어도 포함)
- 말의 유창성문제를 인식하지 않음

② 2단계
- 학령기 어린이가 보이는 말더듬의 특성
- 만성적(Chronic), 유창하게 말할 수 있는 기간이 거의 없음
- 말을 더듬는 사람이라는 자아개념이 있음
- 말더듬은 주로 내용어에서 일어남
- 회피 및 상황공포는 없음

③ 3단계
- 8세부터 성인에 이르기까지 모든 연령
- 특정 환경 또는 상황에 따라 말더듬이 나타남
- 특정 말소리 또는 낱말이 더 어려움
- 말더듬에 대한 두려움이나 공포를 느끼지 않기 때문에 상황공포의 기색이 없고, 회피행동이 없음. 모든 상황에서 숨기지 않고 말을 더듬는 경향이 있음

④ 4단계
- 청장년기
- 말더듬에 대한 두려움과 공포로 인하여 말더듬을 예견
- 말소리공포, 낱말공포 및 상황공포가 광범위함
- 낱말의 대치, 에두르기 등이 매우 잦음
- 회피행동이 다양하게 나타남
- 자기의 말더듬에 대한 다른 사람의 반응에 매우 예민함
- 자기의 말더듬에 대하여 다른 사람과 이야기하는 것을 싫어하고 자기가 말을 더듬는다는 사실을 가능한 모든 방법과 기교를 동원하여 감추려 함

◆ Guitar(1998)의 말더듬 5단계 특징

① 정상 비유창성(대략 1;6~6세)
- 비유창성 빈도 : 100단어 발화 시 10회 이하 (단어나 음절)
- 반복이나 삽입의 반복단위 : 1~2회
- 비유창성 유형
  - 반복 : 단어-부분 반복(3세 이후 감소), 단/다음절 단어 반복, 구 반복
  - 삽입(3세 이후 감소)
  - 수 정
  - 불완전한 구
  - 연장(많지 않음)
  ※ 단어-부분 반복의 증가는 경계해야 할 종류

② 경계선 말더듬(1;6~6세)
- 비유창성 빈도 : 100단어 발화 시 10회 이상
- 반복단위 : 2회 이상
- 비유창성 유형
  - 단어 : 부분반복, 단음절/다음절 단어반복, 단어의 단절. 연장이 정상적 비유창성보다 더 높은 비율로 나타남
  - 삽 입
  - 수 정
  - 불완전한 구
  ※ 힘들이지 않는 반복과 때때로 연장을 보임

③ 초기 말더듬(2~8세)
- 반복의 속도가 빨라지고 불규칙 : /ㅓ/의 삽입
- 조음기관과 발성기관의 긴장 증가
- 비유창성 유형
  - 막힘 출현-성대의 부적절한 개폐
  - 이전에 반복했던 말소리가 연장으로 바뀜
  - 반복이나 연장의 끝에 말소리, 높낮이의 상승-후두긴장
    ※ 조음기관의 근육긴장으로 고착이 일어나 때때로 말을 시작할 수 없음
  - 탈출행동이 나타남

④ 중간급 말더듬(6~13세)
- 비유창성 유형
  - 막힘 : 가장 빈번한 행동으로 과도한 후두 긴장뿐만 아니라 다른 조음기관의 과도한 긴장이 일어남
  - 반 복
  - 연 장
    ※ 조음 정지되고 호흡이 정지되는 막힘
  - 탈출 행동이 복잡해짐. 회피행동이 나타남
⑤ 진전된 말더듬(14세 이상)
- 가장 전형적 행동은 막힘 – 중간정도의 말더듬보다 더 길고 많은 긴장과 떨림 수반
- 긴장되고 빠르며 불규칙적 속도의 반복 – 음절 반복이나 긴장
- 막힘에서 고정된 조음자세를 보이며 막힘과 반복이 복합적으로 나타남

◆ 말더듬 특징
- 일관성 효과
  - 말을 더듬는 사람이 각자 같은 자리에서 얼마나 더듬는가를 말함
  - 더듬는 위치의 일관성이 어느 정도인가를 개인별로 측정
    → 말더듬는 사람들에게 일관성이 보임
- 일치율
  - 말을 더듬는 사람들끼리 더듬는 자리가 어느 정도 같은가를 알아봄
  - 일치율 < 일관성 효과
    ⓐ 말을 더듬는 자리는 어느 정도 같다고 볼 수 있음
    ⓑ 더듬는 사람의 개인적인 요인이 영향을 받을 수 있다고 봄

- 적응효과 : 읽기자료를 반복하여 읽기 시 말더듬 횟수 줄어듦
- 말소리의 음운특성과 말더듬의 자리
  - 자음으로 시작되는 낱말에서 더 더듬음
    예 'ㄱ ㄱ 가방'하고 더듬었다고 하면, 자음 'ㄱ'을 못해서가 아닌, 'ㄱ'과 'ㅏ'의 연결의 어려움이 있는 것
- 낱말의 친근성, 의미의 비중, 길이
  - 익숙한 낱말 < 익숙하지 않은 낱말
  - 길이가 짧은 문장 < 길이가 긴 문장
  - 친숙한 문장 < 친숙하지 않은 문장
- 낱말의 빈도 : 고빈도 < 저빈도
- Brown의 연구—말을 많이 더듬는 자리

음운론	• 자음 > 모음 • 낱말의 어두
구문론	• 발화시작단어 • 긴 단어 • 발화의 길이와 복잡한 경우
의미론	• 내용어 > 기능어 • 정보가치가 많은 단어 • 목적성이 높은 단어 • 부족한 어휘통제에 기인
화용론	• 스트레스 요소가 많을 경우 • 구조화된 인터뷰 • 사회화된 구어에서 많이 발생

◆ 아동 vs 학령기 vs 성인 평가 비교

구 분		아 동	학령기	성 인
사례면담지 포함사항 • 기본정보, 병력, 발달력, 가족력 등 • 말더듬 시작 • 말더듬의 발달 • 현재 말더듬상태		발달정보, 말더듬 인식	학교생활 · 교우관계	직업 및 사회생활 : 말더듬 이 대인관계, 교육, 직업에 미치는 영향

평가내용	내재적
	특성
		아동이 말을 더듬는가 여부
		• 유창성 단절 이끌어내기(Eliciting Fluency Breaks) : 평
		  가 시, 말더듬이 나타나지 않을 수도 있기 때문에 말더
		  듬이 나올 수 있는 스트레스를 제공할 준비
		  – 부모와 아동의 상호작용
				• 통제능력을 상실한 순간
				  확인
				• 통제능력과 유창성의 관
				  련성 평가
				• 의사결정능력 평가

	표면적
	특성
		– 놀 이
		– 스트레스 받는 상황에서 놀이
		– 이야기 다시 말하기
		– 그림 설명하기
		• 유창성 단절의 특징 파악
		• 말더듬 인식의 징후 파악
		• 말에 대한 아동의 불안수준결정
		• 부모의 평가참여
				• 빈 도
				• 지속시간과 긴장
				• 파편화 : 단어 내 유창성
				  단절과 비슷, 긴장이 섞
				  인 단어
				• 미세한 표면적 특성 : 회
				  피, 대치, 지연
				• 변이성

기 타				• 치료대상자 자기평가 • 치료대상자의 변화에 대 한 기대감 확인

◆ 면담(인터뷰) 기본 원칙

• 성 인
 – 일상생활에서 말더듬으로 인해 얼마나 많은 핸
   디캡이 있는지 확인
 – 부수행동의 다양한 형태에 대한 확인(내적/외
   적 모두 확인 필요)
• 아 동
 – 부모에게 아동의 문제를 더 잘 이해할 수 있도
   록 제공
 – 아동이 말더듬에 대한 '인식'을 하고 있는지에
   대해 물어보아야 함
 – 부모-아동 상호작용/언어 스트레스 상황 제시
   등 다양한 상황에서의 평가 안내

◆ 대화상황에서 말더듬 행동양상 및 부수행동 파악

• 빈도수의 측정
 – 말더듬비율(SW/M) = 말한 시간 : 더듬는 단어
   수 = 60 : X = (더듬는 단어 수×60)/말한 시간
 – 음절 총비유창수(%SS) = 비유창 음절 수/전체
   음절 수×100
 – 단어 총비유창수(%SW) = 비유창 단어 수/전체
   단어×100
• 형태분석
• 말더듬의 평균지속시간 측정 : 말더듬의 가장
  긴 막힘을 보인 3개의 시간을 평균
• 구어비율측정 : 정상화자 · 치료 전 비교
• 수반행동(이차성 말더듬)
 – 외적인 부수행동 : 눈 깜박거림, 머리 움직임,
   발을 구르거나 손을 치는 행동 등

- 생리적인 부수행동 : 심장맥박 변화, EGG 변화, 동공팽창 등
- 내적인 부수행동 : 좌절감, 근육이 당겨지는 느낌, 폐쇄 전후의 정서적 공포, 불안 등

• 숨겨진 말더듬 : 회피행동
• 자기평가 : 말더듬에 대한 잘못된 인식 파악, 시범치료를 통해 진전을 보일 수 있음, 자신의 말에 책임감을 갖도록 함 등

◆ 말더듬 공식 및 비공식 평가

구 분	청소년 & 성인	아 동	성인 & 아동
핵심 행동		한국 아동용 말더듬검사(KOCS)	• 파라다이스-유창성검사(P-FAⅡ) • 말더듬의 심한 정도 측정 검사 (SSI-Ⅳ) • 말더듬 인터뷰
감정, 의사소통 태도	• 행동통제소(LCB) • 주관적 말더듬 중증도 선별검사(SSS) • Erickson 의사소통태도 평가 (S-24) • 말더듬 지각목록표(PSI) • 말더듬 성인을 위한 자기 효능감 척도(SESAS) • 말더듬 청소년을 위한 자기 효능감 척도(SEA) • 말더듬 자기 평정 프로파일 (WASSP) • 상황별 자기반응검사(SSRSS)	• 말더듬 예측 검사(SPI) • A-19 검사 • Cooper의 만성화 예측 체크리스트 • 취학 전 말더듬 아동을 위한 의사소통 태도 검사(KiddyCAT) • 학령 전 아동과 부모에 대한 말더듬의 영향(ISSP) • 학생 의사소통능력에 대한 교사 평가(TASCC)	• 성인/아동 행동검사(BAB) • 전반적 말더듬 경험 평가 (OASES)

◆ 말더듬의 핵심행동 공식평가도구

• 파라다이스-유창성검사(P-FAⅡ)
  - 필수과제, 선택과제, 의사소통 평가 과제지 등 3개의 과제로 구성
  - 연령대별로(취학 전, 초등학생, 중학생 이상) 검사과제가 제시
  - 의사소통태도 평가를 통해 내면적인 특징을 포함
  - 구어평가의 경우 언어적 · 인지적 부담을 가중시켜서 검사
  - 정상적 비유창성을 말더듬정도 계산에 포함
  * 정상적 비유창성(ND) = ND 합/목표음절 수×100
  * 비정상적 비유창성(AD) = AD 합/목표음절 수×100×1.5

• 아동과 성인을 위한 말더듬중증도검사-4(SSI-4)
  - 아동에서 성인까지 모두 사용 가능
  - SSI-3에서 4판 제작 : 말더듬 중증도를 더 체계적으로 평가(수집절차를 다양하게 진행)
  - 채점이 쉬워 많이 사용
• 한국 아동용 말더듬검사(KOCS)
  - 만 4~12세
  - 핵심과제(말더듬 평가, 관찰 평가)와 부가적 평가로 구성
  - 분석 방법 : 발화를 전사하지 않아도 채점과 분석 가능
    예 ㄴㄴㄴ (막힘) 내가 → 2점
  - 결과 : 말더듬 선별/진단 가능, 백분위수를 통한 중증도(정상, 경계선, 경도, 중도, 심도) 확인

◆◇◆◇── 말더듬의 치료목표 ──◆◇◆◇

◆ 자발유창성

- 정상인의 정상유창성을 의미함
- 말속도 및 운율 정상적
- 정신적, 육체적 노력은 거의 없고 자연스럽게 말을 함

◆ 조절유창성

- 말을 더듬는 사람이 스스로 말을 조절하고 겉으로 봐서 자발유창성과 비슷한 상태를 유지함
- 말은 자발유창성과 비슷하나 대상자가 의도적으로 감시하고 말더듬 순간을 조절하고 통제함

◆ 수용말더듬

- 말더듬이 보이지만 심하지 않음
- 말을 더듬되 편안한 마음으로 더듬음

◆◇◆◇── 말더듬의 치료방법 ──◆◇◆◇

◆ 유창성 완성법

집중 유창성 훈련	• 뇌신경의 감각-운동과정의 결함에 그 원인이 있다고 생각, 즉 뇌신경의 기능 저하로 인하여 말더듬이 생긴다고 주장 • 치료 : 부드러운 말의 의식적 산출 훈련 강조 • 치료목표 : 자발유창성 • '에릭슨 의사소통 태도척도' 사용
DAF 프로그램	• 조작적 조건화 및 프로그램 치료법을 사용하여 말더듬 치료 주장 • 치료목표 : 자발유창성 또는 조절유창성
정밀 유창성 프로그램	• 발성 및 조음근육들의 불협응이 말더듬의 원인이라고 주장 • 치료 : 언어단위 증가에 따라 음절의 연장길이 점차 감소, 대화단계에서 정상속도 유지

◆ 말더듬 수정 접근법 - Van Riper의 MIDVAS

동기 부여	치료사와의 신뢰형성단계 • 대상자의 말더듬 증상에 참여 : 말더듬을 흉내내며 대상자 권유하고 용기주기 • 말더듬에 대한 이해 : 정상인도 '정상비유창'이 있다고 알려주기
증상 확인	자기 스스로 말더듬을 확인/분석/직면하기
둔감화	• 말에 대한 공포 및 상황공포를 스스로 조절하고 강한 자신을 만드는 것이 목적 • 공포상황에서 의도적인 거짓말더듬을 사용하도록 권유함 : 거짓말더듬을 다양한 상황에 접목시킴으로써 공포를 둔감화하도록 함
변 형	여러 가지 형태로 더듬을 수 있다는 것을 경험하고 배움
점근 (= 수정)	• 정형화된 말더듬형태를 다른 형태의 말더듬으로 바꾸는 것 • 쉽고 편안하게 말더듬순간을 변형 • 가르칠 때 : 취소 → 빠져나오기 → 예비책 • 실제 : 예비책 → 빠져나오기 → 취소
안정화	• 재발의 비율에 따라 성공여부 결정, 줄어드는데 목표(2년 동안 관찰) • 유창성 강화 : 반항말, 혼잣말하기 • 거짓 말더듬 : 자랑스럽게 재현 • 계속적으로 스스로 평가(바둑알 사용) • 저항력 키우기 : 의도적으로 상황에 들어가기

◆ 말더듬 수정 치료법과 유창성 완성 치료법의 비교

구 분	말더듬 수정 치료법	유창성 완성 치료법
치료목표 행동	더듬는 순간	유창성 유도방법
유창성 목표	자발유창성 또는 조절유창성 또는 수용말더듬	자발유창성 또는 조절유창성
느낌 (심리) 및 태도	• 느낌(심리) 및 태도를 치료의 주요 대상으로 함 • 느낌 등을 치료하지 않고 핵심행동만을 치료할 경우 말더듬이 재발할 가능성이 많다고 생각함	• 느낌(심리) 및 태도에는 거의 관심을 두지 않음 • 핵심행동이 치료되면 느낌 등은 저절로 정상으로 돌아온다고 생각함
유지방법	취소, 빠져나오기, 예비책의 유지와 느낌 등의 변화에 관심을 가지고 살핌	유창성 유도방법의 유지를 점검함
치료방법	• 언어재활사와 대상자의 상담식 상호작용 • 객관적인 자료수집을 중요시 하지 않음	• 엄격하게 구조화된 언어재활사와 대상자의 상호작용 • 프로그램화된 치료과정 • 객관적인 자료 수집을 매우 중요시함

◆ 청소년과 성인을 위한 유창성 치료기법

전반적 치료 특징 : 말더듬는 사람에 대한 이해가 필요
• 유창성 완성법
• 말더듬 수정 접근법
• 인지적 재구성(Cognitive Restructuring) : 말더듬에 대한 새로운 사고방식을 찾고 더 기능적인 대안을 고려함
• 그룹치료 : 이완-상상활동, 역할극, 발표하기, 진전 내용을 공유하기 등
• 보조도구를 이용 : AAF(DAF, FAF, Speech Easy 등)
• 약물치료 : 부정적이라는 결론

◆ 말더듬 아동을 위한 치료기법

• 간접치료 vs 직접치료
  – 간접치료 : 아동이 말더듬에 대한 인식이 없을 때 이용하며 가족들 대상으로 말더듬 치료
  – 직접치료 : 말더듬에 대해 인식하게 되는 경우 이용, 치료사가 직접 치료시행
• 직접치료에 사용되는 유창성기법

가벼운 말더듬 시범보이기	아동의 말더듬보다 심하지 않은 형태로 언어재활사가 말더듬을 들려줌
나잡아라 놀이	언어재활사가 말더듬이 나타날 때 아동이 이를 지적하기
말더듬 놀이	아동의 말더듬과 비슷한 형태로 언어재활사가 장난치듯 아동의 모방 유도
의도적 말더듬	느린 속도로 말을 하기가 어렵다고 아동에게 도움을 요청
말더듬의 변형	• 직접치료 단계 • 아동이 말을 더듬을 때, 아동의 말더듬에 긍정적 피드백을 주고 느린 속도로 편안하게 더듬도록 유도(모방시키기)

• 리드콤 프로그램
• Palin 센터 부모-아동 상호작용
• 다차원적 접근법
• 학령기 아동의 유창성 치료법

◆ 기타 유창성 치료를 위한 프로그램

• AAF
• 스토커 프로브 테크닉
• 행동인지 말더듬 치료(BCST)
• 발살바 말더듬 치료
• 점진적 발화 및 복잡성 증가(GILCU)

◆ 신경학적 말더듬

특징	• 말더듬이 의미와 문법에서 나타남 • 자신의 말더듬에 불안을 느끼지 않음 • 반복, 연장, 막힘이 시작음절에 제한되어 나타나지 않음 • 부수행동이 동반되지 않음 • 적응효과 없음 • 말 과제의 성격과 상관없이 말을 더듬음
평가	• 사례력 : 특히 병력 확인 • 언어 및 인지 검사 • 말더듬 평가(SSI-4, P-FAⅡ) • 의사소통 태도평가
치료	• 화자의 동기가 있을 때 중재 시작 • 치료방법 : 기류의 시작, 발성의 점진적인 시작, 조음기의 부드러운 접촉 등 • 기타 치료법 : 약물, 시상자극, 지연청각반응, 청각차폐, 바이오피드백, 완화, 말속도 조절방법 등

◆ 심인성 말더듬

특징	• 한두 번의 행동치료로 빠르고 우호적인 반응 보임 • 투쟁행동과 불안한 상태를 보임 • 말더듬이 간헐적으로 나타나거나 상황의존적임 • 사용하는 문법이 정상적이지 못함 • 부수행동 보임
평가	• 사례력 : 말더듬 발생 시 특성, 가변성 확인 • 언어 및 인지 검사 • 말더듬 평가(SSI-4, P-FAⅡ) • 의사소통 태도평가, 말하기 효능감 평가
치료	• 유창성에 대한 이해 중재 • 정신과 치료는 선택사항 : 변화가 없다면 시도 • 말더듬에 대한 신념을 바꿔주는 것이 예후에 좋음

◆ 말빠름증(속화)

특징	• 매우 빠른 말속도 • 문법적 세부단위에 부주의함 • 말과 언어발달의 지체 • 읽고 이해하는 능력의 부족 • 조직화되지 못한 작문능력

평가	• 사례력 : 자기 인식 확인 • 언어 및 인지 검사 • 말더듬 평가(SSI-4, P-FAⅡ), 속화 예측 검사(PCI) • 의사소통 태도평가
치료	• 치료 들어가기 전 – 대상자 말빠름증에 대해 의식하게 하기 : 즉각적인 피드백 – 부모와 주위의 가까운 사람들이 피드백, 수정, 강화를 제공하는데 중요한 역할을 수행해야 함 • 치료과정 – 치료사의 말속도 변화를 따라 읽기 – 말하기 전에 단어 적기 – 단어마다 강세 변화시키기 – 자신의 말을 비디오로 찍어 자신의 말 관찰하기 – 다양한 상황에 말멈춤을 이용

◆ 말빠름증과 말더듬 비교

구분	말빠름증	말더듬
장애의 의식 정도	의식하지 않음	의식함
스트레스 상황에서 말하기	더 좋아짐	더 나빠짐
편안한 상황	더 나빠짐	더 좋아짐
말하는데 주의를 줄 때	좋아짐	나빠짐
짧은 대답이 요구될 때 (구조적 질문)	좋아짐	나빠짐
알고 있는 내용을 읽기	나빠짐	좋아짐
모르는 내용 읽기	좋아짐	어려워함
자기 말에 대한 태도	신경 쓰지 않음	두려워함
심리적 상태	개방적	위축적
치료목표	말에 직접 신경을 쓰게 함	말에 대한 신경을 덜 쓰도록 함

출처 : 권도하, 신명선, 김시영, 전희숙, 유재연, 안종복 공저 (2012). 언어진단법. 물과 길. 참고

PART 3 음성장애

CHAPTER 01 발성기관의 해부 및 생리

◆ 후두의 골격계(골격기관)

- 독립적 연골 : 갑상연골, 윤상연골, 후두덮개
- 쌍을 이루는 연골 : 피열연골, 소각연골, 설상연골
- 뼈(Bone) : 설골
- 연결부(Joint) : 윤상갑상관절, 윤상피열관절

◆ 후두의 근육

- 후두외근
  - 설골상근(후두 끌어올림 역할) : 이복근, 경돌설골근, 하악설골근, 이설골근
  - 설골하근(후두 끌어내림 역할) : 흉골설골근, 흉골갑상근, 갑상설골근, 견갑설골근
- 후두내근
  - 회귀성 후두신경(외전 : 후윤상피열근/내전 : 측윤상피열근, 내피열근/이완 : 갑상피열근)
  - 상후두신경(긴장 : 윤상갑상근)

◆ 진성대와 가성대

◆ 진성대의 구조

- 성대의 앞(2/3)은 점막성 구조, 뒷부분(1/3)은 연골성 구조
- 성대길이
  - 남성 약 17~20mm
  - 여성 약 11~15mm
  - 영유아 약 2.3~3mm

◆ 음성 및 말소리 산출의 원리

- 근탄성 공기역학 이론 : 발성 시 성대진동의 원리를 역학적으로 설명
- 음원-여과기 이론(Source-filter Theory) : 음향학적으로 자음 및 모음의 산출과정 설명
- 발성의 변경요소 : 음도, 강도, 음질

◆ 공 명

- 산출된 음원은 인두강, 구강, 비강, 입술강을 통해 소리가 증폭되고 소음이 제거됨
- 연구개와 팟사반트 영역(Passvant's Ridge)의 폐쇄가 일어나면 비강과 구강이 분리되어 구강음 산출

◆ 호흡근육

- 들숨근육(흡기근육) : 횡격막, 외늑간근, 대흉근, 소흉근, 흉쇄유돌근, 사각근
- 날숨근육(호기근육) : 외복사근, 내복사근, 내늑간근, 복직근, 복횡근

◆ 후두 및 음성의 기능

- 생물학적 기능 : 일차적으로는 호흡 및 흡인 방지, 이차적으로는 발성
- 정서적 기능 : 정서상태를 표현
- 언어학적 기능 : 억양, 강세, 말속도 등으로 인하여 다른 의미로 전달할 수 있음

◆◇◆◇── 기능적 음성장애 ──◆◇◆◇

◆ 근긴장성 발성장애(MTD)

- 청지각적 특성 : 음도일탈, 기식음성, 음성피로, 긴장음성 등
- 치료기법 : 근육의 이완에 초점을 둠

◆ 기능적 실성증

- 청지각적 특성 : 제스처 및 속삭이는 음성 산출, 고음도의 날카로운 음성 산출
- 치료기법 : 음성치료, 심리치료 혹은 정신과 상담으로 정서적인 문제 해결

◆ 기능적 부전실성증

- 청지각적 특성 : 개인에 따라 다름(과다비성 산출, 성과 연령에 부적절한 음도 산출 등)
- 치료기법 : 음성치료, 정서적인 문제 상담

◆ 신체화 부전실성증

- 청지각적 특성 : 고음도, 목쉰 음성
- 치료기법 : 심리치료 및 정신과 치료를 통해 정신적인 문제 해결

◆ 변성발성장애

- 특징 : 사춘기 이후의 남성이 비정상적인 고음으로 발화 음성을 사용하는 경우
- 치료기법 : 음성치료, 필요여부에 따라 심리상담 병행

◆ 과한 근긴장으로 인한 기능적 음성장애의 음성 특징

- 이중음성 : 성대 진동이 불규칙할 때 발생하며, 두 가지 음도가 동시에 산출
- 발성일탈
  - 발화 시 갑자기 나타나는 일시적 음성상실
  - 정상 발성 메커니즘의 부적절한 운동 및 성대의 과기능으로 인해 나타남
- 음도일탈 : 사춘기에 후두의 급격한 성장으로 인한 음도일탈, 오랜 시간 성대의 과기능 및 부적절한 음도로 발화하는 경우로 인한 음도일탈

◆◇◆◇── 기질적 음성장애 ──◆◇◆◇

◆ 성대폴립(Vocal Polyp)

- 특징 : 주로 편측성으로 성대 외상으로 발생, 성인 남자에게 많이 발생
- 발생위치 : 성대 표층에 국소적으로 발생, 성대의 앞쪽 1/3 정도에 발생
- 청지각적 특성 : 편측성 폴립환자의 경우 기식음성, 목쉰 음성, 목청 가다듬는 행동을 보임
- 치료기법 : 음성치료로 좋은 결과를 얻을 수 있음, 필요여부에 따라 수술과 음성치료 병행

◆ 성대결절(Vocal Fold Nodules)

- 특징 : 성대의 가장자리에 흰색의 돌기들이 양측으로 발생, 아동과 성인에게 발생(발생률 : 여아 < 남아, 남성 < 여성)
- 발생위치 : 표층과 성대 막부에 양측으로 발생, 성대의 앞쪽 1/3 지점에 발생
- 청지각적 특성 : 기식음성, 낮은 음도, 목쉰 음성, 지속적인 목청 가다듬기, 비정상적 공명
- 치료기법 : 필요여부에 따라 시도치료 후 수술과 음성치료 병행

◆ 외상성 후두염(Traumatic Laryngitis)

- 급성후두염 : 비명 지르기, 고함치기 등 과한 음성사용으로 발생하며 성대의 무게와 크기가 증가함, 비정상적 음성(목쉰 음성, 거친 음성, 기식음성 등)이 산출됨, 음성의 오ㆍ남용 제거 및 음성 휴식을 통해 치료 가능
- 만성후두염 : 지속적으로 음성을 오ㆍ남용하여 발생

◆ 라인케부종, 폴립양변성

- 발생위치 : 성대 점막의 라인케씨 공간에 부종이 양측에 비대칭적으로 발생, 성문 가장자리 2/3 성대의 근육부위를 둘러싼 점막에서 발생
- 청지각적 특성 : 거친 음성, 목쉰 음성, 낮은 음도 등
- 치료기법 : 음성치료, 필요여부에 따라 수술과 음성치료 병행

• 성문하협착증
  – 유아 및 아동들의 급성 상기도폐색을 유발하는 원인 중 하나
  – 성문 아래와 첫 번째 기관고리 사이의 공간이 좁아지는 현상
  – 선천적 협착증 : 신생아~아동기의 아이들에게 천명을 일으키는 원인
  – 후천적 협착증 : 소아기 때 빈번하게 발병하는 후천적 병변, 12개월 이전에 발병했을 경우 기관절개술 필요함

• 후두연화증
  – 신생아 때 천명(Stridor) 유발, 심할 경우 흡기천명, 섭식곤란, 숨막힘, 청색증 등을 보임
  – 생후 18~24개월 경 자연치유될 수 있음
  – 심할 경우 상성문부성형술로 흡기폐색을 소거하기도 함

• 식도폐쇄증 기식도누관
  – 호흡곤란, 섭식장애, 흡인성 폐렴 등의 후유증 동반 가능성
  – SLP의 역할 : 일차적으로 섭식중재, 이차적으로 음성재활

◆ 성대낭종

• 발생위치 : 편측성, 성대의 막성부 중간위치에서 발생
• 치료기법 : 수술로 낭종제거 후, 이차적으로 음성치료를 통해 보상적인 음성산출을 감소

◆ 후두 육아종

• 접촉성 육아종 : 피열연골의 과도한 내전으로 피열연골의 성대돌기 안쪽 측면에 발생
• 삽관 육아종 : 수술 및 기도보호를 위해 삽관 후 피열연골의 점막에 외상 및 육아종이 발생하며 아동이나 여성에게 자주 발생
• 치료기법 : 약물치료, 수술적 접근, 음성치료

◆ 혈관종

• 발생위치 : 유아기 혈관종은 성문 아래부분에서 발생, 성인은 성문후부에서 발생

• 치료기법 : 수술로 혈관종 제거, 음성치료(음성위생 및 적절한 발성사용 유도)

◆ 백반증

• 특징 : 암의 전조증상으로 악화될 경우 편평상피세포암으로 진행될 수 있음. 성대점막의 표면 또는 상피하공간 표면에 발생
• 청지각적 특성 : 기식음성, 이중음성, 음성의 강도 저하, 발성기능 저하 등
• 치료기법 : 내외과적 처치, 음성재활

◆ 과각화증

• 특징 : 시간경과에 따른 관찰 필요(악성조직으로 바뀔 수 있음)
• 발생위치 : 주로 성대의 전교련, 피열연골의 돌출부, 혀 밑 부분에 발생함
• 치료기법 : 수술로 과각화증 제거, 점막자극요인 제거, 음질개선을 위한 음성재활

◆ 내분비선 기능장애

• 증상 : 후두발육의 변화, 기본주파수의 변화(지나치게 높거나 낮은 음도)
• 치료기법 : 호르몬치료, 음성치료

◆ 감염성 후두염

• 증상 : 발열, 두통, 목의 통증, 기침 등
• 치료기법 : 약물치료(항생제 등), 음성휴식, 충분한 수분섭취

◆ 재발성 후두 유두종(JORRP)

• 발생원인 : 바이러스로 인해 발병, 대다수가 인유두종바이러스(HPV)에 기인함
• 특징 : 주로 6세 이하의 아동에게서 발병(아동이 목쉰 음성 및 짧은 호흡 또는 흡기천명을 보일 경우 즉시 후두검사 요망)
• 발병위치 : 기도 내에 습하고 어두운 부위에 주로 발생, 그 외 구강·기관지·호흡기관에도 발생
• 치료기법 : 수술로 유두종 제거하여 기도확보, 최적의 음성산출을 위한 음성재활

◆ 위산역류질환

- 발생위치에 따른 구분
  - GERD(위에서 식도로 위산이 역류되는 질병)
  - LPRD(식도 밖 역류로 상식도 괄약근을 벗어나 인두까지 영향)
- 증상 : 속쓰림, 후두통증, 증상이 없는 경우 등
- 치료기법 : 행동적 치료, 약물치료, 수술적 치료, 음성치료

◆ 성대구증(Sulcus Vocalis)

- 증상 : 발성 시 성대의 점막파동이 홈이 파인 조직에 의해 방해를 받으며 불완전한 폐쇄
- 모양 : 주로 양측성으로 발생, 성대의 내전 시 편측 또는 양측성대에 세로로 홈이 형성되거나 성문이 둥근 모양으로 벌어져 있음
- 치료기법 : 음성치료, 의료적 처치(테플론 주입, 성대 내 자가조직이식 등)

◆ 사춘기 변화

- 발생원인 : 4~5년에 걸쳐 후두와 기도가 점차적으로 성장하는데 이 시기에 일시적 음성문제를 겪게 됨
- 청지각적 특성 : 사춘기 이후 남성과 여성의 음도 저하
- 음성관리 : 사춘기(변성기)에 합창활동, 성악 등의 연습은 좋지 않음

◆ 후두암

- 발생위치에 따른 분류

구 강	• 혀 : 조음에 영향을 미침, 음성변화 없음, 부분적 혹은 전체 적출 • 경구개, 연구개 : 삼킴, 공명, 조음에 영향
후두암	• 성문상부암 : 가성대, 후두개, 피열후두개주름, 피열연골, 하인두벽 • 성문암 : 성대의 전교련~피열연골의 성대돌기 • 성문하부암 : 기도 및 윤상연골

- 치료기법 : 방사선치료, 미세수술(암 크기가 작거나 중간일 경우)/성문상부적출술, 후두반적출술, 후두전적출술 등(암 발생범위가 광범위한 경우)

◆ 후두횡격막증

선천적 후두 횡격막	• 원인 : 태생기에 성대점막 분리가 이뤄지지 않아 생기며 출생 시 발견 • 증상 : 얕은 호흡, 천명음성, 고음도의 울음 • 치료 : 수술적 치료 후 4~6주 후 회복됨
후천적 후두 횡격막	• 원인 : 양쪽 성대중앙가장자리의 외상으로 인해 발병 • 증상 : 짧은 호흡 및 심한 음성장애 유발 (후두횡격막 병변크기에 따라 다름) • 치료 : 수술 후 6~8주 동안 용골착용, 용골제거 후 음성재활을 통해 발성사용 회복

◆◇◆◇── 신경학적 음성장애 ──◆◇◆◇

◆ 발성 및 공명과 관련된 말초신경계

설인 신경 (CN IX)		• 운동 : 경상인두근, 인두의 상인두괄약근 • 감각 : 혀 뒤쪽 1/3의 미각, 연구개, 인두, 구협궁, 편도
미주 신경 (CN X)	상후두 신경 (SLN)	손 상 • 윤상갑상근 외상 시 음도변경 어려움 • 편측 윤상갑상근 마비 시 간헐적 이중음도 산출 및 목쉰 음성 산출
	회귀성 후두 신경 (RLN)	손 상 • RLN 손상 시 갑상피열근 마비 • 성대 휨, 약화, 위축, 부전실성증 등 발생 • 후윤상피열근 마비 시 편측성 외전근 마비 유발 • 측윤상피열근 마비 시 성대가 외전된 위치에서 마비
척수 부신경 (CN XI)		손상 : 부신경 손상 시 공명 및 호흡에 기여하는 보조근육들의 기능상 문제 발생
설하 신경 (CN XII)		손 상 • 후두의 거상 및 하강, 혀 움직임 관여 • 설하신경 손상 시 음질과 공명에 영향 미침

◆ 성대마비

편측성 성대마비 (UVFP)	• 음성특징 : 실성증, 부전실성증, 목 쉰 소리, 이중음도, 음도일탈, 감소되고 단조로운 강도, 발성지속시간이 짧음 • 외상성 성대마비의 경우 자연회복률이 높음(발병 후 9~12개월 이내) • 음성재활 : 머리 및 턱조절법, 손가락 조작법, 반삼킴법, 음성배치법, /i/ 혀 내밀기, 음도상승법, 하품한숨법, 흡기발성 등 • 의학적 처치 : 성대내전술, 성대신경재생술, 제1형 갑상성형술
양측성 성대마비 (BVFP)	• 아동의 경우 신생아천명유발 • 외전형 : 양쪽 성대가 정중선에 고정되어 호흡문제 유발 → 기관절개술 필요 • 내전형 : 양쪽 성대가 정중선으로 움직이지 못함 → 흡인유발 및 발성불능 • 치료 : 수술적 처치, 임플란트, 레이저 시술 등. 일부 외전형 환자에게 흡기압역치훈련 실시하여 치료효과 보고됨

◆ 파킨슨병(Parkinson's Disease, PD)

• 특징 : 과소운동형 마비말장애 특징을 보임, 기식화된 음성, 단조도 발성, 강도의 감소, 빠른 말속도, 부정확한 자음산출로 말명료도 저하, 휴식 시 진전
• 치료기법 : 의료적 처치와 함께 음성치료(LSVT)

◆ 연축성 발성장애(Spasmodic Dysphonia, SD)

• 특징 : 주로 여성에게서 발생함
• 유형구분
  – 내전형 연축성 발성장애(ADSD)
  – 외전형 연축성 발성장애(ABSD)
  – 혼합형 연축성 발성장애
• 평가 : USDRS(표준화된 7점 척도로 지각적 평가-지각적 평가 후 기기적 평가 시행)
• 치료기법 : 의과적 치료(회귀성 후두신경절제술, BTX-A 주입)와 음성치료

◆ 본태성 음성진전

• 발생위치 : 혀, 인두, 후두, 연구개 등에서 발생 가능
• 특징 : 모음을 길게 연장할수록 진전이 심해짐
• 치료기법 : BTX-A를 갑상연골에 주입, 음성치료(음성강도 낮추기, 음도를 반음계 높이기, 발화 시 모음지속시간 줄이기, 모음으로 시작되는 단어 앞에 /ㅎ/를 부드럽게 산출하기)

◆ 외상성 뇌손상(TBI)

• 증 상
  – 일시적 또는 만성적, 경미~중증까지의 혼합형 마비말장애
  – 발화 시 복근과 늑골의 불협응으로 인해 부적절한 위치에서 흡기
• 치료기법
  – 손상부위와 정도에 따라 특성이 다양하게 나타남
  – 호흡, 발성, 조음, 공명에 기초한 평가 및 맞춤형 치료 요구

◆ 마비말장애

• 이완형 : 분명하지 않으면서 힘이 드는 듯한 조음, 과다비성, 기식화된 음질
• 경직형 : 말속도 느림, 부정확한 조음, 거친 음질, 단음도와 단강도, 짧은 구문식 발화
• 과소운동형 : 강도 감소, 단음도와 단강도, 음절강세 감소, 가속화되는 말속도, 몰아치는 듯한 말투, 동어반복증, 부적절한 쉼
• 과다운동형 : 안면, 구강구조, 발성기관 등에서 불수의적 운동이 관찰됨. 발성 시 음도나 강도의 급변증상을 보임
• 실조형 : 과도 및 평준 강세, 불규칙적인 조음파열, 리듬장애, 음의 연장, 강도 과다
• 편측성 상위운동신경원 : 부정확한 조음, 불규칙적인 조음파열, 느린 속도, 거친·쪼인 듯한 혹은 기식화되고 목쉰 듯한 음성, 강도 감소
• 혼합형 : 위 언급된 증상들의 복합징후

◆ 청각 및 시각문제 유무 확인

• 청력손실 : 본인의 음성을 모니터 및 조절하는
데 어려움을 겪음
• 시력손실 : 대화 시 거리 및 방향을 잘못 판단할
수 있음

◆ 사례사 수집

• 환자 또는 주변인(가족, 교사 등)과 상담을 통해
수집
• 음성문제 및 원인
• 음성문제의 발생시점과 지속된 기간(급성, 만성,
간헐성 등)
• 음성문제의 변화(시간 · 장소에 따른 변화)
• 일상적인 음성사용에 대한 수집
예 운동장, 교실의 쉬는 시간 등
• 부가적인 정보수집
예 가족력, 과거력, 심리문제 등

◆ 행동관찰 및 수집

• 비디오녹화 활용
• 심리적인 문제(대인관계, 위축, 대화 시 시선 등)
파악
• 발화 시 태도(턱 위치, 자세, 호흡 등)

◆ 청지각적 평가

GRBAS 척도	• 4점 간격평정법(EAI), 0(정상)~3(심함) • G : 전반적인 목 쉰 소리정도 • R : 거친정도 • B : 기식정도 • A : 무력증 • S : 긴장정도
CAPE-V	• 표식이 없는 시각적 아날로그 척도 • 전체 심각성, 조조성, 기식성, 긴장성, 음도, 강도를 100mm 연속선상에 표기 • 기타 특징(이중발성, 프라이, 가성, 진전 등) 중 문제 있는 항목에 대해 표기할 수 있게 비어있는 연속선상이 2개 있음 • 공명문제체크 및 서술

◆ 음성 관련 삶의 질 평가

음성장애지수(Voice Handicap Index, VHI) 0~4점
까지 체크리스트, 신체, 감정, 음성기능에 대해 환자
의 자기평가

◆ 구강구조검사 및 후두내시경

• 안면구조, 입, 치아, 치열, 혀, 경구개, 연구개, 비
강, 인두, 후두, 호흡기관
• 후두내시경 검사
• 후두스트로보스코프

◆ 음향학적 분석(CSL, MDVP, Dr. Speech, Visi-pitch, Speech Viewer, Praat)

• 스펙트로그램 : 음파를 그래프로 나타냄(x축 : 시
간, y축 : 주파수, 명암 : 강도)
• 주파수 관련 매개변수 : 기본주파수(Hz), 최대발
성주파수 범위, 주파수 변동
• 강도 관련 매개변수, 평균 강도, 역동범위, 강도
변동, 음역프로파일
• 퍼터베이션 관련 매개변수 : Perturbation, 검사
과제
• 소음 관련 매개변수 : 소음대배음비(NHR), 배음
대소음비(HNR), 신호대소음비(SNR)

◆ 공기역학적 분석(PAS, Aerophone)

• PAS : 폐활량, 기본주파수, 평균발성기류율, 발성효
율성, 성문하압, 성문저항, 음압수준 등 평가 가능
• Aerophone 2 : 기류, 음압, 기압 측정 가능
• 시각적으로 호흡양상 관찰 : 횡격막호흡, 흉식
호흡, 쇄골호흡

◆ 전기성문파형검사(EGG)

• Ohm의 원리를 이용한 검사
• 매개변수 : 폐쇄지수(CQ), 접촉지수(CI), 폐쇄대
개방비(C/O ratio) 등

◆ 발성-호흡기계 효율성

- 최대발성지속시간(MPT)
- s/z Ratio, 정상인 s/z Ratio = 1.0 미만

◆ 음성사용량(APM)

- 음성장애 환자들이 일상생활에서 올바른 발성을 사용할 수 있게 돕는 음성분석장치
- 일상생활 시 휴대용으로 몸에 착용하고 다닐 수 있음

CHAPTER 04   음성치료

◆ 청각적 피드백

- 대상 : 모든 음성장애군
- 방법 : 박자기를 통한 속도조절, 루프재생(자신 또는 임상가의 음성을 녹음하여 다시 듣기), 실시간 음성증폭

◆ 강도 변경

- 대상 : 일차적으로 음성강도가 문제인 환자 또는 어떤 병변에 대한 이차적 증상으로 음성강도에 문제가 있는 경우(비정상적으로 큰 목소리, 작은 목소리)
- 방법1 : 강도 증가시키기
- 방법2 : 강도 감소시키기

◆ 노래조로 말하기

- 대상 : 음성피로, 강한 성대접촉, 음성을 과다하게 사용하는 환자
- 방법 : 목표발화를 강세와 운율을 일정하게 부드럽고 연속적으로 노래하듯이 산출하여 부드러운 성대접촉 유도

◆ 저작하기

- 대상 : 발화 시 입을 작게 벌리거나 이를 물고 발화하는 습관이 있으며 성대과기능이 있는 환자
- 효과 : 전반적인 발성 및 조음기관 이완

◆ 비밀스러운 음성

- 대상 : 성대 과기능 환자
- 효과 : 음성남용, 성대 과기능습관을 감소 및 제거

◆ 상담(문제설명)

- 대상 : 모든 음성장애군
- 방법 : 대상자의 발성문제, 원인, 치료법 및 치료가 필요한 이유 등을 상담

◆ 손가락 조작법

- 대상 : 다양한 음성장애군(변성발성장애, 편측성 대마비, 발성 시 후두가 상하로 지나치게 움직이는 환자)
- 방법 : 손가락 조작법을 통한 음도하강, 편측성 성대마비 환자의 음질개선

◆ 남용제거

- 대상 : 다양한 음성장애군
- 방법 : 환자의 음성습관 중 오·남용 행동을 조사한 뒤 그래프 혹은 체크리스트 등을 과제로 제시함으로써 평상시 오·남용 행동의 횟수를 인식시켜줌

◆ 새로운 음도확립

- 대상 : 환자의 후두구조에 부적절하게 너무 고음이나 저음으로 발화하는 경우
- 효과 : 최적의 음도를 찾으면 음질도 개선됨

◆ 음성배치

- 대상 : 발화 시 음성의 초점을 비정상적으로 전방화하거나 후방화하여 사용하는 환자
- 방법 : 안면마스크 혹은 호흡조절을 통해 잘못된 음성산출 초점을 구강의 중간부분으로 이동

◆ 성대프라이
- 대상 : 성대 과기능 환자
- 효과 : 최소한의 성문하압력 및 기류로 프라이 발성산출이 가능하며, 성대의 긴장 및 접촉도 최소화 됨

◆ 머리 위치 변경
- 대상 : 다양한 음성장애 환자 및 신경학적 장애 환자군
- 방법 : 머리 위치 변경법 + 다른 음성촉진 접근법, 머리 위치를 다양하게 변경하며 가장 좋은 음질이 산출되는 위치를 찾음

◆ 계층적 분석
- 대상 : 상황에 따라 일정하지 않은 음성을 사용하는 음성장애 환자들
- 방법 : 음성산출이 가장 쉬운 상황부터 어려운 상황까지 리스트 작성. 가장 쉬운 상황에서 적절한 음성산출연습 후 점차 어려운 상황으로 확장

◆ 흡기발성
- 대상 : 기능적 음성장애, 가성대발성, 기능적 실성증
- 방법 : 고음도의 흡기발성을 통해 발성 시 진성대 사용 촉진

◆ 후두 마사지
- 대상 : 발화 시 후두 메커니즘에 과긴장을 보이는 기능적 음성장애 환자
- 방법 : 임상가가 후두 주변을 마사지

◆ 차 폐
- 대상 : 기능적 실성증
- 방법 : 환자에게 글을 읽는 동안 이어폰을 통해 차폐소음을 들려줌

◆ 비음-유음 자극
- 대상 : 성대 과기능 환자
- 방법 : 비음과 유음으로 구성된 단어 또는 문장으로 발화연습

◆ 구강개방접근법
- 대상 : 입을 작게 벌리고 발화하는 음성 과기능 환자
- 효과 : 성대긴장 감소, 구강공명 증가, 강도 증가, 음질개선

◆ 음도억양 조절
- 대상 : 단음도로 발화하는 음성 과기능 환자, 성전환자(남성 → 여성)
- 방법 : 환자의 최적음도를 찾아준 뒤 음도변화를 증진시킴

◆ 발성변경법
- 대상 : 기능적 실성증, 기능적 음성장애
- 방법 : 생리적 발성(가글링, 기침하기, 노래부르기, 목청 가다듬기 등)을 사용하여 올바른 발성을 찾은 뒤 대화상황까지 올바른 발성사용 일반화

◆ 이 완
- 대상 : 스트레스로 인한 음성 과기능 환자
- 방법 : 전신의 점진적 이완, 상황별 이완법(계층적 분석 + 이완), 후두구조 이완

◆ 호흡훈련
- 대상 : 호흡에 문제를 보이는 음성 과기능 환자
- 방법 : 복식호흡 및 호기조절

◆ 혀 전방화 /i/
- 대상 : 발화 시 주로 혀를 후방화하는 음성 과기능 환자
- 방법 : 혀를 입 밖으로 살짝 내밀고 /i/ 연장발성

◆ 시각적 피드백
- 대상 : 다양한 음성장애 환자
- 방법 : 컴퓨터 등의 보조기구를 사용해 환자에게 시각적인 피드백 제공

◆ 하품-한숨

• 대상 : 음성 과기능 환자
• 효과 : 후두하강 및 이완, 인두이완으로 이완되고 편안한 발성산출

◆ 음성치료 종결시점

• 음성의 향상과 더불어 성대에 병변이 없어졌을 때
• 바람직한 음성산출을 모든 상황에서 적용하여 사용할 때
• 치료를 어느 정도 시행 후 더 이상 향상이 없을 때
• 음성치료 시작 시 설정한 목표에 달성했을 때

CHAPTER 05   공명장애

◆◇◆◇── 공명장애 유형 ──◆◇◆◇

◆ 과대비성

• 비음과 모음을 제외한 말소리에서 과다한 비강공명이 산출되는 경우
• 연인두기능부전증(Velopharyngeal Dysfunction, VPD)

◆ 과소비성

• 비음발음 시 비강공명이 부족하여 구강음으로 산출되는 경우
• 아데노이드비대증, 코막힘, 알레르기성 비염, 후비공폐쇄 등으로 발생

◆ 맹관공명

비강 및 인두주변에서 공명된 소리가 구강 또는 비강의 막힘문제로 인해 입 안쪽에서 웅얼거리듯 들리는 현상

◆ 동화비성

• 모음과 유성자음이 비음의 앞, 뒤에 위치하였을 때 비음화되는 경우
• 기능적 문제, 연구개 기능문제

◆◇◆◇── 공명 관련 근육 ──◆◇◆◇

◆ 연인두폐쇄

• 구개올림근
• 구개긴장근
• 상인두괄약근
• 구개수근

◆ 연인두개방

• 구개인두근
• 구개설근

◆◇◆◇── 공명장애 평가 ──◆◇◆◇

◆ 일반적 검사

• 청지각적 평가
  - 공명장애 유형 파악(과대비성, 과소비성, 비누출 등)
  - 성대 과기능으로 인한 음성문제(기식음성, 목쉰 음성 등) 유무 파악
• 조음평가 : 조음평가를 통해 연인두의 기능문제인지 조음위치적 오류문제인지 파악
• 기기를 이용한 평가 : 거울, See-scape, Listening Tube

◆ 구강구조 및 기능검사

• 구강구조를 관찰하여 구조적인 문제 여부 파악
• 구개에 구개열, 기공 여부, 구개높이확인, 수술 후 봉합정도확인 등

◆ 기기적 평가

Nasometer, PAS, 구강내시경, 방사선검사, 스펙트로그램

◆◆◆◇ ── **공명장애 치료** ── ◇◆◆◆

◆ 과대비성

- 의학적 접근 : 기질적인 문제가 있을 경우 수술적 접근 또는 치과적 접근
- 음성재활 : 호흡훈련 등을 통해 큰 강도로 말하기, 환자의 음역에서 낮은 음도로 말하기, 혀를 낮게 뒤로 위치시키기, 구강개방 등

◆ 과소비성

- 비강 내 폴립, 아데노이드비대증 등의 기질적 문제가 있을 경우 의학적 처치 후 음성재활 실시
- 비강공명과 구강공명을 비교하여 설명해주거나 대조적으로 듣게 하여 청각적으로 피드백할 수 있게 함

◆ 동화비성

- Nasometer, Listening Tube, See-scape 등을 함께 사용하면 더욱 효과가 좋음
- 청각적 피드백(구강모음 vs 비강모음), 상담 시 치료사가 잘못된 예와 올바른 예를 모델링으로 보여줌

◆ 구인두공명이상

- 감소된 구강공명 : 손가락 조작법을 통해 음도 낮추기, 호흡훈련, 강도 증가, 혀를 뒤쪽으로 위치, 이완, 계층적 분석, 하품-한숨법, 구강개방 등
- 맹관공명(기능적 문제) : 혀 전방화 /i/, 안면마스크를 사용하여 음성의 초점을 앞쪽으로 이동, 성대프라이, 비음-유음자극, 이완, 계층적 분석, 청각·시각 피드백 등

CHAPTER 06	후두암 환자의 음성재활

◆ 후두암의 의학적 처치

- 성대절제술, 후두부분적출술, 후두전적출술, 편측후두적출술 등
- 방사선치료, 항암치료 등

◆ 성대발성이 가능한 후두암 환자의 음성촉진접근법

- 흡기발성
- 음도변경법
- 성대프라이(성대가 너무 딱딱하지 않다면)
- 비음-유음 자극
- 머리를 한쪽으로 돌리고 갑상연골의 측면을 손가락으로 누르기
- 강도 변경(일반적으로 작게)
- 음성위생

◆ 후두적출술 전·후 음성재활

- 상 담
- 음성재활 : 인공후두, 공기압축식 인공후두기(목소리) 식도발성, 기관식도발성

◆ 음성의 노화

• 연령 증가에 따른 음성변화 특징
• 음도(남성 : 상승, 여성 : 하강), 음성강도 저하, 음질 저하

◆ 노인성 발성의 재활

노인성 발성의 관리로 후두성형술, 갑상성형술, 음성치료의 세 가지 치료접근법을 단독 또는 연합하여 사용할 수 있음(John 등, 2011)

◆ 소아 음성장애 및 재활의 기질적 문제

후두유두종, 낭종, 후인두역류 등의 기질적인 문제가 있을 경우 일차적으로 의학적 중재 후 음성 재활 실시

◆ 소아 음성장애 및 재활의 기능적 문제

음성 오·남용으로 인해 음성문제가 발생했을 경우 아동의 환경 및 상황별 음성사용을 체크한 뒤 음성 중재 실시

◆ 직업적 음성장애 및 재활

• 직업적으로 음성을 사용할 때와 일상생활 시 음성사용에 방해되는 환경과 음성사용패턴을 모두 관찰하고 중재
• 교사의 경우 마이크와 같은 보완수단 사용 권유

◆ 청각장애(농, 난청)의 음성재활

• 청각장애의 음성특징 : 음도상승 및 음도변동, 강도조절문제, 공명장애
• 청각장애의 음성중재
  - 기기의 소프트웨어 등을 사용하여 발화 시 시각적 피드백 제공
  - 손가락 조작법을 통해 음도변화 시 촉각적 피드백 제공
  - 음성배치법을 통해 음성의 초점을 전방화 하도록 유도

◆ 성전환자의 음성재활에서 성별 간 차이를 보이는 의사소통 행동 10가지

① 언어/어휘
② 기식성
③ 얼굴표정
④ 제스처
⑤ 억 양
⑥ 음 도
⑦ 음도의 유동성
⑧ 속 도
⑨ 음량 및 강도
⑩ 모음연장

◆ 성전환자를 위한 음성 및 언어재활

갑상연골성형술 유형
• 갑상연골성형술 1형 : 성대내전술, 편측성 성대마비, 성대위축
• 갑상연골성형술 2형 : 성대외전술, 양측성 성대마비, ADSD
• 갑상연골성형술 3형 : 성대이완술, 음도저하, 변성발성장애
• 갑상연골성형술 4형 : 성대신전술, 음도상승, 트랜스젠더

PART 4 언어발달장애

◆ 1950~1960년대

• 언어행동주의(Skinner) : 자극(언어자극)-반응 (모방)-강화(칭찬 및 보상)에 의해 학습된 행동
• 선천적 언어능력(Chomsky) : 인간은 타고난 문법적 지식이 있다고 생각
• 생득론, 경험론
  - 생득론 : 언어와 관련된 지식은 타고남
  - 경험론 : 경험을 통해 배움

◆ 1970년대 전반

• 의미론적 이론(Bloom)
• 인지-언어발달 관계 강조, 우선적으로 인지발달이 되어야 하며 의미적 분석 강조

◆ 1970년대 후반

• 화용론적 이론(Bruner, Bates, Halliday, Dore)
• 상호작용, 경험을 통해 언어습득

◆ 1980년대 이후

• 다원적 언어습득이론
• 각 영역의 상호작용을 중시

◆ 초기 낱말개념 형성원리

• 확장가능성 원리
• 상호배타성 가정
• 사물 전체 참조 원리
• 관습성 가정
(*문장 이해 전략 : 실현 가능성 전략, 생물체 행위자 전략, 어순 전략)

◆ 낱말습득원리

• 상관성 원리   • 변별성 원리
• 확장성 원리   • 반응의 효율성 원리

◆ 초기 어휘발달

• 조작해 본 사물 관련 낱말, 긍정적 낱말, 의사소통 기능이 높은 낱말, 저밀도 · 고빈도 낱말을 우선적으로 습득
• 명사 사용이 많음
• 부사, 형용사보다 동사 먼저 습득
• 문맥의 영향
• 부모의 반응(적절한 강화 및 반응) 중요

◆ 언어이전기(0~1세)

• 의미 : 수용언어, 음절성 발음, 의사소통 의도
• 수용
  - 0~2 : 음소변별, 음의 높이 변별
  - 2~4 : 목소리 변별
  - 6~8 : 억양 변별, 모방가능
  - 8~10 : 친숙한 음소-억양 패턴구분
• 표현
  - 발성(0~1) : 불완전 공명
  - 초기옹알이(2~3) : 옹알이(/u/)
  - 음성놀이(4~6) : 유희적 음성놀이 형태
  - 중첩음절발음(6~8) : '자음 + 모음' 반복패턴
  - 변형음절 발음(9~12) : 후기 옹알이의 조합 변형, 다양해짐

◆ 첫 낱말기(만 1;0~1;6)

• 의미 : 첫 낱말, 의미의 과잉확대
• 화용
  - 의사소통 기능(요구하기, 이름대기, 대답하기, 거부하기, 따라하기, 부르기 등)
  - 의사소통 수단(제스처, 발성)
  - 자기중심적

◆ 낱말 조합기(만 1;6~2;0)
- 의미 : 두 낱말 조합, 낱말 급성장, 대상영속성
- 문법형태소 : 일부 종결어미 탐색(1세 후반), 조사 '가/는', 보조용언 '-줘' 사용 → 문법형태소 사용 제한적
- 화용 : 요구하기, 서술하기, 거부하기, 이름대기 등
- 실수 : 창의적 낱말조합

◆ 기본 문법 탐색기(만 2;0~3;0)
- 의미 : 낱말 습득 증가, Fast Mapping, 관계낱말 습득 시작('크다'-'작다')
- 문법형태소 : 다양한 종결어미 산출, 조사 사용(주격, 여격, 공존격), 선어말어미, 관형사형 어미, 부사형 연결어미 사용
- 구문 : 관형절 발달 '거', 명사구, 동사구 빈번, 동사와 형용사가 포함된 긴 문장 산출
- 화용 : 자기중심적, 집단 속 독백, Here & Now 중심 대화
- 실수 : 주격조사의 과잉일반화, 어순 실수, 부정어 실수, 창의적 낱말 표현

◆ 기본 문법 세련기(만 4;0~5;0)
- 의미 : 낱말 수 빠르게 증가, 정의하기 발달, 관계낱말, 상대적 지시낱말
- 문법형태소 : 높임 '-요' 사용, 목적격 조사 '을/를', 인용 '-고', 시제 사용
- 구문 : 복문, 다양한 절 사용(명사절 사용 적음), 피동/사동 표현 관찰, 가역적 문장 탐색
- 화용 : 자기 주장 적절, 적극적인 대화자, 탈자기중심화, 과거경험 이야기, 대화 시 주제 운용력 있음
- 실수 : '-으-' 삽입, 알고 있지만 생각나지 않을 경우 의미적으로 비슷한 낱말로 대치, 부적절한 어미 사용

◆ 고급 문법기(만 5;0~6;0)
- 의미 : 한자어+하다. 정의하기, 상위어/하위어, 비유어/속담, 추상 명사 사용 증가, 객관적 낱말 서술 가능
- 문법형태소 : 다양한 문법형태소, 세련된 관형절, 부사절 사용, 연결어미 사용
- 구문구조 : 길고 복잡한 복문, 세련된 절 사용
- 화용 : 의사소통 기능 발달(해석적 기능, 지시적 기능, 투사적 기능, 관계적 기능, 설득하기)
- 담화 : 담화적 결속장치 사용, 세련된 언어 구조, 추론능력, 참조능력

◆ 진단 및 평가
- 선별검사
- 비공식검사
- 비표준화 검사
- 간접검사
- 공식검사
- 표준화 검사
- 직접검사

◆ 치료목표
- 발달적 접근법
  - 대상 : 또래보다 약간의 발달지체를 보이는 아동
  - 방법 : 아동의 낮은 언어능력을 또래아동의 언어 수준으로 올리기
- 기능적 접근법
  - 대상 : 중증 언어장애 아동
  - 방법 : 가장 필요하고 기능적인 언어 및 의사소통 기술을 목표로 함
- 절충법(발달적+기능적 접근법)
  - 언어목표 : 일상생활에서 많이 사용하는 것
  - 활동 및 발화 : 아동의 발달수준 고려

◆ 목표달성을 위한 전략
- 수평적 목표달성 전략
- 수직적 목표달성 전략
- 주기적 목표달성 전략

◆ 치료의 구조화
- 아동 중심법
- 치료사 중심법
- 절충법

◆ 단순언어장애(SLI)

구 분	단순언어장애(SLI)
특 징	판별조건(Leonard, 1998) • 정상보다 지체된 언어능력(표준화된 검사 시 -1.25SD 이하) • 지능 정상(비언어성 IQ 85 이상) • 신경학적 이상 없음(이로 인한 약물 복용 경험 없음), 구강구조 및 기능의 이상 없음 • 사회적 상호작용 능력에 심각한 문제 및 장애 없음 • 청력 정상, 진단 시 중이염 없음
의 미	• 초기 낱말산출 지체 • 어휘습득 지체 • 동사습득 어려움 • Word-finding 결함 • 의미관계산출 제한 • Fast Mapping 어려움
구문 및 형태	• 구문산출 지연 및 구문이해 어려움(정상아 동과 비슷한 패턴) • 문장구성요소 생략 • 문법형태소 이해 어려움
화용 및 담화	• 언어 표현력의 제한으로 인한 제스처 사용(정 상아동과 유사한 의사소통 기능) • 대화 시 적극적인 태도를 보임 • 대화 능력의 어려움 • 제한된 발화 수정 전략 및 명료화 요구하기 능력 • 전제, 참조적 기능 사용의 어려움

◆ 지적장애(ID)

구 분	지적장애(ID)
특 징	• 18세 이전에 시작 • 평균 이하의 지적 능력, 적응행동의 결함
의 미	• 수용언어능력 저하 • 비유어 이해 · 표현 어려움 • 낱말 뜻의 고정적인 사용
구문 및 형태	• 느린 발달속도 • 복잡한 형태의 구문의 제한된 산출 • 새로운 형태 습득하는데 걸리는 시간이 긺 • 문장 따라 말하기 어려움

(지적장애(ID) 계속)

구 분	
화용 및 담화	• 전제능력이 늦게 시작 • 저하된 명료화 요구능력 • 참조적 의사소통능력 지체 • 고착현상을 나타냄 • 소극적인 대화자
음운 및 기타	비일관적이며 빈번한 조음오류(자음생략) * 조음 오류 형태가 일반 아동, 기능적 조음 장애 아동과 유사함

◆ 자폐 범주성 장애(ASD)

구 분	자폐 범주성 장애(ASD)
특 징	• 언어 및 의사소통장애 • 사회성 및 인지적 결함 • 집착, 상동행동
의 미	• 범주어 및 관계어 습득의 어려움 • 주로 명사 사용 > 제한된 동사 사용 • 문장의 의미를 낱말의 순서에 따라 파악
구문 및 형태	• 짧고 간단한 문장구조 • 제한된 문법구조 및 문장 • 상투적, 고정적 형태 언어 • 형태소 사용의 어려움
화용 및 담화	• 가장 심한 결함 • 의사소통의도 부족 • 제한된 의사소통 기능 • Turn-taking, Eye Contact, Attention Gathering(주의 끌기) 등의 어려움 • 대화능력 부족 • 비언어적 단서, 간접, 은유 이해 및 사용의 어려움 • 마음읽기 결함
음운 및 기타	• 높고 단조로운 음도, 운율(억양, 강세, 리 듬)의 결함 • 다른 영역에 비해 좋은 조음발달 　- 함묵증 : 완전 함묵증, 기능적 함묵증, 준함묵증, 선택적 함묵증 　- 반향어 : 즉각 반향어, 지연 반향어, 변 조 반향어

◆ **특정학습장애(Specific Learning Disorder)**
- 학업적 기술의 습득 및 사용에 어려움이 나타남. 교육을 제공하였음에도 아래의 증상들 중 하나 이상이 6개월 이상 지속됨(최소 6개월)
  - 단어 읽기가 느리고 힘들며 부정확함
  - 읽은 내용의 의미 이해에 어려움을 보임
  - 철자에 어려움을 보임
  - 쓰기에 어려움을 보임
  - 수 감각, 단순 연산을 암기하거나 연산 절차를 이해하여 수행하는데 어려움
  - 수학적 추론에 어려움을 보임
- 특정학습장애 중 읽기 손상이 동반된 경우 : 읽기 정확도, 읽기 속도 및 유창성, 독해력 저하 (난독증 : 해독 능력 부족, 철자 능력 부족, 정확하고 유창한 낱말재인에 어려움 보임)

◆ **주의력결핍 과잉행동장애(ADHD)**
- 심각한 화용결함
- 의사소통의 어려움
- 타인의 말에 집중하지 못함
- 대화기술 부족
- 문제해결능력의 결함
- 사회적 기술의 결핍

◆ **뇌성마비(CP)**
- 2세 전 발병
- 뇌 손상으로 인한 신경계 장애
- 언어 발달 지체됨
- 발달적 마비말장애
- 호흡, 음성, 조음, 유창성, 운율의 어려움

◆ **청각장애**
- 어휘산출능력 지체
- 전보식 발화
- 문장성분 생략, 문법형태소 오류, 낱말순서 오류 등
- 정형화된 구문구조

◆ **말늦은 아동(Late Talkers)**
3세 이전의 아동 중, 다음과 같은 어려움이 있는 아동을 말함
- 2세까지 표현 어휘 수가 50개 미만, 두 낱말 조합이 산출되지 않음
- 표현어휘발달의 현저한 지체(표준화된 검사 시, <10%ile 또는 -1SD 미만)
- 다른 발달영역에서는 뚜렷한 결함을 보이지 않음

◆ **사회적 의사소통장애(SCD)-DSM-5 진단 기준**
① 다음과 같은 모든 증상이 명백하여 언어적 및 비언어적 의사소통의 사회적 사용이 지속적으로 곤란하다.
  - 사회적 맥락에 적절한 방법으로 인사 및 정보 공유와 같은 사회적 목적을 위한 의사소통에서의 결함
  - 운동장과는 다르게 교실에서 말하기, 어른과는 다르게 아이에게 말하기, 과도한 공식언어를 피하기 등과 같이 맥락이나 청자의 욕구를 충족시키기 위하여 의사소통을 바꾸는 능력의 손상
  - 대화에서 차례로 말하기, 이해하지 못할 경우 다시 말하기, 억양을 조절하기 위해 언어적 및 비언어적 신호를 사용하는 법을 알기 등과 같이 대화 및 이야기하기의 규칙 따르기 곤란
  - 명백하게 진술되지 않은 것 혹은 언어의 비문자적 혹은 애매한 의미를 이해하기 곤란
② 이런 결함이 효과적인 의사소통, 사회참여, 사회관계, 학업 혹은 작업수행에 기능적 제한을 가져온다.
③ 이런 증상들이 초기 발달기에 나타난다(그러나 사회적 의사소통 요구가 제한능력보다 클 때 결함이 분명하게 나타날 수도 있다).
④ 이런 증상은 또 다른 의학적 혹은 신경학적 상태나 단어구조와 문법영역에서의 능력저하에 기인하지 않아야 하며, 자폐스펙트럼 장애, 지적장애, 광범위성 발달지연이나 또 다른 정신장애로 설명되지 않는다.
(출처 : 권준수, 김재진, 남궁기(2015). DSM-5 정신질환의 진단 및 통계편람. 학지사. 참고)

CHAPTER 03

영유아 아동(36개월 전)의 언어발달

◆ **Piaget의 인지기술의 발달**

반사기(0~1개월) → 일차순환반응기(1~4개월) → 이차순환반응기(4~8개월) → 이차순환협응기(8~12개월) → 삼차순환반응기(12~18개월) → 표상과 예측기(18~24개월)

◆ **의사소통 행동 발달**

• 초보적 의사소통 행동(0~3개월)
• 목표지향적 의사소통 행동(4~7개월)
• 도구적 전환기 의사소통 행동(8~11개월)
• 의도적 의사소통 행동(11~14개월)
• 언어적 의사소통 행동(14~16개월)

CHAPTER 04

영유아 아동(36개월 전)의 평가 및 중재

◆ **평 가**

• 평가절차 : 배경정보수집 → 신체기능평가 → 언어, 의사소통 능력 평가 → 기타영역평가
• 공식평가 : 한국형 맥아더-베이츠 의사소통발달검사(K M-B CDI), 영유아 언어발달검사(SELSI), 한국형 영유아 언어 및 의사소통발달선별검사(K-SNAP), 영유아 언어, 인지, 사회·정서 발달 평가 도구, 한국형 의사소통 및 상징행동 척도(K CSBS DP)
• 비공식평가 : EASIC, 포테이지 아동발달지침서, 모-아 상호작용 평가 등

◆ **중재의 원리**

• 평가 → 개별화교육 계획 → 중재 → 진전평가
• 아동의 의도적 의사소통 행동 및 발성을 고려하여 중재

◆ **언어 이전기 중재방법 및 활동**

• 의사소통 의도
• 방향 찾기(Localization)
• 공동주목
• 공동활동
• 의사소통 수단
• 차례 지키기
• 상징놀이
• 선행 행동에 따른 반응
• 명명하기
• 모 방

◆ **초기 어휘 중재**

• 자연스러운 상호작용 상황에서 중재 실시
• 짧은 발화, 쉬운 낱말, 단순한 구문구조, 과장된 억양을 사용
• 아동의 수준에 맞는 도구 사용

◆ **부모교육**

• 모-아 상호작용의 중요성 강조
• 상호작용 시 양육자 고려사항
  - 아동의 발화에 대한 긍정적이고 적절한 반응 제공
  - 아동의 주도 따르기
  - 아동의 발화에 대한 확장
  - 아동과 비슷하게 행동하기
  - 아동의 반응 기다리기
  - 분명하고 정확한 모델링 제공하기
  - 질문 줄이기

◆ **대표적인 부모교육 프로그램**

ITTT(It Takes Two to Talk)
• 대상 : 언어 이전기~두 세 낱말 조합단계의 언어발달지체 아동 부모
• 자연스러운 상황에서 대화 실시
• 상호작용 강조

◆ 공식평가

검 사	대상 연령
영유아 언어, 인지, 사회 · 정서 발달 평가 도구	영유아(2~5세)
취학 전 아동의 수용언어 및 표현언어 발달 척도 (PRES)	2~6세
수용 · 표현 어휘력 검사 (REVT)	만 2세 6개월~ 만 16세 이상 성인
그림 어휘력 검사	2~8세 11개월
구문의미 이해력 검사	만 4~9세 (또는 초등학교 3학년)
언어문제해결력 검사	만 5~12세
아동용 한국판 보스톤 이름대기 검사(K–BNT–C)	3~14세
우리말 조음 · 음운 평가 (U–TAP)	2~12세(3~6세 아동에게 가장 적합)
우리말 조음음운검사2 (U–TAP2)	만 2세 6개월~만 7세
아동용 발음평가(APAC)	만 3세 이상의 취학 전 아동, 조음음운에 어려움이 있는 학령기 아동
언어이해 · 인지력 검사	3~5세 11개월
한국 아동 토큰 검사 (K–TTFC–2)	3~12세 11개월
기초학력검사 (KISE–BAAT)	5~14세 11개월
한국어 이야기 평가 (KONA)	학령전기(만 4~6세), 학령기(초등 1~6학년)
한국 아동 메타–화용언어 검사(KOPLAC)	만 5~12세
아동 간편 읽기 및 쓰기 발달 검사(QRW)	만 5세~초등학교 4학년

◆ 분석 내용

구 문	• 평균 낱말 길이(MLUw) : 각 발화의 낱말 수 합/총 발화 수 • 평균 형태소 길이(MLUm) : 각 발화의 형태소 수 합/총 발화 수 • 평균 어절 길이(MLUc) : 각 발화의 어절 수 합/총 발화 수
의 미	• 어휘다양도(TTR) : 서로 다른 낱말 수(NDW)/ 전체 낱말 수(NTW) • 의미관계 및 의미유형
화 용	• 자발어 및 모방 분석 • 초기 의사소통기능 분석 • 대화기능 분석

◆ **기능적 중재방법**

생활연령 및 정신연령 수준의 수용 · 표현 언어능력 증진 및 차이 줄이기
① 자연스러운 물질적 · 사회적 강화 제공
② 아동 주도적 의사소통 행동 따르기
③ 중재계획 설정 시 정상 언어발달을 고려
④ 구어적 · 비구어적인 다양한 맥락 사용

구어적 맥락	시범	• Parallel-talk(평행적 발화 기법) • Self-talk(혼잣말 기법)
	직접적 구어적 단서	질문, 선반응 요구-후시범, 대치요청
	간접적 구어적 단서	• 아동의 반응을 요구 　- Self Correction Request(자기교정 요청하기) 　- Correction Model/Request(수정모델 후 재시도 요청하기) 　- Error Repetition/Request(오류반복 후 재시도 요청하기) 　- Repetition Request(반복 요청하기) 　- Expansion Request(확장 요청하기) 　- Turnabout(주제 확대하기) 　- Contingent Query(이해하지 못했음을 표현하기) • 아동의 반응을 요구하지 않음 　- Imitation(모방) 　- Extension(확대) 　- Expansion(확장) 　- Recast Sentences(문장의 재구성) 　- Breakdowns & Buildups(분리 및 합성) 　- Fulfilling the Intention(아동의 요구 들어주기) 　- Continuant(이해했음을 표현하기)
비구어적 맥락		주고받기 및 물건 요구하기 기능, 저항하기, 지시 따르기 및 지시하기 기능, 정보 요청/제공하기 기능, 도움 요청하기 기능을 위한 맥락

◆ **낱말찾기훈련**

• 연령, 선호도, 어려운 낱말을 고려하여 목표낱말 선정
• 다양한 상황활용
• 기억 인출 및 확장과제 사용
• 이름대기 과제를 통해 진전정도 측정

◆ **스크립트(Script) 중재**

• 목표언어계획
• 친숙한 활동선택
• 목표언어 유도를 위한 하위행동결정
• 하위행동에 따른 세부계획 설정
• 쓸데없거나 부적절한 하위행동 제외
• 목표언어를 이끌기 위한 환경 및 언어표현 계획
• 중재 실시

◆ 의사소통 기능

- 지시적 기능 : 자기지시적, 타인지시적
- 해석적 기능 : 현재 및 과거사건 보고, 추론
- 투사적 기능 : 예측, 공감, 상상
- 관계적 기능 : 자기유지, 상호작용

◆ 대화에서 분석할 수 있는 요인

- 말차례 주고받기 : 두 사람 이상이 대화할 때 말하는 순서를 번갈아 갖는 것
- 주제관리능력 : 주제개시, 주제유지, 주제변경, 주제종료
- 의사소통 실패 시 : 발화 수정 전략, 명료화 요구 전략

◆ 읽기의 두 가지 지표

- 낱말재인 : 글자를 알아보는 것으로 초기 읽기단계에서 중요
- 읽기이해 : 의미적 지식을 알고 텍스트의 내용을 이해하는 것

◆ 음운인식능력

- 읽기발달에서 중요한 소리 및 음운구조에 대한 상위 언어능력
- 연령이 증가할수록 음운인식능력이 발달함(큰 단위 → 작은 단위)
- 음운인식과제 : 변별, 합성, 생략, 분절

◆ 읽기발달단계(Chall, 1983)

STAGE		GRADE LEVEL	ACHIEVEMENT
0	Pre-reading	Pre-k	문해 사회화 (Literacy Socialization)
1	Decoding	1~2	낱말 재인 능력 발달, 음운분석, 분절 및 합성
2	Automaticity	2~4	유창하게 읽기
3	Reading to Learn	4~8	좀 더 복잡한 이해, 속도증가
4	Reading for Ideas	8~12	다른 관점을 인식, 추론 및 비판
5	Critical Reading	College	새로운 지식을 통합, 비판적 사고

◆ 쓰기 발달

- 쓰기 : 언어, 인지, 사회-화용적인 능력이 필요
- 단계 : 생각하기 → 계획하기/조직하기 → 집행하기 → 수정하기/자기피드백
- 형식 : 이야기 쓰기, 설명글 쓰기

◆ 이야기 발달

- 2세 : 과거 사건에 대한 이야기 시작
- 3~4세 : '어디' 관련 내용이 포함되며 이야기 구조적 요소를 사용하여 하나 이상의 사건 산출 가능
- 5~7세 : '어디서, 언제, 누가' 내용 포함됨, 이야기 내에서 주인공들의 감정·의도 이해 가능, 시간 구조 이해, 논리적인 이야기
- 8~10세 : 이야기 구성요소 적절하게 사용, 더 복잡한 감정 이해·표현
- 10세 이후 : 논리적이고 복잡한 이야기 산출, 결속표지의 사용이 많음

◆ 공식 평가

검 사	대상 연령
수용 · 표현 어휘력 검사 (REVT)	만 2세 6개월~ 만 16세 이상 성인
그림 어휘력 검사	2~8세 11개월
구문 의미 이해력 검사	만 4~9세 (또는 초등학교 3학년)
언어 문제 해결력 검사	만 5~12세
학령기 아동 언어검사 (LSSC)	만 7~12세 (초등학교 1~6학년)
아동용 한국판 보스톤 이름대기 검사(K-BNT-C)	3~14세
우리말 조음 · 음운 평가 (U-TAP)	2~12세(3~6세 아동에게 가장 적합)
우리말 조음음운검사2 (U-TAP2)	만 2세 6개월~만 7세
한국 아동 토큰 검사 (K-TTFC-2)	3~12세 11개월
한국 아동 메타-화용언어 검사(KOPLAC)	만 5~12세
한국판 핵심언어 임상평가(K-CELF-5)	초등학교 1학년~대학생

◆ 이야기 평가

• 평 가
  – 한국어 이야기 평가(KONA) : 학령전기(만 4~
    6세), 학령기(초등 1~6학년)

학령 전기	• 공/그네 이야기 • 분석 : 이야기 구성, 결속표지, 구 문 및 문법형태소
학령기	• 개구리 이야기 • 분석 : 이야기 구성, 결속표지, 비 유창성, 구문 및 문법형태소

  – 이야기 구성, 구문 및 문법, 이야기 유창성(이
    야기 유창성은 학령기만 해당)

• 이야기 분석
  – 거시적(전체) 구조, 미시적(세부) 구조 분석
  – 문법적 복잡성 : T-unit(최소 종결 단위),
    C-unit(의사소통 단위)로 분석
  – 주제 응집력 : 중요한 사건의 인과관계가 있는
    연결, T-unit으로 분리하여 분석
  – 이야기 문법 : 배경, 계기사건, 시도, 결과, 내
    적반응(하나의 에피소드에 포함되는 내용 : 계
    기사건, 시도, 결과)
  – 이야기 결속장치 : 지시, 대치, 접속, 어휘적
    결속

◆ 읽기 평가

검 사	대상 연령
읽기 성취 및 읽기 인지처리 검사	초등학교 1~6학년
기초학습기능 수행평가 체제 : 읽기(BASA:R)	초등학교 1학년 이상
한국어 읽기 검사 (KOLRA)	초등학교 1~6학년
기초학력검사 (KISE-BAAT)	5~14세 11개월
종합학습능력검사-읽기 (CLT-R)	유치원~중학교 3학년
아동 간편 읽기 및 쓰기 발달 검사(QRW)	만 5세~초등학교 4학년

◆ 쓰기 평가

• 아동의 쓰기 자료들을 통하여 아동의 쓰기 능력
  을 비교
• 길이(Length), 질(Quality), 담화 구조(Discourse
  Structure)를 분석

검 사	대상 연령
기초학습기능 수행평가 체제 : 쓰기(BASA:WE)	초등학교 1학년 이상
기초학력검사 (KISE-BAAT)	5~14세 11개월

◆ 읽기 중재

• 단어재인
  – 일상생활에서 반복적으로 나타난 단어들 중심
    으로 반복적 읽기
  – 아동이 주로 어려워하는 단어를 찾아 반복적
    읽기
  – 읽기 오류가 빈번히 나타난 것들을 찾아 음운
    규칙 공통점 찾기
• 읽기유창성
  – 자신의 읽기가 녹음된 것을 들어보고 스스로
    수정해보도록 하기
  – 둘이서 또는 여럿이 함께 읽기
  – 자신이 말한 경험이야기 반복적으로 읽기
  – 사전 검토하기
  – 읽기 속도 조절하기
  – 읽기 자동화
• 덩이글 이해
  읽기 전(단어 확인, 배경지식 활성화 전략) → 읽
  기(자기질문, 텍스트 구조 및 이야기 문법 사용,
  탐색 및 재검토, 글의 종류에 따라 다르게 읽기)
  → 읽기 후(요약, 질문, 저자의 의도파악, 글과 비
  슷한 맥락쓰기)

◆ 이야기 중재

이야기 결정 → 이야기 들려주기 → 다시 말하기
(Retelling) → 이해 촉진 → 표현 촉진

◆ 대화 중재

또래와 친해지며 적응하기 → 대화차례 주고받기
→ 주제운용 → 결속표지 → 다양한 주제로 말하며
적용해보기 → 정리하기

CHAPTER 09   언어발달장애 관련 참고자료

◆ 이중언어

• 이중언어
  – 2개 이상의 언어에 노출되고 습득하는 아동
  – 두 번째 언어에 노출되는 시기에 따라 동시적/
    순차적 이중언어로 분류(3세를 기준으로 동시
    적/순차적 이중언어로 분류)
• 이중언어 평가 및 중재
  – 평가 : 비공식 평가(자발화), 설문지(부모), 역
    동적 평가(평가(Test)–교육(Teach)–재평가
    (Retest))
  – 중재 : 두 언어를 모두 중재, 중재–반응 접근
    법 실시

◆ 언어발달 연구 방법

• 횡단연구
• 종단연구
• 관찰방법

◆ 기타 평가 방법

• 역동적–상호작용적 언어평가
• 음운 발달 평가

◆ 기타 중재 방법

• 낱말 찾기 훈련
• 스크립트(Script) 중재
• 환경중심 언어중재 : 시간지연기법, 아동중심 시
  범 기법, 우발학습, 선반응 요구–후시범 기법

◆ 보완대체 의사소통(AAC)

- 적용대상 : 말 또는 글을 사용하여 의사소통하는 데 어려움을 보이는 사람들
- 고려사항 : 생활연령, 지속적인 중재가능 여부, 사용자에게 기능적인 것, 상호작용이 가능한 것, 의사소통을 하는데 필요한 선수기능 및 기초적 기능, 사용자의 사회적 활동 고려, 자연스러운 중재 상황, 부모와 치료사의 협력, 사용자의 선호도, AAC 특성
- 구성요소
  - 상징체계(Symbols)
  - 보조도구(Aids)
  - 기법(Techniques)
  - 전략(Strategy)
- AAC 언어발달

구 문	• 메시지 수 제한 • 내용어 나열(주로 단문) • 동사생략 • 과대일반화
의 미	• 단어를 습득할 때 일반 음성 단어뿐만 아니라 상징체계 단어도 습득해야 함 • 성인의 모델링이 적음 • Fast Mapping
화 용	요구하기, 반응하기 위주 → 화용능력이 제한됨

- AAC 어휘 : 상황어휘, 발달어휘, 핵심어휘, 개인어휘

◆ 그림교환 의사소통 프로그램(PECS)

- 자폐 범주성 장애, 언어 발달 지체, 무발화, 발화량이 매우 적은 아동에게 사용
- 원하는 사물을 얻기 위해 사물 그림을 교환하며 활동

◆ 반다이크 언어 이전기 의사소통 프로그램

- 중증 언어장애아동을 위한 의사소통 프로그램
- 공명, 협동, 모방, 제스처/몸짓 활동으로 구성

PART 5 조음음운장애

CHAPTER 01　조음음운장애

◆ 구 분

- 조음음운장애 : 여러 이유로 산출된 말소리가 부적절하여 의사소통에 문제가 발생
- 조음장애 : 생리적 차원의 문제, 운동조절의 문제, 산출의 문제
- 음운장애 : 언어적 차원의 문제, 음운지식, 읽기 문제 등 다른 문제가 동반될 수 있음

◆ 말소리 산출측면의 음성 및 음운

음 성	음 운
발음 기관을 통해서 만들어 지는 소리	의미를 구분할 수 있는 최소 소리 단위
물리적	심리적(정신적)
구체적	추상적
[ ]	/ /
개별적	집단적(사회적)
생리적	심리적

CHAPTER 02　우리말 구성

◆◆◆◆ —— 모음 및 자음 —— ◆◆◆◆

◆ 단모음(조음동작 1번)

구 분	전설모음		후설모음	
	평 순	원 순	평 순	원 순
고모음	i	y	ㅟ	u
중모음	e	ø	ʌ	o
저모음	æ		α	

◆ 이중모음(조음동작 2번)

- 구조 : 상향 이중모음(On-glide)과 하향 이중모음(Off-glide)
- 활음(/j/, /w/, /ㅟ/)은 단모음(7개)과 결합하여 이중모음(10개)을 만들어냄

구 분	i	ɛ	α	ㅟ	u	ʌ	o
j계	*	jɛ	jα	*	ju	jʌ	jo
w계	wi	wɛ	wα	*	*	wʌ	*
ㅟ계	ㅟi	*	*	*	*	*	*

◆ 자 음

- 자음분류
  - 조음위치 : 양순음, 치조음, 경구개음, 연구개음, 성문음
  - 조음방법 : 파열음, 파찰음, 마찰음, 설측마찰음, 전동음, 탄설음, 접근음, 설측접근음, 비음
  - 발성유형 : 유성음, 무성음, 유기음, 무기음, 평음, 경음, 격음

- 자음분류표

구 분		양순음	치경음	경구개	연구개	성문음
파열음	평 음	ㅂ	ㄷ		ㄱ	
	경 음	ㅃ	ㄸ		ㄲ	
	격 음	ㅍ	ㅌ		ㅋ	
마찰음	평 음		ㅅ			ㅎ
	경 음		ㅆ			
파찰음	평 음			ㅈ		
	경 음			ㅉ		
	격 음			ㅊ		
비 음		ㅁ	ㄴ		ㅇ	
유음(설측음)			ㄹ			

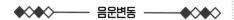

음운변동

◆ 대 치

- 평파열음화 : 종성에서 장애음(파열음, 파찰음, 마찰음)은 평파열음 [ㄱ, ㄷ, ㅂ]으로 바뀜
- 설측음의 비음화 : /ㄹ/은 /ㄹ/ 뒤 초성, 모음과 모음 사이에서 실현, [ㄴ-ㄹ]의 연쇄 실현되지 않음
- 장애음의 비음화 : 장애음과 공명음이 연이어 올 수 없음, 장애음은 같은 위치 공명음으로 실현
  - 경음화 : 평음이 경음으로 바뀜
  - 유음화 : /ㄹ-ㄴ/의 연쇄가 이뤄질 수 없음
  - 구개음화 : 종성에 위치한 /ㄷ, ㅌ/이 /ㅣ/로 시작하는 의존형태소 앞에서 /ㅈ, ㅊ/로 바뀜
  - 위치동화 : 앞에 있는 음절의 종성이 뒤에 있는 음절 초성의 조음위치와 같은 조음위치로 바뀜

◆ 첨 가

- /ㄴ/ 첨가 : 앞의 형태소가 자음으로 끝나고 뒤에 /j/ 혹은 /i/로 시작할 때 나타남
- /ㄷ/ 첨가 : 후행 형태소 합성어가 모음일 경우 /ㄷ/이 첨가된 후 초성에 /ㄷ/ 실행

◆ 탈 락

- 자음군 단순화 : 두 개의 자음 중 하나 탈락
- /ㄴ/ 탈락 : /ㄴ/은 어두에서 모음 /i/ 또는 활음 /j/과 연이어 올 수 없음
- /ㅎ/ 탈락 : 한 단어에서 공명음 사이에 있는 /ㅎ/은 탈락
- /j/ 탈락 : 경구개음 [ㅈ, ㅉ, ㅊ] 뒤에 활음 /j/이 올 수 없음

음운자질

◆ 자음의 변별자질

- 공명성(비음, 유음), 자음성(O), 성절성(X)
- 지속성(마찰음), 지연개방성(파찰음), 설측성(유음)
- 설정성(치조음, 경구개음), 전방성(양순음, 치조음)
- 긴장성(ㅃ,ㄸ,ㄲ,ㅉ), 기식성(ㅍ,ㅌ,ㅋ,ㅊ)

◆ 모음의 변별자질

- 공명성(O), 자음성(×), 성절성(O)
- 고설성, 저설성, 후설성, 원순성

음절구조

◆ 운율구조(운율단위)

음절 → 음운 → 단어 → 강세구 → 억양구 → 발화

◆ 음절구조

- 우리말의 음절 유형 : 8개 유형
  - V(모음)
  - GV(활음+모음)
  - CV(자음+모음)
  - CGV(자음+활음+모음)
  - VC(모음+자음)
  - GVC(활음+모음)
  - CVC(자음+모음+자음)
  - CGV(자음+활음+모음+자음)

◆ 자 음

구 분	양순음	치조음(치경음)	경구개음 (치경구개음)	연구개음	성문음

파열음
(폐쇄음,
Plosive)
	• 어두초성
	  p, pʰ, p*
	• 어중초성 b
	• 어말종성 p˺
		• 어두초성
		  t, tʰ, t*
		• 어중초성 d
		• 어말종성 t˺
				• 어두초성
				  k, kʰ, k*
				• 어중초성 g
				• 어말종성 k˺	

마찰음 (Fricative)		• j, i, wi 앞 ɕ, ɕ* • 그 외 모음 s, s*			• i, j 앞 ç • ɯ 앞 x • u, o 앞 Φw • 그 외 어두초성 h • 어중초성 ɦ
파찰음 (Affricative)			• 어두초성 tɕ, tɕʰ, tɕ* • 어중 초성 dz		
비음 (Nasal)	• 음절초성 m • 음절종성 m˺	• 음절초성 n • 음절종성 n˺		음절종성 ŋ˺	
유음 (Liquid)		• 음절종성, /ㄹ/ 뒤초성 l • 어중초성 r			

CHAPTER 03 말소리 발달과정

◆ 옹알이 시기 발달

• 발성단계(0~1개월) : 정상적 발성, 불완전한 공명, 모음 같은 소리 산출
• 쿠잉단계(2~3개월) : 연구개 자음, 목울림 소리 산출
• 확장단계(4~6개월) : 여러 발성유형 산출, 음절성 발음에 근접한 소리 산출
• 반복적 옹알이, 음절성 옹알이 단계(6개월 이후) : '바바바', '마마마'와 같은 음절 반복, 같은 자음 반복, 완전한 공명이 나타남. 말에 더 가까워지는 음절 및 성인과 유사한 억양 산출. 다양한 유형의 옹알이, 자음과 모음의 유사한 소리가 조합되어 나타남

◆ 자음발달

• 비음, 파열음 > 파찰음 > 유음 > 마찰음
• 음절과 어절 내에서의 위치에 따라
  – 초성 → 종성
  – 초성 : 어두초성 → 어중초성
  – 종성 : 어말종성 → 어중종성
  – 유음 : 종성(설측음)에서 먼저 출현 → 초성(탄설음)

구 분	음소발달단계			
연 령	완전습득연령 95~100%	숙달연령 75~94%	관습적 연령 50~74%	출현연령 25~49%
2;0~2;11	ㅍ, ㅁ, ㅇ	ㅂ, ㅃ, ㄴ, ㄷ, ㄸ, ㅌ, ㄱ, ㄲ, ㅋ, ㅎ	ㅈ, ㅉ, ㅊ	ㅅ, ㅆ
3;0~3;11	ㅂ, ㅃ, ㄸ, ㅌ	ㅈ, ㅉ, ㅊ, ㅆ	ㅅ	
4;0~4;11	ㄴ, ㄲ, ㄷ	ㅅ		
5;0~5;11	ㄱ, ㅋ, ㅈ, ㅉ	ㄹ		
6;0~6;11	ㅅ			

출처 : 우리말 자음의 발달(김영태, 1996)

◆ 음운인식

- 말소리 단위를 인식하고 조절하는 능력
- 초기 읽기발달 및 쓰기발달에 영향
- 음소, 음절, 단어 수준에서 분리, 변별, 합성과제를 제시하여 음운인식 정도 평가
  - 음절분리
    예 '가위'에서 '가' 소리를 빼면 무슨 소리가 남지?
  - 음소합성
    예 'ㅋ'과 'ㅗ'를 합하면 무슨 소리가 되지?
  - 음절변별
    예 '자전거, 자물쇠, 책가방' 중 앞소리가 다른 것은?

◆ 사용빈도

- 장애음 > 공명음
- 조음위치별
  - 유형빈도 : 치경음 > 양순음 = 연구개음 > 치경경구개음 > 후두음
  - 출현빈도 : 치경음 > 연구개음 > 양순음 > 치경경구개음 > 후두음
- 조음방법별
  - 유형빈도 : 파열음 > 마찰음 = 파찰음 = 비음 > 유음
  - 출현빈도 : 파열음 > 비음 > 유음 > 마찰음 > 파찰음
- 발성유형별 : 평음 > 경음 > 격음
- 단모음 > 이중모음
- ㅣ계 > ㅜ계 > ㅡ계
- 후설모음 > 전설모음
- 비원순모음 > 원순모음
- 중모음 > 고모음 > 저모음

◆ **청각기제의 요인**

- 말소리 습득 시 모방, 자기감지능력 필요
- 말소리를 듣는데 중요한 주파수는 500~4000Hz
- 청력손실 정도, 청력손실 시기, 말지각능력, 체계적인 언어치료 및 청능훈련 등은 청각장애인의 조음능력에 영향을 줌
- 청각장애인의 말 특성
  - 부정확한 조음 및 조음오류로 말명료도 낮음
  - 음성왜곡
  - 느린 말속도
  - 음도 및 운율문제
  - 과비성 또는 과소비성

◆ **말산출기관의 구조와 기능요인**

- 연구개 : 구조적 문제가 없어도 기능적 문제 보일 수 있음
  - 조음문제 : 연인두폐쇄기능, 연인두부전(VPI)-과비음화, 폐쇄/마찰/파찰음의 왜곡, 성문폐쇄음화, 인두마찰음화
  - 공명문제 : 과비성, 비누출, 과소비성, 무비성, 맹관공명
- 경구개 : 구개파열 시 공명장애 발생, 치경음과 구개음의 산출이 어려움
- 비인두 : 비염, 축농증, 편도비대와 같은 문제는 과소비성의 문제를 보일 수 있음
- 혀 : 혀끝과 혀의 앞부분이 중요. 횡단으로 절제한 경우, 말산출에 큰 영향을 줌
- 입술 : 양순음 산출 시 중요
- 치 아

◆ **신경계 조절 요인**

- 마비말장애
  - 근육의 마비, 약화, 협응의 문제 → 명료도 낮음
  - 발성, 호흡, 조음, 공명, 운율의 문제를 동반
  - 부정확한 자음, 모음왜곡, 음소연장 및 반복
- 말실행증
  - 프로그래밍 문제(근육의 마비, 약화, 협응문제 없음)
  - 다양하고 비일관적인 오류형태, 모색행동
  - 조음 및 운율 문제
  - 예기적(Anticipatory) 동시조음으로 조음점이 길어짐
  - 자음 및 모음오류(주로 대치오류)
  - 말속도 느림, 모음과 쉼이 길어짐, AMR보다 SMR 어려움

◆ **언어-인지적 요인**

- 언 어

언어발달	조음음운장애 아동들이 언어발달에 문제를 보일 가능성 높음
음운인식	말소리의 단위를 분리 및 합성할 수 있는 능력의 문제
음운처리	음운론적 처리구조의 문제

- 지능 : 정신지체 아동의 경우 높은 상관관계 보임
- 심리 사회적 요인 : 남자 > 여자, 형/누나가 있는 아동 > 맏이/외동

◆ 선별 및 심화검사

- 선별검사
  - 조음음운평가 및 진단이 필요한지 알아보기 위한 검사로 짧은 시간 내에 평가 가능
  - 공식 선별검사(한국어 자음 선별검사), 비공식 선별검사(기계적 발화, 질문에 답하기 등)
- 심화검사 : 조음문제를 더 자세히 알아보기 위한 검사

◆ 표준화 및 비표준화 검사

- 표준화 검사
  - 규준으로 또래집단과 비교 가능
  - 짧은 시간 안에 다양한 조음정보수집 가능
  - 경제적, 검사절차 및 분석 용이함
  - 검사단어들이 실제 발화에서의 조음능력을 대표하지 않을 수 있음
- 비표준화 검사
  - 자발적인 연결발화를 수집하여 분석
  - 실제 조음음운 능력을 가장 잘 반영
  - 신뢰도와 타당도 확보, 또래 아동과의 비교 어려움
  - 모든 음운을 포함하지 않을 수 있음

◆ 조음음운장애 검사 분석수준

- 독립분석 : 아동의 수행능력에 초점, 아동이 산출한 음소목록, 음절구조, 음운규칙을 분석
- 관계분석 : 성인의 목표형태와 관련지어 음소 및 오류패턴 분석

◆ 공식평가

검사도구	연 령
아동용 발음평가 (APAC)	• 만 3세 이상의 취학 전 아동 • 취학 전 아동 수준의 조음음운 능력을 보이는 취학 아동
우리말 조음음운 검사2(U-TAP2)	• 만 2세 6개월 ~ 7세 • 문장수준 항목의 경우 만 3세부터 평가 가능
한국어 표준 그림 조음음운검사 (KS-PAPT)	3세~성인(3~6세까지 아동을 대상으로 표준화함)
구강조음기관의 기능 선별검사 (OSMSE-R)	구강조음기관의 구조와 기능에 문제가 있는 아동 및 성인

◆ 자발적인 연결발화에서 평가

- 자음정확도(PCC) : 바르게 조음한 자음 수/조음해야 할 총 자음 수×100
- 모음정확도 : 바르게 조음한 모음 수/조음해야 할 총 모음 수×100
- 조음정확도 : 바르게 조음한 음소 수/조음해야 할 총 음소 수×100
- 단어단위정확률(전체단어정확도, PWC) : 정확하게 발음 한 단어 수/전체 단어 수
- 단어단위근접률(전체단어근접도, PWP) : 아동의 단어단위 복잡률/성인의 단어단위 복잡률
- 평균음운길이(PMLU) = 단어단위복잡률(PWWC) : 단어의 평균 복잡률/전체 단어 수
- 말명료도 : 청자가 바르게 받아 적은 발화낱말(음절) 수/화자가 의도한 발화낱말(음절) 수×100
- 자극반응도 : 오류음소에 대해 단서(청각적, 시각적, 촉각적) 제공 시 바르게 산출할 수 있는 능력

◆ 오류패턴분석

• 변별자질분석
• 조음위치, 조음방법, 발성유형으로 분석
• 음운변동으로 분석

◆ 오류패턴종류

• 전체단어 변동 : 첨가, 생략, 동화, 도치, 이동
• 분절대치 변동

조음방법 오류	파열음화, 파찰음화, 마찰음화, 탈비음화, 비음화, 유음 오류
조음위치 오류	전방화, 양순음화, 치조음화, 연구개음화, 성문음화
발성유형 오류	이완음화, 긴장음화, 기식음화, 탈기식음화
왜곡 오류	Frontal Lisp, Lateral Lisp

CHAPTER 06　조음음운장애 치료

◆ 치료를 결정하는 요소

• 말명료도
• 음운문제의 중증도
• 말산출의 발달적 적합성
• 오류의 성질과 오류패턴, 오류의 지속성
• 문제에 대한 아동의 지각

◆ 목표단어를 설정하기 위해 고려할 사항

• 자극반응도
• 발생빈도
• 발달적 적합성
• 문맥적 분석
• 음운변동 분석
• 대상자의 개인적 문제
• 오류 수

◆ 치료방법 결정할 때 고려할 사항

• 목표접근전략
 – 수직적 접근법 : 하나의 목표를 달성하면 다음 목표 진행, 목표음의 집중적인 치료
 – 수평적 접근법 : 여러 개의 목표를 동시 진행, 전반적인 오류를 수정
 – 주기적 접근법 : 목표도달과 상관없이 기간을 설정하고 여러 개의 목표를 진행

• 치료활동
 – 반복연습 : 치료사의 목표음 모델링을 듣고 집중적으로 연습
 – 놀이연습 : 놀이를 진행하면서 목표음을 들려주고 산출하게 유도
 – 구조화된 놀이 : 특정 목표음을 반복연습할 수 있도록 놀이 구조화 함
 – 놀이 : 놀이 시 목표음을 들려주고 오반응을 수정
• 일반화
 – 위치 일반화 : 어두초성 'ㅅ' 산출 후 어중 또는 어말에서 산출
 – 문맥 일반화 : 'ㅅ'을 'ㅣ' 모음 앞에서 산출 후 'ㅗ, ㅜ, ㅏ'의 모음 앞에서도 산출
 – 언어학적 단위 일반화 : 말소리, 음절, 낱말, 문장 등 언어학적 단위에 따라 산출
 – 말소리 변별자질 일반화 : 'ㅅ'을 산출하게 되면 'ㅅ'의 변별자질을 공유해서 'ㅆ'을 산출
 – 상황 일반화 : 치료실에서 목표를 달성 후 다른 장소에서 사용

◆ 운동(음성) 치료접근법

- 전통적 치료 : 목표음소를 독립음, 음절, 낱말에서 집중적 훈련 후 구나 문장으로 일반화
  - 청감각–지각훈련 : 확인, 고립, 자극, 변별
  - 고립된 말소리 산출 : 청각적 자극모방, 조음지시법, 말소리 수정법
  - 무의미음절
  - 낱말
  - 구조화된 맥락
  - 자발화
- 감각운동기법 : 여러 맥락에서 목표음절을 반복적으로 연습하여 정확하게 산출하도록 하는 것
  - 기본단위음절
  - 오류음소가 어떤 맥락에서 정확하게 산출될 수 있는지 확인
  - 음성학적 맥락을 조절하여 정반응 촉진
  - 반복연습을 통해 소리에 대한 감각 익히기
- 문맥을 이용한 치료법
  - 음소를 다양한 문맥에서의 반복연습으로 올바른 조음운동을 습관화 함
  - 모방, 반복훈련 강조, 일관성이 부족한 아동에게 적절
  - 감각운동기법
  - 조음운동 자동화 프로그램
- 짝자극기법 : 핵심단어–훈련단어를 번갈아가며 산출
  - 구조화된 치료기법(낱말 → 문장, 대화)
  - 음소에서 오류를 보이는 아동에게 효과적 방법
  - 체계적으로 자세한 목표수준
  - 강화절차 중요
- 다중음소접근법 : 다양한 음소 → 1음절 단어 → 다음절 단어 → 구, 문장 → 대화로 확대 반복

◆ 음운적 치료접근법

- 음운대조를 이용한 접근법

목표	아직 자리 잡지 못한 음소의 대조, 유사한 패턴을 보이는 음소
대상	다수의 음소 오류를 보이는 아동
치료방법	자연스러운 의사소통 맥락 강조, 아직 자립하지 않은 음소의 음운대조 이용
음운대조를 이용한 접근법	변별자질, 최소대립, 최대대립, 복합대조, 음운변동

- 주기법
  - 목표 : 전반적인 말명료도 개선
  - 대상 : 심한 조음음운장애 아동, 명료도가 매우 낮은 아동
  - 일정한 주기를 단위로 목표를 바꾸어 진행 → 전체 목표를 다룸 → 다시 처음부터 진행
  - 적절한 음운패턴을 습득하도록 함
  - 음운변동을 이용한 접근법
  - 오류변동들을 주기적으로 바꾸면서 반복훈련
  - 치료단계 : 높은 음운변동부터, 3~4개의 음운변동을 목표
- 상위음운지식을 이용한 접근법
  - 최소대립쌍을 이용한 치료법
  - 치료대상자 : 심도의 음운장애를 갖고 있는 아동
  - 치료단계 : 음운인식, 음운과 의사소통 의식을 발달시키는 단계
- 전반적 언어접근법을 통한 음운훈련
  - 이야기하기, 의미론, 구문론 등에 초점을 맞추는 의사소통 중심 치료를 강조
  - 연속적인 말로 일반화가 필요한 아동에게 적합